KB065206

머 리 말

동양고전을 한동안 들여다보니 그 책들의 해제(解題)에도 많은 힘을 들였기에 애착(愛着)이 가는 글이 더러 있다. 거기에 우선 《논어(論語)》만 하더라도 나름대로 애써 쓴 것이다.

우선 이 책의 주석(註釋)에서, 위(魏)나라 하안(何晏)의 《논어정해(論語正解)》가 있고, 고주(古注)인 황간(皇侃)의 《논어의소(論語義疏)》, 다음으로 고주인 형병(邢昺)의 《논어정의(論語正義)》가 있다. 신주(新注)로는 남송(南宋)의 주자(朱子)의 주석(注釋)이 있다. 이것이 바로 《논어집주(論語集註)》인데, 내가 해석한 《논어》도 역시 이 글을 대본으로 쓴 것이다. 다음으로 유보남(劉寶楠)의 《논어정의》가 있으며, 한(漢)나라 정현(鄭玄)의 《논어주(論語注)》가 있다.

《논어(論語)》의 이야기는 이쯤 하고, 다음으로 제자백가(諸子百家)에 있어서는 노자(老子)·장자(莊子)·순자(荀子)·열자(列子)·양자(楊子)를 위시해서 묵자(墨子)·관자(官子)·손자(孫子)·한비자(韓非子) 등 수없이 많은 책들의 해제(解題)가 여기에 수록되어 있는 것이다.

甲戌元旦

李民樹 씀

東洋古典해설

■

차 례

한국편(韓國篇)

東洋古典해설

■

차 례

중국편(中國篇)

東洋古典해설

■

차 례

부 록

한국편(韓國篇)

■ 삼국유사(三國遺事)

민간인이 집필한 우리나라 최초의 야사(野史)

《삼국유사》는 《삼국사기(三國史記)》와 함께 현존하는 우리 고대 사적(史籍)의 쌍벽으로 일컬어 온다.

《삼국사기》는 왕명(王命)에 의해 사관(史官)이 저술한 정사(正史)로서, 체재가 정연하며 문사(文辭)가 유창하고 화려하다. 이에 비하여 《삼국유사》는 선사(禪師) 한 개인의 손으로 이루어진 이른바 야사로서, 체재가 짜여지지 못했고 문사 또한 박잡(駁雜)하다 하겠다.

그러나 《삼국유사》는 《삼국사기》에서 찾아볼 수 없는 많은 값어치를 지니고 있다. 《삼국유사》는 《삼국사기》와 마찬가지로 고구려·신라·백제 삼국의 역사를 기록한 사서이지만, 그 밖에 고조선(古朝鮮)·기자(箕子) 및 위만조선(衛滿朝鮮)을 비롯하여 가락(駕洛) 등의 역사가 포함되어 있다. 특히 고조선에 관한 서술은 오늘날 우리들로 하여금 반만년의 유구한 역사를 자랑할 수 있고, 단군을 국조로 받드는 배달민족의 긍지를 갖게 해 주었다.

만약 이 기록이 없었다면 우리는 삼국시대 이전의 역사를 중국의 사료(史料)인 《삼국지(三國志)》의 〈동이전(東夷傳)〉에 겨우 의존해야 하는 초라함을 면할 수 없었을 것이다. 또한 《삼국유사》는 당시의 사서 찬술의 규범에서 벗어나는 체재의 부정연(不整然)과 내용의 탄괴(誕怪)·잡다함이 오히려 오늘날 이 책을 더욱 귀한 재보로 여기지 않을 수 없는 소이가 되고 있다.

우선 《삼국유사》에는 단군신화를 비롯한 많은 신화와 전설이 수록되어 있다. 실로 《삼국유사》는 우리의 신화와 원형적 옛 전설의 모습을 알게 하는 유일한 책으로 과연 설화문학(說話文學)의 보고라 할 만하다.

게다가 이 땅 최고(最古)의 정형시가(定型詩歌)인 향가(鄕歌) 14수가 실려 있어 균여전(均如傳)에 전하는 11수와 함께 주옥 같은 가치를 지니고 있으므로 국문학 관계만으로도 사서 이상의 귀한 보전(寶典)이 되고 있다. 수록된 향가의 수는 비록 많지는 않지만 향가를 집대성한 책으로 알려진 《삼대목(三代目)》이 전하지 않는 지금 《삼국유사》의 문학사적 가치는 실로 절대적이라 할 수 있을 것이다.

그 밖에도 《삼국사기》에는 빠졌거나 또는 고의로 빼 버린 많은 사실들이 수록되어 있다. 불교에 관한 풍부한 자료와 신앙사상·민속·일화 등 다방면에 걸친 내용은 모두가 귀중한 자료가 되고 있다.

물론 저자가 사관(史官)이 아닌 승려의 신분으로 이 같은 책을 저술했으므로 더러는 인용서와 그 내용이 같지 않은 것도 있고, 잘못 전해져 오는 것을 그대로 수집·수록한 것도 없지 않지만, 이는 어디까지나 이 책 자체가 그 서명(書名)이 말하듯이 일사유문적(逸事遺聞的)인 것이기 때문에 따르는 불가피한 것이라 하겠다.

이 책의 저자 일연(一然)은 고려(高麗) 희종(熙宗) 2년(1206)에 경산(慶山)에서 출생했다. 속성(俗姓)은 김씨(金氏)요, 이름은 경명(景明), 자(字)는 회연(晦然)이다. 9세 때 출가하여 남해(南海)의 무량사(無量寺)에 들어가 수도생활을 했다. 22세 때에 선과(禪科)에 급제하고 54세 때에 대선사(大禪師)가 되었다. 78세 때 충렬왕(忠烈王)이 승지(承旨)를 보내어 왕명으로 국사(國師)의 예를 갖추고자 하였으나, 굳이 이를 사양하므로 다시 근친의 장군을 보내 국존(國尊)으로 책봉하고 관내로 맞이해 들였다. 그러나 그는 관성에 있기를 싫어하여 노모의 병을 빙자하고 구산(舊山)으로 내려갔다. 84세 되던 1289년 7월 8일, 제자로 하여금 북을 치게 하고 자기는 의자에 앉아 여러 승려와 더불어 담소자약(談笑自若)하게 선문답(禪問答)을 하다가 갑자기 손으로 금강인(金剛印)을 맺고 세상을 떠났다. 그는 높은 덕과 깊은 학문으로 왕의 극진한 존경을 받았으며 많은 사람들의 추앙의 대상이었다고 한다.

비문에 의하면 그의 저서와 편서로는 《어록(語錄)》 2권, 《갈송잡저(偈頌雜著)》 3권, 《조동오위(曹洞五位)》 2권, 《조도(祖圖)》 2권, 《대장수지록(大藏須知錄)》 3권, 《제승법수(諸乘法數)》 7권, 《조정사원(祖庭事苑)》 30권, 《선문첨송사원(禪門拈頌事苑)》 30권 등 불서 80권이 넘었다고 한다. 그러나 현재 전하는 것은 거의 없으며, 어찌 보면 그로서는 희작(戱作)이라 할 수 있고 비문에도 적혀 있지 않은 《삼국유사》만이 유서로 전해지고 있다.

《삼국유사》의 중요 내용

《삼국유사》는 모두 5권으로 다음과 같은 체재로 되어 있다. 즉,

- 제 1 권 : 왕력(王曆) 제 1 (신라 · 고구려 · 백제 · 가락 및 후삼국의 연대표), 기이(紀異) 제 1 (고조선 이하 삼한 · 부여 · 고구려와 통일신라 이전의 신라의 유사)
- 제 2 권 : 기이(紀異) 제 2 (신라 문무왕 이후 통일신라 시대를 비롯하여 백제 · 후백제 등에 관한 약간의 유사와 가락국에 관한 유사)
- 제 3 권 : 흥법(興法) 제 3 (불교 전래의 유래 및 고승의 행적), 탑상(塔像) 제 4 (寺記와 탑 · 불상 등에 얽힌 僧傳과 사탑의 유래에 관한 기록)
- 제 4 권 : 의해(義解) 제 5 (고승들의 행적)
- 제 5 권 : 신주(神呪) 제 6 (異僧들의 전기), 감통(感通) 제 7 (영험 · 감응의 靈異한 기록), 피은(避隱) 제 8 (은둔한 逸僧들의 기록), 효선(孝善) 제 9 (효행 · 선행 · 미담의 기록)

《삼국유사》의 간행 연대는 확실히 알 수 없으나 대체로 충렬왕(忠烈王) 8년 전후, 즉 서기 1281~83년으로 보는 것이 통설이다. 《삼국유사》의 고판본(古板本)으로는 중종(中宗) 정덕본(正德本)과 그 이전에 된 듯한 판각

(板刻)의 영본(零本)이 있고, 신간본으로는 일본 동경대학원본(東京大學院本)·조선사학회본(朝鮮史學會本), 계명구락부(啓明俱樂部)에서 간행한 육당(六堂)의 교감본(校勘本)과 또 육당의 증보본이 있다. 그 밖에 안순암(安順庵) 수택(手澤)의 정덕본(正德本)을 영인한 일본 동경대학본(東京大學本)과 고전간행회본(古典刊行會本)이 있다.

돌이켜 생각하면 해방 직후 역자는 몇몇 동인들과 사서연역회(史書衍譯會)를 조직하고, 서둘러 이 《삼국유사》를 번역해서 고려문화사(高麗文化社)판으로 상재한 일이 있었다. (편집자 주 : 이 항은 저자 이민수 선생이 1974년도에 해설한 것임)

■ 가정집(稼亭集)

원(元)나라에까지 명성을 떨친 저자 이곡(李穀)

《가정집》은 고려 말의 거유(巨儒)인 가정 선생이 남기신 글을 모아 엮은 선생의 문집이다.

선생의 자(字)는 중보(仲父), 처음 아명은 운백(芸伯)이며 이름은 곡(穀)이고 가정은 호이다. 선생은 한산 이씨(韓山李氏) 시조 호장공(戶長公) 휘(諱) 윤경(允卿)의 육대손이며, 아버지 찬성사(贊成事) 휘(諱) 자성(自成), 어머니 삼한국대부인(三韓國大夫人) 흥례 이씨(興禮李氏)의 셋째 아드님으로서, 고려(高麗) 충렬왕(忠烈王) 20년(1294)에 한산군(韓山郡) 북고촌(北枯村)에서 나셨다. 선생은 어려서부터 행동이 범인을 많이 벗어났으며 자라면서 글 읽기를 매우 부지런히 했다. 일찍이 아버지를 여의고 효성을 다해서 어머니를 섬겼다.

충숙왕(忠肅王) 4년에 거자과(擧子科)에 합격했고, 7년에는 다시 수재과(秀才科) 제 2 명(第二名)에 합격, 13년에는 정동성(征東省) 향시(鄕試) 제 3 명에 합격되어 충혜왕(忠惠王) 원년에 예문관(藝文館) 검열(檢閱)에 배(拜)했다. 이로부터 경사(經史)의 연구에 몰두하여 학문이 크게 정진하니 한때의 많은 학자들이 선생의 학설에 따랐다.

선생은 원나라에 들어가 충숙왕 후원년(後元年)에 정동성 향시 제 1 인으로 뽑혔으며, 또다시 전시(殿試)에 제 2 갑으로 합격했다. 그 전에도 우리나라 사람으로서 전시에 합격된 사람이 없지 않았지만 모두 아래 벼슬자리에 그치고 말았었다. 이때 선생이 지은 대책(對策)은 독권관(讀卷官)의 감탄하는 바 되어, 재상들의 건의로 특별히 한림국사원(翰林國史院) 검열관에 임명되는 영예를 차지하기에 이르렀다.

이리하여 원나라에까지 명성을 크게 떨치기 시작한 선생은 그 나라 문사(文士) 석유(碩儒)들과 교류하면서 글을 강론하고 연구해서 조예(造詣)가 더욱 깊어졌다. 선생은 문장을 만드는데 있어 붓을 잡으면 곧 글이 이루어졌으며, 그 위에 글 뜻이 엄정하고 간결해서 원나라 사람들이 감히 외국 사람으로 보지 못했다.

충숙왕 후 3년에 학교를 이룩하여 학문을 일으키라는 조서(詔書)를 받들고 본국으로 돌아왔는데, 이 때 본국에서는 봉선대부 시전의부금직실문각(奉善大夫試典儀副今直實文閣)에 배했다. 이듬해에 다시 원나라에 들어가자 유림랑(儒林郎) 휘정원관구(徽政院管句)를 제수받고, 다시 정동행중서성(征東行中書省) 좌우사원외랑(左右司員外郎) 등 여러 벼슬을 역임했다.

이때 선생께서 원제에게 건의하여 고려에서의 동녀(童女) 징발을 중지케 한 것은 널리 세상에 알려진 유명한 사실이다.

《고려사(高麗史)》 열전(列傳)에 의하면, 원나라에서 여러 번 우리나라의 동녀를 데려가자, 선생은 어사대(御史臺)에 말하여 이를 중지하기를 청하는 한편 소를 올려,

(전략)……대저 남의 딸을 빼어다가 윗사람에게 아첨해서 제 이익으로 삼으려는 것은 비록 고려가 자취(自取)하는 것이지만, 이에 성지(聖旨)가 있으셨다면 이 어찌 이 나라의 허물이 되지 않겠습니까? 옛날의 제왕은 한 번 명을 내리면 천하가 공경해서 그 은혜를 바랐던 것이니, 그렇기 때문에 조서를 일컬어 덕음(德音)이라 했습니다. 이제 여러 번 특별한 말씀을 내려 남의 딸을 빼앗게 하는 것은 심히 옳지 않습니다.

(중략)……

대체로 남의 나라에 사신 가는 것은 장차 임금의 은혜를 선포하고, 백성들의 숨은 질고를 물으려는 것입니다. 그러기에 《시경(詩經)》에도 '널리 물어서 일을 꾀한다〔周爰咨詢周爰咨諏〕'라고 했습니다. (중략) 삼가 생각하오니, 우리 원나라는 덕화(德化)가 미치는 곳마다 모두 제자리를 얻는데, 고려 사람만이 무슨 죄가 있어 이와 같은 고통을 받아야 합니까? 옛날에 동해에 한 원부(寃婦)가 있어 3년 동안 날이 가물었다고 했사오니, 이제 고려에는 원부가 몇이 있겠습니까? 근년에 그 나라에 수해와 한재(旱災)가 잇달아, 굶주리고 부황나는 백성이 심히 많은 것은, 그 원망하는 한숨이 화기(和氣)를 상한 것이 아니겠습니까? 이제 당당한 천조로서 어찌 궁녀가 부족하여 반드시 다른 나라에서 구한단 말입니까?

비록 조석으로 곁에서 모셔 은총을 입는다 해도 오히려 부모를 그리워하는 것은 인정의 지극함이온데, 그들은 지금 궁중에서 때를 놓치고 헛되게 늙어 가고 있습니다. 혹 내보내 준다 하더라도 마침내는 환자(宦者)에게 시집가서, 열이면 아홉은 자식이 없이 죽어 갈 것이오니, 그 원통한 기운이 화기를 상하는 것 또한 어떠하겠습니까?

(중략)……

엎드려 바라옵건대 덕음을 내리사, 외람되게 내지(內旨)에 간여하여 위로 성덕(聖德)을 더럽히고, 아래로 자기의 이익을 꾀하여 동녀를 뽑으려는 자 및 그 나라에 사신으로 가서 처첩을 취하려는 자에게 금법을 명시하시어, 그릇된 생각을 끊게 하시옵소서. 그리하여 폐하의 일시동인(一視同仁)하시는 교화를 밝히시어 다른 나라 사람의 의리를 사모하는 마음을 위로하시고, 원한이 사라지게 하시고 화기를 이루어 만물이 제대로 자라게 하신다면, 실로 다행함을 억제하지 못하겠습니다.

라고 했는데, 황제는 이를 옳게 여겨 받아들였다고 했다.

그 후 본국에서 밀직부사(密直副使) 지밀직사사(知密直司事)를 거쳐 다시 정당문학(政堂文學) 도첨의찬성사(都僉議贊成事)에 이르렀으며 한산군(韓山君)에 봉해졌다.

익재(益齋) 이제현(李齊賢)과 함께 《편년강목(編年網目)》을 증보했고, 충렬(忠烈)·충선(忠宣)·충숙(忠肅) 3조(三朝)의 실록 편찬에도 참여했으며 예문관(藝文館) 대제학(大提學)에 배(拜)해졌다.

충정왕(忠正王) 3년(1351)에 한산 숭문동(崇文洞)에서 졸(卒)하시니 춘추가 54세였다.

조정에서 시호를 문효(文孝)라 했고, 한산의 문헌서원(文獻書院), 영해(寧海)의 단산서원(丹山書院)에 배향했다.

역대를 통해서 석학 거유가 많이 있었지만, 선생처럼 중국에까지 건너가 문명을 떨치고 내외에 사회 문화 양면으로 크게 활약한 예는 실로 드물다.

선생은 원나라에서 회시(會試)에 합격한 후로 자주 그곳에 머물러 원의 관직을 제수받았고, 원의 명사 문인들과 밀접히 교류한 관계로, 선생의 문집에는 다른 사람들의 문집에서는 볼 수 없는 고려와 원나라 사이의 문화·사회면의 상호 관계를 살피는 데에 중요한 자료를 제공해 준다는 점은 크게 지적 찬양하지 않을 수 없다. 원나라 수도의 보은광교사기(報恩光教寺記)를 비롯한 많은 기문(記文)을 비롯해 개인의 사당기(祠堂記)·묘지명(墓誌銘)·행장(行狀) 등에서도 그러한 많은 자료를 발견할 수 있는 바이다.

《가정집》의 중요 내용

특히 이 문집 권말에 부록으로 들어 있는 《가정잡록(稼亭雜錄)》에는 진려(陳旅)·송본(宋本)·구양현(歐陽玄)·왕기(王沂)·황보(黃溍)·소천작(蘇天爵)·공사태(貢師泰)·여궐(余闕)·선(瑄) 등 원나라의 많은 명사 시인들이 선생에게 준 시·서·기(記)들을 모아 수록했다. 이로써 선생께서 얼마나 많은 인사들과 교류했던가를 짐작할 수 있으며, 고려와 원나라 문화 교류의 일면을 보여 주는 좋은 기록이 되고 있는 것이다.

선생의 문장 또한 일세를 풍미하였으니 조선(朝鮮) 성종(成宗) 때 사가(四佳) 서거정(徐居正)이 역대의 명문을 추려 편찬한 《동문선(東文選)》에 보면 선생의 글이 백여 편이나 수록되어 있다. 이것을 보더라도 선생의 뛰어난 문장이 얼마나 많이 인구에 회자되었던가를 알 수가 있다.

문집 중 권1 가운데 수록되어 있는 〈죽부인전(竹夫人傳)〉은 특히 가전체(假傳體) 문학작품의 효시로서 국문학사상 귀중한 작품으로 손꼽히고 있다.

이 《가정집》은 선생께서 몰하신 지 14년 만인 고려 공민왕(恭愍王) 13년(1364)에 아드님 목은(牧隱 : 諱穡) 선생이 편집하고, 사위 박상충(朴尙衷)이 금산(錦山)에서 간행했으니 이것이 이 문집의 초간본이다.

그러나 아깝게도 이 초간본은 고려가 망하고 조선이 건국되는 사이에 병화(兵火)로 소실되고 말았다. 이를 안타깝게 여긴 선생의 손자인 양경공(良景公 : 諱種善)이 강원도 도관찰사(江原道都觀察使) 류사눌(柳思訥)에게 종용(慫慂)해서 조선조 세종(世宗) 4년(1422)에 중간하게 되었다. 그러나 이 중간본마저 오늘날에 전해지지 않는다.

그 후 임진왜란을 겪는 동안 《가정집》의 판본은 또다시 소실되었고, 전해지는 책이 희귀하여 구해 보기가 어렵게 되었다. 그래서 후손 기조(基祚)가 경상도관찰사(慶尙道觀察使)로 있을 때에 구본(舊本)을 얻고 산질

(散帙)된 제편(諸篇)을 보결(補缺)해서 인조(仁祖) 13년(1635)에 대구(大邱) 달성(達城)에서 세 번째 중간을 하기에 이르렀다. 이 3간본(三刊本)《가정선생문집(稼亭先生文集)》 20권이 현재 3책 혹은 4책으로 분책되어 규장각(奎章閣)을 비롯한 여러 곳에 수장(收藏)되어 있다.

그러나 이 제 3 간본은 전질이 못 되고 결유(缺遺)가 적지 않았으므로 후손들이 이를 항상 안타깝게 여겨 오던 중 후손 태연(泰淵)이 전라도관찰사(全羅道觀察使)로 갔을 때에 얻은 완본(完本)을 대본(臺本)으로 하여 현종(顯宗) 3년(1662)에 전주(全州：完山)에서 간행하니 이것이 제 4 간본으로서, 현재 더러 통용되고 있는 4책 20권으로 된《가정집》이다. 이것은 간송박물관(澗松博物館) 등에 현존하고 있다.

그 후 1939년 이를 다시 예산(禮山)에서 중간한 일이 있으며 국립도서관 등에 수장되어 있다.

그러다가 1973년에 이 제 4 간본을 대본으로 하여 성균관대학교 대동문화연구소에서《목은집(牧隱集)》·《인재집(麟齋集)》과 합본으로《고려명현집(高麗名賢集)》 3으로 간행함으로써 비로소 세상에 널리 보급되기에 이르렀다.

《가정집》 20권의 내용을 보면, 권 1 은 잡저(雜著), 권 2, 3, 4, 5 는 기(記), 권 6 은 기(記)·비(碑), 권 7 은 설(說)·제발(題跋)·명찬(銘讚)이다. 권 8 은 서(書)·계(啓)·서(序)이며, 권 9 는 서(序), 권10은 서(序)·표전(表牋)·소어(疏語)·청사(靑詞)이고, 권11은 제문(祭文)·묘지명(墓誌銘), 권12는 묘지명(墓誌銘)·행장(行狀), 권13은 정문(程文)으로 이루어져 있다.

권14 이하는 시로써 권14에는 고시(古詩)가, 권15에서 20까지는 율(律)이 실려 있는데 그 중 권15에는 영사(詠史), 권18에는 연경기행(燕京紀行), 권20에는 사(詞)가 들어 있다.

부록으로 〈가정선생연보〉가 실려 있고 〈가정잡록〉도 수록되어 있다.

이번 국문으로 번역 간행되는 선생의 문집은 전기(前記) 제 4 간본을 대본으로 삼았음을 덧붙여 둔다. (편집자 주 : 이 항은 저자 이민수 선생이 한산 이씨 종친회에서 발행한 《가정집》의 해설을 쓴 것임)

■ 목은집(牧隱集)

저자인 목은 이색(李穡)의 한평생

비운으로 끝났던 고려의 왕조가 5백 년의 역사를 끝마칠 무렵의 3은(三隱)의 한 분이자 성리학(性理學)의 태두요, 큰 학자이고 문인이며 정치가였던 목은 선생은 실로 고려조와 운명을 같이한 큰 인물이었으니 우리로서는 길이길이 추모하여 잊을 수 없는 위대하신 분이다.

선생은 고려 충숙왕(忠肅王) 15년(1328) 경북 영해(寧海)의 외가에서 태어났다. 선생의 성은 이씨(李氏)요, 이름은 색(穡), 자(字)는 영숙(穎叔), 목은(牧隱)은 호(號)이며, 본관은 한산(韓山)이다. 그 아버님 가정(稼亭) 선생의 자는 운백(芸伯), 이름은 곡(穀)인데 일찍이 학문과 문장과 정치로 이름높을 뿐 아니라 원(元)나라에 가서 그 나라 과거에 좋은 성적으로 등과하여 온 천하에 이름을 떨쳤기 때문에 이로부터 한산 이씨는 우리나라의 대성(大姓)이 되었던 것이다.

목은 선생은 이러한 아버님을 두었기 때문에 가정에서 엄격한 교훈도 받았겠지만 그보다는 선천적인 재질과 근고(勤苦)로 대성한 것 같다. 여기에 소개하려는 《목은집》에 보면, 선생은 8세 때부터 한산(지금의 서천군 한산면(舒川郡韓山面)) 숭정산(崇井山) 산사(山舍)에 들어가, 글을 읽기 시작하였고 또 여러 절로 돌아다니면서 쉬지 않고 공부했는데 이름난 절에는 오는 사람들이 많아서 공부에 방해가 되는 것을 탄식하는 시가 있다.

또 밤새도록 관솔불 앞에서 글을 읽고 나면 얼굴이 새까맣게 그을어서, 아침에 그를 본 중들이 숯검정과 같다며 웃었다는 시도 볼 수가 있으니 그 얼마나 근고했는가를 짐작할 수가 있다.

이리하여 14세에는 벌써 성균시(成均試)에 합격하여 진사(進士)가 되었으니, 14세의 진사는 당시에도 놀라운 일이어서 세상 사람들의 찬탄을 받았다.

16세에 성균관 구재도회(九齋都會)에 참례하여 각촉부시(刻燭賦詩)에 1등으로 장원한 것이 여러 번이었다. 이 각촉부시라는 것은 초에 선을 그어 놓고 그 촛불이 타서 선까지 가기 전에 글을 완성하는 것으로 가장 짧은 시간을 제한하여 글 실력을 시험하는 유일한 방법이었다. 이렇듯 선생은 소년시절에 이미 전국의 많은 선비들이 모인 구재도회를 주름잡은 것이다.

19세에 결혼하고 20세 되던 해에 부친을 뵈러 원나라에 들어갔다가 이듬해 그곳에서 아버지 가정 선생이 그 나라 조정에 벼슬해서 중서사(中瑞司) 전부(典簿)가 되었기 때문에 조관(朝官)의 아들이라는 자격으로 국자감(國子監) 생원(生員)에 뽑혔다. 이 국자감이란 전국의 수재들과 대관의 자손들만이 들어갈 수 있는 곳인데, 거기에서 3년 동안 여러 수재들과 겨루어 많은 학문을 탁마(琢磨)할 수 있었으니, 그 중에서 가장 큰 수확은 송학(宋學)을 마음껏 배울 수 있었다는 것이다. 송학이란 송나라의 정호(程顥), 정이(程頤) 형제로부터 시작되어 주희(朱熹)에 와서 대성된 성리학이다. 이 성리학은 유교 철학으로 완성된 학문으로서 당시까지만 해도 아직 널리 소개되어 있지 못했었다.

1351년 25세 때에 가정 선생이 본국에서 역궤(易簀)하시자 귀국하여 3년상을 치르게 되었다. 이동안 선생은 전제(田制)의 개혁, 국방계획, 교육의 진흥, 불교의 억제 등 당면한 여러 정책의 시정과 개혁에 관한 건의문을 올렸다.

3년상을 끝내고 1353년에 익재(益齋) 이제현(李齊賢)의 주시(主試) 아래

향시(鄕試)에서 1등으로 합격하고 또 그 해에 정동행성(征東行省)의 향시에서도 제 1 인으로 급제했다. 이로부터 선생에게는 관직의 앞길이 환히 열린 것이다. 처음 숙옹부승(肅擁府丞)에 오른 선생은 같은 해에 다시 서장관(書狀官)이 되어 원나라에 들어갔으며, 그 이듬해에는 그곳 원나라에서 회시(會試)에 1등으로 합격하고, 다시 황제가 친히 임석해서 보이는 전시(殿試)에 2등으로 합격하여 일약 명성을 중외에 떨쳤다. 그 당시 원나라에서 제일가는 문장가인 구양현(歐陽玄) 같은 이는 선생의 뛰어난 문장을 보고 칭찬을 아끼지 않았으며 자기의 의발(衣鉢)을 선생에게 전하겠다는 말까지 하였다. 이내 선생은 원나라에서 한림원(翰林院)의 영예로운 관직에 임명되었고, 1356년에 본국으로 돌아와서는 이부시랑(吏部侍郞), 한림직학사(翰林直學士) 겸 사관편수관(史館編修官) 지제교겸병부낭중(知製敎兼兵部郞中)이 되어 인사행정을 주관하고, 개혁을 건의하여 정방(政房)을 폐지하게 했다. 이듬해에 우간의대부(右諫議大夫)가 되어 유학에 의거한 3년상 제도를 비로소 실시하게 했다.

그 후에도 선생은 원나라에 갔었으나 원나라는 비운이 들어 도처에서 한족(漢族)의 봉기로 세상이 어수선해졌다. 선생은 원나라에서 벼슬할 것을 단념하고 곧 본국으로 돌아와, 오로지 고려를 위해 진충할 것을 스스로 다짐하고 맡은 바 직분에 충실하니 자연 상하의 신임이 날로 두터웠다.

그 후 공민왕(恭愍王)이 시해(弑害)되던 해인 1371년까지 전후 20년 동안 선생은 공민왕의 많은 권애(眷愛)를 입어서 요직에 참여했는데 그 중에서도 춘추관(春秋館)과 예문관(藝文館)의 직무를 가장 오래 맡았었다. 춘추관의 일은 당시의 여러 가지 사건과 왕의 말씀, 행동으로부터 대소관원의 행적까지를 기록하는 것이니 여간 강직하고 의지가 굳은 사람이 아니면 사실대로 기록하기 어려운 직무이다. 또 예문관의 일은 왕의 문학저술을 맡은 것인데, 그 중에서도 중국을 상대로 하는 문자가 매우 어려워서 당대 문장의 제 1 인자가 아니면 맡기 어려운 직책이었다. 그러나 선생은 오로지 강직한 성품과 굳은 의지, 해박한 학식과 원숙한 문장으로 이 두 가지 어려운 직무를 훌륭히 완수했던 것이다.

그 다음 선생은 간관(諫官)과 성균관(成均館) 대사성(大司成)으로서의 활약에서 많은 업적을 남겼다. 간관이란 충성스럽고 강직하면서도 임금의 마음을 돌릴 수 있어야 하며, 대사성의 직무는 인재 교양의 큰 임무가 있는 것이니, 이 몇 가지는 모두 당시 선생이 아니고서는 완수하기 어려운 직무였었다. 이때 선생은 성균관에서 김구용(金九容)·정몽주(鄭夢周)·박상충(朴尙衷)·박의중(朴宜中)·이숭인(李崇仁) 등 경학(經學)에 밝은 학자로 학관(學官)을 삼아 인재를 가르치게 했다. 매일같이 명륜당(明倫堂)에 앉아 경서를 가르치면서 의문나는 것을 토론하게 하되, 학론(學論)을 정주학설(程朱學說)에 맞도록 교도하여 피로함을 몰랐다. 이로부터 성리학이 크게 발전하여 한낱 과거를 목적으로 기송사장(記誦詞章)만을 숭상하던 학풍이 차츰 자취를 감추고, 유학의 이론에 관한 연구를 목적으로 하는 새로운 바람이 일어나기 시작했다.

당시 선생이 지공거(知貢擧)로서 뽑은 선비들을 보면, 우선 윤소종(尹紹宗) 등 28명을 비롯하여 이첨(李詹) 등 7명, 류백유(柳伯濡) 등 33명이 있다. 또 명(明)나라에 뽑아 보낸 사람으로서 이숭인(李崇仁)·박실(朴實)·권근(權近)·김도(金濤) 등을 발탁했다. 또 간관으로서 선생의 가장 큰일은 죽음을 무릅쓰고 류탁(柳濯)을 구해 준 일이다.

공민왕의 선생에 대한 예우는 실로 대단한 것이었다. 그 일례로 선생이 왕을 뵈려고 궁내에 들어가면, 왕은 측근의 시신(侍臣)을 시켜 향을 피우고 자리를 깨끗이 치운 다음에 만나는 것이 상례였다. 이것을 본 중 신조(神照)가 어느 날 왕에게,

"상감께서 신하를 만나실 때 경의(敬意)를 표하시는 것도 정도가 있사옵거늘 어찌 이토록 지나치게 하십니까?"

하고 불평하자 왕은,

"모르는 소리니라. 목은(牧隱)은 그 도덕이 시속 사람들에게 비할 사람

이 아니다. 또 그 학문도 살과 껍질을 버리고 골수(骨髓)를 얻어서 중국에서도 그와 같은 사람은 보기가 드물다. 내가 어찌 이런 사람을 교만하게 대접할 수가 있겠는가?"

라고 하였다. 이리하여 왕은 선생에게 문충보절찬화공신(文忠保節贊化功臣)이란 공신호(功臣號)를 내리고 한산군(韓山君)에 봉했다.

1389년에 이성계(李成桂)의 위화도(威化島) 회군이 있은 뒤 우왕(禑王)과 최영(崔瑩)의 참패로 왕은 퇴위하게 되고 최영은 곧 살해되었다. 그리고 이성계의 지위와 권력은 결정적으로 굳어졌다. 그러나 이성계는 수상(首相)의 자리를 선생에게 양보하고, 또 후계의 왕을 세우는 데에도 선생의 의견을 좇아서 우왕의 아들인 창왕(昌王)을 세우기로 했다. 당시 선생의 덕망이 절대적이었다는 것을 짐작할 수 있으며, 이때문에 온 나라를 좌우하는 이성계도 머리를 숙였던 것이다.

여기서 한 가지 알아야 할 것은 우왕은 공민왕의 아들이 아니요, 중 신돈(辛旽)의 아들이라 하여 신우(辛禑) 신창(辛昌)이라는 말들을 했다. 이것은 후일에 이성계를 추대하여 이씨(李氏) 왕조를 건국한 소인배들의 곡필(曲筆)로 이루어진 것이니 여기에 선생이 새 임금을 추대할 때에 마땅히 전왕(前王)의 아들로 해야 한다고 주장한 것과 그 주장을 당시에는 아무도 반대하지 못한 것을 보아 알 수 있는 것이다.

공양왕(恭讓王)이 즉위하면서 이성계 일파는 더 거리낄 것 없이 선생과 선생을 사모하는 문하생들을 박해하기 시작했다. 때마침 윤이(尹彝) 이초(李初)라는 사람이 명나라에 가서 고려의 비참한 운명과 이성계 일파의 횡포를 호소하다가 실패한 일이 있는데, 이 일을 기회로 국내에서 평소에 이성계 일파에 반대하던 인사들이 그 음모에 가담했다 해서 수십 명의 명사를 체포하였다. 이에 선생도 권근·이숭인 등과 함께 제주옥(濟州獄)에 갇히게 되었다. 이성계 일파는 선생에게 혹심한 고문을 했으나 아무런 단서도 얻지 못하던 중, 돌연한 폭풍우로 제주 시가가 거의 침수되고 옥사(獄舍)가 붕괴되는 등 이변이 일어났다. 그렇지 않아도 이성계 자신으로서는 선생의 덕망을 생각하던 터이기도 했겠지만, 그보다도 국민의 신망이 절대적인 선생을 함부로 해칠 수 없어서, 홍수의 이변을 핑계로 선생을 석방하여 함창(咸昌)으로 귀양보냈다. 그 후 여러 곳으로 귀양다니다가 공양왕 7년에 이성계가 왕위에 올라 이씨 왕조를 건국하게 되자 대사로 석방되었다. 이에 선생은 고향인 한산으로 돌아갔다가 여주(驪州), 강릉(江陵) 등지를 유람하던 중, 왕이 된 이성계가 부르므로 내키지 않는 길을 억지로 가서 만났다.

선생이 왕(이성계)과 만났다는 이 사실을 가지고 곡필하기 좋아하는 조선조의 간신들은 선생을 비방하기 시작했다. 《태조실록(太祖實錄)》에,

'이모(李某)를 한산백(韓山伯)에 봉하였다. 이모에게 과전(科田) 1백20결과 쌀과 콩 백 석을 하사하였다. 이모로 의성(義城)·덕천(德泉) 등 오고제조(五庫提調)를 시켰다.'

는 등의 기사를 써서 선생이 실제로 이씨 왕조에 벼슬한 것처럼 무함(誣陷)하고 있다. 그러나 인조 때의 명현인 상촌(象村) 신흠(申欽)의 기록에 보면,

선생이 서울에 와서 왕과 만났는데 선생은 길게 읍만 하고 절하지 않았고, 태조는 용상에서 일어나 손님의 대우로 맞아서 환담을 나누던 중, 시강관(侍講官)들이 들어와 줄을 지어 착석하니 왕은 다시 용상에 올라앉았다. 그때 선생은 일어서면서, '이 늙은 사람은 앉을 자리가 없소그려.' 하고 나갔다.

라고 씌어 있다.

우리는 이 상촌의 글은 믿을 수 있지만 고려 왕조를 반역하고 이씨 왕조에 아부하여 무문(舞文) 곡필(曲筆)하는 간신배의 기록은 도저히 믿을 수 없는 것이다. 이때 정도전 등은 태조에게 아첨하기 위해,

"저런 망측한 늙은이가 전하의 어위(御威)를 알지 못하고 감히 무례하

기 짝이 없으니 참형에 처해야 합니다."

라고 했으나 태조는 즉시 이 의논을 물리쳤다.

그날 밤에 영의정 남재(南在)가 선생을 찾아와 시세(時勢)의 험악함을 말하며 서울을 떠나 피신할 것을 권했다. 그러나 선생은 그대로 서울에서 지내다가 그 해 5월에 여주에 있는 신륵사(神勒寺)에서 피서하려고 여강(驪江)에서 배를 타고 거슬러올라가던 중, 왕(이성계)이 보낸 술이라는 것을 마시고 중독되어 신륵사를 10리쯤 남겨놓고 제비여울〔燕子灘〕 배 위에서 파란 많던 세상을 떠났으니 향년 69세였다. 그 해는 이씨 왕조가 건설된 지 다섯 해 되는 태조 5년(1398)이다.

일설에 의하면 선생에게 보냈다는 술은 실상 태조 이성계는 알지 못하는 일이며 정도전이 몰래 태조의 이름으로 보낸 것이라 한다.

《목은집》의 중요 내용과 수난

선생의 《문집》은 쌍매당(雙梅堂) 이첨의 목은문집서(牧隱文集序)에 의하면, 원래 선생의 셋째아들 종선(種善)이 이를 수집 편찬하여 태종(太宗) 4년(1404)에 70권으로 개간(開刊)했던 것을 알 수가 있다. 그런데 우리가 알아야 할 것은, 태종 17년에 서운관(書雲觀) 소장의 장서 및 민간 사장(私藏)의 요탄(妖誕)한 서적을 없앤다는 핑계로 《목은문집》 일부도 추납(推納)당하여 피소(被燒)되고 말았던 것이니 이는 이씨 왕조의 촉휘(觸諱)에 기인한 것으로서, 만일 문집 전체가 지금까지 전해졌다면 선생의 놀라운 절의(節義)를 더욱 뚜렷이 우리가 파악할 수 있었을 것이다. 그 후로 간행된 태종 이후의 삭제본(削除本)은 55권으로 줄어들고 말았다.

이로부터 이 55권본이 정본(正本)처럼 되어 내려오다가 뒤에 이르러 《시집(詩集)》과 《문집(文集)》으로 분리되어 간행되기도 했다. 세조 때에는 선생의 손자 계전(季甸)이 시(詩)만을 골라 《목은시정선(牧隱詩精選)》 6권을 간행했으며, 선조(宣祖) 16년(1583)에는 선생의 7대손 증(增)이 충청도

관찰사(忠淸道觀察使)로 있을 때 홍주목(洪州牧) 최흥원(崔興源)에게 부탁하여 《목은문고(牧隱文藁)》 8권 5책을 홍주에서 개간하였다. 또 그 뒤 인조 때에 선생의 후손 덕수(德洙)가 《목은시문고(牧隱詩文藁)》 55권을 간행한 일이 있으며 다시 숙종 12년(1686)에 대구에서 활자로 인쇄되었다. 그리고 정본(正本)으로 되어 있는 55권본은 1973년에 대동문화연구원(大東文化硏究院)에서 《가정집(稼亭集)》 《인재집(麟齋集)》과 합본으로 삼세문집(三世文集)을 영인(影印)으로 간행된 바 있다.

이 책의 내용을 권별로 분류하면 다음과 같다.

시고(詩藁)

제1권~제35권	시(詩)

문고(文藁)

제1권~제6권	기(記)
제7권~제9권	서(序)
제10권	설(說)
제11권	표(表)
제12권~제13권	찬(讚), 어록(語錄), 논(論), 제문(祭文)
제14권	비명(碑銘), 탑명(塔銘)
제15권~제19권	묘지명(墓誌銘)
제20권	전(傳)

이렇게 보면 선생의 문집 중에서 3분의 2가 시(詩)인 셈이다. 그도 그럴 것이 선생의 시는 그 당시에도 제일가는 대가(大家)였지만, 우리나라 고대와 조선조를 통해 1천여 년 동안 선생과 필적할 만한 시인이 한두 명도 되지 않을 정도이니 그 시의 분량이 많은 것도 당연한 일이다.

선생의 시는 대체로 공민왕이 세상을 떠난 뒤 8년간 요양생활을 할 때에 많이 씌어졌다. 선생의 시는 실로 다양다기하여 그 속에는 도학가, 철학가, 정치가 또는 자연 속에 묻힌 야인으로서의 그의 심오한 세계가 펼쳐져 있으며, 읽는 이의 폐부를 꿰뚫는 깊은 달관의 세계가 나타나 있다.

사가(四佳) 서거정(徐居正)은 선생의 《목은시선서(牧隱詩選序)》에서,

'그의 시는 한 가지 체(體)에 잡혀 막히지 아니하고 여러 가지 체를 구비했는데 웅대(雄大)하고 넓은 점이 있고, 호화로우면서도 풍부한 점이 있고 곱고 예쁜 점이 있으며 고결(高潔)한 점이 있다. 엄격하면서 중후(重厚)한 점이 있고 오묘하면서도 깊숙한 점이 있으며 법칙이 있으면서 아담한 점이 있다.'

라고 한 것은 바로 이런 것을 지적한 말이었다.

석간(石磵) 조운흘(趙云仡)도 여조 12가(麗朝十二家)라 하여 그 시들을 평하는 자리에서,

'선생의 시는 웅건(雄健)하여 더욱 걸연(傑然)하다.'

고 찬탄하였다.

그러면 선생의 문(文)은 어떠했던가? 이 문에 대해서도 이의 없이 우리나라의 제일가는 대가로 추숭(追崇)하여 왔다. 양촌(陽村)이 《목은문집》 첫머리에 서문을 썼는데 거기에는 이런 문구가 있다.

선생은 자질이 순수하고 기운이 맑으며 학문이 넓고 이치가 밝아서, 가진 바가 묘하게도 지극히 절묘한 데에 합치되고, 수양한 바가 능히 지극히 큰 데에 짝지을 수 있다. 그런 때문에 그 문사(文辭)에 발표되어 나오는 것이 점잖고도 여유가 있다. 혼후하고도 끝이 없어서 그 밝은 것은 해와 달보다도 밝고, 그 변하는 것은 바람과 비보다도 빠르며, 우뚝한 것은 산악보다 높고, 광대한 것은 강하(江河)보다 넓고, 뿜어나오는 것은 물과 나무의 싹과 같으며 움직이는 것은 소리개와 물고기의 산 것과 같다. 부(富)하기는 만물이 각기 그 자연의 묘리(妙理)를 얻은 것 같으며, 예의와 음악과 형법과 정치의 큰 것이나 인자하고 의로운 도리 덕행(德行)의 바른 것이 순수하게 그 극진한 것을 한곳에 모았다. 하늘과 땅의 정화(精華)를 받고 성현(聖賢)의 싸인 속을 다 알고, 구양수(歐陽修)와 소식(蘇軾)의 기를 달래서 한유(韓愈)와 유종원(柳宗

元)의 방 속에 들어가 보지 않았다면, 어찌 능히 이에 이르겠는가? 우리 동쪽 나라에 문학이 있어 온 이래로 선생보다 장한 이가 있지 않았으니 아아! 지극하도다.

라고 했다.

또 호정(浩亭) 하륜(河崙)은 선생의 신도비(神道碑)에서,

'문사(文辭)를 하는데 고사(故事)와 사실이 풍부하여, 홍치는 풍아(風雅)를 본받고, 언론은 덕의(德義)에 합하여 화평한 음율과 정대한 기상이 점잖게 책 속에 보이고 있다.'

라고 했으며, 쌍매당(雙梅堂) 이첨(李詹)은 선생의 문집 끝에,

'뜻은 웅대하고 어고휘 풍부하여 마치 검은 구름이 사면에서 일어날 때 천둥과 번개가 황홀하고 비와 우박이 섞여 쏟아지다가 구름이 걷히고 비가 그치면 긴 하늘 몇 만리가 한 빛으로 푸르러 씻은 것 같으니, 신기하고 위대하여 범상한 것이 아니다.'

라고 했다.

또 사가(四佳) 서거정(徐居正)은,

"원나라 학사 구양현(歐陽玄) 문충공(文忠公)이 한 번 선생을 보고 인물로 여겨서 해외로 의발(衣鉢)을 전하겠다는 시까지 지었으니 선생의 이름이 은연히 천하에 들리게 되었다. 대개 선생의 문(文)은 근본을 육경(六經)에 두고 사(史)·한(漢)을 참작하고, 제자서(諸子書)에서 윤색시키니, 고무하고 동탕하여 피어 올라서 구름과 천둥이 되고, 찬란하게 별이 되고, 패연하게 강하(江河)가 되고, 약연(躍然)하게 용호(龍虎)가 된다. 이렇게 변하는 태도가 무궁한 것은 마치 청명한 날에 종남산(終南山)에 올라 여러 골짜기가 앞에 전개된 것을 보는 것 같아서 응접하는데 겨를이 없다."

라고 했다.

점필재(佔畢齋) 김종직은 그의 관어대부(觀魚臺賦)에,

'목은 늙은이에게 한 잔 올리며 아름다운 문장을 읊으니 마치 진수성찬 맛있는 음식에 배부른 것 같도다. 속마음은 초(楚)와 월(越)처럼 멀지 않을 것이니, 원컨대 명철(明哲)하고 성실한 군자가 같이 되시기를.'

라고 했으니, 이는 모두 지극히 선생을 존숭하고 찬양한 말들이다.

한편 선생의 후손 죽천(竹泉) 덕동(德洞)은 그의 저서《죽창한화(竹窓閒話)》에서 간이(簡易) 최립(崔岦)이 한 말을 인용하여,

"우리나라의 문장은 마땅히 목은으로 으뜸을 삼으리니, 자손을 위하여 굳이 한유(韓愈)·류종원(柳宗元)을 공부하게 할 것이 아니라,《목은집》을 읽히는 것이 옳은 일이다."

라고까지 말했다.

우리나라 성리학도 선생에 와서 비로소 집대성되었다고 할 수 있다. 고려조는 그 건국 초부터 불교로 국교를 삼다시피 한 나라이다. 일반 학자들로서 불교 사상에 물들지 않은 분이 거의 없을 정도였다. 그러던 것이 선생께서 세상에 태어나기 조금 전인 13세기 말년에 문성공(文成公) 안향(安珦)이 유교 철학의 대성인 성리학을 원나라에서 배워 들여옴으로써 유교가 차차로 전파되기 시작했다. 문성공(文成公)의 문하에 국재(菊齋) 권부(權溥)가 있었고, 그 문하에서 선생의 부공(父公)이신 가정(稼亭)이 수학했으므로 선생도 어려서부터 부공의 교훈으로 유교를 알게 되었다.

그 후에 원나라에 가서 그때의 대학인 태학(太學)에서 여러 사우(師友)들과 함께 성리학을 편찬하였기 때문에 유교사상에 상당한 조예(造詣)를 갖게 되었다. 그러나 온 나라가 몇백 년 동안 국교처럼 여겨 오던 불교 사상이 아직도 성행되고 있었으므로 선생 혼자만의 힘으로 불교 사상이 일시에 자취를 감추게 할 수는 없는 것이었다. 선생께서 애써 불교를 배척한 흔적으로는 왕명을 받아서 쓴《전등록(傳燈錄)》서문이 있다.

'선(禪) 이야기에 이르러서는 신(臣)이 배우지 못한 바이므로 언급하지 아니하노라.'

라고 했다.

선생의 행장(行狀)에,

'공(公)은 천생 자질이 명석하고 지혜로우며 학문이 정하고 해박해서, 일 처리에 상세하고 분명하며 마음 갖기를 너그럽고 용서를 잘하니, 옳고 그른 것을 의논함에는 명백하고 간결했다. 그러면서도 반드시 충성되고 후한 것을 주장하였고, 사람을 대한다든가 물건을 대할 때에는 겸손하고 온공하고 상냥하고 착해서 화기가 넘쳐흐르건만 그 엄격한 일면은 함부로 하지 못할 것이 있었다. 공이 재상이 되어서는 기성된 법칙을 따르는 데 힘쓰고, 뜯어 고치는 것을 기뻐하지 아니하여 항상 대체를 잡았다. 임금에게 충성되고 부모에게 효도하는 마음은 늙은 뒤에까지도 쇠하지 않아서 매양 말과 얼굴 빛에 나타나고 시와 문에 나타났으며 후배들을 권면하는 데에는 반드시 윤리로써 주장을 삼아 부지런하여 권태를 느끼지 아니하고, 많은 글을 널리 보았으나 그중에서도 가장 성리학에 밝았다.'

라고 했으며 신도비문(神道碑文)에는,

'공(公)이 매일 여러 학관(學官 : 敎授)들과 나누어서 교수한 뒤에 서로 더불어 토론하고 분석하여 해가 다 지도록 피곤한 것을 잊어버렸으므로 배우는 자들과 옛 습관을 고쳐서 유림의 기풍이 일신해졌다.'

라고 했으니, 이것은 선생이 성균관 대사성(大司成)으로 있을 때의 이야기이다. 또 이첨의 기록에는,

'유학을 일으키는 것을 자신의 임무로 삼아서 후배를 훈계하고 권면하기에 부지런하여 권태를 느끼지 아니하고, 큰뜻을 풀어 말하고 분석하여 그것을 시원스럽게 얼음 녹듯 하게 했으니, 동방의 성리학이 이로 해서 밝혀졌다.'

라고 했다.

선생이 고려조에 바친 충성도 다른 어느 사람의 추종을 허락하지 않는다.

원래 공민왕은 원나라 황제의 질녀인 노국대장공주(魯國大長公主)에게

장가들어 금실이 좋았었다. 그러다가 불행히 왕비가 먼저 죽었다. 왕의 비애는 형언할 수 없었다. 왕은 공주의 화상을 손수 그려 이것을 모셔둘 영전(影殿)을 새로 짓고, 때때로 거기에 나가서 산 사람에게 대하듯이 했다. 또한 이 영전이 초라하다 해서 이것을 굉장히 화려하게 짓게 하여 백성들에게 부역을 심하게 시켰기 때문에 원망이 대단했다. 이에 정승 류탁(柳濯)이 왕에게 글을 올려 공사를 중지시키자고 청했다. 그러나 왕은 크게 노해서 류탁을 하옥시키고 사형에 처할 것을 결정한 다음, 그 죄상을 밝히는 고론문(告論文)을 선생에게 지으라고 명령했다.

이때 선생은 이를 단호히 반대하면서 류탁을 죽이는 죄목(罪目)이 대체 무어냐고 왕에게 따졌다. 왕이 몇 가지 죄목을 억지로 조작하여 말하자 선생은 왕에게 간했다.

"지금 말씀하신 죄목은 류탁을 죽일 만한 죄가 되지 못합니다. 뿐만 아니라 그 일은 오래 전에 지나간 일입니다. 이런 죄목을 가지고 정승을 죽인다면 사람들은 반드시 이번 영전 공사를 중지하자고 청한 일 때문에 정승을 죽였다고 할 것입니다. 신은 아무리 형을 받고 죽을지언정 이 고론문을 지을 수가 없습니다."

이에 왕은 더욱 화를 내며 국왕의 옥새를 내던지면서,

"과인은 왕위에서 물러날 터이니, 다른 덕망있는 사람을 골라서 왕을 삼도록 하라."

라며, 자리에 누워 조석 식사까지도 거절하는 것이었다. 상하가 모두 황공하여 선생을 책망하게 되었다. 이때 선생은 울면서 말하기를,

"내가 우는 것은 내가 형을 받고 죽는 것이 두려워서 우는 것이 아니다. 왕께서 과오를 범하시고 그대로 회개하시지 않을 뿐만 아니라, 더욱 그 과실을 더하시어 후세의 사가들이 잘못한 임금이라고 기록할 것이 원통해서 우는 것이다."

라고 했다.

이 말을 들은 어느 대관이 그대로 왕에게 알리자, 왕은 이 말에 크게 감

동하여 즉시 선생을 용서하고 류탁도 석방하라는 명령을 내렸다. 이것은 공민왕이 총명했기 때문이기는 하지만 선생의 지극한 충성이 아니면 있을 수 없는 일이었다.

고려조에 바친 선생의 한결같은 충성은 이뿐만이 아니었다.

홍건적(紅巾賊)의 난리 때, 왕을 모시고 남쪽으로 피난하면서 자신의 생명의 위험을 조금도 돌보지 않은 채 오로지 왕의 신변의 안전을 위해 힘을 다한 일 역시 선생이 나라를 위해 진충갈력(盡忠竭力)한 큰일 가운데 하나라 하겠다.

그랬기 때문에 공민왕이 시해된 뒤에 우왕(禑王)이 선생을 예우하고 중용한 것은 당연한 일이다.

그러나 선생의 나라에 대한 이같은 노력에도 불구하고 고려의 국운은 날로 기울어갔다. 더구나 쉴새 없는 왜구의 침략과 홍건적의 난은 고려의 경제를 곤궁에 몰아넣었으며, 따라서 국력은 극도로 쇠퇴해 갔다. 게다가 부패하고 탐오(貪汚)한 무리들이 왕의 곁에 있어 세력을 전횡(專橫)하여 사회 기강을 어지럽히는 한편 난리에 공을 세운 무장(武將)들의 발호까지 곁들여 나라의 형편은 말이 아니었다.

그러나 선생은 물러서지 않았다. 나라가 어지러워질수록 선생은 전 왕 공민왕의 은고(恩顧)와 우왕의 간절한 부탁을 잊을 수가 없었으며, 이런 때일수록 신하된 직분을 다하지 않으면 안 된다는 마음에서 동분서주하지 않을 수 없었다.

선생은 먼저 전에 뜻을 같이하던 동료와 문하에 있는 영재들과 힘을 합해 국사를 바로잡아 보려고 노력하였다. 이렇게 어려운 시국에 무장 최영이 대군 17만 명을 송두리째 들어서 이성계로 하여금 명나라를 치게 하였다. 최영은 최영대로 고려의 국운이 기우는 것을 걱정한 나머지, 이성계의 세력이 심상치 않음을 직감하고 제거하지 않으면 안 되겠기에 이성계로 하여금 명나라를 치게 하여 명나라에 패하여 죽게 하려는 계획이었다.

그러나 결과는 반대로 이성계의 세력을 절대적인 위치로 끌어올리는 사태로 급변시키고 말았다. 위화도에서 발길을 돌려 회군해 온 이성계의 힘은 너무나 막강한 것이 되었다. 생각하면 무모한 정략이었다. 이것은 마치 자기의 칼을 남에게 주고 자기는 맨손으로 앉은 것이나 다름없는 어리석은 결과를 낳고 말았던 것이다. 위화도에서 회군한 이성계는 급기야 왕을 퇴위시키고 최영을 살해하고는 나라의 실권을 한손에 쥐게 되었던 것이다.

하늘은 이미 고려의 운명을 종지시키기로 결정했던 것인지, 이로 인해 선생의 국궁진췌(鞠躬盡瘁)한 보람은 물거품처럼 사라져 버리고 말았다.

선생은 실로 고려 말년에 태어난 위대한 위인이었다. 그는 여러 방면에서 대성한 분이었다. 정치에 있어서는 워낙 어찌할 수 없는 고려의 국운이었기 때문에 선생으로서는 이를 만회할 수 없는 부득이한 일이었다. 선생은 국가에 대한 충성을 만고에 빛냈을 뿐만 아니라 고려말의 한문학(漢文學)을 집대성한 위대한 한학자요, 유학자였으며 또 훌륭한 교육자로서 많은 후진들을 양성해 냄으로써 이 땅의 한문학과 유문학의 기틀을 잡게 하였다.

선생이 이 태조를 만난 자리에서,

"늙은 사람은 앉을 자리가 없구려."

하고 일어서서 나온 위대한 한마디 말도 2백여 년이 지난 뒤에야 비로소 문헌에 기록되었다. 우리는 이 말에 실로 커다란 감명을 받고 있으며 만일 상촌(象村)의 이러한 기록이 없었더라면 선생은 마치 이씨 조선에서 내린 작(爵)과 관(官)을 받은 줄로 오해하게 되었을 것이니 참으로 유감스러운 일이다.

이 밖에도 당시의 실상을 제대로 전하는 기록의 부족과 왜곡된 사실의 기록으로 선생의 위대하신 진면목에 누를 끼치는 일들이 없지나 않을지 송구스러운 마음 금할 길이 없다.

한 마디로 말해서 깨끗하고 진실되며 품격 높게 살아 가려 했고, 또 그렇게 살았던 분이 바로 선생이었다.

〈참 고 문 헌〉

『高麗史』 太祖實錄
『陽村集』 權近
『雙梅堂集』 李詹
『四佳集』 徐居正
『象村集』 申欽
『佔畢齋集』 金宗直
『竹窓閒話』 李德洞
『高麗史』 李丙燾
『高麗時代史』 金庠基
『李朝建國의 硏究』 李相伯
『牧隱集解說』 李相殷
『牧隱解說』 權五惇

(편집자 주 : 이 항은 저자 이민수 선생이 한산 이씨 종친회에서 발행한《목은집》의 해설을 쓴 것임)

▩ 오륜행실도(五倫行實圖)

백성들을 윤리적으로 교화시키기 위해 펴내다

《오륜행실도》는《삼강행실도(三綱行實圖)》와《이륜행실도(二倫行實圖)》의 두 책을 합해서 만든 것으로 도합 5권 4책으로 이루어져 있다.

원래《삼강행실도》는 조선조 세종(世宗) 16년(1434)에 집현전 부제학(集賢殿副提學) 설순(偰循)이 세종의 명을 받아 편찬한 것이며 또 원문 뒤에 실은 언해(諺解)는 성종(成宗) 때에 시도한 것으로 전해지고 있다.

《이륜행실도(二倫行實圖)》는 당초에 김안국(金安國)이 중종(中宗)의 경연(經筵)에서 시강(侍講)할 때 강술(講述)한 장유(長幼)·붕우(朋友)의 두 인륜(人倫)에 관한 것을 사역원정(司譯院正)인 조신(曹伸)에게 명하여 정리하게 한 책이다.

이 글에 수록된 사람은 모두 150명으로 효자(孝子) 33명, 충신(忠臣) 32명, 열녀(烈女) 35명, 형제(兄弟) 25명, 종족(宗族) 7명, 붕우(朋友) 11명, 사생(師生) 5명으로 되어 있다. 이 대부분이 중국의 인물들인데 그 중 우리나라 사람으로는 효자 4명, 충신 6명, 열녀 6명으로 합하여 16명에 불과하다.

한 사건이 끝날 때마다 삽화(揷畵) 하나씩을 그려 넣었는데, 이 그림은 단원(檀園) 김홍도(金弘道)의 화법(畵法)임에 틀림없다고 한다.

그러면 여기에서 말하는 삼강(三綱), 이륜(二倫), 오륜(五倫)이니 하는 것은 무엇인가?

백호통(白虎通)의 《삼강육기(三綱六紀)》에 보면,

'삼강(三綱)이란 무엇을 말하는 것이냐. 이는 군신(君臣)·부자(父子)·부부(夫婦)를 말하는 것이다〔三綱者何謂也 謂君臣父子夫婦也〕.'

라고 했다.

《예위함문가(禮緯含文嘉)》에 보면,

'임금은 신하의 벼리가 되고, 아버지는 자식의 벼리가 되며, 남편은 아내의 벼리가 된다〔君爲臣綱 父爲子綱 夫爲婦綱〕.'

라고 했다.

이륜(二倫)이란 말은 별로 쓰지 않지만 여기에서는 장유(長幼)와 붕우(朋友)를 말한 것이다.

오륜(五倫)이란 말은 명(明)나라 심역(沈易)의 〈오륜시(五倫詩)〉와 선종(宣宗)의 〈어제 오륜서(御製五倫書)〉에 처음 나오는 것으로서, 사람이 항상 행하는 다섯 가지 도(道)를 말한다. 즉 부자(父子)의 친함, 군신(君臣)의 의리, 부부(夫婦)의 분별, 장유(長幼)의 차서(次序), 붕우(朋友)의 믿음이 그것이다.

하지만 멀리 《맹자(孟子)》의 〈등문공편(滕文公篇)〉에도 보면, '설(偰)로 사도(司徒)를 삼아서 인륜(人倫)을 가르치게 했으니, 곧 부자유친·군신유의·부부유별·장유유서·붕우유신이다.'란 말이 나온다.

그러므로 삼강(三綱)과 이륜(二倫)을 합한 것이 자연 오륜(五倫)이 되는데, 이 《오륜행실도(五倫行實圖)》에서는 이 오륜 외에 종족(宗族)과 사생(師生)의 윤리(倫理)까지도 밝힌 것을 보면, 비단 오륜뿐만이 아니라 모든 인륜 관계에 있어서의 착한 일들을 기록하려는 깊은 뜻을 엿볼 수가 있다.

이러한 내용의 책이 조선조의 성군(聖君) 세종대왕에 의하여 저술되기 시작한 것은 결코 우연한 일이 아니다. 그것은 모든 백성들을 윤리적(倫理的)인 참다운 인간으로 교화(敎化)시켜 보자는 데에 그 근본 뜻이 있었음은 물론이려니와, 유교(儒敎)로써 국기(國基)를 삼으려는 당시의 정치 풍토를 넉넉히 엿볼 수가 있다.

아무튼 이 책이 발간됨으로 인해 유교적(儒敎的) 인간상(人間像)은 이미 충(忠)·효(孝)·열(烈)이라는 절대적인 도덕률(道德律)에 의해 틀이 잡히기 시작해서, 이것이 한 가정을 유지하고 한 사회를 형성하며 한 국가의 기강(紀綱)이 확고해지는 원동력이 되었다고 볼 때, 이 책이 지닌 가치가 얼마나 큰지 잘 알 수가 있다.

그 때문에 국역판(國譯版)과 그림까지 붙이면서 중간(重刊)에 중간을 거듭했음에도 불구하고, 지금에 와서는 매우 찾아 보기 힘든 희귀본이 되었다. 이 책의 생명은 다른 어느 책보다도 길다고 보아야겠다.

그런데 이렇게 우리가 소중히 여겨야 할 오륜(五倫)이 오늘날에 와서는 과연 어찌되었는가. 종래의 전통사상(傳統思想)을 송두리째 말살해 버리고 새 터전 위에 완전히 새로운 사조(思潮)를 받아들이려는 태도가 짙어가고 있는 작금(昨今)의 사태는 매우 한심스럽다. 냉정히 생각해서 모든 인간관계에 있어서 한 인간이 다른 인간에게 바치는 정성이 그릇된 것이라고 생각될 이유는 절대로 없을 것이다. 그런 의미에서 볼 때 자식이 부모에게, 신하가 군왕에게, 아내가 남편에게, 아우가 형에게, 친구가 친구에게, 어린이가 어른에게, 제자가 스승에게 바치는 정성과 애정과 존경이 어찌해서 말살될 이유가 될 수 있는가 말이다.

이《오륜행실도》야말로 오늘같이 사회풍조가 어지러워져 가는 시기에, 우리가 다같이 재음미(再吟味)해 봄으로써 우리의 모든 생활을 윤리적 행위 속에 간직해 나가는 데에 올바른 지침(指針)이 될 수 있는 글이라고 생각한다.

▩ 금오신화(金鰲新話), 화왕계(花王戒) 등

우리나라의 한문소설(漢文小說)

한문소설(漢文小說)에 대하여 중국《사고제요(四庫提要)》의〈소설가류(小說家類)〉에서는 이렇게 말했다.

> 소설은 번잡하고 많으며 파별(派別) 또한 몹시 시끄러운데, 대체로 이것을 종합하면 여섯 종류로 나눌 수 있다.
>
> ① 지괴(志怪) : 수신(搜神), 술이(述異), 선실(宣室), 유양(酉陽)의 유(類).
>
> ② 전기(傳記) : 비연(飛燕), 태진(太眞), 최앵(崔鶯), 곽옥(霍玉)의 유.
>
> ③ 잡록(雜錄) : 세설(世說), 어림(語林), 쇄언(瑣言), 인화(因話)의 유.

④ 총담(叢談) : 용재(容齋), 몽계(夢溪), 동곡(東谷), 도산(道山)의 유.

⑤ 변정(辨訂) : 서박(鼠璞), 계륵(鷄肋), 자가(資暇), 변의(辨疑)의 유.

⑥ 잠규(箴規) : 가훈(家訓), 세범(世範), 권선(勸善), 성심(省心)의 유.

그러나 이러한 허망한 괴담(怪談)이나 소박한 수필(隨筆)에서 한 걸음 나아가 문장의 중심이 점점 사람의 생활을 묘사하는 데로 옮겨 왔다. 또한 작가들도 의식적으로 그와 같은 글을 쓰게 되자 소설이라는 명칭이 가진 개념도 변동되어 연의(演義)와 전기류(傳奇類)의 창작에도 그 명칭을 쓸 뿐만 아니라, 도리어 이 연의와 전기가 소설이란 개념의 중추(中樞)가 되었다.

소설이라는 명칭은 시대에 따라 그 개념에 차이가 있다. 중국에서는 한대(漢代)의 설화(說話)에서 당대(唐代)의 전기(傳記), 송조(宋朝)에는 원사(諢詞)로 그 명칭이 바뀌었다. 원(元)·명(明) 이후에야 상당한 체제와 내용을 가진 소설이 생긴 것과 때를 같이하여 그 문명의 영향을 받아 온 우리나라 소설의 발달도 이에 부수(附隨)하는 바가 있었으며 그 명칭도 차츰 달라졌다.

한편 조선조 이전의 한국 소설은 거의 소설의 범주에 들어갈 수 없다는 주장이 있다. 그러나《삼국유사(三國遺事)》에 나오는 신화계(神話系)의 소설이라든지《삼국사기(三國史記)》에 있는 소설들은 그 범주에 들어갈 수 있는 작품들이다. 더구나 설총(薛聰)의 〈화왕계(花王戒)〉 같은 작품을 어찌 소설이 아니라고 고집할 수 있으랴.

여기에서 일보 전진한 박인량(朴仁亮)의 전기계 소설(傳奇系小說)인《수이전(殊異傳)》이나 열전계(列傳系)의 소설에 해당하는 김부식(金富軾)의 〈온달(溫達)〉 등은 명작에 속하는 작품들이다.

다시 고려 말기에 이르러서는 가전계(假傳系) 소설이 많이 나왔는데, 임춘(林椿), 이규보(李奎報), 이곡(李穀), 식영암(息影菴) 등의 소설은 모두 가전계의 소설로서 인구(人口)에 회자하는 작품들이다.

조선조에 들어와서는 동봉(東峰) 김시습(金時習)의 거작《금오신화(金鰲新話)》가 있는데, 이는 과연 전기문학(傳奇文學)의 백미라 할 수 있다. 이《금오신화》가 중국의《전등신화(剪燈新話)》를 모방한 것이라는 설이 있는데 이는 그 체제와 내용이 혹사(酷似)하기 때문이다. 만일 이《금오신화》의 한 편을《전등신화》속에 섞어 넣어도 좀처럼 골라내지 못할 것이라는 게 세평(世評)이기도 하다.

그럼 이 책에 수록된 소설들을 살펴보자. 먼저《금오신화》는 모두 다섯 편으로 되어 있는데 그 내용을 살펴보면 다음과 같다.

1. 〈만복사저포기(萬福寺摴蒲記)〉는 남원에 살고 있는 노총각 양생(梁生)이 부처와 함께 저포(摴蒱)놀이를 하여 아름다운 배필을 점지받아 소원을 성취했다는 내용이다.
2. 〈이생규장전(李生窺牆傳)〉은 실지(失志)한 태학생(太學生)인 이생(李生)이 유랑하던 끝에 처녀 최랑(崔娘)과 이연(異緣)을 맺는 풍류재자(風流才子)와 요조가랑(窈窕佳娘)의 이야기이다.
3. 〈취유부벽정기(醉遊浮碧亭記)〉는 개성에 살고 있는 부상(富商) 홍생(洪生)이 평양고도(平壤故都)의 부벽루에서 죽은 지 오래된 고조선 시대의 기씨녀(箕氏女)와 창수(唱酬)한 이야기이다.
4. 〈남염부주지(南炎浮洲志)〉는 불교의 폐단을 배척하던 서생(書生) 박군(朴君)이 꿈에 염라국에 가서 염마왕(燄摩王)과 문답을 마친 뒤에 선위(禪位)를 받은 이야기이다.
5. 〈용궁부연록(龍宮赴宴錄)〉은 고려시대 문사(文士) 한생(韓生)이 용궁의 잔치에 초대되어 용녀(龍女)의 결혼을 장식하기 위한 가회각(嘉會閣)의 상량문(上樑文)을 짓고 윤필연(潤筆宴)을 마친 뒤에 돌아온다는 이야기다.

다음으로 설총의 〈화왕계〉는 신라 신문왕(神文王)을 충고하기 위해서 지은 글이다. 그리고 〈온달〉은 김부식이 편찬한 《삼국사기》 열전(列傳)에 들어 있는 고구려 평강왕(平岡王) 때의 실화소설(實話小說)이다.

〈국순전(麴醇傳)〉과 〈공방전(孔方傳)〉은 고려 때 문인 임춘이 지은 것으로 우리나라 가전체 소설 중에서 아주 유명한 작품이며, 《국선생전(麴先生傳)》은 고려 학자 이곡의 가전체 소설로 손꼽히는 작품이다.

〈정시자전(丁侍者傳)〉의 작자 식영암은 고려 때의 승려라는 것 이외에 다른 자세한 사항은 알 수 없다. 〈몽유록(夢遊錄)〉은 생육신(生六臣)의 한 사람인 원호(元昊)가 지은 것으로 꿈 이야기를 해서 단종(端宗)과 사육신(死六臣)의 대화 자리에 참석한 것처럼 술회한 작품이다. 〈진이(眞伊)〉와 〈홍도(紅桃)〉는 모두 류몽인(柳夢寅)의 《어우야담(於于野談)》에 들어 있는 소설로 유명하다.

특히 〈여용국전(女容國傳)〉은 부인들의 화장도구를 의인화(擬人化)하여 이상적인 국가를 세운다는 내용의 한 편의 기문(奇文)으로서 순암(順菴) 안정복(安鼎福)의 《복부고(覆瓿稿)》 속에 수록되어 있다.

■ 내훈(內訓)

부녀자들의 수신서(修身書) 《내훈》

3권 4책으로 구성된 《내훈》은 소혜왕후(昭惠王后) 한씨(韓氏)가 조선 성종(成宗) 6년(1475)에 부녀자들을 가르치기 위해 펴낸 책이다.

소혜왕후는 좌의정(左議政)을 지낸 한확(韓確)의 딸로서 1473년에 태어났다.

세조(世祖)의 며느리이며 성종의 어머니로 성종 때 인수대비(仁粹大妃)의 칭호를 받았고, 연산군(燕山君) 10년인 1504년에 세상을 떠났다.

엄격하고 예의바른 성품에 유교적인 부도(婦道)가 몸에 배었던 소혜왕후는 부모에 대한 효성 또한 지극하여 모든 여성의 귀감이 될 만했다.

소혜왕후는 여자의 수신서(修身書)라고 할 수 있는《내훈》을 엮게 된 동기를 서문(序文)에서 다음과 같이 분명하게 밝혔다.

> 한 나라의 정치가 잘되고 못 되는 것은 내조(內助)의 공에 의해 좌우되는 일이 많은데, 여자들은 덕행(德行)의 높음을 알지 못하니 심히 한탄스러운 일이다.
>
> 그러므로 여러 책에서 중요한 말을 가려서 일곱 장(章)을 만들어 너희들에게 주니, 이를 거울삼아 조심할지어다.

이 서문을 살펴보면 국가나 한 집안의 흥망, 남편의 출세 여부가 여자의 내조에 달려 있는 경우가 많은데,《내훈》은 우리나라 여자들에게 올바른 훈육(訓育)의 기회가 없음을 염려하여 여자에게도 성인(聖人)의 도리를 가르칠 목적으로 만들어진 것임을 알 수 있다.

체제와 내용을 살펴보면 다음과 같다.

〈언행(言行)·효친(孝親)·혼례(婚禮)〉의 3장이 제 1 권이며, 〈부부(夫婦)〉 한 장이 제 2 권이고, 〈모의(母儀)·돈목(敦睦)·염검(廉儉)〉의 3장이 제 3 권으로 되어 있다. 그리고 책머리에는 소혜왕후 자신이 쓴 '내훈 서(內訓序)'가, 책 끝에는 상의(尙儀) 조씨(趙氏)의 발문(跋文)이 실려 있다.

《내훈》의 원본으로는 성종 6년에 만들어진 일본 봉좌문고본(蓬左文庫本), 만력(萬曆) 39년에 간행된 규장각본(奎章閣本), 영조(英祖) 12년에 간행된 어제내훈(御製內訓)의 세 종류가 있다.

■ 대동야승(大東野乘)

여러 사람이 엮은 야사집(野史集), 《대동야승》

이 책에 실린 내용은 대체로 조선 초기에 이루어진 수필체의 야사류(野史類)로 여러 가지 단편적인 일화를 모아 놓은 것들이다. 〈청파극담(青坡劇談)〉은 이륙(李陸)이 지은 것이며, 〈추강냉화(秋江冷話)〉와 〈사우명행록(師友名行錄)〉은 세조(世祖)·성종(成宗) 연간에 살았던 생육신(生六臣) 중의 한 사람인 남효온(南孝溫)이, 〈병진정사록(丙辰丁巳錄)〉은 임보신(任輔臣)이, 〈상촌잡록〉은 신흠(申欽)이 지은 것이다.

청파극담

저자 이륙(李陸, 1438~1498)은 성종 연간의 명신으로 자(字)는 방옹(放翁), 호는 청파(青坡)이다. 이 책에는 조선 초기에서 당시까지의 여러 인물들의 일화와 기이한 이야기들이 기록되어 있다. 비록 역사적인 사건이나 큰 의미를 지닌 내용은 아니지만, 명인들의 소소한 숨은 이야기나 당시의 인정과 풍속을 찾아볼 수 있는 이야기, 또 해학과 신비감을 주는 이상한 이야기 등 일반의 흥미를 끌 수 있는 여러 가지 이야기가 재미있게 전개되고 있다.

추강냉화

남효온의 자는 백공(伯恭), 호는 추강(秋江)·행우(杏雨)·최락당(最樂堂)이다. 성종 때 단종(端宗)의 어머니인 현덕왕후(顯德王后)를 복위시킬 것을 상소하였으나 받아들여지지 않자, 그 뒤로는 평생 벼슬할 뜻을 버리고 김시습(金時習) 등과 어울려 유랑생활을 하였다. 이처럼 정치적으로는 불운했지만, 그는 원래 문장에 뛰어나서《추강집(秋江集)》이라는 시문집을 남겼다.

이 책과 다음에 나오는 〈사우명행록〉은 모두 《추강집》에 부록된 것인데, 그 내용은 대체로 세조·성종 연간에 저자가 본 사실과 고려 말·조선 초기 인물들의 일화를 기록한 것이다. 그 내용은 비록 역사적 자료로서는 중요한 의미가 없는 것이지만, 그 속에 표현된 당시의 인정과 풍속 및 명인들의 일화는 우리에게 많은 감명을 준다. 또한 그 속에서 우리는 정치적으로 불운하여 뜻을 펴보지 못했던 저자의 은근한 심정과 생각을 찾아볼 수 있다.

사우명행록

이 책은 저자 남효온이 그의 스승인 점필재(佔畢齋) 김종직(金宗直)과 벗 김굉필(金宏弼)·정여창(鄭汝昌)·김시습(金時習) 등 50여 명의 언행(言行)과 일화를 기록한 것이다. 여기에 기록된 사람들은 대개 당시 '사림학파(士林學派)'의 중추를 이루던 유명한 학자들이다. 비록 그 기록은 간략한 것이 많고 어느 경우에는 겨우 이름만을 기록한 것도 있지만, 그 속에는 그들의 고상한 뜻과 진실을 후세에 전하려는 저자의 의도가 들어 있다.

병진정사록

저자 임보신(任輔臣)의 자는 필중(弼中)이요, 호는 포초(圃樵)로 중종(中宗)·명종(明宗) 연간의 사람이다. 이 책은 그가 죽기 직전인 병진년(명종11, 1556)과 정사년(명종12, 1557) 사이에 편집한 야사류의 사화집(史話集)이다. 그 내용은 조선 초기의 유명한 재상인 황희(黃喜)·허조(許稠) 등을 비롯하여 성종·연산군 때의 손순효(孫舜孝)·남효온과 중종 때의 김안국(金安國)·김정국(金正國)·김안로(金安老)·정광필(鄭光弼)·조광조(趙光祖) 등 20여 명에 이르는 사람들의 언행·문장·일화 등을 간략하게 기록하고 있다.

상촌잡록

저자 신흠(申欽, 1566~1628)은 조선 인조(仁祖) 때의 명상(名相)이며 문장가로, 자는 경숙(敬叔), 호는 상촌(象村)·현헌(玄軒)·방옹(放翁)이다. 그는 사람됨이 장중하고 간결하며 특히 문장에 뛰어나 월사(月沙) 이정귀(李廷龜)·계곡(谿谷) 장유(張維)·택당(澤堂) 이식(李植)과 함께 사대가(四大家)로 이름이 높았다. 이 책은 그가 관직을 떠나 한가로이 있을 때 기록한 것이다. 그 내용은 대개 고려 말과 조선시대 명인들의 행동에 대한 논평과 생육신(生六臣)과 사육신의 사적, 임진왜란 때의 충신들의 사적, 과거제도 등 사회적인 여러 폐단에 대한 비평, 민속·인물·문장 등에 대한 기록이 단편적이지만 유려한 문장으로 펼쳐진다. 종종 저자의 견해를 직접 서술하기도 하고 풍자적으로 표현하기도 하는 등 그 문장을 통해 그 자신의 의견을 나타내기도 하였다.

■ 쇄미록(瑣尾錄)

조선조 중기 사회제도 연구자료, 《쇄미록》

《쇄미록》은 오희문(吳希文) 선생의 일기이다. 선생은 해주 오씨(海州吳氏)로서 자(字)는 비연(斐然)이다. 조선조 중종(中宗) 34년(1539)에 나서 광해군(光海君) 5년(1613년)에 75세를 일기로 세상을 떠났다. 그는 문필이 뛰어나고 행실이 돈독하며 식견이 해박했으나 과거에 급제하지 못했기 때문에 출세하지 못하고 다만 만년에 그 아들 윤겸(允謙)의 주선으로 선공감(繕工監) 감역(監役)을 지냈을 뿐이다. 그러나 그 아들 윤겸은 인조조(仁祖朝)에 영의정(領議政)이 된 이름난 정치가요, 손자 달제(達濟)는 삼학사(三學士)의 한 분이기도 하다. 또한 증손 도일(道一)은 숙종조(肅宗朝)의 문형(文衡)이요, 대문장가로 유명하니 그의 집안은 우리나라에서 손꼽히는 문벌가임에 틀림없다.

이 일기는 그가 임진왜란 당시 장수 현감(長水縣監)으로 있던 처남 이찬(李贇)의 집에 머물던 중 왜란이 일어나 홍주(洪州)·임천(林川)·아산(牙山)·평강(平康) 등지로 피난해 다니던 때의 기록이다.

이 만 9년 3개월 동안 그는 부양할 많은 가족과 많은 노비들을 데리고 있었는데 그로 인하여 식량과 일용에 많은 고초를 겪은 양상이 낱낱이 이 기록에 실려 있다.

이 글의 이름을 《쇄미록》이라고 한 것은 《시경(詩經)》 패풍(邶風) 모구장(旄丘章)의 '쇄혜미혜(瑣兮尾兮) 유리지자(遊離之子)'라는 구절에서 딴 것으로 그 원시(原詩)의 뜻은 우리 말로 '초라하고 보잘것없는 떠도는 나그네'라는 말이 된다.

즉 유리의 기록, 또는 피난의 기록이라는 말이다.

그리고 이 일기의 마지막에서 선생은 '이로부터는 종이가 다 되었기에 붓을 던지는 바, 또 서울에 도착했으니 유리할 때가 아닌 까닭이다'하여 그 지리했던 떠돌이생활이 끝난 것을 말하고 있다.

이 기록은 물론 오희문 선생의 개인 일기인 까닭에 자연 사생활에 관한 기록이 많지만 이외에 시사에 대한 기사도 적지 않다.

왜병의 침입과 전국 각지의 전황으로부터 관군의 무력함과 명군(明軍)의 내원(來援)·화의(和議)의 체결, 다시 화의의 결렬로 인한 왜병의 재침 등에 이르기까지 임진(壬辰)·정유(丁酉) 두 왜란의 시말이 자세하게 기록되어 있다.

특히 그가 장수(長水)에서 직접 보고 들은 금산(錦山)·무주(茂朱)·용담(龍潭)·진안(鎭安)·웅현(熊峴)·전주(全州) 등지의 전황과 전라 감사이광(李光)의 용인패전(龍仁敗戰), 경상도의 의병장 곽재우(郭再祐)·김면(金沔), 전라도의 의병장 김천일(金千鎰)·고경명(高敬命)·김덕령(金德齡), 충청도의 의병장 조헌(趙憲)·심수경(沈守慶) 등의 애국 정신과 용감한 활동, 왜병의 잔인상과 서울의 파괴된 형태 등 중요한 기사가 많이 실려 있다.

또한 본서에는 이러한 전란에 관한 기사보다도 사회 경제와 일반 민가의 생활 태도를 엿볼 수 있다는 데에 더욱 가치가 있다. 전란으로 인한 피난민의 사태, 군대 징발과 군량조달에 따르는 인민들의 수난 양상도 자세히 그려져 있다.

또한 그의 처남과 아들·사위가 모두 지방 수령으로 있었을 뿐 아니라 친척이나 친지들 중에도 많은 사람이 수령으로 있었기 때문에, 수령의 권력과 호화로운 생활, 아전들의 생태 및 일수서원(日守書員)의 성격 등 지방 행정의 제도를 연구할 수 있는 자료가 많이 수록되어 있다. 그 밖에 군대의 징발과 공물(貢物)의 수납, 군량의 수송, 잡역(雜役)의 초정(抄定), 환상곡(環上穀)의 염산(斂散) 등 지방 농민의 생활과 직접 관계되는 실제 문제가 자세히 기록되어 있다. 뿐만 아니라, 그는 양반으로서 많은 노비를 거느리고 있었기 때문에 양반의 특권과 노비들의 비참한 생활, 특히 노비의 신공(身貢) 및 매매 소송 입안(立案) 등 당시 노비제도를 연구하는 데 필요한 내용을 많이 발견할 수가 있다. 그리고 선생의 세 아들 윤겸·윤해(允諧)·윤함(允諴)이 여러 번 과거에 응시했는데, 특히 윤겸은 정묘(丁卯)년 별시(別試)에 급제했기 때문에 과거제도에 관한 자세한 내용도 구체적으로 나타나 있다.

위에서 말한 대로《쇄미록》은 임진왜란에 관한 사료(史料)일 뿐만 아니라, 우리나라 사회 경제사를 연구하는 데 있어서 실로 귀중한 자료가 많이 포함되어 있다.

본서는 원래 선생의 친서로 되어 있던 것을 1962년에 국사편찬위원회(國史編纂委員會)에서 양장으로 출판한 적이 있다.

추탄선생문집(楸灘先生文集)

저자 오윤겸(吳允謙)의 생애

선생의 휘(諱)는 윤겸(允謙)이요, 자(字)는 여익(汝益), 호(號)는 추탄(楸灘)이며 본관은 해주(海州)이다.

조선조 명종(明宗) 14년(1559) 10월 12일에 한성(漢城) 숭교방(崇敎坊 : 지금의 서울 鍾路區 明倫洞)에서 탄생했다. 어머니 이씨(李氏)가 꿈에 삼태성(三台星 : 上台星 · 中台星 · 下台星의 세 별)이 품속으로 들어오는 것을 보고 선생을 잉태했다.

선생이 탄생하자 선생의 외조부 이정수(李廷秀) 공은 사람들을 보고 말하기를,

"이 아이는 삼태성 정기를 타고 났으니 반드시 정승 자리에 오를 것이다."

라고 했다.

또 어머니 이씨가 용(龍)이 하늘로 오르는 꿈을 꾸었기 때문에, 선생이 어렸을 때의 자(字)를 '성룡(星龍)'이라고 했었다.

22세 때 선생은 군기시 첨정(軍器寺僉正) 이응화(李應華)의 따님 경주이씨(慶州李氏)를 아내로 맞이했다. 23세 때 비로소 우계(牛溪) 성혼(成渾)의 문하에서 배웠다.

선조(宣祖) 14년에 사마시(司馬試 : 小科)에 올랐으며, 이어 태학(太學)에서 공부했다. 선조 22년에는 전강(殿講 : 成均館 儒生 중에서 학식이 많은 자를 대궐 안에 모아 놓고 임금이 친히 행하던 시험)에 응시해서 장원에 뽑혔다. 이때 아계(鵝溪) 이산해(李山海)가 시관(試官)으로 있었는데 선생을 칭찬하여 말하기를,

"오늘 이 시대에 다시 참된 선비를 볼 수 있도다."
하고, 즉시 임금께 천거하여 영릉 참봉(英陵參奉)에 임명했다. 그러나 선생은 즉석에서 이를 사퇴했고, 다시 봉선전 참봉(奉先殿參奉)에 임명되었으나 역시 이듬해에 이를 사퇴했다.

선조 29년에 조정에서 수령(守令)이 될 자격을 선발했는데, 여기에 선생이 뽑혀 평강 현감(平康縣監)에 임명되었다. 선조 30년에 별시(別試)에 응시하여 병과 제일인(丙科第一人)에 뽑혔다. 선조 32년에는 평강 현감(平康縣監)을 사퇴하고 충청도 결성(結城)으로 낙향(落鄕)했다.

그러나 선조 33년에 강원 문학(講院文學)에 임명되어 조정으로 들어오고 홍문록(弘文錄)에 올랐다. 이 홍문록이라고 하는 것은 홍문관(弘文館)의 교리(校理)·수찬(修撰)을 임명할 때 제 1 차의 선거기록(選擧記錄)으로서, 이것을 본관록(本館錄)이라고도 한다.

이어 홍문관 부수찬(弘文館副修撰)·시강원 설서(侍講院說書)·홍문관 수찬(弘文館修撰)·이조정랑(吏曹正郎)·성균관 전적(成均館典籍)·지제교(知製敎)·홍문관 부교리(弘文館副校理) 등을 역임하고 경성 판관(鏡城判官)으로 외보(外補)되었다.

선조 39년에 안주 목사(安州牧使)에 임명되어 안주성(安州城)을 수축했다. 선조 40년에 안주 목사를 사퇴하고 돌아왔다가, 다시 함경도 순안어사(巡按御史)에 임명되어 북도(北道)를 두루 순회했다.

광해군(光海君) 원년에 선생은 동래 부사(東萊府使)에 임명되었다가, 이듬해 벼슬이 갈려 돌아와서 호조 참의(戶曹參議)·동부승지(同副承旨)·좌부승지(左副承旨) 등을 역임한 후 강원 감사(江原監司)에 임명되었다. 이때 노산군(魯山君 : 端宗)의 묘소(墓所)를 수축하고 제사를 올렸다. 광해군 5년에 부모 봉양을 위해서 광주 목사(廣州牧使)를 자원해서 부임했다. 광해군 8년에 광해군이 인목대비(仁穆大妃)를 서궁(西宮)에 유폐(幽閉)하고 선생을 분승지(分承旨)에 임명했다.

광해군 9년에 일본 회답사(日本回答使)에 임명되어 7월에 바다를 건너

일본에 도착하여 일본 관백(關白)의 극진한 예우를 받았다. 이때 임진왜란 때 잡혀 갔던 많은 우리나라 포로가 송환되어 돌아왔다. 광해군 10년에 광해군이 폐모(廢母)할 것을 조신(朝臣)들과 의논했는데, 선생은 이 일의 옳지 않음을 말했다. 이때 우의정 한효순(韓孝純)이 백관(百官)을 거느리고 대궐로 들어가 매일같이 폐모할 것을 정청(庭請)했으나 선생은 여기에 참여하지 않았다.

이에 대간(臺諫)에서 귀양보낼 것을 발론했으나, 이에 대한 광해군의 결정이 지연되었기 때문에 광주(廣州)의 토당(土塘) 묘하(墓下)로 내려가서 조정의 명령을 기다렸다.

광해군 14년에 명(明)나라에서 광종황제(光宗皇帝)가 제위에 올랐으므로 선생을 하극사(賀極使)에 임명하여 축하사절(祝賀使節)로 명나라에 다녀오도록 했다. 선생은 선사포(宣沙浦 : 宣川)에서 배를 타고 등주(登州)를 거쳐서 북경(北京)에 이르렀는데, 북경에서도 극진한 예우를 받았다. 인조(仁祖) 원년에 인조반정(仁祖反正)으로 광해군이 폐위되고 인조가 즉위했다. 이때 선생은 대사헌(大司憲)에 임명되어, 반정의 초기에 있어 형전(刑典)을 관대히 했기 때문에 사람들이 모두 마음속으로 기뻐하며 따랐다.

이에 선생은 동지경연사(同知經筵事)를 겸임하고 원자사부(元子師傅)에 뽑혔다. 계속하여 이조판서(吏曹判書)에 임명되어 사람을 뽑아 쓰는 책임을 맡았는데, 한때의 지명인사(知名人士)들을 등용하여 청반(淸班)에 벌여 있게 하니 사론(士論)이 모두 쾌하게 여겼다.

인조 2년 이괄(李适)의 난(亂) 때는 임금을 모시고 공주(公州)로 갔다가 돌아와서 판의금부사(判義禁府事)를 겸임하게 되자, 이조판서를 사퇴했다가 형조(刑曹)·예조(禮曹)의 판서를 역임한 뒤 다시 이조판서에 임명되었다.

그러나 여기에서 선생은 전선(銓選 : 사람을 전형하여 골라 뽑는 일)의 공정(公正)을 기하다가, 이것이 임금의 뜻에 거슬려서 엄한 전교(傳敎 : 임금이 내린 명령)가 내려졌기 때문에 이조판서를 사퇴하고, 지중추부사(知中樞府事)로 옮겼다가 이내 우의정(右議政)에 올랐다.

인조 5년에 후금(後金)의 군대가 우리나라를 침범해 왔다. 이때 선생은 인목대비(仁穆大妃)와 중전(中殿)을 모시고 강화로 들어갔는데, 임금도 뒤따라 들어갔다. 후금의 군대는 평양에 도착하자 사자(使者)를 보내어 화의를 청했다. 이 화의가 성립될 단계에 이르러 다시 우리 임금이 직접 그 동맹에 참석할 것을 요구해 왔다. 이에 인조는 이것을 승낙하려 하자, 선생은 그 옳지 못함을 극력 주장하여 마침내 문무중신으로 하여금 그들과 동맹을 맺게 했다.

조정에서는 이번 후금과의 화의가 전혀 전화(戰禍)를 늦추기 위한 부득이한 처사였다는 것을 명나라에 보고하게 되었는데, 기휘(忌諱)하여 사실을 그대로 쓰지 않은 것이 많았다. 그러나 선생은 그것이 옳지 못하다고 주장하여 사실대로 고쳐 쓰게 했다. 후일에 가서 명나라의 의심을 면하게 된 것은 실로 선생의 힘이었다.

화의가 성립되자 곧 한성으로 환도하게 되었는데, 선생은 좌의정에 올랐다가 다시 영의정에 올랐다.

인조 8년에 선생은 인조의 생부(生父) 원종(元宗)을 추숭(追崇 : 왕위에 오르지 못하고 죽은 이에게 제왕의 칭호를 주던 일)해서 그 위패를 종묘(宗廟)에 봉안하는 일을 정지(停止)시키기를 청했다. 이 해에 영의정을 사퇴하고, 영돈령부사(領敦寧府事)에 임명되었다가 다시 좌의정으로 옮겼다. 인조 13년에 원종대왕 부묘도감(元宗大王祔廟都監)이 설치되고 선생이 도제조(都提調)에 임명되었다.

어느 날 폭풍우와 천둥벼락으로 목릉(穆陵)·혜릉(惠陵)의 두 능침(陵寢) 봉분(封墳)이 무너지는 일이 생겼다. 이때 선생은 명(命)을 받들어 예조판서 홍서봉(洪瑞鳳)·선공제조(繕工提調) 신경진(申景禛)과 함께 능(陵)을 봉심(奉審)하고, 이것이 폭우로 인한 붕괴임을 밝혀냈다.

또 인열왕후(仁烈王后)의 상(喪)을 당하여 총호사(摠護使)가 되어 국장을 집행했다. 인조 14년 정월 19일에 숙환(宿患)으로 한성에서 운명하니 이때 춘추가 78세였다.

현종(顯宗) 때에 동춘(同春) 송준길(宋浚吉)이 경연(經筵)에서 선생의 국가에 대한 공적을 임금께 아뢰어서 충정(忠貞)이란 시호가 내려졌다.

청렴결백했던 목민관(牧民官) 생활

다산(茶山) 정약용(丁若鏞)의《목민심서(牧民心書)》첫머리에,

'다른 벼슬은 스스로 희망하여 얻어도 좋으나, 목민관만은 스스로 구하여 얻어서는 안 된다[他官可求 牧民之官 不可求也].'

라고 했다. 이것은 목민관이 얼마나 하기 어려운 일인가를 설명해 주는 말이다. 또 다산은 계속해서,

> 아랫사람을 관대하게 다루면 백성들이 순종하지 않는 자가 없는 법이다. 그런 까닭에 공자(孔子)는 말하기를, '남의 위에 있어서 관대하지 않고, 예(禮)를 행하는 데 공경하지 않으면 내 그에게 무엇을 볼 것이 있겠는가?'라고 했으며, 또 '관대하면 여러 사람의 마음을 얻는다.'고 했다.

라고 하였다.

부하 아전들을 단속해서 한 고을의 질서를 바로잡고 민생을 안정시켜서, 넓게는 국가에 기여한다는 것이 결코 쉬운 일이 아니다.

목민관은 한 고을의 사표(師表)인 동시에 한편으로는 치자(治者)가 되는 것이다. 높은 교양과 확고한 신념이 선행되어야 하며, 무엇보다도 염결(廉潔)과 인애의 덕을 갖추어야 한다. 교양이 부족하고 신념이 확고하지 못하면 아전과 백성을 통솔할 수가 없다. 염결하지 못하면 부정을 저지르게 되고, 백성을 사랑할 줄 모르면 백성이 따르지 않아서 정치가 혼

란을 일으킨다. 과거 시대에 있어 목민관의 임무를 제대로 수행한 자가 과연 얼마나 될는지 모르는 일이다.

그러나 선생은 높은 교양을 쌓고, 확고한 신념이 있었다. 사람들이 자신도 모르게 선생에게 감화받아 존경하고 두려워했다. 백성을 사랑하는 마음이 간절해서, 백성을 위하는 일이면 물불을 헤아리지 않고 온갖 노력을 기울였다. 지극히 청렴결백해서 추호의 사심도 없었으니, 자연 정치가 밝고 공정할 수밖에 없었다. 그래서 선생이 이르는 곳마다 고을 안이 잘 다스려져서 민생이 안도(安堵)되었다.

이리하여 감사(監司)나 어사(御史)는 '치적제일(治績第一)'이라고 선생을 평가 보고하기를 주저하지 않았으며, 백성들은 비(碑)를 세워서 그 덕을 칭송했다. 경성(鏡城) 같은 고을에서는 선생을 위해서 동비(銅碑)마저 세웠으니 선생에 대한 경모의 마음이 어떠했던가를 짐작할 수가 있다.

선생은 실로 목민관의 귀감으로서 빛을 내고 있다. 선생의 목민관 생활은 그 일생 중에서도 더욱 특기할 업적이었음에 틀림없다.

선생이 목민관으로서 첫발을 디딘 것은 선조 29년, 수령(守令)의 적격자로 선발되어 평강 현감(平康縣監)에 임명되면서부터였다. 평강은 강원도 벽지에 위치한 고을로서, 지세가 험준하고 땅이 메마르며 수해(水害)·한해(旱害)에 풍재(風災)까지 계속되어 사람이 살기 좋은 곳은 아니었다. 선생이 부임했을 때에는 더욱이 임진(壬辰)의 병화(兵火)를 겪은 뒤로서, 전염병이 유행하고 기근이 심한 나머지 많은 백성들이 죽고 유리해서 남은 백성은 얼마 되지 않는 실정이었다.

선생이 임금께 올린 평강현 진폐소(陳弊疏)에 보면,

'신(臣)이 부임하던 날, 그 지방에 들어서서 50리를 가도 민가(民家)에서 나는 밥짓는 연기를 보지 못했사옵고, 싸리나무와 다북쑥만이 여기저기 얽혀 있어 시야에 들어오는 광경이 지극히 황량했나이다. 신이 사면(四面)의 이장(里長)들을 시켜서 민호(民戶)와 소 기르는 것을 조사해 오게 했더니, 민호가 겨우 백여 호밖에 되지 않았사옵고, 소 기르는

집은 거의 없는 형편이옵니다.'

라고 했다. 이 글만 보아도 당시 평강의 정경이 어떠했던가를 짐작할 수가 있다.

그리고 다같이 병화(兵火)를 겪었으면서도 이 고을이 다른 고을에 비해 유난히 피폐해 있었다는 것은,

첫째, 개성부 출참(開城府出站), 둘째, 기인(其人), 셋째, 포수(炮手)의 과다한 배정(配定) 등에서 오는 폐단으로서, 이것은 실로 백성들이 견딜 수 없는 일들이었다. 그와 같은 상태를 앞으로 더 계속한다면 백성이 모두 구덩이에 빠져서, 죽거나 흩어져 고을 안이 텅빌 처지에 놓일 수밖에 없는 실정이었다.

이에 선생은 강개히 붓을 들어 그 폐해(弊害)를 국가에 진술하고, 이를 구제하는 대책을 의논하여 장문(長文)의 진폐소(陣弊疏)를 올리게 되었던 것이다.

마침내 선생의 고심참담(苦心慘憺)한 노력으로 인해서 모든 폐단이 점차로 시정을 보게 되고, 오직 나라를 근심하고 백성을 사랑하는 선생의 눈물겨운 활약으로 인하여 전쟁의 상처가 차츰 아물면서 재건의 실효를 거두게 되었던 것이다.

선생의 재임 5년에 정치가 맑고 공평해서 고을 안이 크게 다스려지고, 백성들은 죽음의 구렁텅이에서 회생의 기쁨을 찾게 되었다.

이때 한강(寒岡) 정구(鄭逑)가 강원 감사(江原監司)가 되어 경내(境內)를 순찰하다가 강릉에 이르러 부사(府使)를 보고 말하기를,

"내가 평강에 도착하면 그 고을 현감(縣監)을 반드시 장형(杖刑)으로 다스리겠다."

라고 했다. 이때 부사가 그 까닭을 묻자 감사는,

"이 사람은 자칭 유자(儒者)라면서 문부(文簿)를 정한 기한에 대어 보내지 못하고 일이 많이 지체되었소. 때문에 엄하게 벌을 주자는 것이오."

라는 것이었다. 그러자 부사는,

"공(公)이 그 고을에 들어가서 시비곡직을 따질 것 없이 덮어놓고 장형을 내린다면 그것은 별문제이지만, 만일 그 고을에 가서 보고 현감과 접촉해서 말을 듣게 된다면 절대로 그에게 벌을 주지 못할 것이오."

라고 말했다.

그러나 감사는 끝내,

"그럴 리가 있겠는가?"

라며, 결국 그 고을에 이르러 곧 선생을 불러들였다.

그러나 선생은 몸가짐이 단정하고 말이 자상한데다가, 묻는 말에 대답하는데 사리의 분석이 물 흐르듯 하니, 감사는 자기도 모르는 사이에 심복(心服)하게 되어 손을 끌어당기고는 함께 방안으로 들어가서 무릎을 마주대고 앉아 밤 새는 줄도 모르게 담론했다. 마침내 한강(寒岡)은 만면에 기쁜 기색을 감추지 못하고,

"참으로 금옥(金玉) 같은 군자(君子)로다!"

라고 말했다.

그리고는 감사가 강릉(江陵)으로 돌아오자 부사에게,

"그대의 말이 과연 옳습니다."

라며 탄복하였다.

그 길에 감사는 일을 마치고 경포호(鏡浦湖)에서 선유(船遊)를 하게 되었다. 배가 호심(湖心)에 이르자 감사는 탄식하기를,

"평강 현감과 함께 배를 타지 못하는 것이 무척이나 한스럽소!"

라고 하니 부사가 대답하기를,

"그야 무엇이 어렵겠습니까? 만일 공사(公事)를 가지고 부른다면 금시에 올 것입니다."

라는 것이 아닌가.

감사가 이 말을 좇아 그곳에서 며칠 동안 묵으면서 선생을 불러, 다시 호수 위에서 잔치를 베풀고 마음껏 즐기고 헤어졌다. 뒤에 선생이 평강을

떠나게 되자, 그 고을 백성들은 선정비(善政碑)를 세워서 덕을 찬양했다. 그 후 선조 35년에 선생은 경성판관(鏡城判官)에 임명되었다. 경성 고을은 여러 번 병변(兵變)을 겪어서 극도로 피폐한 속에 허덕여 백성들이 살 수 없는 지방이었다. 그러나 선생은 부임하는 즉시로 모든 폐정(弊政)을 척결하고 민생을 안정시키는 일에 정성을 기울였기 때문에, 한 고을이 크게 다스려졌다.

이에 함경 감사(咸鏡監司)가 선생을 위해 임금께 포장(褒獎)하는 글을 올리려 했으나 선생은 이를 힘껏 말려서 중지시켰다.

윤안성(尹安性)이 북병사(北兵使)가 되어 부임해 왔다. 그는 판관(判官)의 위엄을 꺾어 볼 셈으로, 예의로 대하지 않고 아침 저녁의 지공(支供)만을 풍성하게 하도록 하다가 마음에 흡족하지 않으면 까닭없이 분노를 폭발시키는 것이었다. 그러나 선생은 그 같은 명령에 따르지도 않았지만, 그렇다고 해서 아랫사람으로서의 도리를 잃지는 않았다. 시간이 흐르자 윤안성은 마침내 자기의 잘못을 뉘우치고 선생에게 경의를 표하게 되었다.

선생의 이와 같은 태도는 《목민심서》에서 말한,

'일어서고 앉는 일에도 정도가 있어야 하고, 갓과 띠의 차림도 단정해야 되며, 백성을 대할 때에는 의젓하고 정중해야 하는 것은 옛 사람의 도(道)이다.'

라고 한 것이나,

'말을 많이 하지 말 것이며 갑자기 몹시 성내지 말아야 한다.'

는 등의 〈율기육조(律己六條)〉에도 꼭 부합되는 태도였다. 이렇게 자신의 몸을 닦고 오직 공정한 마음으로 정사에 임했기에, 선생이 떠난 후에 경성 고을 백성들은 동비(銅碑)를 만들어 세워서 선생의 높은 덕을 찬양했던 것이다.

그 뒤에 정부에서는 북도(北道), 즉 함경도(咸鏡道)에 순안어사(巡按御史)를 보내게 되었었다. 그러나 당시 북도 유생(儒生)들이 소(疏)를 올려,

선생의 공정하고 청렴한 정사를 칭송했기 때문에 좌의정 이항복(李恒福)이 임금께 천거하여 선생은 순안어사(巡按御史)에 임명되었다.

선생이 각 고을을 순찰하다가 경성에 도착하니 고을 안 백성들이 선생의 지난날의 은덕을 생각하여 모두 길에 나와 영접하고, 심지어는 눈물을 흘리면서 반기는 사람까지 있었다. 그의 인애의 정신이 사람을 감화시킨 것이다.

선생이 안주 목사(安州牧使)에 임명된 것은 선조 39년의 일이었다.

당시 안주에서는 안주성을 수축하는 역사가 진행되고 있었다. 그러나 역사를 진행하는 도중에 여러 가지 논란이 많아서, 조정의 의논은 이 역사를 부득이 정지시키려고 했다.

선생은 이를 매우 조심하게 당시 평안 감사(平安監司) 한준겸(韓浚謙)에게 글을 올려, 이미 많은 인력과 물자를 동원시켜 놓고 중도에 그만둔다면 이는 국방에 차질을 가져올 뿐만 아니라, 이웃 나라에 대해서도 웃음거리가 된다는 것을 들어서 그 옳지 못함을 역설했다. 이에 한준겸은 선생의 의견을 받아들여서, 그를 도차사원(都差使員)에 임명하여 역사를 동독(董督 : 감시하고 독촉하며 격려함)하게 했다.

선생이 일을 도맡아서 부역의 배당(당시 평안도 각 고을이 모두 동원되었음)을 매우 공정하게 하니, 원근이 모두 기뻐해서 몇 달이 안 되어 성(城)의 준공을 보게 되었다. 조정에서는 이 소식을 듣고 특별히 비단 옷감을 내려 그의 공로를 포장(褒獎)했다.

여기에서도 안주 고을의 백성과 관리들이 함께 비를 세워 선생의 덕을 찬양했다.

광해군 원년의 일이다. 당시 왜(倭)의 동정이 수상해서 정세가 자못 걱정스러웠다. 이에 조정에서는 특별히 선생을 동래 부사(東萊府使)에 임명했다. 동래는 왜를 막는 요새로서 가장 중요했기 때문에 선생 같은 인물이 필요했던 것이다.

선생은 동래에 부임하자 곧 왜들을 잘 무마(撫摩)해서 은위(恩威)가 병행하게 하고, 또 백성 다스리는 것이 마땅함을 얻었다. 이리하여 얼마 되지 않아서 선생을 공경하게 되고, 선생 대하기를 마치 신명(神明)처럼 생각하기에 이르러 마침내 그 일대가 평온함을 얻었다.

뒤에 그 고을 백성들이 비를 세워 '청덕(淸德)'이라 새겼다. 이것은 물론 선생의 그 맑고 깨끗한 인물을 단 두 글자로 표현한 것이었다.

광해군 4년 봄에 영동(嶺東)·영서(嶺西)에 크게 기근(飢饉)이 들었다. 선생은 그 전해인 광해군 3년에 강원 감사(江原監司)에 임명되었는데, 성심을 다하여 백성들을 구휼하기에 힘썼기 때문에 한 도(道)의 백성들이 모두 소생할 수가 있었다.

이때 영월에 있는 노산군(魯山君 : 端宗)의 묘소가 퇴락(頹落)한 것을 보고 선생은 이를 수축하고, 각 고을에 제수(祭需)를 배당시켜 제사를 지냈는데, 이때의 제수 배당의 법은 그 뒤에까지 관례로 전해 내려갔다.

노산군은 억울하게 그 숙부 세조(世祖)에게 왕위를 빼앗기고 영월로 추방되어 와서 괴로운 나날을 보내다가 열일곱 살을 일기로 죽음을 당하여 한 많은 세상을 등진 분이다.

당시 호장(戶長) 엄흥도(嚴興道)가 남모르게 시신을 거두어 장사지낸 까닭에 그나마도 묘소가 남아 있게 되었던 것이다.

선생이 이 노산군의 묘소를 수축하고, 각 고을에서 제수를 바치게 하여 제사를 받들게 한 것은 실로 강상(綱常 : 삼강과 오상, 곧 사람이 지켜야 할 도리)을 부식(扶植 : 사상이나 세력 따위를 어떤 곳에 영향을 주어 뿌리박게 함)한 큰일로서, 이 나라에 널리 교화를 편 장거(壯擧)라 아니할 수 없다.

그 뒤 노산군은 숙종(肅宗) 때에 이르러서야 복위되어 묘호(廟號)를 단종(端宗)이라 하고, 묘소를 봉하여 장릉(莊陵)이라 했던 것이다.

위에서 보다시피 선생의 목민관 생활은 그 율기(律己)와 봉공(奉公)·애민(愛民) 어느 한 가지도 선현(先賢)들의 가르침에서 벗어난 것이 없는, 만인이 우러러 본받을 만한 생활이었다.

숭고한 덕성으로 억울한 학자들 신원(伸冤)해 주고……

선생은 나이 어릴 때에 이미 노성(老成)하다는 정평을 들었다. 선생을 보는 사람은 누구나 모두 뒷날 반드시 세상에 이름있는 큰 선비가 될 것을 기대했다.

관례(冠禮)를 마치자 곧 몸을 닦는 학문에 뜻을 두어 우계 성혼의 문하(門下)에 들어갔다는 말은 앞에서도 한 바 있다. 선생은 그때부터 오직 존양(存養)과 성찰(省察)에 힘써서 몸가짐이 단중(端重) 엄정하고, 학문이 날로 진취되니, 사우(師友) 사이에서 경중(敬重)하기에 이르렀다. 이때 성혼의 문하에는 영재들이 구름처럼 모여들었지만, 성혼은 선생을 가장 사랑해서,

"어지러운 세상에서도 몸을 보전시킬 수 있고, 어지러운 나라에서도 살 수 있는 사람이다."

라고 말했다.

선조 35년에 스승 성혼이 무함을 입어 죄적(罪籍)에 오르자, 선생은 자핵(自劾)해서 벼슬을 사퇴했다. 그러나 이것은 허락되지 않았다. 광해군 3년에 동부승지에 임명되었는데, 스승 성혼이 아직 죄적에 올라 있어 신원(伸冤)되지 않았기 때문에 자신이 임금의 측근에 설 수 없다 하여 소를 올려 사퇴했다. 그러나 이 일 역시 허락되지 않았다.

정인홍(鄭仁弘)은 남명(南冥) 조식(曹植)의 문인(門人)이었다. 그런데 퇴계(退溪) 이황(李滉)이 그의 스승 조식을 논평했다 해서, 이 일에 불평을 품고 소를 올려 퇴계를 배척하고, 공격의 화살이 회재(晦齋) 이언적(李彦迪)에게까지 미쳐서 비방과 저훼(詆毁)가 이르지 않는 데가 없었다.

이에 성균관 유생들은 격분해서 항변하는 소를 올렸으며, 이어서 정인홍의 이름을 청금록(靑衿錄 : 성균관·향교·서원들에 있던 유생의 명부)에서 삭제해 버렸다.

일찍이 선조 말년에 광해군이 세자(世子)의 지위가 위태로웠을 때, 정인홍이 이를 적극 비호(庇護)했던 일이 있었기 때문에 광해군은 은인이라 해서 정인홍을 신임했다. 한편 정인홍은 광해군의 은총을 믿고 함부로 방자한 언론을 지껄였던 것이다. 광해군은 성균관 유생들의 행동을 심히 못마땅하게 여겨서 여러 번 강경한 전지(傳旨)를 내리고 엄하게 다스리도록 했다.

이때 선생이 좌부승지(左副承旨)에 있으면서, 우부승지(右副承旨) 김상헌(金尙憲)과 함께 정인홍의 어진 이를 무함한 죄를 극론(極論)하는 계사(啓辭)를 올렸다.

이 계사 안에는, 퇴계와 남명 사이에 교환된 서간(書簡)의 대략을 들어서 피차에 상대방을 존경하고 소중히 여겼던 일을 상기시키면서 퇴계가 남명을 평하여,

'노장(老莊)의 사상에 감염되어 중정(中正)의 도(道)를 지켰다고 할 수 없다.'

고 한 것은, 그 견해를 솔직히 표현한 것일 뿐 다른 뜻이 없다는 것을 밝혔다.

또 퇴계가 윤리를 밝히고 사도(斯道)를 선양해서 사습(士習)이 바른 길을 지향하게 되고, 풍속이 크게 변하게 되었다는 것을 들어서 그의 업적을 크게 찬양했다. 한편 정인홍의 좁은 편견에 따른 인신공격의 행동이 옳지 못하다고 통렬히 비난했다. 이때 사림(士林)들이 큰 화를 면할 수 있었던 것은 실로 선생에게서 힘입은 바 컸다. 선생은 오직 어진 이를 신구(伸救)하고 정도(正道)를 보위(保衛)하려는 일념에서, 당시 요원의 불길처럼 일어나는 정인홍의 막강한 세력에 대항해서 이를 꺾었던 것이다.

선생은 또 인조에게 글을 올려 《대학(大學)》을 진강(進講)하고, 격물(格物) 치지(致知)에 힘써서 성왕(聖王)의 사업을 이룩하기를 청했다. 임금은 수찰(手札 : 親書)을 내려서 이에 우답(優答)했다. 또 세자에게 글을 올려, 독서와 궁리(窮理)로 학문하는 요체를 삼고 극기(克己) 신독(愼獨)으로 수

신(修身)에 힘쓸 것을 전했으며, 불성실과 사정(私情)에 움직이는 일을 경계했다. 세자도 이 말에 명심해서 힘쓸 것을 회납했다.

인조 13년에 유생 채진후(蔡振後) 송시영(宋時瑩) 등이 소를 올려서 율곡(栗谷) 이이(李珥)와 우계(牛溪)까지 비방했다. 이에 선생은 분개하여 두 어진 이의 죄없음을 변백(辨白)하는 차자(箚子)를 올렸다. 여기에서는 율곡과 우계의 일생 행적과 선조대왕의 지우(知遇)를 받았던 일을 열거하고, 두 어진 이를 무함하는 일을 논박했다.

선생은 오로지 극기복례에 힘써서 수양이 이미 높은 경지에 이르렀으며, 사문(斯文)을 일으키고 유도(儒道)를 보위하는 일에 성의를 다했으니, 이것은 회재(晦齋)와 퇴계(退溪)를 변백하는 소나, 율곡(栗谷)·우계(牛溪)를 변백하는 차자에서 그 간절한 뜻을 엿볼 수가 있다.

선생은 그 스승 우계를 제사지내는 글에서,

'시운(時運)이 다하여 사도(斯道)가 땅에 떨어지려 해서 하늘이 한 장로(長老)를 세상에 남겨 두지 않는 것인가? 법문(法門)이 어디에 의지하며 후생이 어디로 돌아간단 말인가? 반드시 무너지고 흩어지며, 미혹하여 붙들어 일으킬 수 없이 되었으니, 아아! 슬프다.'

라고 한 것으로 보더라도 선생의 사도의 앞날을 근심하는 간절한 마음을 알 수가 있다.

선생은 경연관(經筵官)이 되어 경연 자리에 나가거나 세자의 사부(師傅)가 되어 동궁(東宮)에 진강(進講)이 있을 때면 언제나 임금의 마음을 바로잡아, 성왕(聖王)이 되는 길로 인도하기에 성심을 기울였다.

공자(孔子)의 말에,

'남이 알아 주지 않아도 성내지 않는다면 또한 군자가 아니겠는가?'

라는 말이 있다.

선생은 앞에서 이미 말한 것처럼 우계 성혼의 도통(道統)을 이어받아서 무언중에 그 실천에 독실했으며, 이것을 발양해서 세도를 돌이키기에 힘썼으니, 유형(有形)·무형(無形) 중에 우리의 정신생활에 기여한 바 실로 크다고 할 것이다.

원만하고 후덕했던 군자(君子)

선생은 어려서부터 이미 노성(老成)하다는 정평이 있었다는 것은 앞에서도 말했다. 이것은 선생의 자질이 아름답다는 것을 말해 주는 것이다.

그리고 23세 때 우계(牛溪)의 문하에 들어가서 덕성(德性)을 함양하기에 힘썼으니, 선생의 고매한 인격은 우연히 얻어진 것이 아니다. 선생은 대인(待人) 접물(接物)에 있어 언제나 원만해서 모가 나지 않았으며, 자기 자신을 낮추고 남을 높여서 겸허하기만 했다. 몸가짐이 단정하고 엄숙한 중에서도 봄바람과도 같은 화기가 있어서, 사람들에게 친밀감을 주었다.

그것은 사람들과 교환한 서신과 임금에게 올린 수많은 글을 보더라도 역력히 알 수 있다. 의논이 극단으로 흐르는 것을 피하면서도 조리가 정연하고, 시비(是非)와 사정(邪正)의 판단이 명확했다. 상대방의 감정을 자극시키지 않으면서 그를 바른 길로 인도했다. 그렇기 때문에 선생은 일을 바르게 처리하고 대의(大義)를 지키면서도 적(敵)을 두지 않았으므로 위해(危害)가 자신에 가해 오지 못했다. 그리고 선생을 만나는 사람은 누구나 저도 모르는 사이에 감화를 받아 선생을 존경하고 정중하게 대했다.

선생이 평강 현감(平康縣監)이라는 일개 고을의 수령으로 있을 때도 당시 강원 감사(江原監司)였던 한강(寒岡) 정구(鄭逑)는 처음으로 선생을 대해 보고는,

"금옥(金玉) 같은 군자(君子)로다."

하는 찬사를 아끼지 않았으며, 이내 허심탄회하게 담론하게 되었다.

인조반정 직후 오리(梧里) 이원익(李元翼)이 영의정이 되어서 선생을 적극 천거하고 국정을 맡기를 청했으니, 현직 대사헌(大司憲)으로서 정승의 천망(薦望)에 오르기는 전고(前古)에 없는 일이었다.

또 선생이 일본에 사신으로 갔을 때, 일본 관백(關白)이 선생에게 최대

의 경의를 베풀어서 일이 원만하게 이루어졌고, 임진왜란 때 잡혀갔던 많은 우리나라 포로들을 쇄환(刷還)하게 된 것도 실상 선생의 원만한 덕성에서 얻어진 것이라고 하겠다.

인조반정 직후에 선생은 대사헌(大司憲)에 임명되었다. 대사헌이란 나라의 기강을 바로잡는 최고 책임자로서, 생살(生殺)의 권한을 잡고 있는 직책이었다. 당시 인조반정의 배경을 살펴본다면, 광해군을 폐위해서 악(惡)을 제거하고 나라를 바로잡자는 것이 동기이며 목적으로 되어 있었다. 거슬러올라가서 선조 말년, 임금이 인목왕후(仁穆王后)를 계비(繼妃)로 맞아들여서 영창대군(永昌大君)이 탄생하자, 광해군은 세자의 지위가 위태롭게 되었다.

이때 광해군을 비호하고 나선 것은 이이첨(李爾瞻)과 정인홍 등이었다. 선조가 세상을 떠나고 광해군이 즉위하자 이들은 광해군을 믿고 행동했으며, 광해군도 이들을 은인으로 여겨서 신임했었다. 이들은 정적(政敵)을 물리쳐서 기반을 굳히고는 부귀영화를 독차지하기 위해 모든 계획을 세웠다.

먼저 역옥(逆獄)을 만들어 인목대비의 친정 사람들을 몰살(沒殺)하고, 일곱 살난 어린 영창대군을 강화도로 귀양보내 무참하게 죽였다. 그리고 일찍이 자기네들의 적으로 보았던 인사들을 일망타진했다. 뒤이어서 인목대비를 서궁(西宮)에 유폐했다가 폐모를 단행하고 말았으며, 계속 피비린내나는 역옥이 계속되고 비리(非理)가 판을 쳐서 정치가 혼란에 빠졌다. 그러자 민심은 광해군에게서 떠나고 말았다. 이렇게 해서 인조반정이 이루어지게 되었으니, 으레히 보복을 위한 대살육이 벌어지게 마련이었다.

그러나 선생은 대사헌의 자리에 오르자 희생을 극소수로 줄이고 일을 원만하게 수습하는 방향으로 힘을 기울였다. 그 결과 정국이 빠른 시일내에 안정을 얻을 수가 있었다. 이에 모든 국민들은 선생의 너그러운 도량과 현명한 처사에 감복했으며, 따라서 모든 여론이 기뻐했다.

인조 4년에 선생은 68세의 노령으로 우의정에 올랐다. 그 후 78세를 일기로 세상을 떠날 때까지 무릇 10여 년에 걸쳐 계속 상신(相臣)의 지위에 있으면서 임금을 보필하여 성대(聖代)를 이루어 보려고 심혈을 기울였다. 경연에 나갈 때마다 반드시 선왕의 도(道)를 강론하고 실천궁행(實踐躬行)할 것을 촉구했다.

또 선생은 신진사류(新進士類)를 아끼고 여론을 존중해서 언론창달(言論暢達)에 힘쓰고, 윤리 도덕을 밝히고 덕으로 백성을 감화시키는 정치를 베풀었다. 선생이 세상을 떠날 때 자제들에게 유언하기를,

"내가 위로 성명(聖明)하신 임금을 만났어도 세도를 만회하지 못해서 몸에는 덕이 없고 나라에는 공이 없었다. 무릇 묘도문자(墓道文子)나 시호(諡號)를 청하고 만사(挽詞)를 구하는 등, 부질없이 남의 찬양(讚揚)을 빌리는 일은 하지 말라."

고 한 것을 보더라도 선생의 덕성과 겸허함을 알 수가 있다.

백강(白江) 이경여(李敬輿)가 선생을 제사지내는 글에,

'임금을 보필하여 정승의 자리에 있으면서 밝은 명망(名望)과 너그러운 도량이 앉아서 유속(流俗)의 무리를 진정시켰다. 태산교악(泰山喬嶽 : 선생의 무게를 찬양한 말)의 움직임이 자취가 없으면서도 천지의 화육(化育)을 도와서 백성들이 그 혜택을 입었다.'

라고 한 것으로 보더라도, 선생의 지대체(持大體) 진물망(鎭物望)하고 이음양(理陰陽) 순사시(順四時)하는, 즉 음양의 기운을 조화시켜서 사시의 운행에 순응하는, 천지의 화육을 돕는 정승으로서의 사명을 다한 대신(大臣)의 풍도(風度)를 엿볼 수가 있다. 한 마디로 말해서 선생은 어진 재상이요, 후덕(厚德)한 군자였다.

유교(儒教)의 가르침을 몸소 실천하고

유교(儒教)란 무엇인가? 유교의 근본사상은 곧 윤리(倫理)요, 윤리의

근본은 곧 성(誠)이며 성은 곧 《대학(大學)》에 나오는,

'욕정기심자(欲正其心者) 선성기의(先誠其意).'

라고 한 것이 바로 그것이다. 이 성(誠)에 대해서는 자사(子思)가 맨 먼저 천명했다고 하겠는데, 그는 《중용(中庸)》에서,

'성자 천지도야 성지자 인지도야 성자 불면이중 불사이득 종용중도 성인야 성지자 택선이고집지자야(誠者 天之道也 誠之者 人之道也 誠者 不勉而中 不思而得 從容中道 聖人也 誠之者 擇善而固執之者也).'

라고 했다. 또,

'성자 성인지본 성 성이기의 오상지본 백행지원야(誠者 聖人之本 聖 誠而已矣 五常之本 百行之源也).'

라 하여 성(誠)은 우주의 원칙이요, 윤리의 대본(大本)이 된다고도 말했다.

즉, 성(誠)이라는 원동력이 없이는 오륜오상(五倫五常)의 규범도덕(規範道德)도 모두가 무너지고 말 것이다. 그러므로 여기에서는 유교의 근본사상은 이 성을 바탕으로 한 충서(忠恕)·효제(孝悌)·삼덕(三德)·오륜오상에 있다는 것만을 말해 둔다.

따라서 조선조에서는 국학(國學)이 유학이었고, 국가의 중신들이 모두 유가 출신이었는데, 여기에서 말하는 유교는 곧 과거 우리나라의 전반적인 것을 대표하는 대명사처럼 되어 있었던 것도 부인할 수 없는 사실이다.

그러면 선생의 유교계통(儒教系統)은 어떠했는가? 선생은 다름아닌 우계 성혼의 문인(門人)이다. 선생이 을해년(乙亥年)에 올린 〈우율양선생변무차(牛栗兩先生辨誣箚)〉에 보면,

'신(臣)은 성혼의 문인이오니, 성혼의 심사를 자세히 아는 사람은 오직 노신(老臣)이 있을 뿐입니다. 그러므로 청컨대 성혼의 피무곡절(被誣曲折)을 말씀드리겠습니다…….'

라고 한 구절이 있다. 이것으로서 선생은 우계의 문인으로 자처했던 것을

알 수가 있다. 또《문인록(門人錄)》에도 선생이 우두머리로 적혀 있는 것을 볼 수가 있다. 한편 우계는 청송(聽松) 성수침(成守琛)의 아들로서, 청송은 곧 정암(靜菴) 조광조(趙光祖)의 계통을 이어받은 분이다.

선생은 어려서부터 노성(老成)했다는 정평이 있어서, 선배대인들이 보고 모두 다음 날에 세상에서 이름날 순유(諄儒 : 결백하고 정직한 유교의 선비)가 될 것이라고 했다. 관례 뒤에 곧 위기지학(爲己之學)을 하려는 뜻을 품고 우계의 문하에 들어갔는데, 이때 그 문하에는 빼어난 영재(英才)들이 많았지만 우계는 유독 선생의 언행이 단아진중(端雅鎭重)한 것을 소중히 여겨,

'이 사람은 난방(亂邦)에라도 가서 살 수 있는 사람이다.'

라고 칭찬했다는 것이다.

정인홍이 임금의 은총(恩寵)을 믿고 함부로 차자(箚子)를 올려 회재·퇴계 두 분을 모훼(侮毁)한 일이 있었는데, 이때 선생은 정원(政院)에서 동료들과 존현척사(尊賢斥邪)의 뜻을 애써 임금께 아뢰었기 때문에, 이로 인해서 미움을 받아 강원도 관찰사(江原道觀察使)로 나가게 되었다. 이때 선생은 노산군(魯山君), 즉 단종(端宗)의 묘소(墓所)를 수축(修築)하고 제식(祭式)을 마련해서 해마다 엄숙히 제사를 지내게 했는데, 이러한 선생의 처사(處事)는 유풍(儒風)을 크게 진작시키는 일로서 당시의 인심들이 모두 흡연(翕然 : 대중의 의사가 한 곳으로 쏠리는 정도가 대단한 모양)해졌다.

또 선생이 일본에 사신으로 갔을 때, 왜의 관백(關白)은 예(例)에 의하여 은화(銀貨)를 주었으나 선생은 이를 받지 않고 대마도(對馬島)에 와서 모두 봉(封)해 두고 돌아왔다. 수중에 유자(柚子) 한 개가 있는 것을 보고 부산(釜山)에 이르자 그것마저 바다에 던지니, 이것을 보고 서장관(書狀官)인 이경직(李景稷)은 말하기를,

"내가 평생 칼을 좋아해서 한 자루를 구해 가지고 왔는데, 이제 상사(上使)가 하는 일을 보니 내가 무슨 낯으로 이것을 가지고 돌아가겠는가?"

하고, 즉시 바다에 던졌다. 선생이 행동으로 남을 감화시키는 것이 대개 이러했다.

어느 날 인조가 경연(經筵)에 거동하여,

"여색과 싸움과 재욕의 세 가지 경계 중 어느 것이 어려운가?"

하고 묻자 선생은 대답하기를,

"여색을 경계하기가 가장 어렵습니다."

라고 대답했다. 인조는 다시,

"나는 생각하기에 재욕을 경계하기가 더 어려울 줄 아는데?"

라고 하자 선생은 다시 말하기를,

"여색이 꼭 사람의 마음을 해치는 요물(妖物)이라는 뜻이 아니옵고, 부부 사이에도 혹 서로 대하기를 예(禮)로 하지 않는 수가 있기 때문에 여색을 경계하기가 어렵다는 것입니다."

라고 하니 그제서야 인조는 얼굴 빛을 고치고,

"과연 경(卿)의 말이 옳다."

라며 고개를 끄덕였다.

선생은 여러 번 인조께 글을 올려,

'전하께서 성왕(聖王)의 사업을 이루시기로 기약하시려면, 바라옵건대 《대학(大學)》의 격물치지(格物致知)를 가지고 스스로 권면(勸勉)하시옵소서.'

라며 거듭 자세히 아뢰어 마지않으니, 인조는 손수 회답을 내려 선생을 칭찬했다. 또 선생은 세자에게도 글을 올려, 독서궁리(讀書窮理)할 것을 권하고, 극기신독(克己愼獨 : 자기의 욕망·사념 따위를 의지의 힘으로 이기고 혼자 있을 때에라도 도리에 어긋나는 일을 삼가는 것)에 힘쓰라고 권했으며 더욱이,

'성실치 못하고 실상(實狀)이 없이 편안한 일과 사사로운 일에만 치우친다면 이는 사람의 본성(本性)을 해치는 것이 된다.'

고 격려하자 세자도 역시 글로,

'스스로 힘쓰겠노라.'

고 회답했다. 인조가《대학(大學)》《시경(詩經)》을 강(講)할 때, 선생은 경연에서 강학자익(講學資益)의 필요함을 설명하여 그 말이 매우 간곡했고 또 임금의 하교(下敎)에 따라서,

"인군(人君)은 화평중정(和平中正)해서 붕당(朋黨)을 없애야 하고, 먼저 딴 일에 계착(係着 : 마음에 늘 꺼림칙하게 걸리어 있음)되어서는 안 됩니다."

고 아뢰기도 했다. 또 선생은,

"능침(陵寢)은 마땅히 세종대왕(世宗大王)의 검소한 제도를 따라야 하고, 대군(大君)들의 가사(家舍)도 너무 사치하지 마시옵소서."

라고 아뢰니, 임금도 이를 가납(嘉納 : 간하거나 권하는 말을 기꺼이 받아들임)했다.

선생은 운명(殞命)하던 며칠 전에 여러 자손들에게 부탁하기를,

"치상(治喪)은 검소하게 하고, 화려하게 상여를 장식하지 말라. 또 만장(輓章)이라는 것은 고인(古人)의 법이 아닌데, 남의 시구(詩句)를 빌려다가 거짓말로 재덕(才德)을 꾸며서 영구(靈柩) 앞에 세우다니, 이 어찌 부끄러운 일이 아니랴? 초종(初終)에는 전(奠)만 올리는 것이요 제사지내는 것이 아니니, 많은 음식을 장만해서 성설(盛設)하여 먼지 속에 묻히게 하는 것은 본받을 일이 아니다. 또 남에게 청해서 행장(行狀)을 짓는다는 것은 끝내 부실(浮實)하다는 말을 면키 어려운 일이요, 더구나 이것으로 아름다운 시호(諡號)를 청한다는 것이야 더욱 부끄러운 일이 아니겠느냐? 신도(神道)에 비(碑)를 세우는 것도 또한 내 뜻이 아니다. 다행히 성명(聖明)의 세상을 만났는데도 세도(世道)를 바로잡지 못했으니, 국가에 대해서는 공이 없고 내 몸에도 덕이 없는 것인즉, 다만 한 조각 돌에 벼슬 이름과 성명만 쓴다면 이것으로 만족하다."

라고 했다.

선생이 몰한 뒤 의대(衣帶) 속에 손수 써둔 5·6조목의 글이 있었는데,

그 조목 중에는 '돈성학(敦聖學)'이 첫째 주목을 끌었었다. 이는 대개 선생이 평소에 생각하던 바를 다시 한 번 임금께 아뢰려 하다가 이루지 못한 것이었다.

선생은 원래 천품으로 타고난 바탕이 순수하고 아름다웠기 때문에 자연 그 처사에 과오나 차질이 적었고, 평생에 신기(新奇)하고 고원(高遠)한 의논을 하지 않았고 스승의 교훈을 잘 지켜 몸소 실천했기 때문에 세상 사람들의 모범이 되어 명신(名臣)이란 이름을 얻을 수 있었으니,《시경》에 말한, '온화하고 공손한 사람은 덕을 이루어 갈 기초가 되리라'란 곧 선생을 가리킨 말이다.

끝으로 선생은 유교에 대해서 이론보다도 실천에 중점을 두었었다. 유교의 실천이란 곧 윤리요, 정치며 교육인 것이다. 이 세 가지를 모두 궁행노력(躬行努力)해서 수기제가(修己齊家)에는 윤리를 앞세웠고, 정치에 있어서는 선성(先聖)의 가르침을 본받아 인애를 주장했으며 교육에 있어서는 오상(五常)의 도덕과 육예(六藝)의 학문을 전해 준 분이 바로 선생이었다. 선생이야말로 묵묵히 유교를 실천한 분이었다.

공명정대하고 인애로운 생활 신조

선생은 극기복례의 높은 수양을 쌓아서 행동과 처사에 있어 언제나 사심의 버리고 반드시 공정을 기했다. 공정은 선생의 확고 불변의 생활신조로 되어 있었다.

빈천도 선생의 뜻을 움직일 수 없었고, 부귀로도 선생의 뜻을 옮길 수 없었으며, 위무(威武)로서도 선생의 뜻을 굽힐 수 없었으니, 선생이야말로 정의의 정신에 투철한 대장부라 할 것이다.

선생은 목민관 생활에 있어서도 정치가 시종일관 공정해서 올바른 길에서 벗어나지 않았기 때문에, 그처럼 고을마다 잘 다스려지고 민생이 안정을 얻을 수 있었던 것이다. 안주 목사(安州牧使)로 있을 때 안주성을 수축하는 역사가 중도에 중지되는 것을 선생은 국방과 국가의 위신을 들어 감사(監司)를 설득시키고는 마침내 준공을 보게 했다.

광해군의 폐모론(廢母論)이 일어났을 때 선생은 의견을 말하기를,

"오늘의 처변(處變)은 그 도리를 다할 수 있는 뒤에라야 천하에 대해서 할 말이 있고 후세에 대해서도 부끄럽지 않을 것입니다. 엎드려 바라옵건대 옛날 성인의 처변(處變)을 다할 수 있었던 길을 찾으시고, 이를 본받으시어 거룩하신 효성을 더욱 빛내시고 학문을 더욱 돈독히 하시옵소서."

라고 했다.

당시 백사(白沙) 이항복(李恒福)이나 기자헌(奇自獻) 같은 분은 모두 원임(原任)이 아니면 시임(時任) 대신(大臣)의 높은 신분으로서도 이의를 제출했다가 가차없이 변방으로 유변의 형벌을 면치 못했었다.

그런데 아직도 삼품관(三品官)의 미약한 존재인 선생이 감히 바른말로 간한다는 것은 몹시 위험한 일이었다. 그러나 그는 공정한 발언을 해서 종시 뜻을 굽히지 않았었다. 과연 대간(臺諫)에서 그를 귀양보낼 것을 발론(發論)하게 되고, 광해군의 선생에 대한 태도도 강경해서 일이 예측할 수 없는 지경에 이르렀다.

이때 어떤 친구가 선생에게 글을 보내서 묻기를,

"이 같은 큰일을 당해서 그대는 장차 어찌 할 것인가?"

하자 대답하기를,

"평생에 배운 바가 오늘에 있다."

라고 했다.

선생은 인조조에서 두 번 이조판서를 지냈다. 이조판서란 일명 전장(銓長)이라고도 불리는데 이는 동전(東銓), 즉 문관을 전형해서 선발하는 책임자이다. 한 나라의 정치가 밝아지는 것은 인물을 얻고 못 얻는 데에 달려 있고, 그 인물을 선발하는 것은 이조판서가 하는 일이니 그 직책은 실로 중직이 아닐 수 없다.

선생은 전장이 된 후로는 능력 본위로 인물을 뽑았으니, 능력이 있는 자는 등용되고 능력이 없는 자는 물러났다. 또한 선생은 청탁을 막기 위해 당상관(堂上官)들을 공청에 모아서 각기 인물을 추천하게 하여 이것을 인사에 반영시켰다. 비록 임금이 지적한 인물이라도 자격이 없는 자는 자연 선발될 수가 없었다. 이렇듯 공정한 인사 행정을 하니 한때 많은 유능한 인사들이 진출할 수가 있었다.

인조는 본래 선조의 왕자인 정원군(定遠君)의 아드님으로서 반정과 함께 왕위에 오른 임금이다. 즉위한 뒤에 인조는 그 생부(生父)인 정원군을 원종대왕(元宗大王)으로 추존(追尊)하고 별묘(別廟)에 모셨다. 그 뒤 다시 원종의 위패를 종묘에 봉안하려고 했다. 그러나 종묘의 제도에 따르면, 현재 임금의 4대조까지 위패를 봉안하고 제사를 받들게 되어 있다. 만일 원종(元宗)의 위패를 새로이 종묘에 봉안하려면 반드시 맨 윗대 임금의 위패를 조천(祧遷 : 종묘의 본전 안의 유패를 그 안의 다른 사당인 영녕전으로 옮겨 모시던 일)해야 한다. 일찍이 임금 노릇한 사실이 없는 분을 종묘에 봉안하는 자체가 어려운 일일 뿐만 아니라, 그러기 위해서 윗대의 위패를 조천한다는 것은 더욱 죄송스런 일이었다.

당시 여러 권신들이 인조의 배후에서 이 일을 극력 주선하자 임금은 이를 강행하려 했다. 그러나 이 일에 대하여 선생은 여러 번 글을 올려 그 옳지 못함을 말하고 중지하기를 청했다. 선생의 주장은 논리가 정연하고 고증이 확실했다. 권신들이 선생을 미워해서 몹시 강박했지만 선생은 끝내 공정한 주장을 굽히지 않았다. 임금의 생부를 높이는 일이요, 더구나 임금이 몸소 강력히 추진하는 일이었다. 그러나 원칙에 어긋나는 일이었기에 선생은 이를 반대했던 것이다.

인조 13년 봄에 사나운 폭풍우와 천둥 벼락으로 목릉(穆陵)·혜릉(惠陵) 두 능침(陵寢)의 봉분이 무너진 일이 있었다. 경박한 무리들이 선동해서 항간에서는 벼락이 쳐서 봉분이 무너졌다고 떠들어 댔다. 그러나 선생은 명을 받아 능침을 봉심(奉審)한 뒤에, 잔디가 아직 뿌리도 박기 전에 급작

스레 폭우가 내려 무너진 것이라는 것을 확인하여 복명했다.

그러나 벼락의 변고라는 유언비어는 더욱 성행했다. 당시에 벼락이 치는 것을 천견(天譴 : 하늘의 꾸짖음)으로 보았기 때문에 이것은 중대한 문제가 되는 것이었다. 형조참의(刑曹參議) 나만갑(羅萬甲)은 소(疏)를 올려 참봉(參奉)의 파직을 청했는데 그 글 속에는,

'윗사람과 아랫사람이 서로 결탁해서 재변을 기휘(忌諱 : 꺼리어 싫어함)합니다…….'

는 등의 말이 있었다. 한편 홍문관이 나만갑의 주장에 동조하는 발언을 했다. 이에 선생은 인책하여 집에 물러나와 있으면서 외부와의 접촉을 끊었다. 의금부(義禁府)에서 죄인을 석방하는 일로 회의가 열렸는데도 선생은 나가지 않았다. 임금이 전교를 내려 나만갑을 파직시켰다는 말을 듣고 선생은 차자(箚子)를 올려서 신구(伸救)했다.

그 글 속에,

이것은 나만갑이 그 같은 놀라운 말을 듣고 분개한 나머지 깊이 생각하고 자세히 살필 겨를이 없었던 것입니다. 결코 신(臣)에게 무슨 혐의가 있어서 한 말이 아닙니다. 전일에 유백증(兪伯曾)은 소를 올려 전하와 정승의 과실을 공격하기를 조금도 거리끼지 않았습니다. 그 말에 비록 과격한 점이 있다 하더라도 그 마음은 나라를 근심하는 데서 나온 것이니, 이것은 또한 사람이 저마다 할 수 없는 일입니다. (중략) 옛날의 제왕(帝王)은 비방하는 나무를 세우고, 간쟁(諫諍)하는 북을 달아서 천하의 말을 모두 들으려 했습니다. 언로(言路)의 창달(暢達) 여부는 곧 국가의 흥망에 관계되는 것입니다. 이제 이들 두 사람이 조정을 떠나는 것은 실로 언로에 직결되는 일입니다. 이로부터 다시 일을 말하는 신하가 없어 국가의 원기(元氣)가 소침된다면 이 어찌 심히 두려운 일이 아니겠습니까. (중략) 전하께서는 원대하게 생각하시어 한때 말의 귀에 거슬리고 듣기 좋은 것을 가지고 그 사람을 좋아하거나 미워하지

> 마시고, 오직 그 마음이 공변된 것인가, 사사를 위한 것인가를 살피시어 취하고 버리시옵소서. 나만갑을 파직시키시는 명을 거두시어 다음 날의 진언(進言)하는 길을 넓히시옵소서.

라고 했다.

사람들은 흔히 바른말을 하는 것을 좋아하지 않는다. 특히 자신을 비방하거나 공격하는 일은 적대시해서 반드시 보복을 하려 한다. 나만갑은 항간에 떠도는 '벼락이 쳐서 능침(陵寢)이 붕괴되었다'는 말을 그대로 받아들여서, 대신이 조사 보고한 것까지도 인정하지 않고 공격의 화살을 퍼부어 한 나라의 정승으로서 임금을 제대로 보필하지 못하여 하늘이 재앙을 내리게 한 책임을 추궁한 것이다. 이것은 선생에 대한 심한 모독이며, 선생을 몰락의 비운으로 몰아넣으려는 의도였던 것이다. 이에 임금은 나만갑을 파직시키려 했었다.

그러나 선생은 붓을 들어 나만갑을 구하는 글을 올렸다. 선생의 생각은 지극히 공정했다. 선생 한몸의 이해(利害)는 안중에 두지 않았다. 오직 나라의 앞날을 조심하는 공변된 마음이 있을 뿐이었다. 선생의 공정하고도 정직한 신념은 어떤 경우에든 이처럼 확고했다.

충성과 효성을 겸비했던 거성(巨星)

선생이 여덟 살 때 어머니 이씨(李氏)가 병환이 있어 유자(柚子)를 먹고 싶어했다. 선생은 어린 나이이건만 그 어머니가 원하는 유자를 얻으려고 애썼다. 이웃 마을 이진사(李進士) 집에 유자가 있다는 말을 듣고 찾아가서 간곡하게 청했다. 이에 이진사도 어린아이의 말을 갸륵하게 여겨 유자 몇 개를 주자, 선생은 기쁨을 감추지 못하며 가지고 돌아와서 어머니께 드렸다.

광해군 2년에 선생은 동래 부사(東萊府使)로 있으면서 집에 돌아가 어머니를 봉양케 해주시기를 청하는 소를 올렸다.

그 글의 대강은,

……갑진년(甲辰年) 겨울에 신(臣)이 경성(鏡城)에 있을 때, 어미가 병이 있어 병세가 더하기도 하고 덜하기도 하여 앞날을 예측할 수가 없었습니다. 신이 만일 성효(誠孝)의 인간이었다면 벼슬을 버리고 돌아가서 국법을 달게 받았어야 했을 것입니다. 그러나 신이 어리석어 매양 공적인 의리에 얽매여서 발을 빼지 못했사오며, 또 북쪽 변방의 군무를 맡은 벼슬은 사람들이 모두 싫어하는 것이기 때문에 마음만을 상하면서 곧 결단을 내리지 못했습니다. 임기를 마치고 중도에 분상(奔喪)했으니 그 병들었을 때 구(救)하지 못했사오며, 죽을 때에도 면대(面對)해서 영결하지 못했습니다. 이에 하늘에 사무치는 슬픔이 뼈에 새겨져서 영원히 가실 길이 없습니다.

신의 어미가 죽은 뒤로 신의 아비는 환거(鰥居 : 홀아비로 사는 일)하여 외롭게 살고 있습니다. (중략) 신은 집안 소식이 있을 때마다 마음에 가책을 받아서 밤새도록 잠을 이루지 못했사옵고, 먹을 것을 대하면 눈물이 흐르옵니다. (중략) 신의 오늘의 처지는 다른 사람과 다르옵니다. 엎드려 비옵건대, 전하의 지극히 인자하신 마음으로 남의 자식된 자의 정리를 굽어 살피시어 돌아가 어버이를 봉양하려는 소원을 이루게 해주시옵소서.

라는 것이었다.

이것으로 선생에게는 경성판관(鏡城判官)의 임기를 마치고 돌아오느라고 어머니의 병을 간호해 보지 못하고, 또 임종 때에도 보지 못했던 일이 일생의 한이 되어 있음을 알 수가 있다. 그리고 홀로 된 아버지를 근심하는 아들의 지극한 정리가 여실히 나타나 있음을 것을 볼 수가 있다.

이에 광해군도 이 일의 처리를 위한 이조(吏曹)에서 올린 품계(稟啓)에

대해,

"정리가 지극히 절박하다. 벼슬을 바꿔 주도록 하라."

고 하여 선생의 소원을 들어주었던 것이다.

광해군 5년에는 광주(廣州)에 살고 있는 아버지를 봉양하기 위하여 자원해서 광주 목사(廣州牧使)에 임명되기도 했다. 어머니 이씨가 먼저 세상을 떠나고 아버지가 뒤에 세상을 떠났는데, 선생은 무덤 곁에 여막(廬幕)을 짓고 거상(居喪)하여 상기(喪期)를 마쳤다. 특히 아버지 상중(喪中)에는 시묘(侍墓)를 살면서 너무나 슬퍼하고, 또 소식(蔬食)만으로 연명하였으므로 몸이 몹시 허약해져서 병들어 하마터면 구하지 못할 뻔했다. 선생의 효성은 실로 자식된 정리를 다했다고 하겠다.

또한 오랫동안 계속되는 목민관 생활에 있어, 청렴결백한 태도를 고수하여 재정(財政)을 아끼고 공평무사한 정치를 베풀어서 정사가 맑아지고, 민생이 안정을 얻게 된 일들은 모두 나라에 충성한 일들이다.

선생은 광해군 9년에 일본 회답사(日本回答使)가 되어 일본에 건너갔다. 이때 덕으로 일본 사람들을 감화시켰으므로, 일본의 집권자인 관백(關白)까지도 검(劍)을 풀고 맨발을 벗고서 선생을 지극히 공경했으며, 우리나라에 보내는 국서(國書)도 매우 정중했다. 이렇게 해서 선린관계(善隣關係)를 돈독히 했다.

광해군 14년에는 명(明)나라에서 광종황제(光宗皇帝)가 새로이 즉위했으므로, 우리나라에서도 축하사절을 보내야 했다. 당시 요동(遼東)으로 통하는 길이 후금(後金)에 의해서 가로막혔으므로 육로(陸路)를 버리고 수로(水路)로 갈 수밖에 없었다. 그러나 바닷길은 풍파가 심해서 위험하기 짝이 없었다. 사람들은 모두 이 길을 기피하며 가려하지 않았다. 이 임무가 마침내 선생에게 맡겨졌으나, 선생은 조금도 위험을 상관하지 않고 승낙했다.

이리하여 명나라 수도 북경(北京)에 이르러서는 광종의 즉위 축하는 물론, 후금의 강성함과 우리나라의 입장을 설명하여 두 나라의 긴밀한 협조를 강조해서 사명을 다하기에 성력(誠力)을 기울였다. 명나라 조정에서는 관례에 따라 선생을 위해 연회를 베풀려 했다. 그러나 선생은 위기에 처해 있는 우리나라의 실정을 들어서, 차마 안일하게 연회에 참석할 수 없음을 말하고 정중하게 사절했다.

이렇게 해서 명나라 조정에서도 우리 입장을 바르게 인식하게 되었으며 선생에 대한 대우도 극진했다. 선생은 명나라에서 돌아오는 길에 석성도(石城島) 앞바다에서 심한 풍랑을 만나 배가 뒤집히게 되었다. 사람들은 모두 낯빛이 변하고 어찌 할 줄을 몰랐으나, 오직 선생은 침착함을 잃지 않고 붓을 들어 시 한 수를 썼다.

一死已前定
到此更何疑
從容整襟袖
坐待命盡時
한 번 죽음은 이미 정해진 일
이에 이르러 또 무엇을 의심하랴
조용히 옷깃을 바로잡고
앉아서 목숨 다할 때를 기다리네

선생은 이미 나랏일에 목숨을 바칠 것을 각오했던 것이다. 다행히 풍랑이 차츰 가라앉아서 무사함을 얻었다. 나라를 위해서는 목숨도 아끼지 않는다는 열의를 여기에서 또 한 번 엿볼 수가 있다.

또 선생은 일본에 사신으로 갈 때에도 종사관 이경직(李景稷)에게 써 준 시에서 이렇게 말했다.

已將身許國
無復夢還家

直掛風帆去
扶桑萬里波
이미 나랏일에 몸 허락했으니
집으로 돌아갈 꿈 다시 없네
바람에 돛달고 가노라니
동해 바다 만리 물결 위를 가네

명나라로 건너갈 때 철산(鐵山)의 직도(稷島)를 출발하면서 지은 시에는 이런 말이 있다.

萬里風濤一葉船
帝京何處指雲邊
愚衷只解朝宗義
王事寧論我獨賢
만리 험한 풍파 위에 조각배 하나
제경(서울)이 어디멘가, 구름가를 가리키네
어리석은 생각은 오직 중국에 가는 의리뿐
왕사(王事)에 어찌 수고를 말하리

또 명나라에서 돌아오는 길에 녹도(鹿島)의 달빛 아래서 읊은 시에서는 이렇게 말했다.

平生志學孝移忠
窮達無心任上穹
只有戀君憂國心
海天明月照丹衷
평생 배운 것이 효도를 충성으로 옮기는 일

궁달(窮達)에 마음 없어 하늘에 맡겼네
오직 임금을 그리워하고 나라 근심하는 생각뿐
저 하늘 밝은 달이 이 마음에 비치네

이 같은 시의 구절구절마다 임금을 사랑하고 나라를 근심하는 선생의 단충(丹衷)이 서려 있는 것을 볼 수 있다. 선생은 길의 험난하고 평탄한 것을 가리지 않고 오직 나랏일에 분부했다. 그리고 한결같이 자기가 맡은 바 사명을 다하려고 애쓸 뿐이었다. 선생이야말로 실로 충효(忠孝)의 길을 온전히 했다고 하겠다.

선생은 선천적으로 아름다운 자질을 타고났다. 그는 원만한 덕성을 갖추었으며 온전하고도 겸허했다. 생각이 공정해서 정의를 사랑했으며 청렴하고도 강직했다. 또 충효의 의리에 밝아서 이 길을 온전히 했다. 말은 믿음이 있고 행실이 돈독해서, 나라 사랑은 물론 이웃 나라 사람들까지도 감화시켜 공경하고 따르게 했다.

선생은 비록 사장(詞章)은 익히지 않았으나 시문(詩文)에도 능했다. 선생의 문장은 평이하면서도 조리가 있고, 선생의 시(詩)는 맑으면서도 운율에 맞았다. 선생의 시문은 읽을수록 멋을 알게 되고 뜻을 깨달아서 유열(愉悅)의 경지에 들어가게 한다.

실로 선생의 덕행과 문장은 한 시대에 뛰어났다고 해도 지나친 표현은 아닐 것이다.

이것은 선생이 남긴 글들이 여실히 말해 주고 있으며, 또 다른 사람의 선생에 대한 논평이 이를 뒷받침하고 있다.

청음(淸陰) 김상헌(金尙憲)이 선생의 묘갈명(墓碣銘)을 지었는데, 그 속에,

'온화하고 공손한 것은 오직 덕의 터전이다.'

라고 하여 찬사를 아끼지 않았다.

또 약천(藥泉) 남구만(南九萬)이 지은 선생의 묘지명 첫머리에는,

인조대왕의 중흥의 시기는 실로 내가 들을 수 있고 볼 수 있었던 시대였다. 당시의 조정 위의 어진 인물들을 손꼽아 볼 때, 혼조(昏朝)에 절의(節義)를 세운 분으로서 윤해창(尹海昌 : 昉)이 있었고, 나라를 중흥하는 일에 공을 세운 분으로 김승평(金昇平 : 瑬)이 있었다. 유아(儒雅)하고 덕망이 높기로는 신상촌(申象村 : 欽)이 있었으며, 문장재화(文章才華)로는 이월사(李月沙 : 廷龜)가 있었다. 그러나 추탄(楸灘) 선생 오공(吳公)에 이르러서는 한 가지 일만을 가지고 논할 수 없으며, 한 가지 능한 것만 가지고 일컬을 수 없다.

덕행(德行)을 가지고 논한다면 그 마음속에 함양된 것이 따뜻하기 마치 아름다운 구슬 같고, 화기(和氣)는 마치 봄볕과도 같았다. 그 겉에 나타나는 것은 행동이 법도(法度)가 있고, 담론(談論)과 성색(聲色)이 사랑스러워서 자연히 중외(中外)가 열복해서 흠앙하는 바 되었으니, 결코 몇 분 인사들에 비할 바가 아니다.

라 했다.

남약천(南藥泉)도 어진 재상이다. 남을 논평하는 데 있어 결코 인색하거나 비굴하게 정곡을 벗어나는 일을 하지 않았다. 비록 나이 젊었다 하더라도 선생이 세상에 있을 때에 그도 함께 살아 있었다. 조금이라도 어긋나는 말을 했겠는가? 그런데 신상촌(申象村)이나 이월사(李月沙)로도 오히려 따를 수 없다고 했으니, 선생의 뛰어난 인품을 가히 짐작할 수가 있다.

포저(浦渚) 조익(趙翼)·낙전(樂全) 신익성(申翊聖)·백강(白江) 이경여(李敬輿)·잠곡(潛谷) 김육(金堉) 같은 분들은 모두 선생과 동시에 조정에 섰던 분들이며, 학문·덕행·공업(功業)으로 다같이 후세에 이름을 남긴 분들이다. 그런데 이들도 선생의 제문에서 모두 선생을 찬양하고 추모하는 간절한 뜻을 표시하고 있다. 선생의 일거일동은 실로 후세 사람들의 거울이 되고도 남음이 있다.

선생은 가계(家系)로 볼 때 군기감공(軍器監公) 인유(仁裕) 이후로 처음으로 크게 현달해서 가문을 빛냈다. 선생이 난 뒤로 자손도 크게 번창했을 뿐만 아니라 문장, 혹은 덕행, 혹은 충의로, 또 현관(顯官)으로 후세에 이름을 남긴 이가 수를 헤아릴 수가 없다. 옛 글에,

'착한 일을 쌓은 집에는 반드시 남는 경사가 있다'

는 말이 있다. 실로 선생의 온후한 덕성으로 백성에게 은혜를 끼치고 나라에 기여한 덕업(德業)의 여택(餘澤)이 아닐까 한다. 자손된 자는 마땅히 선생과 같은 빛나는 조상을 가진 것을 무상의 영광으로 생각해야 할 것이다. 그리고 선생이 남긴 이 귀중한 기록을 거듭 정독(精讀)하여 선생이 행한 바를 체득하고, 이것을 거울삼아 자신의 진퇴에 도움이 되게 해야 할 것이다.(편집자 주 : 이 항은 저자 이민수 선생이 추탄 오윤겸 선생의 문집인 《추탄선생문집》을 번역하고 그 해설을 쓴 것이다.)

■ 어우야담(於于野談)

해학과 풍자가 있는 설화집, 《어우야담》

아무리 문장의 대가라 해도 사실을 기록하는 일이란 쉽지 않다. 류자후(柳子厚)의 《용성록(龍城錄)》이나 소자첨(蘇子瞻)의 《동파지(東坡志)》만 해도 그들의 다른 글에 비교해 보면 어림도 없다. 우리나라의 《송계만록(松溪漫錄)》이나 《패관잡기(稗官雜記)》 등도 또한 그러한 예의 하나다. 묵호공(默好公 : 柳於于)께서 문장의 노장으로서 《어우야담》 몇 권을 지으셨는데, 그 속에는 놀랍고 기발한 얘기가 비일비재하다. 그러나 이 모두 문장에만 관심을 둔 것이 아니라, 하나하나가 세교(世敎)에 관계

가 되도록 지으셨으니, 실로 만고에 썩지 않을 대문장이다.

이것은《어우야담》의 서문에 쓴 성여학(成汝學)의 글이다. 야담은 물론 정사(正史)가 아니다. 국가나 관청의 명령으로 씌어진 것도 아니며 민간인 스스로가 자의로 저술한 글이다.

《어우야담》은 류몽인(柳夢演, 1559~1623)의 저서다. 저자 류몽인은 자를 응문(應文), 호를 어우당(於于堂), 간재(艮齋), 묵호자(默好子)라고 했으며, 본관은 홍양(興陽)으로 사간(司諫) 충관(忠寬)의 손자다.

12세에 '사서 삼경'을 통달하고 13세에는 남창(南窓) 김현성(金玄成)에게 수학했다. 정토사(淨土寺)·삼각산(三角山)·청계산(淸溪山)·대자사(大慈寺) 등지에서 각각 독서하여, 24세에 진사(進士)가 되었다. 다시 수종사(水鐘寺)·반궁(半宮)·성거산(聖居山)·천마산(天摩山)·보개산(寶蓋山) 등지에서 독서를 계속하여 천문·지리에서부터 '언어'·'상서(象胥 : 通辯)'에 이르기까지 실로 만 권 서적을 독파했다.

31세에 문과에 장원하여 예문관 검열(藝文館檢閱)·홍문관 수찬(弘文館修撰)을 지내고 질정관(質正官)으로 명(明)나라에 다녀왔다. 다시 홍문관 교리(弘文館校理)·황해도 관찰사(黃海道觀察使)·좌승지(左承旨)·도승지(都承旨)를 역임하고, 예조 참판(禮曹參判)을 거쳐 이조 참판(吏曹參判)이 되었다. 폐모론(廢母論)에 가담하지 않아서 인조 반정 때 화를 면했다. 그러나 류응형(柳應泂) 등의 무고를 입어 억울하게 잡혀 사형당했다. 이때 그의 나이 65세였다.

그는 조선조 중엽 설화문학(說話文學)의 대가로서 이《어우야담》은 그의 대표적 작품이다. 그는 문학 외에 글씨에도 뛰어났다. 정조(正祖) 때 신원(伸寃)되어 이조 판서(吏曹判書)를 증직받았으며 시호는 의정(義貞)이다.

그가 잡혔을 때, 자신의 억울함과 인조(仁祖)에 대한 일편단심의 변치 않는 충성을 표현한 〈노과부사(老寡婦詞)〉는 유명한 작품이다. 자신의 단심(丹心)을 늙은 과부가 시집가지 않고 수절하는 데에 비유한 것이다.

70 먹은 늙은 과부
혼자서 빈방을 지키네
일찍이 여사시(女史詩)를 외고
여자로서의 교훈도 제법 알았네
옆 사람이 시집가라고 권하는데
신랑감 얼굴이 몹시도 아름답다네
흰머리에 젊은 시늉하라니
분바른 꼴이 어찌 부끄럽지 않으리
七十老寡婦 單居守空壼
慣誦女史詩 頗知妊姒訓
傍人勸之嫁 善男顏如槿
白首作春容 寧不愧脂粉

야담이란 해학이 있어야 한다. 풍자가 있어야 한다. 또한 보고 나서 느끼는 것이 있어야 한다. 글 속에 뼈가 있어야 한다는 말이다.

이《어우야담》속에는 해학도 있고, 풍자도 있으며, 뼈도 들어 있다. 보고 나면 무엇인가 느껴지는 게 있다. 그대로 사람을 웃겨 넘기는 것으로 그치는 것이 아니다. 무엇인가 독자들에게 깨우쳐 주는 것이 있다. 이것이 바로《어우야담》이 지닌 진정한 문학적 가치일 것이다.

원래 이《어우야담》은 10여 권으로 구성되어 있었다고 한다. 그러나 저자가 불시에 화를 당하는 바람에, 다른 문집 80여 권과 함께 각지로 흩어져 버린 채 수집되지 못하고 있었다. 그러던 것을 그의 자손이 극력 수습해서 문집 12권과 함께 이 책도 두 권, 혹은 세 권으로 전해지고 있다. 이는 필사(筆寫)하는 사람에 따라서 두 권으로도 되고, 세 권으로도 되었을 것이다.

■ 명심보감(明心寶鑑)

한문 초학자(初學者)를 위한 교재, 《명심보감》

《명심보감》은 중국 선철(先哲)들의 명구(名句)를 모은 것으로 그 자료는 〈경사자집(經史子集)〉 및 그 밖의 여러 책에서 적취(摘取)한 것이다.

편찬 연대는 정확하지 않으나 우리나라에서는 퍽 오래 전부터 한문 초학자의 도의교본(道義敎本)으로 널리 애용되어 왔다.

내용을 보면, 현대인의 안목에는 혹 고루하다는 흠이 잡힐는지 모르나 기계문명의 발달과 정비례하여 점점 땅에 떨어지고 있는 현대인의 도의심 앙양을 위해서는 이와 같은 내용의 책이 그 어느 때보다도 절실하게 요구되는 때가 아닌가 생각된다.

이 책의 원 이름은 《명심보감》이다.

'명심(明心)'이란 명륜(明倫)·명도(明道)와 같은 어형(語形)으로서, 즉 '마음을 밝게 한다'는 뜻이요, '보감(寶鑑)이란' '보물(寶物)'·'보경(寶鏡)'·'진보(珍寶)' 등 성어(成語) 중의 보경(寶鏡)과 똑같은 말이다.

보감(寶鑑)을 책 이름으로 쓴 것은 아마 이 책이 처음인 것 같고, 이 책이 발간된 뒤에 역대의《국조보감(國朝寶鑑)》, 또는 허준(許浚)의《동의보감(東醫寶鑑)》등이 나왔으며, 근래에 이런 것을 본따서《가정보감(家庭寶鑑)》같은 책의 면목도 볼 수가 있다.

이 책의 편저자(編著者)에 대해서는 아직까지 뚜렷하게 밝혀지지 않았다. 이것은 아마 옛 사람 누군가가 이 책을 편찬해서 문도(門徒)들에게 가르치는 교재로 썼었으므로 구태여 자기의 이름은 밝히지 않았기 때문인 것 같다.

근래에 와서 환정(桓亭) 김종국(金鍾國) 선생은 이것이 고려 충렬왕(忠

烈王) 때 노당(露堂) 추적(秋適)이란 분의 저작이라고 주장하고 있다.

▩ 이설명심보감(異說明心寶鑑)

인생의 수양서인 《이설명심보감》

복수(福壽)라고 하면 곧 행복(幸福)과 장수(長壽)를 말한다. 사람이 세상을 사는 동안 행복을 얻고 겸해서 무병장수(無病長壽)할 수 있다면 이 위에 더 바랄 것이 무엇이 있겠는가?

그러나 이 복(福)과 수(壽)는 무턱대고 우두커니 앉아서 그저 얻어지는 것이 아니다. 복을 받을 만한 선행(善行)을 베풀어 인연(因緣)을 만들어야 하고 또한 고도(高度)의 정신수양(精神修養)이 있어야 한다.

그리고 여기에 따르는 적절한 육체의 단련과 마음의 조절이 있어야 수(壽)할 수 있다. 복(福)도 지나치면 도리어 화(禍)가 생길 수 있고, 수도 정도를 넘으면 도리어 욕(辱)이 되는 수가 있다. 그러기에 이 책은 맨 첫머리의 '석복(惜福)'이라는 구절에서 먼저 복을 아끼라고 경계했고 다음으로 '위생(衛生)'에서는 몸의 건강(健康)에 대해서 훈계하고 있다.

이 글 내용은 어느 편(篇)이나 짤막짤막한 단장(短章)들을 모은 것으로 되어 있다. 마치 세상에 많이 소개되어 있는 《명심보감》이나 《채근담(菜根譚)》을 방불케 하면서 좀더 새롭고 흥미롭게 엮어졌다는 것이 특색이다. 《명심보감》 신좌모(申佐模)의 발문에도,

《명심보감》은 권선징악(勸善懲惡)의 면(面)에서 볼 때 감응편(感應篇)이나 복수서(福壽書)와 서로 비슷하다〔……勸善懲惡 可與感應篇 福壽書

相甲乙……]

라고 했다.

저자(著者) 진계유(陳繼儒)는 명(明)나라 화정(華亭) 사람으로서 자를 중순(仲醇)이라 하고 호는 미공(眉公)이다. 시(詩)와 문(文)에 능해서 당시 거유(巨儒) 동기창(董其昌)과 함께 이름이 높았다. 특히 단찰(短札)과 소사(小詞) 단장(短章)에 뛰어났으며 글씨와 그림에도 능했다.

처음에는 제생(諸生)들과 섞여서 공부했으나 이내 유관(儒冠)을 벗어 불태우고 곤산(崑山)에 들어가 은거하면서 문을 닫고 많은 저서를 남겼다.

《진미공비급(陳眉公秘笈)》이라는 그의 문집(文集)이 세상에 전하는데 이 〈복수서〉도 그 속에 수록되어 있는 글로서 모두 상하 두 권으로 되어 있다.

그는 사류(士類)를 추천하는 일을 좋아해서 왕석작(王錫爵)·왕세정(王世貞) 등이 서로 추중(推重)했으며 삼오(三吳)의 명사들이 다투어 스승으로 모시려 했지만 시종 이를 사양하고 82세를 일기로 병으로 죽었다.

■ 징비록(懲毖錄)

임진왜란의 생생한 증언집

《징비록》의 저자 류성룡(柳成龍, 1542~1607)의 자(字)는 이현(而見), 호(號)는 서애(西厓)이다. 경상도 풍산(豊山) 사람으로 퇴계(退溪)에 사사하였으며, 많은 현직(顯職)을 거쳐 임진왜란 때에는 영의정으로 사도 도체

찰사(四道都體察使)의 중임까지 겸하였으니, 난중(亂中)의 중요 정책은 모두 그를 통해 시행되었다.

《징비록》을 저술한 동기에 대하여 그는 그 자서(自序)에서 이렇게 적고 있다.

> 《징비록》이란 무엇인가. 임진란(壬辰亂) 뒤의 일을 기록한 글이다. 여기에 간혹 임진란 이전의 일까지 섞여 있는 것은 임진란의 발단을 밝히기 위한 것이다. 생각하면 임진의 화(禍)야말로 참담하기 짝이 없는 일이었다. 10여 일 동안에 세 도읍이 함락되었고, 온 나라가 모두 무너졌다. 이로 인하여 임금은 마침내 파천까지 했다. 그러고도 오늘날이 있다는 것은 진정 하늘이 도운 것이 아니라고 누가 말하겠는가. …… 《시경(詩經)》에 이런 말이 있다. '내 지나간 일을 징계〔懲〕하고, 뒷근심이 있을까 삼가〔毖〕노라.' 이것이 바로 내가 이 《징비록》을 쓰는 연유라 하겠다.

이 서문에서 보여 주듯 저자는 지난 임진왜란의 쓰라린 경험을 거울삼아 두번 다시 그러한 수난을 겪지 않도록 후세를 경계한다는 민족적 숙원에서 책명까지도 《징비록》이라 했던 것이다.

저자는 또 임진왜란 중 국가의 중책을 맡아 처리했던 만큼 누구보다도 풍부하고 자세한 사료(史料)와 지식으로 이를 저술했다는 데에 이 책의 특색이 있는 것이다. 또 한 가지 중요한 점은, 저자는 당시 당파에 있어서 동인(東人)이요, 남인(南人)에 속해 있었지만, 이 책을 저술함에 있어서는 일체의 당색(黨色)을 떠나 오직 객관적인 입장에서 인물이나 사실을 서술했다는 것이다. 심지어는 혹시 자신에게 과오가 있었다 하더라도 그것까지 숨기지 않고 담담한 심경으로 썼다는 것을 높이 평가해야 한다. 이런 까닭에 이 책은 과거 어느 저서에서도 볼 수 없는 뚜렷한 저자의식(著者意識)에 의한 저술이라는 데에 유의해야 할 것 같다.

이《징비록》에는《초본징비록(草本懲毖錄)》과,《간행본(刊行本)》으로 16권본·2권본이 있어 모두 세 종류가 있다. 그 중에서《초본징비록》이 가장 원천(源泉)이 되는 것은 말할 나위도 없다.《간행본》의 16권 본을 보면 초본에 실려 있는 이외에도〈근포집(芹曝集)〉2권,〈진사록(辰巳錄)〉9권,〈군문등록(軍門謄錄)〉2권이 끼여 있으며,《간행본》의 2권본은 초본 중에서 맨 끝의〈잡록(雜錄)〉이 빠져 있다.

모 저자의 자서에는 장계(狀啓)·상소(上疏)·차자(箚子)·문이(文移)·잡록(雜錄) 등을 포함하여《징비록》이라 한다고 하였는데, 이것은《간행본》의 서문을 원본으로 한 것이요, 초본의 서문 중에는 이에 해당하는 부분이 없어져서 상고할 수 없음을 아울러 덧붙여 둔다.

그리고 이《징비록》은 국보 제1221호로 지정되었다. 이것으로 보더라도 이 책의 역사적 가치나 시대적 의의는 자못 크다고 할 수 있다.

■ 격몽요결(擊蒙要訣)

유학(儒學)의 입문서이자 수양서

〈격몽요결〉은 율곡(栗谷) 이이(李珥)의 저서《율곡전서(栗谷全書)》속에 수록되어 있는 글이다.《율곡전서》는 모두 38권으로 되어 있는데〈격몽요결〉은 제27권째에 들어 있다.

내용을 보면, 입지(立志)·혁구(革舊)·지신(持身)·독서(讀書)·제의초(祭儀鈔)·사친(事親)·상제(喪制)·제례(祭禮)·거가(居家)·접인(接人)·처세(處世) 등 모두 21장으로 되어 있고, 끝에 사당의 그림〔祠堂之圖〕까지 붙어 있다. 그 내용이 보여 주듯이 이 글은 당시의 유학 입문서

(儒學入門書)라고도 할 수 있는 수양서인 까닭에 적어도 유학에 유의하는 선비로서는 그 어느 책보다도 꼭 읽어야 하는 필독서이다.

저자 율곡 선생은 여기에서 다시 소개할 필요조차 없으리만큼 유명한 조선조 명종(明宗)에서 선조(宣祖) 때의 대학자요, 대정치가이다. 그러나 그는 다만 한 철학자나 정치가·경제학자 등 어느 한 부문에만 치우친 사람은 아니었다. 더욱이 일개 교육자만도 아니었다. 다시 말하자면 그는 철학·정치·경제 및 교육을 모두 통틀어 화합시킨 광세(曠世)의 대사상가(大思想家)였다.

그의 학설에는 태극설(太極說)·이기설(理氣說)·사단 칠정설(四端七情說)이 있고, 그 위에 경세 제민(經世濟民)의 대정치관을 가졌던 선각자이다.

율곡 선생은 이 〈격몽요결〉을 42세 때인 선조 10년(1577) 9월에 해주(海州) 석담(石譚)으로 낙향하여 청계당(淸溪堂)을 짓고 제자들을 모아서 교육할 때 교재(敎材)로 쓰기 위해 서술했다고 한다. 그는 그 전해인 선조 9년에 벼슬길에서 물러났었다.

■ 난중일기(亂中日記)

임진왜란의 연구자료이자 국보인《난중일기》

《난중일기(亂中日記)》는 충무공(忠武公) 이순신(李舜臣)이 전라 좌수사(全羅左水使)가 된 임진년(壬辰年 : 1592년), 즉 임진왜란이 일어나던 해인 1월 1일부터 충무공이 마지막 적탄에 맞아 전사하던 전날인 무술년(戊戌年 : 1598년) 11월 17일까지 7년간의 일기(日記)이다. 이 글은 또한 충무공이 몸소 진중에서 기록한 수기(手記)이기 때문에 이 충무공의 사적을 연구하거나 임진왜란을 연구하는 데 있어서 어느 글보다도 가장 중요한 자료이다. 그러기에 이 글은 국보 67호로 이미 지정되어 있기도 하다. 그리고 그 원본, 즉 충무공이 손수 쓴 초고(草稿) 7권은 현재 아산 현충사(顯忠祠)에 보관되어 있다. 이 원본은 중간에 빠진 곳이 많은데, 이것은《이 충무공 전서(李忠武公全書)》를 편찬한 뒤에 없어진 것으로 짐작된다.

이 글에는 임진왜란 7년간의 이 충무공의 진중 생애가 적나라하게 나타나 있다. 그 장엄한 7년 동안의 해전(海戰)에서의 세세한 전과(戰果)와 원균(元均)에게서 받은 갈등과 모함 등 많은 많은 고난상들이 그대로 이 속에 실려 있어서, 누구나 성웅(聖雄) 충무공 이순신의 모습을 더듬어 볼 수가 있다.

이순신의 혁혁한 전공(戰功)

이순신은 인종(仁宗) 원년, 1545년 3월 8일 자정 서울의 건천동(乾川洞 : 지금의 三淸洞)에서 이정(李貞)의 3남으로 탄생했다. 탄생할 때 그 어머니 변씨(卞氏)의 꿈속에 시아버지 이백록(李百祿)이 와서,

"이 아이는 반드시 귀하게 될 아이니 이름을 순신(舜臣)이라고 하라."

고 하였다 한다. 이에 남편에게 이 말을 고하고 이름을 그대로 지었다는 것이다. 자는 여해(汝諧), 시호는 충무(忠武), 본관은 덕수(德水)이다.

공은 어려서 이웃 아이들과 노는 데도 언제나 전쟁놀이를 했고 그럴 때마다 반드시 대장이 되어 다른 아이들을 지휘했다. 항상 활을 가지고 다녔고 옳지 못한 짓을 하는 것을 보면, 아무리 어른이라도 활을 당겼다고 한다.

장성하면서 무예(武藝)에 뜻을 두어 말타기와 활쏘기를 연습하여 부지런히 재예를 연마했다. 공이 28세 때 훈련원(訓練院) 별과(別科) 시험에 응시했다가 말이 거꾸러져 왼쪽 다리가 부러졌으나 곧 버드나무 껍질로

상처를 싸매고 태연해 했다 한다. 32세 때 무과에 급제하여 함경도(咸鏡道) 동구비보(董仇非堡)의 권관(權管)이 되었다. 이것이 공의 벼슬길의 출발이었다.

1579년에 봉사(奉事)로 영전, 그 해에 군관(軍管)이 되었다가 이듬해에 발포 만호(鉢浦萬戶)가 되었다. 1583년에는 함경도 건원보(乾原堡) 권관이 되어 호족(胡族) 울지내(欝只乃)의 침입을 막아 공을 세웠고, 1568년에는 조산보 만호(造山堡萬戶)가 되었다. 다음 해에는 북방의 국경 지대 녹둔도 둔전관(鹿屯島屯田官)을 겸임했으며, 국방의 강화를 위하여 병력 증강을 요구했으나 이일(李鎰)에 의해서 거절당했다. 그 해 가을에 호족이 대거 남침하여 많은 피해를 당했는데, 이때 공은 혼자 싸워서 포로 60여 명을 빼앗아 왔다. 이 호족의 침입으로 인한 피해의 책임을 이 일은 공에게로 전가시켜, 마침내 공은 직위에서 해임되어 백의(白衣)로 종군(從軍)하게 된다.

1589년에 다시 정읍 현감(井邑縣監)이 되고, 1591년에는 마침내 전라좌도 수군절도사(水軍節度使)가 되어 좌수영(左水營 : 麗水)으로 부임했다. 이것은 임진왜란이 일어나기 바로 전해의 일로 일개 미관(微官)으로서 일약 수군 절도사라는 중임을 맡게 된 것은 공의 실력이 인정받은 까닭도 있겠지만 당시 중신(重臣)이던 서애(西厓) 류성룡(柳成龍)의 천거가 많이 작용한 것이었다. 이 중임을 맡은 공은 오래지 않아 왜란이 있을 것을 예측하고 미리부터 군사를 훈련하고 장비도 보강했는데, '거북선'의 창조는 바로 이때에 이루어졌던 것이다.

드디어 1592년 4월 14일 임진왜란이 발발했다. 왜군 20여 만 명은 일로 북상하여 5월 2일에 서울이 함락되자 선조(宣祖)는 의주로 파천하고, 6월 13일에 평양도 함락되는 등, 왜적은 삼천리 강산을 칼로 닥치는대로 유린했다.

드디어 공은 5월 4일에 출동을 개시하여, 옥포(玉浦), 적진포(赤珍浦) 해전을 비롯하여, 당포(唐浦), 당항포(唐項浦), 율포(栗浦) 해전, 한산도

(閑山島), 안골포(安骨浦) 해전, 부산포(釜山浦) 해전을 모두 대승리로 이끌어 미증유의 전과를 올렸다. 그 중에서도 한산도와 부산포 해전은 유명한 싸움으로, 이로 인해서 왜적은 결정적 타격을 받았고, 공은 완전히 제해권(制海權)을 장악하게 되었던 것이다.

이순신은 개전 초기에 적을 섬멸하여 완전히 제해권을 쥐고 있으면서 좌수영인 여수(麗水)가 지리상으로 조건이 좋지 못하다 하여 거제(巨濟) 한산도(閑山島)로 진을 옮겼는데 이것이 1593년 7월의 일이었다.

이 해 9월에 조정에서는 삼도수군통제사(三道水軍統制使)라는 직위를 새로 만들어 공을 이 자리에 임명하여 삼도(三道)의 수군을 총괄하게 하는 한편 전라 좌수사까지 겸임하게 했다. 이 자리에서 공은 장기전(長期戰)에 대비하는 모든 전비(戰備)를 갖추면서 한 시간의 한가한 틈도 없는 진중 생활을 계속해 나갔다.

1596년에 왜와의 화의(和議)가 깨지자 왜적은 다시금 재침을 감행해 왔다. 이때 우리 조정에서는 충무공을 무고하는 간신배의 농간이 있어 공은 관직을 박탈당하고 체포되어 서울로 압송된다. 며칠 후에 하옥(下獄)된 공은 사형을 받게 되었는데 다행히 판중추 부사(判中樞府事) 정탁(鄭琢)의 간곡한 반대로 사형을 면하고 출옥하여 백의로 종군하게 되었다.

한편 통제사(統制使)가 되어 한산도 본영에 부임한 원균은 충무공이 애써 닦아 놓은 모든 기초를 엎어 버리고 충무공에게 신임받던 모든 사람들을 갈아 치우고는 주야 주색에 빠져 헤어나지 못했다. 그리하여 이 해 7월에 원균이 거느린 해군은 칠천량(漆川梁) 해전에서 전멸당하고, 원균 자신도 전사함과 동시에 한산도는 왜군의 수중으로 들어갔다. 이로 인하여 조정에서는 해군을 소생시키는 길은 충무공밖에 없다는 판단 아래, 8월 3일에 통제사 복직의 교서(敎書)가 내려졌다.

충무공이 다시 부임했을 때 남아 있던 배는 겨우 12척뿐이었다. 그러나 이 소수의 배를 가지고 공은 막강의 부대를 편성하여 비장한 결의와 필승 기개로서 같은 해 9월 15일에 마침내 명량(鳴梁) 앞바다 전투에서 적의 대함대를 무찌름으로써 우리의 제해권을 되찾게 된다. 이로부터 공은 고금도(古今島)에 진을 치고, 일면 전투, 일면 건설의 장기 작전의 태세를 취하기 시작했다.

다음으로 공이 마지막 결전을 하게 된 것은 저 유명한 노량해전(露梁海戰)이다. 이것은 순천의 소서행장(小西行長)의 군대를 그 퇴로(退路)에서 공격한 싸움인데 공의 진두 지휘하에 승리로 끝나기는 했지만, 공이 친히 북채를 쥐고 선발대가 되어 적진 중으로 돌입하다가 원수의 적탄에 맞아 장렬한 최후를 마치고 만다. 당시 공의 나이 겨우 54세였다. 마지막 숨을 거두면서 공은 부하 장수에게 명하여 자기의 죽음을 숨기고 끝까지 잘 싸우라고 유언한다. 그랬기에 이 전투는 완전한 승리로 끝났던 것이다.

공은 숭고한 인격의 소유자다. 동시에 그 지극한 충성과 막강한 통솔력은 우리나라 역사상에서 찾아볼 수 없는 성웅이며, 임진왜란 중에 국가의 운명을 홀로 붙들었던 민족적 은인이었다.

> 하늘로 날을 삼고 땅으로 씨를 삼아, 온 천하를 경륜하여 다스릴 인재요, 하늘을 깁고 해를 목욕시키는 공로를 가졌다〔經天緯地之材 補天浴日之功〕.

고 칭찬한 명나라 제독(提督) 진린(陳璘)의 말은 실로 공을 바로 본 평이라 하겠다.

또 일본의 학자 덕부저일랑(德富猪一郎)도 충무공의 전사를 평하여,

> 그는 이기고 죽었으며, 죽고 이겼다. 조선 전쟁의 전후 7년 사이에 조선에 책사(策士), 변사(辯士), 문사(文士)의 유는 많지만, 전쟁에 있어서는 오직 한 사람 이 순신만을 자랑삼지 않을 수 없을 것이다. 그는 조선 전쟁에 있어서 비단 조선의 영웅일 뿐만 아니라, 3국(조선·중국·일본)을 통하여 실로 제1의 영웅이었다.

라고 했다.

한문독본(漢文讀本)

저자 미상인 한문학 입문서

《천자문(千字文)》이 글자를 배우기 위한 책이라고 한다면 이 《한문독본》은 원명(原名)인 《학어집(學語集)》 그대로 말을 배우는 책이라고 해도 잘못이 없다.

초학자를 가르치기 위해 씌어진 글은 많다. 가령 《계몽편(啓蒙篇)》이라든지, 《동몽선습(童蒙先習)》·《동몽수지(童蒙須知)》 등은 모두 한문 초학자가 배워야 할 훌륭한 책임에 틀림없다. 하지만 과거의 이런 책들은 지나치게 '인륜(人倫)'과 '도덕(道德)'에만 치중했을 뿐, 처음으로 글을 배우는 어린이들에게 풍부한 '어휘(語彙)'나 '상식(常識)'을 가르쳐 주기에는 부적당한 감이 없지 않았다.

이 《학어집》은 불과 1천3백 자로 되어 있는 책이다. 천여 자밖에 안 되는 글자이지만 저자는 이 글자만 가지고 '천지(天地)'·'일월(日月)'·'성신(星辰)'에서부터 시작하여 '풍우(風雨)'·'상설(霜雪)' 등의 하늘의 변화와 '춘하추동(春夏秋冬)'의 '4계(季)'의 회전을 그림처럼 독자 앞에 펼쳐 놓아 이를 소개하고 설명했다. 1년 사계절에 따르는 '초목(草木)'의 모습을 말하고, 온갖 '화훼(花卉)'의 변화를 역력히 소개했다. '인륜'에 있어 '부모'·'형제'·'군신(君臣)'의 가르침을 잊지 않았고, '스승'에 대한 교훈까지도 첨가했다. 글을 읽어야 한다는 '권학(勸學)'의 간절한 말과 선비로서의 행동을 밝혀 주는 '지침(指針)' 같은 것도 소홀히 다루지 않았다.

이《학어집》은 이렇게 많은 부분에 대해서 언급하면서도 조금도 중복된 말이나 불필요한 글자를 찾아볼 수가 없다. 지극히 간결하면서도 초학자가 알 수 있도록 평이하게 서술되어 있다. 문장을 만들기 위해서 부득이 한 글자를 몇 번씩 쓴 일이 있기는 하지만, 이것은《천자문》을 제외하고는 어느 글이나 마찬가지로서 한 번 쓴 글자를 다시 쓰지 않을 수는 도저히 없는 일이다.

불행히도 이 책은 그 저자를 알 수 없다. 그러나 어느 모로 보면 작자미상의 책이 풍기는 가치는 더욱 큰 것이라고 할 수 있겠다. 총 13장으로 되어 있는 이 필상본(筆寫本)은 누군가가 저술한 글을 손수 써서 아들이나 손자들에게 몇백 몇천 번이고 가르쳐 주었던 것이 분명하다. 종이가 피어서 거의 모든 글자가 형체를 잃을 정도에 있는 것이다. 그러나 비록 작자미상의 글이기는 하지만 이 글의 저자는 상당한 수준의 한학자(漢學者)였을 것이다. 가장 알아보기 쉽게 쓴 글이면서도 그 '어원(語源)'은 상당히 심오한 것이 많다.

■ 사례편람(四禮便覽)

관혼상제의 지침서《사례편람》

관(冠)·혼(婚)·상(喪)·제(祭) 등 사례(四禮)에 대한 저술로는 중국의《주자가례(朱子家禮)》와 우리나라의《상례비요(喪禮備要)》가 있다. 그러나 이 두 가지 글은 모두 지나치게 간략하거나 또는 각 조목에 구비되지 못한 곳이 있어서, 이것을 가지고 실제로 사례(四禮)의 예법에 응용하기에는 너무 미흡한 감이 없지 않았다.

여기에서 도암(陶菴) 이재(李縡)는 《주자가례》를 기본으로 삼고, 거기에 《상례비요》를 참작하며, 나아가서 관혼의 두 예법까지도 보충하고, 선유(先儒)들의 의견까지 종합하여 《사례편람(四禮便覽)》이라는 책을 저술했다. 이 《사례편람》은 관혼상제 4례에 대한 모든 예법을 실행하는 데 있어 실로 유일한 자료라고 할 것이다.

이 책의 저자 이재(李縡)는 호를 도암(陶菴)이라 하고, 본관은 우봉(牛峰), 자는 희경(熙卿)이다. 숙종 6년(1680)에 나서 영조 22년(1746)에 죽었다. 일찍이 알성문과(謁聖文科)에 급제하여 벼슬이 예조참판(禮曹參判)·도승지(都承旨) 등을 거쳐 이조참판(吏曹參判)에 올랐고, 다시 홍문관(弘文館)·예문관 대제학(藝文館大提學)을 역임하고, 의정부 좌참찬(議政府左參贊)에까지 이르렀다. 그러나 임인옥사(壬寅獄事)에 그의 숙부 이만성(李晩成)이 옥중에서 죽자, 그는 강원도 인제(麟蹄) 산골짜기에 은퇴하여 경의(經義)와 예설(禮說)에 전심 연구했다.

그의 저서로는 《사례편람》 외에 《어류초절(語類抄節)》·《근사심원(近思尋源)》 등이 있다.

이 《사례편람》은 관례(冠禮)에서부터 시작하여 상장(喪葬)·시제(時祭)·묘제(墓祭)에 이르기까지 언급하지 않은 것이 없다. 이 책에 기록된 대로 시행하자면 상당한 경제력과 무한한 정신적인 성의가 요청된다. 저자도 이 면에 많은 주의를 기울여, 정해진 법은 이러하지만 각자의 물력(物力)을 고려해서 시행하도록 몇 번이나 주의시켰다.

운곡(雲谷) 조인영(趙寅永)의 발문(跋文)에 의하면,

《주자가례》에 이어 예법에 대해 쓸 것으로는 우리나라에서는 《상례비요》가 있다. 이 두 가지 책이 가장 중요해서, 지금 사대부 집에서는 모두 이 책들을 준봉(遵奉)하고 있다. 하지만 《주자가례》는 조목이 다 구비되어 있지 못하고, 더구나 《상례비요》는 상례와 제례만을 다루었기 때문에 이것을 모든 길사(吉事)에까지 쓸 수는 없다. 이에 도암 이 선생이 '가례'를 주로 하고 '비요'를 참고로 하여 이 글을 쓰고, 거기에 관혼의 두 예법까지 첨가하고, 여러 선현들의 예설(禮說)까지도 보태어 완벽한 예서(禮書)을 이루었으니, 이것을 이름하여 《사례편람》이라고 한다.

라고 했다.

이 발문에서 말한 것과 마찬가지로, 이 《사례편람》의 연원(淵源)은 어디까지나 《주자가례》에 둔 것이다. 원래 주자학(朱子學)을 나라를 다스리는 기본이념으로 삼아온 조선조에서는 그 말기로 내려갈수록 이 예법이 자연 일반 사회생활과 동화(同化)되어 갔던 것은 오히려 당연한 일이라 하겠다. 여기에서 당시 이 책의 가치는 상당히 높아졌던 것 또한 사실이다.

춘향전(春香傳)

한국 고대소설의 백미(白眉), 《춘향전》

《춘향전》은 불행히도 그 작자 및 연대를 알 수가 없다. 그러나 이것이 한국 고대소설의 백미라는 점에는 아무도 이의가 없다.

이 《춘향전》에는 여러 가지가 있다.

1. 목판본(木板本)으로 한남서림간(翰南書林刊)을 비롯한 4종.
2. 필사본(筆寫本)으로 수산 광한루기(水山廣寒樓記)를 비롯한 17종.
3. 활판본(活版本)으로 이해조(李海朝)의 옥중화(獄中花)를 비롯한 24

종.

4. 외역본(外譯本)으로 백화본(白話本) 허세욱역(許世旭譯)을 비롯한 13종.

이것이 지금까지 학계에 나타나 있는 《춘향전》들이다. 물론 이 밖에도 또 여러 종류의 춘향전이 있을 것으로 믿는다.

그러나 이렇게 많은 《춘향전》의 줄거리는 모두가 대동소이하다.

전라도 남원에서 이부사(李府使)의 아들 몽룡(夢龍)이 방자를 데리고 광한루에서 시를 읊고 있었다. 그때 마침, 퇴기(退妓) 월매(月梅)의 딸 춘향은 광한루 밑 시냇가에서 향단을 데리고 그네를 뛰고 있었다. 멀리서 이 광경을 본 이도령은 방자를 시켜 춘향을 불러 보고 그 자태에 반해서 그날 밤으로 춘향을 찾아 가약을 맺는다. 그들은 이내 깊은 사랑에 빠졌으나, 이부사는 갑자기 서울로 영전하게 된다. 이도령과 춘향은 이별하지 않을 수 없게 되었다.

이부사가 서울로 올라간 뒤에 신임으로 온변 부사(卞府使)는, 춘향의 미모를 듣고 수청을 들라고 명령한다. 그러나 춘향은 이를 거절하다가 옥에 갇혀 고초를 겪는다. 거의 죽게 되었을 때 이도령이 장원급제해서 암행어사가 되어 남원에 출두하여 춘향을 구해낸다는 이야기이다.

《춘향전》에 나타난 문학성은 해학과 풍자에 있다고 보아야 할 것이다. 이씨 조선의 만종(晩鐘)이 울리기 시작한 말엽의 부패상을 우리에게 보여주는 동시에 가렴주구(苛斂誅求)의 극성으로 몰락되는 관료 봉건제도에 대한 반항이 천녀(賤女) 성춘향의 수절을 빌어 갈채를 받게 되는 것이 이 《춘향전》인 것이다.

또한 춘향의 변사또에 대한 반항은 일종의 동양적 정조관념을 나타낸 것이기도 하다.

■ 일동장유가(日東壯遊歌)

영조조(英祖朝) 때의 일본 기행문

서기 1760년, 일본에서는 도쿠가와이에시게(德川家重)가 간바쿠(關白)의 자리를 그 아들 이에하루(家治)에게 물려주고, 이에시게는 그 이듬해에 죽는다. 집권 후 이에하루는 우리나라에 대하여 교린(交隣)의 구의(舊誼)를 맺자고 청해 왔다. 이에 우리나라에서는 이에하루가 새로 간바쿠의 자리에 오른 것을 축하한다는 명분에서 1763년, 즉 영조(英祖) 39년에 수호사절을 보내게 된다. 이것이 이른바 계미통신사(癸未通信使)로서, 이 《일동장유가》는 곧 그 통신사의 일원인 삼방서기(三房書記) 김인겸(金仁謙)의 소작인 것이다. '일동'이라는 것은 일본을 가리킨 것이며, '장유'는 사행(使行)의 장한 모습을 나타낸 것이다.

《일동장유가》는 우리나라에서는 보기 드물게 순국문으로 되어 있는 기행문이다. 기행문이 한문 또는 국한문으로 되어 있는 것은 그 수가 많지만, 순국문으로 되어 있는 것은 중국 연경기행(燕京紀行)의《연행가(燕行歌)》와 본서가 대표적인 것으로 손꼽힌다. 이 글들은 모두 가사(歌辭)로 되어 있어, 일부 학자들은 이것을 가사문학으로 간주하기도 하는데 이 글은 서정적 가사가 아니라, 오히려 기행문학으로 보는 것이 옳다는 주장도 있다. 이 글은 모두 천여 구(2행을 1구로 해서)로 되어 있다. 이러한 장편은 기행문을 통해 작자는 당시 우리 외교사절단의 규모와 조일(朝日) 양국의 외교 상태, 또는 일본국 산천의 경치와 풍속 등을 힘써 알려 주고 있다.

원래 기행문의 요체는 무엇보다도 객관적인 관찰과 주관적인 비판이 필요하다. 즉 견문을 정확하게 비판하되, 거기에는 자신의 주의와 주장이 있어야 한다. 지나친 찬사를 해서도 안 되려니와 적(敵)이라고 해서 선입관만을 가지고 깎아 말해도 안 되는 것이다. 더구나 당시 작자의 대일감정은 몹시 나빴다. 원수의 나라로 생각하고 있었다. 그런데도 작자는 그 나라의 풍광의 미려함과 인물의 준일(俊逸)한 것을 보면 찬사를 아끼지 않았으며, 왜(倭)라고 해서 무조건 헐뜯는 과오는 범하지 않았다. 특히 우리와 비교할 때는 우리의 부족하고 미흡한 점을 솔직히 고백하고 있다.

저자 김인겸에 대하여

작자 김인겸은 1707년에 안동 김씨(安東金氏)의 가문에 태어났다. 자는 사안(士安), 진사(進士)로 충남 공주(公州)에서 한가롭게 살고 있었다. 1763년에 조엄(趙曮)을 정사(正使)로 하는 통신사가 일본에 가게 될 때, 이 사행에 서기로 뽑혔던 것이다. 이때 그의 나이는 57세로 문장이 뛰어나서 일본 사람들에게 많은 시문을 지어 주고 왔다.

통신사 일행을 보면 그 규모가 몹시 크다. 정사 조엄, 부사(副使) 이인배(李仁培), 종사관(從事官) 김상익(金相翊)을 위시하여, 제술관(製述官) 1명, 서기가 3명이며, 군관 17명, 역관 12명, 의원 3명, 사자관(寫字官)·화원(畵員) 3명, 마상재(馬上才)·무사(武士) 등 1백여 명, 그 밖의 역원(役員) 4백여 명, 도합 5백여 명에 달하는 거창한 인원이었다.

이들은 1763년 8월 3일에 서울을 떠나 용인(龍仁)—충주(忠州 : 8·7)—문경(聞慶 : 8·9)—예천(醴泉 : 8·11)—안동(安東 : 8·13)—영천(永川 : 8·16)—경주(慶州 : 8·17)—울산(蔚山 : 8·18)—동래(東萊)—부산(釜山 : 8·20), 부산에서 10월 5일까지 머무른다.

다시 10월 6일에 부산을 떠나 쓰시마(對馬島)에서 27일까지 묵고, 이키지마(壹岐島 : 11·13)—지쿠젠슈·아이지마(筑前州·藍島 : 12·3)—아카마가세키(赤間關 : 12·27)—히센슈·히비(備前州·日比 : 11·2)—한마슈·무로

츠(幡摩州 · 室津 : 1·16)— 오사카 성(大阪城 : 1·25)—교토(京都 : 1·28)—나고야(鳴護屋 : 2·3)—엔고슈 · 아라이(遠江州 · 荒井 : 2·6)—하코모가와 · 오다와라(箱模川 · 小田原 : 2·13)—부사시슈 · 시나가와(武藏州 · 品川 : 2·15)—에도(江戶), 이러한 노순(路順)으로 목적지인 에도에 도착한다. 에도에서 간바쿠를 만나 사행의 용무를 마치고 회로에 오르는 것은 3월 11일이다. 역시 가던 노정을 되돌아와서 6월 20일에 쓰시마에 도착하고, 6월 22일에 부산에 도환, 7월 8일에 서울에 들어와 복명하는 것으로 임무를 끝낸다.

왕복 기간은 11개월이 걸렸고, 수로 3천3백여 리, 육로 1천3백여 리로서 모두 5천 리 길을 다녀온 셈이다. 특히 수로에서는 폭풍 노도 속에 수질(水疾)로 고생하지 않은 이가 없고, 배가 표류하여 운명을 하늘에 맡긴 채 사경에서 헤맨 적도 한두 번이 아니었다. 그런 중에도 서기 원중거(元重擧)가 선장의 무복함을 꾸짖은 것이 빌미가 되어, 문관 대 무관의 습력이 생기게 되었다. 정사마저도 무인인 선장의 편을 들게 되자, 원중거는 서울로 다시 돌아가겠다고 나섰고, 그 밖의 모든 문관들도 그의 수모를 분하게 여겨 일행의 분위기는 한때 불미스러운 지경에까지 이르렀다. 이때 김인겸이 보다못해 정사에게 이를 항변하고 자기도 수행을 거절하는 의사를 표하자, 정사는 선장을 불러 형벌을 가해서 겨우 문관들의 분을 풀어준 일이 있다. 이때 작자가 정사에게 항변한 대목이 무려 2백여 구에 이르는데 그 사의(詞意)가 몹시 강개하다.

이러한 일로 미루어 작자는 비단 문장에만 능했던 것이 아니라 지조도 몹시 굳은 선비였음을 알 수 있다. 진사(進士)만으로 족한데, 내가 벼슬을 해서 무엇하라고 하는 서두의 한 구절은 그의 심경을 잘 표현해 주고 있다.

그러나 이 원문은 몹시 난삽(難澁)하다. 한자로 된 말을 순국문으로 표현해 놓은 것이 대부분이고 보면 원어인 한자를 찾지 않고서는 그 글 뜻을 이해할 수가 없다. 심지어 '왕쥰누션하익쥐'의 한 대목은 '王濬樓船下

翼州'라는 고시(古詩)를 통째로 국문으로 써 놓았으니 이것을 어찌 쉽게 알 수가 있겠는가?

어려운 글임에는 틀림없다.

▒ 연암선집(燕巖選集)

봉건시대를 살면서 반(反)봉건적 작품을 쓴 연암(燕巖)

17세기 말의 조선 왕조는 실로 중앙집권적 관료적(官僚的) 봉건제(封建制)의 성숙기였다.

위로 소위 '관료'는 몹시 좁은 벼슬자리를 도득하기 위해 여(與)·야(野) 간의 당쟁이 치열했고, 아래로 소위 '사족(士族)'은 경제적인 빈곤에 의한 토착적(土着的)인 세력을 빙자하여 향곡(鄕曲)에서 무단적(武斷的)인 행위를 자행하였다. 이로 인해 수천만의 노동자·농민은 그들의 채찍 아래서 신음(呻吟)하여 사회 발전에 대한 모든 정체성(停滯性)을 자아내었다. 그들 '관료'와 '사족'을 한마디로 일컫는다면 소위 '양반(兩班)'이란 것이었다.

연암(燕巖) 박지원(朴趾源) 선생은 '양반'이면서 동시에 당시 여당(與黨)인 노당(老黨)의 당원이 낳은 수재였다. 그럼에도 불구하고 그는 홀로 정의와 양심의 소유자로서 사상이나 학술 문학이나 모든 행위가 반노당적(反老黨的)이었으니 반노당적이란 곧 반봉건적(反封建的)임을 의미할 뿐이었다.

누구든지 오랫동안 흘러내려 오던 혈통에 젖은 생각을 하루 아침에 깨끗이 청산해 버림에 있어서는 많은 고민을 할 것이다.

그러나 연암은 이에 대하여 일호의 미련도 없이 석연(釋然)하였을 뿐 아니라, 한 걸음 더 나아가 그들을 적대시하며 두 눈을 부릅뜨고 악랄한 투쟁으로 일생을 바쳤다. 백세의 호걸이 아니고서야 어찌 이를 감행할 수 있었겠는가.

우리 민족 사상의 선구자이며 횃불이었던 연암이 다분(多憤)·다한(多恨)의 일생을 마친 지 이미 2백 성상(星霜)이 지나도록 그의 숭고한 이상과 과학적인 계획이 한 가지도 위정자(爲政者)의 채택을 보지 못한 채 그의 끼친 글이 건상(巾箱) 속에 깊이 간직되었다.

혹 수삼 본(數三本)의 간행서가 방간(坊間)에 유행되고 있으나, 그의 원전(原典)이 읽기 어려운 한자로 표기되었는지라 특수한 전문가를 제외하고 이에 맛들이는 이가 극히 적은 것이 사실이었다.

'국학 연구회(國學硏究會)'의 동지 이민수(李民樹) 님이 이를 개탄하던 나머지 그의 방대한 원집(原集) 가운데에서 혜안(慧眼)을 밝혀 몇 편을 뽑아 재빨리 번역을 마치고 드디어 《연암선집》이라는 이름으로 공간(公刊)에 붙이고 특히 한 마디 '머리말'을 칭한다. 이에 천루(淺陋)를 무릅쓰고 먼저 원전의 선목(選目)을 살펴보니 이 몇 편 가운데에 연암의 일생을 통한 소타(笑唾)·기매적(譏詈的)인 하나하나의 정신이 살아 있고, 또 그 가운데에서도 《양반(兩班)》·《호질(虎叱)》·《허생(許生)》의 세 편이 가장 대표적인 작품으로 이미 만구(萬口)에 회자(膾炙)되어 마지않는 세계적인 기문(奇文)이었다.

그리고 이민수 님의 역문(譯文)은 그처럼 심오한 원전을 현대인의 정서에 알맞도록 표현하면서도 연암의 소타·기매적인 절세(絶世)의 풍종(風悰)은 소마(銷磨)됨이 없이 의연히 참된 가치를 지니고 있을 뿐이다. 이는 실로 우리 국학 연구자의 필수적인 과업(課業)의 한 개의 성공이며 일반 민중의 종요로운 교본(敎本)이 됨을 믿어 의심치 않는 바이다. (편집자 주 : 이 항은 1956년 저자 이민수 선생의 《연암선집》 발간에 즈음하여 국문학자 이가원(李家源) 선생이 붙인 머리말이다)

주옥 같은 명작들이 실려 있는 《연암선집(燕巖選集)》

이 《연암선집》은 연암 박지원 선생의 원저 《연암집(燕巖集)》 속에 수록되어 있는 불후의 단편을 추려서 번역한 것이다. 연암 선생에 대해서는 여기에 새삼스러이 소개할 여지조차 없거니와 권말에 실린 '약전'에서 선생의 문학과 사상의 만일이라도 엿볼 수 있을 것을 믿는다.

돌이켜 보건대 벌써 10년 전에 역자는 금련판(金聯版) 협동문고(協同文庫)에 《양반전(兩班傳)》이란 명제로써 연암 선생의 문학을 국역 간행한 바 있었다. 그러나 원고와 인쇄의 미비한 점이 많아 항상 이의 증보 개간을 기도해 오던 중 이번 통문관(通文館) 이겸로(李謙魯) 선생의 후의를 얻어 이 글을 상재하게 된 것은 자못 기뻐할 일이다.

또 번역에 있어 《호질(虎叱)》《광문자전(廣文者傳)》 두 편은 원문 외에 살을 붙여 독자의 취미를 돋구도록 의역한 것이요, 그 밖의 것은 모두 원문 그대로를 직역한 것이다. 말미에 본문을 붙인 것은 읽는 이의 참고와 편의를 돕고자 한 것이다. 그리고 선생의 문학 중 《도강록(渡江錄)》의 일부와 서간문 · 그리고 연경 체류중의 견문 · 수필 기타 단편은 다음 본서의 제3집에 각각 분류 간행될 것을 약속한다. (편집자 주 : 이 항은 1956년 저자 이민수 선생이 《연암선집》을 번역 발간할 때의 역자의 말임)

■ 호질(虎叱) · 양반전(兩班傳) 외

연암(燕巖) 박지원(朴趾源)의 작품 세계

한문소설(漢文小說)에 대해서 중국 《사고제요(四庫提要)》의 〈소설가류

〈小說家類)〉는 이렇게 말했다.

소설은 번잡하고 많으며 파별(派別) 또한 몹시 시끄러운데, 대체로 이것을 종합하면 여섯 종류로 나눌 수 있다.

① 지괴(志怪)로 수신(搜神)·술이(述異)·선실(宣室)·유양(酉陽)의 유.

② 전기(傳記)로 비연(飛燕)·태진(太眞)·최앵(崔鶯)·곽옥(霍玉)의 유.

③ 잡록(雜錄)으로 세설(世說)·어림(語林)·쇄언(瑣言)·인화(因話)의 유.

④ 총담(叢談)으로 용재(容齋)·몽계(夢溪)·동곡(東谷)·도산(道山)의 유.

⑤ 변정(辨訂)으로 서박(鼠璞)·계륵(鷄肋)·자가(資暇)·변의(辨疑)의 유.

⑥ 잠규(箴規)로 가훈(家訓)·세범(世範)·권선(勸善)·성심(省心)의 유.

그러나 이러한 허망한 괴담(怪談)이나 소박한 수필(隨筆)에서 한 걸음 나아가 문장의 중심이 점점 사람의 생활을 묘사하는 데로 옮겨 오고, 또한 작가들도 의식적으로 그와 같은 글을 쓰게 되었다. 그러자 소설이라는 명칭이 가진 개념에도 변동을 주어 연의(演義)와 전기류(傳奇類)의 창작에도 그 명칭을 쓸 뿐만 아니라, 도리어 이 연의와 전기가 소설이란 개념의 중추(中樞)가 되었다.

소설이라는 명칭은 시대에 따라 그 개념에 차이가 있다. 중국에서도 한대(漢代)에는 설화(說話)라 했고 당대(唐代)에는 전기(傳記), 송조(宋朝)에 와서 원사(諢詞)가 되었다. 원(元)·명(明) 이후에야 상당한 체제와 내용을 가진 소설이 생긴 것과 때를 같이하여 그 문명의 영향을 받아 온 우리나라 소설의 발달도 이에 부수(附隨)하는 바가 있었으며 그 명칭도 차층 달라졌다.

한편 조선조 이전의 소설은 거의가 소설의 범주에 들어갈 수 없다는 주장이 있다. 그러나 《삼국유사(三國遺事)》에 나오는 신화계(神話系)의 소설이라든지 《삼국사기(三國史記)》에 있는 소설들 역시 소설로 꼽히는 작품들이다. 더구나 설총(薛聰)의 〈화왕계(花王戒)〉 같은 작품을 어찌 소설이 아니라고 고집할 수 있으랴.

여기에서 일보 전진한 박인량(朴仁亮)의 전기계 소설(傳奇系小說) 《수이전(殊異傳)》이나 열전계(列傳系) 소설에 해당하는 김부식(金富軾)의 〈온달(溫達)〉은 가위 명작에 속하는 작품들이다. 다시 고려 말기에 이르러서는 가전계(假傳系)의 소설이 많이 나왔는데, 특히 임춘(林椿), 이규보(李奎報), 이곡(李穀), 식영암(息影菴) 등의 소설은 모두 가전계의 소설로서 실로 인구(人口)에 회자하는 작품들이다.

조선조에 들어와서는 동봉(東峰) 김시습(金時習)의 거작 《금오신화(金鰲新話)》가 있는데 이는 전기문학(傳奇文學)의 백미라 할 수 있다. 《금오신화》가 중국의 《전등신화(剪燈新話)》를 모방한 것이라는 설은 그 체제와 내용이 혹사(酷似)하기 때문이다. 만일 이 《금오신화》의 한 편을 《전등신화》 속에 섞어 넣더라도 좀처럼 골라내지 못할 것이라는 게 세평(世評)이기도 하다.

다음으로 조선시대 실학자이며 대문호인 연암(燕巖) 박지원(朴趾源)의 《호질(虎叱)》은 당세(當世)에 횡행하는 관유(冠儒)들의 양두구육적(羊頭狗肉的) 허식과 인면수심(人面獸心)의 언행을 신랄하게 풍자한 것으로, 시휘(時諱)를 꺼려 중국 어느 다포(茶舖)의 벽에 붙어 있는 것을 베낀 것처럼 저자는 말하고 있다.

《양반전(兩班傳)》은 당시 양반사회의 비루한 가면을 여지없이 폭로한 가장 풍자적인 연암의 일대 거작 중 하나이다. 이 글에서 저자는 자신도 양반계급 출신이면서 엄격하고 지존(至尊)한 그들의 계급 관습을 깨뜨리고자 했는데, 이는 곧 양반이라는 봉건 붕괴의 이념을 보여준 것이다.

그리고 《허생전(許生傳)》은 당시 우리 국력이 얼마나 빈약했으며, 위정자의 정견(政見)이 얼마나 졸렬했던가를 보여 주었다. 그런데 이보다는 그때에 이미 자본주의의 새싹을 틔워 소설적 가치 면에서도 높이 평가되는 작품이다.

《광문자전(廣文者傳)》은 아무리 몸이 미천한 곳에 처해 있을망정 지기(志氣)가 고매하고 성격이 순진한, 일호(一毫)의 사심도 없는 거지 광문의 비애와 불평을 묘사한 것이다.

《김신선전(金神仙傳)》은 쓸데없는 신선술(神仙術)을 타매(唾罵)한 것이고, 《마장전(馬駔傳)》은 교우(交友)의 요결(要訣)이 얼마나 중요한가를 제시한 것으로, 양광(佯狂)의 지사(志士)라고도 할 수 있는 천인(賤人)의 입을 빌려 가군자(假君子)의 사이비한 교우를 풍자했다.

《예덕선생전(穢德先生傳)》은 자기의 본분을 지켜 농토에 파묻혀 있으면서도 대인 군자(大人君子)에 못지않은 덕행을 가진 엄행수(嚴行首)의 생활면을 묘사한 것으로 당시의 소위 고관 대작인 가군자들의 허위와 가식을 기롱(譏弄)했다.

규합총서(閨閤叢書)

가정생활 백과사전인 《규합총서》

흔히 가정백과전서(家庭百科全書)라고 일컬어지는 이 《규합총서》는 그 원저자가 빙허각(憑虛閣) 이씨(李氏)로 알려져 있다.

그러나 이 책이 세상에 널리 알려지기 시작한 것은 1939년 1월 31일자 동아일보(東亞日報)에 소개되면서부터이다. 그 이전에도 이 책은 필사본

(筆寫本), 혹은 목판본(木板本)으로 희귀하게 전해 오기도 있으나, 그 저자도 확실히 밝혀지지 않았고 또 독자들의 관심도 별로 없었던 것 같다.

그러던 중에 황해도(黃海道) 장연(長淵) 진서(津西)에 있는 이 책의 저자인 빙허각(憑虛閣) 이씨의 남편 서유본(徐有本)의 후손 집에서 새로 발견되어 큰 주목을 끌게 되었다.

이《규합총서》는 그 일부분이 1869년에 '친화실장판' 즉, 영인판(影印版)으로 출판되었고, 그것이 신구문학사에서 이경선(李慶善) 교주(校註)로 발간된 일이 있으나 이는 실로《규합총서》의 극히 적은 부분에 불과한 것이었다.

그러던 것이 1974년에 이르러 위당(爲堂) 선생의 영애(令愛)인 정양완(鄭良婉)의 역역(力譯)에 의하여 그 전문이 세상에 나오게 된 것이다.

그 책의 내용을 살펴보면 맨 앞에 서문이 있고 권지 1에는 주식의(酒食議)라 하여,

각종 술 빚는 법

장 담그는 법

초(醋) 빚는 법

차(茶)의 종류

반찬 만들기

떡과 과일의 종류 등에 대하여 자세히 서술되어 있다.

권지 2에는 '봉임측(縫紝則)이라 하여 그 부록으로는 열녀록(烈女錄)이 있다.

권지 3에는 '청낭결(靑囊訣)'이라 하여,

여러 가지 병을 치료하는 법

짐승이나 벌레에게 물린 곳을 치료하는 법

우리나라 팔도의 소산품

잡저(雜著) 등이 실려 있다.

이와 같이 우리의 생활에 직접적으로 관계가 있으며, 당시 가정에서 부

녀자들이 알아야 하고 행해야 할 일들이 상세하고 풍부하게 수록되어 있는 이 책은 당시 우리 선인(先人)들의 생활규모, 정도, 수준, 다양성(多樣性) 등을 충분히 엿볼 수 있는 자료인 동시에 우리 선대(先代)의 생활문화를 연구하는 데도 큰 도움이 되는 작품이라 하겠다.

여기에서 한 가지 예를 들어 보면, 술의 종류를 열거한 가운데에 '고금주의(古金酒議)'라는 제목 아래 당시 외국에서 유행하는 술 이름까지지도 열 종류나 수록하고 있다는 것이다. 특히 국내에서 양조되는 술의 종류로는 '약주제품(藥酒諸品)'이란 제목 아래 구기주(枸杞酒)·오가피주(五加皮酒)·도화주(桃花酒)·연엽주(蓮葉酒)·두견주(杜鵑酒)·소국주(素麴酒)·과하주(過夏酒)·백화주(百花酒) 등 스무 종의 술 이름이 나와 있으며, 겸해서 그 양조법까지도 자세히 설명하고 있다.

다음 병과제품(餠果諸品)에서는 백설고(白雪糕)·유자단자(柚子團子)·원소병(元宵餠)·석탄병(惜呑餠)·혼돈병(渾沌餠)·잡과병(雜果餠)·증병(蒸餠)·석이병(石茸餠)·백설기 등 수많은 떡과 술이 소개되고 있다.

제 2 권 '봉임측(縫紝則)에 있어서는, 옷을 마르는 데 길하고 흉한 날에서 시작하여 도포·조복(朝服)·복건(幞巾)·심의(深衣)·관대(冠帶)·족두리·원삼(圓衫)·당의(唐衣)·깨끼 적삼·초혜(草鞋)·타래주머니·두루주머니·수저집 외에 여러 가지 다양한 옷과 바느질감의 설명이 상세히 열거되어 있다.

그리고 부록으로 넣은 열녀록(烈女錄)에는 역대의 성후(聖后)·현비(賢妃)·예행(禮行)·효녀(孝女)·효부(孝婦)·열녀(烈女)·절부(節婦)·충의(忠義)·모교(母敎)·재예(才藝)·여품(女品)·검협(劍俠)·여선(女仙)·마녀(魔女)·여불(女佛)·승니(僧尼)·선저녀(善書女)·봉후녀(封侯女) 등 다양한 여인상(女人像)이 나타나 있다.

제 3 권 '청낭결(靑囊訣)'에서는 먼저 태교(胎敎), 음식 금기(禁忌), 약물 금기, 태동경험방(胎動經驗方)으로부터 시작하여 연생제일방(延生第一方), 오미약성(五味藥性), 복약식기(服藥食忌)와 구급방(救急方)으로 국수독·두부독·돼지고기독·쇠고기독·쇠간독·말고기독·개고기독·양고기독·새와 짐승 고기독·모든 날짐승 고기독·생선독·복생선독·게독·푸성귀독·버섯독·채독(菜毒)·복숭아독 등이 실려 있다.

다음으로 화상(火傷)·열유상(熱油傷)·검도상(劍刀傷)·치제교방(治諸咬方)으로 말에게 물린 곳, 개에게 물린 곳, 돼지에게 물린 곳, 벌에게 쏘인 곳, 모든 독충에게 물린 곳, 벌레가 귀에 들어갔을 때, 생선뼈가 목에 걸렸을 때, 나무가시가 목에 걸렸을 때, 티끌이나 모래가 눈에 들어갔을 때, 칼이나 도끼에 다친 곳에, 경험정유(經驗疔愈)의 처방이 있다. 또한 신선형화단(神仙螢火丹)의 방문(方文)과 학질·이질(痢疾)·난산(難產)·실음(失音)·옹종(癰腫)·황달 등을 고치는 방법이 있으며 치심병설(治心病說)과 물류상감초총론(物類相減抄總論)·감응경(感應經)·금수상감(禽獸相感)·화생류(化生類) 등이 실려 있다.

잡저(雜著)로는 은신방(隱身方)·지물무은방(指物無隱方)·득력법(得力法)·불수방(不睡方)·기우방(祈雨方)·향신방(香身方)·흑발장윤법(黑髮長潤法)·면지법(面脂法)·벽한방(辟寒方)·발몽기(發蒙記)·벽충방(辟虫方)·벽서법(辟鼠法)·벽승법(辟蠅法)·벽주간제충법(辟厨間諸虫法) 등이 있고, 끝으로 동국팔도소산(東國八道所產)이라 하여 전국 각 지방의 소산물이 실려 있다. 이상 소개한 것은 《규합총서》에 수록되어 있는 내용의 극히 일부분에 불과한 것으로 이 책은 실로 가정생활에 필요한 백과전서(百科全書)이다.

저자 빙허각 이씨

여기에서 이 책의 저자 빙허각 이씨에 대해서 좀더 알아보기로 하자.

그는 전주 이씨(全州李氏)로서 판돈령부사(判敦寧府事)를 지낸 문헌공(文獻公) 이창수(李昌壽)의 딸이며, 그의 어머니는 《언문지(諺文志)》의 저자인 류희(柳僖)의 고모가 된다. 조선 영조(英祖) 35년(1759)에 서울에서 나서, 순조(純祖) 24년(1824) 유희의 언문지가 나온 해에 66세로 세상을 떠났다.

이씨는 원래 총명이 남보다 뛰어나고 박람 강기(博覧强記)하여, 15세에 이미 저술에 능했으며 한문에도 능통했다. 서유본(徐有本)에게로 출가했는데, 《임원십육지(林圓十六志)》의 저자인 서유구(徐有榘)가 초년에 형수뻘이 되는 이씨에게 글을 배웠다 하니 그의 한문 실력을 알 만하다.

남편 서유본은 부인보다 2년 앞서서 별세했는데, 이때 이씨는 〈절명사(絶命詞)〉를 짓고 모든 인사(人事)를 끊은 다음 머리를 빗지 않는가 하면 얼굴도 씻지 않고 자리에 누운 지 19개월 만에 남편의 뒤를 따랐다 한다.

이씨의 친정 집안에는 실학(實學)의 선구자(先驅者)가 많았는데 그 영향을 받았음인지 그는 한문에 소양이 풍부한데도 불구하고 그의 저작이 우리말로 되어 있다는 것은 특이할 만한 일이다. 그러므로 실학적인 내용을 우리말로 저술했다는 점에서 그의 저작의 가치는 더욱 높이 평가되어야 할 것이다.

■ 목민심서(牧民心書)

근세 조선을 대표하는 실학자(實學者)

다산(茶山) 정약용(丁若鏞) 선생을 알지 못하면 근세 한국의 학문을 말할 수 없고 사상을 말할 수 없다. 근세 한국의 정치, 경제, 사회의 참 모습을 알고 관리의 부패와 횡포가 어떠했으며, 또한 서민들의 고통과 염원이 어떠했었는지를 알고자 하면 먼저 다산을 연구해야 할 것이다.

다산 선생의 저서는 방대하고 다양하다. 그 많은 저서의 밑바닥을 흐르고 있는 일치된 정신은 이른바 경세 제민(經世濟民)이다. 즉 나라를 잘 다스리고 백성을 편안하게 하려는 데 그의 관심이 집중되고 있는 것이다.

그의 모든 저서 가운데 이 《목민심서(牧民心書)》는 그 집약이며 결론이라고 할 수 있다. 다산의 뚜렷한 애국애민 정신을 가장 잘 엿볼 수 있는 것이 바로 이 《목민심서》이기 때문이다.

선생의 자(字)는 미용(美鏞) 또는 송보(頌甫)이다. 약용(若鏞)은 그의 이름이며, 다산(茶山)은 호이고, 본관은 나주(羅州)이다. 1762년(영조 38) 6월에 경기도 광주(廣州) 초부면(草阜面) 마현(馬峴)에서 태어나, 1836년(헌종 2)에 그곳에서 죽었는데 당시 나이 향년 75세였다.

다산은 나면서부터 총명하고 뛰어난 소질을 지니고 있었다. 7세 때 이미 시를 짓기 시작했으며 10세 때는 그의 시문을 모아 《삼미자집(三眉子集)》이라는 시집을 내기도 했다. 그가 7세 때,

'작은 산이 큰 산을 덮는 것은 땅의 멀고 가까움이 있기 때문일세〔小山蔽大山 遠近地不同〕.'

라는 시를 지었다는 것은 유명한 이야기다.

15세 되던 해에 아버지를 따라 상경한 다산은 이가환(李家煥)과 매부인 이승훈(李承薰)을 통해 성호(星湖) 이익(李瀷)의 유고(遺稿)를 얻어 읽고 그의 학문에 깊이 공감하여 그를 사숙(私淑)하게 된다.

1783년(정조 7) 회시(會試)에 합격하여 진사가 되었고, 1789년에는 식년문과(式年文科)에 장원으로 급제하여 가주서(假注書)에 임명되었다. 이듬해에는 검열(檢閱)이 되어 규장각에 출입하면서 진귀한 서적을 마음껏 볼 수 있는 기회가 생겼으므로 그는 학문을 더욱 넓힐 수 있었다. 1795년(정조 19)에는 서학(西學)에 관련이 있다는 혐의로 금정찰방(金井察訪)으로 좌천되었으나, 그 해 12월에 다시 중앙으로 들어와 병조참지(兵曹參知), 우부승지(右富承旨), 좌부승지를 역임했다. 1797년에는 잠시 곡산부사(谷山府使)로 나갔으나 1799년에 다시 들어와 형조참의로 승진했다.

그러나 1801년, 즉 순조 원년에 소위 신유박해(辛酉迫害)라는 천주교

도에 대한 대탄압이 일어났다. 다산은 두 형 약전(若銓)·약종(若鍾)과 함께 체포되었는데, 둘째 형 약종은 참형(斬刑)에 처해지고 맏형 약전과 다산은 유배되었다. 맏형 약전은 강진(康津)으로 유배되었다가 흑산도로 옮겨졌으며, 다산은 장기(長耆)로 유배되었다가 뒤에 강진(康津)으로 옮겨졌다.

다산은 강진에서 1801년부터 1818년까지 18년이란 긴 세월 동안 귀양살이를 하였는데, 그곳에 있는 윤박(尹博)의 정자인 다산초당(茶山草堂)에서 책을 쓰고 제생(諸生)을 가르치며 즐거움으로 삼았다. 그의 호 다산(茶山)은 여기서 비롯되어 지어진 것이며 많은 저서들도 대부분 이 시기에 이루어진 것이다. 이 기간은 그에게 있어서는 실로 불행한 시기였으나, 그로 하여금 불후의 업적을 남기게 한 소중한 기간이기도 했다.

불후(不朽)의 명저를 집필한 귀양살이 18년

《목민심서》 역시 강진의 다산초당에서 완성한 저서이다. 그는 여기에서 지방의 고을을 맡아 다스리는 수령들이 반드시 지켜야 할 사항들을·자세하고 예리하게 제시하고 있다. 다산은 이 저서를 집필하기까지 많은 경험과 견문을 쌓았다. 그러므로 그 내용이 결코 실속 없는 설교에 그치거나 억지로 갖다 붙인 헛된 논리나 추측에 흐르지 않고 조목마다 절실하게 느껴지는 것은 그 때문이다. 그는 일찍이 수령을 지냈던 아버지를 따라다니면서 실정(失政)을 보았고, 정조의 어명으로 경기도 암행어사가 되어 농민들의 고통을 직접 살펴본 일도 있었다. 또 강진에서의 유배생활 중 지방 관리의 횡포와 무능, 그리고 아전의 농간과 농민의 억울하고 가엾은 사정을 많이 보고 들을 수도 있었다. 이런 것들이 그로 하여금 이 책을 쓰게 했을 것이다.

《목민심서》의 내용을 보면 다음과 같다.

1. 부임 육조(赴任六條) : 수령이 임명을 받고 임지에 가서 처음으로 수

령의 사무를 처리하기까지 명심해야 할 일.

2. 율기 육조(律己六條) : 자기의 몸을 단속하고 자기 자신을 바르게 관리하는 일.
3. 봉공 육조(奉公六條) : 수령의 가장 초보적이고 기초적인 복무 기율.
4. 애민 육조(愛民六條) : 수령이 백성을 보살피는 일. 곧 노인을 공양하고 어린이에게 관심을 가지며 가난과 질병에 대처하는 일.
5. 이전 육조(吏典六條) : 특히 인사에 관계되는 일.
6. 호전 육조(戶典六條) : 호전(戶典)에 규정된 사항 가운데 군현(郡縣)에 관계되는 중요한 일.
7. 예전 육조(禮典六條) : 제사와 손님 접대, 교육, 학문, 신분 제도 등의 일.
8. 병전 육조(兵典六條) : 군정(軍政)과 군사(軍事)에 관한 일체의 사항.
9. 형전 육조(刑典六條) : 모든 형벌에 있어 공정하고도 정확한 처리를 해야 한다는 일.
10. 공전 육조(工典六條) : 산림, 천택(川澤), 영선, 도로의 행정에 대한 일.
11. 진황 육조(賑荒六條) : 흉년에 빈민을 돌보는 일.
12. 해관 육조(解官六條) : 수령이 바뀌어 돌아갈 때의 태도와 그 뒤에 남긴 치적.

다산은 이러한 내용들을 서술하면서 각 항목마다 해설을 붙이고 있다. 지은이의 이 해설은 그 항목의 내용을 부연하고 있어서 독자들의 이해에 도움이 될 것이다.

현대를 사는 우리가 이 《목민심서》를 읽어야 하는 이유는, 그 가르침이 우리에게 큰 교훈을 주며 인격 수양에도 도움을 준다는 점과 오늘날에도 그대로 받아들여 배워야 할 부분이 많다는 점 때문이다. 그런 의미에서 이 《목민심서》를 꼭 권하고 싶다.

■ 당의통략(黨議通略)

원저자 이건창(李建昌)은 전주 이씨(全州李氏)로 자(字)는 봉조(鳳藻)이며, 호는 영재(寧齋)이다. 철종(哲宗) 3년(1852)에 출생하여 광무(光武) 2년(1898)에 세상을 떠나, 47세로 일생을 마쳤으니 조사(早死)한 셈이다.

그는 태어날 때부터 재주가 뛰어나서 15세에 문과에 급제했으니 그의 재질은 가히 짐작할 수가 있다. 또 그는 벼슬이 참판(參判)에까지 이르렀는데 매우 일찍 지위에 오른 셈이다. 또한 일찍부터 문장으로 이름이 높아서 다른 여러 선비들보다도 출중했었다.

이건창은 정종(定宗)의 제10왕자 덕천군(德泉君)인 후생(厚生)의 후예로 대대로 관직과 문한(文翰)이 끊어지지 않은 명가였다. 그는 23세에 이미 서장관(書狀官)으로 중국에 가서 그곳의 한림(翰林) 훈각(薰鈺)·장종효(張宗驍)·서부(徐郙) 등과 교류하기도 했는데, 이들은 다같이 그를 평하기를,

'만일 영재가 중국에서 태어났더라면 우리들의 관직을 그에게 양보해 주어야 할 만큼 그는 문장에 능하다.'

라고 했다. 그 후에 이건창은 충청우도 안렴사(忠淸右道按廉使)가 되어 정사를 공정하게 했는데, 당시 탐리(貪吏)들은 그런 그를 미워하여 중상했으므로 한때 유배당한 일까지 있었다. 그러나 이로써 그의 명성은 더욱 높아졌다.

그의 아우 건승(建昇)이 지은 행장(行狀)에 의하면,

> 공은 몸이 보통사람에 지나지 않으나 미목(眉目)이 소명(疎明)하고 신채(神采)가 영발(英發)하며 성품이 강정명백(剛正明白)하고, 또 조금도 교정(矯情)이 없고 긍색(矜色)함이 없었으며, 마음에 기호하는 바가

없고 오직 독서하기를 좋아해서 잠시라도 책을 손에서 떼지 않았다고 한다.

이리하여 그는《명의당집(明義堂集)》10권과 독역수기《讀易隨記》1권,《당의통략》2권의 저서를 남겼다.

그의 중조(中祖)는 석문(石門) 경직(景稷)으로 그의 아우 백헌(白軒) 경석(景奭)과 함께 당대의 일류정치가이자 학자였다. 이 석문의 후예에는 문장과 명필이 많았다. 진유(眞儒)·진검(眞儉)·진휴(眞休) 등 여러 형제가 모두 능시(能詩)·능필(能筆)로 이름이 있었고,《수문록(隨聞錄)》의 저자로 이름있는 농수(農叟) 문정(聞政)을 비롯하여 저 유명한 원교(圓嶠) 광사(匡師)와 대저(大著)《연려실기술(燃藜室記述)》을 남긴 연려실 긍익 등은 모두 석문의 후예들이다.

또 그의 증조 대연(岱淵) 면백(勉伯)도 문집 4권을 남겼고, 조부 사기공(沙磯公) 시원(是遠)은 문과에 장원하여 홍문관 제학을 지냈고 관직이 이조판서에 이르렀으며, 병인양요(丙寅洋擾) 때 순절해서 충정공(忠貞公)으로서 정려(旌閭)되었을 뿐 아니라,《국조문헌(國朝文獻)》1백여 권을 편술하였다. 그가 이《당의통략》을 저술하게 된 것도 실상은 그의 조부 충정공의 영향을 받은 때문이었다.

그의 아버지 상학(象學)도 진사로서 군수를 역임했으며 글재주가 있었다. 이《당의통략》의 서문에서 그가 지적한 바와 같이 소기공의《국조문헌》은 작은 글자로 써서 1백여 권이니, 큰 글자로 쓴다면 실로 3, 4백권에 달한 것이라 했다. 또 이《국조문헌》은 모두 기술한 것이요, 하나도 창작한 것은 없다고 지적한 것을 보면 이 역시 공사(公私)의 문자에서 발췌·정리한 것을 알 수 있다. 그리고 그 자료는 주로 교령(敎令)·장주(章奏)·묘갈(墓碣)·묘지(墓誌)·행장(行狀)·제문(祭文)·서독(書牘)으로 편집하되 연(年)을 경(經)으로 하고 월(月)을 위(緯)로 하여 사건별로 정리한 것이기 때문에 매우 과학적인 저서라는 것을 밝히고 있다. 동시에 크게 유익한 문헌이란 것을 말해 주고 있는 것이다.

이와 같은 《국조문헌》 중에서 당쟁에 관계되는 것만을 정리해서 2권으로 편찬하여 《당의통략》이란 이름을 붙인 것이다. 그러므로 그 조부 충공정이 아니었다면 이 《당의통략》은 저술되지 못했을 것이라고 말해도 결코 과언은 아닐 것이다.

그가 당의(黨議)에 관계되는 것만을 먼저 발췌·정리한 것은 국조(國朝)의 당폐(黨幣)가 역대에 보지 못하던 것이어서 이것을 밝히기 위해서였다. 따라서 당쟁의 시기라고 생각되는 목묘(穆廟) 을해년(乙亥年)으로부터 원릉(元陵) 을해(선조(宣祖) 8년 을해(1575)~영조(英祖) 31년 을해(1755))에 이르는 동안의 기간을 잡아서 여기에 관계되는 시비득실과 정사충역(正邪忠逆)에 관한, 주로 당론에 관계되는 것만을 추려서 편집한 것이다.

여기에 대해서 저자는 다음과 같이 그의 서문에 말하고 있다.

> 이 다음날에 정사(正史)를 엮는 이가 반드시 먼저 당의를 추려서 사마천(司馬遷)의 글과 반고(班固)의 뜻을 모방하여 따로 일부를 만들어 놓은 연후에라야 다른 것을 정리해서 흐트러지지 않게 할 수 있을 것이라 하여, 송사(宋史)의 전례를 들어 먼저 도(道)를 밝히기 위하여 편집한 것이다.

이는 그 저술의 목적을 분명히 밝힌 것이라 하겠다.

이로 미루어 보건대 만일 공의 조부 소기 충정공이 《국조문헌》이란 방대한 문헌자료를 정리해 놓지 않았더라면 이 《당의통략》은 저술될 수 없었을 것이다. 그러니 실로 충정공의 저술에 힘입은 바가 크다 하겠다.

또 저자는 어렸을 때에도 충정공의 품안에서 많은 글과 옛 고사(故事)들을 배웠기 때문에 그가 충정공에게 받은 영향은 지극히 큰 것이라 하겠다.

이와 같이 공은 문장가의 집안에서 태어났으며 또 대문호인 조부 소기공의 뒤를 이었다. 그러나 이 저술의 근본 입장은 역시 소론적(少論的) 견해에서 저술되었다고 할 수밖에 없다. 덕천군의 후예 중에서 석문·백헌 형제는 특히 이름있는 분으로서 그들은 모두 광해군(光海君) 이래 조정에서 크게 활약했다.

병자호란(丙子胡亂) 때에 석문 이경직은 도승지(都承旨)였고, 백헌 이경석은 부제학(副提學)이었다. 더욱이 효종(孝宗) 원년에 이르러서 백헌은 영의정(領議政)으로 승임되었다. 백헌은 조정의 요직에 있는 동안 많은 선비들을 천거하고 등용했다. 우암(尤庵) 송시열(宋時烈)·동춘(同春) 송준길(宋浚吉)·탄옹(炭翁) 권시(權諰)·초로(草盧) 이유태(李惟泰) 등은 모두 그가 천거한 사람들이다.

그러나 그 뒤 고산(孤山) 윤선도(尹善道)의 처벌에 있어서 백헌이 무척 관대한 주장을 폈으며, 또 우암의 사종예설(四種禮說)에 반대한 까닭이 있어서인지, 어쨌든 우암은 무슨 오해에서인지 백헌을 공격하기에 이른다. 마침내 백헌과 우암은 사이가 멀어져 백헌의 일가 일족은 모두 우암과 당을 달리하고 말았다. 그러므로 석문과 백헌 일족 내지 그 후예들은 모두 소론으로 색목(色目)을 살게 되었던 것이다. 따라서 석문 후예인 저자도 선대의 유훈과 가풍을 계승하여 소론의 집안에 태어났으니 자연 소론적 처지에서 이 저서가 씌어졌으리라는 것은 자명한 일이다(백헌과 우암의 사이에 대해서는 西溪 박세당이 지은 《백헌신도비명》과 鳴谷 최석정이 지은 《백헌행장》을 참조하기 바람).

그러나 비록 소론적 처지에서 집필되었다 하더라도 이 《당의통략》은 결코 소론의 처지만을 정당화시키고, 옹호·변명하기 위해서 저술된 것은 아니다. 따라서 편당적으로 집필된 저서라고는 말할 수 없으며, 이것은 상당히 공정한 안목으로 씌어진 글이라고 보아야 한다.

그것은 비록 색목이 소론이라고는 하지만 이 석문과 백헌의 집안은 당쟁에 앞장서서 투쟁한 일이 없다. 그러므로 어느 정도 객관적으로 기술할 수 있는 처지에 있었으며 또 저자 자신이 그 객관성을 유지하려고 노력한 모습이 역력히 엿보인다.

조선시대의 당쟁에 관한 저술이 결코 적은 숫자는 아니다. 그러나 이 《당의통략》처럼 체계적으로 저술되었고 비교적 공정하게 씌어진 글은 없다. 그런 점에서 이 《당의통략》이 지니는 가치는 매우 높이 평가되어야 할 것이다.

저자는 이 책에서 남의 시시비비를 가리지 않았다. 다만 여러 사실들을 나열해서 독자로 하여금 스스로 판단을 내릴 수 있는 여유까지 주었다. 이러한 뜻에서도 이 책은 참으로 조심성 있게 편저된 것이다.

다만 경우에 따라서 저자가 간신으로 인정하는 사람들의 이름 밑에 '배(輩)' 자를 붙인 것 등은 저자 역시 인간이니만큼 어찌할 도리가 없었을 것이리라.

조선조 당쟁 약사(略史)와 《당의통략》

《당의통략》은 선조 8년 을해(乙亥)에 있었던 김효원(金孝元)·심의겸(沈義謙)의 감정적 대립으로 벌어진 시비에서부터 시작된다. 그러나 실은 동고(東皐) 이준경(李浚慶)의 유차문제(遺箚問題)로 빚어진 율곡(栗谷) 이이(李珥) 지지파와 동고 이준경파와의 대립문제에서부터 이미 당론은 시작되고 있었다.

김효원·심의겸의 대립으로 벌어진 당론은 을해당론(乙亥黨論)이라고 해서 여기에서 처음 동서인(東西人)의 형성을 내세웠지만, 실은 이보다도 3년 앞선 선조(宣祖) 5년에 이준경의 유차문제로 해서 벌어진 소장파(이이파)와 노장파(이준경파)와의 당쟁 대립이 당쟁의 불씨가 된 것이라고 저자는 지적하고 있다. 이상하게도 이이는 당쟁을 없애고 이들을 상호 화합시키려고 했던 것인데 이러한 이이 때문에 도리어 당쟁은 격화되고 만 것이다. 즉 이준경의 유차를 거짓이라고 주장한 것이 도리어 당쟁의 불씨가 되었고, 또 김효원과 심의겸의 대립을 조화시켜 보려고 이들 두 사람을 모두 지방으로 좌천시켜 내보냈던 것이 도리어 당쟁을 격화시키는 일이 되고 말았다.

이《당의통략》은 위와 같은 당쟁의 시초, 즉 선조 5년에서 시작하여 영조 17년 신유(辛酉, 1741)까지를 다루었지만 사실 우리나라의 실지 당파싸움은 이 기간이 중심이며 기간으로 보면 약 166년간이다.

그러나 필자가 보는 바로는 우리나라 당쟁은 예송(禮訟)으로 해서 장기간 우암 송시열파와 미수(眉叟) 허목(許穆)·백호(白湖) 윤휴파(尹鑴派)가 자기들의 주장을 각기 내세우는 과정에서 당쟁의 뿌리가 차츰 굳어지고 만 것이다.

그러나 여기에서도 아직 이 당쟁은 영세상전(永世相傳)한다거나 부전자전·사전문전(師傳門傳)하는 고증(痼症)이 성립된 것은 아니다. 당쟁은 적어도 경신대출척(庚申大黜陟) 이후에 와서 비로소 뽑을 수 없는 깊은 뿌리가 성립되었던 것이다.

따라서《당의통략》에서 말하듯이 이준경의 유차문제와 김효원·심의겸의 대립으로 당론이 비록 갈라섰다고 하지만 이것으로 영세상전(永世相傳)하는 당쟁이 성립된 것은 아니었다. 저자 이건창이 이 책에서 180년간의 우리나라 당쟁사를 다루었지만 실상 사색이 성립된 것은 숙종 10년 무렵이었다. 이때로부터 영조 31년까지 가장 당쟁이 심했으니 이 기간은 겨우 71년간에 불과하다. 이 71년간에 격심했던 당쟁이 잘못 과장되어서 흔히 '조선조 5백 년은 당쟁으로 지새웠다'는 대명사가 된 것이다. 마치 5백년 동안을 사색당쟁으로 보낸 것처럼 왜곡되어 왔으니 매우 개탄할 노릇이다.

이 70여 년 동안에 당쟁의 가장 심한 불씨가 된 것은 예송(禮訟)을 비롯해서 경신정변(庚申政變)·을사정변(乙巳政變), 그리고 갑술정변(甲戌政變)과 신임정변(辛壬政變) 등 사대정변(四大政變)이었다. 이 사대정변을 통해서 남인 사선생(四先生)이 생기고, 또 소론 사선생이 생겨났던 것이다.

《당의통략》은 이 기간 동안의 여러 사실들을 잘 정리해서 실로 일목요연하게 기술하였다.

여기에서 저자는 비로소 우리나라의 당쟁사를 정확히 정리했을 뿐만 아니라, 처음으로 우리나라 당쟁의 근본원인까지 설명하고 있다. 이것이야말로 저자의 중요한 공헌이라 하겠다.

저자는 여기에서 당쟁의 원인을 들어 다음 여덟 가지를 말했다. 즉,

1. 도학태중(道學太重)
2. 명의태엄(名義太嚴)
3. 문사태번(文詞太繁)
4. 형옥태밀(刑獄太密)
5. 대각태준(臺閣太峻)
6. 관직태청(官職太淸)
7. 벌열태성(閥閱太盛)
8. 승평태구(昇平太久)가 그것이다.

이것이 이른바 그의 팔대원인론(八大原因論)이다. 이 팔대 원인으로 인해서 우리나라 당쟁의 원인이 처음으로 다각적으로 연구되고 분석되었던 것이다.

이러한 의미에서 원저자 이건창은 우리나라 당쟁사상 처음으로 금자탑을 세운 사람이라 하겠다.

이 명저 《당의통략》은 간행된 일이 없이 필사본만이 전해오던 것을 일제 때 광문회(光文會)에서 처음으로 활자로 간행했다. 그러나 이것도 넓게 보급되지 못해서 매우 희귀한 책이 되고 말았다. 그 후 8·15 광복을 맞이한 뒤 1948년에 당시 금융조합연합회(金融組合聯合會)에서 협동문고(協同文庫)로 역본을 간행했다.

동국붕당원류(東國朋黨源流)

《당의통략(黨議通略)》과는 다른, 또 하나의 당쟁사

조선조의 당쟁은 선조(宣祖) 8년 을해(乙亥), 즉 서기 1575년에 시작되었다는 것이 통설이다. 그리고 이 당쟁은 영조(英祖) 17년 신유(辛酉), 즉 1741년경에 일단락을 짓는다. 그러니 그 기간은 실로 170년이라는 긴 세월이 되는 셈이다. 그러나 이 중에서 가장 치열했고 가장 장기간인 당쟁은 역시 예송(禮訟) 관계의 싸움이다. 이 예송은 효종(孝宗) 10년에서부터 현종조(顯宗朝) 15년간을 지나 숙종(肅宗) 10년까지 계속된 것으로 25년 동안이나 끈질기게 대립했던 당쟁이다. 이 당쟁은 노론(老論) 대 소론(少論)·남인(南人)의 싸움이었다.

일찍이 영재(寧齋) 이건창(李建昌)은 그의 저서 《당의통략(黨議通略)》에서 이 당쟁의 시말을 자세히 소개했다. 그리고 비교적 공정한 안목으로 씌어졌다는 것이 세평이다. 그러나 이 글은 저자인 영재(寧齋)가 소론(少論)의 집안에 태어났기 때문에 자연 소론적(少論的) 입장에서 다루어졌으리라는 평을 면할 수는 없다. 그런데 이와 반대의 이론이 있다. 여기에 소개하는 《동국붕당원류(東國朋黨源流)》는 이와는 반대적인 글이다. 같은 당쟁을 다루는 데에도 이 글은 두드러지게 노론편을 두둔하고 소론편을 헐뜯은 것이 선명하게 보인다.

똑같은 사건을 놓고서도 붓놀리기에 따라서 시비 득실(是非得失)이나 충사 정역(忠邪正逆)이 사뭇 반대되게 표현되는 것이 역사이다. 그렇기 때문에 역사는 연구하는 사람 자신의 주견(主見)이 절대적으로 필요하기도 하다.

이 《동국붕당원류》는 작자를 밝히지 않았다. 하지만 이 글은 그 서두

(序頭)에서 《당의통략》이 공정하지 못한 것을 주장하고 나선 것으로 보아 소론(少論)과 반대되는 당(黨)의 출신임은 분명하다. 이 글에서 남인(南人)이나 소론(少論)은 몹시 얻어맞았다.

■ 동의수세보원(東醫壽世保元)

인간의 체질에는 네 가지가 있어……

사람의 체질(體質)은 다음의 네 가지로 나뉜다고 한다.

1. 폐대간소(肺大肝小)……태양인(太陽人)
2. 비대신소(脾大腎小)……소양인(少陽人)
3. 간대폐소(肝大肺小)……태음인(太陰人)
4. 신대비소(腎大脾小)……소음인(少陰人)

이 네 가지 체질은 각각 그 성질도 다르다고 한다.

1. 태양인(太陽人)……남성적이면서 사고력이 강하며 과단성이 있고, 진취성이 강하다. 반면에 계획성이 적고 남을 잘 공격하며, 후퇴할 줄을 모른다. 영웅심과 자존심이 강하면서 두뇌가 명석하다.
2. 소양인(少陽人)……밖의 일을 좋아하고 가정이나 자신의 일을 소홀히 생각한다. 남의 일에 희생적이고 의분 앞에서는 물불을 헤아리지 않는다. 판단력이 빠르나 계획성이 적다. 성질이 급한 편이고, 일의 마무리가 잘 안된다.
3. 태음인(太陰人)……겉으로는 의젓하나 좀 음흉하다. 자기 속마음을

남에게 드러내지 않는다. 잘못인 줄 알면서도 그것을 밀고 나가려는 우둔성이 있다. 남이 못하는 설계(設計)를 묵묵히 혼자서 곧잘 한다. 대기업인에게 이런 체질이 많다.

4. 소음인(少陰人)……내성적이면서도 사교적이다. 겉으로는 연약해 보여도 속으로는 강하다. 매사에 세심하고 과민해서 항상 마음이 불안하다. 머리가 총명하고 판단력이 빠르며 매우 조직적이다. 책임감을 느끼고 질투도 심하다. 반면에 지능이 발달된 때문에 잘못하다가는 큰 사건을 저지르기도 한다. 신경증(神經症) 질환이 많지만 살림살이는 이 체질을 가진 여자가 제일 잘한다.

이러한 체질과 성격의 사람들은 물론 용모도 다르고, 좋아하는 음식도 각각 다르다. 가령 1의 경우 담박하고 서늘한 음식을 좋아하고, 2의 경우에는 더운 것보다 찬 음식을 좋아하며, 3의 경우 곧잘 폭음·폭식을 하고, 4의 경우는 특별한 기호(嗜好)는 없지만 양이 적은 음식을 좋아한다.

이상으로 사람의 네 가지 다른 체질에 대해서 그 성질과 음식의 기호까지를 대강 말했다. 이 네 가지 체질을 가지고 분류해서 풀이한 것이 곧 '사상의학(四象醫學)'이다.

사상(四象)이란 말은 《주역(周易)》에서 따온 것이다. 역(易)에 나타나는 음양(陰陽)에 있어서의 네 종류의 형태가 바로 사상이다. 이것은 금·목·수·화(金木水火), 또는 음·양·강·유(陰陽剛柔), 나아가서 태양·소양·태음·소음의 표현으로 발전한다. 《주역》 〈계사·상(繫辭 上)〉에 보면,

'역(易)에 태극이 있다. 여기에서 양의(兩儀)가 생긴다. 양의는 사상(四象)을 낳고 사상은 팔괘를 낳는다……〔易有太極 是生兩儀 四象生八卦…〕

라고 했다. 또 《주역》 〈절중(折中)〉에는,

'사상은 무엇이냐. 사상이란 음양과 강유를 말하는 것이다〔四象 何物也 曰四象 謂陰陽剛柔〕.'

라고 했고 《주자어록(朱子語錄)》에는,

'사상은 노양·소양·노음·소음이다[四象 是老陽 少陽 老陰 少陰].' 라고 했다.

이상에서 말한 사상(四象)을 가지고 사람의 체질을 분석해서 다스려야 한다는 의학이 곧 '사상의학'이다. 이 의학에서 말하는 사상설(四象說)은 의학적이라기보다는 차라리 철학적인 역리(易理)에 근거를 두었다고 해야 옳을 것이다. 이 '사상의학'은 실로 인체의 조직과 생리적인 구조에 원리를 두고 성립되었다. 그리고 여기에 소개하는 《동의수세보원》은 이러한 '사상의학'을 처음 발표하는 원전인 것이다.

《동의수세보원》의 저자 이제마(李濟馬)는 1838년 음력 3월 19일 함경남도 함흥(咸興)에서 출생했다. 자를 무평(務平), 호는 동무(東武)이고, 본관은 전주(全州)다. 고종(高宗) 25년에 군관직에 등용되었으나 이내 이를 사직하고 진해 현감(鎭海縣監)이 되어 관기(官紀)를 바로잡았다. 그러나 이것도 바로 사직하고 서울로 올라와 저술과 학문 연구에 전심했다. 그는 일생을 한의학 연구와 제자들의 교육으로 보내면서 '사상의학'을 확립했다.

저자 이제마의 모든 것

그의 출생에는 이상한 일화(逸話)가 있다. 그의 조부 충원공(忠源公)이 어느 날 꿈을 꾸었는데 어떤 사람이 탐스러운 망아지 하나를 끌고 와서 말했다.

"이 말은 제주도에서 난 용마(龍馬)인데 아무도 알아주는 사람이 없으니 맡아서 잘 길러 주시오."

망아지를 기둥나무에 매 놓고 그 사람은 가 버렸다. 꿈에서 깬 충원공은 이상히 여겨 일어나 앉았다. 그때 바로 문 밖에서 누가 찾는 소리가 들린다. 하인을 시켜 나가 보라고 했다. 문 밖에는 웬 여인이 강보에 갓난아이를 싸서 안고 서 있었다. 그 여인은 이렇게 말했다.

"이 아이는 이진사님 아이오니 받아 주십시오."

이진사란 충원공의 아들을 말함이다. 충원공이 그 까닭을 묻자 여인이 말하는 사연은 이러했다.

어느 날 이진사가 이웃마을에 다녀오다가 주막에서 친구들을 만나, 양에 넘도록 술을 마셨다. 친구들은 몹시 취한 이진사를 주막 주인에게 부탁하고 돌아갔다. 밤이 되도록 이진사는 술에서 깨지 못했다. 주막 주인 내외는 안방 아랫목에 자리를 깔고 그를 재웠다.

주막 주인에게는 과년한 딸이 하나 있었는데 너무 못생겨서 시집을 못가 처녀로 늙게 되었다. 내외는 딸이 불쌍해서 하룻밤만이라도 처녀를 면하게 해주려고 이진사의 방으로 들여보냈다. 이리하여 이진사가 그 처녀와 인연을 맺은 것이 오늘의 이 아이를 낳게 된 연유였다.

사연을 들은 충원공은 아들을 불러 놓고 사실을 물었다. 이진사는 숨기지 못하고 사실대로 고했다. 듣고 보니 몽사(夢事)가 이상해서 그들 모자를 받아들이고 그 아이의 이름을 제마(濟馬)라고 했다 한다.

이제마가 '사상의학'을 발명한 데에도 또한 동기가 있다. 그는 오랫동안 신병으로 고생했다. 해역증(咳逆症)과 열격반위증(噎膈反胃症)이 오랫동안 계속되었다. 그는 자기가 아는 범위에서 연구도 하고, 또 여러 고전(古典)에 의거한 많은 약을 써 보았으나 도무지 효력이 없었다. 참으로 이상한 일이었다. 이에 그는 오랜 동안 거듭 노력한 결과 사람은 각자가 체질이 다르고, 또 체질에 따라 약도 달리 써야 낫는다는 이치를 깨달은 것이다.

이제마가 이러한 이치를 발견 완성했을 때에는 마치 실성한 사람 같았다. 어느 날 어떤 처녀가 중한 병으로 진찰을 받으러 왔다. 그러나 이제마는 그 처녀의 체질을 확정할 수가 없었다. 처녀란 원래 지나치게 수줍어해서 그 본성을 알아내기가 힘들다. 병은 고쳐야겠고 그러자면 체질을 판단해야겠는데 실로 난처한 일이었다. 생각다 못해서 이제마는 방안에 있는 사람들을 밖으로 내보내고, 처녀한테 옷을 한 가지씩 벗으라고 했다. 마지막에 속옷 하나만 남았다. 처녀는 수줍어서 그것만은 못 벗겠다며 앙

탈이었다. 그는 마치 겁탈이라도 하려는 사람처럼 처녀의 속옷을 낚아챘다. 처녀는 비명을 지르고 그 자리에 쓰러졌다. 이때 그는 무릎을 치면서,

"이제야 알았다."

라며 소리를 질렀다는 것이다. 좌우 사람들이 그를 미친 사람으로 보았을 것은 당연하다. 그러나 그 처녀의 체질을 소양(少陽)으로 판단해서 마침내 불치의 병을 고쳤다는 유명한 이야기가 있다.

이제마의 저서로는 《동의수세보원》을 비롯하여 《천유초(闡幽抄)》《광제신편(廣濟新編)》《격치고(格致藁)》 등이 있다. 그 중에서도 가장 유명한 《동의수세보원》은 그가 서거하기 몇 해 전인 1894, 5년의 저술이다. 이제마는 1900년 음력 8월 13일에 62세를 일기로 세상을 떠났다.

그 후 1909년에 율동계(栗洞契)에서 이 책을 출판했다. 이 책은 바로 체질의학의 원전이다. 또한 이 책은 병을 다스리는 데 목적이 있을 뿐만 아니라, 인간 각자가 그 체질을 알기만 한다면 예방의학에도 쓰여질 수 있는 유일한 의서이다.

그러므로 '사상의학'은 실로 동양의학 4천 년사에 있어 독자적인 발전을 성공시킨 획기적 공헌인 것이다.

■ 독립운동가 30인전(獨立運動家三十人傳)

순국 선열들의 애국혼

기로자(騎驢子) 송상도(宋相燾)의 《기로수필(騎驢隨筆)》에 보면,

예로부터 충신이나 절사(節士)들이 국가의 위급한 때를 당해서 자기 몸을 죽여 의리를 세우는 것은 저마다 자기 마음에 편안한 것을 구함으로써 자기가 타고난 천품을 저버리지 않고자 함이니, 어찌 한 번이라도 그 이름을 드날려서 남들이 알기를 바라서이랴? 그러나 후세의 군자들은 이것을 역사에 실려 남들이 알지 못할까 걱정하는 것이다.

라고 그 서문에서 권상익(權相翊)이 말했다.

어느 세대에나 충신·열사는 있었다. 하지만 이들은 결코 자기 이름을 남기고자 해서 그 몸을 나라와 민족을 위해서 바친 것은 아니다. 다만 이 사실들을 글로 기록해서 후세 사람들에게 알리는 것은 붓을 잡은 사람들의 책임일 뿐이다.

과거 우리나라가 당한 을사(乙巳)·경술(庚戌)의 국치(國恥)는 일찍이 전에 당해 보지 못했던 변고였다. 이 협약들이 늑정(勒定)되자, 위로는 공경진신으로부터 아래로는 여항의 필부들까지 모두 애통해 하고 통곡하며 어쩔 줄을 몰랐다. 혹은 소(疎)를 올려 싸우다가 형벌을 당한 이도 있었고, 혹은 의병을 일으켜 싸우다가 죽은 이도 있었다. 더구나 자기 손으로 배를 갈라 창자를 꺼내 뿌린 이도 있으며, 또는 식음을 전폐하다가 죽은 이도 있었다. 물에 몸을 던져 목숨을 끊은 이, 약을 마시고 숨을 거둔 사람, 해외로 나가서 광복을 도모한 사람 등 그 수효는 이루 다 셀 수 없을 만큼 많고, 그 업적들은 붓으로 표현할 수 없을 만큼 크다.

이들의 사생(死生)은 비록 그 행적이 다르지만, 그 의리와 절개는 모두 뚜렷하여 천지에 탁연(卓然)하게 나타나 일월(日月)과 그 빛을 다툴 만하다. 이들의 사적을 어찌 모른 체하고 덮어둘 수가 있으랴. 지난날에 이들 독립운동가에 대한 사적을 소개한 글이 많이 나왔었다. 하지만 우리글로 누구나 알기 쉽게 한 권으로 묶여진 책은 아직 없었다.

이제 광복 30주년을 맞아, 여기에 뜻을 두고 그 기념특집으로 독립운동가 30명에 대한 사적을 한 권으로 간행하게 되었다. 여기에 30명만이 실리는 것은 지면의 구애를 받는 관계일 뿐, 그 사적들의 우열을 따져서가 아니었다는 것을 알아주기 바라면서, 그 밖의 여러 의사·열사들의 공적을 한꺼번에 소개하지 못하는 것을 아쉽게 생각한다. 되도록이면 여러 가지 관계 문헌을 참고하느라고 애썼지만 혹 왜곡(歪曲)된 부분이나 없는지 송구스럽다.

이 조그만 책이 민족정기를 되살리고 애국 애족사상을 고취시키는 데 조금이라도 도움이 되기를 바라는 마음에서 집필한 것으로 또한 역사를 공부하는 젊은 학생들에게 기여되는 바가 있었으면 한다.

(편집자 주 : 이 항은 저자 이민수 선생이 1975년 《독립운동가 30인전》을 펴낼 때 쓴 머리말임)

▒ 윤봉길전(尹奉吉傳)

독립운동가의 대표적 인물

우리의 선열들이 일제의 질곡(桎梏) 속에서 빼져린 피의 항쟁을 한 사적은 기록에 역력하다. 그리고 위로는 조정 진신(搢紳)으로부터 아래로는 여항의 필부에 이르기까지 모두 이 항쟁에 협조했고 동조했다. 그러나 이러한 애국인사들 중에서도 가장 뚜렷한 의사·열사가 밤 하늘의 별처럼 우리의 항일 투쟁사를 장식해 주고 있다.

혹은 소(疎)를 올려 싸우다가 죽음을 당한 이도 있고, 의병을 일으켜 왜병과 싸우다가 참혹하게 죽은 사람도 있다. 자기 손으로 목숨을 끊은 이도 있고, 원지(遠地)로 유배된 채 살아 돌아오지 못한 이도 있다. 수효는 많고 그 업적들 또한 붓으로 형용할 수 없을 만큼 찬란한 것이었다.

여기서 소개하는 매헌(梅軒) 윤봉길(尹奉吉) 의사는 이러한 수많은 애국자보다도 특이한 점이 있다. 그는 신분이 공경대부(公卿大夫)의 반열에 있지도 않았고, 또한 관로(官路)에 나섰던 뚜렷한 집안에 태어나지도 않았다. 그러면서도 그 의거가 던진 파문과 효과는 누구보다도 컸으며, 그가 남긴 업적이 매우 훌륭했다.

그 중 무명의 일개 농부의 아들로 태어난 그는 농촌운동에서부터 시작하여 무수한 구국운동을 벌인다. 그러다가 마침내는 상해(上海)로 건너가 홍구공원(虹口公園) 대의거를 성공시키고 25세라는 청춘의 몸으로 일생을 마친다. 이러한 의사의 공적을 우리는 그대로 남의 이야기처럼 귓가에 흘려 버릴 수는 없다. 그러므로 그 일명과 빛을 다툴 거룩한 정신을 올바로 알아서 뒤에 오는 많은 젊은이들에게 전해 주어야 한다.

그래서 그 동안 수집된 자료들을 엮어 초라하나마 이 전기를 냈다. 나는 다시금 의사의 영전에 고개를 숙인다. (편집자 주 : 이 항은 저자 이민수 선생이 1975년 《윤봉길전》을 집필한 다음에 쓴 머리말 임)

중국편(中國篇)

서경(書經)

신화(神話)와 역사를 다룬 책

태초에는 천지도 해와 달도 없었으며, 다만 어둡고 혼돈한 한 덩어리, 마치 거대한 달걀과도 같은 것만이 있을 뿐이었다. 여기에 차츰 생물이 싹트기 시작하고, 이로부터 1만 8천 년이 지난 후에 그것은 반고(盤古)라는 신이 되었다. 이 반고의 신은 이러한 암흑 속에서 움츠린 채 살고 있었다.

어느 날 알 같은 것이 갑자기 깨어지고, 그 속에 있던 가볍고 밝은 성분은 구름이 되어 위로 날아가 하늘이 되었다. 그리고 무겁고 흐린 성분은 밑으로 스며 굳어서 대지가 되었다. 여기에서 자연히 반고는 일어선 채 머리와 두 손으로 하늘을 받들고, 두 발로는 대지를 밟고 있는 모양이 되었다.

우주는 급속히 팽창하기 시작하여 날마다 하늘은 한 길씩 높아지고, 땅은 한 길씩 두꺼워졌다. 반고의 몸뚱이도 차차 커져서 이 팽창이 1만 8천 년 동안 계속되었다. 이리하여 높고 푸른 하늘과 넓은 대지와의 중간에는 말로 형용할 수 없을 정도로 커다란 반고가 천지를 버티는 기둥 노릇을 하고 있었다. 그러나 오랜 시간이 흐르자 반고는 지친 나머지 대지 위에 쓰러져 죽고 말았다. 이때 대지는 이미 굳어져서 반고가 기둥 노릇을 하지 않아도 무너질 염려는 없었다.

반고가 죽자 그의 소리는 천둥이 되고 그의 호흡은 바람이 되었다. 왼쪽 눈은 태양, 오른쪽 눈은 달이 되었다. 또한 손과 발은 산봉우리가 되고, 그가 흘린 피는 냇물이 되었다. 이렇게 반고의 몸 전체의 각 부분은 저마다 여러 가지로 변화해서 천지간의 만물이 되었다.

천지가 열리고 산천초목·충어조수(蟲魚鳥獸)는 생겨났지만 아직도 인간은 나타나지 않았다. 이때 여와(女媧)라는 신이 흙을 물로 반죽해 비로소 사람을 만들었다. 여러 개의 인간을 만들다 보니 나중에는 싫증이 나서 아무렇게나 뭉쳐 놓았다. 그래서 처음에 만든 것은 상등 인간이 되고, 나중에 만든 것은 하등 인간이 되었다.

이즈음 수신(水神)인 공공(共工)과 화신(火神)인 축융(祝融)이 다투게 되었는데, 싸움에 진 공공은 부주산(不周山)에 가서 머리를 들이박고 죽었다. 이 싸움으로 인해 산이 갈라지고 땅이 터졌으며 하늘에도 주름이 잡혔다. 여와는 이것을 모두 바로잡았다.

그러나 이때부터 하늘은 서북쪽으로 기울어졌다. 그래서 일월성신(日月星辰)은 동쪽에서 떠올라 서쪽으로 넘어갔다. 또 땅은 동쪽으로 기울어짐으로써 모든 냇물은 동남쪽으로 흘러 바다를 이루게 되었다.

그 뒤 인간생활에 문명을 가져다 주고 문화를 열어 준 신은 황제(黃帝)·신농(神農)·복희(伏羲)·제곡(帝嚳)·제준(帝俊) 등인데, 이들을 삼황 오제(三皇五帝)라고 부른다. 모든 영웅이 바로 이들이며, 이중에서 가장 중요한 이가 제준인 것이다.

제준에게는 세 아내가 있었는데, 그 하나는 아황(娥皇)으로서 삼신국(三身國)을 낳았고, 또 하나는 희화(羲和)로서 열 사람의 태양신을 낳았다. 또 하나는 상의(常儀)로서 이는 열 둘의 월신(月神)을 낳았다. 제준에게는 후직(后稷)·의균(義均)을 비롯하여 많은 자손들이 있었는데, 이들은 인간에게 의식주의 법을 가르쳐서 문명을 크게 진보시켰다.

이상에서 말한 것은 중국 고대 신화의 한 부분이다. 고대 중국에서는 이런 기묘한 이야기는 경서(經書)에 실리지 않았다. 이러한 신화나 전설 따위를 모은 것은 잡설로 취급되었는데, 본격적인 학문이나 교양의 대상으로 삼을 수 없는 가치가 낮은 전설로 보았던 것이다.

청(淸)나라 시인(詩人) 원매(袁枚)는 《자불어(子不語)》라는 저서를 냈는데, 여기에는 신변괴이한 이야기만이 소개되어 있다. 이 책명은 《논어》 〈술이편(述而篇)〉의 '자불어괴력난신(子不語怪力亂神)'이란 글 중에서 앞부분의 석 자만을 딴 것으로, '공자에게는 미움받는 이야기뿐'이라는 뜻이다.

그러나 이러한 신화나 전설은 고대 중국인들이 매우 소중하게 여겼기 때문에 될 수 있는 대로 합리화한 형태의 신화들을 경서 속에 수록했던 것이다.

가령 여기에 소개하려는 삼경(三經)의 하나인 《서경》은 반고나 여와의 개벽 신화들을 모두 삭제하고 순전한 인간 성현인 요임금·순임금의 일로부터 이야기를 시작하고 있는 것이다. 이 순임금이란 바로 신화 속의 제준인 것이다. 《서경》에서는 이 순임금은 뛰어난 성인이며, 또 대단한 효자로 묘사되어 있다.

제요(帝堯)는 세상을 잘 다스렸기 때문에 천하가 태평했었다. 그가 늙어 후계자를 구하고 있을 때, 민간에 우순(虞舜)이라는 어진 사람이 있다는 소문을 들었다. 순은 아무것도 모르는 아버지와 잔소리 많은 어머니, 방자한 아우 등 가족을 잘 다스려서 부끄러운 소문이 밖으로 새어나가지 않게 했다. 그 원만한 인격은 그의 주위에 사는 사람들을 완전히 감화시켜서 경모의 대상이 되었다.

요는 순을 불러서 내치(內治)와 외교의 요직에 두어 그의 능력을 확인한 뒤에 두 딸을 그의 아내로 주어 섬기게 하고 곧 자기의 후계자로 정했다.

순은 천자의 자리에 나아가자 모든 인재를 그 합당한 자리에 등용해서 민치(民治)를 정돈함으로써 한족(漢族)의 세력 범위를 확대시켰다. 특히 그는 우(禹)를 중용해서 중국의 하천을 개수하고, 행정구역을 명확히 하여 구주(九州)를 설정했다. 그리고 각 주의 지리와 물산(物產)까지도 자세히 조사하게 했다.

이와 같이 《서경》에 나오는 순은 현자요 성왕이지만, 그도 역시 인간임에는 틀림없다. 《서경》의 작자들은 신화를 역사화하고, 신들을 성현으로 만들어 놓았다. 이 순, 즉 준이 본래는 사회적인 존재였다는 사실은 주로 《산해경(山海經)》에 의해 짐작되는 바이지만, 이 밖에도 은대의 갑골문자를 보더라도 명백하다.

즉, 갑골문자(甲骨文字) 속에서 제준[舜]을 가리킨 글자는 등의 모양으로 되어 있는데, 이는 바로 순(旬)의 원글자로서 커다란 눈동자를 표시한 것이다. 은대(殷代)의 '순'은 '놀랄 만한 거안자(巨眼者)'를 뜻하는 것임에 분명하다. 위에서 말했듯이 순은 그 아내 희화에게서 열 사람의 태양신을 낳았다. 이 설화의 근본은 '제준이 태양의 근원자'라는 뜻을 보여 준다. 또 '태양을 열 개나 모은 광명의 신'이라고 생각될 때, 이 제준은 '순'자가 표시하는 '거안자'와 일치하게 된다.

더욱이 순이 10일을 표시하게 된 이후로 순의 신은 바로 순을 가리키는 것으로 생각된다. 또 《서경》에 의하면 순의 중신(重臣) 가운데 기(夔)라는 사람이 있어 전악(典樂)의 책임을 맡았다고 하는데, 《한비자(韓非子)》에는 다리가 하나뿐인 현인(賢人)이 있었다는 전설로 소개되어 있다. 이것으로 보아도 역시 은대의 기괴한 신이 후세에 와서는 위인·현인·성인으로 전화되었다는 것을 짐작할 수 있다.

《서경》에는 우(禹)를 순의 신하 가운데 가장 현명하고 유능한 인물로서 순의 뒤를 이어 왕이 되었다고 기록되어 있는데, 《서경》이 만들어지기 전의 신화 속에는 동물신으로 되어 있다. 《서경》에 의하면 요는 천하의 홍수를 다스리기 위하여 곤(鯀)에게 그 일을 맡겼는데, 곤은 이 일을 해내지 못하고 순의 대에 이르러 죄를 얻어 죽었다. 순은 다시 곤의 아들 우에게 그 일을 맡겼고, 우는 오랫동안 신고한 끝에 공을 이루었다고 했다.

그러나 《초사(楚辭)》 〈천문편(天問篇)〉이나 《산해경》에 의하면 본래 곤은 거북의 신이요, 우는 용신(龍神)으로서 이들은 모두 물을 다스렸다고 했다. 《서경》에서 이 둘을 부자간으로 만들어 아버지의 업을 아들이 계승하여 이루었다고 한 것은, 옛 전설에 있어서의 물의 주신(主神)을 거북에서 용으로 바꾼 이야기를 개작한 것이라고 볼 수가 있다.

《서경》의 내력과 내용은……

《서경》의 구성은 다음과 같다.

우서(虞書) : 요순(堯舜) 때의 기록

하서(夏書) : 우(禹)와 하왕조(夏王朝)의 기록

상서(商書) : 은왕조(殷王朝)의 기록

주서(周書) : 주왕조(周王朝)의 기록

이처럼 저마다의 왕조로 작성되어 기록의 집대성인 모양을 취하고 있다. 하지만 최후에는 주조의 역사가의 손에 의해서 수정되거나 보충되어 오늘날의 《서경》의 원본이 이루어진 것이다. 그러므로 이 《서경》에는 전체적으로 거의 일관하는 정치 이상 내지는 윤리관이 인정되었고, 이것이 주대 이후에 있어서의 중국의 전통사상이 되었던 것이다.

이상 《서경》에 대한 추정을 염두에 두고서 이 글 속에 나타나 있는 요·순·탕(湯)·문(文)·무(武) 등 성왕의 계보를 간단히 살펴보자.

《서경》 제1부는 〈우서〉인데, 여기에는 요와 순에 대한 일이 기록되어 있다. 이 〈우서〉의 첫부분에는 요에 대해서,

> 왈약계고제요(曰若稽古帝堯) 왈방훈흠명문사안안(曰放勳欽明文思安安) 윤공극양(允恭克讓) 광피사표(光被四表) 격우상하(格于上下)

라고 소개되어 있다. 이것은 《서경》 첫머리의 글로서,

'옛날 일을 생각해 보면 요제(堯帝)는 방훈(放勳)이라고 하는데 현명하고 예의바른 사람이며, 그 덕은 천지 사방에 퍼져 있었다.'

는 뜻이 된다.

다음으로 요의 사위가 되어 그 뒤를 계승한 순제(舜帝)에 대해서는,

'여기에서 몇 일을 생각해 보면 제순(帝舜)은 중화(重和)라 하는데, 지혜가 깊고 성질이 온화한 독실한 인물이었다. 그 뛰어난 덕이 천자의 귀에 들어감으로써 그에게 명하여 제위를 계승하게 되었다.'

라고 했다.

순 다음에는 우가 섰다.

'순에게는 어진 신하가 많았지만, 그 중에서도 우는 하천을 개수하여 홍수를 다스리고 구주(九州)를 경략한 공이 있었으므로 추대되어 제위에 올랐다.'

고 《서경》에는 씌어 있다. 그리고 순의 신하였던 고요(皐陶)라는 현자가 계속하여 우를 섬기게 된다.

여기에서 이 고요의 정치에 대한 견해를 기록한 것을 〈고요모(皐陶謨)〉라고 한다. 이것도 역시 우서의 1편인데, 다음과 같은 말이 실려 있다.

하늘은 위정자의 현명함과 어리석음, 선과 악을 보기도 하고 듣기도 하는데, 그것은 만민의 보는 것과 듣는 것을 통해 알게 되는 것이다. 또 그 위력을 나타내기도 하는데, 그것은 만민의 위력을 통해서인 것이다. 그러므로 천자나 제후가 된 자는 하늘을 공경하고 백성을 소중히 여기는 가운데 바른 정치를 펴서 영토를 잃지 않도록 노력해야만 한다.

여기에서 '하늘은 덕 있는 사람에게 정치를 명하고, 악정을 펴는 군주를 벌준다'고 한 사상과, '하늘은 그 인물이 유덕한지 그렇지 못한지를 백성들의 소리에 의해서 알고, 만민의 위력을 빌려 폭군을 벌한다'는 사상이 아마도 이 《서경》을 편저한 정치사상의 기본일 것이다. 그리고 이것은 어쩌면 당시 지도적인 정치이론을 표시하는 것이기도 할 것이다.

우서에 표시되어 있는 정치사상은 그 하나의 적극적인 전개로서 혁명의 긍정을 들 수가 있다. 즉 폭군에 대해서 백성들의 신망을 얻은 현인이나 영웅이 혁명을 일으켜 새 왕이 되는 것을 시인하거나 또는 창도한 것이다.

이러한 혁명사상을 표현한 최초의 글은 〈상서(商書)〉 '탕서편(湯誓篇)'에 나온다. 은나라 탕왕은 하왕을 칠 때 백성들에게 다음과 같이 부르짖고 있다.

"내 백성들이여, 잘 들으라! 나는 난을 일으키는 것이 아니다. 하왕(夏王)의 죄가 실로 크고 많으므로 하늘이 나에게 그 정벌을 명했으니, 나는 이 명령이 두려워 하왕을 쳐서 바로잡는 것이다.

혹은 너희들은 말하리라, '아무리 하왕이 포악하다 해도 우리들과는 아무 관계도 없는 것이다. 그러므로 내버려두면 된다'라고. 하지만 내버려두어서는 안 된다. 하왕은 백성들을 괴롭히고 고을 사람들의 목을 조이므로써 백성들은 절망하여 단결할 힘도 없이 오직 왕을 저주하고 있다. '아아! 저 태양〔桀〕도 언젠가는 망하리라. 빨리 망해 다오. 우리들도 너희들도 다 망하고 말리라'라고. 걸의 포악은 이 정도이다. 그러므로 나는 반드시 구하러 가지 않으면 안 된다."

이 '탕서편'을 읽음으로써 무엇이 느껴지는가. 천벌을 행하고 혁명을 하려고 서두른 것은 탕왕 자신뿐이요, 백성들은 여기에 동조하지 않았다. 이것을 왕도 잘 알고 있었으므로 백성들을 설득하기에 매우 애를 썼던 것이다.

은왕조는 약 6백 년 동안 존속하다가 최후로 주왕(紂王)이 즉위했다. 주왕은 폭군이어서 주나라 무왕이 혁명을 일으켰다. 무왕이 군사를 일으킬 때 목야(牧野)라는 곳에서 전 군대에 맹세한 말이 있다. 이 글은 〈주서(周書)〉 '목서편(牧誓篇)'에 있다.

"아아, 내 우방의 제후들과 모든 이족이여! 그대들의 무기를 들라!"

여기에는 일장의 용맹무쌍한 광경이 엿보인다. 대군대가 들을 가득 메웠다. 만족(蠻族)들까지도 여기에 모두 가담했다. 그리하여 이들은 모두 무왕의 위엄있는 호령에 응하여 무기를 들었다.

주왕은 달기에게 빠져서 그녀가 추천하는 사람이라면 그가 어떤 신분이든 간에 무조건 요직에 등용했다. 주왕의 이 같은 무분별한 행위는 백성들을 고통에 빠지게 했고, 따라서 원망의 소리가 높았다.

이렇게 하여 목야에서 주나라와 은나라 간의 격렬한 싸움이 벌어졌다. 이 기록은《서경》〈무성편(武成篇)〉에 있었으나 지금은 전하지 않는다. 다만 사서 중의 하나인《맹자》〈진심 하편(盡心 下篇)〉에 다음과 같은 구절이 있다.

'맹자는 '만일《서경》에 있는 말을 모두 믿는다면 차라리《서경》이 없는 것만 못하다'고 말했다. 나는《서경》'무성편' 속에서는 오직 두세 구절밖에 믿지 않는다. 왜냐하면 현자는 천하에 대적할 사람이 없는 법인데, 무왕과 같은 더없는 현자로서 주왕과 같은 어질지 못한 자를 정벌하는 데 방패를 띄울 만큼 피를 흘렸을 까닭이 없기 때문이다.'

즉, '무성편'에는 은과 주의 격전에 사상자가 많이 나서 그 피가 흩어져 있는 무기까지도 떠내려 보냈다고 기록되어 있었는데, 맹자는 이것을 비판하여 믿을 수 없는 기록이라고 한 것이다.

은조(殷朝)는 시조인 탕왕으로부터 주(周)에 이르기까지 약 6백 년 동안 중국을 지배하고 강력한 전통적 권위를 세웠다. 따라서 주왕이 아무리 폭군이었다고 하더라도 이것을 타도하기란 그리 쉬운 일이 아니었을 것이다. 이것은 맹자 자신도 인정한 것으로,《맹자》〈공손추 상편〉에 언급되어 있다.

이렇게 하여 주를 타도하고 주왕조를 연 사람은 실제로는 무왕이다. 그러나《서경》이나《시경》에서는,

'주실(周室)의 진정한 개조는 문왕이요, 무왕은 그 아버지의 유업을 계승하여 완성한 사람이다.'

라고 했다.

《맹자》에는〈등문공 하편〉에서 일서(逸書)를 인용하여,

비현재(丕顯哉) 문왕모(文王謨) 비승재(丕承哉) 무왕열(武王烈) 우계

아후인(佑啓我後人) 함이정기욕(咸以正其欲)

이라고 했다. 《시경(詩經)》에도,

'주나라는 유서 깊은 제후국이지만, 문왕에 이르러서 새롭게 천자로서의 천명을 받았다. 그러므로 문왕은 주실의 개조인 것이다. 그 문왕의 영혼은 하늘에 있어서 자손들을 돕고 있다.'

라고 했다. 이러한 글들은 모두 '주실의 천명은 이미 문왕의 대에 내려진 것으로서, 무왕 대에 이르러 실현된 것'이라고 주장한 것이다.

이리하여 《서경》에서 전해지는 고대 성왕의 계보는, 요(堯)→순(舜)→우(禹)→탕(湯)→문(文)→무(武)로 되어 있다. 이것은 비단 《서경》뿐만 아니라 사서삼경 전체를 통해 모두 이와 같은 계보를 이루었고, 특히 그 맨 끝에는 주공 단(旦)을 더해서 …… 문→무→주공(周公)으로 전해지고 있다.

주공은 문왕의 아들이자 무왕의 아우로서 천자는 아니다. 그는 형 무왕을 도와 혁명을 일으켜 성공했고, 또 무왕이 죽은 뒤에는 어린 조카 성왕을 보필해서 한족 문명의 일대 진전을 가져온 실로 뛰어난 정치가였다. 그래서 이를 문·무 두 왕에 더해 성왕의 계보를 이룬다는 것이다.

이상으로 《서경》의 내용에 대해서 대강 알아 보았다. 그러나 현존하는 《서경》 58편이 언제 성립된 것인지 그 시기를 한마디로 단정할 수는 없다.

왜냐하면 《서경》은 한 사람에 의해서 지어진 것이 아니고 오랜 세월을 두고 집적된 것으로, 특히 편장(篇章)에 있어서도 증감된 것이 있을 뿐만 아니라, 그 내용에 수정이 가해지고 윤색되었기 때문이다.

《서경》은 우·하·은·주의 역대 사관(史官)이 왕의 사적과 그 치적을 전(典)·모(謨)·훈(訓)·서(誓)·명(命)·고(誥) 등 여섯 가지 체로 서술한 기록이다.

중국에서 문자가 생긴 것은 은대 후기이므로 그 이전 기록이 있을 리

없다. 또 은대 후기부터 쓰기 시작한 문자 역시 오직 복서(卜筮)를 위한 복사(卜辭)에 불과했다는 점을 생각할 때, 이 글의 서문 형식이 있었을 까닭이 없다. 단지 이것은 기억으로 전승되었다고 추측될 뿐, 역사의식이 박약했을 당시에 가능한 일이었다고는 생각되지 않는다.

《서경》은 전국시대 초기에 이르러서야 어느 정도 체계를 갖추고 편찬되기 시작했다. 이때 공자와 그 제자들이 당면한 과제로 여겼던 주초의 정치와 제도의 복원을 위해서 주공의 사적을 중심으로 하여 주서의 〈오고(五誥)〉 같은 것이 제 1 차적으로 편찬되었을 것이다.

다음으로 제 2 차적 편찬은 전국시대 중기에서 말기 사이에 이루어진 것 같다. 그리고 제 3 차 편찬은 적어도 진대까지는 완성된 것으로 볼 수 있다.

그 후 《서경》은 여러 차례의 교갈(轇轕)과 재화를 겪으면서 차츰 그 원형이 변개되었고, 한대 이후에 이르러서는 고문상서(古文尙書)와 금문상서(今文尙書)의 시비논쟁까지 있었다. 그러나 청나라 말에 금문학파가 득세하기까지는 줄곧 고문학파가 지배적 위치를 차지하고 있었다는 점을 덧붙여 둔다.

■ 시경(詩經)

《시경(詩經)》은 제일 오래된 시가집(詩歌集)

《시경》이라는 이름이 생긴 지는 그다지 오래되지 않았다. 옛날에는 그저 《시(詩)》라고만 말해도 곧 이 책을 뜻했었다. 《시경》은 중국에서 가장 오래된 시가집이다.

《시경》에 수록되어 있는 글의 총수는 3백5편인데, 이것은 크게 세 부분으로 나눌 수 있다.

제 1 부는 국풍(國風)이다. 이것을 그저 '풍(風)'이라고도 한다. 즉, 이것은 황하 유역에 있던 여러 나라들에서 제각각 그 지방색을 나타내어 생겨난 가요로서, 모두 1백60편이다.

제 2 부는 '아(雅)'라고 부르며, 중앙정부인 주(周)나라 왕실의 노래 1백5편을 말하는데, 이것은 다시 '소아(小雅)'와 '대아' 두 가지로 나뉜다.

제 3 부는 '송(頌)'이라고 하는데, 이것은 주나라 왕실과 그 밖의 신악가(神樂歌) 40편으로 되어 있다.

중국 시가(詩歌)가 역사 위에 차지하는 비중은 실로 큰 것이다. 이것은 삼국시대 이후에 있어서의 중국 시의 극성(極盛)했던 것보다도 앞서는 것이다. 이 '풍'·'송'·'아' 세 부분 중에서 '송'과 '아'는 모두 기원전 814년 이전 주나라 왕조가 지금의 섬서성에 있었을 무렵, 즉 서주(西周) 시대의 노래들이다. 이에 대해서 '국풍'만은 기원전 814년 주나라 왕조가 도읍을 하남성으로 옮긴 이후의 이른바 동주시대의 노래가 대부분이다. 그러나 보다 오래된 서주의 노래도 여기에 다소 포함되어 있다. 즉, 이것은 모두 기원전 1100년부터 600년경까지 사이의 노래인 것이다.

이와 같이 아득한 옛 시기의 것인 동시에 3천 년에 걸친 중국시의 흐름에 있어 최초의 것인만큼 그 대부분이 소박한 노래이다.

우선 여기에서 소박하다고 말한 것은 시의 형태이다. 이 시의 한 줄은 4언(四言), 즉 네 자로 되어 있는 것을 원칙으로 한다. 최초의 관저(關雎) 1연을 예로 들면 다음과 같다.

關關雎鳩　　구욱구욱 물수리는
在河之洲　　강가 숲 속에서 우는데
窈窕淑女　　아리따운 아가씨,
君子好逑　　대장부의 좋은 배필은 어디 있는고?

그러나 그 다음에 있는 권이(卷耳) 제 2 연을 보면,

陟彼崔嵬	높은 산에라도 오르려 하나
我馬虺隤	내 말이 병들었네
我姑酌彼金罍	에라, 금잔에 술이나 따라
維以不永懷	기나긴 회포 잊어 볼까

라 하여 4언이 아닌 줄이 가끔 나타나기도 한다. 하지만 이런 것은 예외이고, 기본은 언제나 한 행 네 자인 것이다.

이 4언이라는 형식은 적어도 중국 후세의 시가 5언이나 7언인 것에 비교할 때 소박하고 원시적인 리듬이라고 하지 않을 수가 없다.

이 소박하다는 것은 비단 글자 수에서만 그런 것이 아니라, 노래 속에도 현저하게 나타난다. 똑같은 주제를 몇 번이고 되풀이해서 쓴 것도 역시 후세의 시에서는 볼 수 없는 이《시경》의 특징이다. 도요(桃夭)의 시가 그 좋은 예이다. 결혼하려는 아가씨를 축복하는 노래에서,

桃之夭夭	싱싱한 복숭아나무에
灼灼其華	화사한 꽃이 피었네
之子于歸	시집가는 아가씨여!
宜其室家	한 집안을 화목케 하라

라고 제 1 연에서 노래한 후 제 2 연에서 다시,

桃之夭夭	싱싱한 복숭아나무에
有蕡其實	탐스런 열매가 열렸네
之子于歸	시집가는 아가씨여!
宜其家室	온 집안을 화목케 하라

이라고 노래하고 또 제 3 연에서,

桃之夭夭	싱싱한 복숭아나무에
其葉蓁蓁	푸른 잎새가 무성하네
之子于歸	시집가는 아가씨여!
宜其家人	온 집안 식구를 화목케 하라

이라고 했다. 이렇게 반복해 노래한 것은 적어도 '국풍' 여러 편에는 적거나 많거나 항상 나타나는 것이다.

그러나 이렇듯 소박한 노래이면서도 소박하지 않은 일면도 가지고 있다. 우선 3백5편의 노래는 '송'의 일부분만을 제외하고는 대개가 운(韻)을 달았다.

관저 제 1 연의

관관저구(關關雎鳩)는
재하지주(在河之洲)로다
요조숙녀(窈窕淑女)는
군자호구(君子好逑)로다

에서처럼 구(鳩)·주(洲)·구(逑)는 같은 운을 쓰고 있다. 또 도요의 시와 같이 같은 주제를 몇 번이고 되풀이한 것에서는

도지요요(桃之夭夭)여
작작기화(灼灼其華)로다
지자우귀(之子于歸)여
의기실가(宜其室家)로다

도지요요(桃之夭夭)여
유분기실(有蕡其實)이로다
지자우귀(之子于歸)여
의기가실(宜其家室)이로다

도지요요(桃之夭夭)
기엽진진(其葉蓁蓁)이로다
지자우귀(之子于歸)
의기가인(宜其家人)이로다

라고 하여 운을 변화시키고 있다. 이것은 서양의 시가 운을 달 줄 모르고 지어진 것이나, 이후의 중국의 시가 모두 운을 단 것으로 미루어 실로 시의 근원이 된다 할 것이다.

또 그 표현의 기교에 있어서도 독특한 것이 있다. 특히 '홍(興)'이라고 부르는 일종의 비유의 기교는 역시 이 《시경》에서만 보편적으로 쓴 것이고 후세의 시에는 거의 없다. 즉, 어떤 주제를 노래할 때에 이에 앞서 그 노래하려는 주제와 비슷한 현상을 자연 속에서 발견하고 여기에 의해서 노래를 시작하는 기교가 바로 홍인 것이다.

관저 제 1 연이 바로 그 예이다. 사이좋게 서로 부르며 노는 자웅의 징경새가 섬가에 있다고 한 것은 아리따운 아가씨가 군자의 좋은 짝이 될 만하다고 비유해서 노래한 것이다.

도요의 장 역시 그렇다. 활짝 핀 복사꽃, 싱싱한 그 잎을 모두 젊고 아름다운 아가씨에 비유해서 노래했다. 이것은 자연과 인간과의 미묘한 교향(交響)을 의식적으로, 또 의식하지 않고 지적한 것들이다.

이러한 홍의 기교에 반해서 사실적으로 묘사한 부분은 '부(賦)'라고 불렀다. 질경이를 뜯는 여인이 '질경이를 뜯세, 뜯세. 어서어서 뜯어 보세'라 하고, 신세를 한탄하는 귀부인이 보리밭 가운데로 수레를 달리면서

'내가 저 들판에 가노라니, 거기의 푸른 보리싹 서럽네'라고 한 것은 바로 이 부이다. 또 단지 비유만 한 것을 '비(比)'라고 부른다. 즉, 내 마음은 빨지 않은 옷과 같다는 말을, '마음의 근심은 빨지 않은 옷과 같네'라고 한 것 등이 그것이다. 부와 비, 그리고 앞서 말한 흥, 이 세 가지 수사법의 어느 것에나 《시경》의 특징이 깃들여 있다.

이렇게 부·비·흥의 세 가지 수사법을 써서 노래한 내용도 결코 소박한 것만은 아니다. 가령 곡풍(谷風)에서 버림받은 아내가 신세를 한탄하는 복잡한 심리는 당시 황하 유역이 몹시 어지러웠다는 것을 말해 준다.

그러나 소박한 노래라는 성질이 보다 크게 평가되는 것만은 틀림없다. 우리는 이 《시경》을 읽으면서 이러한 소박한 고가(古歌) 속에서 영구히 변치 않은 인간생활과 진실이 소박하게 나타나 있다는 것을 파악하지 않으면 안 될 것이다.

'풍'·'아'·'송'의 세 가지 분류와, '부·비·흥'의 세 가지 수사법을 합친 것을 《시경》의 '육의(六義)'라고 한다. 다시 쉽게 말하면 《시경》의 여섯 가지 법칙인 것이다.

편자(編者)는 누구인가?

《시경》을 지금의 3백5편으로 편정(編定)한 것은 다름 아닌 공자(孔子)이다. 사마천의 《사기(史記)》에 있는 〈공자세가(孔子世家)〉는 종합적인 공자의 전기로서 최초의 것이었다. 여기에 보면 공자는 인간의 고전으로서 《주역(周易)》·《서경(書經)》·《예기(禮記)》·《춘추(春秋)》를 편정함과 동시에 이 시에 대해서도 3천여 편에 달하는 작품 속에서 중복된 것은 버리고 예의 의리에 맞는 3백5편만을 선택해서 순서를 정리하여 완성했다고 했다.

이 기록에 보이듯이, 공자 이전에 과연 지금의 10배나 되는 시가 있었는지는 의문이다. 하지만 공자가 《시경》을 직접으로 제자들의 교재로 사용하고, 간접으로는 널리 인류의 교양을 위해서 중요한 것을 여기에 쓴 것이 약 3백 편이라는 것은 《논어》에도 종종 언급되고 있다. 요컨대 《시경》을 공자가 얼마만큼 중요시했는지는 《논어》에서 가장 명확히 알 수가 있다.

공자에 의해서 편정된 《시경》은 주말의 전국시대부터 전한 초기에 이르는 동안, 즉 기원전 5세기부터 기원전 21세기까지의 공자의 사상계의 주류를 이루기 시작하면서부터 고전으로서의 지위를 굳혔다. 그리하여 한나라 무제(武帝)가 마침내 유학을 국교로 정했을 때에는 이 《시경》은 《주역》·《서경》·《예기》·《춘추》 등과 더불어 영원한 다섯 고전의 하나가 되었던 것이다.

《시경》이 다섯 고전의 하나라는 것은 이것이 필독의 글이라는 데 기인하며, 그 지위는 오늘날에 이르기까지 2천 년 동안 변치 않고 지속되고 있다.

그러나 이 책의 내용은 전한(前漢) 시대부터 이미 고대어에서 주석이 필요했다. 당시의 주석으로 유력한 것은 대개 세 학파를 들 수가 있다. 제시학파(齊詩學派)·노시학파(魯詩學派)·한시학파(韓詩學派)가 이것으로, 이들을 합쳐 삼가시(三家詩)라고 한다.

무제(武帝)가 유학(儒學)을 국교로 하자, 이 삼가들은 모두 제자들에게 《시경》에 대해 강의했다. 그러나 그 해설은 오늘날에는 찾아 볼 수가 없고, 오직 그 단편만이 다른 책에 인용되어 있을 뿐이다. 다만 한시학파의 한영(韓嬰)이 지은 《한시외전(韓詩外傳)》이 비록 주석은 아니지만 남아 있고, 또 노시학파에 속하는 유향(劉向)의 《열녀전(列女傳)》이 있을 뿐이다.

주석본(註釋本)도 여러 가지

첫째, 옛날 한(漢)나라 때 주석으로서 오늘날까지도 남아 있고, 또 《시경》을 읽는 사람들이 참고로 할 수 있는 《모씨전(毛氏傳)》, 약해서 《모시

(毛詩)》가 있다.

《모씨전》의 '전(傳)'은 주석을 뜻하고, '모(毛)'는 주석을 낸 두 사람, 즉 모형(毛亨)·모장(毛萇)을 뜻한다. 이들은 전한 초기 때 사람이라고 알려지고 있는데, 자세한 전기는 알 수가 없다.

이 《모씨전》의 해석과, 지금은 전하지 않는 삼가시 학파와의 사이에는 여러 가지 차이점이 있다. 다른 책에는 없는 시 전체의 이론을 설명한 장문의 서문이 책머리에 있고, 또 육의의 설명 같은 것이 여기 나온다. 소서(小序)라고 해서 시에 대한 설명을 한 단문도 있는데, 이것을 혹자는 공자의 문인 자하(子夏)의 글이라고도 한다.

고문인 《모씨전》의 원문과 주석은 전한 시대에는 그다지 알려지지 않았다. 그러나 후한 시대에 들어와서 민간의 고전학이 일어나 원문에 대한 음미가 엄밀해짐에 따라 이것이 주석과 함께 매우 중요시되기 시작했다.

후한(後漢) 말기에 이르러 대학자 정현(鄭玄)은 이 글들을 비교·연구한 결과 《모씨전》을 채용하고 다시 여기에 주석을 더하게 되자 정세는 결정적인 것으로 되었다. 이 정현의 주석을 《정전(鄭箋)》이라고 한다.

이리하여 정현이 주석을 더한 《모전정전(毛傳鄭箋)》이 그 밖의 글들을 압도하고 《시경》의 유일한 주석으로 8백 년 동안 전해 내려와 북송 초기에까지 이르렀다.

이것이 점차 그 권위를 잃기 시작한 것은 11세기부터 시작되는 송의 새로운 유학이 일어나면서부터였다.

그 시초는 북송(北宋)의 구양수(歐陽脩)이다. 그는 《시본의(詩本義)》를 써서 모전이 각 편의 첫머리에 실은 소서라는 것의 신빙성을 의심하여 새로운 해석을 세웠다.

그러다가 마침내 주자에 이르러 시집전이 완성되면서 이 해석은 새로운 해석의 권위를 차지하게 되었다.

정현이 당나라 이전의 대학자인 데 비하여 주자는 당나라 이후 최고의 학자이다. 그리고 그는 자기 철학의 체계에 근본을 두고 모든 경서의 주석을 정정했다. 그러므로 이 《시경》의 해석도 자연히 가장 새로운 것이 되었다.

모씨전의 소서가, 종종 사랑의 노래마저도 당시 정치의 비유로서 풍자한 것이라는 평을, 순수한 사랑의 노래라고 정정하여 해석한 것 등은 그의 공적이다.

그러나 주자의 신주에도 정정해야 할 여러 가지가 있다. 그 하나는 고대어에 대한 해석의 부족이다.

또 하나는 그 해석에 불합리한 점이 있다는 것이다. 이러한 약점들에 대한 반동으로 일어난 것이 17세기 이후 청조(淸朝) 학자들에 의한 고주의 재해석이다.

그리하여 대진(戴震)·단옥재(段玉裁)·왕염손(王念孫)·왕인지(王引之) 등 최고의 학자들이 풍부한 지식에 근원을 두고 우선 《시경》에 대한 부분적인 해설을 했다. 또 호승공(胡承珙)의 《모시후전(毛詩後箋)》, 진환(陳奐)의 《시모씨전소(詩毛氏傳疏)》 등이 이 해석을 대성했다. 마서진(馬瑞辰)의 《모시전전통석(毛詩傳箋通釋)도 이들의 것만은 못하지만 역시 새로운 해석을 시도했다.

이들이 해설한 것은 모두 모전에 의한 것으로, 정전에 대한 존경은 별로 보이지 않았다.

다시 청조 말년에 이르러 삼가시를 연구하려는 학자가 나왔지만 자료가 부족한 탓으로 충분한 성과를 거두지 못했다고 생각된다.

이렇게 《시경》에 대한 해설을 쓰다 보면, 이 《시경》은 단순한 중국 고대로부터 전해 내려온 유가의 경전이나 또는 하나의 낡아빠진 고전이라고는 할 수 없다.

우리는 이 《시경》을 통해 중국 고대인들의 소박한 생활상과 감정을 알아 보는 한편 그들의 사상까지도 살펴보고, 더욱 가까이 접촉해 봄으로써 우리들의 매말라 가는 정서를 보다 풍부하게 해야 할 것이며 마음의 여유를 기르도록 노력해야 할 것이다.

▩ 주역(周易)

경전(經典)으로 확립되기까지……

《주역(周易)》이 경(經)과 〈십익(十翼)〉을 갖추어서 그 완성을 본 것은 한(漢)나라 초기였다. 진시황제(秦始皇帝)의 대통일로 인해 성립한 한나라는 실로 찬란한 문화를 꽃피웠다. 그러나 시황제의 치세는 오래가지 못했고, 그 뒤에 일어난 전란의 격렬함은 이른바 전국시대라는 명칭이 한나라 초기에까지 계속된 것을 말해 준다. 사상 면으로는 더욱 그러했다.

시황제의 가혹한 법적 통제는 쉽게 무너지고 사상계는 다시 활발한 제자백가의 시대를 재현했다. 온갖 양상을 띤 사상가들이 서로 타파와의 절충을 피하면서 새로운 통일된 국가를 위하여 통일된 이론을 세우고자 경쟁했다.

한나라 고조(高祖)는 원래 방탕한 유협이었다. 그러나 전쟁이 끝나면서부터는,

"폐하는 말 위에서 천하를 얻으셨사옵니다만 말 위에서 천하를 다스리실 수는 없사옵니다."

라고 간한 육가(陸賈)의 명언이 상징하듯이, 그의 유자(儒者)에 대한 태도는 크게 변화했다. 이《주역》이 유자의 손에 의해서 상징성을 더하여 정비된 것은 이런 상황 아래서였던 것이다.

한나라 건국 후 70년째인 무제(武帝) 5년에 유교(儒敎)는 한나라의 국교로 정해지게 되었다. 대학이 설립되어《주역》·《서경》·《시경》·《예기》·《춘추》 등 오경을 위해서 각각 강좌를 열어 전문가들을 초빙하여 가르치게 했고, 고급 관리가 되고자 하는 자는 반드시 유교의 학문을 닦아야만 했다. 여기에서 중국 사회를 오랫동안 지배하게 된 체제가 시작되었다.

이리하여 《주역》은 유교적 경전으로서 '삼경(三經)'의 하나라는 지위를 차지하기에 이르렀다. 《주역》은 일부 사람들에게서 이것을 사상적으로는 아무런 가치가 없는 일개 점서(占筮)의 서적으로, 6진의 분서(焚書)에도 들지 못했을 것이라는 혹평까지도 받아 왔었다. 그런데 이 《주역》이 얼마 지나지 않아 매우 중요시되기에 이르렀다. 그 원인은 대체 무엇일까? 그것은 물론 내용이 시대의 추향에 적합한 사상성을 갖추게 되었기 때문이다. 이렇게 볼 때 경전으로서의 확립은 그것이 보잘것없는 점성술 책이 아닌 사상과 의리의 서이기도 하다는 것을 공인받았음을 뜻한다.

《주역》에는 어떤 사상이 담겨져 있나

《주역》의 사상의 핵심은 양(陽)과 음(陰), 즉 강(剛)과 유(柔), 건(乾)과 곤(坤)의 대립이라는 음양 이원론(陰陽二元論)이다. 모든 사물 중에 고립하여 존재하는 것은 없다. 반드시 대가 되는 것이 있어서 그것과 대립함으로써 통일된 세계를 이루는 것이다.

모든 변화는 이 음양의 대립에서 생겨나며 대립이 없는 곳에는 변화도 없다. 따라서 건과 곤의 관계가 역의 핵심이라고 해도 좋을 것이다. 건과 곤의 대립에 의해 비로소 변화가 이루어지는 것이다. 건곤 중에서 어느 한쪽이 없어져도 변화는 생기지 않는다. 따라서 뒤에 남아 있는 것이 건이거나 곤이거나 간에 그 움직임은 멈추어 버린다.

음은 유·약(弱)·저(低)·암·수동적·여성적인 것이며, 양은 강(剛)·강(强)·고(高)·명(明)·능동적·남성적인 것이다. 그러나 이 두 가지는 고정적이거나 절대적인 것이 아니라 항상 서로 변화하는 것이다. 음은 양으로 변하고 양은 음으로 변한다. 《주역》에 있어서의 변화는 이러한 음양의 소장(消長)이나 교체가 그 기본이 된다.

'사상(事象)은 궁극에 도달하면 변화한다. 변화하는 것에 의해서 새로운 발전이 이루어진다.'

태양〔陽〕은 중천에 떠오르면 차츰 기울기 시작한다. 그리고 밤이 되면 달〔陰〕이 뜬다. 여름〔陽〕과 겨울(陰)은 서로 교체하여 1년을 이룬다. 모든 것은 이렇게 순환하면서 변화를 이루고 있는 것이다.

물론 변화는 순환하는 것만은 아니다. 음양은 상호작용에 의해서 새로운 것을 만들어 내기도 하고 발전시키기도 한다. 하늘은 에너지를 방출하고, 땅은 그것을 받아들임으로써 만물이 나고 발육한다. 남녀의 정이 일체가 되어야만 새로운 생명을 탄생시킬 수 있다. 이러한 음양은 서로 소장하는 것에 의해서 순환하며, 서로 움직이는 것에 의해서 새로운 발전을 낳는다. 우주 만물은 이 법칙 아래서 부단히 변화하고 발전한다. 이것이 이 《주역》에 있어서의 변증법적인 우주 인식이다. 이 변증법적인 우주관은 그 후의 중국인의 사고방식 깊숙이 침투해서 현대사상 속에까지 살아남아 있다.

이러한 우주 변화의 법칙은 말할 것도 없이 인간까지도 지배한다. 그렇지만 인간은 우주의 변화에 대해서 오직 수동적일 뿐인 것이다.

'사람은 우주의 근본원리를 체득함에 의해서 천지와 같은 지위를 획득한다. 〈계사상전(繫辭上傳)〉'

천지와 같은 지위를 획득한 인간은 그 법칙을 자유자재로 이용함으로써 부단한 변화 속에서 스스로 자기 운명을 타개해 나가는 것이다.

《주역》에서 말한 실천윤리의 근본은 시중(時中)이다. 변화는 때의 흐름과 함께 있다. 시시각각의 변화에 대해서 그 본질을 탐구하고, 여기에 의해서 행동하는 것이 바로 시중인 것이다. 이것은 결코 시세를 따라서 흐르는 것은 아니다. 그와는 반대로 역사의 본질을 파악하여 눈앞의 사상에 움직이려 하지 않는 것이 시중이다. 시류를 타고 흐르는 것은 시류와 함께 망하게 마련이다.

우주의 순환적 변천은 인간사회에도 해당된다. 지나치게 성한 것은 머지않아 망한다. 권세를 휘두르는 자에게는 파멸이 다가올 뿐이다. 〈계사전〉에는 문왕이 《주역》을 지었다는 말이 두 군데 나온다. 폭군 주왕으로 말미암아 유리(羑里)에 유폐당한 문왕이 《주역》을 지었다는 것이다. 〈계사전〉을 쓴 사람은 이 《주역》을 지은 목적이,

'두려워하고 삼가는 자는 편안할 수 있고, 남을 업신여기고 경솔하게 행동하는 자는 파멸할 것이다.'

라는 말에 있다고 했다. 이 〈계사전〉이 언제 지어진 것인지는 알 수 없다. 그러나 진시황 때로 추측된다는 주장이 정당할 것이다. 《주역》은 오직 점서의 글이라 해서 분서를 면했다. 그리하여 진나라의 엄혹한 사상 통제 밑에서 지식인들은 이 《주역》의 주석이라는 형식으로 자기들의 의사를 표명한 것임에 틀림없다.

《주역》은 어떻게 구성되어 있나

《주역》 전체는 64괘(卦)로 이루어져 있다. 사실 이 《역》은 《역경(易經)》 또는 《주경(周經)》이라고 불리지만, 그 내용은 모두 64괘에 대한 설명이다. 점은 이 64괘에 의해서 행해진다. 이 64종류의 괘의 모양은 8괘를 기초로 하여 이루어졌고, 8괘의 근본은 ―로 표시하는 양성의 부호와, --로 표시하는 음성의 부호를 합쳐 만든 것들이다.

이렇게 《주역》의 구성은 우선 ―과 -- 두 종류의 부호로부터 시작된다. 그러나 그 부호가 본래는 무엇을 의미했던 것인지는 명백히 설명할 수 없다. 이것은 남녀의 생식기를 상징한 것이라고도 하고, 또는 거북의 껍질을 태워 점칠 때 쪼개진 것을 뜻하는 것이라고도 한다.

《주역》의 구성은 또 수의 관념과도 관계가 깊다. 그러므로 이 부호는 1과 2, 즉 홀수와 짝수를 표시한 것이라고도 볼 수가 있다. 그렇다면 홀수를 양으로 보고, 짝수를 음으로 본다는 《주역》의 입장과도 합치된다고 하겠다. 그러나 이런 말들은 다만 상상에 지나지 않는다. 어찌됐든 이 두 종류의 부호는 양강(陽剛)과 음유(陰柔)라는 반대되는 성질을 표시하였던 것이다.

그런데 이 두 종류의 부호를 하나씩 사용해서 두 개의 결합을 만들어 내면 네 가지의 변화가 생기고, 다시 한 개를 더해서 세 개의 획으로 생각하면 여덟 가지 변화가 생긴다. 이것이 이른바 8괘이다. 여기에서 비로소 괘로서의 의미가 생기고, 그리하여 64괘의 기초가 정해지는 것이다.

이것을 그림으로 표시하면 다음과 같다. 즉, 두 개의 부호를 가지고 네 가지의 그림을 그리면 이것이 여덟이 된다는 것은 수리적(數理的)으로 정해진 것이다. 여기에서 비로소 괘로서의 의미가 생기게 된다.

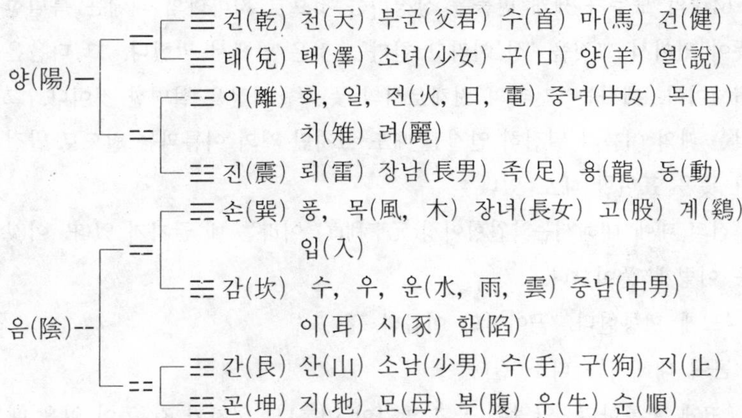

이 괘로써 표시하는 뜻을 괘상(卦象)이라고 한다. 《역》은 성인이 세계의 모습을 관찰해서 그것을 괘의 형상으로 상징화한 것이라고 하는 것이 고대로부터의 전설이다. 그러면 8괘의 상이란 무엇일까? 그 자세한 것은 《주역》의 〈설괘전(說卦傳)〉에 나와 있다.

8괘의 상에는 여러 가지가 있다. 그러나 이들 중에서 가장 중요시되는 것은 '천(天)'·'지(地)' 같은 자연현상이며, 인간에게 있어서의 부·모라고 하는 조직이나, 인간의 몸에 있는 여러 부분에도 해당된다. 또 가축을 포함한 조수(鳥獸)의 이름에까지도 해당되지만, 《주역》에 전체적으로 가장 관계 깊은 것은 역시 자연현상이다.

8괘에는 또 이러한 주체적인 물체와는 별도로 특수한 여덟 개의 성질이 배당되어 있다. 건괘에는 건실하다는 성질이 있고 곤괘에는 순한 성질이 있다고 한다. 이것을 괘덕(卦德)이라고 하는데, 즉 괘의 움직임으로서 괘상과는 구별해서 생각할 필요가 있다. 이 괘상·괘덕에 대해서는 위에 소개한 그림에 겸해서 표시했다.

다음으로 괘사(卦辭)란 무엇인가? 괘사란 하나의 괘의 전체적인 형태에 대한 해석이다. 《주역》은 64괘로 성립되어 있으므로 괘사도 물론 64조목이 있게 마련이다.

64괘의 모두가 세계 만물을 상징하는 것으로 저마다의 괘에는 특별한 뜻이 있어서 그것을 '상'이라고 한다는 것은 앞에서 말했다. 그 다음은 괘사이다. 괘사는 그 괘의 전체로서의 뜻, 즉 괘상을 설명한 것이다. 그것은 괘의 이름과 밀접히 연결될 때도 있지만 괘의 이름과는 별도로 발전한 뜻을 표현할 때도 있다.

건의 괘에 대해서는 '원형이정(元亨利貞)'이라는 네 글자가 있다. 이것은 이렇게 풀이한다.

'크게 형통한다. 곧아야만 이롭다.'

곤에 대해서는 다소 길다.

'크게 형통한다. 암말은 곧고 발라야 이롭다. 군자가 갈 곳이 있을 때에, 먼저 가면 잃고 뒤에 가면 얻을 것이니 이로움을 주장한다. 서남쪽은 친구를 얻고, 동북쪽은 친구를 잃을 것이다. 마음을 안정되게 하고, 바르고 곧게 해나가야 길할 것이다.'

이것은 아무리 생각해도 점치는 말이다. 곤의 괘는 음성의 주도이기 때문에 '크게 형통한다'로 되어 좋은 괘임에 틀림없다. 하지만 앞장서서 가면 안 된다. 모든 일을 남의 뒤를 따라 행하면 성공한다. 방위는 서남쪽이 길하다. 요컨대 경거망동하지 말고 안정되게 하여 내 몸을 바르게 지키면 길하다는 것이다.

이 짧은 예로도 알 수 있듯이 괘사의 뜻이란 참으로 난해하다. 어쩌다 글이 있는 부분도 그 말을 해석하기가 퍽 힘들다. 이 때문에 점의 묘미가 있는 것인지도 모른다. 그 중에서도 제일 풀기 어려운 것은, 그 괘의 이름이나 괘사 및 그 괘의 부호와의 필연적인 결합에 대해서이다. 가령 송(訟)의 괘에서는 ☰ ☵ 의 모양이 괘의 이름을 표시하는 것과 같은 소송이라는 뜻이 되어 '성실함도 있으나 막히는 일도 있다……' 등과 같이 설명되는 것일까? 이러한 의문은 건이나 곤괘 이하 다른 괘에 대해서도 크거나 작거나 마찬가지이다. 그것을 괘의 상으로 하여 설명하려고 애쓴 것이 바로 단전(彖傳)과 상전(象傳)인 것이다.

효사(爻辭)란 한 개의 괘를 구성하는 6효의 하나하나에 대한 해석이다. 효의 수는 바로《주역》의 전체로서 모두 3백 84개나 된다. 따라서 효사도 역시 3백 84개나 되는 셈이다. 다만 건과 곤에는 특별히 그 6효를 종합한 1조씩이 더해져 있기 때문에, 효사의 수는 결국 3백86조가 되는 셈이다.

64괘 하나하나의 효에는 일정한 이름이 있다. 이 여섯 가지의 이름을 아래서부터 초이삼(初二三)이라고 센다. 여기에 음양을 배합시켜서 부르는 것이다. 다만 음과 양은 그대로는 나타내지 않고 음은 짝수의 6, 양은 홀수의 9로 대표시킨다. 그러므로 제일 아래에 있는 양효는 초구(初九)라 하고, 제일 위에 있는 음효는 상육(上六)이라 부른다. 2부터 5까지는 뒤에서부터 불러 구이(九二), 또는 육삼(六三)이라고 부른다. 건의 구이라든지 곤의 초육이라고 하면, 이것이 어떤 모양의 괘의 어떤 효를 가리키는 것인지를 금방 알게 된다. 효사는 저마다의 효의 이름 밑에 씌어 있다.

건의 효사(爻辭)의 예를 보자.

초구(初九) 잠룡물용(潛龍勿用)
구이(九二) 현룡재전(見龍在田) 이견대인(利見大人)
구삼(九三) 군자(君子) 종일건건(終日乾乾) 석척약(夕惕若)
　　　　　 여무구(厲无咎)
구사(九四) 혹약재연(或躍在淵) 무구(无咎)
구오(九五) 비룡재천(飛龍在天) 이견대인(利見大人)

상구(上九) 항룡유회(亢龍有悔)
용구(用九) 현군룡(見羣龍) 무수길(无首吉)

최후의 용구(用九)는 곤의 용육(用六)과 함께 특별히 더해진 예외적인 한 조목이다. 하지만 이것까지 포함해서 전체가 용(龍)으로 통일되어 있다는 것을 알 수 있다. 그리고 '잠룡(潛龍)'에서 '현룡(見龍)', '비룡(飛龍)', '항룡(亢龍)'에 이르는 말은 여섯 위치의 상승을 표현한 것으로써, 그다지 이해가 어려운 것은 아니다. 하지만 단지 구삼에는 '용'이란 말이 없고 전후 말과 맞지 않는 것이라든가, 또 건의 괘가 왜 용이 되느냐 하는 것은 역시 의심나는 일이다.

하지만 건괘의 효사는 그런대로 알기 쉬운 편이다. 다른 효사는 괘사에 비해 더욱 알기 어렵다.

송괘의 예를 더 들어 보자.

초육(初六) 불영소사(不永所事) 소유언(小有言) 종길(終吉)
구이(九二) 불극송(不克訟) 귀이포(歸而逋) 기읍인삼백호(其邑人三百戶) 무생(无眚)
육삼(六三) 식부덕(食腐德) 정려종길(貞厲終吉) 혹종왕사무성(或從王事无成)
구사(九四) 불극송(不克訟) 복즉명(復即命) 투안정길(渝安貞吉)
구오(九五) 송(訟) 원길(元吉)
상구(上九) 혹석지반대(或錫之鞶帶) 종조삼치지(終朝三褫之)

괘사에 단전이나 대상이 있듯이 효사에는 상전(象傳)이라는 해설이 있어서, 효사의 하나하나를 그 괘효의 모양에 대하여 설명했다. 이것을 읽어도 충분히 알 수는 없지만, 위에 예로 든 본문만으로는 더욱 알 수가 없다. '송'의 경우, 괘의 이름과는 어느 정도 관련이 있는 것 같지만 전체의 연락이 애매하고, 또 구절 하나하나의 뜻도 확실히 알 수 없는 곳이 있다.

괘사나 효사가 이와 같이 알기 어렵고 일관성 없는 구성으로 되어 있는 것은 실로 《주역》의 성립 사정에 문제가 있었기 때문일 것이다.

끝으로, 이 《주역》은 천도를 미루어서 인사에 이르기까지 그 광대하고 심오한 것이 하나도 갖추어지지 않은 것이 없다. 때문에 《주역》은 수양의 글이요, 경륜의 글이며 입명(立命)의 글이라고 한다. 이것을 배워서 자기 몸을 닦으며 사업을 일으켜야 할 것이다. 부귀하고 득의할수록 이것을 읽어야 할 것이다. 불행하고 빈천에 처할수록 이것을 배워야 할 것이다. 이것으로써 부귀와 안녕을 보존할 수가 있으며, 이것으로써 불행과 빈천을 면할 수 있을 것이다. 《주역》은 점서의 글인 동시에 우주 철학의 글이다. 우주와 인간과의 불가분의 관계를 보고 세운 인생관과 우주관을 이 《주역》을 통해 엿볼 수 있을 것이다. 동시에 천문·지리·동물·식물·광물과 그 밖의 천만 가지 사물에 대해서 무한한 시사를 주는 것이 이 《주역》이기도 하다. 이 《주역》을 공부하면 그 맛이 무궁무진할 것은 의심할 여지가 없다.

예기(禮記)

《예기》의 성립과 예의 필요성

《장자(莊子)》 〈천운편(天運篇)〉에 보면, 《시경(詩經)》·《서경(書經)》·《예기(禮記)》·《악기(樂記)》·《역경(易經)》·《춘추(春秋)》를 '육경(六經)'이라고 한다 했다. 《예기(禮記)》 〈경해편(經解篇)〉에는 육경이라는 말은 없지만, 위에 말한 육적(六籍)의 일을 편수(篇首)에 기록하고 그 편을

'경해(經解)'라고 이름지었다. 이것을 보더라도 전국시대에 이미 육경이라는 이름이 정해졌고, 이것은 유가필독(儒家必讀)의 책으로 존중해 왔음을 알 수가 있다.

그렇다면 이 《예기》를 무엇 때문에 육경 속에 포함시켜, 유가들이 이것을 존중해 왔던 것일까? 여기에서는 우선 이것부터 설명해 보려고 한다.

예란 곧 천경지의(天經地義)로서 그 범위가 자못 넓다. 여기에는 대체로 세상의 질서를 유지하기 위한 요소가 갖추어져 있다. 이것은 크게 셋으로 나눌 수가 있다. 첫째는, 정치상의 법칙 제도인 예제(禮制)의 예로서, 이것은 주관례(周官禮)·왕제(王制) 따위이다. 둘째는 의식을 주로 하는 길(吉)·흉(凶)·군(軍)·빈(賓)·가(嘉)의 오례(五禮)로서, 곡례(曲禮)·혼의(昏義) 따위이다. 셋째는, 각 계급 또는 동등한 사이에서 자기의 본분을 지키고 남을 범하지 않는 행동, 즉 예의의 예로서 곡례·내칙(內則) 따위이다. 예는 모두 성문(成文)으로 규정지은 것이지만, 이 세 번째의 예의의 예는 꼭 성문화한 것이 아님에도 불구하고 행동에 과부족이 없도록 표준을 세워서 그 옳고 그름을 논한 것이 상당히 많은데, 이것이 곧 극기복례(克己復禮) 따위이다. 이런 경우에는 예를 도(道), 또는 이(理)라고도 풀이한다. 그러나 이것은 모두 질서를 유지하기 위한 것에서 벗어나지 않는다.

인류는 필연적으로 군생(群生)할 수밖에 없다. 군생하려면 반드시 많은 집단이 생기게 되고, 각자가 상호의지함으로써 생존의 목적을 완수하게 된다. 여기에서 집단 간의 대소·강약의 구별이 생기게 되고, 또 그 집단 속에는 치자(治者)와 피치자의 관계가 생긴다. 이로써 모든 계급이 발생하는 것은 역시 자연의 정세(情勢)라 하겠다. 이로 미루어 모든 계급이 각각 그 신분에 응해서, 서로가 자기의 본분을 지키는 가운데 남을 범하지 않고 상생상양(相生相養)해 나가고자 하는 것은 역시 자연의 상리(常理)일 것이다. 성인은 그 정세와 상리에 기본을 두고 풍토와 기후를 참작해서 교제상의 규구(規矩)를 정함으로써 쟁투와 잔해의 화를 제거해 사회를 문식(文飾)하려 했는데, 이것을 곧 예라고 한다.

그러므로 사람이 신명과 조상에 대해서 성경(誠敬)으로 섬기게 되고, 대소·강약·군신·부자·장유·귀천 사이에 모두 일정한 법도가 있어 서로 범간(犯干)하는 일 없이 각자가 자기의 하고자 하는 바를 행하게 되었는데, 이것을 예교의 대성이라고 한다.

예교가 행해지고 국가의 기초가 정해진 뒤에 거기에 정형(政刑)을 베풀게 되는데, 이것을 성왕의 다스림이라 한다. 만일 그렇지 않고 오직 법령만으로 정치를 행한다고 하면, 반드시 토붕와해(土崩瓦解)의 재앙을 면치 못할 것이다. 유가가 예를 치국의 대본으로 삼고, 《예기》가 육경 속에 드는 것도 이 때문이다.

춘추시대(春秋時代)에는 모든 계급제도가 크게 무너졌다. 그래서 계씨(季氏)가 천자가 쓰는 음악을 자기들의 가묘에 쓴 일, 재아(宰我)가 3년상을 입지 않으려고 한 일 등이 있었다. 제나라의 경공(景公)이 정치에 대해 물었을 때 공자는,

"임금은 임금답고, 신하는 신하다우며, 아비는 아비답고, 자식은 자식답게 해야 되옵지요[君君臣臣父父子子]."

라 대답한 일 등에서 예가 무너진 것을 볼 수 있다.

이때 공자는 발란반정(撥亂反正)의 요점은 예교를 진흥시켜 사람들로 하여금 각자 자기의 본분을 지키게 함으로써, 참월범간(僭越犯干)의 행동이 없게 하는 데 있다고 생각했다. 그렇기 때문에 《춘추》를 산삭(刪削)함에 있어 우선 예로써 표준을 삼아서 예에 순응한 자는 이를 찬양하고, 예에 역행한 자는 이를 물리쳤으니, 이와 같은 사실은 삼가(三家)의 전기로 뚜렷이 알 수가 있다.

공자는 이처럼 예를 존중했지만, 공자 당시에 완전한 《예서》가 존재했었는지 그렇지 못했는지는 자못 의심스럽다. 왜냐하면, 적어도 《논어(論語)》에는 예서를 인용한 공자의 말이 한 군데도 보이지 않고, 문제자(門弟子)들의 말에도 역시 그런 것이 없기 때문이다. 오직 《예기》의 〈방기편(坊

記篇)〉에 공자의 말이라 하여,

'예군불칭천 대군불칭군(禮君不稱天大夫不稱君)」과, 예비제 남녀불교작(禮非祭男女不交爵)'

이란 말이 있을 뿐이다. 그러나 이것도 역시 《예서》에서 인용한 것이라고 확정할 수는 없다. 〈잡기 하편(雜記下篇)〉에,

'휼유(恤由)의 상(喪)에 애공이 유비로 하여금 공자에게 가서 사상례(士喪禮)을 배워오게 했다.'

는 구절이 있는데, 이것으로 미루어 도리어 당시에 완전한 《예서》가 없었음을 확인할 수 있다.

《예기》는 어떻게 전해져 왔나?

대개 공자는 선왕이 정해 놓은 예 가운데서 선택하여 정치 교화의 바탕으로 삼으려 했다. 하지만 그 글이 흩어져 소실되었기 때문에 기종(杞宗)에게서 참고하고, 노담(老聃)에게서 배우고, 전적(典籍)이나 고로(古老)들에게 물어서 그 자세한 것을 알게 되었는데 이것이 공자 문학(問學)의 대요이다.

그러므로 제자가 물은 것과 공자가 가르친 것은, 어느 것이나 예가 아닌 것이 없다. 만일 당시에 《예서》가 있었다면 그 문답이 이와 같지는 않았을 것이다. 오직 주관례와 의례는 공자 이전에 제작된 것이지만, 공자는 주관례를 아직 보지 못했으며, 의례 역시 공자가 보았는지 못 보았는지 확실하지 않다.

그러나 맹자에 이르러서는 《예서》가 존재했었다고 추측되는 것이 여러 조목 있다. 《맹자》 〈공손추 하〉에,

'예왈 부소무낙 군명소불사가(禮曰父召無諾君命召不俟駕).'

라고 했다. 〈등문공 상〉에는, 맹자가 경춘(景春)을 보고 '자미학례호(子未學禮乎)'라 해서 관혼 때 부모가 교훈하는 말을 인용했다. 또 〈이루 하〉에

는 공행자(公行子)의 초상에 맹자가 왕환(王驩)을 보고,

'예 조정불력위이상여언 불유계이위읍야(禮朝廷不歷位而相與言不踰階而相揖也).'

라고 했다. 《순자(荀子)》〈권학편(勸學篇)〉에도,

'기수시호송경 종호독례(其數始乎誦經終乎讀禮).'

라고 했다. 역시 《순자》〈유교편〉에는 시·서·예·악·춘추라는 말이 있고, 〈대략편(大略篇)〉에는 빙례지(聘禮志)를 인용한 말이 있다. 이런 것으로 미루어 맹자·순자 때에 《예서》가 존재했음을 명백히 알 수 있다. 다만 맹자·순자가 말한 예는 공자 및 70인의 공문(孔門) 제자들이 찬수(纂修)해 놓은 것으로서, 선왕의 성례(成禮)가 아니라는 것은 위에서 말한 바와 같다. 그런데 이들 예서도 진란(秦亂)에 없어지고, 한나라에 이르러 그 잔결(殘缺)된 부분을 겨우 얻었으니, 이것이 곧 《예기》의 원서(原書)이다. 다음에 그 자세한 것을 말하고자 한다.

한(漢)나라 초기에 전해지던 예는 의례 70편뿐이었는데, 노(魯)나라 고당생(高堂生)이 이를 전하고, 당시 하구(瑕丘)의 숙분(肅奮)이 이를 다시 전하여 후창(后蒼)에 이르렀다. 후창은 다시 양(梁)나라의 대덕(戴德)·대성(戴聖)과, 패(沛) 땅의 경진(慶普)에게 이를 전했다.

그러므로 한초의 예가(禮家)에 대소대(大小戴), 경씨(慶氏)의 학파가 생겼던 것이다. 이상에서 말한 것은 예의의 전통일 뿐 예기와는 무관하다. 《한서(漢書)》〈예문지(藝文志)〉 상서조(尙書條)에 보면, 무제(武帝) 말년에 노의 공왕(共王)이 공자의 집을 헐고 자기의 궁전을 넓히려고 했는데, 여기에서 《고문상서(古文尙書)》·《예기》·《논어》·《효경》 등 수십 편의 책을 얻었다고 했다.

이 말이 사실이라면 《예기》는 곧 공자의 고택(故宅)에서 나온 것이다. 공자 고택의 벽 속에서 나왔다고 하여 후세에 이것을 《공벽경(孔壁經)》이라고도 한다.

또 《한서》〈경십삼왕전(景十三王傳)〉에는, 하간헌왕(河間獻王) 유덕(劉

德)이 얻은 책 이름을 들어서 《주관(周官)》·《상서(尙書)》·《예기》·《맹자(孟子)》·《노자(老子)》 등이라고 말했다.

이 두 곳 이외에 노나라 엄중리(淹中理)에서 나온 것도 있다 하니, 이를 합치면 《예서》가 모두 세 곳에서 나온 셈이다. 단옥재(段玉裁)는 설문해자(設文解字) 허충상서주(許沖上書注)에서, 엄중례(淹中禮)도 공벽고문의 하나라고 말하고 있으나, 그 사실 여부는 알 수가 없다. 〈예문지〉 예부(禮部)는 예고경 57권경 17편, 기(記) 131편, 명당음양(明堂陰陽) 23편, 왕사씨(王史氏) 21편을 실었다. 거기에 말하기를, '예고경은 노나라 엄중리 및 공씨에게서 나왔는데 17편과 글이 같다. 39편과 명당음양, 왕사씨의 기록이 많다'고 한다.

여기에 의하면 56권의 고경(古經)과 131편의 기(記)는 공씨와 엄중리에서 나온 것이요, 헌왕이 얻었다는 것은 이 밖의 것이라는 말이 된다. 그런데 육덕명(陸德明)의 경전석문서록주(經典釋文叙錄注)에 인용한 정현의 육예론(六藝論)에 의하면, 고경과 기는 공벽과 하간(河間)에서 얻은 것이 된다. 엄중례는 여기에서 제외되는 것이다. 석문서록주에 인용된 유향(劉向)의 별록(別錄)에는 고문기 204편이라고 했다.

《수서(隋書)》〈경적지(經籍志)〉에 의하면, 한나라 초기에 얻은 예에 관한 기록은 여러 곳에서 나온 것 같다. 대덕·대성은 예의 전문가이기 때문에 기와 그밖의 여러 가지 글에서 세교(世敎)가 될 만한 것 몇 편을 뽑아서 책 하나를 만들었다. 대덕이 지은 것을 대대례(大戴禮)라고 하고, 대성이 지은 것을 소대례(小戴禮)라고 하는데, 이 소대례가 곧 《예기》인 것이다.

고경 속에 의례가 있다는 것은 위에서 말한 바와 같으며 그 밖의 편명은 아래에 소개하는 것 이외에는 알 수가 없다. 한나라 평제(平帝) 때에 유흠(劉歆)이 일례(逸禮), 고문상서 등을 학관에 세우기 위해 태상박사(太常博士)에게 준 글에서,

'일례 유삼십구편(逸禮有三十九篇).'

이라 했고 석문기록에는,

'고례경오십육편(古禮經五十六篇) 후창박십칠편(后莒博十七篇) 소여삼십구편(所餘三十九篇) 부서관명위일례(付書舘名爲逸禮).'

라 했다. 여기에 의하면 2대(二戴)가 취한 것은 고례경이 아니고, 기와 그 밖의 글이었다는 것이 명백하다.

기는 예문지주(藝文志注)에 70제자가 기록한 것이라고 했으니, 그렇다면 2대의 예는 뒤섞여서 어수선할 수밖에 없다. 하지만 여기에도 믿을 만한 것이 다소 있다. 일례(逸禮)의 목록은《곤학기문(困學紀聞)》및《옹지절(翁之折)》의 주에 있다. 거기에 보면,

'천자순수례(天子巡狩禮) 조공례(朝貢禮) 왕거명당례(王居明堂禮) 증상례(烝嘗禮) 중류례(中霤禮) 군례일분상례(軍禮逸奔喪禮) 고문명당례(古文明堂禮) 명당국(明堂國) 명당대국(明堂大國) 음양태산의(陰陽太山義) 위문후효경전(魏文侯孝經傳).'

이라 했다. 이상에서 열거한 것은 반드시 고례경이 아니고 기 속에 기록된 것도 없다. 또 기 속에 있는 일편(逸篇) 중에 알만한 것으로는〈삼정기(三正記)〉〈별명기(別名記)〉〈친속기(親屬記)〉〈명당기(明堂記)〉〈증자기(曾子記)〉〈예운기(禮運記)〉〈오제기(五帝記)〉〈왕도기(王度記)〉〈왕패기(王霸記)〉〈서명기(瑞命記)〉〈변명기(辨名記)〉〈공자삼조기(孔子三朝記)〉〈월령기(月令記)〉〈대학지(大學志)〉라고 했다.

또《수서(隋書)》맨 뒤에 말한 214편 속에서 대덕이 85편을 찬술했고, 대성이 또 그 속에서 46편을 찬술했으며, 마융(馬融)이 여기에《명당위(明堂位)》와《악기(樂記)》를 보태서 49편으로 했다고 했다. 청(淸)나라 대동원(戴東原)은 애공문, 투호(投壺)는 2대의 글의 두 곳에나 나오고,〈증자대효편(曾子大孝篇)〉은 제의(祭儀)에,〈제후흔묘편(諸侯釁廟篇)〉은 잡기에,〈조사편(朝事篇)〉〈본명편(本命篇)〉은 빙의(聘義), 상복사제(喪服四制)에 있다고 하여, 소대가 대대의 글을 산삭했다는 설은 믿을 수 없다고 했다. 그러나 이 편이 5권에 나와 있는 것은 도리어 소대가 산서했다는 증거를

보여 주는 것이기도 하다. 그러므로 이것을 가지고 타지를 비난할 수는 없다. 대대례는 85편으로서 누락·소실된 것이 46편이나 된다. 가령 없어진 것 전부를 《예기》와 같은 편이라 하고 여기에 애공문, 투호를 더한다 해도 또 왕소산(汪少山)의 대대례주보(大戴禮注補)에 결편(缺篇)의 목록과 일편의 모든 책에 산견(散見)된 것을 들었고, 문선동도부주(文選東都賦注)에는 대대례 공자삼조기를 인용했으며, 예기 곡례소에는 대대 왕경기를 인용했다. 다시 채옹(蔡邕)의 명당월령론(明堂月令論)에 대대례 〈개목편(改穆篇)〉을 인용했고, 사기 색은(索隱)에는 유향의 별록(別錄)을 인용하여,

'공자견노애공문개비삼조(孔子見魯哀公問改比三朝) 퇴이위지기(退而爲之記) 고일삼조범칠편자입대대례운운(故日三朝凡七篇玆入大戴禮云云).'

이라고 했다. 모시 흉풍정의(毛詩凶風正義)에도 대대례 문왕세자(文王世子)를 인용했다. 여기에 의하면 편수가 역시 부합되지 않는다. 대개 2대는 각자 자기들이 보는 바에 의하여 마음대로 선택해서 책을 만든 것으로서, 타지의 소대 산서의 설은 잘못인 것 같다.

《예기》의 편성은 대략 위에서 말한 것과 같다. 그러나 여기에서는 다시 《예기》가 경에 포함되기 시작한 연대에 대해서 알아 보기로 하자.

한초에 이른바 오경, 즉 《시경》·《서경》·《역경》·《예기》·《춘추》의 예는 의례(儀禮)로서 예기가 아니었다. 《예기》가 오경에 포함되기 시작한 것은 대체로 후한(後漢) 초(初)의 일이다. 《후한서(後漢書)》 〈유림전(儒林傳)〉에 보면,

'예(禮) 고경오십육편(古經五十六篇) 급주관경육편(及周官經六篇) 전세전기서(前世傳其書) 미유명세중학이후(未有名世中學以後) 역유대소대박사수상전부절(亦有大小戴博士雖相傳不絶) 연미유현어유림자(然未有顯於儒林者).'

라 했고 또 말하기를,

'입오경박사(立五經博士) 각이가법교수(各以家法敎授) 역(易) 유시맹량

구경씨상서(有施孟梁丘京氏尚書) 구양대소하후(歐陽大小夏侯) 시(詩) 제노한모(齊魯韓毛) 예(禮) 대소대(大小戴) 춘추(春秋) 엄안(嚴顏) 범십사박사(凡十四博士).'

라 해서《예기》의 박사로서 대대(大戴)·소대(小戴)를 세웠던 사실을 말하고 있다. 한나라의 관의(官儀)에서도 박사를 세웠는데, 이것을 광무 중학(光武中學)의 시기라고 했다. 대·소대의 예란 곧 대대의 대대례와 소대의《예기》요, 의례는 2대가 함께 이를 겸한 것이다.

《후한서》 영제기(靈帝記) 장양태자(章壤太子)의 주에 인용한 낙양기(洛陽記)에 의하면, 가평일자 석경(嘉平一字石經)에《예기》가 있는데, 비(碑) 위에 간의(諫議)·대부(大夫)·마일제(馬日磾)·의랑(議郎)·채옹(蔡邕)의 이름이 있다고 했으니, 이때에《예기》가 경 속에 들어 있었다는 것은 의심할 여지가 없다.

《예기》 각 편의 작가는 누구인가?

다음은《예기》속에 수록되어 있는 각 편의 작가에 대하여 알아 보기로 하자. 경전석문서록에 의하면 《중용(中庸)》은 자사(子思)가 지은 것이요, 치의(緇衣)의 공손니자(公孫尼子)가 지은 것으로 되어 있다. 정현은《월령(月令)》을 여불위(呂不韋)가 지은 것이라고 했으며, 노식(盧植)은《왕제(王制)》를 한나라 때 박사가 지은 것이라고 했다.

한편 채백(蔡伯) 개(喈)와 왕숙(王肅)은《월령》을 주공이 지은 것이라 했고, 주희(朱熹)는《대학(大學)》을 증자가 지은 것이라고 했다.《중용》을 자사가 지었다는 말은《사기》공자세가에도 있다.《월령》을 여불위가 지었다는 것은,《여람(呂覽)》속에《월령》이 있기 때문이다.

그러나《여람》은 여불위가 학자들에게 명하여 편집한 것이므로,《여람》속에《월령》이 있다 해도 이것을 여불위가 지었다고 하는 것은 잘못인 듯하다. 주나라에는 대위(大尉)가 없으며, 대위는 진나라의 관명(官名)이다. 그런데 《월령》에, '내명대위(乃命大尉)'라는 말이 나온다. 또 진나라에서는 10월을 세수(歲首)라 했다. 그런데 월령계추(月令季秋), 즉 9월조(九月條)에 '위래세 수삭일(爲來歲受朔日)'이라고 했다.

이러한 두 가지로 인해서 《월령》을 진나라의 법이라고 하는 설도 있으나, 여위조엄(與尉條奄)이라는 이름이 〈좌전(左傳)〉에 나오는 것으로 미루어 대위를 반드시 관명이라고 단정할 수는 없다.

또 계동(季冬), 즉 12월조에,

'세차경시(歲且更始) 전이농민(專而農民) 모유소사(毋有所使) 천자내여공향대부공칙국전(天子乃與公鄕大夫共飭國典) 논시령(論時令) 이대래세지의(以待來歲之宜)'

라고 했으니 12월을 세종(歲終)으로 삼았던 것이 명백하다. 〈치백(緇白)〉을 공손니자가 지었다는 것은 유환(劉瓛)의 주장이다. 공손니자는 공문 70제자 중 한 사람으로서 〈예문지〉에 28편을 실었다. 〈왕제(王制)〉를 한나라 박사들이 지은 것이라고 하는 것은 큰 잘못인 듯하다.

청나라 손성연(孫星衍)이,

'왕제월령비진한인소찬변(王制月令非秦漢人所撰辨).'

이라는 글을 썼는데 그 속에,

'사기봉선서(史記封禪書) 문제(文帝) 사박사(使博士) 자육경중작왕제(刺六經中作王制) 사마정색은인유향칠록운(司馬貞索隱引劉向七錄云) 문제소조서(文帝所造書) 유본제편(有本制篇) 병제편(兵制篇) 복제편(服制篇) 시한문시(是漢文時) 별유왕제(別有王制) 영왕제(令王制) 병무본제병제복제제편(並無本制兵制服制諸篇) 하득위지한문시소작(何得爲之漢文時所作).'

이라는 구절이 있다. 그러므로 이 말을 좇는 것이 옳을 것 같다. 그 밖의 여러 가지 설은 모두 상상에서 비롯된 것이므로 거의 신빙성이 없다고 할 수 있다. 그러므로 각 편의 원문을 분명히 알 수 있는 것은 월령은 여람, 《악기(樂記)》의 1절(一節)은 순자악론(荀子樂論), 삼년간은 순자 예론교 특성(荀子禮論郊特性)의 일절은 의례 사관(士冠)의 기록이 있다는 점이다. 그 밖의 것은 알 수가 없다.

《예기》에 수록된 각 편의 글은 위에서 말한 세가지 예가 있는데, 그 중에서 상례(喪禮)가 가장 많다. 그리고 그 다음은 중용·문학·방기 같은 통론에 속하는 글이다. 다음으로 제례가 많고 관혼에 관한 것이 가장 간략하며 군례에 대한 것은 전혀 없다. 전편(全篇)의 기록은 종종 중복된 점이 있고 일관성이 없다.

그러나 대대례가 소실되어 고례(古禮) 중에 참고할 만한 것이 의례·주관례와 《예기》뿐이고 보면, 후세에서는 이것을 '삼례(三禮)'라고 일컬어 사자필독(士子必讀)의 서(書)라고 아니할 수 없다.

《예기》 속에서 가장 옳다고 하는 것은 곡례·학기·방기·중용·표기(表記)·치의(緇衣)·대학 등이다. 단궁(檀弓)은 문장이 좋기로 이름났고, 예운(禮運)은 도가의 설이 섞였다고 보아 마땅하다. 그래서 예운은 순전한 유가가 지은 글이 아니라는 것이 세평(世評)이다. 다음으로 《예기》의 명칭에 대해서 육덕명은,

'기이례지유궐(記二禮之遺闕) 고명례기(故名禮記).'

라고 석문에서 밝히고 있다. 이례(二禮)란 의례와 주관례를 말한다. 교인(橋仁)은 원래 대성(戴聖)의 문인(門人)인데, 이미 《예기》의 작가로 자기의 이름을 써 넣은 일이 있다. 그 당시에는 주관례가 아직 세상에 나타나지 않고 있기는 했지만 그러나 '이례지유궐(二禮之遺闕)'이라고 한 것은 잘못된 듯싶다. 대개 49편 속에 예와 기가 있기 때문에 이것을 합쳐서 《예기》라고 했던 것이다.

전주(傳註)의 글은 교인의 예기장구(禮記章句), 고유(高誘)의 《예기주(禮記註)》를 최고의 것으로 꼽지만 지금은 없어졌다. 그 다음으로는 정현의 예기주가 있는데 이 정현은 예에 가장 정밀한 사람이다. 그러므로 육조(六朝)에서 당(唐)에 이르기까지 정씨학(鄭氏學)이 홀로 행해졌다. 당나라 초년에 '오경정의(五經正義)'를 저술하게 되자, 여기에서도 예주를 따

서 공영달(孔穎達)이 소(疏)를 지었다. 이로부터 정주(鄭注)와 공소(孔疏)는 《예기》와 필연적인 관계에 놓이게 되었다. 송에 이르러서 여러 경의 신주가 나왔지만, 《예기》의 정주와 공소를 능가하는 것은 없었다. 원나라는 송나라의 제도를 좇아서 변경한 것이 없었지만, 명나라 영락연중(永樂年中)에 《오경대전(五經大典)》을 만들게 되자 비로소 정주·공소를 폐하고, 원나라 진호(陳澔)의 《예기집설(禮記集設)》을 쓰게 되었다. 이에 따라서 진주(陳註)가 일반적으로 보급되었던 것이다. 《중용》과 《대학》은 사서에 들어 있기 때문에 여기에서는 이를 생략했다.

진호의 자는 가대(可大), 호는 운장(雲莊)으로 자창(者昌) 사람이다. 송나라가 망하자 그는 은거하여 벼슬하지 않고 향리에서 교수 노릇을 했다. 공영달은 곡례 개권정의(開卷正義)에서,

'지공자몰후(至孔子歿後) 칠십자지도(七十子之徒) 공찬소문(共撰所聞) 이위차기(以爲此記) 혹록구례지의(或錄舊禮之義) 혹록변례지소유(或錄變禮之所由).'

라고 했고, 진진손(陳振孫)은 서록해제(書錄解題)에서,

'한유집록전기(漢儒輯錄前記) 고비일가지언(固非一家之言) 대저박이불순(大抵駁而不純) 독대학중용(獨大學中庸) 위공씨정전(爲孔氏正傳) 연비전위예작야(然非專爲禮作也).'

라고 했는데, 이 두 사람의 말은 참으로 요령을 얻은 말이라고 할 수 있을 것이다.

《예기》에는 어떤 내용이 실려 있나?

그러면 그 예란 무엇인가? 고대 중국 사회에 있어서 뿐만 아니라, 일반적으로 예니 의례니 하는 형식적인 행동에는 대체로 두 종류가 있다. 외경의 예와 화평의 예가 그것이다.

고대 사회에서 예가 형성되는 과정에 대해 우선 외경의 예를 들어서 생

각해 보자. 이것은 요컨대 강한 자, 두려운 자, 또는 보호자 등에 대한 외경 내지 존경의 정의(情意) 표현이 정식화한 것으로서, 희생을 하거나 평신고두(平身叩頭)하거나, 삼배구배(三拜九拜)하거나, 소정의 문구를 드리는 등의 형식은 어떠한 민족이든 공통된 것이었다.

이 외경의 예의 행동은, 그 대상이 신이나 영혼인 경우와 왕이나 군장(君長), 혹은 침략자나 정복자 등 인간인 경우가 있는데 서로 다른 형식을 취하는 것이 자연스러운 일이기는 하지만, 그 기본적인 정신은 모두 동일하다. 외경의 예의 형식이나 행동은 인간적 대상의 경우와, 신비적 대상인 경우가 서로 표리되는 것이지만, 처음에는 인간의 강자에 대한 외경의 표현이 신비적 대상에게도 쓰여지고, 신에의 행동이 사람에게도 쓰여진다는 과정이 반복되는 동안 더욱 세련되어 왔던 것이다.

외경의 예로는 제례·장식(葬式)·조의(朝儀)·군례(軍禮) 등이 있다. 이 중에서도 고대 중국에는 천자가 행하는 제천(祭天)의 예와, 천자를 비롯하여 귀족의 집에서 행해지는 종묘의 예가 중시되었다. 따라서 그 행례(行禮)의 방법이 극히 장중하고도 복잡했다. 《예기》 중용편에 공자의 말이라 하여 이런 글이 실려 있다.

> 교사(郊社)의 제례는 천제에 경의를 표함으로써 은혜를 구하는 행동이고, 종묘의 제례는 조상에게 조상의 정을 표함으로써 가호를 바라는 행동이다. 대체로 천자는 하늘과 조상에 대한 제사의 뜻을 잘 알아서 실수 없이 행하는 것이 가장 중요한 의무로, 이것만 잘 행할 수 있다면 나라를 다스리는 것은 극히 용이한 것이다.

천자에 있어서 제례, 특히 하늘에 제사를 잘하는 것이 가장 중요한 의무가 된다는 것은, 천자라는 이의 기원이 사제자(司祭者)나 어느 부족의 최고의 신직(神職)이었다는 것을 연상시키기도 한다.

다음으로 화평의 예에 대해서 알아 보기로 한다. 화평의 예에는 방문·

접대 · 회맹(會盟) · 향연 등이 있다. 원래 공자의 예의 존중은, 말하자면 예 정신의 존중이었다. 그러나 본래부터 형식이 없는 예란 존재하지 않는 것이다. 그러므로 예의 존중은 당연히 예의 모든 형식이나 규정 및 그것의 부수물이기도 한 음악 · 무도 · 복식 · 기구 등의 정비와 세련을 요구한다.

공자가 '예는 형체보다도 마음'이라고 말한 것은 다음과 같은 점에 기인한다. 공자의 시대에는 이미 예악이 매우 형식화되어 정신이 소홀히 여겨지고, 또 그 형식적 실행까지도 천자 및 제후를 비롯한 상층 위정자들 사이에서 마음대로 이용되었다.

그들은 국정의 급무를 군비 · 법제 · 생산 · 재정 등의 현실적인 일에 국한시키고 그것의 처리에만 급급한 나머지 제례 따위는 전문 관리들에게 일임한 채 돌아다보지도 않는 풍조가 만연했던 것이다. 여기에서 공자는 예악을 부흥하여 부국강병주의(富國强兵主義)의 경향을 지양하고, 문화적 덕화정치(德化政治)로 전진시키려고 염원했던 것이다. 또 이때는 예악의 존중이 간단한 고대의 역행을 뜻하는 것이 아니라 어디까지나 예악의 정신의 존중되어야 한다는 것을 주장했던 것이다.

화평의 예란, 우선 대적하는 양자 사이에서 발생한다. 서로가 대적하고 있는 양자가 임시 휴전을 한다든가, 평화조약을 맺는다든가, 혹은 무엇인가 의지의 교환을 한다든가, 물품의 교역을 한다든가 하는 목적을 일방적으로 갖는다든가 쌍방으로 갖는다든가 해도, 적대관계 그대로는 화평의 예를 실현할 수가 없다. 그러므로 여기에서 우선 필요한 것이 평화적 회견의 조건 설정인 것이다. 그리고 여기에는 우선 먼 곳에서 언어에 의하여 정전(停戰)의 뜻을 통하는 방법이 있는 것이다.

그러나 외경의 예와 화평의 예에는 근본적으로 차이가 있다. 전자는 원칙적으로 일방적인 행례이며 상대방으로부터 답례가 없다. 또는 답례는 있어도 간략하다는 것을 특징으로 하는 데 반하여, 후자는 항상 쌍무적(雙務的)으로서 행례에 대해 반드시 답례가 있다는 것을 특징으로 한다.

그러나 양자가 모두 그 발달 과정에서 교류하고, 서로 유사한 종류의 행동이 이루어진다는 것은 재론할 필요도 없다.

▩ 춘추좌씨전(春秋左氏傳)

《춘추》라는 책이름의 유래

은(殷)나라 다음에 일어난 중국 고대 왕조인 주(周)나라는, 무왕이 은나라의 폭군 주왕(紂王)을 멸하고 주나라 왕조를 세운 해인 기원전 1122년부터, 난왕(赧王)이 진왕(秦王)에게 나라를 넘겨준 해인 기원전 256년까지의 37대 867년간 존속했었다. 이 주나라를 두 시기로 나누면 섬서성(陝西省) 호경(鎬京)에 도읍을 정하고 천하통일한 후, 13대 평왕(平王)이 견륭(犬戎)의 침입을 받아 도읍을 하남성(河南省) 낙양(洛陽)으로 옮길 때인 기원전 770년까지의 352년간을 서주시대(西周時代)라 한다. 그리고 도읍을 옮긴 해부터 37대 난왕이 진나라에 나라를 빼앗기고 분사(焚死)할 때까지의 515년간을 동주시대(東周時代)라 한다.

또한 이 동주시대를 둘로 나눌 수 있는데 먼저 주나라 평왕이 동천(東遷)하던 해인 기원전 770년부터 진(晋)나라 대부 위사(魏欺)·조적(趙籍)·한건(韓虔)이 그들의 주인 지백(智伯)을 제거하고 그의 땅을 셋으로 나눈 후 제후로 봉함을 받은 해인 기원전 403년까지의 367년간을 춘추시대(春秋時代)라 한다. 그 이후 주 왕실이 붕괴할 때까지의 147년간을 전국시대(戰國時代)라 한다. 그런데 춘추시대를 주나라 평왕이 동천하던 해인 기원전 770년부터 진나라 대부 위씨·조씨·한씨가 그들의 주인 지백을 제거하고 그 땅을 삼분하던 해인 기원전 453년까지의 317년간이라는 설도 있다.

이 춘추시대라는 명칭은, 공자(孔子)가 조국인 노(魯)나라의 공식 기록을 기본으로 하여 편찬했다는 연대기인 《춘추(春秋)》에서 유래한 것이다. 《춘추》에 기록되어 있는 정확한 춘추시대의 연대는 기원전 722년에서 시작하여 기원전 481년에 끝나는 242년 동안을 말한다. 그러나 역사가들은 종종 그 전후도 춘추시대에 포함시켜서 말하고 있다.

이 춘추시대는, 천자국(天子國)인 주나라 왕실이 점점 쇠약해져서 천자가 그 위력을 상실하고, 서주의 문물제도는 차차 붕괴되어 제후들은 서로 병법을 일삼고 전쟁이 그치지 않아 약육강식의 생태를 연출하던 전란의 세상이요, 동시에 고대로부터 황하 유역을 꾀하던 시대였다. 이러한 상태는 정신계에도 반영되어 고대의 전통적 속박을 탈피하여 자유로이 활동하려는 풍조가 만연해 있었다.

이 시대에는 주나라 초기의 1천여 국이나 되던 제후국(諸侯國)이 10여 개로 줄었다가, 마침내는 대국(大國)으로 병탄(倂呑)되어 소수만이 남게 되었다.

이때의 중국은 사방에 융(戎)·적(狄)·만(蠻)·이(夷)라는 이민족의 세력이 강성하였는데, 이들은 자주 중국을 침입하여 여러 곳에서 중국 민족과 잡거하였다. 이에 제후 중에서 유력한 자가 나타나 작은 제후국들을 단결시켜 존왕양이(尊王攘夷)에 힘써 안으로는 주나라 왕실을 숭배하고, 밖으로는 융·적·만·이 들을 물리쳤다. 이 유력자들을 춘추 오패(五覇)라 칭했는데, 제(齊)나라 환공(桓公)·진(晋)나라 문공(文公)·초(楚)나라 장왕(莊王)·오(吳)나라 부차(夫差)·월(越)나라 구천(勾踐) 등으로 패업을 이룬 자들이었다.

이들 여러 나라가 기원전 545년 송나라에 모여 미병회(彌兵會), 곧 평화회의를 개최한 적도 있으나, 대체로 열국은 대립해서 상호교제 및 교전 등 각각 부강을 다투었다. 그 결과 지방이 개발되고 문물이 발달해 갔으며, 또 계급과 문벌을 타파하고 재능있는 인물을 등용함으로써 자유자재로 수완을 떨칠 수 있는 기회를 부여했으므로 인물의 배출을 촉진시켰다.

이때의 세상은 한편 학문의 융흥(隆興)을 가져온 다음에 계속되는 전국시대와 더불어 사상과 학설이 자유로이 창도되어, 이른바 백가쟁명(百家爭鳴)의 시대로 유가(儒家)·도가(道家) 등의 제자백가(諸子百家)를 배출하기도 하였다.

이렇게 춘추시대는 중국 역사상 혼란의 절정을 이루었고, 동시에 백화제방(百花齊放)의 학풍이 육성되어 학문과 사상의 최대 자유를 구가하던 시기였다. 이런 시기를 명명하게 된 이른바 공자의 《춘추》란 무엇인가?

춘추란 춘하추동에서 하(夏)는 춘(春)에, 동(冬)은 추(秋)에 포함시켜 1년간이란 뜻으로 곧 연대기를 의미하게 되었다.

이 《춘추》는 일반적으로 공자가 지은 것이라고 하나, 원래는 노나라 사람의 손에 의해 이루어진 사기의 명칭이었다. 그러나 그것은 노나라 사기만의 명칭이 아니고, 널리는 천자나 제후의 사기의 통칭이었으리라는 것이다. 《예기》 〈옥조편(玉藻篇)〉에 보면,

'천자가 거둥하면 좌사(左史)가 이를 기록하고, 말을 하면 우사(右史)가 이를 적는다.'

라 했고 《한서(漢書)》 〈예문지(藝文志)〉에도,

'옛날의 임금은 대대로 사관(史官)을 가지고 있었다. 그래서 임금이 거둥하면 반드시 기록하니, 이는 언행을 삼가고 법도를 밝히기 위해서였다. 조사는 말을 기록하고 사는 행동을 기록한다. 그때 행동에 관해 기록한 것을 《춘추》라 하고, 말에 관해 기록한 것을 《상서(尙書)》라 한다.'

고 했다. 이것으로 미루어 앞의 두 책에서 좌사와 우사가 뒤바뀌었지만, 이들은 태사(太史)·사관의 원사 형태로 제왕의 동정을 기록하는 편수관이었다. 천자의 사관이 고명(誥命) 등을 기록해 놓은 것이 저 유명한 《상서》, 곧 《서경》이다.

그런데 지금 전하는 《춘추》에는 그 내용이 노나라 은공(隱公) 원년(기

원전 722년)부터, 애공(哀公) 14년(기원전 481년)까지의 12공(公) 242년간에 걸친 노나라 왕실 및 거기에 관계되는 여러 나라의 중대 사건을 간결한 필법으로 기재하고 있다.

그러면 공자가 어찌하여 노나라 사기에 필삭(筆削)을 가하여 《춘추》를 만들었을까? 맹자는 〈등문공 하편(滕文公 下篇)〉에서,

세상이 쇠퇴해 도가 사라지자 사설(邪說)과 폭행이 잇따라 일어났다. 그래서 신하로서 임금을 죽이고, 자식으로서 어버이를 죽이는 자가 생겨났다. 공자는 이를 두려워하여 《춘추》를 지었다. 《춘추》는 천자의 일을 다룬 것이다. 그래서 공자는 '나를 이해하는 것도 오직 《춘추》를 통해서일 것이고, 나를 벌주는 것 역시 오직 《춘추》를 통해서일 것'이라고 말했다.

라고 밝히고 있다.

그즈음 주나라는 왕도의 권위가 쇠약해져서 도의가 땅에 떨어지고, 군부를 죽이는 난신적자(亂臣賊子)가 생겨나는 등 암흑시대로 변했다. 그래서 명분을 바로잡고 인륜을 밝혀 난세를 구하고자 공자는 난신적자에게 필주(筆誅)를 가한 것이다. 곧 잃어버린 윤리를 회복하고 난세를 다스려 태평성세를 실현하려는 이상적 왕법을 나타낸 것이다. 그리하여 〈좌씨전〉 연구의 일인자인 두예(杜預)는 그의 서문에서,

'주나라의 덕이 쇠하여 관리는 그가 지켜야 할 직책을 잃고, 윗자리에 있는 임금은 《춘추》의 포폄권계(褒貶勸戒)의 정사를 밝힐 수가 없었다. 그 때문에 외국에 보고하는 문서를 비롯하여 여러 가지를 기록하는 서법이 옛날 법과 틀리는 경우가 많았다. 그래서 공자는 노나라 사관이 기록해 놓은 문장을 자료로 해서 그 서법의 진위를 바로잡고, 올바른 서법·예법을 기록한 것이다. 그리하여 위로는 주공이 남긴 제도를 준수하고, 아래로는 장래에 지켜야 할 법을 밝힌 것이다. ……대체로 주

공의 뜻을 공자가 따로 밝힌 것이다.'

라고 했다. 또한 그는 같은 글에서,

'주나라 평왕은 동주의 최초의 천자이며, 노나라 은공은 동생에게 나라를 양보한 현군이다. 그 시대를 상고해 볼 때 평왕의 말년과 은공의 초기가 교차되고, 은공의 지위로 말하면 열국의 제후들과 동일하며, 그의 시조를 헤아려 보면 주공의 훌륭한 후손이다. 만일 평왕이 백성을 잘 다스려 주나라로 하여금 길이 천자가 되게 하리라는 천명을 기구하여, 사방의 위업을 이어받아 주나라를 중흥시키고, 또 노나라 은공도 조상의 위업을 이어받아 크게 밝혀 주나라 왕실을 크게 도왔더라면 서주시대의 훌륭한 정치를 되찾았을 것이며, 또한 문왕과 무왕의 업적도 소멸되지 않았을 것이다. 그러나 평왕이나 은공은 그것을 행하지 못했으므로 공자는 은공 이래의 연월에 따라 군신의 행사를 그 연월 밑에 적어, 주공이 정해 놓은 옛 법을 이용하여 왕자의 대의를 모아 이상적인 왕법을 장래에 남겨 주려 했다.'

라고 했다. 이런 점을 종합해 볼 때, 주공의 예법에 따라 번성했던 옛 주나라로 돌아가려는 복고사상이야말로 공자가 《춘추》를 제작한 본뜻이라 하겠다.

《춘추》는 노(魯)나라 중심의 고대 중국의 역사책

또한 《춘추》에는 엄정한 비판의 태도로써 기사의 용어에 철칙이 담겨져 있다. 어디까지나 기사가 노나라를 중심으로 기록되었기 때문에 노나라 임금은 반드시 공이라고만 표기하고, 제후들의 회합을 기록했을 경우에는 노나라 임금이 먼저 나오고, 그 다음에 그 회합의 주최자인 패자(霸者)들의 왕명이 기록된다. 그리고 노나라는 주 왕실의 책력을 사용했기 때문에 매편마다 으레 '왕 몇 월'하고 나오는데, 여기에서의 왕은 주나라 천자를 뜻하며, 동시에 주나라를 존중한다는 뜻이기도 하다. 그리고 사람이 죽을 경우에도 천자는 붕(崩), 제후는 훙(薨), 대부는 졸(卒)이라는 철칙을 지켰으며, 죽었을 경우에는 대상의 글귀에 따라 시(弑)·살(殺) 등의 구분이 있었다. 그리고 외국을 침략하는 경우에도 침(侵)·벌(伐)·입(入)·취(取) 등의 용어를 사용함으로써 개념을 달리했다. 또 제후국의 임금을 표현할 때에는 작위의 공(公)·후(侯)·백(伯)·자(子)·남(男)을 붙여 반드시 주나라 천자 이외에는 노나라에는 공, 제나라에는 후, 정나라에는 백, 초나라에는 자, 허나라에는 남 등으로 표현하고 있다.

기타 그 땅을 중시할 때와 그 족명(族名)을 존중할 경우에도 표기가 다르며, 그 사람 행실의 결과에 따라 용언을 달리한 것도 있다.

그러면서 한편으로 기사의 요점만 보이고 그 안에 무궁한 내용을 숨겨두고 있다. 그래서 두예도 《춘추좌씨전》 서문에서, 《춘추》에는 표현 방식에 다음의 다섯 종의 체제가 있다고 했다.

① 간략하면서도 분명하다(簡而顯).

② 기록했으되 숨겨져 있다(志而晦).

③ 완곡하면서도 문제를 이루었다(婉而成章).

④ 완전히 표현하면서도 뜻을 굽힘이 없다(盡而不汙).

⑤ 악을 징계하고 선을 권장한다(懲惡而勸善).

이런 태도로 기사를 적어 무궁한 함의를 내포시키고 간결하면서도 가장 중요한 부분을 완성했으며, 추상 같은 칼날로 사물을 베듯 권선징악에 입각하여 사실의 시비를 가렸으므로, 재래로 엄정하면서 무사하고, 간략하면서도 의미심장한 이러한 표현법을 '춘추필법(春秋筆法)'이라 일컫게 된 것이다.

그런데 이런 골조뿐인 《춘추》를 설명해서 풀이, 곧 전(傳)을 단 책이 오늘날 세 가지가 전한다. 이를 삼전(三傳)이라고 하는데 〈좌씨전〉, 〈곡량전(穀梁傳)〉, 〈공양전(公羊傳)〉이 그것이다.

이 《춘추》 3전의 제작 연대와 작자에 대해서는 재래로 학설이 분분하다. 〈공양전〉은 공자의 문인 자하가 제나라 공양고에게 구수(口授)해서,

공양고의 5대손 공양수가 한나라 경제(景帝) 때에, 문인 호무(胡毋) 등과의 문답으로 죽백(竹帛)에 정착된 것이라 한다.

〈곡량전〉은 노나라 사람 곡량적(穀梁赤)이 《춘추》를 자하에게서 받아 전을 만들고 순자에게로 전해진 것이라 한다.

〈좌씨전〉은 노나라의 군자 좌구명(左丘明)이 만든 것이라 한다.

그러나 이것은 어디까지나 일반적인 통설이고, 그 제작 연대와 작자에 대해서는 이설이 분분한데, 여기서는 그 시비의 소재는 생략하로 한다.

〈좌씨전〉을 줄여 일반적으로 〈좌전〉이라고도 통칭하는데, 고대 중국인의 다양한 생활상을 묘사한 사화(史話)와 일화(逸話)를 보는 점에서는 매우 우수한 구성력과 묘사력을 나타낸 문예작품이라 할 수 있다.

후한의 대유학자인 정현은《춘추》3전의 특색을, 그의 〈곡량전〉, 서소(序疏)라는 글에서,

'〈좌전〉은 예(禮)에 밝고, 〈공양전〉은 참(讖)에 밝으며, 〈곡량전〉은 경(經)에 밝다.'

고 했다. 곧 〈좌전〉은 예로써 수신의 근본과 치국의 모체를 삼고, 예의 규범에 비추어 사건의 시비를 논평한 일이 많음을 의미한 것이다. 그리고 송나라 주희(朱熹)는《주자어류(朱子語類)》83권에서 '〈좌전〉은 사학이요, 〈공양전〉과 〈곡량전〉은 경문이다'라고 하여 역사적 사실에 기초하여《춘추》의 경문을 해명한 것을 〈좌전〉의 특색으로 보았다.

요컨대 〈좌전〉은 풍부한 자료를 사료로 해서 실증적으로《춘추》를 설명한 곳이 많다. 그러면서 그 풍부한 사료로부터 사건의 성패득실의 결론을 논하여 주의 흥망의 이치를 설명하고, 임금과 백성을 편안케 하는 책략을 서술하여 세인의 거울로 삼게 한 부분이 많다. 그리고 고대의 예제나 천문·역법(曆法) 등에 관한 자료는 후세의 군주가 제도와 문물을 일으키는 데 많은 공헌을 하였다. 임금뿐 아니라 개인으로서 처세하는 데에 지침으로 삼을 만한 교훈도 많다. 그 때문에 두예도 그 서문에서, '지난 일을 밝혀 장래를 생각하게 한다'고 하였다.

이런 〈좌전〉이 한대(漢代)에 이르러 〈공양전〉·〈곡량전〉과 태학의 교과 과목으로 유입돼 우열을 다투었는데 그 뒤 〈좌전〉 연구가로는 유향(劉向)·유흠(劉歆)·진원(陳元)·이봉(李封)·정흥(鄭興)·정중(鄭衆)·가휘(賈徽)·가규(賈逵)·허신(許愼)·마융(馬融)·노식(盧植)·정현(鄭玄) 등을 거쳐, 진나라 두예에 이르러 그의 《춘추경 집해(春秋經集解)》는 춘추좌씨학을 집대성한 역저이다.

그것은 종래 《춘추》에 경문과 〈좌전〉이 별도로 유행하고 있었는데, 두예가 경문에 대응토록 〈좌전〉의 글을 연월별로 따로 나누어 붙여 하나의 책으로 만듦으로써 체계화하였다.

이것은 〈좌전〉 본래의 춘추의례설을 확립시켜 춘추학으로서의 좌씨학을 수립하고, 훈고에 있어서는 〈좌전〉을 연구한 전세기 학자들의 설 중에서 훌륭한 것은 모두 수집해 놓았다.

그리하여 두예의 주에 일관된 최대의 특색은 〈좌전〉으로써 경전을 해석한다는 전문주의를 취한 점이다. 또 그는 《춘추석례(春秋釋例)》를 저술했는데, 이것은 《춘추》의 경문과 좌씨가 그 경문을 해석한 글을 상세히 음미·검토해서 귀납적으로 좌씨 본래의 춘추의례설을 확립시킨 것으로, 그 골자가 되는 것은 〈좌전〉에 보인 50개의 범례이다. 두예는 이로써 주공이 남긴 법에 기본하는 사서의 구법(舊法)으로 삼고, 그것을 밝힘으로써 주나라 성세(盛世)로 복귀할 수가 있고, 그것이 《춘추》 제작의 대의라고 설명하고 있다.

곧, 태평성세를 실현한 과거의 실적에 기본한 치국하는 법을 존중한다는 전통적 입장을 취한 것이다.

그 뒤 당대에 이르러 공영달(公穎達)이 태종의 칙명을 받들어 《오경정의》를 만들 때, 《춘추》는 〈좌전〉으로써 정통을 삼고, 그 주해는 두예의 주를 제일로 삼아 그것을 원주로 하여 《춘추정의》를 완성했다. 이로부터 춘추학은 〈좌전〉, 〈좌전〉은 두예의 주가 되어, 두 주만을 독보적인 《춘추좌씨전》의 주로 여기게 되었다.

그런데 이 《춘추좌씨전》이 선진(先秦) 때의 옛 것이 아니고 전한(前漢) 말기의 유흠 일파가 찬입(竄入), 또는 위조한 것이라고 주장하는 위작설이 청말에 대두하여 학계의 논쟁을 불러일으켰다. 공양학이 발달했던 청말에 《춘추》의 미언대의(微言大義)가 공양학에만 존재한다고 주장하는 유봉록(劉逢祿)이 1812년에 《춘추좌씨 고증》 2권을 지어, 〈좌전〉이 유흠 일파의 위작이라고 주장했다.

그가 내세운 근거는 이러하다.

① 〈좌전〉의 옛 이름은 《좌씨춘추》로서 《안자춘추(晏子春秋)》·《여씨춘추(呂氏春秋)》와 같은 성격의 것이었으며, 원래 《춘추》의 전이 아니었는데, 이것을 《춘추좌씨전》이라고 개칭한 것은 유흠이다.

② 〈좌전〉의 작자는 노나라 도공(悼公) 이후의 사람으로, 이것을 《논어》에 나오는 좌구명과 동일인으로 만든 것은 유흠의 책에 의한 것이다.

③ 유향의 《별록(別錄)》이나 《한서(漢書)》 〈유림전(儒林傳)〉에 보이는 좌씨 전수의 설은 유흠의 가탁 위조에 의한 허무맹랑한 설이다.

④ 〈좌전〉에 있는 서법 및 범례, 군자의 논평, 한실(漢室)의 출발과 화덕설(火德設), 역일(曆日) 등은 유흠이 〈좌전〉에 찬입해서 《춘추》와 동등한 수준으로 끌어올리고, 혹은 그때 왕조의 출발에 관련시켜 그것에 의하여 〈좌전〉을 유행시키고자 한 것이다.

⑤ 사기는 구본 《좌씨춘추》를 이용했는데, 그것은 《국어》와 같은 체제의 것으로, 《춘추》의 경문에 따로 설명한 것이 아니었다.

⑥ 애공 14년에 '서쪽으로 사냥가서 기린을 잡았다' 이후에 나오는 경문은 유흠의 위작이다.

이렇게 유봉록이 주장하자, 이어 강유위(康有爲)·양계초(梁啓超)·최적(崔適) 등이 이에 동조했고, 장병린(章炳麟)·유사배(劉師培) 등은 그 반대편에 서서 맹렬한 논쟁이 벌어졌다. 그러나 이것은 어디까지나 공양학파와 좌씨학파 간의, 춘추학의 정통을 서로 자기 것으로 하여 위치를 높이려는 아집으로 끝나 버린 결과가 되었다.

▒ 논어(論語)

고금을 초월한 인생의 지혜서

《논어》라는 책에 대해서 지나치게 자세한 설명은 필요치 않을 것으로 안다. 이것이 공자(孔子) 및 그 제자들의 언행록이라는 것은 말할 것도 없다. 어느 제자가 공자와 대화한 것이라고 명기되어 있는 것도 있지만, 다만 '자왈(子曰)'이라고만 기록된 곳도 있다. 이것도 공자가 어느 제자에게 한 말인 것임에 틀림없다. 그러나 공자나 그 제자들의 대화가 외부의 인물인 때도 있다. 즉 당시 각지방에 분립되어 있는 제후국의 위정자나 혹은 은둔자들이 이 대화의 상대가 된 때도 있다.

그런데 중국은 물론 우리나라에서도 이 《논어》만큼 많은 사람들에게 읽혀진 책은 없다. 그 최초의 발단은 기원전 2세기, 한(漢)나라의 무제(武帝) 때 유학(儒學)을 국교로 하고, 공자가 뽑아 놓은 '오경(五經)' 즉 《시경(詩經)》·《서경(書經)》·《역경(易經)》·《춘추(春秋)》·《예기(禮記)》 외에 《논어》를 거기에 부수시킨 데에 있다. 그러나 이 무렵부터 이미 《논어》는 오경보다도 더 많이 읽혀졌던 것이다.

더구나 그 뒤에 송(宋)나라의 학자들이 유학의 개혁을 행하여 《논어》의 지위를 오경 이상으로 올려놓으면서부터는, 더한층 사람들의 필독서가 되었다. 적어도 글자를 읽을 줄 아는 사람으로서 《논어》를 읽지 않은 사람은 없고, 또 제일 먼저 읽는 책이 《논어》이기도 했다. 또한 우리나라에 있어서도 가장 많이 읽혀진 것이 이것이었고 우리나라 이외에 한자문화가 퍼져 나간 일본이나 월남 같은 나라에서도 마찬가지였을 것으로 생각된다.

이와 같이 《논어》가 많이 읽혀진 원인은 근본적으로 이 책이 인간의 생활에 대한 지혜를 광범하게 부여했다는 매력, 즉 이 책이 지니고 있는 내재의 매력 때문이라고 생각해도 좋겠다. 또 그것은 반드시 고대의 책이라는 이유 때문에 존중받아 온 것은 아니다. 차라리 그것은 고금을 초월한 인생의 지혜의 책으로서 존경받아 온 것이다. 또 한가지는 그 문체가 다른 고서보다 특별히 비교적 평이하고 명철하다는 이유도 작용했을 것이다.

그러나 그 글이 아무리 평이하고 명철하다고 해도 2천 년간 고대어(古代語)로 쓰여진 글임에 틀림없다. 한구절 한조목을 읽을 때마다 여러 가지 다른 해석이 있다. 더구나 여러 사람들이 읽고 연구한 책인 만큼, 그만큼의 풍성한 이설(異說)이 튀어나오고, 말단의 주해에 이르러서는 더구나 각양각색의 기설(奇說)도 없지 않다.

그러나 이 글에서 기도한 것은 이 글의 각 조목에 대해서 종래의 제가와 해설을 뛰어넘어 주제넘게 새로운 해설을 할 생각은 없다. 다만 우리들의 많은 선배들이 오랫동안 널리 읽어 온 책이므로, 그 선배들이 풀어 온 해설에 근본을 두고 이 글을 풀어 보려 한 것이 원칙적인 취지일 뿐이다.

그러나 지나 온 2천 년이란 세월 동안 내려온 권위 있는 주해나 일반이 이해하고 있는 주석은 한두 개가 아니다. 이 속에서 어느 한 가지만을 골라 잡을 수는 없다. 필자가 선택한 주석은 대체로 다음과 같다.

고주(古注), 이것은 위(魏)나라 하안(何晏)의 《논어집해(論語集解)》로서 3세기 중기에 이루어진 주석이다. 《논어》에 대한 주석은 그보다 먼저 한대에서부터 시작되었으나, 하안은 그 여러 가지를 취사선택하여 그 주석을 편집한 것이다. 한나라의 학자로서는 공안국(孔安國)·포함(包咸)·마융(馬融)·정현(鄭玄) 등의 말과 위나라 학자로서는 진군(陳群)·왕숙(王肅)·주생렬(周生烈) 등의 말이 인용되고 있다.

한편 하안은 노장(老莊)의 사상에도 물들었기 때문에 자신의 의견을 말한 것은 노장사상에 의해 왜곡된 곳이 있다고도 하지만, 그러나 현재 완존한 주석으로서는 가장 오래된 것이요, 중국에서는 당대(唐代)까지 이 글을 읽는 자는 모두 이것에 의거했었다.

다음도 역시 고주(古注)인 황간(皇侃)의 《논어의소(論語義疏)》로서 이것은 전자의 재주석이다. 황간은 6세기 전반 양(梁)나라 무제(武帝) 때 사람이다. 하안 이후 그 시대에 이르기까지의 학자들의 주석도 인용되었는데, 그 속에는 역시 노장(老莊)에 의한 왜곡 때문에 중국에서는 그다지 널리 읽혀지지 못했다.

다음은 또한 고주(古注)인 형병(邢昺)의 《논어정의(論語正義)》인데 이것은 10세기 말 북송(北宋) 초기에 이루어진 것이다. 이것은 고주인 하안의 《집해(集解)》의 재주석인 동시에 고전의 권위적인 《십삼경주소(十三經注疏)》에도 수록되어 있다.

신주(新注), 이것은 남송(南宋)의 주자(朱子)의 주석이다. 중국의 유학사는 초기, 즉 위에 말한 형병의 《논어정의》가 나오기 전까지는 《논어》라면 하안의 《집해》를 권위로 삼았었다. 그 뒤로부터 모든 고전을 자료로 하여 주석을 바로잡아 보자는 운동이 일어났는데, 그러한 운동이 시작된 지 백 수십 년 후에 나온 학자가 바로 이 주석을 한 주자(朱子)였다. 또 《논어》는 그가 가장 존중히 여기던 책이었다. 그 당시까지의 최상의 고전은 《시경》·《서경》·《역경》·《춘추》·《예기》의 오경이었는데, 주자는 가장 중요한 것은 공자 자신의 언행을 기록한 《논어》라 단정하고, 따로 추린 《대학(大學)》·《중용(中庸)》·《맹자(孟子)》와 합쳐서 이것을 '사서(四書)'라 하여 오히려 '오경'보다도 더 중시했다.

그러한 주자이기에 이 책의 주석에는 매우 큰 힘을 경주했다. 이리하여 이루어진 것이 《논어집주》인데 이 글에서 대본으로 쓴 것도 역시 이 책이다.

다음은 유보남(劉寶楠)의 《논어정의》로 저자는 청조(淸朝) 말기의 학자로서 주자의 신주의 결점을 반성, 시정하려고 애썼다. 여기에서는 오랫동안 버려두었던 고주인 하안의 《집해》가 재검토되어 새로운 해석이 나오게 된 것이다. 이것은 황간・형병의 해석과 같이 하안의 《집해》의 재주석이라는 형태를 면치 못하지만, 사실은 하안의 것에 뒤지지 않는다는 것이 일반의 평이다.

다음으로 한(漢)의 정현(鄭玄)의 《논어주(論語注)》가 있는데, 정현은 자(字)로 부르면 정강성(鄭康成)이다. 후한(後漢) 말년 산동(山東)에서 농민의의 아들로 태어나서 건안(建安) 5년에 74세로 세상을 떠났다. 그 긴 생애 사이에 모든 경전의 주석을 달고 전후한(前後漢) 400년 사이의 경학, 즉 고전 해석을 집대성했다. 그 많은 저서 중에서 지금에 전해지는 것은 《주례(周禮)》・《의례(儀禮)》・《예기(禮記)》, 즉 이른바 삼례(三禮)의 주를 제일로 하고, 《시경》의 주를 그 다음으로 들 수가 있지만, 그 밖의 저술은 거의 산일되고, 다만 단편적으로 딴 글에 인용된 것이 학자의 귀중히 여기는 바가 되어 있다.

《논어》의 주도 역시 그 중의 하나로서 그보다 조금 뒤에 나온 위나라 하안의 《논어집해》에 '정현왈(鄕玄曰)'이라고 인용한 단편, 또 그 밖의 책에 인용된 단편에 의해서 그 편린을 엿보는데 지나지 않았다. 그러던 것이 그 원본이 금세기에 이르러 재발견되게 된 것이다.

즉 1907년으로부터 그 이듬해에 걸쳐 감숙성(甘肅省) 돈황현(敦煌縣)의 한 고사(古寺)의 밀폐되어 있는 동굴 속에서 육조시대(六朝時代) 당시대(唐時代)의 사본이 프랑스와 영국의 탐험대에 의해 대량 발굴되었고, 이것은 프랑스대(隊)의 손에 들어가 파리로 옮겨져 그들의 국가 도서관에 보관되었다.

그 중에서 《논어》의 주석이 발견되었는데 처음 부분은 없어졌고, 〈술이편(述而篇)〉의 '子曰富而可求也雖執鞭之士吾亦爲之如不可求從吾所好'에서부터 〈향당편(鄕黨篇)〉의 끝부분까지의 본문과 할주(割注)의 주석이 있다.

이것을 그 당시에는 누구의 글인지 몰랐던 것을 그 후 1910년경에 이르러 비로소 정현의 주석이라는 것이 확인되었다고 한다.

인간 완성의 지침서인《논어》

그러면 이《논어》속에 담겨 있는 사상은 대체 어떤 것이기에 우리들이 그렇게도 열광적으로 애독하는 것일까? 이 책에는 '군자(君子)'라는 말이 많이 나온다. 군자란 한 마디로 말해서 이상적 인간상을 말한다. 군자는 학식과 덕행을 겸해야 한다. 말보다도 행동을 앞세우는 실천가라야 한다. 그리고 극기복례(克己復禮), 즉 나 자신을 극복하고 절대적인 예(禮)로 돌아가야 한다. 그것은 바로 살신성인(殺身成仁), 즉 나 자신을 죽이고라도 인(仁)을 이룩하는 것이다.

그러면 또 인이란 어떤 것인가? 인의 구현은 바로 남을 사랑하고 만민을 안락하게 해주는 '수기이안민(修己以安民)'이다. 여기에서 공자는 '인능홍도(人能弘道) 비도홍인(非道弘人)' 즉 사람이 진리를 넓게 구현시키는 것이며 진리가 사람을 넓히는 것은 아니라고 말한다. 세계 평화의 구현은 나라는 인간을 완성하는 데서부터 기대할 수가 있다고 주장한다. 따라서 이《논어》에는 군자, 즉 이상적 인간상에 대한 언급이 가장 많다.

다음으로 공자는 학문에 대해서 자주 말하고 있다. 우선 군자가 되기 위해서는 배워야 한다는 것이다.《논어》의 첫마디는 '학이시습지(學而時習之) 불역열호(不亦說乎)', 즉 '배우고 때때로 익히니 즐겁지 않으냐?'로 시작된다. 그가 말하는 학문은 지식의 습득만을 뜻하는 것이 아니라, 광의(廣義)의 도덕적 수양까지도 포함한다.

사실 조그만 지식을 머릿속에 축적했다고 해서 회사가 향상되고 덕치(德治)가 이루어지는 것은 아니다. 그 지식과 학식을 현실적으로 사회를 위해서 실천에 옮겨야 한다. 그러기에 공자는 지(知)·인(仁)·용(勇)을 아울러 가르쳤고, 이것을 몸에 익히는 것까지를 학문이라고 했다.

다음으로 인간은 사회적 존재이다. 사회의 건설은 나 혼자만이 하는 것이 아니다. 뜻과 행동을 같이하는 동지적 결합과 단결된 힘으로써만 이상

세계도 구현될 수 있는 것이다. 여기에서 공자는 '유붕자원방래(有朋自遠方來) 불역락호(不亦樂乎)', 즉 '뜻을 같이하는 벗들이 멀리서 찾아오면 또한 기쁘지 않으냐?'라고 말하고 있다.

학문과 덕행은 사회를 위해서 자신을 공헌하기 위한 것인지, 결코 나만이 잘살고 나만의 이름을 내세우기 위한 것이 아니다. 따라서 '인부지이불온(人不知而不慍) 불역군자호(不亦君子乎)', 즉 '남이 나를 몰라 준다 하더라도 노여워하지 않아야 곧 군자이다'라는 이 세 가지 말로 서두의 제 1 장을 매듭짓고 있다.

다음으로 공자는 배움의 최고 목표를 예(禮)에 두었다. 예란 원래 '승천사인(承天事人)', 즉 하늘의 계시를 받아서 이것을 실천하는 것이다. 이것은 또 천도(天道)를 따라서 인사를 다스린다는 뜻이기도 하다. 오늘날에 와서는 그 외형만을 예라고 착각하기 쉬우나, 예의 본래의 뜻은 천도를 따르는 것이다. 그가 '극기복례(克己復禮)', '나를 극복하고 예에 돌아오라'고 한 것이나, '박문약례(博文約禮)', '넓게 배우고 예로써 중심을 삼으라'고 자주 말한 것도 현실적인 차원에서의 개인이나 지식을 넘어서 하늘이라고 하는 영원한 진리에 복귀하라는 뜻이기도 하다.

끝으로 공자가 가르친 유교의 정신을 더듬어 보기로 한다. 공자의 문하에서 뛰어난 제자들은 대체로 덕행・변론・정치・문학의 4과로 나누어진다. 덕행에는 안연(顔淵)・민자건(閔子騫)・염백우(冉伯牛)・중궁(仲弓)의 네 사람이 대표로 불리워지고 있다. 말보다도 실행을 존중한 공자 문하의 일이기 때문에 덕행을 제일로 여겼다는 것은 우연한 일이 아니다.

이 덕행 중에서도 공문의 최고의 덕은 인이다. 인이란 글자는 '사람인(人)'과 '두이(二)'의 두 글자로 구성되어 있다. 인간이 같은 인간에 대해서 가지는 동정심이나 사랑이 근본이 되는 것이다.

'유인자(唯仁子) 능호인(能好人) 능악인(能惡人)'이라고 했듯이 인간이 정성을 가지고 남을 대하면 자연히 인애가 생기게 마련이다. 하지만 그러한 일은 그렇게 용이한 일이 아니다. '기소불욕(己所不欲) 물시어인(勿施

於人)'이라고 했듯이 자신이 남에게 어떻게 보였으면 유쾌하겠는가 하는 경험이나 감정을 남에게 옮겨서 그와 같이 남을 대하는 일에 있어서만이 인에 도달할 수 있는 것이다.

이와 같은 공자의 언행으로 시작된 유교는 전국시대(戰國時代)에 이르러 맹자와 순자의 이대 학자(二大學者)에 의해서, 제자백가(諸子百家)의 다른 학파들을 이기고, 결국 이 가르침, 즉 유교가 중국의 정통 학문의 위치에 놓이게 되었다. 맹자는 인간의 본성은 선이라고 주장한 데 반하여 순자는 인간의 본성은 악이라고 맞섰다. 이 양파의 대립이 생긴 원인은 이미 공자의 가르침 속에 자기 모순으로서 내포되어 있었던 듯싶다.

공자는 또 자주 '도(道)'라는 말을 쓰고 있다. '조문도(朝聞道) 석사가(夕死可)'라든지 '수능출불유호(誰能出不由戶) 하막유사도야(何莫由斯道也)'라고 말하고 있다. 도란 이와 같이 인간이 일상 걸어다니고 있는 길(道)이라는 뜻에서부터 인간이 살아가는 방법의 뜻으로도 쓰이고 다시 이것은 사물의 원리를 뜻하는 말이 되기도 했다.

공자가 '사도(斯道)'라고 했을 때 그것은 공자 일문(一門)의 살아가는 방법, 즉 공자 일문의 이상, 유교학파의 주의·신조라는 뜻으로 쓰여지게 되었다.

한편 주자(朱子)의 《논어집주》 서설(序說)에 보면 정자(程子), 즉 정이(程頤)의 말이라 하여, 《논어》는 유자(有子)·증자(曾子) 두 문인의 손으로 이루어졌기 때문에 그 글 속에 유달리 유약(有若)과 증삼(曾參)에 대해서만, 자(子)를 붙여서 유자·증자라 했다고 했다.

또한 같은 정자의 말을 빌면 이 《논어》를 읽고 전혀 아무런 느낌이 없는 사람도 있고, 이 글을 읽은 뒤에 그 중에서 한두 구절을 보고 기뻐하는 자도 있으며, 이 글을 읽은 후에 저절로 손으로 춤이 추어지고 발이 뛰는 것을 깨닫지 못하는 자도 있다는 것이다. 즉 자기도 모르는 사이에 이 글을 읽고 나면 수무족도(手舞足蹈)해진다는 것이다.

지금도 이 《논어》를 읽고 수무족도하는 학자들이 있기를 바라는 마음

간절할 뿐이다.

▒ 맹자(孟子)

《맹자》란 어떤 책인가?

맹자(孟子)는 중국 전국시대(戰國時代)의 사상가로서 이름은 가(軻)이다. 공자(孔子)의 손자인 자사(子思)의 문인에게서 배운 후 여러 나라를 돌아다니며 제후들에게 자신의 주장을 폈으나 채용되지 않자 고향으로 돌아와 강학(講學)과 저술로 생애를 마쳤다. 그는 공자의 사상을 계승·발전시켜 인간의 도덕적 기준으로서 인의(仁義)를 내세워 이를 중시하고, 도덕 성립의 근거로서 성선설(性善說)을 주장했다.

또한 도덕에 의거한 정치, 즉 덕치주의를 주장하고, 민본주의의 요소가 내포된 왕도정치(王道政治) 사상을 역설했는데, 공맹(孔孟)으로 병칭될 만큼 유교에 끼친 그의 공과 유교에서 차지하고 있는 그의 비중은 실로 크다.

사서의 집주(集註)가 발간된 이후로 《맹자》는 《논어(論語)》와 더불어 유교 경전의 중요한 책이 되었지만, 옛날에는 그다지 중요하게 취급되지 않았다.

《한서(漢書)》 〈위문지(魏文志)〉를 보면, 《논어》는 육예략(六藝略)에 실려 있고, 많은 주석서도 나와 있다. 그러나 《맹자》는 제자략(諸子略)에 겨우 그 이름이 보일 정도이다.

또 후한 말에 채옹(蔡邕)의 석경이 새겨졌을 때 《논어》는 이미 새겨졌지만, 《맹자》는 그 훨씬 뒤인 당대(唐代)에 석경이 이루어졌을 때에도 역시 경전 속에 들지 못했다. 당(唐)나라 육전에 의하면 《논어》는 당시 국자감의 교재로 채택되었지만 《맹자》는 역시 그 속에 들지 못했다. 이런 사실들은 《맹자》가 《논어》보다 중요시되지 못했음을 입증하는 것이다.

그러다가 당나라 한퇴지(韓退之)가 그 문장의 묘함과 또 이단을 배척한 의기를 칭찬하면서부터 차츰 《맹자》를 배우려는 사람이 늘어나기 시작했고, 그것이 《맹자》가 중요성을 갖게 된 시초이다. 그 후 송(宋)나라에 들어와서 학계의 형세가 일변하여 사서가 표창을 받게 되면서부터 《맹자》는 명저(名著)가 된 것이다.

그리고 만당(晩唐)에 이르러 이 《맹자》를 과업(科業)에 쓰자는 주청이 있었으나 이것은 거부되었다. 송나라에 들어와서 비로소 이것을 경으로 올려 국자감에서 출판했고, 드디어 신종 때에 맹가(孟軻)를 공자에 배향시키면서 과거에도 이 《맹자》를 과시(科試)하게 되었다. 여기에서 이 《맹자》의 지위가 부상하기 시작했는데, 이것이 가장 많이 읽혀지게 된 것은 역시 주자(朱子)의 집주(集註)가 나타난 뒤로부터였다.

당나라 이전에 이루어진 맹자의 '주석서(注釋書)'로는 후한(後漢) 정증(程曾)의 〈맹자장구(孟子章句)〉, 정현(鄭玄)의 〈맹자주(孟子註)〉, 조기(趙岐)의 〈맹자장구〉, 고유(高誘)의 〈맹자장구〉, 유희(劉熙)의 〈맹자주〉, 진(晋)나라 기무수(綦毋邃)의 〈맹자주〉, 당나라 육선경(陸善經)의 〈맹자주〉, 장일(張鎰)과 정공저(丁公著)의 〈맹자음의(孟子音義)〉 등을 꼽을 수 있다. 하지만 이 중에서 현존하는 것으로는 겨우 조기의 〈맹자장구〉 하나뿐이며, 다른 것들은 모두 소멸되어 전해지지 않는다.

송나라 이후로는 《맹자》의 주석서가 많이 쏟아져 나와서 그 상당수가 오늘날까지도 전해지고 있다. 그러나 그 가운데 대표적인 것으로는 역시 주자의 집주인데, 조기의 장구를 고주(古注)라고 하는 한편 주자의 집주를 신주(新注)라고 해서 다 함께 중요시되고 있다.

신주는 주자 자신의 철학을 가지고 《맹자》를 설명했기 때문에 청신한 맛은 있지만, 그가 기초를 두고 해설한 것은 역시 조기본(趙岐本)이다. 그래서 문자의 훈고(訓詁)나 해석은 대부분 조기를 답습하고 있고, 그러므로 이《맹자》를 구명하자면 역시 조기의 장구에서부터 시작하지 않으면 안 된다.

맹자의 유력 연표(遊歷年表)

《사기(史記)》〈맹가전〉에 의하면,

'맹가는 추나라 사람으로서 자사의 문인에게 배웠다. 도가 이미 통해지자 맹가는 제나라로 가서 선왕에게 자신의 주장을 역설했으나 등용되지 않았고, 양(梁)나라에 가서 혜왕(惠王)을 만났지만 혜왕 역시 그의 말을 귀담아듣지 않았다. 이에 세상에 뜻을 끊고 물러가서 제자 만장 등과 시서(詩書)를 이어받아서 공자의 뜻을 서술하여 맹자 7편을 지었다.'

라고 하였다. 그리고《사기》육국표(六國表)에 보면 그가 양나라에 갔을 때를 양의 혜왕 35년이라고 했으니, 제나라에 갔을 때는 이보다 몇 해 전이었을 것이다.

그러나 여기서 이상한 것은,《맹자》양혜왕 상편 제 5 장에 보면 혜왕은 맹자에 대해서,

及寡人之身 東敗於齊 長子死焉 西喪地於秦七百里 南辱於楚 寡人恥之

내 몸에 이르러서는 동쪽으로는 제나라에 패하여 장자가 죽었고, 서쪽으로는 진나라에게 땅 7백 리를 잃었으며, 남쪽으로는 초나라에 욕을 당했습니다. 과인은 이것을 부끄럽게 여깁니다.

라고 했다. 그러나 이것은 육국표에 의하면 양왕 5년에 하서의 땅 소량(少梁)을 진나라에 주었고, 7년에 상군(上郡)을 역시 진나라에 바친 일, 같은

양왕 12년에 초나라가 위나라 양릉(襄陵)을 친 것을 가리키는 말로서, 이는 모두 혜왕이 죽은 후의 일이다. 따라서 양왕이 즉위하기도 전에 혜왕이 이런 말을 했을 리가 없다.

그러므로 이 《맹자》는 《사기》와 일치되지 않는 것으로서, 《맹자》가 후세 사람의 손에 의해 씌어진 것인지, 아니면 《사기》의 연표에 오류가 있는 것인지 알 길이 없다.

그러나 이 《맹자》 7편이 상당히 신빙성있는 책이고 보면, 오류가 있다면 오히려 《사기》 쪽일 것이다.

대체로 《사기》 육국표는, 그 서문에 따르면 진나라 때 육국의 기록이 모두 불태워져서 전해지지 않았기 때문에 사마천이 이 연표를 만드는 데 참으로 고심했다.

그러므로 자연 불완전한 진기(秦記)에 기초를 두고, 또 전국시대 때 종횡가(縱橫家)들의 말을 참고로 해서 만들 수밖에 없었다. 그러므로 이것은 세가의 기록과 모순되는 점도 더러는 있을 것이다.

사마천(司馬遷)이 죽은 뒤에 진(晋)나라 태강(太康) 2년, 하남성(河南省) 급군(汲郡)의 부준(不準)이라는 사람이 급현(汲縣)에 있는 고총(古塚)을 파서 고대의 기년을 발견한 일이 있다. 이 기년은 죽간(竹簡)에 씌어 있었기 때문에, 이것을 죽서기년(竹書記年)이라고 한다.

이 기년은 위나라 양왕의 무덤에서 나온 것으로 추정된다고 전해지고 있다. 이 기년은 물론 오늘날에는 전해지지 않지만, 두예(杜預)의 《좌전후서(左傳後序)》에 소개된 부분과, 《사기》 〈색은〉 속에 인용된 단편들에 의해서 그 내용의 일부를 추측할 수 있다.

이 기년을 《사기》 육국표와 비교해 보면 대체로 죽서기년의 편이 믿을 만하다. 여기에서 죽서기년의 일문(佚文)을 모아서 육국표를 정정하고, 여기에 다시 《맹자》 7편 중에 들어 있는 그의 사적들을 종합하여 대략 위와 같은 연표를 만들 수가 있다. 따라서 이것에 의하여 맹자 유력의 전후를 자세히 알 수가 있다.

기원전	양(梁)		제(齊)		맹 자
321	혜왕	14		35	맹자견양혜왕(孟子見梁惠王)〈梁惠王上〉 第一章
320		15		36	양혜왕왈(梁惠王曰) 급과인지신(及寡人之身) 서상지어진운운(西喪地於秦云云)〈梁惠王上〉 第五章
319		16	선왕	1	맹자견양양왕왈(孟子見梁襄王曰) 망지불사인군(望之不似人君) 급지제(及之齊)〈梁惠王上〉 第六章
316	양왕	3		4	심동이사문왈(沈同以私問曰) 연가벌여(燕可伐與)〈公孫丑下〉 第八章
314		5		6	제인벌연승지(齊人伐燕勝之)〈梁惠王下〉 第十章
312		7		8	맹자지송(孟子之宋) 송경장지초(宋牼將之楚) 우어석구(遇於石丘) 송경왈(宋牼曰) 진초구병(秦楚構兵) 아장설이파지(我將說而罷之)〈告子下〉 第四章
308		11		12	등문공위세자(滕文公爲世子) 과송이견맹자(過宋而見孟子)〈滕文公上〉 第一章
306		13		14	등정공홍(滕定公薨) 연우지추(然友至鄒) 문장사어맹자(問葬事於孟子)〈滕文公上〉 第二章
304		15		16	맹자지등(孟子之滕) 관상궁(館上宮)〈盡心下〉 第三十章
303		16		17	노욕사악정자위정(魯欲使樂正子爲政) 맹자희이불매(孟子喜而不寐)〈告子下〉 第十三章
301		18		19	노평공장견맹자(魯平公將見孟子) 폐인유장창자저군(嬖人有藏倉者沮君)〈梁惠王下〉 第十六章

《맹자》는 모두 7편

대체로《맹자》7편의 편명(篇名)은《논어》와 마찬가지로 책편의 첫머리에서 딴 것이다. 그러므로 편명 그 자체에 특별한 의미가 있는 것은 아니다.

《사기》의 맹·순열전에는「맹자 7편을 지었다」고 했으니, 이 책은《사기》가 씌어지기 훨씬 이전에 이루어진 글임에 틀림없다.

이《맹자》편을 여러 사람들의 의견을 종합해서 살펴보기로 하자.

우선 최초의〈양혜왕편(梁惠王篇)〉은 맹자 1대의 유력의 기록이라고도 할 수 있다. 여기에는 양(梁)·제(齊)·추(鄒)·등(滕)·노(魯)의 순서로 유력의 사실이 수록되어 있다. 그리고 이러한 여러 나라 군주와의 문답들이 실로 생동감 넘치는 문장으로 서술되어 있다. 이《맹자》7편을 읽노라면 당시 사정을 눈앞에 보는 듯한데, 그만큼 이 글은 조리있게 다듬어져 있는 것이다. 이것만으로도 이 글은 충분히 독립된 단행본으로 행세할 만하다.

다음으로〈공손추편(公孫丑篇)〉인데, 이것은 공손추의 기록을 기본으로 하여 이루어진 것으로 추측된다. 공손추가 태어난 정나라에 관한 기사가 많다는 사실로 미루어 볼 때 더욱 그러한 것이다.

〈만장편(萬章篇)〉도 문인 만장의 기록에 토대를 둔 것으로 짐작되며,〈등문공편(滕文公篇)〉도 등나라에 대한 기사가 많은 것으로 보아 역시 어느 특정인이 기록한 것에 토대를 둔 것으로 짐작된다.

그 밖에〈이루(離婁)〉〈고자(告子)〉〈진심(盡心)〉등 3편은 대체로 짤막짤막한 훈언(訓言)들을 모은 것이다. 특히 끝의〈진심편〉은〈양혜왕편〉과는 달리 비교적 정치에 대한 관심이 적은 은퇴 후의 말인 듯싶다. 여기에는 주로 개인적인 수양에 관한 말들이 많이 수록되어 있기 때문이다.

이 7편은 물론 맹자 자신의 저술은 아니다. 하지만 적어도 맹자의 제자나 재전(再傳)의 제자들의 기록을 근거로 하여 편찬되었을 것이다. 이 7편은 그 어느 것이나 현저하게 광채를 내뿜는 믿을 만한 자료의 집성(集成)이요, 맹자의 풍모인 것이다.

사마천의 《사기》에는,

'맹자는 물러가서 만장(萬章)의 무리와 함께 시·서를 공부하고, 공자의 뜻을 펴서 맹자 7편을 지었다.'

고 하여 이 《맹자》 7편을 맹자 자신의 저술로 보고 있다. 사실 이 글은 옛날부터 그 자신의 저술로 인정되어 온 만큼 생생한 문체가 선진(先秦)의 저술로는 매우 훌륭한 문헌이다. 하지만 이 7편은 여러 사람의 손으로 이루어진 글, 말하자면 일종의 결집과 같은 형태로서 일찍이 누군가가 정리하여 편찬한 것이라고 생각된다.

〈양혜왕편〉에 대해서

제나라 선왕과 맹자와의 문답은 〈양혜왕 상편〉에 1장, 〈양혜왕 하편〉에 11장이 있는데, 이것의 분량은 전체의 3분의 2나 차지할 정도로 압도적이다. 그런데 이것이 편명으로 되지 못했던 이유는 상편의 제 1 장에 수록된 것이 없었기 때문일 뿐이다.

어떻게 보면 《사기》를 저술할 때에는 뒤편에 있었다고 생각되는 양혜왕의 이국문답(利國問答)을 후대 사람이 첫머리로 옮겼다고도 생각된다. 이렇게 보면 《사기》를 쓸 때까지의 《맹자》의 개권(開卷) 제 1 장은 당연히 양혜왕의 이국문답은 아니었고, 어쩌면 〈제선왕편(齊宣王篇)〉이었을지도 모른다.

그것은 그런 대로 미상인 채로 두기로 하자. 그러나 제선왕과의 교섭이 어찌하여 그토록 많은 분량을 차지하고 있을까?

거기에는 다음과 같은 까닭이 있었을 것이다.

첫째, 맹자는 선왕에게 상당한 기대를 가졌었다.

둘째, 제나라는 강대한 나라였다.

셋째, 그는 객향(客鄕)으로 대접받아 제나라에 장기간 체류했다.

넷째, 제나라 수도인 임치(臨淄)는 이른바 직하의 학자들이 모여들어서 백가쟁명(百家爭鳴)의 장관을 이루고 있었던 사상 학술의 중심지였다.

그러나 여기에 또 한 가지 의문점이 있다. 그것은 제나라 선왕과의 문답은 〈양혜왕편〉에 잘 정리·수록되어 있는데, 예외로 〈공손추 하편〉, 〈이루 하편〉, 〈만장 하편〉 등에 각각 1장씩 산재해 있다는 점이다.

우선 첫째로 〈공손추 하편〉 제 4 장은 제나라 평륙(平陸)의 대부 공거심(孔距心)이 자기의 책임을 통감하고 있는 양리(良吏)라는 것을 칭찬하여 맹자가 왕의 책임을 물은 문답이 있다. 그러나 그 장 속에 세 번 나오는 왕이란 분명히 선왕을 가리킨 것임을 알 수가 있다. 〈공손추편〉에는 제나라에 관한 기록이 많고, 또 공손추의 기록에 의한 것이라고 생각되나 이 장은 제나라 가신(家臣) 공거심과의 문답이 주가 되어 있다. 다만 제왕은 이것을 듣고, '차즉과인지죄야(此則寡人之罪也)'라고 대답했을 뿐인 단 하나의 후일담에 불과하다. 그리하여 〈양혜왕편〉 등에 수록될 성질은 못 되는 까닭에 다른 기록들과 함께 〈공손추편〉에 남겨졌을 것이다.

다음으로 〈이루 하편〉 제 3 장은 악덕 군주를 원수나 약탈자처럼 본 과격한 주장들이다. 다음 제4, 제 5 장과 함께 군주가 지녀야 하는 덕의 중요성을 역설한 것이기 때문에 이 글들은 같은 부류로 취급되어 한데 묶은 것임에 분명하다.

〈만장 하편〉 끝의 제 9 장은 군주의 폐립(廢立)을 시인하는 혁명 이론과 통하는 사상이다. 추측컨대 이것은 만장의 기록일 것이다. 왜 이 글을 여기에 삽입했는지 편집자의 의도는 확실히 알 수 없지만, 원래 만장이 기록한 글이 너무 방대하기 때문에 그대로 여기에 남겨 두어 편말(篇末)을 장식한 것이 아닐까 생각된다.

〈등문공편〉에 대해서

등나라의 문공에 대해서는 〈등문공 상편〉 제1, 제2, 제 3 장에 기재되어 있고, 제 4 장에도 역시 그 내용으로 보아 문공과 관계가 깊다. 여기에 비해서 〈양혜왕 하편〉에는 맹자와 양혜왕과의 문답은 제1, 제14, 제15의 세 장, 즉 거의 절반 가량을 차지하고 있다.

〈등문공편〉에 있는 세 장은 문공이 아직 태자로 있을 당시의 맹자와의 초대면과, 맹자의 말을 좇아서 그 아버지 정공(定公)의 상복을 입은 용단과, 그가 즉위해서 군주가 되자마자 정치에 대해서 맹자의 가르침을 청한 일 등이 그 내용이다. 결국 이것은 모두 문공 초기의 일들이다. 이와 반대로 문공이 마침내 명실공히 소국인 등나라의 군주가 되어 제·초· 두 강대국의 틈에 낀 채 그들의 압력에 대한 대책 마련에 부심하고 있던 모습이 생생히 그려져 있는 것이 바로 〈양혜왕편〉에 있는 세 장인 것이다. 따라서 이들 세 장은 말하자면 후기에 속하는 글들이다.

등나라 문공은 태자로 있을 때부터 맹자를 존경하고 따랐던 사람이다. 때문에 그 깊은 관계나 친밀한 교섭 등에 대한 기록이 남아 있음은 당연하다. 또 현재 그런 기록들이 전해지고 있는 이상, 어떠한 특정인이 있어 이러한 일들을 기록했을 것이라는 점도 충분히 짐작할 수 있다.

송(宋)과 설(薛)에 대해서

〈양혜왕편〉을 읽어 가다 보면 다소 이상하게 생각되는 점이 있다. 그것은 송이나 설의 군주, 특히 송군(宋君)에 관한 기록이 없다는 사실이다. 말하자면 이 기록이 누락되어 있다는 것이다. 노의 평공(平公)의 경우에는, 노나라 정경(正卿)이 된 문인 악정자(樂正子)의 주선으로 맹자를 방문하려고 했었다. 그러나 방문 직전에 폐인(嬖人)의 간언으로 말미암아 이것이 방해되었다. 이 이야기는 〈양혜왕 하편〉 끝 제 1 장에 기록되어 있으나, 송군에 대해서는 전혀 수록되어 있지 않다.

맹자는 제에서 송으로 와 잠시 체류했던 것 같다. 등나라 문공이 태자로 있을 때 송나라로 찾아와 맹자와 만난 일은 〈등문공 상편〉 제 1 장에도 보인다. 또 유명한 비전논자 송경(宋牼)과 석구(石丘)에서 만나 문답한 일은 〈고자 하편〉 제 4 장에 나와 있다. 그러나 송경은 송나라 사람이므로 석구라는 곳도 필경 송나라 지명일 것이며, 맹자가 송나라에 머물고 있을 때의 일이었을 것으로 추측된다.

또 문인 만장이 송나라를 위해서 제·초 두 강대국에 대한 대비책을 맹자에게 물은 사실이 〈등문공 하편〉 제 5 장에도 나와 있다. 그뿐만 아니라, 송나라에서 떠날 때에는 70일(鎰)이라는 여비를 전별의 뜻으로 주었다는 이야기가 〈공손추 하편〉 제 3 장에 기록되어 있다.

〈등문공 하편〉 제 5 장에,

"송나라는 소국입니다. 이제 장차 왕도정치를 행하려 하여……."

라고 문인 만장이 말한 것으로 미루어 보아 맹자가 송나라에 머물고 있었다는 것은 확실하다. 그리고 송나라 군주와도 제법 관계와 교섭이 있었던 것으로 생각된다. 그런데 이러한 일들에 대해서는 구체적인 기록이 전혀 남아 있지 않다. 그렇다면 송나라 군주를 만나기는 했지만 별다른 일이 없었기 때문에 아무런 기록이 없는 것일까, 혹은 기록은 있었는데 편집자가 〈양혜왕편〉에 수록하지 않은 것일까? 이에 대해서는 우선 송나라에서는 다른 나라에서와는 달리 주목을 끌 만한 사건이 없었다고 해석해 두고 싶다.

설의 경우도 송과 마찬가지로 잠시 체재한 듯싶다. 설군에게서 50일이란 전별금을 받았다는 기록이 있는 것이다. 〈공손추 하편〉 제 3 장에 있는 이 기사는 맹자가 유력의 길을 떠나 제에서 송으로, 송에서 설로 온 것을 분명히 해준다. 그리고 그 전별금도 제에서는 겸금(兼金) 1백, 송에서는 70, 설에서는 50으로, 그 나라의 대소에 비례하고 있다.

하지만 제나라와는 비교도 되지 않는 작은 나라 설에서 50일이란 전별금을 주었다는 사실은 맹자에 대해 상당한 경의를 가지고 있었다는 증거가 아닐까 생각된다. 설은 매우 작은 나라이고 맹자는 극히 짧은 기간 동안 설에 체류했었다. 따라서 설군에 대해서 아무런 기록도 없는 것은 송보다도 더한층 특기할 사실이 없었기 때문이 아니었을까?

제인벌연(齊人伐燕)의 기사(記事)에 대해서

현재 맹자에는 제인벌연에 관한 기록이 네 장이나 있다. 이것은 그 내용으로 보아 원래 연속된 기사였음이 분명하다. 글을 쓴 사람도 한 명으로, 공손추의 기록으로 추측된다.

이제 그 내용을 순서대로 나열해 본다.

① 제나라 대부 심동(沈同)이란 자가 사실은 제의 선왕의 명령이면서도 겉으로는 자기 개인의 의견인 양, 맹자에게 와서 내란에 허덕이고 있는 연(燕)나라를 쳐도 좋으냐고 물었다. 여기에 대해서 맹자는 쳐도 좋다고 대답했다. 그러나 결코 제나라가 쳐도 좋다고는 말하지 않았다(공손추 하편 제 8 장).

② 제나라는 연을 쳐서 대승을 거두었다. 제의 선왕은 자랑스런 모습으로,

"연나라를 아주 취하지 않으면 천명에 거역하는 것이 아니겠습니까?"

하고 물었다. 맹자는,

"취하고 취하지 않는 것은 끝까지 연의 민의(民義)로써 결정되는 것입니다."

라고 대답했다. 이는 민의를 존중하여 학정을 하지 말도록 왕에게 간한 것이다(양혜왕 하편 제10장).

③ 그러나 선왕은 맹자의 말을 받아들이지 않고 연을 점령해 버렸다. 그리고 제의 군대들은 마구 약탈을 행했다. 온 천하의 제후들은 제를 불의로 규정짓고 연합해서 연을 구원하려고 계획했다. 선왕은 크게 놀라서 맹자에게 이를 의논했다. 맹자는 민의에 따라서 선왕을 새로 세우고 연에서 군사를 철수시킬 것을 권했다. 그러나 왕은 이를 듣지 않았다(양혜왕 하편 제11장).

④ 연나라 백성들은 드디어 제나라에 대하여 반란을 일으키고, 따로 왕을 세워 독립하였다. 그러자 제의 선왕은 맹자에 대하여 몹시 부끄러운

표정을 지었다. 그런데 왕의 측근에 있는 진가(陳賈)라는 자가 자진해서 선왕의 처사를 변명하고 도리어 맹자를 책망하여 맹자를 궁지에 빠뜨리고 만다(공손추 하편 제 9 장).

이상의 기록에 의하면 분명히 2와 3 두 장만이 〈양혜왕편〉에 포함되어 있고, 1과 4 두 장은 〈공손추편〉에 남겨져 있다. 이것은 〈공손추편〉에서는 그저 왕이라고 한 것만으로 안다. 그러나 〈양혜왕편〉에서는 왕이라고만 해서는 누군지 알 수 없으므로 제의 선왕이라고 고쳐 쓴 것이 분명하다.

그렇다고 하면 네 장에 걸쳐 연속된 기록의 두 장만을 〈양혜왕편〉에 포함해 가지고는 제가 연을 친 동기나 결과를 알 수 없다. 그런데 편집자는 왜 이렇듯 이상하게 옮겨 편찬했을까?

그 대답은 분명하다. 그것은 1과 4는 심동이나 진가 같은 제나라 가신들과의 문답이었고, 이와 반대로 2와 3은 어느 것이나 제나라 선왕과의 직접 문답이었기 때문이다.

여기에서 편집자는 2와 3만을 뽑아 제후들과의 문답을 모은 〈양혜왕편〉에 옮겼을 것이다. 따라서 가신들과의 문답인 1과 4는 〈공손추편〉에 그대로 남겨 놓았다는 것이 된다. 이렇게 볼 때〈양혜왕편〉의 특질로 말해서 편집자는 끝까지 계통을 세우기 위한 방법이었을 것으로 여겨진다.

불인재 양혜왕야장(不仁哉梁惠王也章)에 대해서

〈양혜왕편〉에는 상편 제 1 장으로부터 제 5 장에 이르기까지 양혜왕에 대해서 논리정연하게 수록되어 있다. 그러나 양나라 혜왕을 편명으로 한 〈양혜왕편〉임에도 불구하고 '불인재 양혜왕야'라는 한 장만이 동떨어진 〈진심 하편〉 첫장에 수록되어 있다. 이것은 무슨 까닭일까?

편명까지 이루어지면서 이 한 장만이 다른 편에 남아 있는 듯한 인상을 주는 것은 얼핏 이해가 가지 않는다. 그러나 그 해명도 간단하다. 이것은 문인 공손추와의 문답이고, 또 〈양혜왕편〉에 있는 다섯 장과는 달리 양혜왕과의 문답이 아니었기 때문이다. 그러면 왜 〈진심 하편〉에 수록되어 있는 것일까?

그것은 이 장의 내용이, 영토를 차지하려는 욕심에 불탄 나머지 가장 사랑하는 자기의 태자(太子)마저도 전장(戰場)에 내보내서 희생시키고 만 양혜왕을 비난하고, 이른바, '사람이 아니다, 귀신과 같다'라고 혹평한 것으로서, 그 다음 제 2 장의 '춘추 때에는 의리를 위한 전쟁이 없다' 제 3 장의 '지극히 어진 것으로써 지극히 어질지 못한 것을 치니 어찌 피를 흘리랴?' 제 4 장의, '내가 진법(陣法)을 잘 알고 전쟁을 잘한다고 하는 것은 큰 죄이다' 등의 전쟁을 혹평한 말들이다. 그래서 이와 비슷한 투의 말들을 한데 묶어서 〈진심편〉에 수록했을 것이다.

그리고 또 한 가지는 이것은 왕에 대한 지나친 혹평인 만큼 아마 양을 떠난 다음의 발언인 것으로 생각된다. 따라서 현재 〈양혜왕편〉에 수록되어 있는, 맹자가 양에 체류하고 있을 당시의 혜왕과의 문답 다섯 장보다는 연대가 약간 뒤진 것이 아닐까?

그리고 또 한 가지, 이 혜왕을 혹평한 문답의 상대인 공손추는 맹자가 양을 떠나서 제로 간 뒤의 문인인 것으로 보아 이 문답은 제나라에서 한 것으로 생각된다. 또 이것은 공손추 자신의 기록에 의해 이루어진 것으로서, 그 어느 것이나 〈양혜왕편〉에서는 도저히 편입될 수 없는 성질의 문답인 것이다.

이런 점으로 보아 이 《맹자》의 편집자의 의도는 지극히 주도했다고 말할 수 있다.

〈고자편〉에 대해서

〈고자편〉에는 맹자가 자신의 논적(論敵)인 고자와 주고받은 인간성에 대한 문답이 모두 상편의 제1·제2·제3·제4장에 걸쳐 일련의 기사로 정연하게 수록되어 있다. 그러나 맹자·고자의 문답이 아닌, 맹자가 그 문인과 주고받은 문답 속에서 고자의 인간론을 비평한 곳이 두 군데 있다. 그 중의 하나는 공도자(公都者)와의 문답으로서, 이것은 전기 네 장과 같은 성질에 속하기 때문에 〈고자 상편〉 속에 제 6 장으로 현재 수록되어 있다. 그러나 같은 고자의 말을 인용해서 비평한 것임에도 불구하고 〈고자편〉 밖에 있는 것이 하나 있다. 〈공손추 상편〉의 제 2 장, 즉 '부동심장(不動心章)'이 그것이다. 이것은 공손추의 여러 차례에 걸친 간절한 질문에 응해서, 맹자가 고자의 부동심을 들어 예리하게 비평하면서 진정한 부동심이 무엇인가를 설명하고, 새로 지언과 호연지기(浩然之氣)에 언급해서 크게 자기의 주장을 강조한 거편(巨篇)인 것이다. 이 장은 〈고자 상편〉 제 6 장과는 달라서 인성론(人性論)이 아니고 차라리 실천적인 수양론이라고 할 만하다.

뿐만 아니라 이 장 전체가 공손추와 맹자와의 문답으로 되어 있기 때문에 〈고자편〉이 아닌 〈공손추편〉에 수록되는 것이 오히려 자연스러운 일인 것이다.

따라서 논적 고자에 관한 기사를 주로 하여 폭넓게 인성론에 관한 것을 취급하고 있는 〈고자편〉도 역시 양혜왕의 경우와 같이 잘 정리되어 있다고 할 수가 있다.

〈공손추편〉에 대해서

〈공손추편〉에는 제나라에 관한 기사가 참으로 많다. 가령 당시 제나라 임금을 가리켜 한 말로 생각되는 '왕'이란 자가 하편 제 2 장에 열 번, 제 3 장에 한 번, 제 4 장에 한 번, 제11장에 한 번, 제12장에 열 번, 제14장에 한 번 등 매우 많이 나오고 있다. 그리고 그 내용이나 경우로 보아 왕이란 제나라 선왕을 가리킨 것임을 알 수가 있다. 이 선왕을 그저 왕이라고밖에 쓰지 않은 것으로 보아 선왕의 생존 당시에 씌어진 글임에 분명하다. 그리고 또 이 두 장은 어느 것이나 당당한 거편이다. 하지만 〈진심 하편〉은 분명히 맹자가 은퇴한 후의 것으로서 공자(孔子)와 같이 그 만년의 심경을 토로한 것이다. 따라서 이것을 《맹자》 7편의 도미(掉尾)를 장식하는 〈진심 하편〉 제38장과 함께 가장 끝에 배치시킨 것은 극히 당연한 일일 것이다.

여기에서 주의할 것은 이 제37장에는 다른 곳의 많은 장과는 달리 만장을 '만자왈(萬子曰)'이라고 존칭해서 쓴 곳이 한 군데 있다는 점이다. 더구나 일반에 유행되는 《주자집주》에는 이 '만자'라는 두 자가 '만장(萬章)'으로 되어 있지만, 조주(趙注)의 송간본(宋刊本)에는 '만자'로 되어 있어 사실은 '만자'가 옳은 것이다.

조기(趙岐)도 '만자는 만장이다'라고 그 주에 말하고 있는데, 이것은 예로부터 이렇게 되어 있는 것이므로 이것을 오기(誤記)라고 단정할 수는 없다. 또 그 내용으로 보더라도 만장이 학문과 덕행이 이루어지고 나이가 들었을 때에, 이와 동시에 맹자 역시 노령 시기에 있었던 문답으로 추정된다. 왜냐하면 맹자가 여러 나라를 유력하기 시작한 초기라고 생각되는 양혜왕과의 회견 때문에, 이미 70세나 된 혜왕에게도 '수(叟)'라는 존칭을 받았는데, 이로부터 10여 년을 유력한 뒤에 고향으로 돌아온 만큼, 이 즈음의 맹자는 고령이었을 것이다.

따라서 이 문답은 《맹자》 7편 중에서도 가장 만년의 문답이라고 추측된다. 이런 점으로 보아 이 제37장이 〈진심 하편〉 맨 끝의 제38장 즉, '성인(聖人)이 나타나는 것은 5백 년마다 있는 일이다' 하는 주기설(周期說)을 말한다. 또 요순(堯舜) 이래의 도통(道統)을 역설하여 7편의 최후를 장식하고 있는 유명한 말과 함께 배치되었다고 하는 것은 참으로 타당한 일이라 하겠다.

그러나 〈등문공 하편〉 제 5 장만은 왜 같은 편에 수록되었는지 그 의도를 알 수가 없다. 이 장은 소국인 송(宋)나라가 왕도정치를 하려 하고 있으나, 제(齊)·초(楚) 등 대국의 틈에 끼여 있었으므로 이것을 고민하여 만장이 맹자와 문답한 기사가 있다. 이 편 제 1 장에서부터 제 5 장까지는 모두 도(道)나 왕정(王政)에 대한 문답뿐이다. 그 때문에 이것이 편에 들어간 것이지만, 이것 역시 글을 쓴 사람이 동일하기 때문인지, 아니면 위에 말한 이유 때문인지는 알 수 없다.

이상을 총괄해 볼 때 다음과 같은 결론을 지을 수가 있다.

첫째, 만장이나 공손추 등 문인이 쓴 것이 맨 앞에 수록되었다.

둘째, 만장·진진·서벽·악정극·옥노련·공도자·고자 같은 문인을 자(子)라고 존칭해 부를 만한 후학의 무리, 즉 맹자로서 보면 재전(再傳)의 제자라고 할 수 있는 사람들의 손에 의해 이루어진 것이 뒤에 가서 수록된 것이다.

즉, 첫째 것은 맹자의 언행에 관한 초기의 기록이며, 제자들의 기록에 기초를 두고 이루어진 것이다. 또 둘째 것은 후기의 기록으로서, 재전의 제자라고 할 수 있는 사람들의 손에 의해 이루어진 것이다.

이 전·후기의 두 종류의 기록에 기초를 두고 정리·편찬한 것이 바로 현재의 《맹자》 7편인 것이다.

대학(大學)

군자(君子)의 정치란?

공자(孔子)의 예악정치(禮樂政治)나, 맹자(孟子)의 왕도정치(王道政治)는 모두 위정자가 성인(聖人)이나 군자인 것을 기대하는 데에 그 목적을 두고 있다. 이와 같은 주의는 맹자에 의해서 나타난 순자(荀子)의 경우도 마찬가지이다. 순자는 공자의 예악정치를 신봉하여, 인간의 본성은 악하므로 이것을 단속하고 선도하기 위해서는 예의와 음악을 기초로 하는 교화(敎化)가 무엇보다도 필요하다고 역설했다. 따라서 민중을 교도하는 것이 유일한 정치 방법이며, 그러기 위해서는 성인이나 현자(賢者)만이 왕이 되어야 한다고 생각했다.

이 순자의 문하에서 나온 한비(韓非)나 이사(李斯)는 스승의 학설을 일변해서 법률에의 편중, 포상 만능의 정치론을 제창했다.

'정치는 위정자 개인의 선악이나 우열에도 불구하고 치적(治績)을 올리지 않으면 안 된다. 군주나 재상의 개인적인 선악에 의뢰하는 것을 원칙적인 정치 방침으로 삼을 수는 없다. 정치의 근본은 법률에 의한 포상의 시행인 것이다. 정치란, 포상의 규정만 확실하다면 위정자가 어떤 사람이든 간에 치적을 제대로 유지할 수가 있다. 도덕 정치란 고대의 도의일 뿐이며, 현대에는 통일되지 않는다. 공맹(孔孟)의 정치론은 시대 착오인 것이다.'

이것이 한비나 이사의 견해이다.

그러나 정치 방법 그 자체의 진보에 대해서 생각해 보면, 그대로 거슬러올라갈수록 그 방법은 간략하다. 즉, 법률보다는 도덕이나 사회 관습에 의존하는 점이 많았던 것이다. 이것이 시대의 흐름에 따라 법치적 경향을 띠게 되어 규칙이나 제도가 우위에 서기에 이르렀으며, 도덕이나 관습에 대한 의존도가 점점 희박해 갔다.

따라서 공자나 맹자가 열렬히 제창한 도의적 정치에도 불구하고 주(周)나라 말기로부터 진한(秦漢)으로 내려오면서 실제적인 문제나 정치 사상에 있어서 모두 법치주의가 덕치주의를 능가하는 경향을 띠게 된 것은 자연스러운 이치라 하겠다.

그러나 유가나 유교 사상을 존중하는 자는 이러한 자연적인 경향을 거부하여 '정치는 도덕적이어야 하며, 위정자는 군자여야 한다'고 강력히 주장하고 있다. 한나라 초기에 육가(陸賈)는 《신어(新語)》를, 가의(賈誼)는 《신서(新書)》를 지어서 다 함께, '진조(秦朝)는 패도(覇道)에 의해 법률 만능주의를 과신했고, 그로 말미암아 멸망했다'는 예를 들고 인의와 예악의 정치를 널리 제창함으로써 천자나 대신들에게 경고했다.

여기에 소개하는 《대학》도 역시 정치의 법치주의화 경향에 반대하여, 덕치주의의 입장에서 저항 사상을 주장한 하나의 표현이다.

이것은 실로 《예기》에 있는 〈대학편〉이다. 이 글은 학문의 목적과 정치의 이상과의 상호관계를 설명하고, 나아가서 정치는 윤리적이어야 한다는 것과, 위정자는 반드시 군자여야 한다는 것을 강조했다. 이것은 어디까지나 공자적인 정치관을 발양한 것이다. 하지만 그 발상이 원대해서 기술이 자못 논리적이요, 조직적인 정치 철학의 이론인 점에 있어서는 오히려 논어나 맹자의 '덕치론'보다도 더한층 진보된 흔적을 보여 주고 있다. 이 때문에 후세에 이르러 송나라 주자가 《대학》과, 뒤에 있는 《중용(中庸)》을 뽑아내어, 《논어(論語)》·《맹자(孟子)》와 함께 '사서(四書)'라고 규정했던 것이다. 요컨대 《대학》은 유가 정치론의 고대 부분의 총괄적인 업적으로서, 유교에 있어서의 가장 기본적인 고전이라 할 수 있다.

《대학》의 지도 이념

유가(儒家)의 과거 교육제도의 구상을 보면 초·중등 교육을 소학(小學)이라 하여, 예악사어서수(禮樂射御書數) 같은 기본적 교양을 가르쳤다. 이 소학은 중앙이나 지방을 통해서 많이 설치되었으나, 중앙에는 대학(大學)을 세워서 전문적인 경학(經學) 이외에 차원 높은 윤리설과 정치론을 강구하도록 했다. 이와 같은 교육은 모두 군자(君子)를 양성하는 데 그 목적을 두었는데, 그 중에서 특히 대학은 위정자가 될 수 있는 학식과 품성을 갖춘 군자를 육성하기 위한 기관이었다.

이 《대학》의 저자의 의향은 군자의 최고 교육인 대학의 목적을,

'명명덕(明明德)·신민(新民)·지어지선(止於至善).'

의 세 조목에 두었다. 이것을 후세의 주자학에서는 '대학의 강령'이라고 한다. 그 각 조목의 취지는 대략 이러하다.

명명덕 명덕이란 순량하고 밝은 덕성으로서 맹자가 성선설에서 말한 양지양능(良知良能)이다. 위정자는 만민의 생활환경을 좀더 호전시키는 데 노력하고, 각 사람이 그 천부(天賦)의 명덕을 망각하는 일 없이 더욱

갈고 닦아 양지양능을 발휘하며, 선을 행하는 사람이 되도록 교도하는 것을 정치의 제 1 목표로 삼아야 하며, 이것을 달성하기 위한 방법이 대학에 있어서의 정치학인 것이다.

신민 인간의 본성은 선량하지만, 반면 현실에 집착한 나머지 진보 의욕을 상실하기가 쉽다. 여기에서 위정자는 항상 이상을 좇아, 사회 문화의 향상과 국민생활의 향상을 지시하여, 모든 사람들이 옛 습관에서 벗어나 날로 청신한 기분으로 생산에 힘쓰고 자기 본연의 임무에 충실하도록 교도한다. 이것이 백성을 다스리는 제 2 목표이며, 여기에 관한 강구가 바로 대학에 있어서의 정치학인 것이다.

지어지선 이것은 정치의 최종 목표이다. 실상 이것이야말로 최초부터 바라던 최종 목표인 것이다. 여기에 도달하기란 현실적으로는 불가능한 것이지만, 그래도 여기에 도달할 수 있으리라는 희망 아래 태만하지 않는 것이 위정자의 가장 중요한 의무이자 사명인 것이다.

이 '지선', 즉 이상적인 경지 및 이상사회에 대한 설계·검토·사고 등은 대학에 있어서의 제 3 의 과제이다. 이것은 제 1 과 제 2 를 거쳐 항상 태만함이 없이 강구되어야 할 과제인 것이다.

위에서 말한 세 가지 강령을 나타내기 위하여 저자는 다음과 같이 말했다.

고지욕명명덕어천하자(古之欲明明德於天下者)는 선치기국(先治其國)하고, 욕치기국자(欲治其國者)는 선제기가(先齊其家)하고, 욕제기가자(欲齊其家者)는 선수기신(先修其身)하고, 욕수기신자(欲修其身者)는 선정기심(先正其心)하고, 욕정기심자(欲正其心者)는 선성기의(先誠其意)하고, 욕성기의자(欲誠其意者)는 선치기지(先致其知)하니 치지재격물(致知在格物)하니라.

물격이후지지(物格而後知至)하고, 지지이후의성(知至而後意誠)하고, 의성이후심정(意誠而後心正)하고, 심정이후신수(心正而後身修)하고, 신수이후가제(身修而後家齊)하고, 가제이후국치(家齊而後國治)하고, 국치이후천하평(國治而後天下平)하니라.

'격물치지(格物致知)'란 물건과 일의 실상을 파악하여 정확한 지식을 얻는다는 것이다.

'성의(誠意)'란 자기의식을 명확히 하는 것을 말하는데, 여기에는 격물치지에 의한 사물의 인식이나 지식이 필요한 것이다.

'정심(正心)'이란 뜻의 행방을 공정하게 갖는 것을 말하는데, 그러기 위해서는 우선 성의가 필요하다. 자기 의식이 명확하고 안정되지 않으면 목적 지향에 몰두할 수가 없다.

'수신(修身)'이란 몸의 위의를 엄정하게 하고 언행을 신중하게 하는 것으로서, 그러기 위해서는 정심을 필요로 한다. 지향하는 바가 공정하지 않고서는 일신을 검속(檢束)할 수가 없는 것이다.

'제가(齊家)'란 가장으로서 가족 및 친족을 통제하여 평화와 안락을 누리게 하는 것이다. 스스로를 검속함으로서 모범을 보이지 않고서는 한 집안을 통제할 수가 없다. 가장된 사람의 이와 같은 마음가짐은 대개 5,6명의 식구를 가진 가정에도 해당되는 말이지만, 여기서 문제삼고 있는 고대 중국의 가정은 형제·자매·숙질·내외·종형제들을 포함한 대가족인 것이다. 그래서 이러한 가정의 가장 역할을 제대로 하기 위해서는 인간관계의 통제 이외에, 재산의 관리 및 대외 사교관계까지도 처리해야 하는 것이다. 그러므로 이 제가는 참으로 어려운 과제가 아닐 수 없는 것이다.

이 제가가 훌륭히 이루어질 경우 군주나 대신으로서 한 나라를 올바로 통치할 수 있고, 국정이 잘 처리되어 치적이 크게 이루어지며, 최후에는 천자나 재상으로서 자기의 위대한 포부를 가지고 천하를 다스려 만민을 평화롭고 안락하게 해줄 수가 있다. 이것이 바로 '치국 평천하(治國平天下)'이며, '평천하'가 바로 '명명덕'인 것이다. 이 '명명덕'의 목표에 도달하면 그때에는 '신민'의 목표가 있고, 여기서 다시 '지어지선'의 최종 목표가 있다. 이것은 이미 '격물치지'로부터 시작하여 학문과 실천 등의 모든 과정 및 한계를 정하고 있기 때문인 것이다.

자신이 먼저 수양하고 남을 다스리라

위에서 말한 학문을 요약한다면,

'학문이란 군자가 우선 소학과 대학을 통하여 자기 자신을 도야함으로써 우수한 지도자가 될 모든 준비를 갖춘 뒤에 비로소 남을 가르치고 천하를 다스리기 위한 것이다.'

그러므로 유가는 '이 《대학》에서 말하는 최고의 학문이란, 자기 몸을 닦은 후에야 비로소 남을 다스리는 도'라고 말한다.

따라서 《대학》의 취지는, 최고의 학문은 윤리학 또는 정치학이며, 정치적 실천은 군자가 모든 사업에 있어 뛰어나다는 것이다. 그러나 유가 교육의 최대 목적은 공자 이래로 군자를 양성하는 일이었는데, 군자란 귀인이나 지도자를 말한다. 때문에 정치야말로 그 사명이고 따라서 군자의 학문의 그 최종 과정이 윤리학이나 정치학이라는 것은 당연했던 것이다.

오늘날 위에서 말한 학문관에 대해 말한다면, 그 정치·윤리에의 편향을 단점으로 들 수 있다. 그러나 그 취지가 오늘날 결코 무가치한 것만은 아니다.

지식인은 스스로의 능력을 증대시키고 지위를 고양해야 하며 그럼으로써만 남을 다스릴 책임까지도 부여되는 것이다. 그런데 이런 경우에 '수기'하지 않고서는 결코 '치인'을 할 수가 없는 것이다. 이 수기란 하찮은 한 가지 재주나 한 가지 능력을 가졌다고 해서 이루어지는 것은 아니며, 이것은 전인격적인 수양을 필요로 한다.

즉, 이 '수기치인'의 길은 그 치인의 범위에 다소의 차이는 있다 하더라도 사회의 모든 사업 장소에 있어서 항상 군자된 사람의 과제가 되는 것이다.

손문(孫文)은 그가 제창한 '삼민주의(三民主義)' 제 1 장의 '민족주의' 속에서 이 《대학》의 강령을 인용하여 다음과 같이 말했다.

"이것은 지극히 체계적인 정치철학이다. 일찍이 다른 나라의 대정치가들 가운데 이러한 견식에 도달한 사람은 없었다. 《대학》의 학설은 우선 개인의 능력을 내면으로부터 개발하여 외부로 발휘시킴으로써 '평천하'에 이르게 한다는 것이다.

이제 우리는 선대의 사람들이 남긴 이 뛰어난 교훈을 그저 입으로만 되뇌일 것이 아니라, 반드시 실천에 옮겨야 한다."

중용(中庸)

중용의 덕(德)

주자(朱子)는 《대학(大學)》과 함께 《중용》을 《예기(禮記)》 속에서 뽑아내어 독립된 경서로 만들었다. 이렇게 할 만한 확실한 가치를 이 책은 가지고 있다.

이 《중용》에는 논어나 맹자의 문장에서는 볼 수 없는 체계적인 도덕론이 실려 있다. 그리고 일찍이 맹자가 제창한 성선설을 이론적으로 잘 기술하여 고대 유교의 도덕론에 완결을 맺어 놓았다. 그리고 이 《중용》의 논설은 도덕의 실천에 관해서는 중용의 덕을 강조하고 있으므로, 이것이 그대로 책 이름이 된 것이다. 그러나 이 글이 전체적으로 중용만을 주제로 삼은 것은 아니다.

다음에 그 예를 들어 본다.

천명지위성(天命之謂性) 솔성지위도(率性之謂道) 수도지위교(修道之謂教).

성자(誠者) 천지도야(天之道也) 성지자(誠之者) 인지도야(人之道也).

자성명(自誠明) 위지성(謂之性) 자명성(自明誠) 위지교(謂之教) 성즉명의(誠則明矣) 명즉성의(明則誠矣).

위의 3장은 그 내용이 비슷한데, 모두 천성·도덕·학문·교육 간의 관계를 규정지은 것이다.

'만일 사람의 성품은 하늘이 부여한 것으로서 본질적으로 선량하고 성실한 것이라고 한다면, 아무런 학습이나 교육을 기다리지 않고서도 사람은 자연히 선량하고 성실하게 행동할 것이 아닌가. 맹자는 사람의 천성을 방해하는 것은 인간의 내부에 있는 관능적인 욕망과 외부의 생활조건의 불비(不備)에 있다고 주장했다. 그러나 만일 이런 것들에 부딪혀 발동되지 못할 만큼 빈약한 능력의 것이라면 특별히 사람의 성품이 선량하다고는 못할 것이 아닌가.'

이러한 의문은 성선설에 대해서 일어나는 것이다.

여기에서 《중용》은 인성(人性)이란 본질적으로 선량하고 성실하여 양심에 따라서 판단하고 행동하는 것이라고 말하지 않고, '사람의 성품은 착한 것이다. 이것은 인간 존재에 있어 필연적인 것이지만, 사람이 그 본성을 자각하도록 교도하는 것이나, 또는 사람이 그 교도를 받음으로써 선량하고 성실한 사람이 되도록 교육하는 것은 사람의 당연한 의무이다'라고 설명했다.

이리하여 '도덕은 당연·당위의 것, 즉 당연히 그렇게 해야 할 것으로서 사회적으로 요청되어 있는 것이다'라는 발상을 보여 주고 있다. 이것이 이 《중용》이 차지하는 유교사상의 진보적인 지위인 것이다.

《중용》에 의하면 '하늘의 도는 필연의 것이고 사람의 도는 당위의 것'이라고 구별되고 있다. 오직 성인이나 현자는 천재인 까닭에 교도나 교육을 기다리지 않고서도 자기의 천분을 자각하여 이를 발휘할 수가 있다. 그러나 대다수의 사람들은 자각하는 단계가 부족하기 때문에 상당한 교도나 교육을 겪지 않고서는 선량하고 성실한 성품을 발휘할 수 없다는 것이다.

이런 설명에 대해서는 다음 문장에 뚜렷이 나타나 있다.

> 성자(誠者) 불면이중(不勉而中) 불사이득(不思而得) 종용중도(從容中道) 성인야(聖人也) 성지자(誠之者) 택선이고집지자야(擇善而固執之者也).
>
> ……인일능지(人一能之) 기백지(己百之) 인십능지기천지(人十能之己千之) 과능차도의(果能此道矣) 수우필명(雖愚必明) 수유필강(雖柔必强).
>
> 혹생이지지(或生而知之) 혹학이지지(或學而知之) 혹곤이지지(或困而知之) 급기지지일야(及其知之一也).
>
> 혹안이행지(或安而行之) 혹리이행지(或利而行之) 혹면강이행지(或勉强而行之) 급기성공야일야(及其成功也一也).

위의 글을 보면 대체로 사람의 성능을 세 가지 계급으로 구분할 수 있다.

제 1 계급은 물론 성현으로서, 이는 애써 학문을 하지 않고서도 진리를 깨달아 편안히 아무런 의문이나 곤란 없이 선을 행할 수가 있다.

제 2 계급은 수재의 인물로서, 학문을 좋아하고 모든 어려움을 능가하여 선을 행한다.

제 3 계급은 보통 인물들 중에서 노력하는 자이다. 이들은 내면적으로나 외면적으로 모든 장애와 싸우며 학문하고 수양하여 선을 행한다.

그러나 천재이든 아니든 간에 도달할 수 있는 선행은 모두 동일하다는 것이다.

하지만 사람의 성품이 착하고 도덕을 당위의 일로 알아서 배우고 노력한다 하더라도, 현실적으로 선을 행한다는 것은 그다지 용이한 일은 아니다.

이에 대하여 《중용》에서는, '그것은 사람들이 중용을 소중히 여기지 않기 때문이다'라고 말했다.

> 많은 사람들이 바른 도를 깨닫지 못하고 선을 행하지 못하는 이유를 나는 안다. 머리가 좋은 사람들은 이것을 지나치게 어렵다고 생각하고, 머리가 나쁜 사람들은 이것을 바르게 생각할 줄 모른다. 바른 도나 선행은 머리의 좋고 나쁨과는 관계가 없다. 이것은 대다수의 사람이 이해할 수 있고, 실천할 수 있는 것이다. 다만 마치 음식을 먹는 사람은 많아도 그 참맛을 아는 사람이 적듯이, 바른 도와 선행을 보고 들을 기회는 많지만 사람들은 이것을 확실하게 인식하지 못하기 때문이다.

이렇게 공자는 《중용》에서 설명하고 있다. 공자의 말에는 다시 이런 구절도 있다.

> 군자가 추구하는 진리나 선은 지극히 명백하여 일상적인 문제에 관한 것도 있지만, 지극히 은미(隱微)하여 비실제적인 문제에 관한 것도 있다. 그러므로 문제에 따라서는 평범한 남녀로서도 잘 알 수 있는 것이 있고, 또는 제아무리 총명한 사람이라도 알 수 없는 것이 있는 것이다. 실천에 있어서도 마찬가지이다. 진리나 선에도 원대한 문제에 관한 것과, 극히 비근한 문제에 관한 것이 있다. 군자는 그 실생활에 있어서 너무 원대한 데로 치우치지도 않고, 너무 비근한 데로 치우치지도 않는다. 중간의 타당한 기준을 잡아서, 모든 사람의 품성과 교양을 높이는 데 있어 가능한 한 알기 쉽고 행하기 쉽게 공부하는 것이다.

중용의 덕이란 생각할수록 중요한 것이라고 여겨지는 바이지만, 사람들은 좀처럼 중용을 지키지 않는다.

정도를 행한다고 하면서 너무 인정에서 동떨어진 행동을 한다면, 이것은 정도라고 할 수 없다. 정도란 인정에 가까운 것이다. 가령 부모를 섬기려면, 내 자식들이 어떻게 해 주기를 바라는가 하는 것을 생각하면 된다. 임금을 섬기려면, 내 밑에 있는 사람들이 어떻게 해주기를 바라는가 하는 것을 생각하면 된다. 이렇게 하면 중용을 벗어나지 않게 된다.

이와 같이 이 《중용》은 중용을 중시하고, 그 위에 여기에 관한 교훈을 거의 모두 공자의 말을 인용해서 기록해 놓았다.

이 《중용》을 《논어(論語)》와 비교해 보면, 공자는 크게 중용을 존중했다는 것을 알 수가 있다.

더욱이 이 《중용》의 내용은 지(智)·인(仁)·용(勇)의 세 가지 덕의 관계라든가, 효(孝)·예(禮)·악(樂)·정치에 대한 문제 등을 골고루 다루고 있다. 하지만 그 도덕론의 요지는 대개 위에서 언급되었을 줄 믿는다.

《중용》의 구성은 어떻게 되어 있나

《중용》은, 원문의 서문 첫머리에 보면 '자사(子思)가 도학이 전해지지 못할까 걱정하여 지은 것이다'라고 했다. 또 '공자세가'나 《한서(漢書)》〈예문지(藝文志)〉에도 자사가 지은 것이라고 명백히 기록되어 있다. 그러나 구양수·진선 등, 송(宋)나라 대옹(戴顒)의 저술이라는 고증적인 이설(異說)도 있다.

이 이설과는 달리 《중용》을 예기에서 뽑아 내어 독립시킨 사람이 대옹이라는 주장이 옳을 것이다.

대옹은 이 밖에 《중용정》 2권을 저술했다고 하는데, 지금은 전해지지 않는다. 양나라 무제 때에 이르러 《중용강소》 1권, 《사기제지》, 《중용의》 5권을 저술했으나 역시 전해지지 않는다.

당나라에 이르러 이상(李翔)의 복선설이 나왔는데, 이것은 《중용》의 주소(注疏)라고 할 만하다. 이상은 또 《중용설》도 저작했다.

다시 송대(宋代)에 이르러서는 호원(胡瑗)·진양(陳襄)·여상(餘象)·교집중(喬執中)·사마광(司馬光)·장방평(張方平)·요자장(姚子張)·범조우(范祖禹) 등이 각각 강의나 또는 논설을 지었다. 특히 범중암(范仲淹)은 이것을 장횡거(張橫渠)에게서 배웠다.

정자(程子)에 이르러 이 《중용》은 《대학(大學)》·《논어》·《맹자(孟子)》와 함께 사서(四書)로 뽑혔고, 다시 주자가 알려지기 시작했다. 주자가 《중용장구》를 쓴 것은 남송(南宋) 순희(淳熙) 16년, 즉 서기 1185년의 일이다.

이 《중용장구》는 각각 그 견해에 따라서 일정하지 않다. 《예기》 속의 《중용》은 33절로 구분되어 있었는데, 정자는 이것을 고쳐서 37절로 구분했고, 다시 주자(朱子)가 33장으로 구분했다.

그러나 이것은 반드시 고본과 일치하지는 않는다. 《전한서》〈예문지〉에는 중용설 2권으로 되어 있고, 사고주(師古註)에는 중용 1편이라고 했다.

송나라 왕백(王柏)은 《정고중용(訂古中庸)》 2권을 저술하여 주자 장구(章句)의 21장 이하는 성명서(誠明書)라고 했다.

이 밖에도 송나라의 조설지(晁說之)·여립무(黎立武), 명나라의 양수진(楊守陳)·관지도(管志道)·주종룡(周從龍) 등이 각각 그 뜻을 가지고 이것을 분류했다.

이 《중용》 제 1 장은 순전한 자사의 성(性)·도(道)·교(敎)에 대한 총론이며, 제 2 장부터는 공자의 말 이외에 《시경》·《서경》에서 여러 말을 인용하여 제 1 장의 뜻을 부연 설명했다.

우리나라에서도 조선조 명종(明宗) 때 회재(晦齋) 이언적(李彦迪)의 《중용구경연의(中庸九經衍義)》가 나왔고, 선조(宣祖) 때에는 왕명(王命)으로 경연(經筵)에서 《중용언해(中庸諺解)》를 편찬하기도 했다.

▩ 노자(老子)

노자와 그 전기(前期)

《노자(老子)》라는 책 및 그 저자여야 할 노자라는 인물은 그 어느 것이나 깊은 안개 속에 싸여 있는 신비한 수수께끼이다.

이 책의 내용에 신비스러운 색채가 농후한 것과 마찬가지로 노자라는 인물도 보통 인간과는 좀 다른 불가사의한 성격을 가진 사람으로 생각하는 것이 보통이었다. 그래서 어떤 학자는 노자는 가공의 인물이라고 잘라 말했다. 하지만 나는 그가 분명 실재(實在)했던 인물이라고 생각한다.

언제 어디에서 태어났는지도 알 수가 있다. 노자의 전기(傳記)에 대한 가장 신뢰할 수 있는 자료는 사마천(司馬遷)의 《사기(史記)》에 수록되어 있는 〈노자열전(老子列傳)〉이다.

거기에 기록되어 있는 중요한 부분을 소개한다.

'노자(老子)는 초(楚)의 고현(苦縣) 사람으로 이름은 이(耳), 자는 담(聃), 성(姓)은 이씨(李氏)이다. 주(周)나라의 장실(藏室)을 관리한 사관(史官)이었다.'

이 기록에 의하면 노자가 태어난 곳은 고현(苦縣), 즉 현재의 하남성(河南省) 녹읍현(鹿邑縣) 동쪽, 안휘성(安徽省)과의 경계와 가까운 곳이 된다. 장실이란 궁정의 도서관이다. 여기에서 말한 주(周)나라는 현재의 낙양시(洛陽市) 곧 하남성을 가리킨다.

노자는 도(道)와 덕(德)을 닦았다. 그 학설은 자기를 감추고 무명(無名)으로 지낼 것을 요무(要務)로 한다. 주나라의 도읍에 오래 살았으나 주나라의 국력이 쇠해지는 것을 보고는 이윽고 그곳을 떠나 관(關)에까지 왔다.

이때 관소(關所)의 감독관이었던 윤희(尹喜)가 노자를 보고 말했다.

"선생은 이제부터 은자(隱者)가 되시려는 것이지요? 좀 무리한 부탁인 줄은 압니다만 나를 위해서 책을 하나 저술해 주실 수 없겠습니까?"

이 부탁을 받고 노자는 비로소 상하 두 편의 책을 저술했는데, 도와 덕의 의의(意義)를 말하고 있다. 세상에서는 이것을 노자의 《도덕경(道德經)》이라 한다.

그 후 노자는 그곳을 떠나 어디로 가서 어디에서 죽었는지 아는 자가 없다. 그 관소란 필시 함곡관(函谷關)일 것이니, 그렇다면 노자는 거기에서 서쪽 지방인 섬서성(陝西省) 어디엔가로 갔을 것이다.

《사기》에는 또 이렇게 나와 있다.

'노자는 은자였다. 그 아들의 이름은 종(宗)이며, 이 종(宗)은 위(魏)나라의 장군으로서 단간(段干)이라는 땅에 봉해졌다. 종(宗)의 아들은 주(注)요, 주(注)의 아들은 궁(宮), 궁(宮)의 현손(玄孫)은 가(假), 가(假)는 한(漢)나라 효문제(孝文帝) 밑에서 벼슬했고, 가(假)의 아들 해(解)는 교서왕(膠西王) 공(卬)의 태부(太傳)가 되어 이로부터 제(齊)나라에 살게 되었다.'

또 《사기》에서는 이와는 별도로 공자(孔子)가 노자에게 예(禮)에 대해서 문답했다고도 기록하고 있지만, 공자가 노자의 제자였다는 점은 의심스럽다.

사마천이 《사기》에 기록한 것은 차라리 노자의 자손의 이름을 명기한 부분에 있다고 생각되는데, 그 계도(系圖)를 가지고 보면 최후의 해(解)는, 노자를 제 1 대로 칠 경우 9대에 해당된다.

해가 태부 벼슬을 한 교서왕은 한(漢)나라 고조(高祖)의 증손으로서 오초(吳楚) 7국의 반란에 가담하여 경제(景帝) 3년(기원전 154)에 죽었다. 그렇다면 이 해를 기점으로 해서 노자의 연대를 추정할 수가 있다.

한 세대의 연수, 즉 부자(父子) 사이의 연령 차이의 평균은 대략 30년이다. 이것으로 산출한다면 노자는 기원전 424년 경에 태어난 것이 된다.

그러나 이것은 결코 절대적인 숫자가 아니기 때문에 전후 약간의 폭을 갖게 한다면 대략 기원전 5세기 말에서 4세기 전반 때 사람이라는 것이 된다.

《사기》의 〈위세가(魏世家)〉에도 그 방증이 될 만한 기록이 보인다.

전국시대(戰國時代 : 기원전 480~220)에 있어서의 여러 가지 학파, 소위 제자백가(諸子百家)의 중심적 인물인 사상가들의 연대를 정하는 것은 현대에 와서도 여러 가지 시험되고 있지만 아직 최종적인 정설은 없다.

그러나 유가(儒家)에 이은 다른 학파 중에 가장 이르다고 생각되는 묵가(墨家)의 시조(始祖)인 묵적(墨翟 ; 墨子)이 기원전 5세기, 유가의 중요한 인물인 맹가(孟軻 ; 孟子)가 기원전 4세기 사람이라고 한다면 노자는 맹자보다는 좀 앞섰다고 하겠다.

사마천(司馬遷)의 기술(記述)에 의하면 노담(老聃)은 확실히 실재했고, 그가 《노자》 상하편을 저술했는데, 그것은 모두 5천 여언(餘言)에 이르는 글이었다. 다만 여기에서 문제가 되는 것은 과연 그 글이 노담 자신의 집필이냐 아니냐 하는 것이다.

《노자》, 그 내용과 문체

현대 학자들의 견해로는 노담의 연대는 별도로 하더라도 책의 편저는 훨씬 뒤의 일로서 더구나 몇 번이나 증보(增補) 개정(改訂)이 거듭되어 오늘날의 모양으로 정착된 것은 한대(漢代) 초기, 대략 기원전 2세기였다고 하는 것이 거의 통설이다.

그러나 5천 수백 자라는 짧은 글은 이례(異例)라고는 말할 수 없어도, 같은 학파에 속한다고 하는 《장자(莊子)》에 비하면 너무도 짧다. 더구나 그 짧은 글 중에 앞뒤가 모순되는 곳이나 장(章)과 장의 연락도 분명치 못한 곳이 많다. 또 같은 한 장 속에서도 문맥의 연속이 이해하기 어려운 곳도 적지 않다(현재 통용되는 책들은 81장으로 나뉘어 있다).

여기에서 이 《노자》는 어느 한 사람의 손으로 저작된 것이 아니라든가, 혹은 일종의 격언집일 것이라는 등의 견해가 현재에는 제법 유력하게 되었다.

확실히 《노자》는 경구집이라고 해도 부족함이 없다. 또 운자(韻字)를 단 구절이 많이 있고, 2,3구 혹은 두 어구의 경우를 포함하면 81장의 과반수가 운문(韻文)으로 되어 있다.

또 《노자》는 옛 이언(俚諺)이나 개별적으로 전승된 명언을 한데 모아서 된 것이라고 풀이하는 학자도 있다. 이언은 중국에서는 가끔 운(韻)을 단다. 요컨대 뒤섞여 있는 퇴적물이라는 말이 된다.

이러한 말들을 반박하기란 쉬운 일이 아니다. 그러나 나는 확실히 이 《노자》는 한 사람의 저자가 쓴 것이라고 생각한다. 그 이유의 하나로 문체의 순일성(純一性)을 들 수가 있다. 사상적으로 모순이라고 보이는 곳이 적지 않고, 소위 도가(道家)의 말이라기보다는 병가(兵家)의 서(書)의 1절(節)에 걸맞는다고 생각되는 장도 있기는 하다. 하지만 사상적으로는 이질(異質)로 보인다고 하더라도 용어와 문체만은 전후를 통해서 거의 일관되어 있고, 사소한 예외를 제외하고는 그 순일성은 아주 분명하다. 따라서 어느 부분에서도 저자와 그 시대나 지역의 격차를 느낄 수 없다.

문체의 현저한 특색의 하나는 고유명사를 쓰지 않은 것이다. 인명은 전혀 없다.

지명도 물 이름인 양자강(揚子江)이 바다와 나란히 나오는 것이 단 하나의 예외인데, 이것은 《노자》의 저자가 황하(黃河) 유역이 아닌 오히려 그보다 훨씬 남쪽 지역, 즉 양자강과 회하(淮河)의 중간 지역에 살고 있었던 증거가 아닐까 생각된다.

그보다도 고유명사가 전혀 없다는 사실은 더욱 중요한 것으로서, 《장자》에 엄청나게 등장하는 여러 가지 인물들이 실재이거나 가공이거나 간에 상상적인 대화를 하는 것과는 커다란 차이가 있다. 《노자》는 완전한 독백체로서 오로지 독자만을 상대로 하고 있는 것이다.

노담은 은자였다고 한다. 장주(莊周)도 은자였으나 그 장주가 《장자》에서 보는 바와 같이 놀랄 만큼 웅변(雄辯)인데 반해서 노담은 드문드문 단편적으로밖에 말을 하지 않았다. 하지만 한번 말을 했다 하면 사람의 마음 밑바닥까지 꿰뚫어 보는 것 같은, 오히려 기분 나쁘게 느껴지는 말투로까지 말하고 있다.

그는 '신언(信言)은 아름다운 것이 아니다(제81장)'라고 말하고, 또 '바른 말은 세속 사정과는 어긋나는 것 같다(제78장)'라고도 말했다. 그 역설적 표현에 특별히 매력이 있다.

또 한 가지 중요한 문장상의 기교는 대우(對偶)이다. 위에 말한 '신언(信言)은 아름답지 않다'라는 구절에 이어서 '미언(美言)은 미덥지 않다'고 받았다.

두 구절에서 말하려는 것은 동일한 것이지만 한쪽이 겉이라면 한쪽은 안이다. 그것은 일종의 반복이라고는 하지만 두 모양의 말하는 방법을 연결시킴으로써 서로 강한 느낌을 주고 있는 것이다.

대우(對偶)는 운문(韻文)은 아니더라도 산문(散文)의 너무 평탄한 것을 구원하는 힘이 있다. 운문으로 엮어진 부분에 대해서 말하자면 이 저자는 아마도 운문의 구와 구의 중간의 모양, 구의 유사한 것과 음(音)의 화합이 그 내용의 논리적 비약을 보충하고 조화를 가져오는 것을 의식했던 것 같다. 그저 옛사람의 성어(成語)를 수시로 인용한 것만은 아닐 것이다.

요컨대 《노자》의 문체는 연마에 연마를 가하여 이루어진 것이다. 짧으면서도, 아니 그 짧게 한다는 것을 의도한 것 같으면서도 곡절이 풍부하여 전체적으로 산문이라기보다는 오히려 시에 가깝다.

이 저자는 아마도 깊이 사색한 사람이었음에 틀림없다. 그 깊이는 시적인 표현과 분리될 수가 없다.

이 글의 영원한 매력은 그 표현의 뛰어남에 거는 바가 몹시 크다. 그리고 이와 같은 문체를 모방하는 것이 불가능한 것은 아닐지라도, 저자 이외의 다른 사람이 이를 모방해서 새로 만든 글을 다수 삽입한다 해도 결코 그대로 부드럽게 넘어갈 수는 없을 것이다.

《노자》, 그 사상(思想)의 분석

《노자》가 《도덕경(道德經)》이라는 별도의 제명을 갖기 시작한 것은 아주 오래 전으로 아마 한대(漢代)부터의 일일 것이다.

'도(道)'라는 글자는 모두 76회 보이고, '덕(德)'이라는 글자는 44회 나타난다. 까닭에 '도(道)'는 노자 사상의 모든 개념 가운데 가장 중요한 것이다. 그러므로 노자와 장자의 학파를 도가(道家)라고 일컫는 것에는 이유가 있다.

제1장에서 말했다.

'말로 표현할 수 있는 도(道)는 영원불변의 도가 아니다. 이름붙일 수 있는 이름은 영원불변의 이름이 아니다. 이름 없는 것은 천지의 시작이고, 이름 있는 것은 만물의 어머니이다.'

'도(道)'란 말할 수는 없지만 변치 않는 영원한 존재이다. 그것은 이름붙일 수 없는 것이다. 그 이름붙이기 어려운 것이 천지의 시작이다.

또 제25장에서 말했다.

'혼돈상태에서 이루어진 것이 있어서, 천지보다도 먼저 생겼다. ……그것은 천하 만물의 어머니가 될 만하다. 나는 그것의 이름을 알지 못한다. 그래서 자(字)를 도(道)라고 지어 부른다. 억지로 이름을 붙여서 큰 것〔大〕이라고 한다.'

하늘과 땅보다 먼저 존재한 무엇인가가 있었다. 그것이 모든 물건을 낳은 어머니인 것이다. 그 이름은 알지 못하지만 그 자를 도라고 부르자. 이름 부르기 어려운 것이지만 억지로 말하자면, 그것은 대(大)인 것이다. 어떠한 물건보다도 크고 만물은 여기에서 다한다.

이 두 개의 장에서 '도'는 단순한 도로(道路)가 아니요, 또 유가에서 말하는 인륜(人倫)의 도 역시 아니라는 것을 알 수가 있다. '도'는 만물의 근원이기 때문에 논리상 모든 물건에 선행된다. 그것은 모든 물건이 성립되는 근거인 것이다.

이렇게 말하면 도는 송대(宋代)의 학자가 말한 이(理)와 비슷하게 여겨진다. 주자(朱子)의 철학에서 '형용이 없고 그림자도 없는' 것이 이(理)이고, 이 추상성을 '형이상(形而上)'이라고 부른다. 그러나 노자의 도(道)는 실제로는 특수한 구체성(具體性)을 가지고 있다.

제25장의 '물(物)'은 무정형(無定形)으로서 어떠한 형체의 물건이라고도 말할 수 없지만 역시 '물(物)'이라고 말할 수 있다. 제14장에서 '형체 없는 형체'라고 말하고, 제21장에는, '도라는 것은 오직 황홀하기만 하여…… 그 속에 형상이 있다. ……그 속에 물건이 있다'고 되어 있다.

여기의 '황홀'이란 어슴프레해서 잡기 어려운 형용이다. 우리들이 일상의 경험에서 만날 수 있는 것은 아니다. 모든 물건을 성립시키는 구극적(究極的)인 것을 우리들도 개념으로는 이해할 수 있다. 그러나 《노자》의 저자는 논리적인 사색만으로 거기에 도달할 수 있었던 것일까? 여기에서는 《중국철학사(中國哲學史)》의 풍우란(馮友蘭)이 한 말에 따라 일종의 신비주의를 말하지 않으면 안 된다.

노자는 무엇인가의 방법으로 신비적인 경험을 통해 도달한 경지를 말한 것임에 틀림없다.

그 방법이 어떤 것인지 노자는 한 마디로 말하지 않았지만 명상자(瞑想者)로서의 그를 상상할 수는 있다.

도의 신비성은 몇 번이나 강조되었고, 제14장과 제21장은 유달리 그 경지를 남들에게 전하려고 애쓴 것 같다.

암흑 속을 더듬어 나가면서 미광(微光)과 같은 무엇인가를 구한다. 소리도 없고 형체도 없다. 만져볼 수도 없다. 그러나 그 목적으로 하는 '물(物)'에 도달했을 때 사람은 홀연히 그것을 무엇보다도 크게 느끼는 것이다.

같은 도가 중에서 《장자》에도 명상의 신비주의를 말한 곳이 있지만, 유가의 《맹자(孟子)》에서 이것을 발견한 사람은 풍우란이었다[〈공손추 상편(公孫丑上篇)〉의 호연지기(浩然之氣)].

물론 《맹자》와 《노자》의 철학 대체는 크게 다르다. 《맹자》의 '호연지기'가 지극히 크고 지극히 굳센 것(至大至綱)인데 비해 노자는 유약하다고 역설하고, '도'의 상징은 적자(赤子)요, 물보다 유약하기 때문에 '도'의 상징이 되는 것이라고 했다.

'도'는 모든 물건을 존재하게 하는 원리이다. 원리이기 때문에 영구불변이 아니면 안 된다. 그것을 의미하는 '상(常)'도 노자가 즐겨 쓰는 말이다. '상(常)을 아는 것을 명(明)이라고 한다(제16장).' 불변(不變)한 것을 아는 것은 영지(英知)의 빛남이 된다. '상'은 원리(原理)의 속성이며, 이것을 아는 것은 사람의 마음에 있지만 이를 위해서는 마음의 평정이 요구된다.

평정은 무위(無爲)와 곧바로 연결된다.

'도는 항상 하는 것이 없으나 그래도 하지 않는 것이 없다(제37장).'

'도'는 아무 일도 하지 않는다. 그래도 모든 사물은 실지로는 '도'의 움직임인 것이다. 원리인 이상 이것은 당연하다고 말할 수 있다.

그러나 '성인(聖人)은 하는 일이 없이 일을 처리한다(제 2 장)'든가 '하는 일이 없는 일을 하면 다스려지지 않는 것이 없게 된다(제 3 장)'라고 하는 경우, '무위'는 '도', 그것의 눈에 보이지 않는 움직임에서 사람에게로 옮겨진다.

'도'와 마찬가지로 사람, 특히 통치자도 '무위'일 수 있게 노력하지 않으면 안 된다. '도'는 일전(一轉)해서 사람이 노력해서 도달할 수 있는 이상(理想)과 목적이 된다. 그리하여 개인의 처세법보다도 정치하는 방법에 중점이 두어지는 것이다.

'무위'와 '정(靜)'과 '무사(無事)'가 서로 관련되어 설명되었고(제57장), 통치자는 인민에게 될 수 있는 대로 간섭하지 않는 것이 좋다고 되어 있다. 《노자》도 개인주의를 제창한 점에서 《장자》와 같지만 즐겨 정치에 언급한 점에 있어서는 《장자》와 다르다.

'사심(私心)이 없기 때문에 능히 그 자신의 이익이 성취되는 것이다(제 7 장).'

이기적인 행동을 하지 않는 것이 진짜 이기이고, 남과 다투지 않는 것을 제일로 하는 노자 특유의 개인주의는, 물의 다투지 않는 것을 비유로 하는 제 8 장에서, '정치에는 다스려지는 것을 좋게 여긴다'라고 말하고 있다.

노자의 말은 대부분이 정치철학으로서 이해하는 것이 가능하다. 다만 노자에 정치철학의 요소가 크다고는 해도 위에서 말한 신비주의와는 모순되지 않는 것으로 생각된다.

'무위'를 다른 면에서 설명한 말이 자연인데, 그 말 뜻은 다른 것에 의해 그렇게 되는 것이 아니라, 그 자신에 의해서 그렇게 된다는 것이다. 다른 사람의 움직임은 인정되지 않고, 자기 자신의 근본으로부터 변하는 것이 없는 동일성이 보지(保持)되는 상태를 말한다.

'사람은 땅의 법칙에 따르며, 땅은 하늘의 법칙에 따르고, 하늘은 도의 법칙에 따르고 도는 자연의 법칙에 따른다(제25장).'

사람에서 시작해 도라는 점점 높은 차원으로 올라가는 논법에서 도보다 더욱 높은 무엇인가가 있어서 그것이 자연이라고 착각하기 쉬우나 그런 것은 아니다. 어디까지나 '도'가 지상으로, 그 움직임이 자연인 것이다. 즉 다른 어떤 물건에 의해서 그러한 것이 아니라고 풀어야 한다.

이와 같은 '도'를 본받아서 사람도 역시 무위일 것을, 즉 쓸데없는 행동을 하지 말 것을 노자는 가르치고 있다. 무위와 자연은 결국 똑같은 것이다.

다만 《노자》에서는 《장자》와 달리 자연은 운명의 필연이니 여기에 사람이 따라야 된다고 가르친 곳은 매우 적다. 오히려 사람 각자가 자신의 자연에 안주하라고 말하기보다는 타인의 자연을 범하지 말라고 하는 것에 중점이 있는 듯하다.

《노자》에서는 또한 사람의 사회생활에 큰 관심이 있어서 생활에 있어서는 사람과 사람의 조화를 제일로 하고 있다.

무위와 자연을 속성으로 하는 구극적인 존재인 '도'와 함께 '덕(德)' 역시 《노자》의 주요한 관념인데 '도'만큼 특별한 의미를 주고 있지는 않다.

'도를 잃고 난 뒤에 덕이 있다(제38장).'

는 등의 말과 같이 노자의 형이상학(形而上學)에서 덕은 언제나 도의 아래에 있다. 덕은 본래 득(得)과 동음 동의(同音同意)의 말로서 무엇인가를 획득한다는 뜻을 포함하며 그 획득한 물건을 보지하고 있는 상태, 즉 거기에서 나오는 힘인 것이다. 그러므로 덕은 개개의 윤리적인 가치가 아니며, 또한 인(仁)이나 의(義) 등의 덕목 이상의 것으로서 그러한 가치로 분화(分化)하기 이전의 것이다.

그러므로,

'덕을 잃은 뒤에 인(仁)이 있고, 인을 잃은 뒤에 의(義)가 있다(제38장).'

고 말했다. 《노자》 특유의 기발한 표현이지만 '덕' 그 자체의 개념은 다른 학파와 그다지 틀리는 데가 없다.

그보다는 기이하게 느껴지는 것은 천(天)의 도이다.

'천(天)의 도는 다투지 않고도 잘 이긴다(제73장)' 등은 하늘을 움직이는 방법으로 풀이된다. 그러나 앞에서 말한 바와 같이 '도'란 유일지고(唯一至高)의 존재가 아니면 안 된다.

'도는 하나[一]를 낳고, 하나는 양(陽)과 음(陰)의 둘을 낳고 음·양 두 가지는 다시 셋을 낳고, 셋은 만물을 낳는다(제42장).'

이 일(一)'이 무엇이냐가 문제이고, '이(二)'는 보통 말하듯이 음(陰)과 양(陽)의 2대 원소(二大元素)를 말하는 것인지 그것도 의문이다.

제25장에 의하면 도는 천지에 앞서서 생긴 것이었다. 앞섰다고 해도 이론적으로 선행된 것이라고 풀이해야 할 것이며, 천지생성(天地生成)의 신화는 아니다. 적어도 노자의 형이상학에 있어서 도는 하늘과 땅보다 상

위의 개념이라고 한다면, '하늘의 도'라고 말하는 것은 모순되는 것이 아닐까?

'도가 원리인 이상, 그것을 하늘과 땅이 나누어 갖는다고 생각할 수는 있다. 거센 바람이나 큰 비를 일으키는 것을 천지라고 한다(제23장).'

도(道), 그것은 무위이지만 만물에 대해서 움직이기 시작하는 것은 하늘과 땅으로, 하늘과 땅으로 하여금 천지가 되게 하는 것은 도인 까닭에 천지는 도의 움직임을 대행하는 것이라고 하는지도 모른다.

그렇다면 '하늘의 도'와 '사람의 도'가 대립하는 것은 무슨 까닭인가. 제77장에 하늘의 도는 남아 있는 물건은 감해 주고, 부족한 것은 보충해 준다. 그러나 사람의 도는 이와 다르다고 분명히 말하고 있다. 과연 하늘과 땅보다 사람은 사뭇 하위에 있다. 따라서 사람의 도는 하늘의 도보다 못한 것이라고 설명할 수도 있을 것이다. 하지만 이것은 강변에 가깝다. 대체로 도는 도로서 충분하다. 따라서 어떠한 이상의 상태를 '하늘의 도'라고 표현하는 것 자체가 '도'의 완전성을 손상시키는 것이 아니겠는가.

여기에서 생각되는 것은 하늘의 관념이 몹시 옛스럽다는 것이다. 하늘은 만물의 주재자(主宰者)이고 하늘의 명령에 의해서 천하의 군주인 왕이 정해지고 개인의 운명도 또 하늘의 명령으로 정해지는 것이요, 사람의 힘으로는 어찌할 수 없다고 믿어졌다. 이와 같이 하늘은 유일무상(唯一無上)의 신(神)이라고 말할 수 있어서, 유가(儒家)에서는 이 사상을 충분히 이어받았다.

노자는 도로써 이 '천(天)'을 바꿔 놓아 신격(神格)을 빼앗아 추상적인 원리로만 인정하고 있다고 말하는 학자도 있다〔곽말약(郭沫若) 등〕.

이것은 큰 문제로서 여기에 다 말할 수는 없으되 요점만 간추린다면 하늘의 신격을 인정하지 않는다는 것과 《노자》에 있어서의 개인주의와는 심각한 관계가 있다는 것이다. 하늘의 권위를 인정하지 않는다면 하늘이 명한 군주의 권위도 인정하지 않는 것이 아닐까?

이 문제를 해결해야만 노자의 정치철학이 이해될 것이다. 도와 천을 바

꿔 놓아야 한다면, 노자는 군주의 권력의 절대성을 지지하는 셈이 된다. 군주가 인민을 통치함에 있어서,

'장차 백성들을 어리석게 만들었다(제65장).'

고 한 것은 우민정책(愚民政策)을 주장한 것이 된다. 하지만 나는 그렇게 생각하고 싶지 않다.

노자가 하늘보다 도를 상위에 둔 것은 정치이론으로 군주의 무위를 최상의 미덕으로 삼았기 때문일 것이다. 인민에게 손해를 주는 것이 적으면 적을수록 좋은 군주라고 말하려던 것이다.

무위는 불간섭을 의미한다. 군주는 인민과 더불어 이익을 다투어서는 안 된다. 또 인민이 다투지 않도록 하려면 약삭빠른 지혜를 버리고 편리한 기계를 만들게 하지 않는 것이 좋다. 예리한 무기도 만들게 하지 않는 것이 좋다. 전쟁이 일어나지 않게 하기 위해서이다. 이렇게 하여 태고의 소박한 생활로 돌아간다면 세상은 평화로울 것이다.

이러한 평화로운 이상의 나라를 그린 것이 제80장이다. 여기에서는 배나 수레까지도 필요치 않고 문자의 사용도 필요 없다. 닭의 울음소리가 들릴 만큼 가까운 이웃나라에까지도 사람들은 가려고 하지 않는다. 이 이상국가는 소국과민(小國寡民)이라야만 비로소 실현된다.

노자가 이상으로 하는 군주는, 전국시대의 일곱 나라와 같이 강대한 무력을 자랑하고 인민들의 재앙을 개의하지 않는 왕들은 결코 아니었던 것이다.

《노자》와 《맹자》가 똑같은 결론에 도달한 것은 의외의 일이다. 《맹자》도 인정(仁政)을 말하고, 고대의 토지제도인 정전법(井田法)을 말하여 경지의 균분(均分)을 열심히 주장했다. 그러나 저자인 맹자와 노자가 별로 차이가 없는 시대에 살았다고 한다면 결론이 같다고 해서 이상할 것은 없다. 물론 유가(儒家)와 도가(道家)와의 입장은 다르고, 그 중에서도 노자는 장자보다도 더욱 철저하게 도가의 입장을 취했다.

유가의 일반적인 가치 체계를 정면으로 부정했다는 점에서 《노자》는 가

히 혁명적이다. 노자는 유가에서 요구하는 필수적인 예의범절조차 불필요한 욕망의 결과로 치부하며, 온전히 무위자연 속에서 자유를 실천할 것을 주장했다.

범상한 사람들로서는 일상의 속진에 묻혀 꿈꾸기조차 벅찬 완벽한 자유를 실천한 노자란 인물은 확실히 굉장한 매력으로 우리를 끌어당긴다. 바로 이점이 오늘날까지 가장 위대한 고전의 하나로《노자》가 평가되고 있는 이유의 하나가 아닐는지.

오늘날의 눈부신 과학문명으로도 풀 수 없는 우주와 인간의 삶의 섭리를 '도—무위—자연—자유'라는 몇 마디 말로 당당하게 설파해 놓고 있는 이《노자》야말로 앞으로도 영원히 빛나는 고전으로 남을 것이다.

관자(管子)

《관자》의 저자인 관중(管仲)

관중의 이름은 이오(夷吾)이며 자는 중(仲), 또는 경중(敬仲)이다. 사마천(司馬遷)의《사기(史記)》에 의하면 그는 영상(穎上)에서 태어난 것으로 되어 있다.

영상이라는 곳은 안휘성(安徽省) 서부에 있는 상업의 중심지로 영수(穎水) 근처에 위치하고 있다. 영수는 영상에서 동남쪽으로 백 리가 넘게 흘러서 회수(淮水)로 들어가 합류한다. 이곳은 수운(水運)의 편이 좋고, 이곳에서 회수를 따라 동쪽으로 내려가면 강소(江蘇)와 산동(山東)으로 나올 수도 있으며, 반대로 영수를 거슬러올라가면 하남평야(河南平野)에 이른다. 관중은 이러한 좋은 환경에서 출생했다.

관중의 청소년 시절에 대해서는 별로 전하는 것이 없다. 다만 저 유명한 '관포지교(管鮑之交)' 이외에는 알 길이 없다. 이 관포지교란 관중과 그의 친구 포숙아(鮑叔牙)와의 두터운 우정에서 나온 말로서 참된 우정을 나타내는 데 흔히 쓰인다.

관중은 포숙아와 함께 제나라 희공(僖公)을 받들었는데, 관중은 공자(公子) 규(糾)를, 포숙아는 공자 소백(小白)을 각각 가르쳤다. 그 후에 규와 소백이 왕위를 두고 서로 다투게 되었을 때 관중은 포숙아와 겨루어 싸웠고, 결국 규와 관중 편이 패하여 규는 살해되고 만다.

그러나 관중은 포숙아의 천거를 받아 적이었던 소백을 받들게 된다. 소백은 제나라 임금 환공(桓公)이 되었으며, 관중은 그 밑의 재상으로 등용된다. 그로부터 40여 년 동안 관중은 환공을 보좌하여 그를 춘추오패(春秋五覇)의 우두머리로 성공시켰다.

당시 4백 년 이상 중원에서 군림해 온 주왕실(周王室)의 세력은 차츰 쇠퇴해 가고, 제(齊)·초(楚)·진(晋)·진(秦)·연(燕)·노(魯) 등 크고 작은 수십 개의 나라가 군웅 할거하는 시대를 이룬다. 바로 춘추 시대의 초기부터 중기에 걸치는 시대이다.

제나라는 주왕조의 성립과 함께 태공망(太公望) 여상(呂尙)에게 봉해졌던 땅이다. 시대가 흘러 춘추시대 중기에서 전국시대에 이르면 제나라 도읍인 임치(臨淄)는 중국 고대의 최대 도시의 하나가 된다. 그러나 환공 이전의 제나라는 황하 하류에 있으면서 바다와는 떨어져 있었지만 해상의 운수가 대단한 역할을 가지지 못했던 당시의 중국에서는 중원의 중심에서 동쪽에 걸친 후진 지역에 지나지 않았다.

환공은 즉위 7년이 되던 기원전 679년에 벌써 위(衛)나라의 견(甄)에서 제후를 소집하여 회의를 주재하여 패자(覇者)의 지위를 확보한다. 패자란 당시 명목뿐인 주왕실을 대신하여 실질적으로 제후들을 통제하던 맹주(盟主)를 말한다.

이것은 물론 관중이 재상으로서 탁월하게 정치력을 발휘했기 때문에 이루어진 것이다. 예를 들면, 그보다 2년 전에 환공이 노나라와 싸워서 이긴 다음 평화회의를 개최했을 때에 이러한 이야기가 있다.

회의석상에서 노나라의 장군 조말(曹沫)이 단도를 빼들고 환공을 위협하며,

"침범한 영토를 돌려주시오."

라고 했다.

환공은 일단 조말의 말을 받아들였지만, 그 약속을 지키지 않고 기회를 보아 조말을 죽이려 했다. 그러나 관중은 이것을 말리며 신의를 설명하고 영토를 되돌려주었다. 그 결과, 환공의 명성이 제후들 사이에 널리 퍼지게 되었다.

이로 인하여 환공은 재위 43년 동안에 북으로는 현재의 하북성 북부, 서로는 태행산맥, 남으로는 하남성 중앙부 근처까지 출격했다. 당시 형편으로는 이것이 거의 중국 전토라고 할 수 있었다. 원래 환공 자신은 범용(凡庸)한 인물이어서 결코 자신의 힘으로 패자가 될 소질은 가지지 못했는데, 이것은 오로지 관중의 힘이었다.

《사기》의 〈관안열전(管晏列傳)〉에는 아래와 같은 구절이 있다.

'환공이 제후를 호령하여 천하의 정도(政道)를 바로잡은 것은 오로지 관중의 계략이었다. ……관중은 상품을 교역하여 재물을 쌓아서 나라를 부하게 하고, 군사를 강하게 하였으며, 남의 호오(好惡)에 거역하지 않는 정책을 했다.'

또 《사기》 〈화식열전(貨殖列傳)〉에 보면 이런 말도 있다.

'관중이 재상이 되자 경제관청을 설치하고 물가조정법을 만들어 재건에 완전히 성공했다. 그 결과, 제나라 환공은 패자가 되어 제후들을 통솔하고 천하를 하나로 통일시켰다.'

자공(子貢)은 관중에 대해서 공자(孔子)에게 또한 이렇게 말하기도 했다.

"관중은 인의가 있는 사람은 못 됩니다. 자기가 모시던 임금을 위해서

순사(殉死)하지 못했을 뿐만 아니라 게다가 자기의 임금을 죽인 환공을 섬기지 않았습니까?"

그러나 공자는 말했다.

"관중은 환공을 도와서 제후들을 지도하고 천하의 평화를 유지시켰다. 서민들은 지금도 그 은혜를 입고 있다. 만일 관중이 없었더라면 그 옛날 우리 중국은 이적에게 점령되어 지금쯤 우리는 오랑캐의 풍속을 강요당하고 있을 것이다."

환공의 재위 41년에 관중은 죽었다. 그가 죽자 환공은 자기의 무능함을 드러내어, 관중의 유언에 따르지 않았기 때문에 다섯 명의 공자(公子)가 왕위를 놓고 쟁탈했다. 관중이 죽은 지 2년 만에 환공은 세상을 떠났는데, 왕위 쟁탈에만 열중하던 공자들은 그 시체를 16,7일 동안이나 방치해 두었으므로 구더기가 우글거려 문 밖으로 팽개쳤다고《사기》에 기록되어 있다.

관중은 경제에 통달했던 정치가

관자는 법가의 원조로 일컬어진다. 비록 일부에서는 그를 도가의 범주에 넣기도 하지만 이 글에서는 법가로 규정했다. 이것은《수서(隋書)》〈경적지(經籍地)〉에 법가의 열에 끼였던 것이 일반적인 전통이기 때문이다.

위에서 말한 바와 같이 관자는 사상가라기보다는 차라리 정치가이며 경제정책의 대표자였다. 따라서 〈관자〉는 일반 유학(儒學)의 서적과 같은 도덕 교과서가 아니라, 넓은 의미의 정치 강령이라 해야 할 것이다. 그 경제정책과 정치 강령 속에 나타난 중요한 사상을 몇 가지만 들어 본다.

엄밀한 의미에서 관중을 유물론자라고 말할 수는 없지만, 그는 고대 중국의 사상가 가운데에서는 처음으로 유물론적인 입장을 가장 정확하게 정립한 인물이다.

그는《관자》〈목민편(牧民篇)〉에서 이렇게 말한다.

'나날의 생활이 즐거워지면 자연히 예의를 분별한다. 생활에 여유가 생기게 되면 도덕 의식은 저절로 높아진다.'

또 〈금장편(禁藏篇)〉에서는,

'부자 몸조심이란 말이 있듯이 물질적인 면에서 고통받지 않게 되면 분쟁은 일어나지 않는다. 음식 끝에 원망은 깊다고 하는데 먹을 것에 대한 걱정이 없어지게 되면 남을 원망하는 사람도 없어진다.'

라고 했고, 〈칠법편(七法篇)〉에서는,

'물질이 풍부하기가 천하 제일국이 아니면 정신적으로 천하를 휘어잡을 수 없다.'

라고 했다.

여기에서는 이른바 선왕(先王)의 도(道)란 발상은 찾아볼 수가 없다. 물질적 조건을 중요하게 보는 이러한 사고방식은 당시 급속하게 진행된 농업 생산력의 발전을 반영시키고 있다고 할 수 있을 것이다.

유가에서 말하는 인·의·예·지·신도, 법가가 강조하는 법률과 법가가 목적으로 하는 전쟁에 이기는 방법 모두 물질적인 기초를 확립하지 않으면 탁상공론으로 끝나고 만다는 것이 관자의 밑바닥에 흐르고 있는 사상이다.

《관자》에는 생산과 유통에 관해 수없이 많은 견해가 씌어 있다. 2천 수백 년 전이란 것을 생각하면 이것은 놀라운 탁견이었다. 관중의 '경제정책'을 열거하면 다음과 같다.

1. 농업의 보호 장려
2. 소금·철·금, 그 밖의 중요 물자의 생산관리
3. 재정의 균형 유지
4. 유통, 물가의 조정
5. 세제(稅制) 및 병부(兵賦)의 정비

《사기》〈화식열전〉에 의하면 제나라의 땅은 염분이 많은 습지였다[illegible] 한다. 기원전 11세기경에 이 땅에 봉해진 태공망 여상은 직기(織機)[illegible]업

(漁業)·제염(製鹽) 등을 일으켰다는 기록이 《사기》에 나타나 있다. 또 뽕의 원산지는 이 산동지방이었다고도 전해지고 있다.

이러한 기반에 서서 관중은 제염업, 금·철의 채굴, 지방의 특산물인 적궁(赤弓)의 재료인 청모(青茅)와 옥 등을 생산 관리했을 것으로 추측된다. 이런 것들은 종래에는 자급자족 정도의 미미한 것이었다. 그 산업화가 제나라 국력을 충실하게 했을 것은 두말할 나위도 없다.

한(漢)나라 시대에 이르러 《사기》 〈화식열전〉에,

'제나라의 산과 바다에 걸친 비옥한 토지는 천리에 뻗치고 뽕과 삼을 재배하는 백성이 많았고, 여러 가지 비단과 어염(魚鹽)이 있다.'

라고 말한 것도 관중의 사적이 열매를 맺었기 때문일 것이다.

관중은 주군인 환공에게 주왕실에 충성을 다하라고 설명하고 있다. 그러나 그가 본심으로 사양길에 접어든 주왕실의 권위 회복을 바랐다고는 생각되지 않는다. 그런 명분을 이용해서 제나라의 부강을 꾀하고자 한 것이다.

경제정책에서 지극히 진보적인 견해를 보여 준 관중은 정치 면에서는 보수적인 자세를 취한 것처럼 보인다. 그러나 혈연적인 씨족의 유대를 끊고 군권 지배를 확립하는 것은 당시로서는 진취적인 자세였다. 이것을 군현제(郡縣制)에 의해 확립하고 마침내는 천하를 통일한 것이 그 이후의 진(秦)임을 생각한다면 이와 같은 사실은 쉽사리 알 수 있을 것이다.

《관자》는 후세에 와서 실로 갖가지 비판을 받았다. 공자(孔子)·맹자(孟子)를 포함한 유가는 물론이고, 선진시대에서는 묵자(墨子)·열자(列子)·장자(莊子)·순자(荀子)·한비자(韓非子), 한대(漢代)에 와서는 유향(劉向)·사마천·양웅(楊雄), 중근세에 와서는 정이천(程伊川)·소순(蘇洵)·소식(蘇軾)·여조겸(呂祖謙)·매사향(梅士享)·주장춘(朱長春) 등 그 비판자가 헤아릴 수 없이 많다.

우선 관중이란 인물에 대한 비판을 보면 이것은 주로 그가 두 임금을 섬겼다는 것에서 시작한다. 그러나 관중에게 있어서는 육체적인 군주는 문제가 아니었던 것이다.

그는 이렇게 말한다.

"공자(公子) 규(糾) 한 사람을 위해서 죽을 필요는 없다. 만약 죽는다고 하면 그것은 나라가 망하든가 종묘가 무너지든가, 나라의 제사가 끊어졌을 때이다." 〈대광편(大匡篇)〉

이것은 일종의 군주위주설이라고 볼 수도 있겠다. 한편, 공자 규를 함께 섬기던 소홀(召忽)은 자살했는데, 관중만이 환공의 부름에 응한 점에 대해서도 공격이 집중됐다.

유가(儒家)에서는 거의 예외없이 관중에게 반감을 갖는다. 맹자는 자신이 관중과 비교되는 것을 불유쾌하다고 했고, 공자도 《논어(論語)》에서,

'관중의 기량(器量)은 적다.'

'관중은 예의를 분별할 줄 모르는 자이다.'

라고 말하고 있다.

이것은 관자가 설명하는 패도가 유가에서 주장하는 '인(仁)'이나 '왕도(王道)'와는 대차적인 것이니 오히려 당연한 일이라 하겠다. 《관자》에서 말하는 패도의 근저를 이루는 것은 부국강병이며 물질 우선의 사상이니 유가로서는 용납할 수 없는 불인(不仁)의 서인 것이다.

또 관자의 경제정책도 후세의 논의를 불러일으키고 있다. 예를 들면 명나라 때의 학자 주장춘(朱長春)은,

"《관자》의 〈경중편(輕重篇)〉을 보면, 지나치게 쌀과 소금에만 힘을 쏟았음을 알 수 있다. 정책적으로도 하층계급의 구제에만 신경을 쓴 나머지 상인이나 지방의 부유한 사람의 생활을 돌보려 하지 않았다."

라고 했다. 이러한 비판에 대해 같은 시대의 진사로 경제에 정통했었다고 하는 곽정역(郭正域)은 이렇게 말하고 있다.

"나도 《관자》를 읽었다. 그 책은 상품의 유통을 꾀하고 부국강병을 정책으로 삼고 있다. 그 정책은 당시 국민의 희망에 맞는 것이었다. 관자를 비난하는 사람들은, 관자는 작은 이익에 치우쳐 대절(大節)을 잃고

있다든가, 관자의 정책은 대상인이나 대금업자(貸金業者)에게 가혹하고 인정에 메말라 있다고 한다. 그러나 이런 말들은 모두 나무는 보되 숲은 보지 않는 논리이다. 관자는 국민 대중의 마음속을 잘 관찰하고 있으며 조금도 가혹하지 않았었다. 한 마디 한 구절에 천고의 도리를 비장하고 있으니 그대로 실행하면 반드시 나라를 부하게 하고 군사를 강하게 하여 백성을 안정시킬 수 있을 것이다."

《관자》는 어떤 책인가

《관자》는 관중의 언행록이다. 관중은 공자가 태어나기 약 90년 전에 죽었다. 그러니 그는 이른바 제자백가의 대선배인 셈이다. 그가 주목되는 점은 수많은 제자백가와는 달리 스스로 권력의 자리에 앉았고, 현실적으로 정권을 담당한 사상가였다는 점이다. 《관자》는 관중과 그의 제자들의 저서라고 일컬어진다. 《관자》는 전국시대에는 아마도 일종의 베스트셀러가 되었을 것으로 여겨진다.

한(漢)의 유향(劉向)이 조사한바, 관중이 저작한 것으로 보이는 것은 실로 564편이나 있었다. 유향은 중복 기술된 부분을 빼고 《관자》 86편을 편집했다. 이것이 《한서(漢書)》 〈예문지〉에서 말하는 《관자》이다. 《관자》 86편은 다음과 같다.

1. 경언(經言) 9편(篇) : 목민(牧民), 형세(形勢), 권수(權修), 입정(立政), 승마(乘馬), 칠법(七法), 판법(版法), 유관(幼官), 유관도(幼官圖).
2. 외편(外篇) 8편(篇) : 오보(五輔), 주회(宙會), 추언(樞言), 팔관(八觀), 법금(法禁), 중령(重令), 법법(法法), 병법(兵法).
3. 내언(內言) 9편(篇) : 대광(大匡), 중광(中匡), 소광(小匡), 왕언(王言), 패형(霸形), 패언(霸言), 문(問), 모실(謀失), 계(戒).

4. 단언(短語) 18(篇) : 지도(地圖), 참환(參患), 제분(制分), 군신상(君臣上), 군신하(君臣下), 소칭(小稱), 사칭(四稱), 정언(正言), 치비(侈靡), 심술상(心術上), 심술하(心術下), 백심(白心), 수지(水地), 사시(四時), 오행(五行), 세(勢), 정(正), 구변(九變).
5. 추언(追言) 5편(篇) : 임법(任法), 명법(明法), 정세(正世), 치국(治國), 내업(內業).
6. 잡(雜) 13편(篇) : 봉선(封禪), 소문(小問), 칠신칠주(七臣七主), 금장(禁藏), 입국(入國), 구수(九守), 환공문(桓公問), 경지(慶地), 지원(地員), 제자직(弟子職), 언략(言略), 수신(修身), 문패(問覇).
7. 관자해(管子解) 5편(篇) : 목민해(牧民解), 형세해(形勢解), 입정구패해(立政九敗解), 판법해(版法解), 명법해(明法解).
8. 경중(輕重) 19편(篇).

이상 86편 중 10편은 산실되고 현존하는 것은 76편뿐이다. 게다가 기술에도 중복이 많고 구성도 정돈되어 있지 않다.

송의 시인 섭수심(葉水心)은,

'《관자》는 한 사람의 작품이 아니고, 또 한 시대의 작품이라고도 생각되지 않는다.'

라고 했는데 이 말이 타당할 것 같다.

또한 후세의《관자》연구가가 자기 멋대로 첨가한 부분도 많은 듯싶다. 다만 그 중에 〈경언(經言)〉 9편만은 그 문장의 흐름이나,《사기》에 나와 있는 전기(傳記)로 보아 관중 자신의 저술인 것이라고 말하고 있다.

《관자》의 주석에 대해서는 한나라 때 윤지장(尹知章)의 관자주(管子註) 30권을 그 효시로 삼는다.《관자》의 연구는 명대(明代)에 가장 성하여 매사향(梅士享), 조용현(趙用賢), 유적(劉績), 주장춘(朱長春) 등이 주를 달았다.

또 청대(淸代)에 이르러서는 훈고학(訓詁學)이 성했으므로 왕염손(王念

孫), 손이양(孫詒讓), 홍이훤(洪頤煊), 대망(戴望), 유월(兪越) 등도 주를 달았다.

다음에 그의 저작이 확실한《관자》속의〈경언(經言)〉중 목민(牧民)의 한 구절을 소개한다.

대체로 국토를 지니고 백성을 다스리는 자는 1년 4계절을 통하여 생산 계획을 원활하게 진행시킴으로써 경제를 풍요하게 하도록 배려하지 않으면 안 된다.

물자가 풍부한 나라에는 아무리 멀리에서라도 백성이 모여들게 마련이며, 개발이 앞선 나라에서는 한 사람도 도망치는 사람이 없게 마련이다. 국고가 충족하면 비로소 예절도 알고 지키게 될 것이며, 의식이 족하면 비로소 명예로운 일과 치욕적인 일을 구분해 알고 가려서 행하게 될 것이다.

웃사람이 예와 법도를 잘 지키고 벗어나지 않으면 일가 친척이 굳게 단결하여 뭉칠 것이며, 네 가지 인륜 도덕의 대강인 예의 염치를 넓게 베풀면 임금의 명령이 잘 행해질 것이다.

그러므로 나라가 태평해서 형벌 같은 것은 쓸 필요도 없을 정도로 만들려면 무엇보다도 먼저 사치를 금해야 하며, 나라를 잘 보존하기 위해서는 무엇보다도 사유(四維), 곧 예·의·염·치가 제대로 행해지도록 조정해야 한다. 그리고 그 위에 종묘와 조상을 숭배하고 산천에 제사지내는 종교심을 함양하여 백성을 교화할 일이다.

하늘이 주재하는 4계절을 좇아 농사에 힘쓰지 않는다면 재물은 생기지 않을 것이며, 토지를 개간하여 그 이로운 점을 살리지 않는다면 재물이 풍족해질 리가 없다.

들이 황폐한 채로 버려진다면 백성들은 살 길을 잃어서 사악해질 것이며, 군주가 예와 법도를 잊고 행동한다면 백성들은 제 분수를 잊고 망령된 행동을 할 것이다.

군주의 무절제한 행위가 백성들의 사치풍조를 막지 못한다면 백성들의 생활은 문란해져 죄인이 더욱 많이 생길 것이다. 또한 인귀(人鬼)와 천신을 숭배하지 않으면 백성들의 태도가 선도될 리 없으며, 산천에 제사드리지 않는다면 엄한 군주의 명령이 두루 행해지지 않을 것이다. 또 종묘를 존경하고 숭배하지 않는다면 백성들이 웃사람의 권위와 맞서게 될 것이며, 선조와 선인들을 공경하지 않는다면 효제(孝悌)가 실천되지 않을 것이다.

사유, 곧 예의 염치가 널리 베풀어지지 않는다면 나라는 망하고 말 것이다.

▒ 열자(列子)

열자는 누구인가?

열자의 이름은 어구(禦寇)이며 정(鄭)나라에서 출생했다. 그는 장자(莊子)와 함께 노자(老子)의 뛰어난 후계자의 한 사람이었지만, 《사기(史記)》에는 신도(愼到)·전병(田騈) 등 여러 사람의 전기를 적으면서 열자에 대해서는 언급한 것이 없기 때문에 실존 인물이 아니라고까지 하는 사람도 있다.

그의 저서로는 《열자》 8권이 있는데, 정상(鄭相)·자양(子陽)과 관련된 기사로 보아 공자(孔子)보다 약 40년 후인 기원전 4백 년경에 출생한 것으로 추정된다. 또 그는 노자의 학통을 계승했으나 노상(老商)과 관윤(關尹)에게 사사한 것으로 되어 있으며, 노자와 장자의 중간 존재이다.

열자가 정나라에서 40여 년을 지내는 동안 정상·자양이 그의 명성을

듣고 곡식을 보내 준 일도 있다. 그가 그것을 사절하자 그의 부인은 가슴을 치면서,

"도(道)가 있는 사람의 처자는 모두 편하게 지낸다는데 지금 먹을 것이 없는 판국에 보내 온 곡식마저 사퇴하니 이런 딱한 일이 어디 있을까!"

라고 했다.

그러나 열자는 웃으면서 말하기를,

"그 사람이 남의 말을 듣고 나에게 곡식을 선사했으니, 다음 날 남의 말을 듣고 나를 처벌할 수도 있을 게 아니겠소?"

라고 했다는 기록이 있다.

그 뒤에 그는 정나라를 떠나서 위(衛)나라로 갔다가 제(齊)나라로 가는 도중 다시 되돌아왔다는 기록밖에는 그의 일생에 대한 행적을 전하는 바가 없다.

그의 저서인 《열자》도 글 가운데 '인의(仁義)'라는 용어가 많이 들어 있고, 《장자(莊子)》의 글 내용과 많은 출입이 있는 등 모순된 내용으로 해서 《장자》 이후에 편찬된 것으로 전해지고 있다. 그러나 그의 사상 체계만은 이 글로써 알 수 있다.

그는 당(唐)나라 때에 와서 노자의 묘에 배향하게 되었고, '충경진인(冲虛眞人)'이라 불렀고 그의 저서를 《충경진경(冲虛眞經)》이라고 불렀다.

열자의 사상

노자는, 우주는 '유(有)'인데 '유'는 '무(無)'에서 생겼다고 주장했고, 열자는 그것을 계승하여 유와 무의 두 개념을 접근시키려고 시도한 사람으로 네 개의 중간 과정을 설정했다. 그것이 곧 '태역(太易)'·'태초(太初)'·'태시(太始)'·'태소(太素)'이다. 노자는 그 이름을 모른다고 주저했으나 열자는 명칭을 부여하고 있다.

또한 노자의 '이(夷)'·'희(希)'·'미(微)'를 본따서 '태역'·'태초'·'태서'로 구분했으니, 그의 설명은 노자와 거의 비슷하다. '태역'은 기(氣)의 아직 보이지 않는 단계요, '태초'는 군의 시초요, '태시'는 형상의 시초요, '태소'는 질의 시초라 했고, 기와 형과 질이 생겨 가지고 한 곳에 붙어 분리되지 않은 형태를 '혼륜(混淪)'이라고 했다.

이 '혼륜'은 만물이 혼돈상태에서 아직 분리되지 않은 것으로, 볼 수도 들을 수도 만질 수도 없는 것으로서 이것이 '역(易)'이다. 역이란 것은 형체의 한계가 없는 상태인데 만물이 발생하는 데에는 시간과 공간의 격차가 있어서 각기 일정한 한계가 있다. 천지의 도는 양과 음이요, 말물이 이 원리에 따라 유(柔)와 강(剛)으로 다 각기 적당한 위치를 차지한다 하니, 이것이 송대(宋代)에 이르러서 태극(太極)과 음양론(陰陽論)으로 발전한 것이다.

그는 만물을 도(道)의 지배하에 필연적인 순서에 따라 생성된 것으로 풀이하고, 따라서 생명도 정해져 있는 것이며 심지어 인사문제도 천명이라고 하는 절대적 숙명론을 제기했다. 하나의 예를 들면,

'포숙(鮑叔)이 현자(賢者) 관중(管仲)을 천거할 수 있었던 것이 아니라 천거하지 않을 수 없었고, 소백(小白) 제환공(齊桓公)이 원수〔管仲〕를 기용할 수 있었던 것이 아니라 기용하지 않을 수 없었다.'

라고 하여 기용한 것은 자유의사에 의해서 판단한 것이 아니라, 하나의 천명으로 정해져 있던 사실이라는 것이다.

그러나 열자는 우주만물이 도의 절대성에 의해서 지배된다고만 하고 물상 상호 간의 인과관계에는 생각이 미치지 못했다. 다만 노자의 후계자로서 신비한 화생설(化生說)을 제기하고 그 결론으로 '만물이 모두 기(機)에서 나와 기로 돌아간다'고 했다. 열자는 천명론(天命論)의 입장에서,

'너의 몸도 너의 소유가 아니다.'

라고 하며 다음과 같이 순(舜)과 증(烝)의 대화를 적었다.

"도를 소유할 수 있는가?"

순이 묻자 증이 대답했다.

"너의 몸도 너의 소유가 아닌데 네가 어떻게 도를 차지할 수 있겠는가."

"내 몸이 내 소유가 아니라면 누구의 소유인가?"

"그것은 바로 천지에서 위탁받았을 뿐이다."

이어서 그는 자연의 물체를 자기의 소유로 하는 것은 '도둑'이라고 했다. 천시(天時)와 지리(地理), 운우(雲雨)의 혜택, 산천의 생산을 이용하는 것도 모두 도둑이다. 금옥과 재화를 차지하는 것도 물론 도둑이다. 대체로 '소유'의 관념은 하나의 망상에 지나지 않는다. 천지 만물은 일체인 것으로 이것을 소유하려는 것은 망녕이라고 했다. 이 견해에 따른다면 도둑과 도둑 아닌 것의 구별이 없어진다.

그는 이렇게 말한다.

"천지의 도를 아는 자라면 누구를 도둑이라 하겠는가. 누구를 도둑이 아니라 하겠는가."

무위자연의 도도 이쯤되면 더 말할 나위가 없다 하겠다. 노자의 무위자연의 도는 그래도 인생이 선하다는 것을 전제로 한 것이므로 그의 사회철학, 인생철학에는 피와 눈물이 있고 사회성을 인정하지만, 열자의 자연관은 철저히 물리적인 것으로 웃음도 눈물도 없다. 자식은 아비더러 도둑질한다 하고, 아비는 자식을 보고 도둑이라고 할 판이다. 요컨대 물아일체(物我一體)요, 천지만물이 일체라는 것이다.

그는 물아일체요, 모든 것이 복귀하는 것으로 저와 나의 구별이 없으니 사람은 누구나 나라는 소견을 버려야 한다고 하였다. 그러므로 그는,

"천명을 신봉하는 자에게는 저와 나에 대해서 두 마음이 있을 수 없다."

고 말한다.

양자(楊子)는 '나'에서 '위아설(爲我說)'을 주장하고, 우주 속에는 나밖에 없는 것이니 '나'가 있는 동안의 쾌락을 주장했다. 그러나 열자는 '위

아'가 아니라 '몰아(沒我)'의 경지에서 상구개(商丘開)가 높은 언덕에서 뛰어내려도 상처 하나 입지 않았고, 수십 길 되는 폭포 속에 뛰어들어도 물에 빠지지 않았다고 했다. 이것이 몰신(沒身)의 절대경이다. '내'가 있으니 물에 빠져죽는 것이지, '내'가 없는데 물에 빠진 '내'가 어디에 있겠는가? 이런 경지에 도달하는 것이 열자의 이상이다. 그러려면 '무심(無心)'의 공부를 해야 한다. 그래야만 물아일체가 될 수 있다.

'바닷가에 사는 사람이 갈매기를 좋아해서 매일 아침 바닷가에 나가는데 갈매기가 수없이 날아와서 같이 놀았다. 어느 날 그의 아비가 갈매기를 잡아 오라 했더니, 그 다음부터는 갈매기가 한 마리도 가까이 오지 않았다.'

는 것이다.

이미 그에게는 잡으려는 마음이 있기 때문이다. 물아일체가 된다면 범도 사람을 잡아먹으려 하지 않는다. 범이 곧 나요, 내가 곧 범인데 누가 누구를 잡아먹는단 말인가.

호구자(壺丘子)는 말한다.

'굽히고 펴는 것은 외물에 달렸고, 나에게 있는 것이 아니다.'

노자의 무위자연은 열자에서 갈매기 이야기가 되고 장자에 이르러서는 나비가 되어 훨훨 날게 된다.

우주만물의 진행은 물이 흘러가듯이 대자연의 원리에 의해서 움직이는 것으로 자유는 평등이요, 차별이 없으니 저와 나의 구별이 있는 것이 아니요, 또 내가 나대로 할 것이 아니다. 자연에 순응해서 나 역시 우주와 일체로서 움직이고 있다고 생각한다면, 나의 죽음과 삶 또한 개의할 것이 아니다. 부모도 그렇고 국가의 흥망 또한 마찬가지이다.

'살 만해서 살아 있는 것도 하늘의 복이요, 죽을 만해서 죽어 가는 것도 역시 하늘이 주신 복이다.'

열자의 이 말을 받아서 장자는 자기 아내가 죽었는데 물동이를 두드리며 노래를 불렀노라는 넋두리를 하게 되는 것이다.

같은 무위자연의 도도 노자에 있어서는 관념론이요, 추상론이었지만 열자는 객관적인 것으로 구상(具象)으로 설명했고, 장자는 노자와 열자의 학설을 완전 구상으로 변형해 놓는다. 절대로 시대의 진보만은 아니다. 성품과 재분도 영향이 크다.

끝으로《열자》에는 몇 개의 설화가 실려 있다.

'용백(龍伯)의 나라가 있는데 사람들의 키가 수십 길이나 되고, 초요(僬僥)의 나라가 있는데 키가 한 자 다섯 치요, 동북주에는 아홉 치짜리 사람도 있다.'

열자의 이러한 이야기는 우주가 광막하고 물류가 매우 잡다하다는 이야기일 뿐, 아무런 사상도 없다. 장자의 붕새와 뱁새 이야기와는 매우 다르다. 다만 흥미있는 것은 서양의 대인국·소인국 이야기와 상통한다는 점이다.

냉철한 천명론에 약간의 양념을 친 셈이다. 그보다도 물속에 들어가도 빠져죽지 않고 높은 데서 떨어져도 다치지 않는, 결국 늙어 죽지 않을 수도 있다는 이러한 이야기들이 곧 신선설(神仙說)이 되었는지 모른다.

양자(楊子)

양자의 사상과 철학

양자에 대해서는 이름이 주(朱)라는 것 이외에는 분명치 않다. 다만《장자(莊子)》에 나오는 양자거(楊子居)를 양주(楊朱)로 보고, 자거(子居)가 그의 자(字)라고도 한다. 출생 연대는 노자(老子)보다는 후배요, 맹자(孟子)보다 앞섰다는 것은 틀림없다. 그러나《열자》에 양자가 노자의 지도를 받았다고 했으니, 그의 영향을 받은 것은 분명하지만 노자와 같은 시대의 인물인지는 알 수 없다.

또 그의 저서도 따로 되어 있는 것이 아니라, 《열자》 7편 중에 〈양주편(楊朱篇)〉이 있을 정도여서 이 점도 신빙성이 적다. 다만 《맹자(孟子)》에 양자의 학설을 일부 문제삼고 묵자와 같이 유가(儒家)의 큰 적(敵)으로 몰아세운 점 등으로 보아 그 인물의 실재와 학술만은 의심할 여지가 없다. 그처럼 말썽이었던 인물로 독립된 저서가 없다는 것은 이상한 일이다. 그렇다면 원래 《열자》 속에 들어 있는 〈양주편〉이 독립된 저자였던 것을 혹시 같은 도가(道家)라고 해서 한데 묶은 것은 아닐까?

양사의 사상은 위아주의(爲我主義)요, 이기주의로서 제자백가 중에서 하나의 독특한 지위를 차지한다. 그것은 유교의 윤리관을 근저로 해서 대가족주의요, 봉건적인 중국 사회에서 그리 흔치 않은 일종의 반역적인 사상이기 때문이다. 양(梁)씨도 '날로 번성해 간다'해서 양자식의 이기주의·개인주의가 도도하게 번성해 가는 것을 지적했는데, 이것이 특히 서구의 개인주의·공리주의의 영향으로 어쩔 수 없는 현실이기는 하지만 학설로서 주장한 사람은 많지 않다.

맹자는 양자의 사상을, '자기 일신만을 위하는' 위아주의로서 '털 하나를 뽑으면 천하가 이롭게 된다 해도 하지 않을 사람'이라며 극단적인 평을 했지만, 맹자의 말은 그 표현 자체가 지나치게 흥분되어 있다.

양자는 무군(無君)의 설을 주장한다. 즉 '자기만이 제일'이라고 하니, 지배자도 통치권도 거부하는 무정부주의적 입장에서 파괴적인 것처럼 공격하고 있지만 그렇게까지 비난할 것은 못 된다.

양자는,

'사람은 만물의 영장(靈長)으로서 만물을 이용하여 자기의 생명을 유지할 수 있는 것은 다만 지능이 있기 때문이다. 그런 까닭에 인간은 지능으로 자기를 보존하고 자기를 수호하는 것이 본령이요, 남을 힘으로 침해하는 것은 나쁜 짓이 아닐 수 없다.'

라고 했다.

이와 같이, '자기를 위하고 남을 해치지 않는다'는 것이 양자 철학의 근본 명제이다.

대체로 전국시대와 같은 난세의 사람들은 모피(謀避) 사상이나 염세주의를 가지게 마련이지만, 인간의 자기 보존 의욕을 이론적으로 뚜렷이 제시한 사람은 양자가 처음이다.

노자의 무위자연이나 그 밖의 은사들의 사상은 일종의 현실도피나 염세주의임에 틀림없다. 이 점이 노자의 영향으로서 '무위자연(無爲自然)', 즉 타고난 대로 사는 것을 쾌락에 가까운 종락(縱樂)으로 보고, 이것을 양자가 자기를 위한다는 '위아주의'로 발전시킨 것이다.

그런데 양자는 도가의 현실도피에서 현실주의로 몰아붙였기 때문에 이 점만을 본다면 극단의 이기주의로서 맹자의 논평과 같이 파괴적인 것 같기도 하다. 그러나 양자는,

'옛 사람이 하나의 털을 뽑아서 천하를 이롭게 하더라도 머리털을 뽑지 않았고, 천하를 다해서 한 몸을 받드는 것도 취하지 않았다니, 사람마다 제각기 털끝만큼도 손해볼 것도 없고 천하로써 이익을 보려고도 하지 않는다면 천하는 평화로울 것이다.'

라고 자기의 주장을 내세웠다.

역설적으로 말해서 맹자가 공격했듯이, 천하 사람들이 맹자에게로 기울어지지 않으면 묵자(墨子)에게로 돌아가게 되었으니, 양자의 학설이 그만큼 일세를 풍미했다고 할 수 있다. 그리고 그것은 그의 주장에 사람들을 매혹시킬 만한 훌륭한 점이 있었다는 것을 뜻한다.

양자는 각 개인을 본위로 해서 서로 간의 권익을 침해하지 않고 사회질서를 유지하면 그만이라는 주장인데, 그 사상적 배경은 인생에 대한 비관론이다.

"백 년은 대단히 긴 세월이지만 백 년을 사는 사람은 천 명도 못 된다. 가령 한 사람이 있다 하여도 갓난아기에서 노년에 이르는 것이 반은 차

지하고, 잠자는 동안, 또는 깨어 있어도 멍하니 지나는 시간, 그 밖에 아픔·슬픔·근심·걱정 등이 반을 차지하니, 결국 나머지 십수 년 동안에 정말 모든 것을 잊어버리고 즐겁게 만족하는 경우란 거의 일시도 없는 것이 된다.

결과적으로 인생은 무엇을 하는 것이냐. 무엇이 쾌락이냐, 아름다움과 풍족을 위한 것이 아니냐. 아름다운 성색을 위함이 아니냐. 그러나 아름다운 것도 항상 만족할 수는 없고 성색에도 항상 빠질 수는 없다. 부질없이 당년의 쾌락을 잊어버리고 일시라도 마음대로 지낼 수 없는 형편이고 보면 중형(重刑)의 죄수가 수갑을 차고 지내는 것과 무엇이 다르단 말인가."

라고 그는 말했다.

사실 이 말에는 일리가 있다.

'만물이 다른 점은 살아 있다는 것이다. 죽으면 마찬가지이다. 살아서는 어질고 어리석고 귀하고 천하다고 해서 이것이 다른 점이지만 죽고 나면 썩어서 없어질 뿐이다. 10년 살고도 죽고 백 년 살아도 또한 죽는다.

어질고 거룩한 사람도 죽는 것이며 음흉하고 어리석은 자도 죽기는 매일반이다. 살아서는 요·순이지만 죽으면 썩은 해골이요, 살아서는 걸·주이지만 죽으면 역시 썩은 해골일 뿐, 누가 그 구별을 인식할 것인가.'

양자의 위아주의나 쾌락설은 이러한 절저한 생의 회의 내지 비관에서 출발한다. 그렇기 때문에 양자의 쾌락은 관능적인 것에 중점을 두고, 인간은 본성대로 여러 가지 쾌락을 추구하지만 이것을 저해하고 방해하는 사나운 것이 있다고 한다.

이 사나운 것에 구속되어 하루, 한 달, 10년, 백 년 동안 구차하게 연명해 가면서 죽음을 기다릴 뿐이라는 것이 그의 인생관이요, 따라서 그는 윤리 도덕을 부정하는 입장이었다.

철저한 이기주의의 사상가 양주

관능적 욕구의 충족에서 도덕을 거부할 뿐만 아니라, 그는 유가나 도가의 '명실론(名實論)'에 대해 또 하나의 독자적인 입장을 취했으니, '명(名)에는 실(實)이 있고, 실에는 명이 없으니 명은 거짓일 뿐'이라고 했다. 이 점에서 노자의 '명론(名論)보다 더 한층 철저하다 하겠다. 따라서 일체의 명분과 예법은 모두 다 인위적인 헛문자인 것이요, 개개인의 존재만이 중요하다고 했다. 공자는 '정명(正名)'을 주장했고 노자도 '명'의 중요성을 인정했는데, '명분'을 거부한 것도 시대의 추세라고나 할까.

이런 점에서 양자의 쾌락주의는 자기 일개인을 중요시하는 것이므로, 인간이 원래 이타적 성정을 가지고 있다고 긍정하면서 궁극의 목적은 이기에 있다고 주장하는 견해와도 전혀 다른 것이다. 이것이야말로 철저한 이기주의라 할 수 있다.

그는 또 계속한다. 이번에는 정(鄭)의 자산(子產)이 자기의 형제인 탕아들과 대화한다. 이 탕아들은 아침 저녁 할 것 없이 주색에 빠져 있었는데, 자산이 인간이 금수와 다른 점을 말하고 예의를 실천하라고 하자 탕아들은 대꾸한다.

"우리들도 그만한 것은 알고 있고 또 오래 전부터 그렇게 해보려고도 했지. 동생의 말을 듣고서야 알았다 하겠나. 그러나 생각해 보니 생(生)이란 만나기 어렵고 죽음은 쉽게 따라오는 거야. 만나기 어려운 것을 가지고 닥쳐오는 쉬운 죽음을 기다리자니 무엇을 생각해야겠나. 예의를 존중하고 남들에게 뽐내며 명예를 얻어 본들 그것은 죽는 것만도 못하다는 생각이 드는군."

또 양자는 안평중(晏平仲)을 시켜 이렇게 말하기도 했다.

"일단 죽은 다음에야 나에게 무엇이 있을 것인가. 화장을 해도 좋고,

물속에 집어던져도 좋고, 땅속에 묻어도 그만이고, 들판에 내다 버려도 역시 그만이다.

섶으로 휘감아서 개천에 버릴 테면 버리고, 수놓은 비단 옷으로 휘감아서 석관 속에 처넣어도 좋다. 다만 당할 따름이니까."

이것이 그의 인생관이요, 자생관이다. 철저하게 쾌락만을 추구한다면 결과는 비참하다. 쾌락을 마음대로 충족시킬 수 없기 때문에 심한 고통이 따른다.

이것이 쾌락주의적 자가당착인 것이다. 그러면 양자는 이것을 어떻게 조절하려 했던가? 그는 말한다.

"원헌(原憲)은 노나라에서 가난하게 무일푼으로 고생했고, 자공은 위나라에서 돈을 모아 부자가 되었다. 그런데 원헌은 생을 손상했고 자공은 몸에 누를 끼쳤으니, 이들은 둘 다 나쁘다. 생을 즐기는 것이 상책이다."

중도론(中途論)이라고나 할까. 그러나 중도론도 적당치가 않다. 쾌락만을 추구하다가 달성하지 못하면 자살해야 할 것이 아닌가?

그러나 그는 자살을 부정했다. 자연에 따라야 한다는 것이다.

주(周)나라 속담에, '시골 농사꾼이 갑자기 호사를 하면 열병이 생긴다'고 했다.

송(宋)나라에서 한 농부가 다 해진 옷으로 겨우 겨울을 나고 봄날 따스한 볕에 등을 쬐면서,

"아아! 햇볕을 지고 가서 임금께 드리고 큰 상을 받아야겠다."

고 했다.

봄볕 따뜻한 맛으로 양자는 쾌락주의적 자가당착만은 중화시켰다. 그는 장자만큼 인생 문제에 있어서 철저하지도 못했는데, 말하자면 도가에 있어서 하나의 사생아였다.

양자를 그처럼 유명하게 만든 것은 맹자가 너무 호되게 공격한 탓도 있을 것이다.

■ 제자백가(諸子百家)

제가(諸家)의 유별(流別)

동양의 학술·사상은 그 연원(淵源)이 아주 멀고도 깊다. 선진시대(先秦時代) 즉, 진시황제(秦始皇帝)가 분서갱유(焚書坑儒)를 감행하여 모든 서적과 학문을 모조리 말살시키기 이전의 학술·사상은 바로 중국 사상사의 황금시기로서, 일화가 이처럼 성대하게 행해진 시대는 일찍이 없었다. 이 시대는 또한 그리스·로마 학파의 전성기에 해당하며, 바로 중국의 춘추전국시대이다. 주왕조(周王朝)의 통치권이 약화되면서 중국 천하가 170여 개의 나라로 갈라져서 분쟁을 거듭하다가 진(秦)나라로 통일이 되기까지 대략 250여 년 동안이다. 이 수세기 동안에 공자(孔子)를 비롯하여 노자(老子)·묵자(墨子)·장자(莊子)·맹자(孟子)·순자(荀子)·한비자(韓非子) 등의 이른바 독창적인 학술·사상으로 일가를 이룬 수많은 제현(諸賢)들이 줄줄이 쏟아져 나와 바야흐로 백가(百家)가 쟁명(爭鳴)하는 시대를 이루니, 그 성대한 문화는 바로 동양정신의 샘물이요, 동양사상의 뿌리라고 할 수 있겠다. 이로부터 2천여 년이 지난 오늘에 이르기까지, 불교의 전래를 제외한다면 동양문화의 발전은 이들 제자백가라고 불리는 고대 사상가들의 학술과 주장에서 한 걸음도 벗어나지 않았다고 해도 과언이 아니다.

선진(先秦)시대의 학술·사상이 이같이 성대했던 것과 같이 제자백가의 학문은 천 갈래 만 갈래여서, 그 학파를 나누어 말하기는 쉬운 일이 아니다. 단지 《사기(史記)》나 《한서(漢書)》 〈예문지(藝文志)〉, 《순자(荀子)》, 《장자(莊子)》 등 옛날의 고서에 의거하여 학파의 유별을 논할 뿐이다. 《한서》 〈예문지〉의 제자략(諸子略)을 보면 그 많은 학파를 대충 정리하여 십가(十家)로 나누었는데, 유가(儒家)·도가(道家)·묵가(墨家)·음양가(陰陽家)·법가(法家)·명가(名家)·종횡가(縱橫家)·잡가(雜家)·농가(農家)·소설가(小說家)가 그것이다.

또 《사기》의 태사공(太史公) 자서(自序)에는 육가(六家)를 논하였는데 음양가(陰陽家)·유가(儒家)·병가(兵家)·명가(名家)·도가(道家)가 그것이다.

그 밖에 《순자(荀子)》의 비십이자편(非十二子篇)에서는 육설(六說), 십이가(十二家)를 논하였고, 《장자(莊子)》에서는 오가(五家) 내지는 육가(六家)를 논한 것이 보인다.

중국은 지역이 광대하므로 그 문화적 연원에도 각기 지리적인 특성이 있다. 춘추시대의 초기, 문화가 전성기에 들어서면서 남방과 북방으로 분리되는 현상을 보인다. 북방의 학문은 공자로 대표되는 보수적이며 실천적인 것으로 항상 인간의 생활과 밀접한 실제적인 면에 힘썼고, 남방은 노자(老子)로 대표되는 염세주의와 달관의 사상이었다.

그리하여 공자와 노자의 사상은 남북으로 갈라져서 우연히 천하를 양분하였다. 《논어(論語)》에도 보이지만 공자(孔子)의 학문은 북방에서 숭상받았지만 남방에서는 배척되고 조롱당한다. 노(魯)나라나 위(衛)·제(齊)에 있어서의 공자에 대한 존경은 대단했지만, 송(宋)·진(陳)에서는 꺼리는 존재가 되었고, 진(陳)·채(蔡) 사이에서는 거의 죽을 뻔하는 욕을 당하기도 했다. 이 나라들은 모두 남방에 인접한 국가들이었다. 또 공자가 초(楚)나라에 가니, 접여(接輿)는 풍자하는 노래를 읊고, 장인(丈人)은 야유하며, 장저(長沮)·걸익(桀溺)은 조소한다. 이것은 모두 학파의 성격이 달랐기 때문이다.

남방에는 접여나 장저·걸익과 같이 세상을 외면하고 은둔하는 무리가 많았는데, 이들은 모두 노자나 장자의 유파에 속한 사람들일 것으로 짐작된다. 이와는 달리 북방에는 세상을 염려하여 부지런히 수고하는 인사가 많았으니 공자는 자리가 따뜻한 날이 없었다든가, 묵자의 굴뚝에서는 연기가 오르는 일이 드물었다든가 하는 이야기는 널리 알려진 바이다.

공자와 노자가 남북으로 나뉘어 웅거하였다면, 그 사이에서 일어난 사람은 묵자(墨子)이다. 일반적으로 묵자는 공자와 같이 북파에 속한다고 보지만 북파의 입장에서 본다면 오히려 남파에 가깝다고 할 것이다. 묵자는 송(宋)에서 일어났으니, 송나라는 남북의 요충으로서 그 문화는 남북이 혼합되어 융화된 인상을 주고 있고, 그 학문 또한 남북에서 취하였다고 할 수 있다. 실제를 힘쓰고 실천궁행하는 것을 귀하게 여긴 점은 북파의 정신이요, 하늘과 타계(他界)에 대해 언급하고 철학적 논리를 발전시켜 겸애(兼愛)를 주장하고 평등을 역설한 것 등은 모두 남방의 경향이다.

이리하여 전성기의 초기에는 공자·노자라는 양대 산맥이 남북으로 대치하는 형세이다가, 그 사이에서 다시 묵자가 출현함으로써 공자·노자·묵자, 즉 유·도·묵의 삼가가 정립하게 되는 것이다. 이를 선진학파(先秦學派)의 삼대종파(三大宗派)라 한다.

이들 삼가의 번성은 진(秦)을 거쳐 한(漢)나라 초기에 이르기까지 줄곧 계속되어 삼가가 자웅을 겨루는 형세가 되었다.

남북 양파를 비교해 보면 남방보다 북방이 학파가 많다. 이것은 남방보다 북방의 개화가 앞섰던 까닭이다. 음양가, 법가, 명가들은 모두 북방에서 일어났으니, 음양가는 옛날에 금사(禁事)·역수(曆數)를 맡았던 축관(祝官)에서 비롯되고, 법가는 주례(周禮)에서 비롯되니 관자(管子)가 그 대종이며, 그 말류(末流)에 이르러서는 크게 면목을 세웠다고 할 수 있다. 명가는 마지막으로 일어나 모든 학문의 매개자 역할을 하였다. 이들 음양가·법가·명가들은 공자·노자·묵자 이외에 중국 사상사에 있어서 의연히 독립한 유파이다.

이 밖에 종횡가·잡가·농가·소설가 등이 있는데 이는《한서》〈예문지〉의 제자략에 보일 뿐으로 맹자나 순자의 주장에서는 주로 앞의 육가(六家)를 위주로 하고 있다. 그 근거는 이러하다. 즉, 종횡가에게는 철학적 이론이 없고, 소설가는 글을 꾸미는 것에 불과하며, 잡가는 이미 잡

(雜)되다고 불리는 이상 가(家)라고 부를 수는 없다는 것이다. 따라서 이들을 유(儒)·묵(墨)·노(老)나 법가·명가들과 비교하는 것은 합리적이라고 말할 수 없다. 그리고 농가가 있는데 이를 일가(一家)라고 한다면, 손자(孫子)·오자(吳子) 등의 병가나 범려(范蠡) 백규(白圭) 등의 상가(商家)·편작(扁鵲) 등의 의가(醫家) 등도 함께 같은 위치에다 열거하여야 하므로 결국 번거롭고 난삽함을 면할 수 없다.

결과적으로 고대 사상가들의 유별(流別)은 그 지리적 특성에 크게 영향을 받은 것이 확실한데, 유가·묵가·도가는 제자백가의 3대 종파로 군림하였고, 그 밖에 소종(小宗)이 일어나 법가·명가·음양가로 발전하는 연원이 되었다. 그리고 농가·종횡가·잡가·소설가류는 모든 학파를 혼융하였다고 할 수 있다. 따라서 장자(莊子)가 유(儒)·묵(墨)·노(老) 삼가(三家)를 중요시한 것과 같이 이 삼종(三宗)은 모든 파의 원천이라고 해도 과언이 아니다.

이제 제파(諸派)의 성립과 그 지리적 배경을 들어 그 연혁을 약술한다.

먼저, 고대 사회에 있어서 바다를 끼고 있는 나라는 제(齊)나라인데, 그 지리적 배경으로서 두 가지 사상적 관념이 일어났으니, 그 하나는 국가관이요, 다른 하나는 세계관이다. 관자(管子)를 대종으로 하는 법가는 곧 국가관이 부연되고 발전된 결과이며, 《관자(管子)》라는 책은 실로 국가 사상을 가장 절실하게 밝혀 놓은 명저이다. 법가의 아류는 한(韓)나라에서 나온 신불해(申不害)와 위(魏)나라에서 나온 상앙(商鞅)인데, 이들 출생지는 모두 중원으로서 법가의 문장은 이곳에서 크게 발흥하여 남북의 제파를 오시(敖視)하였다. 상앙이 법가로서 그 학술 사상을 응용하여 진(秦)나라를 강대하게 만든 사실은 《사기(史記)》의 〈상군열전(商君列傳)〉에 잘 나타나 있다. 법가는 오늘날 사회과학 분야의 정치 법률의 이론가에 해당하며, 법가의 이론은 한 마디로 서양의 마키아벨리즘이다. 그 주지(主旨)는 부국강병과 근검절약이라 하겠다. 이같은 사상은 한비(韓非)에 이르러 공리주의와 도술주의(道術主義)에 합치고, 다시 이사(李斯)는 여기에 유술(儒術)을 결부시킨다. 그리고 이극(李克)·이리(李俚)는 또 유가와 법가를 겸한 이론을 펴서 일세를 풍미하였다. 신불해를 비롯하여 상앙·한비·이사·이극·이리 등은 모두 법가에 열거되는 자들이다.

다음으로 추연(騶衍)을 대종(大宗)으로 하는 음양가는 세계관의 발전된 이론이니 그 사상적 요지는 우주와 세계에 관한 정심·박대한 관찰이라 할 것이다. 《사기》의 〈맹자순경열전(孟子荀卿列傳)〉에 다음과 같은 글이 보인다.

'추연—그는 깊이 음(陰)과 양(陽)이 소멸·생성되는 이치를 관찰하여 괴우지변(怪迂之變)·종시대성(終始大聖) 등의 십여 편, 십여 만 자의 책을 지었다. 그 문장은 내용이 넓고 커서, 요령이나 경험에 의거하지 않고, 반드시 먼저 적은 것에서부터 실증을 하여 큰 것을 추측하여 무한한 것에 미쳤다. 고금의 역사를 말하는 데 있어서도 먼저 현재를 말하고, 다시 황제(黃帝)까지의 일을 차차 거슬러올라가며 세상의 학자들이 말한 바와 같이 서술하였고, 거기에 각 시대의 성쇠와 득실에 대하여 논술하였다. ……그리고 천지개벽 이래 오덕(五德 : 金·木·水·火·土 등 五行의 德)이 추이에 따라 다스려짐에 저마다 마땅한 바를 얻게 되고 여기에 따라 길흉화복이 생긴다고 설명하였다.……'

제자백가 사상의 분류와 발전

추자(騶子 : 騶衍)가 죽은 뒤, 그의 후배 수백 명이 그 학풍을 계승하여 진한(秦漢) 때에 이르기까지 홍성하였으니, 진시황에게 명을 받아 불로장생의 영약을 구하러 떠난다고 하여 동남동녀 삼천을 거느리고 일본 땅에 가서 정착한 서복(徐福) 등은 모두 추연의 제자들이다.

다음으로 명가가 있다. 앞에서 묵자의 출신지를 말한 바 있는데, 명가가 일어난 곳은 송(宋)과 정(鄭) 등 중국의 중추지역이다. 묵자는 명가의 한 종사(宗師)라고도 불리는데 그 문장은 정(鄭)나라의 등석(鄧析)에게서 일어났고, 송나라의 혜시(惠施) 및 조(趙)의 공손룡(公孫龍)에 이르러 크게 창성하였다. 명가의 글은 번거롭고 중복되며, 방대하고 복잡하니 그 경향은 북학에 가깝다. 그러나 추리하는 바가 뛰어나고 현묘한 진리를 밝힌 점은 남학과 비슷하다.

음양가·법가·명가를 중국사상사에 있어서는 지리적 특성을 다루어 대체로 제파(齊派)·진진파(晉秦派)·송정파(宋鄭派)라 한다. 그러니까 북파(北派)에는 제나라와 같이 북동(北東)에서 일어난 음양가, 진진(晉秦)과 같이 북서(北西)에서 일어난 법가 송정(宋鄭)처럼 중원에서 일어난 명가가 포함된다.

이상에서 육가(六家)를 대충 살펴보았는데, 유가·묵가·음양가·법가·명가가 북학에서 일어났다면 도가만이 남학에 속할 뿐이다.

노자와 장자는 바로 남학의 종사인데 여기서 빼 놓을 수 없는 존재로 양자(楊子)가 있다. 《장자》를 보면 양자(楊子)가 노자의 학도로 있었다는 기록이 있으니, 양자 역시 노학(老學)의 적자(適子)라고 할 수 있다. 양자의 위아주의(爲我主義)나 종락주의(縱樂主義)는 모두 염세주의에서 비롯된 것이다. 《열자(列子)》의 〈양주편(楊朱篇)〉에서 양자의 학설을 일컬어,

'세상의 고락은 이제나 저제나 한가지이고, 변이치란(變易治亂) 역시 예나 지금이나 마찬가지이다. 익히 들은 바이며 익히 듣는 바이다. 백년도 많아서 싫은데 하물며 오래 살아 고생할 것인가?'

라는 것이다.

이것은 염세사상의 극치라고 할 수 있다. 양자는 그 학설의 요체를 노자에게서 얻었으나, 그 정신과 사상의 깊이는 거의 노자의 자리를 빼앗을 만하다.

다음에는 《한서예문지》에서 말하는 바 농가자류(農家者流)의 허행(許行)이 있다. 허행은 남학의 대표적인 한 사람이다. 그 정신은 노학에서 연원된 것으로 단지《맹자》에 이름이 보일 뿐으로 그 전해진 학설이 너무 미약하다. 그의 이론은 근세 유럽의 사회주의와 흡사하며 계급을 없애자는

이론 대신 정직하게 틀린 것을 교정하자는 소극적인 태도를 취한다.

다음으로 남파에서 손꼽히는 문호가 있으니 바로 굴원(屈原)이 그 사람이다. 그의 깊고 미묘한 감정, 장엄한 용어는 중국 사상계의 이채라 한다. 그 문장은 분륜잡답(紛綸雜遝)하다고 하는데 역시 사상적으로는 노장학에 가깝다. 그러나 일반적으로 굴원은 염세주의의 극치를 알지 못한다고 말한다. 그의 학풍은 순수한 남국의 경향을 지니고 있고, 그의 학파는 뒤에 한(漢)에 이르러 회남자(淮南子)에서 크게 빛을 발하였다.

이상으로 대략 각파를 분류하였으니, 대체적으로 북파는 지류가 많으면서도 각기 면목을 세웠고 남파는 지류가 적으면서도 체제를 갖추지 못하였다. 농가·잡가·소설가 따위가 남파에 속하는 것을 보아 쉽게 이해할 수 있다.

그러나 학문이란 처음에는 하나의 목표 밑에 뚜렷한 학파를 형성하다가 차츰 시대의 흐름을 따라 교류되고 혼효되어 본래의 모습을 잃게 되는 것이 보통이다. 그리고 이러한 상태야말로 학술·사상의 가장 전성기라고 하는 것이다. 학파는 분열하고 혼류하며 각파가 거리낌없이 출입하며 이론을 전개하였다. 자유로이 다른 학파의 사상에 출입하면서 자가(自家)의 문호를 빛낸 일도 비일비재하다.

맹자는 말한다.

'묵학(墨學)을 떠난 자는 반드시 양학(楊學)으로 들어갔고 양학(楊學)을 떠난 자는 반드시 유학(儒學)으로 들어갔으니 피차에 출입한 것이다.'

이것은 학문의 자유스러운 교류를 탓한 말은 결코 아니다.

학파의 교류를 예를 들어 보면, 장자는 처음 공자의 제자인 전자방(田子方)에게서 배웠으나 결국에는 도가의 영수가 되었고, 금활리(禽滑釐)는 자하(子夏)의 제자였으나 나중에는 묵가의 제자가 되었다. 또 한비와 이사는 순자의 제자이면서도 법가로 대성하였다.

이 모든 현상은 당시 사상의 자유가 극치에 이르렀던 것을 보여 주며, 후학(後學)으로서 고루하게 스승의 미온적인 논리를 지키면서 자기의 범위에서 조금도 벗어나지 못하는 제자들이 아니었다는 것을 알 수 있다. 유가에 순자가 있었다는 것, 그가 법가·명가의 이론을 다스린 것 등은 그 좋은 예이다. 또 도가의 장자는 유가의 이론도 겸하였고, 법가의 한비도 도가의 이론을 겸하였다. 동서남북의 문명이 날이 갈수록 더욱 빈번하게 접촉되어 거의 한 용광로 속에서 용해되어 일체가 된 느낌이 든다.

여기서 일어난 것이 잡가(雜家)인데, 소진(蘇秦)·장의(張儀)의 종횡가로서의 변설 따위가 그것이다. 또 진(秦)의 재상 여불위(呂不韋)는 제후의 유세객들을 모아 팔람(八覽)·육론(六論)·십이기(十二紀)를 짓게 하였으니, 그 사상은 앞에 보인 제가(諸家)의 사상을 겸하였으며, 유가·묵가·법가·명가가 합치되었는가 하면 병가와 농가까지 포함하고 있다.

이상으로 철리(哲理)·정법(政法)의 제가(諸家)들을 대강 열거하였다. 이 밖에도 전문적이며 실제적인 면을 논술한 학문도 많다. 편작으로 대표되는 의학이나 주비(周髀)의 수리학(數理學), 손자·오기의 병법학 등은 모두 독창적인 학문의 일가로서 빼 놓을 수 없는 것들이다.

또 당시의 사학(史學)으로는 좌구명(左丘明)의 《국어(國語)》가 있는데, 중화민국 초의 학자 양계초(梁啓超)의 주장에 따르면, 이 《국어》는 바로 《춘추좌씨전(春秋左氏傳)》이라 한다. 양계초는 이를 가리켜 '고대 사상의 찬연한 광영(光影)이라고 극찬하였다. 그 외에 《탁씨춘추(鐸氏春秋)》·《우씨춘추(虞氏春秋)》·《여씨춘추(呂氏春秋)》 등이 있었고, 춘추(春秋)를 해석한 공양(公羊)·곡량(穀梁) 2전(傳)도 중요한 저작이다.

사학 이외에 당시 불길처럼 타오른 사상은 문학 분야인데, 굴원이 그 으뜸이며, 송나라의 명가들은 물론이고 노자·묵자·맹자·순자·열자·장자·상앙·한비자 등도 모두 천고의 문호들이라 한다.

이상으로 각파의 유별을 대강 열거하였다고 볼 수 있는데, 그 밖의 부속된 제자(諸子)들에 대해서 일일이 다 논할 수는 없고 제자백가의 책 중에서 중요한 것만을 열거하겠다.

공자(孔子)

노자(老子)

묵자(墨子)

관자(管子) → 전국시대(戰國時代) 사람들이 찬집(纂集), 법가(法家)

안자(晏子) → 전국시대 사람들의 찬집. 유가(儒家)

맹자(孟子) → 유가

순자(荀子) → 유가 또는 명가(名家)

관윤자(關尹子) → 도가(道家)

열자(列子) → 도가

장자(莊子) → 도가

신자(愼子) → 법가(法家)

문자(文子) → 채집본(採集本) 또는 의탁(依託) 도가

할관자→(鶡冠子) → 채집본 또는 의탁이라 한다. 도가

양자(楊子) → 도가

상자(商子) → 법가

한비자(韓非子) → 법가

공손룡자(公孫龍子) → 명가

위료자(尉繚子) → 병가(兵家)

시자(尸子) → 도가

신자(申子) → 체집본, 도가 또는 법가

귀곡자(鬼谷子) → 의탁 병가

등석자(鄧析子) → 채집본. 명가

윤문자(尹文子) → 명가

혜자(惠子) → 채집본. 명가

초사(楚辭) → 잡가(雜家)

손무자(孫武子) → 병가

오자(吳子) → 병가

고자(告子) → 유가

■ 효경(孝經)

《효경》의 구성과 발문(跋文)

《효경》은 공자(孔子)와 그의 제자 증삼(曾參)이 문답한 것을 기록한 책이다.

공자와 증삼의 문답이 비단 이 글에 수록된 것만은 아니겠지만, 그들의 문답 중에서 특히 '효도'에 대한 구절을 모아 놓은 것이 바로 이《효경》이니 그것은 알맞는 이름이라 하겠다.

조선시대 선조(宣祖) 때의 사람 서애(西厓) 류성룡(柳成龍)의 발문(跋文)을 보면 이런 말이 있다.

'백 가지 행실이 효가 아니면 서지 못하고, 만 가지 착한 일이 효가 아니면 행해지지 못한다(百行 非孝不立, 萬善 非孝不行).'

또 중국 사람 서관(徐貫)의 서문을 보면,

'이 글을 읽는 자가 능히 그 말에 의해서 마음에 구하고, 마음의 같은 바에 의해서 그것을 자기 집이나 국가, 그리고 천하를 다스리는 데 쓰게 된다면 온 천하의 도(道)가 모두 여기에 있다(讀者 誠能因其言 而求諸心, 因心同然 而推之家國天下 則天下之道 盡在是矣).'

라고 하였다. 이것만 보더라도 효도가 얼마나 소중한 것인가를 알 수 있다. 세상에서 흔히 말하는 '효는 백 가지 행실의 근본'이라는 것은 절실한 말이라 하겠다.

《효경》의 내용과 구성

개종명의장(開宗明義章) 공자가 유유자적하고 있는데 옆에서 증자가 시립하고 있었다. 공자가 말했다.

"옛날 성왕(聖王)은 지덕(至德)과 요도(要道 : 최고의 덕과 근본의 덕)를 갖추고 있어서 천하를 평안하게 했고, 백성들은 서로 화목했으며 상하간에 원한을 품는 일 따위는 전혀 없었다. 이 점에 대해서 알고 있는 바가 있느냐?"

증자는 자신없는 듯한 소리로 대답했다.

"어리석어서 그것까지는 모르겠습니다."

"효(孝)야말로 은덕(恩德)의 근본이요, 교화(敎化)의 근원인 것이야. 거기 앉게. 천천히 가르쳐 주지. 사람이란 신체의 머리털 하나까지도 모두 부모로부터 받은 것인즉 이것들을 단 하나도 상하지 않도록 하는 것이 효의 첫걸음이고, 입신(立身)하고 도(道)를 행하여 명성을 얻고 후세에까지 전하여 부모의 이름을 빛나게 하는 것, 이것이 효의 궁극이지. 다시 말해서 효란 부모를 섬기는 것부터 시작되며, 군주를 섬기는 것이 그 다음이고 입신양명하는 것으로 끝나는 것이다."

천자장(天子章) 공자의 말은 계속된다.

"부모를 사랑하는 자는 남을 미워하는 일이 없지. 어버이를 공경하는 자는 남을 모멸하지 않는 법이고. 사랑과 공경을 다하여 어버이를 섬김으로써 덕화(德化)가 온 백성에게 퍼지게 되고, 사해(四海)의 모범이 되며, 이것이 천자의 효이다.《서경(書經)》에 '천자가 선(善)을 행하면 만백성이 그 은혜를 입게 된다'고 했다."

제후장(諸侯章) 오만과 사치를 경계하고 겸허와 절약과 검소를 마음에 새겨두어야만 나라를 유지하고 백성들을 화평하게 할 수 있다. 이렇게 하여 조상 전래의 부귀를 오래도록 유지해 나가는 것이 제후의 효이다.

경대부장(卿大夫章) 선왕(先王)이 정한 복장(服裝), 남긴 언어, 제시해준 덕행(德行)을 오로지 따르고 언행을 신중히 하며 과오 없이 행동하여 백성들에게 원한 사는 일이 없으면 오랫동안 지위를 유지해나갈 수 있다. 이것이 경대부의 효이다.

사인장(士人章) 부모에 대한 효심으로 군주를 섬기면 충(忠)이고, 공경의 마음으로 상사(上司)를 섬기면 순(順)이다. 충순의 마음을 잃지 않으면 녹위(祿位)를 오래도록 유지하면서 조상의 제사를 받들 수 있다. 이것이 사인(士人)의 효이다.

서인장(庶人章) 열심히 일하되 검소하게 살면서 부모를 봉양하는 것, 이것이 서인(庶人)의 효이다.

이상 천자로부터 서인에 이르기까지 효는 일관되는 것으로서 그 신분의 고하에 따라 효를 다할 수 없다는 걱정 따위는 전혀 쓸모가 없다.

삼재장(三才章) 효는 천지인(天地人)을 일관하는 불변의 원리이며 이것에 따르면 천하는 자연히 다스려진다.

효치장(孝治章) 효를 근본으로 하여 천하를 다스리면 만인이 모두 심복하며, 재난이라든가 현란도 일어나지 않는다.

성치장(聖治章) 성인(聖人)의 치세(治世)도 효도에 의해 이루어졌다. 부자(父子)의 도(道)와 군신(君臣)의 의(義)는 일체이다. 따라서 효도와 정교(政敎)는 일치함을 설명하고 있다.

기효행장(紀孝行章) 효의 실천에는 부모의 생전사후(生前死後)는 물론이고 자기 자신의 수양 또한 빼놓을 수 없다.

오형장(五刑章) 불효(不孝)는 최대의 죄임을 설명하고 있다.

광요도장(廣要道章) 개종명의장(開宗明義章)의 요도(要道)란 말의 뜻을 상세하게 해설했다.

광지덕장(廣至德章) 위와 마찬가지로 지덕(至德)을 상세히 설명했다.

광양명장(廣揚名章) 마찬가지로 양명(揚名)에 대해서 상세한 설명을 하고 있다.

간쟁장(諫爭章) 무도한 아비의 말에도 따라야 하느냐는 증자의 질문에 대하여 아버지가 불의(不義)하다면 반대하고 간하는 것이 참된 효도라고 설명한다.

응감장(應感章) 천자가 효도를 다하면 천지 신명도 이에 감응하여 천하의 구석구석까지 잘 다스려진다고 설명했다.

사군장(事君章) 임금을 섬기는 마음가짐에 대해서 자세하게 설명하고 있다.

상친장(喪親章) 부모가 세상을 떠난 다음, 그 장례나 제사에 대해서 설명하고, 생전의 애경(愛敬), 사후에 애통을 다하는 것이야말로 효를 다하는 것이라고 했다.

■ 공자가어(孔子家語)

불가사의한 점이 많은 《공자가어》

《공자가어》는 공자(孔子)가 당시 공경사대부(公卿士大夫) 및 제자들과 더불어 서로 문답한 사실을 여러 제자들이 각각 듣고 본대로 기록한 글이다.

그런데 다 같은 성인(聖人)의 사실(史實)이라도 《논어》와 《효경》은 특별히 이를 순수한 글이라 하여 이른바 유학(儒學)에 유의하는 자로서 읽지 않은 자가 없으나, 이 《공자가어》는 내용이 박잡(駁雜)하다는 이유로 널리 읽히지 않았음은 물론, 심지어 이를 이단시하는 경향까지 있는 실정이다. 이런 경향은 말할 것도 없이 세칭 사서(四書)니 육경(六經)이니 십삼경(十三經)이니 하는 한계가 정해진 뒤로부터 유학자들이 몹시 소극적이고 근시안적인 안목으로 이 《공자가어》를 대해 왔기 때문이다. 그리고 《예기(禮記)》만 하더라도 역시 내용이 박잡함을 면치 못하건만 왜 《육경어》 속에 집어넣었으며 또 《중용(中庸)》이나 《대학(大學)》 두 편도 《예기》

속에 포함된 것을 왜 따로 뽑아서 사서 속에 집어 넣었을까? 여기에서 한 가지 《공자가어》 속에 있는 여러 편의 글 가운데에는 《예기》 속에 있는 글도 끼여 있지 않겠는가 하는 결론을 얻을 수가 있다. 그러나 이 《공자가어》와 《예기》를 엄밀히 대조·비교해 볼 때, 전자는 단순한 공자의 본지로 문답된 사실을 공안국(孔安國)이라는 사람이 편찬한 것이고, 후자는 대성(戴聖)이란 학자가 《곡례》만 가지고는 부족하다 하여 《공자가어》와 자사·맹자·순자의 모든 기록 가운데 고례(古禮)에 관한 것을 모아 예기라 이름한 것으로 내용이 박잡하기로는 모두 마찬가지인데 어째서 《예기》는 육경의 하나로 그냥 넣어 두고, 이 《공자가어》만을 도외시한 채 내버려 두었느냐 하는 의혹이 생긴다.

그리고 또 《공자가어》와 《논어》를 대조해 볼 때, 《논어》에도 역시 믿을 수 없는 구절이 간혹 눈에 띈다. 여기에 그 중 한 가지만을 예로 들어 보려고 한다.

《논어》 〈선진편(先進篇)〉 제11에 이런 말이 있다.

> 안연(顔淵)이 그 아버지보다 먼저 죽었다. 그 아버지 안로(顔路)는 가세가 몹시 빈곤했다. 그는 공자의 수레를 얻어 그것을 팔아 아들의 곽(槨)을 만들어 주고자 이를 공자에게 청했다. 그러자 공자는 이렇게 말했다.
>
> "자식이 잘났거나 못났거나 간에 아비가 볼 때에는 모두 각각 자기의 자식임에 틀림이 없소. 전에 내 자식 이(鯉)가 죽었을 때에도 관(棺)만 썼지 곽은 쓰지 않았소……."

이 말을 생각해 볼 때 전혀 사실과 어긋남을 알 수 있다. 즉, 안연이 죽었을 때 공자의 아들 이는 아직 살아 있었으니 그 글이 잘못 편찬되었음을 엿볼 수 있지 않은가!

그러니 아무리 순수하다는 글이라 할지라도 박잡한 곳이 없을 수 없는 것이고, 또 이와 반대로 아무리 박잡하다는 글이라 할지라도 정미한 것이 없지 않은 것이다. 더욱이 이 《공자가어》를 한 번 읽어 보지도 않고 박잡하다고만 한다면 이 책 이름을 어떻게 감히 《공자가어》라 할 수 있었겠는가? 자못 냉정히 검토해 볼 일이 아닐 수 없다.

《공자가어》의 출간

그러면 《공자가어》가 어느 때 출판되었는지 알아보자. 기록에 의하면 진시황제(秦始皇帝)가 온갖 시서(詩書)를 모두 불태워 버렸을 때 이 책 한 질은 공자의 옛집에 간수되어 있었기 때문에 화액(火厄)을 면했다고 한다. 또 일설에 의하면 한무제(漢武帝) 때 노공왕(魯恭王)이란 자가 공자의 옛집을 헐었는데 이때 과두(科斗)로 된 고체(古體)의 《상서(尙書)》와 《효경》, 《논어》가 발견되었다고 한다.

그런데 당시의 사람들 중에 이 글을 알아보는 이가 오직 공안국 한 사람뿐이어서 이 《공자가어》는 그가 처음으로 편찬해 냈고, 그 뒤 유향(劉向)이 이를 교정했으며, 다시 왕숙(王肅)에 이르러 주석이 붙여졌다고 한다. 또 다른 의견을 들어 보면 지금 현존하고 있는 이 《공자가어》는 공안국이 편찬한 원본 그대로가 아니고 거기에 많이 첨가된 데가 있다고 하지만 이 사실은 확실하지가 않다.

그러나 여기에서 우리는 분분한 세상 의논만을 따질 것이 아니라 이 책의 내용을 정밀하게 읽어 보고 각각 자기의 소견대로 유익한 점만을 취하는 것이 현명한 일이라 하겠으며, 《논어》와 《예기》에 대동소이한 점을 가려서 그 뚜렷한 요점만을 인증하는 것이 가장 옳은 일이라 하겠다.

무릇 대성(大聖) 공자를 연구함에 있어, 이 44편으로 되어 있는 《공자가어》를 읽지 않으면 안 된다는 것은 명약관화한 사실이다. 그것은 《논어》와 《예기》만으로 미흡하고 부족한 점을 《공자가어》 44편이 능히 해결해 주기 때문이다. 또한 이 《공자가어》 44편에는 편마다 공자의 진면목이 솔직히 표현되어 있다는 것을 덧붙이고 싶다.

■ 묵자(墨子)

사랑의 정신, 묵자의 사상

공자(孔子)가 북방에서, 노자(老子)가 남방에서 두 갈래의 큰 사상체계를 형성했다고 한다면, 묵자는 남방과 북방의 사이에서 대두한 또 하나의 커다란 사상의 봉우리라고 할 수 있다. 흔히 말하기를 '공자의 자리는 따뜻할 날이 없고, 묵자의 굴뚝에서는 연기나는 날이 없다'고 한다. 두 성현이 다같이 천하를 위해 부지런히 수고했다는 말이 된다. 유묵(儒墨)의 사상은 종교가 아니다. 그러나 두 종사(宗師)가 세상을 구제하기 위하여 몸소 실천궁행한 점에 있어서는 보다 종교적 정신에 가깝다고 할 수 있을 것이다.

도가(道家)들은 온 천하에 흙탕물이 차서 흐른다고 하여, 구제하기에 앞서 포기하고 은둔하였으나 유가·묵가들은 자기 한 몸의 희생을 돌보지 않고 천하를 바쁘게 돌아다니며 도를 이루어 보려고 수고하고 노력하였다. 공자가 인의(仁義) 사상으로써 천하를 다스리려고 하였다면, 묵자는 겸애(兼愛)의 사상으로써 경세제민하려고 하였다. 사실 동양인의 은근한 사랑의 정신은 묵자에서 비롯되었다고 해도 과언이 아니다.

공자가 전통과 보수 사이에서 관념적 온건파로서 점진적인 사회개량을 모색하려고 하였다면, 묵자는 기존의 전통과 질서에 정면으로 맞서서 구체적이고도 적극적으로 도를 실천하려고 하였는데, 이 양자를 가리켜 흔히 공묵유학(孔墨儒學)이라고도 일컫는다. 묵자의 유학은 평민을 중심으로 한 유학을 일으켰다는 점에서 공자의 유학과 입장을 달리하고 있다. 당시에는 유학이다 묵학이다 하고 뚜렷한 구별이 없었으나, 차츰 시대의 흐름에 따라서 새로운 사상적 체계가 형성되었으니 묵학은 마침내 유가와 결별하고 하나의 독립된 사상으로서 성립되기에 이르렀던 것이다. 그 뚜렷한 주장이 겸애(兼愛)·비전(非戰)·관용이라는 3대 강령(綱領)이다.

독특한 묵자의 생애

묵자는 여러 학자들에 의하여 그 태생이 미천한 평민이라는 것이 증명되었다. 우선 그 이름으로 알려진 묵적(墨翟)의 묵이 성이 될 수 없다는 점이다. 고대 중국에서는 죄인의 얼굴 표면에 먹물을 넣어 죄인임을 표시하는 제도가 있어서 옥에서 풀려나도 문신은 지워지지 않고, 전과자로서 조의조식(粗衣粗食)에 만족하며 국가에 봉사했던 것으로 전해진다. 그러니 그 자식이라고 해서 특별히 이름을 지어 줄 것도 없어서, 궁벽한 지방에 숨어 살며 차츰 학문을 일으켜서 학자로서 일가(一家)를 이루자, 남이 묵자라 부른 것이 그대로 성이 되어 버린 것이 아닌가 한다. 사농공상(士農工商)이 일반적인 사회계급이라면 묵자의 집은 그 이하인 수공업자, 즉 나막신이나 돗자리를 엮는 그런 미천한 집안이었으리라는 것이 자연스러운 해석이다.

그래서 묵자는 일생 동안 죄인처럼 머리를 박박 깎고 관을 쓰지 않은 것은 물론, 맨발에다가 마혜나 나막신을 신고 부지런히 천하의 제후들을 설득하며 유력하였다.

묵자의 생몰 연대에 대해서는 정설이 없다. 사마천조차도 공자와 같은 시대, 혹은 사후의 인물이라는 두 가지 견해를 가지고 있다. 또 출생한 지방에 대해서도 노(魯)·송(宋)·초(楚) 등 세 설이 있으나, 중국의 근세 학자 양계초는 그의 '자묵자학설(子墨子學說)'의 묵자 약전에서 묵자는 공자와 같은 노나라 사람이라고 못을 박았다. 그의 출생 연대는 대략 기원전 479~469년 사이, 죽은 해는 기원전 390년으로 추정하는데, 대략 60~70세를 산 것으로 보인다.

묵자는 처음 주(周)나라의 귀족이며 의례에 통달했다는 사각(史角)이란 학자의 후예에게서 글을 배웠다고 하며, 당시의 가장 개명했던 군자인 위(魏)나라의 문후(文侯 : 曹丕)가 널리 인재를 구하였으나, 위나라로 갔다는 기록은 없다. 그러니까 묵자는 노에서 나서 성년이 된 뒤로는 주로 남방의 대국 초나라와 송·노 등을 왕래하면서 유세하였으니, 주로 중원의 문화중심권에서 약간 벗어난 회수(淮水) 유역과 양자강 중류가 그 활동 무대였다.

또한 묵자는 공자학파의 전통적인 후계자라도 할 수 있는 노나라의 자사(子思, 기원전 483~402)와 같은 시대, 같은 나라에 살고 있었던 셈이지만, 그가 자사와 어느 정도의 교류가 있었는지는 기록에 없다. 그것은 자사가 증자(曾子)로부터 유학의 적계(嫡系)로 인정되면서 깊이 한촌(寒村)에 은거한 까닭이 아닌가 한다. 자사의 곤궁한 생활을 보다못한 전자방이 위에 벼슬을 하여 담비가죽옷을 보냈으나 자사가 이를 거절하였다는 이야기가 남아 있다.

묵자가 접촉한 사람들은 주로 공자학파로서 중원에 진출하여 귀족사회에서 벼슬하여 봉사하면서 부국강병론을 주장하던 공문의 자하(子夏) 및 그 제자들이었다.

자하의 제자들이 묵자에게 물었다.

"군자에게도 싸움이 있습니까?"

묵자가 대답한다.

"군자에게는 싸움이란 있을 수 없소."

"개나 돼지에게도 싸움이 있거늘 어찌 군자에게 싸움이 없을 수 있겠소?"

"무슨 소리! 입으로는 탕(湯)임금이니 문왕(文王)이니 하면서 오늘은 사람의 행동을 개나 돼지에 비유하는구려. 듣기 싫소."

묵자가 유가들과 자주 접촉을 한 것은 이와 같이《묵자》〈경주편(耕柱篇)〉에서 보인 것처럼 빈번하였다. 여기서는 유가들의 말이 행동과 일치되지 못함을 둘러대며 공격하고 있다. 자하의 제자들은 아마 묵자의 비전론(非戰論)을 반박하여 시험해 보려고 했을 것이다. 그러니 패자(霸者)에게 봉사하며 관리로서 지배계급에 있던 공자학파의 고식적인 유가들과 묵자가 서로 의견이 맞을 수가 있으랴.

공자만 하더라도 하급 무인의 가정에 태어나서, 당시 몰락해 가는 주위 귀족들이 이미 정권을 유지하고 담당할 능력이 없으면서도 여전히 현실에 집착해 있는 사실을 잘 알면서도 이를 정면으로 개혁하려는 적극성은 보이지 않았다. 미온적이며 온건한 개량주의자로서 오로지 옛 성왕의 도를 밝히기에만 힘을 썼다. 노나라 애공(哀公)이 나라 다스리는 법을 물었을 때에도 논어에 보이는 바와 같이 정직한 인물을 정직하지 못한 자의 윗자리에 등용하라고 했다. 만일 묵자라면 이런 경우 어떻게 대답했을까.

묵자의 첫 편 〈친사편(親士篇)〉을 본다.

'어느 나라든지 그 나라에 가 보아 선비들을 아껴 주지 않는 나라이면 이는 곧 망하는 나라이다. 어진 이를 보고도 쓰는 데 다급하지 않다면 곧 소홀한 임금이다. 어진 이가 아니라면 등용하는 데 급할 것이 없고, 선비가 아니라면 구태여 함께 나라 걱정을 하랴. 어진 사람을 소홀히 하고, 선비의 존재를 잊어버리고도 그 나라를 온전히 지켰다는 임금은 일찍이 없었다.'

묵자는 나라 다스리는 일에 있어서는 우선 어진 선비들을 많이 등용해야 한다고 말한다. 그것도 신분이 귀한 귀족계급에 한하여 발탁하기보다는 신분의 고하를 가리지 않고 널리 평민에서도 구해야 함을 역설하였다. 장강(長江)이나 황하(黃河)는 작은 시냇물이 자기에게 가득 차도록 흘러들게 해줌으로써 큰 강줄기를 유지할 수 있다고 하였다.

이와 같은 묵자의 주장은 〈상현편(尙賢篇)〉에도 나타나 있다. 상현이란 그대로 풀면 현명한 사람을 존중한다는 뜻이지만, 이것은 무엇을 말하려는 것인가? 어진 사람이라면 신분에 구애됨이 없이 널리 발탁·등용해야 한다는 주장이다. 바꾸어 말한다면 '정치를 무능한 귀족들의 손으로부터 유능한 백성의 손에 맡기라'는 뜻이다. 그리하여 묵자는 그 언설에서 즐겨 요가 순에게 양위(讓位)한 사실과 탕(湯)임금이 이름도 없는 이윤(伊尹)을 재상으로 등용한 고사를 인용하였다. 상현의 근본되는 정신은 구귀족의 신분제도를 타파하는 데 있다고 말한다.

당시 전국시대(戰國時代)의 중원(中原) 천하가 정치적·사회적 위기에 직면한 것은 구제도의 답습이 원인이 되었으니, 이미 공문학파의 단순한 개량주의나 사회정책으로는 백성의 고난을 구제할 수가 없었다. 그래서 묵자는 세습적인 귀족의 신분제도를 근본적으로 개혁함으로써 능력있는 백성에게 그에 부합된 지위가 부여되어야 함을 갈파하였다.

노나라에 나서 노나라에서 성장한 묵자이니, 그 학문은 물론 유학으로부터 이루 헤아릴 수 없는 영향을 받았던 것이 사실이지만, 그가 유학에 반대하고 독자적 길을 걷게 된 것은 우연이 아니다.

그런데 묵자가 생존한 당시에는 유·묵 양파가 후세에서와 같은 격렬하고도 근본적인 사상적 대립을 보인 것은 아니다. 따라서 당시의 유·묵 두 학파의 학도들은 서로 자유롭게 왕래하면서 학문적으로 교류가 있었던 것이 확실하며, 학파의 구분도 심하지 않았다.

당시 묵자와 교제하면서 그의 좋은 이해자였던 공맹자(公孟子)라는 이가 있었는데, 《묵자》 〈공맹편(公孟篇)〉에서는 마치 그를 시대에 뒤떨어진 보수적 인간의 전형으로 취급하고 있다. 공맹자는 철두철미한 유학파에 속하는 인물로서 공자를 존중하여 공자의 입장을 많이 주장하고 묵자와 논쟁을 벌였던 모양이다. 공자는 《논어(論語)》 〈술이편(述而篇)〉에도 보이는 바와 같이 '말할 뿐 작(作)하지 않았으며', 따라서 과거의 전통을 정면으로 맞서 파괴하지 않고, 이것을 살려서 해석하는 개량주의 및 복고적 혁신주의를 취했다. 이에 비하면 묵자는 좀더 혁신적이며 적극적인 개조를 주장했는데, 이것이 차츰 본질적인 차이점이 되어 유교와 결별하여 하나의 학파를 형성하게 된 원인이라고 생각된다.

공자학파와 묵자학파의 차이점은 다음과 같은 점에서 용이하게 구별될 수 있을 것이다.

공자의 언행일치란, 인(仁)을 전파함에 있어서 이론만이 아니고 실천에 의하여 터득되고 완성된다고 풀고 있으나, 묵자의 입장은 그러한 실천적 사고를 더욱 강조하여, 춘추에서 전국시대에 이르는 대과도기에 있어서 뿌리 깊게 박힌 사회악을 제거하고 현실을 직시, 혁명적인 개조를 요구하고 있다.

묵자는 말한다.

"인도주의자가 할 일은 무엇보다도 천하의 이익을 일으키고 천하의 해악을 제거하는 데 있으며, 이것은 적극적 행동주의에 의해서 달성될 수 있다."

그 제자가 물었다.

"현재의 시점에서 제거되어야 할 최대의 사회악은 무엇일까요?"

"큰 나라가 작은 나라를 침략하고, 대호족이 소호족을 병탄하고, 완력이 있는 자가 약한 자를 위협하고, 군중이 개인을 압박하고, 위정자가 백성에게 우민정책을 쓰고, 신분이 높은 귀족은 천한 백성을 경멸하고 있다. 여기서 그 사회악의 여러 가지 근원을 살펴보자. 사회악이란 도대체 어떤 데서 생겨나는가. 사람을 사랑하고, 사람을 이롭게 하는 데서 생겨나느냐고 하면 누구든지 그렇지 않다고 대답할 것이다. 반드시 남을 미워하고 사람을 해치는 데서 일어난다고 대답할 것이다." (겸애편)

이기주의는 무가치한 것이라고 일축한 문장이다. 묵자는 자기 희생의 실천적 주장과 일상의 행적이 일치하기를 힘썼으니, 그것은 전쟁을 부정하는 그의 실천적 이력으로도 잘 나타난다.

묵자의 유명한 〈공수편(公輸篇)〉의 이야기는 이러하다.

여러 가지 기술의 고안자로 유명한 공수반(公輸般)이라는 사람이 있었는데, 그는 노나라 사람으로서 한때 초나라를 위하여 운제(雲梯 : 수레 위에 사다리를 세운 기구)라는 공격용 무기를 고안한 다음, 그것으로 송나라를 공격할 준비를 갖추고 있었다.

이 소식을 들은 묵자는 마침 제나라에 있었는데, 곧 제를 출발하여 꼬박 열흘 동안 밤낮을 가리지 않고 길을 재촉하여 초나라 도읍 영(郢)에 도착하였다.

그리하여 묵자는 먼저 공수반을 만났는데, 공수반은 의아해서 묵자에게 물었다.

"선생은 무슨 일로 오셨는지요?"

묵자가 말했다.

"북쪽에 나를 업신여기는 사람이 있기에 선생의 힘을 빌려 그자를 죽이고자 합니다."

공수반은 이 말을 듣고 언짢은 얼굴을 했다.

묵자는 다시 말했다.

"십 금(十金)을 바치겠소이다."

"나는 의롭기에 본시 사람을 죽이지는 않소이다."

묵자는 일어나 두 번 절하고 말했다.

"청컨대 설명을 해주십시오. 나는 북쪽 지방에서 들었는데, 소문을 듣자하니 선생께서 운제를 만들어 송을 공격하려고 하신다지요? 대체 송나라에 무슨 죄가 있습니까? 그리고 초나라는 넉넉한 땅은 가지고 있으나 오히려 백성이 모자라는 형편입니다. 부족한 인명을 죽여 가면서 넉넉한 땅을 더욱 넓히려고 전쟁을 한다는 것은 지혜로운 일이라 할 수 없습니다. 송나라가 죄도 없는데 그 나라를 공격한다는 것은 현명한 일이 아닙니다. 또 이를 알면서도 쟁간하지 않는 것은 충성한다고 할 수 없고, 또한 간하여 뜻을 이루지 못하는 것은 강직하다고 말할 수 없습니다. 의롭다고 하여 적은 것은 안 죽이면서 도리어 많은 것을 죽이는 것은 도무지 짐작할 수 없는 일입니다."

공수반은 드디어 설복되었다.

묵자는 말을 이었다.

"그러면서도 왜 송나라를 공격하는 일을 중지하려고 하지 않습니까?"

공수반이 말했다.

"그것은 할 수 없는 일입니다. 이 일은 이미 임금에게 상신한 일이니까요."

"이 사람이 임금을 뵙도록 해주시지 않겠습니까?"

"그렇게 하지요."

묵자는 초왕을 알현하고 말했다.

"지금 여기 한 사람이 있나이다. 그는 자기에게 무늬가 새겨진 좋은 수레가 있는데도 이웃에 있는 다 낡은 수레를 훔치려고 하옵니다. 또 그의 수놓은 비단옷은 버려두고 이웃에 있는 짧고 보잘것없는 옷을 훔치려 하나이다. 그의 기장밥과 고기는 버려두고 이웃에 있는 겨와 지게미를 훔치려고 하옵니다. 이런 사람은 대체 어떤 사람이겠나이까?"

"반드시 도둑질하는 버릇이 붙은 사람이라고 할 수 있겠지요."

라고 하였다. 묵자는 그 말을 받았다.

"초나라 땅은 넓기가 사방 5천 리이고, 송나라 땅은 사방 5백 리이오니 이것은 마치 무늬가 새겨진 좋은 수레와 낡은 수레 같나이다. 초나라에는 운몽(雲夢)이란 못이 있는데 그 근처에는 물소, 외뿔소, 고라니, 사슴 같은 짐승들이 가득하고 강수(江水)와 한수(漢水)에는 물고기와 자라, 큰 자라, 악어 따위가 있어서 천하의 부를 자랑하고 있사옵니다. 송나라는 이를테면 꿩이나 토끼, 붕어 같은 물고기조차도 없는 나라입지요. 이것은 마치 기장밥에다 고기 반찬이 있는 음식과 겨와 지게미밖에 없는 음식의 비교라고나 할까요. 초나라에는 장송(長松), 문재(文梓), 편남(楩柟), 예장(豫章) 같은 좋은 재목들이 나는데 송나라에는 긴 나무란 별로 없나이다. 이것은 마치 수놓은 비단옷과 짧고 보잘것없는 옷이나 마찬가지입지요. 외신(外臣)의 생각으로는, 전하의 신하들이 송나라를 공격하려고 하는 것은 비유컨대 앞에서 아뢴 도둑질 좋아하는 사람의 마음이나 다를 바 없다고 하겠나이다. 외신이 보기에 대왕께서는 반드시 의로우신 이름을 손상시킬 뿐일 것이옵니다. 얻어지는 것은 없는 줄로 아나이다."

초왕이 말하였다.

"좋은 말씀이오. 비록 그렇기는 하나 공수반이 이미 나를 위하여 운제를 만들었으니, 반드시 송나라를 취해야 하오."

이리하여 묵자는 다시 공수반을 설득할 수밖에 없었다. 묵자는 허리띠를 풀어 그것으로 성곽의 모양을 만들고 나뭇가지로 기계를 만들었다. 공수반은 성을 공격하는 계략을 아홉 번 되풀이하였고 묵자는 이를 아홉 번 방어하는 전술을 폈는데, 공수반이 성을 공격한 기계기술의 방법은 다하였으나 묵자의 수비전략은 아직도 여유가 있었다. 결국 공수반은 굴복하고 만 셈이지만, 그는 이렇게 말했다.

"저는 선생을 막을 방법을 알고 있지요. 그러나 말하지 않겠습니다."

묵자 역시 물러서지 않았다.

"나 역시 선생이 나를 막는다는 방법이 무엇인지 알고 있소이다만, 말하지 않겠소."

옆에서 관망하던 초왕이 묵자가 말하지 않겠다는 까닭이 무엇이냐고 물었다. 이에 묵자가 말했다.

"공수 선생의 뜻은 외신을 죽이는 것뿐이옵니다. 외신을 죽임으로써 송나라는 방어할 힘이 없어질 것이니 공격하기 쉽다는 것이지요. 그렇긴 하오나 외신에게는 금활리(禽滑釐) 등 제자 3백 명이 있어, 이미 수비하는 기구를 가지고 송나라의 성루에서 초나라 군사가 오기를 기다리고 있나이다. 비록 외신은 죽일 수 있다 할지라도 저들을 없앨 수는 없을 것이옵니다."

초나라 왕은 말하였다.

"훌륭하도다. 과인은 송나라를 치지 않기로 하겠도다."

묵자는 돌아오는 길에 송나라 고을을 지나게 되었는데, 마침 비가 내려서 고을의 관문 안으로 들어가려고 하였지만 관문지기가 들여보내 주지 않았다.

그래서 옛말에 '신통하게 일을 해낸 사람은 백성이 그 공로를 알지 못하고, 이름을 빛내기는 다툰 자들만이 하게 된다'고 하는 것이다.

이 짤막한 이야기는 묵자의 행동적·실천적 인간상을 잘 묘사하고 있다. 예나 지금이나 의로운 자는 남이 모르는 고독을 느끼는 법이다.

묵자는 이 밖에도 제나라가 노나라를 공격하려고 했을 때 항자우(項子牛)와 함께 제나라로 달려가 그 임금을 설복하여 침략전쟁을 막았고, 또 노나라가 정(鄭)나라를 공격하려 했을 때에도 노나라의 양문군(陽文君)을 설득하여 전쟁을 막았다.

이러한 묵자의 행동적이며 적극적인 모습은 저 고대의 우왕(禹王)을 따르지는 못한다 할지라도 오직 강론과 유세를 일삼던 유가학파의 선비들과는 비교할 바가 아니었다. 송나라의 대부(大夫)가 되기도 하고, 제나라에 가서는 왕인 전화(田和)를 설복하기도 하였으며, 위(衛)나라에 가서는 대신인 공양환자(公良桓子)를 설득하기도 하였다. 그의 행동 범위는 더 나아가 월(越)나라에까지 뻗쳤다.

묵자는 자기의 주장을 위해서는 물불을 가리지 않는 용기와 행동을 가진 사람이었지만 자기에게 내려지는 답례에 대해서 분수에 넘치는 것은 절대로 받지 않았다. 한번은 월왕이 묵자의 제자 공상과(公尙過)에게서 그 스승의 이야기를 듣고 탄복한 나머지 50승의 수레를 보내고 또 옛날 오(吳)나라의 땅 5백 리를 영지로 제공하며 가르침을 청하였으나, 묵자는 끝내 이를 거절하였다.

묵자의 인간과 그 행정에 대해서는 아름다운 일화가 많다. 묵자 자신이 비전론자였으므로 전쟁을 방지하기 위한 여러 가지 기술을 고안해 내기도 하고 전략을 말하기도 하였다.

묵자가 죽은 뒤, 그의 학과 유학을 비교·검토하여 드디어 양파의 대립・논쟁의 씨앗을 뿌렸다고 일컬어지는 맹자(孟子)까지도 〈진심편(盡心篇)〉에서 이렇게 말하고 있다.

'묵자는 겸애를 주장하여 머리 꼭대기로부터 발뒤꿈치까지 털이 다 닳아빠지는 한이 있더라도 천하를 위하는 일이라면 서슴지 않고 감행하였다.'

《장자(莊子)》 〈천하편(天下篇)〉에 또 이런 글이 있다.

'묵가들은 모두 거친 옷에 나막신이나 짚신을 신고 밤낮 쉴새없이 고생을 사 가면서 행동하였으며, 이렇게 하지 못하는 것은 옛날 우임금의 도가 아니니 묵가라고 할 수 없다.'

또 같은 편에,

'묵자는 참으로 천하의 호인으로 찾아도 찾기 어려운 사람이요, 몸이 그토록 피폐해지면서도 결코 그의 행동주의를 버리지 않았으니 재사라 할 것이다.'

라고 기록하였는가 하면, 사마천(司馬遷)은 《사기(史記)》 육가(六家)의 요지에서 이렇게 말하였다.

'묵학은 험(險)하여 준행하기 어려웠다. 그러나 근본 주장을 굳게 하고 절용을 강조한 점은 백왕이 따르지 못할 일이었다.'

맹자가 묵자와 양자(楊子)를 비유하여 한 말은 매우 재미있다. 양자는 자아주의자(自我主義者)이므로 제 몸의 털 한 오리를 뽑아서 그것으로 천하가 이롭게 된다 해도 하지 않을 사람이요, 묵자는 겸애(兼愛)주의자여서 머리 꼭대기부터 갉아서 발끝까지 이를지라도 천하에 이롭다면 서슴지 않을 사람이라는 것이다.

그러면 현재까지 전해지는 이른바 《묵자》라는 책은 어떻게 구성된 것인가? 그 개요를 알아본다.

《묵자》라는 책은 《한서(漢書)》 〈예문지(藝文志)〉에 의하면 모두 71편이라고 하는데, 《수서(隋書)》 〈경적지(經籍志)〉에는 15권이라고 되어 있다. 이 15권은 현존하는 책의 권수와 맞는데, 다만 편수만은 틀려서 본래 71편이었던 것이 지금은 53편뿐이다. 그러니까 나머지 18편이 없어진 셈이고, 그 가운데 8편은 그 제목이라도 남아 있지만 나머지 10편은 편명조차 알 수 없다.

옛날의 책은 모두 대나무 조각〔竹簡〕에 썼으므로 없어지기도 쉬웠는데, 더구나 맹자가 나와서 묵자의 학설을 배격한 뒤로는 오랫동안 묵자의 글을 정리하고 연구한 사람이 없었으므로 죽간의 순서가 서로 바뀌기도 하고 빠져 나가기도 하여 문장이 난해하다.

그리고 특기할 만한 일은 묵자의 편에 든 글도 묵자의 중심 사상인 비전론이나 절용주의, 겸애주의, 실리·실천주의를 제외하고는 모두 후세 제자들의 기록이라는 말이 있다. 그리고 이 중심 사상을 설한 부분도 묵자의 손을 빌려 만들 것이 아니라, 그 제자들이 스승의 행적과 언행을 기록한 것을 모았다고 한다. 그러니까 공자의 《논어》나 마찬가지인 셈이다.

묵자의 문장이 난해하다는 것은 앞에서 말하였거니와 일반적인 의론은 일체의 해설과 군더더기를 없앤 실용과 실질을 중시하였기에 더욱 간결일변도로 흘렀다는 것이다. 그러니 글자 한 자만 빠져도 문장이 되지 않았을 것은 당연하다.

중국의 석학 호적(胡適)이 분류한 《묵자》 53편을 먼저 소개한다.

《묵자》의 중요 내용

• 제 1 권 7편

친사편(親士篇)·수신편(修身篇)·소염편(所染篇)·법의편(法儀篇)·칠환편(七患篇)·사과편(辭過篇)·삼변편(三辯篇)

• 제 2 권 3편

상현편(尙賢篇) (상)·(중)·(하)

• 제 3 권 3편

상동편(尙同篇) (상)·(중)·(하)

- 제 4 권 3편

  겸애편(兼愛篇) (상)·(중)·(하)

- 제 5 권 3편

  비공편(非攻篇) (상)·(중)·(하)

- 제 6 권 4편

  절용편(節用篇) (상)·(중)·(하), 절장편(節葬篇) (하)

- 제 7 권 3편

  천지편(天志篇) (상)·(중)·(하)

- 제 8 권 2편

  명귀편(明鬼篇) (하), 비악편(非樂篇) (상)

- 제 9 권 4편

  비명편(非命篇) (상)·(중)·(하), 비유편(非儒篇) (하)

- 제10권 4편

  경편(經篇) (상)·(하), 경설편(經說篇) (상)·(하)

- 제11권 3편

  대취편(大取篇)·소취편(少取篇)·경주편(耕住篇)

- 제12권 2편

  귀의편(貴義篇)·공맹편(公孟篇)

- 제13권 2편

  노문편(魯問篇)·공수편(公輸篇)

- 제14권 7편

  비성문편(備城門篇)·비고염편(備高鹽篇)·비제편(備悌篇)·비수편(備水篇)·비돌편(備突篇)·비혈편(備穴篇)·비야전편(備蛾傳篇)

- 제15권 4편

  영적사편(迎敵祠篇)·기치편(旗幟篇)·호령편(號令篇)·잡수편(雜守篇)

이상이 현존하는《묵자》전질이다.

중화민국(中華民國) 초의 학자 양계초(梁啓超)에 따르면 제 1 권 7편은 순수한 묵가사상이라기보다는 오히려 유가의 설에 가까우므로 초기 묵자의 사상을 대표하는 입문서라 하여 무엇보다도 먼저 읽어야 할 부분이라고 주장하고 있다. 게다가 이 부분은 탈자도 많고 문장도 빈 데가 있어서 난해하다는 것이 일반적인 통론이다. 그 밖에 많은 학자들은 이 부분을 가리켜, 순수한 묵자사상이 아니므로 다른 사람이 위작한 것이 아닌가 하기도 한다.

다음으로 제 2 권부터 제 9 권까지는 묵자의 참모습이 약여하는 중요한 부분이다. 묵자를 대표하는 중심사상이 전부 이 부분에 포함되어 있으니, 거의 전편이 '자묵자왈(子墨子曰)'(묵자가 말한다)로 시작되고 있으므로 모두 제자가 스승 묵자의 말을 기록한 것임에 틀림없다. 이 25편은 또 모두 상·중·하로 나뉘어져 있는데, 흔히 이르기를 후세 묵가의 세 유파 상리(相理)·상부(相夫)·등릉씨(鄧陵氏)의 의견을 따른 것으로 묵가의 10대 주장이라고 한다. 맨 마지막의 〈비유편(非儒篇)은 '자묵자왈'이 없으니, 묵자의 말이라고 볼 수 없고, 다른 것이 상·중·하로 나뉘어진 데 반하여 상·하 두 부분으로만 나뉘어져 있다. 일설에 의하면 이 25편은 본래 32편이던 것이 7편이 없어졌다 한다.

다음 제10권~11권은 여섯 편인데, 흔히 '묵변(墨辯)'이라고 하여 논리학의 개조(開祖)로서의 묵가사상이 잘 나타나 있다. 특히 〈경편(經篇 상·하)〉은 묵자의 손으로 직접 쓴 글이라고 하며, 〈경설편(經說篇 상·하)〉은 묵자의 말을 적은 것으로 이 부분에는 논리학에 관한 연구뿐만 아니라, 기하학·광학·역학·물리학 등의 짤막한 기록도 있어 이채롭다.

제12권~13권은 묵자의 말과 행적을 적은 것으로 모두 짤막한 대화의 묶음으로서, 마지막 공수편만이 비교적 구체적이다.

제14권~15권 11편은 모두 묵자의 비전론과 관계가 있는, 성을 방어하는 데 필요한 기술 등을 적은 것이다. 본래는 비슷한 종류의 글이 10여 편

더 있었다고 하지만 본문은 물론 제목조차도 전해지지 않는다.

이상으로 묵자 53편을 대략 유형별로 구분하였다. 이제 묵자의 중심사상에 대해 원문을 풀어 보면서 이해와 연구를 더해 본다.

묵자의 겸애설(兼愛說)

겸애란 말은 쉽게 풀어서 범애주의(汎愛主義)를 말한다. 즉 '넓게 서로 사랑함으로써 서로가 이로워질 수 있다'는 것이다.

묵자의 주장에 의하면, 사람들이 자기와 남을 분별하는 생각이 있는 한 모든 인류가 다 함께 평화롭게 살 수는 없다는 것이요, 그러기 위해서는 사사로운 이기주의부터 버려야 한다고 말한다. 범애주의의 입장으로 본다면, 남의 나라를 위해서 하는 일은 자기 나라를 위해서 하는 일과 같은 것이니, 이렇게 되면 자기 나라의 군사를 이끌고 남의 나라를 공격하는 것은 난센스가 될 것이므로 국제 간의 분쟁이나 자기 나라의 내전이나 모두 없어야 한다는 것이다. 사람마다 나의 이해를 생각하기 전에 남의 이해를 앞세운다면 이 세상의 분쟁이란 있을 수가 없다.

여기서 말하는 것이 곧 사랑이라고 할 수 있겠는데, 사람마다 남을 사랑함으로써 자기도 이롭게 되고 동시에 모두 다 이로워진다는 것이 겸애설의 중심사상이다.

《묵자》〈겸애편〉 상(上)은 다음과 같이 시작된다.

> 성인이란 천하를 다스리는 일에 종사하는 사람을 말한다. 반드시 혼란이 일어나는 까닭을 알아야만 이에 천하를 다스릴 수 있게 되고, 혼란이 일어나는 까닭을 알지 못하면 곧 다스릴 수가 없는 것이다. 비유컨대 마치 의사가 사람의 병을 고치는 것과 같으니 병이 생기면 반드시 병이 생기게 된 까닭을 알아야만 병을 고칠 수 있을 것이며, 병이 일어난 까닭을 알지 못하면 곧 병은 고칠 수가 없는 것이다. 천하를 다스리

는 일이나 혼란이 일어나는 것이나 다 마찬가지가 아니겠는가? 반드시 혼란이 일어난 까닭을 알아야만 비로소 천하를 다스릴 수 있게 되고, 혼란이 일어나는 까닭을 알지 못하면 곧 다스릴 수가 없게 되는 것이다.

이상의 문장은 겸애설의 논리를 전개해 나가기 위한 서설이라고 해야 할 것이다. 그것을 묵자는 치란의 도에서부터 출발하였다.
다시 계속한다.

일찍이 살펴보건대, 혼란은 어디에서 일어나는가 하면 서로 사랑하지 않는 데서 일어난다. 신하나 자식이 그 임금이나 아버지에게 도리에 어긋나는 짓을 하는 것이 이른바 혼란이다. 자식이 자기 자식은 사랑하면서도 그 아버지를 사랑하지 않고, 그래서 아버지를 해치면서 자식을 이롭게 한다거나, 아우가 자신은 사랑하면서도 형을 사랑하지 않고, 그래서 형을 해치면서 자신을 이롭게 하거나, 신하가 자신은 사랑하면서도 임금을 사랑하지 않고, 그래서 임금을 해치면서 자신을 이롭게 한다거나 하면, 이것이 이른바 혼란인 것이다.

이같은 사례가 거꾸로 일어나도 그 역시 난해진다는 것이 계속되는 이편의 논리적 주장이다. 그것은 도둑의 경우도 마찬가지이고, 국가와 국가, 제후와 제후 사이도 마찬가지라 할 것이다. 사람마다 자기만을 생각하고 남을 생각하지 않는다면 혼란은 자연 그 가운데 있는 것이다. 이것이 묵자의 겸애설의 서론이다. 묵자는 계속해서 '만약 온 천하로 하여금 모두가 아울러 서로 사랑하게 되고, 남을 사랑하기를 그 자신의 몸 사랑하듯 한다면 도리에 어긋나는 짓을 하는 사람도 없어질 것'이고 서로 해치는 일도 없다고 역설한다. 결론적으로 '남을 사랑하라고 권하지 않을 수 없다'는 것이다.

이 뒤로 계속되는 〈겸애편〉 중·하는 모두가 진기한 한 구절을 부연하는 언설에 불과하다.

이상과 같은 묵자의 겸애설은 결국 유가의 윤리관과의 충돌을 피할 수 없다. 유교에서는 부자·형제의 가정적 도덕관념을 바탕으로 하여 인간과의 애정에 친하고 있으나, 그것이 차츰 관계가 멀어지면서 그 애정에도 차이가 있음을 인정하고 있고, 이것을 예(禮)라는 형식적인 도덕률로 바꾸어 사회적 질서를 유지하려고 하였다. 다시 말하면, 유가들은 부모와 자식이라는 가장 가까운 사이의 애정을 차츰 사회적 관계로 확대·발전시켜 나감으로써, 이것을 정치사회의 질서, 즉 군신(君臣)의 관계로까지 이끌어 갔던 것이다.

묵자의 겸애주의 사상은 공자의 대동사회(大同社會)의 사상과 근본적으로 큰 차이가 있는 것은 아니지만, 그러나 그 이상을 실현하고 달성해 가는 과정은 이와 같이 차이가 있다. 한 마디로 유가들이 점진적이며 온건적인 방법으로 이상실현을 추구했다면, 묵가들은 적극적이며 파격적인 방법을 택하였다고 할 수 있다. 이러한 경향은 뒷날 맹자 등의 유학자들에 의해 종족(宗族) 사회의 질서를 파괴하는 위험한 사상이라 규탄받기에 이르렀고, 왕권주의 전통과 보수주의의 기반에 얽매인 맹자로부터는 '아비도 몰라 보는 견축(犬畜) 같은 무리'로 공격받기도 하였다. 그러나 묵자의 겸애는 오늘날 기독교의 박애주의와 비교할 수 있는 것이요, 그 사상적 경향과 행동주의는 박애보다도 더욱 적극적이며 실천적이고 진취적이라 할 수 있겠다. 자아를 뒤에 두고 타인을 먼저 하였으니, 그 순수하고도 허심탄회한 사랑의 정신은 종교적인 사랑보다도 한 걸음 앞서서 실천할 수 있는 인류애를 가르쳤던 것이다.

혼란과 전쟁은 왜 일어나는가? 그것은 말할 것도 없이 서로 사랑하는 마음이 없기 때문이다. 도둑은 또 왜 있는가? 도둑은 자기 집 생각만 하고 남의 집 생각을 하지 않기 때문이니, 남의 것으로 자기를 이롭게 하려는 생각 때문에 도둑질을 하게 되는 것이다. 귀족이나 신분이 높은 고관

대작이 평민의 집 재산을 수탈하는 것도 역시 자기 잘살 일만을 생각하고 남이 살아가는 일을 생각하지 않기 때문이다. 한 나라가 다른 나라를 공격하는 것도 자기 나라의 입장만을 생각하고 남의 나라의 잘살고 못사는 것은 돌보지 않기 때문이다. 남의 몸도 내 몸과 같이, 남의 집도 내 집과 같이, 남의 나라도 내 나라와 같이, 각기 자기를 사랑하듯 겸해서 남도 사랑할 줄 안다면, 그때 비로소 묵자가 이상으로 하는 평화스런 사회가 이루어질 것이다.

묵자의 비전론(非戰論)

묵자의 비전론(非戰論)은 비공편(非攻篇)에 잘 나타나 있다. 비공이란 한 마디로 전쟁을 부인한다는 말이다. 예나 지금이나 악을 미워하고 징벌하는 사상은 마찬가지여서 살인자사(殺人者死)라는 말은 누구나 당연한 논리로 받아들이고 아무런 의심도 하지 않는다. 그러나 전쟁에 대해서는 어떤가. 인류가 생긴 이래로 전쟁은 끊일 새가 없고, 인간이 경쟁을 좋아하는 심성은 때때로 전쟁을 합리화하여 당연한 것으로 받아들이고 있다. 경제생활이나 물질생활에 있어서 결핍을 느끼고 사상적으로 억눌린 상태에서는 사람들은 때때로 그 돌파구를 찾기 위한 구실로 전쟁을 원한다.

물론 이러한 경향은 옛날 강한 자가 약한 자를 먹는 것을 다반사로 여기로 미개한 시대의 관념과는 다르다고 하겠으나, 아무튼 어떤 경우에 있어서나 전쟁은 방지되어야 하는 것이다. 오늘날에 있어서도 전쟁 범죄는 인류가 용서할 수 없는 죄악으로 인정하고 규탄한다. 이러한 동양인의 전쟁 혐오는 아마 은근한 인류애에 입각한 묵자의 겸애설에 바탕을 둔 것이 아닐까 싶다. 그리하여 묵자의 전쟁부정론은 그의 겸애사상에서 출발하였다는 것을 누구나 쉽게 알 수 있는 것이다. 거듭 말하거니와 어느 시대, 어떤 경우에 있어서도 전쟁은 방지되어야 한다.

묵자의 비공편을 살펴본다.

지금 한 사람이 남의 과수원에 들어가서 거기에 있는 복숭아나 오얏을 훔쳤다고 하자. 사람들이 그 말을 들으면 그 행실을 비난할 것이요, 위에서 정치하는 사람들은 그를 체포하여 처벌할 것이다. 그것은 왜 그런가 하면 말할 것도 없이 남을 해치면서 자신을 이롭게 하였기 때문이다. 그러니 남의 개나 닭이나 돼지를 훔친 사람은 그 옳지 못한 것이 남의 과수원에 들어가 복숭아, 오얏을 훔친 것보다 심한데 그 까닭은 남을 해친 것이 더욱 많기 때문이다. 참으로 남을 해친 것이 많으면 많을수록 그 어질고 착하지 못한 것도 더욱 심하고, 그 죄 또한 더욱 많아지는 것이다. 죄 없는 사람을 죽이고, 그의 옷을 벗기고, 그의 창이나 칼을 훔친 자에 이르러서는 그 옳지 못함이 남의 마구간에 들어가 남의 소를 훔친 것보다 더욱 심하다.

이것은 무슨 까닭인가? 그가 남을 해친다는 것이 더욱 많기 때문이며, 진실로 남을 해친 것이 많으면 많을수록 그 어질고 착하지 못한 것이 더욱 심하고 그 죄도 더욱 많아지는 것이다. 이와 같은 일은 천하의 지식인들이 모두 알고 있고 그것을 비난하며 옳지 못하다고 이르는데, 도리어 현재 큰 불의를 저지르면서 남의 나라를 공격하는 일에 이르러서는 이를 비난할 줄도 모르거니와 도리어 이를 비호하고 칭송하면서 정의라고 말하니, 이것을 가지고 정의와 불의의 분별을 안다고 말할 수 있겠는가?

전쟁의 죄악상을 구체적으로 논한 문장이다. 무릇 전쟁을 주도하는 자는 으레 정의라는 구호를 앞세우고 곧잘 전쟁을 방지하기 위한 전쟁으로 합리화시키려고 하나, 실은 도발은 도발을 부르고 분쟁은 분쟁을 낳는 것이 인류의 역사이다. 하나의 전쟁을 수행함으로써 만대의 평화를 쟁취할 수 있다고 가정하더라도 역시 전쟁으로 인한 백성의 피폐함은 무시할 수 없는 것이다.

묵자는 당시 세태를 바라보며 끊임없이 전화에 시달리는 인류의 고통을 개탄하였을 것이나, 인류의 분쟁은 예나 지금이나 명분과 구실에 있어서 크게 다를 바가 없다. 그래서 전쟁은 어떤 형태이든 모든 수단을 다하여 방지해야 한다. 더구나 편협한 애국심으로 도발되는 전쟁은 규탄받아야 마땅하다.

이에 대하여 묵자는 단맛과 쓴맛의 비유를 들어 사람의 의식이 항상 유동적임을 경계하였는데, 쓴맛을 조금 본 사람은 그것이 쓰다는 것을 곧 알고 쓰다고 하지만, 지나치게 쓰면 그 쓴맛의 미각도 마비되어서 마침내 쓴맛을 모르게 된다는 것이다. 전쟁도 이와 마찬가지로 한 사람이 다른 한 사람을 죽이면 곧 죄악이라는 것을 알고 규탄하면서도 막상 그것이 많은 사람이 주도하여 다른 나라를 공격하는 전쟁에 이르러서는 그 죄악의 성격을 곧 잊어버리고 규탄하기는커녕 동조하여 참여하게 된다는 것이다.

이렇게 되면 아무리 정의라는 구실과 명분을 내세워도 그 죄악은 부인할 수가 없다.

〈비공편 중(中)〉은 이 같은 불의한 전쟁으로 인한 피해를 구체적으로 말하였다.

묵자가 말한다.

"옛날의 왕공대인(王公大人)들로서 나라의 일을 맡아서 하는 사람들은 비난과 칭찬받을 일을 잘 가려서 하고 상과 벌을 바르게 하였으며, 법과 행정에 잘못이 없도록 하였다."

묵자는 또 말한다.

"옛날 사람이 한 말에 일을 꾀하다가 뜻대로 되지 않으면 곧 지난 일로써 앞일을 알고, 드러난 일을 살핌으로써 숨겨진 일을 안다고 하였으니, 일을 도모함에 이같이 한다면 일은 잘될 것이며 결국 지혜로움을 얻으리라."

지금 군사를 일으키려고 하는데 겨울에 동원하자니 추위가 두렵고, 여름에 동원하자니 더위가 두려우므로 겨울이나 여름에는 군사를 일으킬 수가 없는 것이다. 그렇다고 봄에 일으키자니 곧 백성들이 밭갈고 씨뿌리는 농사일을 망치게 되고, 가을에 일으키자니 백성들의 추수를 망치게 된다. 이제 단지 한 철을 망치기만 해도 곧 백성들이 헐벗고 굶주리게 되어 얼어 죽거나 굶어죽는 자가 얼마나 생길지 이루 셀 수도 없을 것이다.

묵자는 계속해서 군사를 일으킴으로써 오는 손실을 열거하였다. 전쟁에 쓰이는 무기, 소요되는 말과 식량, 그리고 백성에게 돌아오는 폐해 등을 논리적으로 설명하여 일일이 예를 들어 보였다. 그것은 물론 오늘날과 같이 과학무기가 사용되는 전쟁은 아니라 할지라도 묵자로서는 역시 무시 못 할 손실이었던 것은 당연하다. 그러니 오늘의 전쟁은 더 말할 것도 없다.

이 같은 묵자의 비전론이 그의 겸애사상에 바탕을 두고 있음은 앞에서도 지적했다.

묵자 53편 중 마지막 제14권 〈비성문편(備城門篇)〉부터 〈잡수편(雜守篇)〉까지 열두 편은 모두 적의 공격으로부터 방어하는 국방전략으로 일관하였는데 흩어져 없어진 부분도 많다고 한다.

《묵자》 〈비공(非攻)〉 세 편은 각기 독특한 각도에서 논한 비전론인데, 비공 상편은 전쟁 절대부정론이요, 비공 중·하는 기술적 부정론이다. 그러나 상편에 비하면 논리의 전개가 잡박하니, 후세인의 손을 거친 흔적이 보인다. 비록 그렇다고는 하나 《묵자》 전편을 놓고 볼 때, 그 논리의 전개나 그 정신에 있어서 비공 세 편은 2천 년이란 시대의 간격을 뛰어넘어 오늘날까지도 여전히 그 가치를 유지하고 있다.

묵자가 비전론을 전개하면서 하늘과 귀신을 끌어들인 마지막 하편은 그의 〈천지편〉의 사상과 통하는데, 그것은 묵자가 진실로 귀신을 인정했다기보다는 하나의 방법으로써 인용한 것이라고 생각된다.

묵자의 절용주의(節用主義)

오늘날 우리가 사용하고 있는 경제용어 '이코노미(economy)'는 그 본뜻이 절용(節用)이다. 절용이란 쓰는 것을 절약한다는 뜻이다. 사치를 금하고 물자를 절약하여 나라를 부강하게 함으로써 온 백성이 고루 잘살 수 있다는 사상으로서 이러한 절약, 균등분배의 사상은 묵자뿐만 아니라, 당시의 유수한 사상가들은 거의가 주장하던 터였다. 그래서 공자(孔子)도 《논어(論語)》에서,

'가난을 슬퍼하는 것이 아니라, 고르지 못함을 한탄한다.'

고 말하였다. 그러나 묵자처럼 적극적이며 논리적으로 이를 설파하지는 않았으며, 전통을 중시하고 예로써 사회질서를 바로잡아 보려고 했던 유가들로서는 지나친 형식주의 때문에, 이로 말미암은 낭비와 사치 또한 부수적인 것이 되지 않을 수 없었다. 부모의 상을 맞은 자가 3년 동안 상복을 입어야 한다거나 신분이 있는 자는 그 직분에 따라서 위의(威儀)를 갖추어야 하니 자연 쓸데없는 낭비가 생기지 않을 수 있으랴. 게다가 선인(先人)의 전통을 존중하여 시시로 성대한 제사를 드리니, 제사의 종류만도 무려 수십 가지나 되었다.

이것이 모두 수천 년 동양 3국을 피폐하게 만든 원인이 아니었던가 한다. 근자에 이르러 외래 문화의 영향으로 이러한 허례허식이 많이 불식되었다고는 하지만 그 잔재는 아직도 무시할 수 없다. 묵자가 당시 유가에 대하여 공격의 화살을 겨눈 것이 바로 이 형식적인 의례주의이니, 그가 유가를 배웠으면서도 그 진리와 결별하고 독자적인 학풍을 일으킨 것은 결코 우연한 일이 아니다. 이제 묵자의 절용편을 인용해 본다.

성인이 한 나라를 다스리게 되면 그 나라의 부를 배로 늘릴 수 있으니, 이를 확대하여 천하의 정치를 맡는다면 천하의 부를 배로 늘릴 수

있을 것이다. 그가 부를 배로 늘린다는 것은 밖에서 남의 땅을 빼앗아다가 늘리는 것이 아니라, 그 나라의 사정에 따라서 쓸데없는 비용을 없앰으로써 배로 늘릴 수가 있다는 것이다. 성왕이 정치를 함에 있어서 정치강령을 발표하고 산업을 일으켜서 백성을 부리고, 또 재물을 쓰는 데 있어서는 편리하게 해줌으로써 재물의 사용에 낭비가 없어지고 백성들의 생활에는 수고로움이 없어지며, 이리하여 결국 그들에게 돌아오는 이익은 더욱 증대하는 것이다.

이어서 묵자는 그의 실리주의 입장을 설명하였는데, 옷은 추위와 더위를 가리는 정도로 족하고, 집은 비바람이나 추위를 막을 정도, 담장은 도둑을 막기 위한 것이니 튼튼하면 그만이며 이 모든 것이 화려하기만 하고 사용에 편리하지 않은 것은 쓸데없는 것이라고 하였다.

또 병기를 만들고 배나 수레를 만드는 일에 있어서는 그것이 실용에 편리하면 그것으로서 족하며, 따로 수식하거나 화려하게 꾸밀 필요가 없다 하였다. 귀족들이 보물이나 진귀한 물건들을 싸움에 이긴 전리품으로 자국에 가져 온다 하여 그것이 그 나라 국가 경제에 무슨 도움이 된단 말인가.

옛날의 성인들은 먹고 마시는 법을 제정하여 말하였으니, '허기를 채우고 기운을 차리며, 팔과 다리를 강하게 하고, 귀와 눈을 분명하고 밝게 하는 데 그칠 일이며, 다섯 가지 맛의 조화와 향기로운 맛의 조화를 가미할 것 없으니, 먼 나라의 진귀하고 특이한 물건은 쓰지 않았다.'

옛 성왕(聖王)들의 실리주의를 보기로 들었는데, 그 생활 양상은 묵자의 사생활과 거의 비슷하였다.

이하 〈절용편〉 하와 계속되는 〈절장편(節葬篇)〉 상 · 중이 없어진 것은 아까운 일이다.

다만 절장편 하만 남아서 지나친 허례허식의 폐단을 논하였다.

임금이나 대신 가운데에 상당한 사람이 생긴다면, 그 사람은 반드시 관과 덧관을 여러 겹으로 하고, 매장할 때에는 반드시 크고 깊게 파며, 죽은 사람의 옷과 이불도 반드시 많아야 하고 무늬와 수도 화려하게 하며 봉분도 반드시 커야 한다고 주장한다. 또 일반 백성이나 미천한 사람들도 이러한 풍조를 따르게 되니 집안 재물을 거의 다 탕진하는 꼴이 될 것이다.

또 상을 입는 방법은 어떤가? 이를테면 곡을 하는 데에도 보통 소리내어 흐느껴 우는 것과는 다르고, 거친 삼베옷에다 삼베 띠를 머리와 허리에 두르고 눈물을 흘리면서 움막에 거처하는데 거적자리를 깔고 흙을 베고 잔다. 게다가 억지로 먹지도 않고 굶주리며, 얇은 옷으로 추위를 견디어야 하기 때문에 얼굴은 앙상하게 마르고 얼굴빛은 검어지며 귀와 눈은 분명치가 못해지고 뚜렷이 들리지 않고 손발은 힘을 쓰지 못해서 그만 쓸모없게 되고 만다. 그래서 이르기를, 훌륭한 선비가 상을 입게 되면 반드시 부축해 주어야 일어설 수 있고 지팡이를 짚어야 다닐 수 있다고 했다. 이렇게 3년 동안 정성을 다한다는 것이다.

이와 같은 번거로운 상례는 조선조 때에도 그대로 관행되었는데 복상(服喪) 문제를 놓고 파당을 지어 서로 죽이는 추잡한 사화를 초래함에 있어서는 그 폐단과 해독이 어떠하였던가.

묵자는 말하기를, 지나친 상례는 폐단을 낳으니 그 예로서 임금이라면 정사를 돌보지 못하게 되고, 대신이라면 조정 일에 참여하지 못할 것이며, 일반 관리라면 민정을 제대로 수행할 수 없다 하였다. 또한 농사꾼은 밭갈고 씨뿌리는 일을 못하고 공장이라면 수레나 배를 만들 수 없으니 노동력의 손실은 말할 것도 없다. 게다가 죽은 사람의 무덤에다 묻어 버리는 재물은 얼마며, 오랜 제사로 소모되는 양식과 수고는 얼마인가. 이 모든 폐단이 국가를 약하고 병들게 만드는 원인이라고 하였다.

따라서 소비가 백성에게 이익이 되는 것이 아니면 하지 말아야 하며, 그 팔다리의 힘을 다하고 그 생각하는 지혜를 다하여 힘써 근로하며, 위정자는 일찍 일어나 나랏일에 봉사하고 늦게 퇴근해야 하며, 백성들은 자기가 맡은 일에 게으름 없이 부지런히 수고하라는 것이다. 이렇게 되면 국가에 대한 충성과 백성에 대한 신의가 연결될 것이며, 이익은 그 가운데 저절로 생기는 법이고, 영원히 해도 싫증나지 않을 것이라고 했다.

언행일치나 지행합일(知行合一)은 모두 유가의 강령들이다. 그러나 유가로서 이를 실천한 이는 드물었다. 《장자》〈천하편(天下篇)〉을 보면, 묵자를 가리켜 '자기 자신을 희생하는 것을 최고의 덕으로 삼았다'고 하였고, 순자(荀子)는 말하기를 '묵자는 실용을 중시한 나머지 수식(修飾)을 잊었다'고 하였다.

묵자는 태생이 미천하였다. 그래서 겨우 비바람을 피할 정도의 오두막집과 층계가 세 단 되는 섬돌에다가 서까래를 고르지 않고 이엉도 들쭉날쭉한 집에 살면서 흙으로 만든 밥그릇, 국그릇에 거친 곡식으로 익힌 밥과 명아주, 콩잎으로 끓인 국을 참고 먹을 수 있었으며, 또 여름에는 칡베옷을 입었고 겨울에는 사슴가죽으로 기운 옷을 입었으며, 장사지낼 때는 세치 두께의 오동나무를 관으로 쓰고 곡도 간략히 할 수 있었는지 모른다. 이것은 모두 사마천의《사기》〈태사공자서(太史公自序)〉에 나오는 말이다.

묵자는 실천적 덕을 지닌 드문 인사로서, 자기의 이상을 실현하기 위한 의로운 정신 때문에 자기 한 몸의 편안을 돌보지 않았다. 그것은 이상주의자이며 휴머니스트로서 인류에 대한 넓은 사랑 없이는 할 수 없는 일이다.

묵자 〈귀의편(貴義篇)〉에 다음과 같은 말이 있다.

지금 장님이 말하기를 흰색은 희고 검은색은 검다고 한다면 비록 눈 밝은 사람이라도 다른 할 말이 없다. 그러나 흰 것, 검은 것을 섞어 놓고 장님더러 고르라 하면 할 수가 없다. 그러므로 장님이 희고 검은 것을 모른다고 한 것은 그 이름을 모른다는 게 아니라 그것을 선택할 줄 모른다는 것이다. (이와 마찬가지로) 지금 천하의 지식인들이 인을 말하는 데 대해서 비록 옛날의 우임금, 탕임금이라 할지라도 할 말이 없을 것이다. 그런데 인과 불인을 섞어 놓고서 그 중 하나를 고르라고 한다면 잘 모르는 것이다. 그러므로 내가 천하의 지식인들이 인을 모른다고 말하는 것은 그 이름을 모른다는 것이 아니라 그 선택에 대해서 말한 것이다.

당시에도 입으로만 인을 말하는 선비들은 많았던 모양이다. 묵자는 이를 개탄하여 장님을 예로 들어 신랄하게 비판하고 있다. 그 이름을 아는 것, 즉 그 진리나 사상을 안다는 것이 무슨 소용이랴. 실천이 따르지 않으니 죽은 진리요, 죽은 사상이며, 죽은 학문이 아니겠는가. 이렇게 되면 국가사회에 보탬되는 것보다는 도리어 번거로운 폐단만 더할 뿐이다.

묵자의 실천주의 사상은 그 제자들에게도 철저하게 전수되었는데, 실제로 묵자의 제자들 가운데에는 용사가 많았다. 묵가에서 말하는 용기나 유가에서 말하는 용기나 그 뜻에 있어서 다를 바가 없다. 지식인으로서 모든 계약과 장애를 꿋꿋이 견디고, 자기의 이상을 실현해 나가는 데에 진실한 용기가 필요한 것이다. 그리고 이러한 실천적 용기는 반드시 그 밑바탕에 뜨거운 인류애가 수반되어야 한다. 묵자의 중심사상이라고 할 수 있는 겸애·비공·절용은 한마디로 모든 인류를 자기 몸처럼 아끼고 사랑하는 정신에서 출발한 것이다. 《회남자(淮南子)》에 이르기를,

'묵자를 모시는 제자들이 1백80명 있었는데, 모두 칼날을 밟고 불길 속으로 뛰어들어 죽는다고 할지라도 피하지 않을 사람들이었다.'

고 하였으니, 묵자의 교화가 얼마나 절실했던가를 엿볼 수가 있다.

지금까지 인도주의이고 평화론자이며 자유주의·합리주의의 사상가로

서 묵자를 말해 왔는데, 이 밖에도 묵자에게는 종교가로서의 일면이 있었다. 그는 종교에 대해서는 불간섭주의 태도를 취한 공자와는 달리 종교의 권위를 인정하고 있다. 그의 겸애나 비공·상현 등의 여러 편은 그 논지의 근거로서 천(天)이라는 최고의 신을 설정하고 인간의 사랑의 행위가 이 인격신의 지상명령이라고 말한다. 이에 대하여 어떤 학자들은 말하기를, 난세에 방황하는 어리석은 민중을 교화하기 위해서는 절대적인 신의 뜻이라는 근거를 설정하고, 이를 법률이나 통제형식으로 삼아 사회질서를 유지하려는 방법론이라 말하기도 한다.

이러한 해석이 타당한가는 뒤에 논란될 일이거니와 어쨌든 종교를 신앙한 묵자로서는 스스로 거자(鉅子)라는 직책을 만들어 제자들을 통솔하고 엄중한 단체 훈련을 실시했던 것이 사실이다. 이 거자란 교조(教祖)라고 할 수 있겠는데, 천주교에서의 교황과 비슷한 것이다. 그러니까 묵자는 중국에 있어서 최초의 종교단체를 구성한 셈이다. 따라서 거자의 말은 일언 일구가 모두 지상(至上) 명령이었다.

묵자가 죽은 뒤에도 거자를 위에 모시는 교단은 오랫동안 존속되어, 조사(祖師)가 정한 규정은 엄격히 준수되었다. 그리고 묵자 학설의 반귀족적인 상현주의(尚賢主義)는 전국시대 초기 여러 참주(僭主)들의 새로운 관료주의에 영합되었으므로 시류를 타고 급격히 신봉자가 증가하였으니 서방의 진(秦)에도 교단이 진출하여 거자가 이곳에까지 주재하였다.

《여씨춘추(呂氏春秋)》에 보면 거자 복돈(腹䵍)에게 아들이 하나 있었는데 어떤 원인으로 그 아들이 사람을 죽인 사건이 일어났다. 진의 혜문왕(惠文王)은 이를 걱정하여 복돈에게 말했다.

"선생님은 연세도 많으시고, 그 외에 다른 자식이라고는 없으시니 제가 재판관에게 명하여 사형을 받지 않도록 조치했습니다. 아무쪼록 이 사건 처리를 제게 맡겨 주십시오."

그러나 복돈은 듣지 않았다.

"우리 묵가의 교단에서는 사람을 죽인 자는 죽음을 받고, 상해를 입힌

자는 그에 버금가는 벌을 받는다고 규정되어 있습니다. 이러한 규정은 남을 살상함을 금하기 위한 것인즉, 이것은 천하의 대원칙입니다. 폐하의 배려로 사형판결이 나지 않는다 해도 저로선 묵자 교단의 법을 꺾을 수 없습니다."

이리하여 거자의 아들은 결국 죽음을 받았으니, 묵자 교단의 실천적 교의가 얼마나 엄격했던가를 잘 알 수 있다.

비슷한 예로 거자 맹승(孟勝)의 이야기도 유명하다.

맹승은 묵가의 거자로서 초의 양성군(陽城君)과 친하여 서로 구슬로 된 신부(信符)를 쪼개어 변치 않는 의를 맹세하였다.

"부신이 들어맞듯 영원히 나의 나라를 보살펴 주십시오."

양성군은 이렇게 당부하였는데 초의 임금이 죽고 여러 신하들이 상소(喪所)에서 오기(吳起)를 공격하여 전쟁이 벌어졌던바, 그 싸움의 죄를 양성군이 짊어지게 되었다. 이에 양성군은 도망하고 초의 신하들은 그의 영지를 회수하였으니 맹승의 처지가 딱하게 되었다.

"나는 양성군의 나라를 부탁받았을 뿐만 아니라 부신까지 교환하며 의를 맹세하였는데, 이제 나라가 없어졌으니 내 목숨도 끝난 거나 다름없다. 이대로 죽으리라."

제자 서약(徐弱)은 맹승을 만류하였다.

"죽어서 양성군에게 도움이 된다면 죽어도 좋겠습니다. 묵가로서는 전통만 끊어지게 되는 일이니 불가합니다."

맹승이 말했다.

"그렇지 않다. 양성군과는 사제지간이기도 하지만 군신의 의가 있다. 내가 죽지 않는다면 이제부터 스승을 구하는 자들은 묵가를 찾지 않을 것이며, 어진 친구를 구하는 자들도 묵가에서 구하지 않으며, 훌륭한 신하를 찾는 자들도 마찬가지일 것이다. 죽는 길만이 묵가의 전통을 선양하고 유지하는 것이다. 이제 거자의 지위는 송나라의 전양자(田襄子)에게 계승하게 할 것이니, 전양자는 현명한 사람이므로 묵가의 전통은 계승될 것이니, 어찌 끊어진다 하겠느냐."

"선생님의 말씀이 옳습니다. 제가 먼저 죽어 명부의 길을 열겠습니다."

서약은 이렇게 말하고 돌아가 먼저 자결했다. 맹승도 제자를 지켜 거자의 자리를 전양자에게 전하고 죽으니, 스승을 따라 죽은 제자가 83명이요, 전양자에게 심부름갔던 두 제자도 전양자의 만류를 뿌리치고 돌아와 죽었다 한다.

묵가의 규율은 이와 같이 엄격하고 준엄하였으므로, 그 후 그 교설은 중국의 거의 전역에 전파되었고 전국시대의 지도적 사상을 형성하였다.

우리는 중국 사상을 말할 때에 흔히 유교와 도교를 주류로 보지만 전국시대에 한해서 말한다면 묵가와 유가 사상이 두 진영을 이룬 대립의 양상이었다. 그리하여 전국시대 말기를 대표하는 사상가 한비자(韓非子)도 그의 언설에서,

'당대의 현학(顯學), 즉 크게 유행한 학문은 유(儒)와 묵(墨)이다.'

라고 말했다. 그리고 전국시대의 학문적 헤게모니를 장악한 묵가사상에 도전하여 전국시대 중기 이후의 유·묵 2가의 대립과 논쟁을 야기시킨 것은 맹가(孟訶), 즉 맹자의 공적이었다.

전국시대의 사상계에 크게 군림했던 묵자의 학설은 한대 이후 왕권주의에 힘입은 유교와 두교의 학설에 밀려 급격히 조락하다가 마침내 거의 망각되어 끊어졌으나, 오랜 수면기를 거쳐 청나라 중기 이후의 제자학(諸子學)의 발흥과 함께 세상에 다시 살아났다. 진한(秦漢) 이후 묵학이 봉착한 운명에 대해서는 근본적으로 묵학과 중국 정신 상황과의 불영합(不迎合)이 중요 원인이 되었다는 학자도 있다.

묵자의 사상 표현 형식은 이미 소개한 변론의 예로써도 알 수 있듯이 근대의 서양 논리학과 같이 단계적인 논리적 사고를 진행시키고 있다. 한자 언어의 성질상 간결한 표현을 존중하는 중국의 사고방식을 보면 묵자의 논리적 형식은 매우 이질적이다.

묵자는 귀족들과 지식계급이 옹호하는 예악(禮樂)이나 난숙(爛熟)한 문

화의 정화(精華)에 대해 언제나 비판적이었는데, 일반 서민계급과 더불어 실용을 위주로 하는 질박성 때문에 더욱 반문화적 이단이라고 지적되기도 하였다. 도가의 반문화주의는 일면 문화 생활의 존재를 인정하면서 그것으로부터 개인적인 도피를 말하고 있으나, 묵자는 정면에서 도전하여 파괴해 버리려는 반문화주의자였다. 이러한 이유 때문에 중국의 전통적 사고방식에서 배척당한 것이 아닌가 한다.

그러나 묵자의 후학들이 발전시킨 논리학적 업적은 특히 높이 평가할 만하다. 《묵자》 중의 〈경편〉과 〈경설편〉 및 〈대취편(大取篇)〉 〈소취편(小取篇)〉 등은 중국에 있어서의 소위 명가(名家), 즉 논리학파들의 전적이라 할 수 있다. 경(經)과 경설(經說), 즉 논리의 예를 들어 본다.

- 〈경(經)〉 1. 고(故 : 원인)란 어떤 일이 이루어진 뒤에 생기는 것이다.
- 〈설(說)〉 1. 작은 원인이 있어도 반드시 그렇게 되지 않으나, 그것이 없으면 반드시 그렇게 되지 않는 개체이다. 큰 원인은 그것이 없으면 반드시 그렇게 되지 않는다.

여기서 묵자가 보통 사용한 논리학 용어를 살펴본다.

- 변(辯) : 논리학의 뜻
- 명(名) : 명사(名辭)의 뜻
- 사(辭) : 명제
- 설(說) : 전제. 삼단논법의 소전제에 가깝다.
- 실(實) : 단안. '명으로 실을 드러낸다'고 하였다. 〈小取篇〉
- 의(意) : 판단. '사로써 의를 펴낸다'고 하였다. 〈小取篇〉
- 고(故) : 원인. '설로써 고를 드러낸다'고 하였다. 〈小取篇〉
- 유(類) : 중명사(中名辭). '수(數)로써 뜻을 취하고, 유로써 결정을 내린다.' 〈小取篇〉
- 혹(或) : 특수명제. '혹이란 다 그렇다는 말이 아니다.' 〈小取篇〉
- 가(假) : 가명제. '가란 지금은 그렇지 않다.' 〈小取篇〉

• 효(効) : 법식, 혹은 격(格)

• 비(譬) : 비유 또는 입증

• 모(侔) : 비교하다.

• 수(援) : 인용하다. 귀납법적 연쇄논법. '당신이 그러한데 나라고 그렇지 않을 수 있는가.'

• 추(推) : 추론.

손자(孫子)

《손자》의 저자와 그 구성

고대(古代) 동양의 병서(兵書)로는 일곱 가지가 전한다. 무경칠서(武經七書), 또는 병가칠서(兵家七書)가 그것이다. 중국의 가장 오래된 도서목록이라고 할 수 있는 《한서(漢書)》 〈예문지(藝文志)〉에는 모두 53종의 병서가 기록되어 있다. 이들을 다시 병권모(兵權謀) · 병형세(兵形勢) · 병음양(兵陰陽) · 병기교(兵技巧)의 네 종류로 분류하고, 병권모 십삼가(十三家) 중에서 오(吳)나라 《손자병법》 82편을 첫머리에 들고 있는데 이것은 오늘날의 《손자》 13편의 모태가 되고 있다. 그러나 오늘날까지 전하는 것이 없고, 단지 병가칠서만 남아 있으므로 이 칠서 가운데에 고래의 모든 병가 정신이 집약되어 있다고 보아도 좋을 것이다.

병가칠서는 다음과 같다.

1. 《손자(孫子)》—손무(孫武)
2. 《오자(吳子)》—오기(吳起)

3. 《사마법(司馬法)》—사마양저(司馬穰苴)
4. 《위료자(尉繚子)》—위료(尉繚)
5. 《육도(六韜)》—여상(呂尙 : 姜太公)
6. 《삼략(三略)》—황석공(黃石公)
7. 《이위공문대(李衛公問對)》—이정(李靖 : 唐太宗의 問答)

사마천(司馬遷)의 《사기(史記)》 〈손자오기열전(孫子吳起列傳)〉의 끝에 태사공의 다음과 같은 비평이 실려 있다. 즉,

'항간에서 군사에 관한 것을 말하는 자라면 모두 《손자》 13편을 말하게 되고, 또 오기(吳起)의 병법도 세상에 많이 알려져 있다.'

또 《이위공문대(李衛公問對)》에서 당태종은 말하기를,

'내가 보는 바로는 여러 병서들 가운데 《손자》보다 더 뛰어난 것은 없고, 《손자》 13편 가운데에서도 허실(虛實)을 논한 것이 가장 출중하다.'

고 하였다.

이로 보건대, 예로부터 병가의 책 중 《손자》·《오자》를 으뜸으로 꼽았던 것이 분명하다. 《한서》 〈예문지〉에서도 병가로서 그 첫머리에 《손자》를 일컫고 있는 것을 보면 여러 병가들 중에서도 손자가 가장 대표적 인물임을 짐작하게 된다.

병법은 일반 철학·사상과는 유(類)를 달리한다. 이것은 군사 전문의 책이며 오늘날의 전쟁 및 전략론이다. 선진의 유수한 제가의 설을 제쳐놓고 여기에 손·오의 병법을 소개하는 것은 이 병서가 시대와 사람을 뛰어넘어 동양의 역사와 함께 그 영향력이 두드러지고 널리 인구에 회자되기 때문이다.

그런데 여기서 유의할 점은 병학이 전쟁을 위주로 하기 때문에 일반 사회윤리로는 용납할 수 없다는 것이다. 따라서 이를 읽는 이는 그 지식과 교훈을 오로지 전쟁 및 전략에만 응용해야 하며, 그것을 생활윤리에 결부시켜서는 안 된다. 손자와 오자 양가는 다같이 전쟁을 방지하기 위한 전

쟁의 논리로서 윤리적 명분을 첫머리에 제시하고는 있으나, 실제로 전쟁은 되도록이면 짧은 시일내에 종결지어야 하며, 그러기 위해서는 모든 비윤리적인 방법을 다 동원해야 한다고 주장한다.

항간에서 이를 생존수단 및 경쟁의 편법으로 또는 처세훈으로 받아들이려고 하는 경향이 있는데, 이것은 처음부터 잘못된 생각이라고 본다. 왜냐하면 전쟁론이란 그 개념이 부박하고 야비하며 비정하기 때문이다. 아리스토텔레스의 말과 같이 인간은 정치적인 동물이다. 그러므로 무엇인가 일을 일으키지 않으면 견딜 수 없는 본능적 충동과 물질의 욕망 때문에 전쟁을 하지 않을 수가 없는 것이다. 그러나 목적이나 결과를 위해 수단과 방법을 가리지 않는 것은 야만적인 전쟁에만 국한됨을 잊어서는 안 된다.

먼저 오늘날 전하는 《손자》 13편의 편목을 들어 본다.

제1. 계(計 : 始計)편
제2. 전(戰 : 作戰)편
제3. 공(攻 : 謀攻)편
제4. 형(形 : 軍形)편
제5. 세(勢 : 兵勢)편
제6. 허실편(虛實篇)
제7. 쟁(爭 : 軍爭)편
제8. 구변편(九變篇)
제9. 행군편(行軍篇)
제10. 지형편(地形篇)
제11. 구지편(九地篇)
제12. 화(火 : 火攻)편
제13. 간(間 : 用間)편

이상 13편의 저자는 일반적으로 손무(孫武)로 알려져 있으나 단정하기는 어렵다.

사마천의 〈사기열전〉에 의하면 《손자》의 저자로 일컫는 손무는 제(齊)나라 사람으로 그 방법을 가지러 오나라 왕인 합려(闔閭)를 찾아갔다. 오왕이 그를 기용하여 장수를 삼아 서로는 초(楚)나라를 쳐부수고, 북으로는 제나라와 진(晉)나라를 제압했다고 한다. 또한 손자가 죽은 뒤에 백 년이 지나서 그 후손되는 손빈(孫臏)이 아(阿)와 견(鄄) 사이의 지방에서 태어나 제나라의 장수로서 두 번이나 위(魏)나라를 치고 천하에 유명해졌으며 세상에 병법을 전하였다고 하였다.

손무는 공자(孔子)와 같은 시대의 사람이고, 손빈은 맹자(孟子)와 동시대 사람이니, 누가 참된 《손자》의 저자인가에 대해서는 학자들 사이에 의견이 많다.

《한서》 〈예문지〉에는 '오손자병법(吳孫子兵法) 팔십이 편(八十二篇)'이라 기재되어 있고 또 '제손자병법(齊孫子兵法) 팔십구 편(八十九篇)'으로 나와 있는데, 오손자란 손무이고 제손자란 손빈이니 오늘날 남아 있는 13편과 크게 차이가 있다. 게다가 오늘날의 《손자》에는 상장군(上將軍)이니 알자(謁者)·대용(帶用)·노(弩) 같은 말이 나오는데 이 말들은 손빈이 살았던 전국시대(戰國時代 : 기원전 403~221)에 쓰기 시작했던 것이므로 손빈의 저작임에 틀림없다는 견해도 나오고 있다. 또 손무가 실재 인물이 아니라는 견해도 있다. 이는 《춘추(春秋)》 〈좌전(左傳)〉 등에 오나라 왕 합려를 섬긴 명신(名臣)으로 오자서(伍子胥)의 이름은 나왔으되 손무의 이름은 보이지 않고, 《손자》의 글 속의 용병법이나 병거 2천 승(兵車二千乘) 등의 말은 손무가 살았던 춘추시대(春秋時代)에는 없었기 때문이라는 점이다.

그러나 다른 전적의 예와 같이 《손자》라는 병서도 시대의 변천에 따라서 수많은 사람의 손에 의해 고쳐지고 보태어지고 추려졌을 것이 분명하다. 가장 유력한 설로서 손무의 병서를 백 년 뒤의 손빈이 체계화하여 보강한 것을 그 후 삼국시대(三國時代) 위(魏)나라의 무제(武帝 : 曹操)가 총

정리하였다는 것이 지배적이다. 그러므로 여기서는 《손자》 13편이 손빈의 병서가 모체가 될 것이라는 가정으로 매듭지어야겠다.

손빈이란 이름은 '다리 잘릴' 빈(臏)자를 이름으로 썼으니 이 역시 본래의 이름은 아닐 것이다. 손빈과 방연(龐涓)의 이야기는 중국 역사상 유명한 이야기이다. 두 사람은 모두 잡가(雜家)의 시조라 하는 귀곡자(鬼谷子)에게 배워 난세에 처하는 종횡의 술과 병법의 학을 터득하였고, 그것을 재산으로 하여 세상에 나와 쓰여지려고 하였다. 방연은 손빈보다도 먼저 진출하여 위(魏)나라의 혜왕(惠王)을 섬겼다. 손빈은 친구 방연의 초청으로 외국에 갔다가 방연의 올무에 걸려 두 다리를 잘리고 전과자의 낙인인 먹물을 이마에 넣는 등의 곤욕을 치루었으나, 뒤에 제나라로 도피해 이름을 천하에 드날리게 되었던 것이다.

사람이 불우한 환경에 처하게 되면 위대한 저술을 남기게 된다고 하여 사마천은 말하기를,

"문왕(文王)이 유폐된 때 주역을 지었고, 공자가 불우한 때 《춘추》를 굴원(屈原)이 추방당하여 이소(離騷)를, 좌구(左丘)가 눈이 멀게 되어 좌전을, 손자는 다리를 잘리게 되어 병법을 지었다."

고 말한다.

《손자》의 중요한 내용

무릇 병가의 주지는 대규모 전쟁에 필요한 군사학으로서 군사에 대한 사상·지식·기술 등을 논하는 것이지만, 그 이론의 밑바닥에는 상당한 법가적인 사상이 작용되고 있음을 알 수 있다. 예를 들면, 전쟁에서의 승리를 위한 다섯 가지 항목이 있다.

즉 오사(五事)란 첫째, 도의에 부합되어야 하고, 둘째 천의 시운을 따라야 하며, 셋째 지세의 이(利)를 좇을 것, 넷째 우수한 장군을 얻을 것, 다섯째 엄격한 조직과 규율을 가질 것〔一曰道, 二曰天, 三曰地, 四曰將, 五曰

法]이라 하였으니 이 다섯 가지는 법가의 사상과 통하는 바가 있다.

그러면 손자가 말한 첫째의 도의란 무엇인가.

손자 〈시계편(始計篇)〉의 다음 말을 본다.

> 도란 백성들이 웃사람과 더불어 뜻을 같이하는 것이다. 그러므로 상하가 함께 죽을 수도 있고 함께 살 수도 있어서 위험도 돌보지 않게 되는 것이다.

손자의 도란 유가의 도와 도가의 도를 아울러서 일컫는 것이 아닌가 한다. 그것은 경우에 따라 명분도 될 것이며, 하늘의 의지도 될 수 있을 것이다. 오늘의 입장에서 해석한다면 정의에 가깝다.

다음에 나오는 천은 무엇을 말하는가.

> 천이란 음양·한서(寒暑)의 시제이다.

군사를 씀에 있어서는 천시(天時)를 얻어야 한다. 천시란 여러 가지 기후와 변화의 조짐을 말하는 것이다. 덥거나 추울 때에 군사를 일으킨다든가, 바쁜 농사철에 백성을 동원하는 것은 모두 천시에 어긋나는 까닭이다.

다음의 지(地)란 지세의 이를 잘 파악하여 전쟁을 수행해야 함을 뜻한다.

> 지(地)란 멀고 가깝고, 험하고 평탄하고, 넓고 좁은 곳, 그래서 후퇴할 수도 없는 사지(死地)인가, 활로가 있는가 하는 것들이다.

군사지리학은 옛날부터 중요시해 온 것이다. 여기에 철학적 형이상학의 개념은 있을 수 없다.

다음에 유의해야 할 것은 훌륭한 군사 지도자의 기용이다.

장수란 지(智)·신(信)·인(仁)·용(勇)과 위엄이 있어야 한다.

지혜와 신임과 이해와 용기를 아울러 지닌 장군은 많지 않다. 손자는 여기에 위엄을 더하였으니, 병학이 일반 사회학과는 다른 점이라 하겠다.

다음에 필요한 것은 법이다.

법이란 군의 편제(編制)·직제(職制)·군비(軍備)이다.

앞에 열거한 다섯 가지는 장수된 사람이라면 모르는 이가 없으리라. 그러나 이를 알면서도 실제로 응용하지 못한다면 그것은 아는 것이라고 할 수 없다. 장수라면 의당 적과 아군의 실정을 파악·비교하여 적절한 전략을 세워야 한다. 이것이 〈계편(計篇)〉의 골자이다. 태공망(太公望)의 《육도(六韜)》에는 전략에 있어서 무기·식량의 문제가 매우 중요시되고 있으나 《손자》에는 이것이 결여되었다.

이같은 다섯 가지 전략상 필요한 지식도 그 기본정신은 평화의 사상이라고 할 수 있으니, 손자의 처음 유명한 말을 보자.

◆

전쟁이란 나라의 중대사이다. 사람이 죽고 사는 마당이 되고 나라가 존중하고 망하는 갈림길이 되는 것이니 잘 살피지 않을 수가 없는 것이다.

이상의 정신에 귀결된다.

이것으로 보면 손자의 기본 입장은 곧 전쟁이란 없어야 한다는 비전주의(非戰主義)라고 할 수가 있다.

제 2 〈전편(戰篇)〉에는 전쟁 수행에 필요한 원칙적인 방법을 논하고 있는데, 보통 판본에는 〈작전편(作戰篇)〉으로 되어 있다. 손자의 주장에 의하면 전쟁이란 싸우는 방법이 졸렬·야비하다 할지라도 일찍 끝내는 것이 옳다고 보았다. 졸속(拙速)이 교구(巧久)에 앞선다는 전쟁 이론은 오늘날에도 널리 인용되는 바이다. 결과를 중요시하는 현대의 의식이 이미 옛날의 전쟁에서 효과적으로 인용되고 있다.

다음 제 3 〈공편(攻篇)〉은 흔히 〈모공편(謀攻篇)〉이라 하며, 이같은 손자의 견해를 더욱 발전시켰다.

손자는 말한다. 무릇 용병하는 법은 나라를 온전히 하는 것이 최상책이요, 나라를 파괴하는 것은 그 다음이다. 군사를 온전히 하는 것이 최상책이요, 군사를 파괴하는 것은 그 다음이다.

그러므로 백 번 싸워 백 번을 이긴다 해도 최선의 길은 아니요, 싸우지 않고서도 남의 군사를 굴복시키는 것이 최선의 길인 것이다. 따라서 최상의 방법은 적의 계책을 치는 것이요, 다음으로 적의 외교를 치는 것, 그 다음이 적의 군사를 치는 것, 가장 하급의 방법이 적의 성을 공략하는 것이다.

이는 단지 군사상의 용병만을 언급하는 데 그치는 것이 아니라 정치상의 문제가 더욱 중요시되고 있다. 전쟁은 희생이 없는 가운데 되도록이면 빨리 종결지어야 할 것이다.

이러한 예가 우리 《고려사(高麗史)》에도 보인다.

고려(高麗) 성종(成宗) 13년 거란〔契丹〕의 대군이 이 땅에 침입하여 압력을 가해 왔다. 그들의 황주(黃州) 자비령(慈悲嶺)에서 평양을 포함한 국토의 일부를 할양할 것과 국교의 개시를 요구하였다. 압록강 이북에는 여진족이 발호하고 있어서 고려는 기회 있을 때마다 이를 평정하려고 하였는데, 조정에서는 거란이 동시에 침입하였으므로 대신들은 대부분 거란의 요구에 응해야 한다는 데에 의견이 모아졌다. 강화가 이루어질 무렵에

서희(徐熙)만이 의견을 단호히 물리치고 단신 적장과 만나 담판을 벌이게 되었다.

우리는 국호가 고려이다. 그러니 옛 고구려의 강토를 계승하는 것이 당연하며, 고구려의 국토로 말하면 요동 반도에까지 이르고 있다. 귀국은 요동 동쪽의 땅을 우리에게 반환해야 한다. 게다가 국교를 여는 문제만 하더라도 여진이 중간에 끼여 있어서 방해하기 때문에 뜻대로 되지 않는다. 국교를 바란다면 귀국은 먼저 여진을 물리쳐야 할 것이다.

거란은 서희의 타협안에 동의하고, 다만 여진족은 고려가 맡아 몰아내라고 하여 협상이 성공을 보았다. 고려는 땅을 떼어 주기는커녕 싸움 한 번 하지 않고 요동 동쪽의 땅을 획득하였고, 안주(安州)로부터 압록강에 이르는 280리에 여섯 군데의 성을 쌓았던 것이다.

이것이 이른바 나라와 군사를 온전히 유지하고 적을 물리친 본보기라 할 것이다.

그러므로 손자는 말하기를,

'용병을 잘하는 사람은 적의 군사를 굴복시키되 마주 싸우지 않으며, 적의 성을 점령하되 공격하지는 않는다. 적의 나라를 파괴하되 오랜 전쟁을 하지 않으며, 반드시 완전한 입장에서 천하를 다툰다.'

라고 하였다.

그러나 군주가 어두워서 임명한 장군에게 절대적인 권한을 주지 않고 마음대로 공격과 후퇴를 명한다면 어찌 될 것인가.

그래서 손자는 말하기를,

'삼군의 일을 알지 못하면서 삼군을 다스리는 일에 장군과 동시에 간여한다면 군사들은 미혹당하게 될 것이다.'

라고 하였다. 이것은 군대를 어지럽히는 일이 될 뿐 아무 소득도 없다.

손자는 승리를 예견하는 방법으로서 다음 다섯 가지를 말한다.

싸워도 되는가, 싸워서는 안 되는가, 이를 알아차리는 사람은 승리한다. 많은 병력과 적은 병력의 사용 방법을 아는 자는 승리한다. 웃임금과 아래 백성의 욕망이 일치하는 나라는 승리한다. 곤경에 처하는 방법을 말할 것 같으면, 곤경에 처하지 않을 때부터 대비하는 나라는 승리한다. 장수가 능력이 있고 임금이 그를 제어하지 않는 나라는 승리한다.

그래서 다음과 같은 결론에 도달하였다.

적을 알고 나를 알면 백 번 싸워도 위태롭지 않고, 적을 알지 못하고 나만을 알면 한 번은 질 것이요, 적을 알지도 못하고 내쪽도 알지 못하면 싸울 때마다 반드시 패할 것이다.

손자의 글은 간결하고 함축성이 있어서 널리 인구에 회자되는 정어(精語)가 많다. 그리고 그것이 세상을 살아가는 사람들에게 항용 요령주의에 기울게도 하고, 바른길보다는 샛길로 목적에 도달하는 약삭빠른 처세 기술을 가르쳐 주기도 하였다.

그러나 유의해야 할 점은 《손자》는 학술·사상을 기술한 사회 과학파의 주의·주장이 아니요, 오로지 적을 이기고 이익을 획득한다는 패도(霸道)의 학이므로, 간혹 일상생활의 요령주의에 응용되는 경우가 있다 할지라도 인류의 전적으로서 사표로서의 가치를 부여할 수는 없을 것이다.

제 4 〈형편(形篇)〉은 〈군형편(軍形篇)〉이다. 요즘 어휘로 말한다면 군비의 현황이라 말할 수 있다. 군비가 전쟁의 상황을 결정지을 수 있음을 여러 각도에서 고찰하였다.

'승리하는 군대는 먼저 이기도록 해놓은 뒤에 싸우려 들지만 패배하는 군대는 먼저 싸움을 걸어 놓고 뒤에 승리를 구한다.'

는 유명한 말이 보인다.

제 5 〈세편(勢篇)〉은 보통 판본에는 〈병세편(兵勢篇)〉으로 나온다. 세란 '군사적 동태'라 풀어 말한다. 여러 가지 변화로써 전쟁에 직접적인 영향을 줄 수가 있다. 정병(正兵)으로 적과 마주치지만 이를 기병(奇兵)으로 전략적 변화를 일으켜야 한다는 내용이다.

제 6 〈허실편(虛實篇)〉은 작전론이다. 군사 동태의 무형론(無形論)은 손자병법 중의 백미이다. 군사 진형(陣形)의 극치는 무형에 이르는 것이며, 무형에 이르면 깊이 침투한 간첩이라도 실정을 들여다볼 수 없고, 지혜있는 자라도 계획을 세울 수 없을 것이다.

손자의 여러 가지 군사론 가운데에서도 가장 이채롭고도 괄목할 만한 것은 마지막 제13 〈간편(間篇)〉이다. 흔히 〈용간편(用間篇)〉이라 하며, 현대의 개념으로는 첩보전을 말하는 것이다.

손자가 말하는 간첩이란 다섯 가지이다. 향간(鄕間)·내간(內間)·반간(反間)·사간(死間)·생간(生間)이다.

> 향간이란 적의 고을 사람들을 꾀내어 사용하는 것, 내간이란 적의 관리나 군사들을 꾀내어 사용하는 것, 반간이란 적의 간첩을 잡아 꾀어서 사용하는 것, 사간이란 적에게 보내어 죽게 하는 것, 생간이란 살아 돌아와 보고하는 것이다.

이 다섯 가지 간첩은 현대에 있어서 모두 필수불가결한 것이다. 향간·내간은 적의 시민과 군대·관리들을 포섭하여 첩보공작을 행하게 하는 것이며, 반간은 이중간첩이다.

이쪽에서 훈련시킨 간첩으로는 사간·생간이 있는데 사간의 목숨을 적에게 맡긴다 하였으니, 허위 정보를 조작하여 파견하는 것을 가리킨다. 생간은 살아 돌아와 적의 실정을 보고하게 하는 것이다. 첩보 활동의 비정함은 모두 아는 바이다. 사간이 비인도적임을 알지만 현대에 있어서는 서슴지 않고 사용되고 있다.

우리가 《손자》를 읽는 데에는 대략 두 가지 목적이 있다. 하나는 군사학의 기본지식을 익힘으로써 전쟁이론을 배우는 일이요, 하나는 깊고도 함축있는 글로써 그 가운데 있는 지혜의 기미를 발굴하여 저마다의 사상에 응용하려는 것이다. 편목을 차례로 읽어 가면서 일상생활에서 알아두어야 할 대목을 골라 유의하고 음미하면 될 것이다.

▩ 오자(吳子)

《오자》의 저자, 오기(吳起)의 인간상

손자(孫子)와 함께 일컬어지는 병가(兵家)로서 오기가 있다.

사마천(司馬遷)의 《사기(史記)》에 나타난 그의 약전을 보면, 본래 유가인 증자(曾子)를 스승으로 배우다가 어머니의 상을 당하고도, 처음 집을 나올 때 출세하기 전에는 돌아가지 않겠다고 언약한 말을 지키기 위해 집으로 가지 않았다 하여 사문(師門)에서 쫓겨났다고 한다. 또 노(魯)나라 군주를 섬기다가 제(齊)나라가 쳐들어오자, 제나라에서 시집온 자기 아내를 죽임으로써 자기의 충성을 보이고 노나라의 장군이 되어 제나라 군사를 격파하였다.

그러나 늘 평판이 좋지 못했던 오기는 끝내 노나라에 중용되지 못하고 위(魏)나라의 문후(文侯)를 찾아갔는데, 문후가 이극(李克)에게 오기가 어떤 인물이냐고 묻자 이극이 대답하기를,

"오기는 탐욕·호색하긴 하지만 용병술만은 사마양저(司馬穰苴)도 따르지 못할 것이다."

라고 하였다.

그래서 오기는 위나라의 장군으로 등용되었다. 싸움에 나아가 진(秦)의 다섯 성을 점령하는 동안 부하 장졸과 기거를 같이하면서 종기를 앓는 사졸의 종기를 직접 입으로 빨아 주는 등 신망을 얻으려고 노력하였고, 그리하여 서하(西河) 땅을 지키는 장관이 되기도 하였다.

오기의 명성은 차츰 여러 제후국에 알려지게 되었다. 그런데 문후가 죽고 무후(武侯)가 왕위에 오르자 전문(田文)이란 사람을 재상으로 삼게 되었다.

이 인사조치에 불만을 품은 오기는 전문과 문답을 하게 된다.

"선생과 더불어 공로를 논했으면 하는데 어떻겠소?"

"좋습니다."

"삼군(三軍)의 장수로서 사졸(士卒)로 하여금 죽음도 기꺼이 여기게 하여 적국이 감히 넘보지 못하게 하는 것은 선생과 기(起) 중 누구이겠습니까?"

"나는 선생과 같지 못하오."

"그럼 백관을 다스리고 만민을 친하게 하고, 국고를 충실하게 하는 것은 선생과 기 중 누구일까요?"

"나는 선생과 같지 못하오."

"서하를 지켜 진나라 군사로 하여금 동쪽으로 침공해 오지 못하게 하고, 한과 조가 우호적으로 복종하게 만드는 것은 선생과 기 중 누구일까요?"

"나는 선생과 같지 못하오."

"그렇다면 이 세 가지가 모두 다 나보다 못하면서 지위만은 내 위에 있는 것은 무슨 까닭일까요?"

전문이 말한다.

"주군께서 아직 나이 젊어 국내가 불안하고 대신들은 완전히 심복하지 않고 있으며 백성들은 신임하지 않고 있는 형편이오. 이런 시기에 재상의 자리를 선생에게 맡겨야 할까요, 아니면 내게 맡겨야 할까요?"

오기는 오랫동안 잠자코 있다가 말하였다.

"선생에게 맡겨야 하겠군요."

"이것이 내가 선생보다 윗자리에 있게 된 연유올시다."

오기는 스스로 자기가 전문보다 못함을 깨달았다.

이러한 일 등으로 보아 오기는 조정의 인사들에게 환심을 사지 못했던 모양이다. 전문이 죽은 뒤에는 공숙(公叔)이라는 사람이 새로 재상이 되었는데, 그는 공주를 아내로 맞은 신분으로서 오기를 싫어하였다.

이를 눈치챈 그 하인이 오기를 제거할 음모를 주인에게 고하고 그 묘책이 그대로 들어맞아 오기는 주군인 무후의 의심을 받게 된다.

오기는 주군의 마음을 헤아려 보고 그대로 있다가는 죄에 빠질 것을 두려워한 나머지 마침내 위를 떠나 초(楚)나라로 가게 된다.

초나라의 도왕(悼王)은 일찍부터 오기가 현명하다는 소문을 듣고 있었으므로 오기가 오자 바로 재상으로 삼았다.

초나라의 재상이 된 오기는 법률을 공평하게 밝히고 명령을 분명하게 시행하며 불필요한 관직을 없애 버렸다. 그리고 왕족이나 귀족의 먼 친척으로서 할일 없이 벼슬자리에 있는 자들을 물리치고, 그로 해서 얻어지는 비용으로 군대의 교육과 양성에 힘썼다. 그가 정치하는 방법은 곧 국방력을 강화하는 것으로서 유세가들이 떠드는 합종설(合從說) 따위의 공동전선을 타파하자는 데 있었다. 이로써 그는 남쪽으로 백월(百越)을 평정하고 북으로 진(陳)·채(蔡) 두 나라를 병합하였으며, 삼진(三晉)을 격퇴시키고 서쪽으로 진(秦)나라를 공격하여 제후들로 하여금 초나라가 무서운 강국임을 알게 하였다.

그러나 오기로 인하여 벼슬에서 쫓겨난 왕족과 귀족들은 모두 오기를 미워하게 되었고, 이에 도왕의 죽음을 계기로 그 대신들이 반란을 일으켰다. 목표는 오기였다. 오기는 달아나다가 도왕의 죽은 시체 옆에 엎드렸는데 날아오는 화살은 도왕의 시체에도 꽂히게 되었다. 도왕의 장사가 끝나고 그 태자가 임금자리에 앉게 되자, 반란에 가담하여 도왕의 시체에 화살을 쏜 반역도들은 모두 잡혀 연좌당하게 되었다. 일족이 몰살당한 집이 무려 70호나 되었다고 한다.

이에 대하여 사마천은 다음과 같이 품평하였다.

……오기는 무후에게 산하의 형세는 군주의 덕만 못하다는 좋은 간언을 하였음에도 불구하고 자신이 초나라의 정치를 할 때에는 각박하고도 횡포하게 행하여 사람들에게 온정을 베풀지 못하고 급기야는 그 몸을 망쳤다. 슬픈 일이다.

《오자》의 중요 내용

이상이 대략《사기열전》에 보이는 오기의 행적이다. 이로 보건대 오기는 재주와 능력은 인정할 만하지만 덕성이 따르지 못했던 것 같다.

오자병법 6편은 대개 위(魏)나라를 위한 전략 등의 계책인데 그의 사후 후인들이 찬집(撰輯)한 것이라는 설이 유력하다. 그 내용은 이러하다.

도국(圖國) 제 1
요적(料敵) 제 2
치병(治兵) 제 3
논장(論將) 제 4
응변(應變) 제 5
여사(勵士) 제 6

그 〈도국〉 첫머리는 오기가 노나라를 떠나 처음 위나라를 찾아갔을 때 문후를 설득하는 대목이다.

유생(儒生)의 옷차림을 한 오기는 전략의 기밀을 가슴에 간직하고 위나라의 문후를 뵈었다.

문후가 말했다.

"모처럼 찾아 주었지만 과인은 전쟁을 싫어하오."

오기가 말한다.

"신은 겉으로 나타난 것으로 미루어 속마음을 판단하고 과거의 일을 근거로 미래의 일을 살피옵니다. 전하께서는 어찌 마음에도 없는 말씀을 하시옵니까. 지금 전하께서는 사철을 가리지 않고 짐승 가죽을 잘라 갑옷을 만드시고, 거기에 붉은 빛이 도는 옻칠을 하며, 붉고 푸른색으로 그림을 그리고, 특히 사나운 물소나 코끼리의 그림으로 상대방에게 공포심을 주려 하시옵니다. 이런 것들은 겨울에 입어도 따뜻하지 않고 여름에 입어도 시원하지 않나이다. 또 이장사척(二丈四尺)의 긴 창이나 일장이척(一丈二尺)의 짧은 창이라든가, 문을 해 닫을 만한 크기의 가죽을 댄 병거(兵車)는 바퀴와 속바퀴를 장식이 없는 가죽으로 싼 것으로 만들게 하고 있으시옵니다. 이런 것은 보기에 아름답지 않을 뿐만 아니라 사냥을 하기에도 경쾌하지 못하옵지요.

이런 것을 전하께서는 어디다 쓰시려는지 모르겠나이다. 만약 이런 것이 공격이나 방어를 위한 군비라고 한다면 이를 자유자재로 쓸 수 있는 사람을 구해야 할 것이옵니다. 그렇게 하시지 않는다면 무용지물이 되지 않겠나이까. 쓸 사람이 없다면 비유컨대 계란을 품은 암탉이 살쾡이에게 달려들고, 젖을 물린 암캐가 호랑이에게 덤비는 것과 같아서 그 투지는 강하다고 해도 결국 적에게 격멸되고 말 것이옵니다.

옛날 제후(諸侯)인 승상씨(承桑氏)는 문덕(文德)에만 열중한 나머지 군비를 전폐한 까닭에 망하였고 유호씨(有扈氏)는 군대의 많음을 믿고 용맹만을 좋아한 까닭에 그 사직을 잃었나이다. 그러므로 현명한 군주는 문약(文弱)과 호전(好戰)이 초래한 선례를 거울삼아 반드시 안으로는 덕을 쌓고 밖으로는 군비를 게을리하지 않게 마련입지요. 적을 눈앞에 두고도 나아가 싸우지 않은 것은 도의에 맞다고 할 수 없고, 적과 싸우다가 죽은 시체를 보고 아무리 슬퍼한다 해도 그것을 진정한 인애라고 할 수는 없습니다."

이리하여 문후는 스스로 앉을 자리를 마련하고 부인은 손수 술잔을 받들어 종묘에 고하면서 오기를 대장으로 임명하였다.

서하를 봉지(封地)로 받은 오기는 제후와 큰 전쟁 76회를 치렀는데, 그 가운데 전승이 64회, 나머지는 비긴 싸움이었다. 좁은 땅덩어리가 사방으로 뻗어 가고 천리의 땅을 확장할 수 있었던 것은 모두 오기의 공로였다.

이는 〈도국편〉의 서장(序章)이라고 보아 좋을 것이다. 인간 오기의 야망이 처음 열리는 대목이라 하여 따로 서장을 만들어 7편으로 나눈 판본도 있다. 따로 해설이 필요 없는 글이다.

다음으로 오기는 국내에서 근본적으로 경계해야 할 일로서 네 가지 불화를 지적하고 있다. 첫째는 나라 안에 불화가 있으면 출병하지 못하고, 둘째 군대 내부에 불화가 있어도 출전하지 못하며, 셋째 진중에 불화가 있어도 진군하지 못하고, 넷째 전략 문제로 불화해도 결코 승리를 획득할 수 없다는 것이다.

전쟁이란 군·관·민이 일치단결해야만 수행할 수 있다는 것은 동서고금의 전쟁사가 증명해 주고 있는 바이다.

《오자》 6편은 대부분 오기가 위(魏)나라를 위하여 자기의 군사론을 편 것으로 간단히 위무후의 질문이 곁들여져 있다. 뒤의 〈응변(應變)〉·〈여사(勵士)〉 두 편은 전부 무후와의 문답 형식으로 되어 있다. 마지막의 '여사'란 군졸들을 독려한다는 뜻이다.

《오자》 6편의 체계가 비록 《손자》에는 미치지 못한다고 하겠으나, 예로부터 군사학(軍事學)을 논하는 자는 앞에 인용한 두 책을 일컬었던 것이 분명하다. 군사에 관한 한 손자와 오기는 동양 제일의 군사전문가라 할 수 있을 것이다.

▩ 장자(莊子)

너무 박학다식했기에 벼슬도 사양한 장자

장자(莊子)는 몽(蒙)이라는 곳에서 난 사람으로 이름은 주(周)이다. 일찍이 몽의 칠원리(漆園吏)가 되었었다. 그의 학문은 해박했고, 그 근본은 노자(老子)의 학설에 귀착(歸着)된다. 여기에 그가 지은 10만여 자의 저술은 대체로 우언(寓言)으로 이루어졌다.

〈어부(漁父)〉·〈도척(盜跖)〉·〈거협(胠篋)〉 등의 여러 편을 지어 그 글로써 공자(孔子)의 무리를 비방했으며, 그렇게 해서 노자의 학술을 밝히려고 했다. 〈외루허(畏累虛)〉〈항상자(亢桑子)〉 편(篇)들은 모두가 공적인 말들로서 사실무근한 이야기들이다. 그러나 문장을 교묘하게 잘 지어 세상 일을 잘 지시하고 인정을 추찰(推察)함으로써 유가(儒家)와 묵가(墨家)를 공격했기 때문에 당시의 석학(碩學)들도 그의 예봉(銳鋒)을 꺾지 못했다.

그의 말은 광대 무변하고도 자유분방했기 때문에 왕공(王公) 대인(大人)들은 그를 특이한 사람으로 여겨 등용하지 않았다. 그런데 초(楚)나라의 위왕(威王)은 장주가 어질다는 소문을 듣고 사신을 보내어 예물을 후히 주고 그를 맞아다가 재상(宰相)으로 삼으려 했었다. 그러나 장주는 웃으면서 사신에게 말했다.

"천금은 막대한 돈이고 재상 자리는 존귀한 자리외다. 그대는 교제(郊祭)에 쓰는 희생(犧牲)인 소를 보지 못했소? 몇 년 동안 잘 길러 비단옷을 입혀 가지고 종묘(宗廟)로 끌고 들어가오. 이때 그 소는 차라리 돼지 새끼가 되고 싶어한들 그것이 가능하겠소? 그러니 그대는 빨리 돌아가오. 이 이상 나를 더럽히지 말아 주오. 나는 차라리 흙탕물 속에서 헤엄이나 치면서 유유자적하려오. 나라를 가진 주권자(主權者)에게 구속받고 싶지는 않소이다. 평생 동안 나가서 벼슬하지 않고 내 멋대로 즐기려 하오."

이것은《사기(史記)》에 보이는 〈장자열전(莊子列傳)〉에 나오는 말이다. 그는 맹자(孟子)와 동시대 사람으로서 그의 박학다식함이 도리어 출세길을 막았다. 대부분이 우언(寓言)으로 된《장자》는《남화경(南華經)》이라고도 불리는데, 난해하기 이를 데 없다. 오로지 노자(老子)의 학설에 근거를 두고 자기의 사상을 온축(蘊蓄)했으므로 세상에서는 '노장(老莊)'으로 통칭하게 된다. 이들은 도가(道家)의 조(祖)가 되었으며, 후일에 도교가 나타나면서 그들이 저술한《노자(老子)》와《장자(莊子)》는 이 도교의 경전(經典)이 되었다.

《장자》에 의하면 무(無)와 유(有), 도(道)와 물(物), 즉 본체(本體)와 현상(現象)이 함께 무궁하다. 무의 대도(大道)는 일체만유(一切萬有)의 총본가(總本家)이나 전혀 이 일체만유와 떨어져 초월해서 홀로 있지 않다. 이것은 일체만유와 함께 실재(實在)하여 그 활동 변화의 근본원리로 항상 움직이는 것이다.

〈대종사편(大宗師篇)〉에,

'그 도(道)는 정(情)이 있고 신(信)이 있다.'

는 문구와.

'우리 선생! 우리 선생.'

이라고 한 말에 의하면 이것이 분명하다. 이와 같이 도는 현상을 떠나지 않고 그 가운데에 내재적으로 존재한다.

〈제물론(齊物論)〉 중에는 지푸라기나 큰 기둥, 추한 나병 환자나 절세미인(絶世美人), 구별없이 모두 통하여 도(道)는 한 가지라고 진술했다. 도의 평등성을 인정함과 함께 장자는 그 편재성(遍在性)도 인정하고 있다.

〈지북유편(知北遊篇)〉에 그가 동곽자(東郭子)와 문답한 것이 그것이다.

곧, 도(道)는 누의(螻蟻)에게도 있고 와벽(瓦壁)에도 있으며 시요(屎溺)에도 있다. 사람은 만물 중에 가장 진보된 것으로서 사람에게 도(道)가 있다고 하는 것은 말할 것도 없으며, 아무리 더러운 똥오줌 속에도 도는 있다. 도는 생(生)이 있거나 없거나 관계없이 우주 간의 모든 현상을 일관(一貫)하여 편재하는 것이다.

이 밖에 유가(儒家)의 인의(仁義)를 공격하고 천하와 국가를 안중(眼中)에 두지 않는다는 글은 주로 〈외편(外篇)〉과 〈잡편(雜篇)〉에 보이며, 그 중에는 상당히 과격한 것도 있고, 극단으로 과장된 것도 있다. 또 장자문류(莊子門流)의 글로 인정되는 것도 많이 있다.

《장자》의 중요한 내용과 비평

《장자》의 내용을 종합해 보면 기대하는 것이 없기 때문에 무궁에 마음을 노닐 수가 있고, 마음이 없기 때문에 득실(得失)에 관계하지 않으며, 정(情)이 없기 때문에 만물에 막히지 않고, 쓰임이 없기 때문에 그의 천수(天壽)를 누릴 수가 있다. 이름이 없기 때문에 허영(虛榮)을 찾지 않고, 공(功)이 없기 때문에 재력(財力)을 숨길 수 있으며, 자신에 대하여 무관심하기 때문에 자연에 순응(順應)할 수가 있다. 또한 인위적(人爲的)인 행위가 없기 때문에 성명(性命)의 정을 잃지 않으며, 지혜를 부리지 않기 때문에 정기(精氣)를 유지할 수가 있고, 말이 없기 때문에 시비가 생기지 않으며, 변명이 없기 때문에 편견(偏見)을 갖지 않는다.

시비(是非)가 없기 때문에 도(道)를 잃지 않고, 피차의 구별이 없기 때문에 만물을 동일시(同一視)하며, 귀천이 없기 때문에 편안하게 순종한다. 그리고 생사의 관념이 없기 때문에 애락(哀樂)의 감정이 마음에 들지 않으며, 처음과 끝이 없기 때문에 사생과 사후(死後)의 소재를 알지 못하며 천균(天均)에서 쉬게 된다.

곧 무심(無心)에서 시작하여 천균(天均)에 이르는 장자의 도는 일반적으로 무위자연(無爲自然)·염담허정(恬淡虛靜)이라는 숙어(熟語)로 표현한다. 이러한 도가 세상에 행해질 때 혼탁한 세상은 가 버리고 참으로 행복스런 무하유지향(無何有之鄕)이 도래한다는 것이다.

이《장자》에 대한 비평(批評)과 시비(是非)와 주석(註釋)은 세상에 많이 나와 있다. 그러나 그의 문장은 가장 간삽(艱澁)해서 필자 같은 천학(淺學)으로서는 도저히 번역을 감당할 수가 없다. 다행히 여러 주석서(註釋書)와 대조하여 약간의 문리(文理)를 얻어 탈고했으나, 오직 대방가(大方家)의 질정(叱正)이 있기를 바랄 뿐이다.

▩ 순자(荀子)

성악설(性惡說)을 주장한 순자

순자는 맹자(孟子)와 함께 유학사(儒學史)에 있어서 쌍벽을 이루는 두 조사(祖師)로 일컬어진다. 주(周)나라 문왕(文王)과 주공(周公) 그리고 공자(孔子)에서 비롯된 유교는 이들 두 사상가에 의하여 비로소 학문적으로 체계화되고, 뚜렷한 학파로서 제고현양(提高顯揚)되었다고 볼 수 있다.

그러나 순자의 학문은 그 자체에 외연(外延)과 내포(內包)가 따로 있어서, 맹자와 유를 달리할 뿐만 아니라, 공자에게서도 찾아볼 수 없는 특색을 지니고 있으니 그것이 바로 순자의 성악설이다.

순자의 주장에 의하면, 사람은 선천적인 본성에 지배된다기보다는 후천적인 인위(人爲)에 의하여 본성이 지배를 받는다고 보고, 교육과 학문을 통해 본성을 변화시키고 인위적으로 선을 발로(發露)케 해야 한다고 한다. 그래서 순자는 인위를 매우 존중하고 학문의 효능과 가치를 전적으로 인정하면서, 학문을 닦음으로써 인간 자체의 성(性)을 계발하고, 부지런히 인격의 향상을 위하여 힘써야 한다고 했다. 인격 향상에 힘쓰고 학문을 부지런히 하면 사물에 대한 판단과 지혜가 쌓이게 되고, 그렇게 되면 선은 저절로 모아지고 덕이 이루어져서 누구나 성인의 길을 걷게 될 것이라고 하였다.

순자는 이러한 주장에 근거하여 일초직입(一超直入), 즉 단번에 깨달아 진리에 도달한다는 생각을 전적으로 부인하고, 사람이란 그가 받은 교육과 학문이 어떤 것이냐 하는 데 따라서 성인도 되고 악인도 될 수 있다고 보았다. 그래서 사람은 어려서부터 훌륭한 스승을 구해야 하고, 만일 그러한 스승을 구하지 못하는 경우에는 옛날 성현들의 전적(典籍)에 의존할 수밖에 없으니 책을 부지런히 읽고 그 가운데에서 스승을 찾을 것을 강조하였다.

순자는 이러한 신념에서 평생을 학문의 강론과 경서(經書)의 전달에 힘쓰고, 가르치는 것을 임무로 삼았는데 한대(漢代)의 경서 중 그의 손을 거치지 않은 것은 거의 없다고 한다.

이미 학습을 귀하게 여기고 성(性)을 귀하게 여기지 않은 순자였으니 그가 문제로 삼는 것은 유전이 아니고 환경이었다. 환경의 개선은 곧 예로써 이루어진다고 하였으며, 그의 정치론이나 교육론은 모두 예가 중심이 되고 있다.

예의 표현은 사물을 옳게 판단하고 사물의 수량을 옳게 헤아리는 것이며, 정신과 물질이라는 두 세계의 현상에 대하여 면밀하고도 엄정한 객관적 관찰이 필요하다고 순자는 강조한다. 이것은 오늘날의 과학정신과 일치하는 것이다.

그러므로 순자의 학문적 체계와 효용은 배우는 사람을 위하여 정연한 논리적 궤도를 명시하고 있다.

중화민국(中華民國) 초기의 학자 양계초는 《순자》를 읽는 목적에 대해 다음과 같이 말하였다.

《순자》를 읽는 데에는 두 가지 목적이 있으니, 하나는 수양에 응용하기 위해서요, 하나는 학술적 연구를 위함이다. 수양에 응용하기 위하여 순자를 읽으면 우리들의 자제력을 불러일으켜서 항상 자기 자신을 단속하고 해이해지거나 타락하는 일이 없게 한다. 또 재주가 떨어지는 사람이라도 이 책을 읽으면 스스로의 노력으로 운명을 극복할 수 있다는 신념을 얻을 수 있고 용기를 증대시킬 수가 있다. 뿐만 아니라 그의 깊은 분석력과 정연한 논리를 읽으면 우리의 사고능력을 치밀하게 하고, 어떤 일에 봉착하여 올바른 판단을 내릴 수 있게 한다. 그러므로《맹자》를 읽으면 정신력이 발양된다고 하지만,《순자》를 읽을 것 같으면 사고력을 단련할 수 있으니, 이 두 가지 중 어느 한 쪽도 없어서는 안 되는 것이다.

그리하여《순자》의 이른바,

'널리 학문을 닦고 나날이 자기 자신에게 적용시켜 나간다면 지혜가 불어나고 행위에 그릇됨이 없어진다.'

는 결론이 나오는 것이다.

순자는 이름을 황(況), 또는 순경(荀卿)이라고도 한다. 경(卿)은 자(字)라는 이도 있고 존칭이라고도 하나 '자'라는 설이 유력하다. 한대(漢代) 이후로는 흔히 손경자(孫卿子)라고 불렀으니 이는 한나라 선제(宣帝)의 휘(諱)가 순(詢)이어서 이를 피하기 위해 그렇게 부르게 되었다고 한다.

그는 기원전 308년 전후에 지금의 산서성(山西省)인 조(趙)나라에서 태어났다. 그러니까 맹자보다 60~70년 후에 난 셈이다. 고향에서 15세까지 공부하다가 기원전 283년경에 50세의 나이에 제(齊)나라의 직하(稷下)로 유학을 갔다. 제나라 민왕(湣王) 31년의 일이다.

직하는 학술·문화의 중심지로서 유가를 비롯하여 도가(道家)·묵가(墨家)·명가(名家)·법가(法家)의 유수한 학자들이 구름같이 모여 학문의 대향연을 이룬 명소로서 순자는 이곳에서 제가의 학문을 널리 섭렵하였다.

《순자》〈강국편(强國篇)〉에 제나라 재상에게 정사에 관하여 논한 글이 있는데, 여기서 그의 주장이 받아들여지지 않으므로 제나라를 떠나 초나라로 갔다. 민왕 39년의 일로 추정된다.

그 뒤 제나라 민왕의 뒤를 이어 양왕(襄王)이 즉위하자 다시 직하의 학자들로 하여금 문예의 부흥을 꾀하게 하였다. 순경은 이 무렵 존경받는 학자로서 세 번이나 제주(祭酒 : 학자 중의 수석)가 되었다 한다. 그러다가 어떤 사람의 모함으로 제나라를 떠나 다시 진(秦)나라로 가니, 대략 기원전 267년경의 일로서 진의 재상 범저(范雎 : 應侯라고 일컬음)와 문답을 한 것이 〈강국편〉에 보인다. 또 〈유효편(儒效篇)〉에는 진의 소왕(昭王)과의 문답도 있다. 이후로는 다시 조나라로 돌아왔다가 제나라를 거쳐 다시 초나라로 가니 마침 저 유명한 춘신군(春申君)이 재상이 되어 순경을 난릉(蘭陵)의 영(令)으로 삼았다. 《사기(史記)》〈이사열전(李斯列傳)〉에,

'이사(李斯)가 순경의 입진(入秦)을 거절하다. 때마침 장양왕(莊襄王 : 진시황의 아버지)이 졸하다.'

라고 했는데, 순자가 난릉의 영에서 파직되어 진나라로 갔던 것 같다. 그 후 20여 년이 지나서 이원(李園)이 춘신군을 죽이고 순자도 난릉의 영을 그만둔 것으로 나타나는데 전국책(戰國策)〉이나 《유향서록(劉向叙錄)》에 순경이 두 번 난릉령이 된 것으로 되어 있으니, 결국 두 번째로 임직에서 파직된 것이다. 순경의 나이 72세, 그 후로는 죽을 때까지 난릉에서 살았다.

순자는 두 번 난릉령을 지낸 외에는 벼슬도 하지 않고 반생을 거의 학문의 연구와 교육에 바쳤다. 순자의 글은 냉정하고도 담담한 논리의 전개로 일관하고 있으며, 유가의 여러 경전들을 정리하여 집대성한 공로는 높이 평가할 만하다. 흔히 순자를 가리켜 사문(師門)의 반역이니 이단이니 하고 공격하기도 하지만, 그것은 순자의 근본사상을 이해하지 못한 태도에서 나온 것으로 해석된다. 더구나 한비, 이사와 같은 유명한 제자들이

그 스승의 학(學)으로부터 출발하여 정법(政法), 형명(刑名) 등 법가의 설로 발전시켰기 때문에 이단시하는 경향이 있다.

《순자》의 중요한 내용

그러면 《순자》는 어떤 책인가.

유향(劉向)의 《순자서록(荀子叙錄)》에 다음과 같은 글이 보인다.

> 손경(孫卿)이 세상에 등용되지 못하고 늙어서 난릉에 살면서, 탁세(濁世)의 정사가 나라를 망치고 어지러운 임금이 연이어 나와 대도(大道)를 좇지 아니하고 무축(巫祝)·기도를 일삼으며 천박하고 진부한 소인유(小人儒)들은 자질구레한 예절에 얽매이고 장주(莊周)의 무리들은 궤변으로 인심을 어지럽히니, 순경은 심히 이들을 못마땅히 여기고, 수만 언(言)의 글을 저술하고 세상을 떠났다.

이 글을 보건대, 《순자》는 순경이 직접 저술한 것으로서 대부분 그의 손을 거쳤다고 믿어도 좋을 것 같다. 단지 〈유효편(儒效篇)〉·〈의병편(議兵篇)〉·〈강국편(强國篇)〉의 여러 편만은 순자를 손경자(孫卿子)라고 칭하고 있으므로 제자들의 기록이 분명하며, 그리고 마지막 〈요문편(堯問篇)〉에서 그 한 부분은 오로지 순경을 비평하는 글이다. 이것은 후인의 가필인 것 같다.

《순자》라는 책이 오늘날에 보는 정본으로 되기까지에는 여러 우여곡절이 있었다. 처음 《순자》는 한의 유향이 교록(校錄)하면서 비로소 세상에 드러나게 되었는데 당시의 책 이름은 《손경신서(孫卿新書)》였다. 《한서(漢書)》〈예문지(藝文志)〉의 저록(著錄)에는 '《손경자(孫卿子)》 33편'으로 나와 있고, 당(唐)나라의 양경(楊倞)이 주를 붙이면서 《순자》라고 약칭하여 오늘날에는 그것으로 통하게 되었다.

유향의 서록(叙錄)에서 교수(校讎)한 바에 의하면, 손경의 저술은 모두 322편이 있는데 서로 대조하여 중복된 것 290편을 없애고, 32편을 정본으로 만들었다고 하였으니, 당시 순경이 저술한 글들이 여기저기에 널리 소장되어 있었던 모양이다. 그것을 정리하여 32편을 만들었다는 것은 그 나머지는 모두 같은 책들이라는 말이 된다. 모두 거듭 옮겨 쓴 것들이다. 또 권수를 보더라도 《수서경적지(隋書經籍志)》에는 12권, 《구당지(舊唐志)》에도 그렇게 되어 있고, 오늘날과 같이 20권으로 나눈 것은 당나라의 양경이 만든 것이다. 양경은 편의 차례도 많이 바꾸었는데 그 자서(自字)에서 말하기를,

'문자가 번거롭고 많아서 이전의 12권 32편을 20권으로 하였다. 편차(篇次) 역시 많은 변천이 있었으나 성격이 비슷한 것을 한데 몰아서 개편하였다.'

고 썼다.

양경의 개편이 타당한지 어떤지는 잘 판단하기 어려우나 한대 유향도 중복된 것은 버리고, 빠지고 틀린 데는 보충하였으니 순경이 살아있던 때의 책 모양은 물론 아니리라.

그런데 오늘날 보이는 양경의 편차가 〈권학편(勸學篇)〉에서 시작하여 〈요문편(堯問篇)〉으로 끝난 것으로 보아, 공자의 《논어(論語)》가 〈학이편(學而篇)〉에서 〈요왈편(堯曰篇)〉으로 끝나는 것을 지적하여 양경이 고치면서 《논어》를 본딴 것이라며 심심치 않은 말썽을 빚기도 하였다. 누구의 공과(功過)인지는 훗날 밝혀질 것이다.

정본으로 삼고 있는 《순자》의 편목(篇目)을 살펴보자.

제 1 권 — ① 권학편(勸學篇) ② 수신편(修身篇)

제 2 권 — ③ 불구편(不苟篇) ④ 영욕편(榮辱篇)

제 3 권 — ⑤ 비상편(非相篇) ⑥ 비십이자편(非十二子篇)

⑦ 중니편(仲尼篇)

제 4 권 — ⑧ 유효편(儒效篇)

제 5 권 — ⑨ 왕제편(王制篇)

제 6 권 — ⑩ 부국편(富國篇)

제 7 권 — ⑪ 왕패편(王覇篇)

제 8 권 — ⑫ 군도편(君道篇)

제 9 권 — ⑬ 신도편(臣道篇) ⑭ 치사편(致士篇)

제10권 — ⑮ 의병편(議兵篇)

제11권 — ⑯ 강국편(强國篇) ⑰ 천론편(天論篇)

제12권 — ⑱ 정론편(正論篇)

제13권 — ⑲ 예론편(禮論篇)

제14권 — ⑳ 악론편(樂論篇)

제15권 — ㉑ 해찬편(解蔽篇)

제16권 — ㉒ 정명편(正名篇)

제17권 — ㉓ 성악편(性惡篇) ㉔ 군자편(君子篇)

제18권 — ㉕ 성상편(成相篇) ㉖ 부편(賦篇)

제19권 — ㉗ 대략편(大略篇)

제20권 — ㉘ 유좌편(宥坐篇) ㉙ 자도편(子道篇) ㉚ 법행편(法行篇)
㉛ 애공편(哀公篇) ㉜ 요문편(堯問篇)

이상 32편 중 앞에서도 말한 바와 같이 ⑧유효편(儒效篇) ⑮의병편(議兵篇) ⑯강국편(强國篇) 등은 모두 순경을 '손경자'라고 칭했으므로 제자들의 기록으로 보인다.

또 제19권의 ㉗대략편(大略篇) 이하 제20권의 ㉘유좌(宥坐) ㉙자도(子道) ㉚법행(法行) ㉛애공(哀公) ㉜요문(堯問)의 제편(諸篇)은 양경이 지적한 것처럼 순자의 제자들이 그 스승의 말을 기록한 것으로, 전기(傳記) 등을 섞어서 기록했다는 설이 유력하다. 특히 〈요문편〉의 한 대목은 매우 비판적인 말로 순자를 거들고 있다.

한비자(韓非子)

법(法)을 정착시킨 한비자

법(法)이란 주지하는 바와 같이 가장 현실적이요 강제적이며 냉혹하고도 엄숙한 사회의 무기이다. 이것은 사람을 마음대로 묶어 놓기도 하고 풀어 놓기도 하고, 때로는 인도하기도 하고 가르치기도 한다.

이 법이라는 것을 우리 동양사회에 처음으로 뿌리를 박아 놓은 것이 바로 한비자이다.

중국에 있어서 법을 가장 효과적으로 적용시켜 통일국가를 이룬 것이 진(秦)나라이며, 한비(韓非)는 이 시대의 사람이다.

그러나 한비의 사상은 단순한 법치주의가 아니다. 세상을 다스리자면 물론 여러 가지 기술도 필요하고, 안팎 사정을 다루어 보면서 다스리는 자가 처할 바 정세도 있어서 이것이 모두 법이라는 한 말로 결집되고 큰 효능을 발휘한다고 볼 수 있다. 그러나 이 세상의 큰 원리나 사랑, 남에게 베푸는 덕이 없이는 완전한 법치사회가 이루어질 수 없는 것이다.

한비는 주지하는 바와 같이 순자(荀子)를 스승으로 모시고 배웠는데, 순자는 인의(仁義)·겸애가 세상을 다스리는 데에 아무 효용이 없다 하고 예로써 인간의 방심을 규제해야 한다고 했다. 이 예의 정신을 더욱 발전시킨 것이 이른바 한비의 법이라고 말할 수 있다. 말하자면 스승의 가르침을 발전시켜 더욱 다져 놓은 셈이다. 거기다가 한비는 여러 훌륭한 스승들 뒤에 나서 그 위대한 학설과 사상을 고루 섭렵하고 통일·집대성함으로써 현실적이고도 적극적인 뚜렷한 학문을 성립시켜 놓았다.

특히 한비가 추구한 역사철학은 인간사회의 진화라는 데에 굳건한 논리의 기초를 두고 있는데 시대 착오적인 유가의 병폐를 남김없이 파악·비판하였다. 또한 시대의 상황과 특징에 따라서 이른바 요순(堯舜)을 본받고, 주(周)나라 문왕(文王)·무왕(武王)의 다스림을 밝힌다는 복고주의 사상에 정면으로 도전하였다.

예를 들면 상고시대의 역사는 집을 처음 지은 유소씨(有巢氏)가 그 공적으로 천자가 되고, 불을 처음 이용한 수인씨(燧人氏)가 임금이 되었다. 중고(中古)에 내려와서는 간척사업으로 홍수를 다스린 우(禹)가 임금이 되었고, 근고(近古)에는 포악한 임금을 죽인 탕(湯)·무(武)가 정권을 맡았는데, 만일 상고의 일을 중고에 한다거나 중고의 일이 근고에 행해진다면 이것은 난센스가 아닌가. 그러므로 옛일을 본받으려는 복고주의는 어리석은 시대착오로서, 그 시대의 일은 그 시대의 상황에 따라 적절히 대처해 나가야 한다고 보았다.

흔히 말하기를 법가에는 세 파가 있다고 한다. 신도(愼到) 등 세(勢 : 권세)를 중시하는 일파와, 신불해(申不害) 등 술(術 : 술책)을 중시하는 일파, 상앙(商鞅) 등 형(刑 : 형법)을 중시하는 일파 등 법가의 선배들이 있어서, 한비자는 이 세 파의 이론을 집대성하여 체계를 세운 사람이라고 일컬어진다. 그러나 그는 이러한 술수나 권세나 형벌만을 고집하는 사이비 법가가 아니라, 가장 엄정한 법치주의 자이며 가장 합리적이요, 종합적·실증적인 대학자이다. 그 근본사상을 두고 볼 때 사마천(司馬遷)이 지적한 바와 같이,

'인간이 좇아야 할 준칙을 정하고 사물과 정상을 재량·판단하고 시비를 명확히 밝혀 놓았다.'

라고 하였으니 상투적인 법가의 사상과는 근본적으로 다른 것이다.

한비는 이른바 선진의 제자백가의 마지막 시기에 난 사람으로, 순자와 같은 훌륭한 스승 밑에서 배워 유가의 병폐를 남김없이 파악하였다. 또한 그 학문의 근본을 황제(黃帝)와 노자에게서 구하였으니 법가의 정수를 그 한 몸에 터득하였으며, 묵가인 전구(田鳩)와 교류함으로써 그 사상의 장점을 모조리 섭취하였다. 그리고 등석(鄧析)·혜시(惠施)·공손룡(公孫

龍) 등 논리학파의 문장을 철저히 분석·파악하였으며, 신불해·상앙 등 이른바 법가사상의 본질을 심각하게 파헤침으로써 마침내 완전한 학설의 일가(一家)로서 훌륭한 주장을 내세울 수가 있었다.

그는 선천적으로 말을 잘하지는 못하였으나 지극히 치밀·명석한 두뇌의 소유자로서 위대한 스승들의 뒤에 태어나 그 사상의 정기를 한 몸에 이어받아 구래(舊來)의 학문을 집대성하여 결론지었으니, 그가 성취한 바는 시대적 배경에도 크게 힘입었다고 할 것이다.

우리는 선진 제가(諸家)의 생애와 사적에 대하여 연대·경력 등을 정확히 알고 싶지만, 시대가 멀면 멀수록 대사상가의 생전의 모습은 희미하기만 하다. 한비자도 예외는 아니어서 수십만 권의 저작을 남긴 대학자로서 그 위대한 생애의 족적은 그 저서 가운데에서조차 거의 하나도 알아낼 길이 없다. 다만 《사기(史記)》 〈노장신한열전(老莊申韓列傳)〉에 다음과 같은 글이 있으니, 이 불충분한 자료로 대충 그의 생애를 정리해 보는 수밖에 없다.

한비는 한(韓)나라의 공자(公子 : 제후의 아들 중의 한 사람으로 釐王이나 桓惠王의 아들일 가능성이 많다)로 태어났으나 날 때부터 말더듬이여서 주위의 귀족사회에 어울리지 못하였으니, 성장과정에서 겪은 고독은 울분과 냉혹한 법가의 정신을 기르기에 충분한 원인이 되었다. 그는 명(名)과 실(實)이 일치함으로써 뚜렷한 실적이 나는 것을 좋아하였는데 그것이 형명(刑名)의 학이요, 법술(法術)의 학이었다. 그리고 그 연원은 황제와 노자의 학문이다. 그는 말더듬이였으나 글은 잘 지었다. 젊어서 친구 이사(李斯)와 함께 순경을 스승으로 모시고 배웠는데, 이사는 스스로 자신의 재주가 한비에 미치지 못한다고 여겼다.

한나라가 땅을 빼앗겨 나라의 형세가 약해진 것을 본 한비는 자주 글을 올려서 한나라 군주에게 충간(忠諫)하였으나 한의 왕은 그가 말더듬이라는 이유로 등용하려 하지 않았다. 그래서 그는 위정자가 나라를 다스림에 있어서 법제를 잘 정하고 권력으로 신하들을 통제하며, 나라를 부하게 하고 군대를 강하게 하며 인재를 구하고, 어진 사람을 등용하여 쓰는 데 힘쓰지 않는다 하였다. 뿐만 아니라 반대로 천박하고 실속 없는 소인배를 등용하고 그들이 공로가 있다 하여 실적을 올린 사람들보다 윗자리에 두어 우대하는 것을 미워했다.

또한 한비는 유가들을 비판하여 유학자는 글로써 옛것이나 들추고 현재를 비방하여 나라의 법을 문란하게 하며, 게다가 의협(義俠)하다는 사람들은 무력으로 나라가 금하는 일을 범하고 있다고 지적하였다. 태평무사한 시대에는 이름 있는 인사를 써도 무방하지만, 나라가 위급할 때에는 무인(武人)을 등용하는 법이다. 이제 국가가 위급할 때를 당하여 나라에서 녹을 주어 기르고 있는 자들은 국가에 아무런 쓸모가 없는 자들이고, 쓸모 있는 자들은 국가가 등용하지 않고 있다는 그는 생각하였다.

그는 청렴하고 강직한 사람이 간사한 권신(權臣)에 의하여 등용되지 못하는 현실을 비관하고는, 옛 왕자(王子)들이 나라를 다스리는 일에 있어서 성공하고 실패하고 이득을 보고 손해를 본 일들을 참작하여 〈고분(孤憤)〉 〈오두(五蠹)〉 〈내외저(內外儲)〉 〈설림(說林)〉 〈설난(說難)〉 등 십여 만 자의 글을 지었다. 그런데 한비가 유세의 어려움을 알고 지은 〈설난편(說難篇)〉은 적이 완벽하다고 하는 글인데도 그 자신은 끝내 유세의 효과를 거두지 못한 채 진(秦)나라에 가서 죽으니 자신의 화는 면할 수가 없었던 것이다.

한비의 저술을 가지고 어떤 사람이 진나라로 갔는데, 진의 시황제(始皇帝)가 그 책의 〈고분〉 〈오두〉 등의 글을 보고는 탄복한 나머지,

"아아, 내 이 책을 지은 이를 만나 사귈 수 있다면 죽어도 한이 없겠다"

하였다. 그때 이사(李斯)가 진나라 재상으로 있으면서 그 글이 한비의 저작임을 밝혔다. 왕은 그 말을 듣고 한비를 만나고 싶은 생각으로 급

작스럽게 한나라를 공격했다.

한나라 왕은 당초에 한비를 등용하지 않았으나 진나라의 침공으로 나라의 형세가 위급하게 되자 한비를 불러 진나라에 사신으로 가게 하였다. 한비는 그 길이 다시 돌아오지 못할 길인 줄을 알면서도 왕명을 따라 진나라로 들어갔다.

진시황은 처음 한비를 만나 보고 마음에 들었으나 아직 신용할 수 없었으므로 바로 등용하지는 않았다. 이에 이사·요가(姚賈) 등의 도당은 한비가 진나라에서 등용될 경우 자기들의 지위가 불안해질 것이라고 여겨 결국 한비를 참훼하였다.

"한비는 한나라의 공자인데, 이제 우리 대왕께서 제후들의 나라를 병합하려는 대망을 품고 계신 터에 한비를 등용하려 하시니 그것은 안 될 일이옵니다. 그는 결국 자기 조국 한나라를 위해 도모할 뿐 우리 진나라를 위하여는 일하지 않을 것이니이다. 이것은 인지상정이옵니다. 그러므로 대왕께서는 그를 등용하지 마시고 오랫동안 여기 머물도록 하시다가 그대로 자기 나라로 돌아가게 한다면 결국은 화만 남기게 되는 셈이옵니다. 법에 따라 처벌함이 마땅할 줄 아나이다."

진시황은 그 말을 옳게 여겨 한비를 가두고 죄로 다스리고자 하였다. 그러자 이사가 한비에게 독약을 보내어 자살을 종용하므로, 한비는 자기의 입장을 호소하려 하였으나 황제를 만날 길이 없으므로 드디어 자결하고 말았다.

뒤에 진시황은 후회하고 한비를 풀어 주고자 하였으나 때는 이미 늦어 버렸다.

이상이 대략《사기》에 보이는 한비의 약전이다. 끝에 사마천은 한비를 비평하여,

'한비는 도덕을 법률에 알맞도록 하되, 마치 먹줄을 친 것처럼 일정하게 한 치의 어긋남도 없이 그 줄을 벗어나지 않도록 할 것을 주장하였

다. 이는 인간의 사정에 비추어 생각할 때에는 박절한 일이요, 잘잘못을 분명히 가리자는 것은 좋으나 결과적으로 인간의 따뜻한 아름다움이 없어지는 것이다.'

라고 하였다.

한비가 죽은 것은 그가 진나라에 사신으로 간 것이 시황제 14년이므로 기원전 233년이 아니면 기원전 232년 사이의 일일 것이다. 그의 생년을 알 수 없으니 몇 살이었는지도 역시 알 수 없는 일이다. 순자에게서 배우고 스승과 거의 같은 시기에 죽었으니, 나이는 많지 않았으리라 추측된다.

이상과 같은 단편적인 이야기로써 그 사람됨을 완전히 파악할 수는 없겠지만, 그는 퍽 강직하고 의연하며 세속에 굴하지 않는 신념을 가진 사람이었던 것 같다. 그는 진나라에 사신으로 가는 일이 결코 달가운 길이 아닌 줄 알면서도 사명을 회피하지 않았다. 그러므로 비록 그 최후가 비극적이라 할지라도 그 기개와 지조는 존경할 만하다.

《사기》에는 한비를 한자(韓子)라고 하였으나 오늘날 한비자로 통칭하게 된 것은 당(唐)나라 때 이후의 일로서, 당나라 학자 한유(韓愈)를 한자(韓子)라고 불렀기 때문에 혼란을 피하기 위해서였다고 한다.

한비자의 저술은 《한서(漢書)》〈예문지(藝文志)〉에 '한자 오십오 편(韓子五十五篇)'이라 하였고, 《수서(隋書)》〈경적지(經籍志)〉에 '한자 이십 권(韓子二十卷)'이라 하였으니 오늘날의 편수와 권수가 모두 동일하다. 그러므로 학자들 간에는 전서(全書)가 모두 한나라 때부터 전하던 글이니 55편이 전부 한비자가 직접 저술한 것이라고 생각하기도 했으나 근자에 이르러 많은 부분이 위작으로 밝혀지고 있다. 그 제자들이 스승의 설을 부연했거나 또는 이사(李斯)의 무리들이 가필한 흔적도 있다.

제 1 권 — ① 초견진편(初見秦篇) ② 존한편(存韓篇) ③ 난언편(難言篇)
④ 애신편(愛臣篇) ⑤ 왕도편(王道篇)

제 2 권—⑥ 유도편(有道篇) ⑦ 이병편(二柄篇) ⑧ 양각편(揚搉篇)
⑨ 팔간편(八姦篇)
제 3 권—⑩ 십과편(十過篇)
제 4 권—⑪ 고분편(孤憤篇) ⑫ 설난편(說難篇) ⑬ 화씨편(和氏篇)
⑭ 간겁시신편(姦劫弑臣篇)
제 5 권—⑮ 망징편(亡徵篇) ⑯ 삼수편(三守篇) ⑰ 비내편(備內篇)
⑯ 남면편(南面篇) ⑲ 식사편(飾邪篇)
제 6 권—⑳ 해로편(解老篇)
제 7 권—㉑ 유로편(喩老篇) ㉒ 설림상편(說林上篇)
제 8 권—㉓ 설림하편(說林下篇) ㉔ 관행편(觀行篇) ㉕ 안위편(安危篇)
㉖ 수도편(守道篇) ㉗ 용인편(用人篇) ㉘ 공명편(功名篇)
㉙ 대체편(大體篇)
제 9 권—㉚ 내저설상칠술편(內儲說上七術篇)
제10권—㉛내저설하육미편(內儲說下六微篇)
제11권—㉜ 외저설좌상편(外儲說左上篇)
제12권—㉝ 외저설좌하편(外儲說左下篇)
제13권—㉞ 외저설우상편(外儲說右上篇)
제14권—㉟ 외저설우하편(外儲說右下篇)
제15권—㊱난일편(難一篇) ㊲ 난이편(難二篇)
제16권—㊳ 난삼편(難三篇) ㊴ 난사편(難四篇)
제17권—㊵ 난세편(難勢篇) ㊶ 문변편(問辯篇) ㊷ 문전편(問田篇)
㊸ 정법편(定法篇) ㊹ 설의편(說疑篇) ㊹ 위사편(詭使篇)
제18권—㊻ 육반편(六反篇) ㊼ 팔설편(八說篇) ㊽ 팔경편(八經篇)
제19권—㊾ 오도편(五蠹篇) ㊿ 현학편(顯學篇)
제20권—51 충효편(忠孝篇) 52 인주편(人主篇) 53 칙령편(飭令篇)
54 심도편(心度篇) 55 제분편(制分篇)

이상의 편목(篇目)을 양계초(梁啓超)의 의견에 따라 분류한다.

사마천의 《사기》에 의하면,

'한비는 한(韓)나라의 국세가 미약한 것을 보고 자주 한왕(韓王)에게 의견을 써 올렸으나 한왕은 이를 용납하지 않았다. 이에 〈고분〉〈오두〉〈내외저설〉〈설림〉〈설난편〉 등 십여 만 글을 지었다.'

하였으니, 이상의 제편은 모두 한비 자신이 직접 저술한 것이라고 믿을 수밖에 없다.

또 〈초견진(初見秦)〉〈존한(存韓)〉〈심도편(心度篇)〉은 그 내용을 분석해 보면 한비가 직접 저술한 것이 아님이 입증되는 대목이 많으며, 후인의 위작이라는 추정도 있다. 모두 명문상의 반증이 있으니 다른 편들도 미루어 짐작할 수 있는 일이다.

양계초는 진시황의 분서갱유(焚書坑儒) 이후 한대(韓代)에 들어와서 없어진 전적들을 수집·정리하면서 모아들이는 데에만 힘쓴 나머지 철저한 고증이 결여되었다고 지적하고 있다.

■ 회남자(淮南子)

《회남자》란 어떤 책인가?

《회남자》 21편은 회남왕 유안(劉安)을 중심으로 그 산하에 있던 팔공(八公)이라는 사람들이 공동 저술한 것이라 한다. 팔공이란 소비(蘇飛)·이상(李尙)·좌오(左吳)·전유(田由)·뇌피(雷被)·모피(毛被)·오피(伍被)·진창(晉昌) 등을 말하는데, 모두 유안의 신하들이다.

이 책의 성격은 잡가(雜家)라고 일컬어지는데, 그것은 사상적으로 가치를 인정하지 않아서가 아니라, 그 내용 가운데 도가(道家)·유가(儒家)·묵가(墨家)·법가(法家)·명가(名家)·병가(兵家) 등의 모든 사상이 포함되어 있기 때문이다. 따라서 《회남자》는 백과전서적인 박물지(博物誌)라고 해도 좋을 것인데 이것이 바로 제자학(諸子學)의 권말에 실리게 된 소이연(所以然)이다. 이 저술의 중심 인물인 유안은 제자백가(諸子百家)의 모든 사상을 통일 집대성하였고, 이를 바탕으로 차원 높은 새로운 사상적 원리를 구현하였다는 데서 특별한 가치를 인정받고 있는 것이다.

이 책의 편찬 연대는 자세히 알 수 없으나 회남왕 유안이 건원(建元) 2년에 입조(入朝)하여 무제(武帝)에게 바친 것이 이것이라는 설이 있으니, 기원전 140년경으로 추정할 수 있다.

이 책 이름은 처음에 《회남홍열(淮南鴻烈)》이었으나 유향의 〈별록(別錄)〉과 유흠(劉歆)의 〈칠략(七略)〉에서부터 《회남자》로 일컫게 되었다 한다.

《한서(漢書)》〈예문지(藝文志)〉에 의하면 이것은 내편이고 따로 외편 33편이 있었다고 하나 전하지 않는다.

《사기(史記)》〈회남형산열전(淮南衡山列傳)〉에는,

'회남왕 유안이 독서와 고금(鼓琴)을 좋아하여 빈객 수천 명을 모아 글을 짓고 도를 논했다. 유안은 뒤에 반란을 일으켰다가 사전에 발각되어 목매어 죽었다.'

라는 기록이 있다. 그러나 그가 죽기까지 남긴 저술은 방대한 것이었다.

우선 《회남자》의 사상적 개요를 살펴본다.

《회남자》의 중심 사상은 도학(道學)이다. 《회남자》에는 노자(老子)나 장자(莊子)의 말이 그대로 인용된 것이 많고 또한 그 글의 해설이 허다하다. 그러나 중요한 것은 도가사상(道家思想)을 중심으로 새로운 사상을 구현하려고 하였다는 점이다. 따라서 유학의 입장에서 본 정치상의 도덕관념에 대해서 대단히 비판적이라 할 수 있다. 《회남자》 21권 요약(要略)에 다음과 같은 말이 보인다.

책을 저술하는 목적은 형이상학적 원리인 도와 덕의 개념을 바르게 정립하고, 인간과 사물에 대하여 옳은 도리를 간추려 밝히고자 함이다. 위로는 천의 원리에 입각하여 고찰하였고, 아래로는 지의 변화에 입각하여 헤아렸으며, 모든 진리에 대하여 중용의 도리에 맞추어 통달하려고 하였다. 비록 현묘한 도리의 깊은 핵심을 이끌어 내지는 못했으나 그런대로 많이 추리고 종합하였으므로 모든 사리의 시종본말을 살피고 알아볼 수 있을 것이다.

이로써 본다면 모든 사상과 철학을 우주 자연의 원리인 도의 입장에서 재평가하여 인간의 규범을 모아 실증하고자 했던 것임을 짐작할 수 있다. 이를 테면 예로부터 내려오는 인간의 역사와 사실을 종합하여 그 이론과 실재를 조화시키려 한 것이다. 모든 원리는 현실적 실용을 조장하기 위하여 동원되어야 할 것임은 유의할 일이다.

다음으로 《회남자》 21편의 개요를 간추려 본다.

《회남자》의 중요 내용

- 권1 원도훈(原道訓)—태일(太一)인 도를 밝히고 이에 입각하여 모든 사물에 대하여 고찰할 것을 주장하였다.
- 권2 숙진훈(俶眞訓)—모든 사물의 시종본말을 구명하여 인간으로 하여금 현묘한 천지자연의 조화에 동화시키려 하였다.
- 권3 천문훈(天文訓)—천문·지리·음양·오행의 이치를 말하였다.
- 권4 추형훈(墜形訓)—지형·산천 및 모든 생물의 생태가 자연 조화의 원리와 일치함을 설명하였다.
- 권5 시칙훈(時則訓)—사철의 변화 및 그 법칙이 도에 따라 진행되므로 인간의 모든 원리도 이에 따라 다스려져야 함을 강조하였다.
- 권6 남명훈(覽冥訓)—천지·사시(四時)의 이치에 따라 만물이 상

응·조화하는 조짐을 밝혀 인간의 통찰력을 계발할 것을 주장하였다.

- 권7 정신훈(精神訓)—인간 정신의 청정염담(靑靜恬淡)한 상태로, 물질과 현상에 얽매임을 비판하였다.
- 권8 본경훈(本經訓)—성인의 덕을 현양하여 그 정치와 악덕에 대하여 역사적으로 고찰하여 후세의 교훈으로 삼고 있다.
- 권9 주술훈(主術訓)—군주의 광명정대한 정치적 도의와 그에 따른 치란의 술을 말하였다.
- 권10 무칭훈(繆稱訓)—도덕과 인의의 근본을 밝히고, 그 구체적인 행위와 시세에 따라 변천함을 여러 비유로써 고찰하였다.
- 권11 제속훈(齊俗訓)—모든 문물제도는 현실과 인간에 맞게 응용되고 조절되어야 하며 그것이 도의 원리임을 주장하였다.
- 권12 도응훈(道應訓)—이 우주자연의 원리로서 도와 덕을 논하고, 심오하고 세밀한 변화에서 조화를 추구함을 말했다.
- 권13 범론훈(氾論訓)—허무청정의 도가사상에 입각하여 현실의 이해득실을 초월한 것과 무위자연의 추이에 따를 것을 강조하였다.
- 권14 전언훈(詮言訓)—여러 가지 비유로써 역사적 치란의 이해 득실을 논하였다.
- 권15 병략훈(兵略訓)—전쟁 불가피론. 그 주장은 전쟁을 초극하는 정신을 고취해야 한다는 것이다.
- 권16 설산훈(說山訓)—산을 즐기는 인자의 교훈으로 풀이되고 있으나 그 내용은 잡박한 여러 고사를 체계 없이 나열한 것. 따라서 '산같이 많은 교훈을 말한다'는 뜻으로 읽기도 한다.
- 권17 설림훈(說林訓)—모두 짤막한 처세훈이다.
- 권18 인간훈(人間訓)—이해득실과 길흉화복에 대한 신비를 말하고, 이에 초연할 것을 도가의 입장에서 역설하였다.
- 권19 수무훈(修務訓)—무위자연의 경지에 이르기 위하여는 인간적인

노력이 필요함을 강조했다.

- 권20 태족훈(泰族訓)—내면적 세계의 추구로써 만사에 이(利)를 얻을 것을 말했다.
- 권21 요약(要略)—앞에 든 20편의 사상과 내용을 요약하여 결론으로 삼았다.

이상에서 보는 바와 같이 회남자는 구래의 모든 사상을 도가의 입장에서 통일하여 집대성한 것으로 제가의 모든 장점을 고루 인용하여 새로운 이상 세계를 구현하고자 한 정치철학의 서이다.

그 요체가 되는 부분을 요약편에서 인용하여 소개하거니와 이는 회남자 전편의 결론이라 보아도 좋을 것이다.

이같은 유씨(劉氏)의 서는 천지의 모든 현상을 관찰하고 고금의 사실을 통달하여 그 사항을 다루어 재평가함으로써 그 원칙을 정립하였고 형세와 모양을 촌탁함으로써 타당성을 서술하였다. 이 책은 또한 도의 개념에 근본을 두고 삼왕(三王)의 기풍에 합치되게 하였으므로 초연하고 자유로운 정신과 사상을 담고 있으며, 또한 현묘한 도의 정신 가운데에서 인간적인 면려와 노력을 기울이고 사물에 대하여 정밀하게 살필 것을 주장하였다. 그리고 혼탁을 버리고 청정한 것을 취하여 천하를 유일한 도의 세계에 통일시키고 만물의 이치를 바로잡아 주었으며, 변화에 순응하게 하고 서로 다른 삼라만상을 통일되게 해줄 것이다.

또한 이 책은 오로지 하나의 노선을 좇거나 한 구석 한 나라의 주장만을 고수하는 따위의 협소하고 편협한 태도를 지양하였으며, 아울러 현상계의 사물에 집착하여 시류와 세계에 부응한 변화·추이를 따르지 않는 고루한 태도를 일신하고자 쓰여진 것이다. 따라서 이 책에 담긴 진리는 바로 도와 같아서 좁은 곳에 움츠려 넣어도 막히지 않는 반면 넓은 천하에 펼치면 온 천하를 가득 채우고도 남을 것이다. 곧 좁은 데서도 통하며 넓은 데에 끝없이 번져 나갈 수 있는 진리의 샘이라 하겠다.

이 웅대한 저작 정신은 다른 저작에서는 찾아볼 수 없는 거오한 태도를 보여 주고 있다. 실제로 망라된 분륜잡박한 내용은 유·묵·도를 하나로 합치고 명가·법가를 겸하였으며, 도덕을 종합하고 병가·농가를 다 갖추었으니 실로 일대 사상의 못이요, 사색의 대향연이라 할 수 있겠다. 따라서 처음부터 차근차근 읽어 나간다면 얻는 바가 많으리라 믿는다.

■ 초사(楚辭)

굴원(屈原)의 처지와 《초사》

《초사》가 하나의 책 이름이 된 것은 전한(前漢) 성제(成帝) 때에 유향(劉向)이 편집한 책 이름에서 시작된 것으로 추정된다. 그 뒤 송(宋)나라에 이르러 주희(朱熹)가 《초사(楚辭)》 8권을 편찬하여 굴원(屈原)이 저술한 25편을 〈이소(離騷)〉라 하고, 송옥(宋玉) 이하의 16편을 《속이소(續離騷)》라 했다.

이리하여 왕일(王逸)의 장구본(章句本)과 주희(朱熹)의 집주본(集註本)의 두 판본(版本)이 오늘날 세상에 전하고 있다.

《사기(史記)》의 〈굴원가생열전(屈原賈生列傳)〉 및 〈신서절사편(新序節士篇)〉에 의하면 굴원의 이름은 평(平)이며, 원(原)은 그 자(字)이다. 그가 태어난 것은 초(楚)나라 선왕(宣王) 27년(기원전 343)이고, 그 몰년(歿年)은 아직 확정지을 수가 없지만 대략 초나라의 경양왕(頃襄王) 9년(기원전

290) 전후로 추정된다. 그러므로 그의 수(壽)는 50여 세가 된다.

그는 〈이소(離騷)〉의 첫머리에 그 세계(世系)에 대해 말하기를 '제고양지묘예(帝高陽之苗裔)'라고 했으나, 《사기(史記)》〈초세가(楚世家)〉에 의하면, 초(楚)나라의 선조(先祖)는 제전욱(帝顓頊) 고양(高陽)에서 나왔다 하여 〈굴원가생열전(屈原賈生列傳)〉에서 말한 바와 같이 초나라의 동성(同姓)인 것이다.

원래 굴원은 합종(合縱)의 설(說)을 가지고 진(秦)나라에 쓰이려고 했기 때문에 자연히 진나라에서 꺼리는 존재가 되었다. 그 밖에 진진(陳軫)·소휴(昭睢) 등도 굴원과 함께 합종주의자(合縱主義者)였다. 이와 반대로 나라에서 용사(用事)하는 상관대부(上官大夫) 근상(靳尙), 영윤(令尹) 자란(子蘭), 사마(司馬) 자초(子椒) 등은 그 반대파였다. 이리하여 초나라의 정계(政界)에는 전혀 상반되는 두 세력이 알력쟁투(軋轢爭鬪)하고 있었다. 그 결과 굴원은 이들 반대파의 참언(讒言)을 입어 회왕(懷王)에게 소원(疎遠)해지게 되었다. 그것이 굴원이 31세 때인데 이 당시 그는 내쫓기어 한북(漢北)에 있었던 것 같다.

회왕은 좌우의 간모(姦謀)를 믿고 장의(張儀)의 말을 들었지만 그 후에 장의가 초나라에 바친다고 약속한 진나라 땅 6백 리를 6리였다고 속이자 크게 노하였다. 이로 인해 진초(秦楚)의 싸움이 되어 그 결과 진나라는 화의(和議)를 구하여 장의(張儀)는 초나라에 와서 갇히게 되었다.

한편 회왕은 굴원의 계책을 쓰지 않아서 일이 이에 이르렀다는 것을 후회하여 다시 굴원을 쓰게 되고, 그를 수호(修好)의 사자(使者)로 제(齊)나라에 보냈다. 그러나 굴원이 없는 사이에 장의는 많은 뇌물을 근상에게 주었고 회왕은 근상의 말을 듣고 다시 장의를 석방했다. 이윽고 굴원이 제나라에서 돌아왔는데 그의 나이 33세 때였다.

그 후 진나라 소왕(昭王)은 회왕과 무관(武關)에서 만나려 했는데, 굴원은 진나라를 호랑이의 나라이므로 믿을 수가 없으니 가지 말라고 진언(進言)한다. 그러나 회왕은 이 말을 듣지 않고 소왕을 만났다가 진나라에 의해 수구(囚拘)되기에 이르렀다. 이리하여 회왕은 진(秦)나라 땅에서 객사(客死)한다. 그 다음에 왕위(王位)에 오른 양왕(襄王)은 군신(群臣)들의 아첨으로 회왕(懷王)이 잘못된 것을 알면서도 이를 살피지 못했으며, 도리어 굴원의 반대파인 자란(子蘭)을 영윤(令尹)으로 삼았다. 자란은 굴원이 자기를 미워한다는 말을 듣고 크게 노하여 사람을 시켜 양왕에게 그를 참소하였다. 왕은 노해서 그를 외지(外地)로 내보냈는데, 왕일(王逸)의 〈이소서(離騷序)〉에 의하면 그곳은 강남(江南)이었다고 한다. 이때 굴원의 나이 46세였다.

굴원이 33세에 제(齊)나라에 사신(使臣)으로 갔다가 46세에 강남(江南)으로 옮겨지기까지 그의 생활은 어떠했는지, 이것을 확실히 말해 주는 문헌은 없지만 대개 조정에 있는 신하들은 그의 반대파들이었기 때문에 몹시 역경(逆境)에 처해 있었던 것으로 생각된다. 따라서, 그의 작품 중에서 가장 대작(大作)이며 가장 걸작(傑作)일 뿐아니라, 또한 어느 누구도 이것이 진작(眞作)이라는 것에 이론(異論)이 없는 《이소(離騷)》는 이 동안에 저술된 것으로 추측된다.

《초사》의 역사적 · 문학적 가치

사마천(司馬遷)은 굴원이 도(道)를 바르게 하고 행동을 곧게 하며, 충성을 다하고 지혜를 다하여 그 임금을 섬겼지만 참소하는 사람들은 이를 이간하여 곤궁에 처했으니, 믿음이 있는데도 의심을 받고 충성되면서도 비방을 받았으니 어찌 원망이 없었겠는가? 그러므로 굴평(屈平)의 〈이소(離騷)〉는 대개 원망에서 나온 것이라고 했다. 이러한 사마천의 말이야말로 굴평의 심중을 가장 명백하게 간파했다라고 하는 것은, 그의 작품 중 한 편만을 읽어 보아도 수긍할 수 있다. 그의 작품 전부가 이 원(怨)이라는 한 글자의 주석(註釋)이요, 부연(敷衍)이라 해도 좋을 것이다.

미덥게 했어도 의심을 받고 충성을 해도 비방을 받아, 그 위에 자신의 흉중(胸中)을 밝힐 방도가 주어지지 않았다. 이것이 분출하여 작품이 된 것으로서, 그런 까닭에 글을 지을 뜻이 있어서 지은 것과는 다른 바가 있다. 이 한 가지 점이야말로 사마천으로 하여금 그 뜻을 슬퍼하여 눈물을 흘리면서 그 사람을 상견(想見)하게 한 까닭이다. 또 천 년 후에 이것을 읽는 자에게 심각한 인상을 주고, 열렬한 감정을 전하지 않고서는 그만둘 수 없었던 까닭이기도 하다.

이 《초사(楚辭)》가 한 번 나온 뒤로 그 후의 중국 문학은 그 시기와 작가 모두 거의 전면적으로 그 유풍(流風)과 영향을 받았다. 우선 《사기》의 〈굴원가생열전〉에는 굴원이 죽은 뒤에 초나라의 송옥(宋玉), 경차(景差) 등 무리가 있어 모두 사(辭)를 좋아하고 부(賦)로써 이름이 났었다 한다. 또한 《한서(漢書)》 〈예문지(藝文志)〉에 보면 송옥은 초나라 사람으로서 당륵(唐勒)과 때를 같이하고 굴원의 뒤에 났었다고 한다. 또 송옥의 부(賦)는 16편인데 그 중에 현존하는 것은 〈초사장구(楚辭章句)〉에 보이는 것으로서 구변(九辯)·초혼(招魂) 두 편이 있어 그는 굴원 이후에 가장 빠르고 깊게 굴원 문학의 영향을 받은 자로서, 세상에서 이들을 병칭(並稱)하여 굴송(屈宋)이라고까지 말하고 있다. 이와 같이 굴원의 문학은 중국 문학의 배태(胚胎)요, 요람이라 해도 과언이 아닐 것이다.

▩ 포박자(抱朴子)

《포박자》란 어떤 책인가

《포박자》란 《노자(老子)》의 '견소포박(見素抱朴)'이란 말에서 딴 호(號)이자, 동시에 저서의 제명(題名)이기도 하다. 내편(內篇) 20권은 선도(仙

道)를 설명한 도가(道家)의 서(書), 외편(外篇) 50권은 유가(儒家)의 입장에서 세간풍속(世間風俗)의 득실(得失)을 논한 책이다. 단《포박자》라고 하면 보통 내편만을 가리킨다. 본문은 〈창현(暢玄)〉 〈논선(論仙)〉 이하 합계 20편이다.

《포박자》의 대요(大要)

창현(暢玄) 제1 이 책의 서론으로서 '현(玄)' 및 '현도(玄道)'에 대해서 논하고 있다. 포박자에 의하면 현(玄)이란 자연(自然)의 시작이며 모든 현상(現象)의 근원이다. 어두울 만큼 깊기에 '미(微)'라고 불리며, 대단히 멀기 때문에 '묘(妙)'라고도 불린다. 그것은 만물에 나타나면 '유(有)'가 되고 정적(靜寂)에 숨으면 '무(無)'가 된다. 이 현이 있는 곳에 무궁한 즐거움이 있는데 현이 떠나면 육체는 무너지며 정신도 잃게 된다. 현의 도(道)를 터득하는 것은 내심(內心)이며, 이것을 잃는 것은 밖의 육체이다. 이것을 운용하는 것은 정신, 이것을 망실(忘失)시키는 것은 육체이다. 이것이야말로 현도(玄道)에 뜻을 둔 자의 요체(要諦)이다.

논선(論仙) 제2 어떤 사람이 신선불사(神仙不死)란 것의 실부(實否)에 대해서 질문했고, 그것에 대하여 보통사람의 상식이라든가 경험을 초월하는 불사(不死)의 선인(仙人)이 존재함을 설명했다. 그리고 그 증거로 위(魏)의 문제(文帝)와 조식(曹植)의 글, 유향(劉向)의《열선전(列仙傳)》, 그 밖에도 옛 선인들의 실례를 들어 선인은 제왕(帝王) 등 권세부귀한 사람이 아니라 대개는 빈천(貧賤)한 선비들임을 설명한다.

그리고 선도(仙道)의 경전(經典)을 인용하고 3종의 신선을 들고 있다. 최상의 선비는 육신을 가진 채 그대로 허공에 오르는데 이것이 천선(天仙)이다. 중간의 선비는 명산(名山)에서 노는데 이것이 지선(地仙)이다. 하급(下級)은 죽은 다음에 탈각(脫殼)하여 사라지는데 이것이 시해선(尸解仙)이다.

대속(對俗) 제3 노자(老子)라든가 팽조(彭祖)처럼 장수하는 선인은 선천적이지 배워서 터득한 것이 아니라는 반론(反論)에 대해서, 만물의 영장인 인간이기에 불로장수는 가능하며, 상약(上藥)을 복용해서 선인이 되고, 학(鶴)이라든가 거북과 마찬가지로 장수할 수 있다고 설명한다. 단약(丹藥)을 복용하고 유일한 도(道)를 지키며 정(精)을 환원(還元)시키고 호흡법에 의하는 법이야말로 천지(天地)와 함께 연수무궁(延壽無窮)을 얻는 선도(仙道)의 요체이다.

또 선도를 수행(修行)하는 사람은 필요한 수(數)만큼 선행(善行)을 쌓아 나가지 않으면 선약을 복용하더라도 무익하며, 선을 쌓아 나가면 선인이 되기까지는 못하더라도 일찍 죽는 화는 면하게 된다.

금단(金丹) 제4 성선(成仙)의 비결인 단약(丹藥)에 대해서 상세히 설명한 것으로서 이 책의 안목(眼目)이 되는 한 편이다. 좌자(左慈)—갈현(葛玄)—정은(鄭隱)—갈홍(葛洪)으로 전승된 비서(祕書) 《태청단경(太淸丹經)》《구정단경(九鼎丹經)》《금액단경(金液丹經)》에 의해, 환단(還丹)과 금액(金液)의 처방 복용법을 설명하고 있다.

단(丹)이란 단사(丹砂)를 태워서 화학변화시킨 것을 주성분으로 하는 약으로서, 단화(丹華)·신부(神符)·유단(柔丹)·신단(神丹)·환단(還丹)·이단(餌丹)·연단(鍊丹)·복단(伏丹)·한단(寒丹) 등 9종류가 있으며, 또 태청신단(太淸神丹)이라 하여 9개의 정(鼎)에서 합성하는 최상의 단(丹)을 만들면 복용하기 3일만에 선인이 되어 백일(白日)에 승천할 수 있다고 한다. 그 밖에도 오령단법(五靈丹法)·민산단법(岷山丹法) 등 20여 종의 제단법(製丹法)이 있다. 또 금액(金液)이란 황금에 단사 등 광물을 합치고 밀봉해서 액화(液化)시킨 것으로서, 구단(九丹)에 뒤지지 않는 효능이 있다. 이런 금액·구단 따위를 조제하는 데는 명산 속에 틀어박혀 있으면서 오랫동안 목욕재계하는 등 각종 금기(禁忌)해야 할 일이 많다.

지리(至理) 제5 지극한 진리는 미묘해서 이해하기 어려우므로 의심하는 사람이 많다. 그래서 편작(扁鵲)·화타(華陀)·장량(張良)·장창(張蒼)

등 옛 사람의 예를 들어 실증하고 또 호흡법이라든가 금주법(禁呪法)에 대해서도 언급하고 있다.

미지(微旨) 제6 금단(金丹) 외에 선도(仙道) 수행자가 배워야 하는 각종 술(術 : 호흡법과 房中術 등)을 들고, 또 경계해야 할 갖가지 악사(惡事)를 설명하고 있다. 사람 몸 속에는 삼시(三尸)라고 하는 벌레가 있어서 경신일(庚申日)에 하늘로 올라가고, 그 사람의 죄과(罪過)를 보고한다는 것. 조신(竈神)도 연말에는 마찬가지로 보고하여 인간의 수명(壽命)을 단축시킬 수 있음도 본편에 실려 있다.

새난(塞難) 제7 하늘은 인간에게 평등한 수명을 주어야 하는데 왕교(王喬)와 적송자(赤松子)와 같은 범인(凡人)이 불사(不死)의 수명을 얻고, 주공(周公)·공자(孔子)와 같은 성인(聖人)이 장수할 수 없었던 것은 모순된다는 비난으로 대답하고, 수명의 장단은 당사자가 지니고 있는 운명성(運命星)에 의한 것이므로서, 천지의 책임은 아니라고 설명하면서 공자와 노자의 생활 방법, 유가(儒家)와 도가(道家)와의 목적 차이를 논한다.

석체(釋滯) 제8 선도(仙道) 수행과 정치·사교·문예 등의 세상사와의 양립(兩立)은 곤란하다는 의견에 대하여, 재능이 있는 자는 양자를 겸할 수 있으며 그 요점은 정(精)을 중요시하고〔寶精〕, 기(氣)를 돌리며〔行氣〕, 대약(大藥 : 金丹)을 먹는 등 세 가지가 있다 했고, 특히 호흡법과 방중술(房中術)의 필요성을 강조했다.

도의(道意) 제9 도(道)는 본디 무명(無名)으로서, 없다고 하면 있고 있다고 하면 없다. 사람은 무욕(無欲)을 가지고 마음을 양육해나가면 복은 원치 않아도 들어오게 마련이다. 복은 원해서 얻어지는 것이 아니며 화(禍)는 기도함으로써 피할 수 있는 것이 아니다. 그러므로 역사상 음사사교(淫祀邪教)의 예로서 후한(後漢)의 장각(張角), 오(吳)의 이아(李阿)·이관(李寬)의 술(術)과 미신의 어리석음을 비판한다.

명본(明本) 제10 유가(儒家)와 도가(道家)와의 선후(先後)에 대하여 설명하는데 도(道)야말로 유(儒)의 근본이며 유는 도의 말(末)이다. 노자는 예(禮)도 겸하여 수행함으로써 불로불사(不老不死)했기에 주공(周公)·공자에 뒤지지 않는다고 설파한다.

이하 각 편의 요지 〈선약(仙藥) 제11〉은 상·중·하로 나뉘어져 있는데 약의 효능을 설명한다. 〈변간(辯問) 제12〉는 성인(聖人)의 의미를 설명한다. 〈극언(極言) 제13〉은 선인(仙人)에 대해서 설명하고 있다. 〈근구(勤求) 제14〉는 장생법(長生法)이 도가(道家)의 비전(秘傳)임을 설명한다. 〈잡응(雜應) 제15〉는 곡단법(穀斷法), 무기(武器)를 피하는 법, 은신법, 미래 예지법, 고치법(叩齒法) 등 장생 양생법을 설명하고 있다. 〈황백(黃白) 제16〉은 연금술(鍊金術)에 대해서 설명했고 〈등섭(登涉) 제17〉은 명산(名山)에 들어가 수행하는 데 필요한 물건과 마음가짐을 설명하고 있다. 〈지진(地眞) 제18〉은 장생(長生)을 얻으려면 진일(眞一 : 精·氣·神을 하나로 한다)을 지키고 신부(神府)를 띠어야 할 필요성을 설명한다. 〈선람(選覽) 제19〉는 스승으로부터 전수받은 도가(道家) 경전을 저록(著錄)했다. 〈거혹(袪惑) 제20〉은 선인(仙人)이라 불려지는 자 중에도 가짜가 있으니 주의해야 한다고 설명하고 있다.

《포박자》의 역사적·문헌적 가치

진(秦)나라의 시황제(始皇帝)라든가 한(漢)나라의 무제(武帝)는 이른바 전문(專門) 역사(力士)에게 명하여 불사(不死)의 선약(仙藥)을 구하도록 시켰지만 성공하지 못했다. 한대(漢代)에는 태평도(太平道)라든가 오두미도(五斗米道)로 불리는 도교교단(道教教團)이 흥성했었는데 그것은 경전(經典) 독강(讀講)과 기도를 중시하는 신흥종교로서 자력(自力)에 의해 불사의 신선이 되고자 하는 것은 아니었다.

그러던 것이 진대(晋代)에 들어서 포박자, 특히 갈홍(葛洪)에 의해 '선도(仙道)'의 실현을 목적으로 하여, 행기(行氣 : 호흡법)와 방중술(房中術 : 性交기술) 등의 건강법을 위시한 승선(昇仙)의 단약을 만들기 위해 약물

학(藥物學)·화학·의학을 연구하는 등, 종래의 사상·종교로서의 노장사상(老莊思想)과 도교에 과학적인 방법을 도입·발전시키어 현대 과학의 평가를 받을 정도의 신선을 자력으로 실현 가능토록 만들었다. 이것이 도서(道書)로서 획기적인 저서 《포박자》이다.

갈홍의 그 일족(一族) 조상 중에는 갈현(葛玄)이라고 하는 금단학자(金丹學者)로 유명한 사람이 있었다. 갈현의 제자가 정은(鄭隱)이다. 이 정은의 제자가 갈홍이며 자(字)를 치천(稚川)이라고 했다.

오늘날의 남경(南京) 가까이에 있는 단양(丹陽) 출신으로 젊었을 때부터 고학을 하여 도가양생술(道家養生術)을 배우고, 20여 세 때 뜻을 세워 저술에 전념했다. 그리고 10여 년을 보내면서 진(晋)나라 건무(建武) 원년(서기 317년)에 《포박자》 내외편을 완성시켰다. 갈홍이 가장 힘을 기울였던 것은 내편이다. 이 책은 또 중국의 과학기술사상 귀중한 문헌이기도 하다.

법화경(法華經)

여러 이름으로 불리는 《법화경》

이 《법화경(法華經)》은 원래 《묘법연화경(妙法蓮華經)》으로서, 부처님의 어보(御寶)라고까지 일컬어진다. 제왕(帝王)이 어보로써 왕위를 전하듯이, 부처님께서는 중생에게 수기(授記)하여 불위(佛位)를 전승(傳承)케 하는 궁극최상(窮極最上)의 경(經)이라는 것이다.

또한 오늘날에도 아직 살아 있는 많은 대승경전(大乘經典) 중에는 일부 학자들 외에는 알지 못하는 경전도 있고, 난해한 철학적 논의만으로 이루어져서 실생활과는 동떨어진 경전도 있다. 그러한 것 중에서 이《법화경》만은 오늘날까지도 불교도의 정신생활 속에 계속 생동하며 살아 숨쉬고 있는 것이다.

《법화경》은 서기 1세기 초에 제작된 것으로 알려지고 있다. 전해내려오는《법화경》에는, 한역(漢譯)으로 286년경 축법호(竺法護)에 의해 번역된《정법화경(正法華經)》과, 406년경 구마라습(鳩摩羅什)에 의해 번역된《묘법연화경》, 601년경에 사나굴다(闍那掘多)에 의해 번역된《첨품법화경(添品法華經)》이 있는데, 이 중에 가장 널리 유통되어 온 것은 구마라습의《묘법연화경》이다.

범문(梵文)으로는 일본의《묘법연화경》이 있고, 프랑스에서 번역된《진리의 연꽃》과 영역(英譯)《진리의 연꽃》이 있으며, 일역(日譯)으로는《범한대조신역(梵漢對照新譯) 법화경》과《범문화역(梵文和譯) 법화경》이 있다.

그러면 이《묘법연화경》이라는 책 이름은 무엇을 뜻하는 것일까? 원효(元曉)대사는 법화경 종요(宗要)에서 다음과 같이 말하고 있다.

묘법에는 네 가지 뜻이 있는데, 첫째는 교묘(巧妙)요, 둘째는 승묘(勝妙)요, 셋째는 미묘(微妙)요, 넷째는 절묘(絶妙)이다.

교묘(巧妙)란 이 경(經)이 교묘하게 방편(方便)의 문을 열어 교묘하게 삼승(三乘)에 집착하는 견해를 멸하고, 교묘하게 진실한 모양을 보이며 교묘하게 하나의 슬기를 내나니, 이 네 가지 뜻을 이용하여 참 궤범(軌範)을 만들기 때문에 묘법이라 한다.

승묘(勝妙)란 이 경이 일체(一切)의 불법을 잘 펴고, 일체의 신력(神力)을 잘 보이며, 일체의 비장(秘藏)을 잘 나타내고, 일체의 심오한 일을 잘 설명하나니, 이 네 가지 뜻으로 최상의 승묘(勝妙)를 삼기 때문에 묘법(妙法)이라 한다. 저 여래신력품(如來神力品)에 '요컨대 이 경은 여래가 가진 일체법(一切法)과, 여래의 자재(自在)한 일체신력(一切神

力)과, 여래의 비밀한 일체의 갈무리와, 여래의 깊은 일을 다 잘 펴보이고 나타내 보이고 설명하기 때문에 묘법이라 한다'고 말한 것과 같다.

미묘(微妙)란 이 경에서 말한 일승(一乘)의 과(果)는 모든 묘한 덕이 원만하고, 모든 더러움이 깨끗해지며, 모든 의리가 갖춰져 있고 모든 세간을 구제하나니, 이 네 가지 뜻을 가졌기 때문에 미묘한 법이라 한다. 저 비유품(譬喩品)에 '이 교법(敎法)은 미묘하고 법정(法淨)하고 제일이어서 모든 세간을 초월하여 최상이 되기 때문에 묘법(妙法)이라 한다'고 말한 것과 같다.

절묘(絶妙)란 이 경에서 말한 일승의 법상(法相)은 광대하고 심오하여 말을 떠나고 생각이 끊어졌나니, 이 네 가지 뜻 때문에 절묘한 법이라 한다. 저 방편품(方便品)에 '이 법은 보일 수 없고 어떻다 말할 수 없나니 다른 어떤 중생도 알 수 없기 때문이다'라고 말한 것과 같다.

연화(蓮花)는 어떤 의미를 가지고 있는가

다음으로 연화의 비유에는 통(通)·별(別)이 있다. 통(通)으로 말하면 이 꽃은 반드시 꽃·꽃술·꽃받침·열매 등 네 가지를 갖추었는데, 그것들이 모여 특히 아름답고 묘한 것은, 이 경이 네 가지 묘한 뜻을 갖추어 그것이 합해서 한 경을 이룬 데 비유한 것이므로 묘법(妙法)이라 한 것이다.

별(別)로 말하면 거기에 네 가지 뜻이 있다.

첫째는 연꽃의 종류로서, 그 중에서 분타리는 바로 흰 연꽃인데, 새하얗고 분명하여 권(權)을 열고 실(實)을 나타내는 교묘(巧妙)한 데 비유한 것이다.

둘째는 이 꽃에 무릇 세 가지 이름이 있는데, 피기 전의 이름은 가마라이며, 만개(滿開)하여 무성할 때의 이름이 분타리이다. 그것은 이 경의 큰 작용이 한창 피어 왕성할 때에 펴서 보이고 나타내어 설명하는 승묘(勝妙)한 데에 비유한 것이다.

셋째는 이 꽃이 진흙탕물을 떠나지 않으면서도 원만히 향기롭고 조촐하여 온갖 아름다움을 두루 갖춘 것이니, 그것은 이 경에서 말한 불승(佛勝)은 탁한 번뇌를 벗어나고, 생사의 바다를 떠나 온갖 덕이 원만하여 미묘한 데에 비유한 것이다.

넷째는 이 꽃은 바로 잎이 넓고 뿌리가 길지는 않으면서도 물방울이 묻지 않고 티끌이 붙지 않은 것이니, 그것은 이 경에서 설(說)한 그 법문이 광대하고 도리가 심오하여, 말을 떠나고 생각을 끊는 절묘(絶妙)한 데에 비유한 것이다.

이 네 가지 뜻은 다같은 묘한 법을 지니고 있기 때문에 이 비유에 붙여 제명을 세운 것이다.

이 《법화경》은 먼 옛날부터 많은 불교인들에게 읽혀 왔다. 《법화경》은 불자(佛子)들의 생활 구석구석에까지 스며들어 피가 되고 살이 되면서, 그 신앙은 민중 사이에 널리 뿌리를 내렸다.

이 경전이 불교도의 마음의 형성과 사상·문화·예술에 미친 영향은 헤아릴 수 없이 큰 것이다.

위로는 왕으로부터 아래로는 벽촌의 촌부에 이르기까지 《법화경》은 읽혀지고 존경받았으며, 그 공덕이 곳곳에 전파되었던 것이다.

원래 《법화경》은 우주적인 장대함을 노래한 생명의 찬가이며, 부처에 대한 동경의 시(詩)였다. 그것을 구마라습이 물이 흐르는 듯한 아름다운 한어(漢語)로 번역하여 그 아름다움을 더해 훌륭한 경전으로 되었다. 언어가 다른 외국인으로서도 알 수 있게 씌어 있는 구마라습의 번역은, 누구도 두번 다시 해낼 수 없을 것이다.

이 아름다움에 마음이 끌려서 무수한 사람들이 이 《법화경》을 읽어온 것이다.

《법화경》의 참된 뜻을 이해하기 위해서는 어느 스님이 말한 것처럼 몸으로 읽지 않으면 안 된다. 무수한 사람이 드렸을 기원(祈願)이나 기쁨과 슬픔에 귀를 기울이면서 읽어나가지 않으면 안 된다. 그것을 잊고 단지 문구가 의미하는 것만을 분석한다거나 종합해서는 《법화경》의 세계나 생명의 세계에 들어갈 수 없는 것이다. 이것을 깊이 마음에 두고 이 책을 읽어 주기 바란다.

《법화경》의 무대는 왕사성(王舍城)의 영취산(靈鷲山)이다. 세존(世尊)을 중심으로 1천2백 명의 비구(比丘)와 8만 명의 보살(菩薩)이 둥글게 설법장소(說法場所)를 둘러싸고 있는 가운데, 세존은 '무량의경(無量義經)'이라고 이름지어진 대승(大乘)의 가르침을 끝내고 나서 무량의처삼매(無量義處三昧)라는 명상에 드신다.

다음에 세존의 미간(眉間)의 백호(白豪)로부터 빛이 발산되어, 동방 1만 8천의 불국토(佛國土)가 구석구석 빠짐없이 비추어진다. 모여있던 사람들은 이 놀라운 사실에 충격을 받고, 문수보살에게 그 이유를 묻자, 이는 위대한 가르침이 설(說)해질 예고라는 것이다.

이 《법화경》은 전 7권 28장으로 된 구마라습의 한역본(漢譯本)을 대본(臺本)으로 썼으며, 번역에는 고인 사본을 많이 참고했음을 밝혀 둔다.

■ 목련경(目連經)

《목련경》이란 어떤 책인가

불교에서는 인간의 본질은 오온(五蘊)의 집합체(集合體)라고 했다. 그 색신(色身)을 이루어준 것은 즉 부모라는 것이다.

일찍이 영우선사(靈祐禪師)는, '품부모지유체(稟父母之遺體) 가중연이공성(假衆緣而共成)'이라 해서 사람의 몸뚱이는 부모에게서 받은 것이라고 하였다. 이것은 비단 불교뿐이 아니다. 《효경(孝經)》에 보면, 유가(儒家)에서도,

'신체발부(身體髮膚) 수지부모(受之父母) 불감훼상(不敢毁傷) 효자시야(孝子始也).'

라 했다.

또 여기에 계속하여 '효(孝)는 백행지원(百行之源)'이라고 하여 천백 가지 좋은 행실 중에서도 우선 효도가 첫째라는 것을 강조했다.

대체로 사람에게는 네 가지 은혜〔四恩〕가 있다고 한다. 이것은 혹 풀이한 사람에 따라 다르다.

하지만 대체적으로 보면 국왕은(國王恩)·부모은(父母恩)·중생은(衆生恩)·사우은(師友恩) 등을 꼽는다. 이 네 가지 은혜 중에서 가장 큰 것이 부모의 은혜라는 말은 여러 곳에 나와 있으니 거듭 말할 필요조차 없다.

이 《목련경(目連經)》은 석가모니의 10대 제자 중에 신통(神通) 제1인 목련존자(目連尊者)의 출천(出天)의 효도에 대해서 쓴 글이다. 자기 어머니 청제부인(靑提夫人)이 생전에 삼보(三寶)를 믿지 않고 살생(殺生)을 마구 한다.

그 죄로 죽어서 지옥에 떨어진 것을 그의 효성으로 지옥을 벗어나 아귀도(餓鬼道)로, 또다시 축생도(畜生道)로 옮기게 하고, 마침내는 대승경전(大乘經典)을 외우고 우란분재(盂蘭盆齋)를 열어 필경 도리천궁(忉利天宮)의 극락에 환생케 하여 천상(天上)의 모든 쾌락을 누리게 했다는 것이 그 줄거리이다.

《부모은중경(父母恩重經)》과 함께 이 책은 비록 불교를 믿지 않는 사람이라 할지라도 좌우(座右)에 두고 읽어, 부모에 대한 효성을 잠시라도 소홀히 하지 말아야겠다.

■ 문심조룡(文心雕龍)

문학 이론서(文學理論書)인 《문심조룡》

《문심조룡》 50편은 중국 양(梁)나라의 유협(劉勰)이 지은 종합적인 문학 이론서다. 우선 전반 25편에서는 문학의 근본 원리를 말하여 이 책 전편의 기점을 마련했다. 그리고 후반 25편에서는 창작론을 중심으로 해서 문학 및 문학자들을 둘러싼 모든 문제에 대하여 용의주도하고 정밀한 이론을 전개하고 있다. 이만큼 확실한 구상 밑에 이처럼 광범위하게 이론의 체계를 세운 책이 적어도 5세기말에 나타났다는 것은 중국 문명의 조숙한 성장상을 나타낸 것으로서 우리는 여기에 큰 관심을 가질 필요가 있다.

유협의 자(字)는 언화(彦和)인데 사서(史書)에 의하면 그의 출생지를 산동(山東)의 거현(莒縣)이라고 했다. 그의 조상에는 송(宋)나라의 무제(武帝)인 유유(劉裕)의 곁에서 활약한 장군 유목지(劉穆之 : ? ~417)가 있고, 그의 종조부 유수지(劉秀之 : 396~464)는 송(宋)나라의 요직에 있다가 뒤에 사공(司空)의 추증을 받았다. 그러나 그의 조부 영진(靈眞)은 수지의 아우이면서도 아무런 사적이 전해지지 않고, 유협의 아버지 유상(劉尙)은 겨우 월기교위(越騎校尉)를 지냈다는 것만이 전해지고 있다.

유협은 어려서 아버지를 잃고 몹시 가난한 집에서 자랐다. 벼슬 같은 것은 바랄 수도 없는 형편이었으며, 결혼마저도 단념하지 않을 수 없었다. 그런데 제(齊)나라의 영명연간(永明年間 : 483~493)에 명승(名僧) 하나가 포교차 강남지방을 찾아왔다. 그의 이름은 승우(僧祐 : 445~518)로서 뒤에 양나라의 조정에서 두터운 신임을 받게 되는 고덕(高德)이었다. 학문을 좋아하던 유협은 그에게 몸을 의탁하고 함께 기거하면서 면학에 힘썼다. 이것은 그의 나이 20이 되기 전의 일로서, 이로부터 십 수년간 그는 부지런히 연찬(硏鑽)을 계속했던 것이다.

당시의 학문 내용을 보면 불전(佛典)의 연구는 말할 것도 없고 유가(儒家)의 경서에서 제자백가(諸子百家)의 서(書), 《사기(史記)》·《한서(漢書)》 등의 사서(史書), 그 밖의 고금의 시문을 놀랄 만큼 광범위하게 섭렵했던 것이다. 그와 같은 시대 사람으로 《한서》를 한 자도 빼놓지 않고 암기한 사람이 있다고 하지만, 유협의 《문심조룡》의 내용으로 보건대 그의 박식함은 대체로 보통사람을 능가했던 것이다. 이 《문심조룡》은 그 규모의 크기로 보아도 이것을 완성하기까지에는 상당한 시일이 소요되었음을 알 수 있다. 〈시서편(時序篇)〉에, '이제 성력(聖曆)이 바야흐로 일어나고, 문사(文思)는 빛을 입는다……'고 한 기록이 바로 제나라의 동혼후(東昏侯) 치세를 가리킨 것이라면, 이 글은 499년에서 501년경 사이에 탈고되었을 것으로 생각된다.

이렇게 《문심조룡》은 완성되었지만 무명의 그로서는 이 글을 세상에 펴낼 방법이 없었다. 이때 그는 심약(沈約)을 생각해냈다. 심약(441~513)은 당시 명성이 드높은 대작가로서, 당시 문학계의 거성 범운(范雲)과 함께 세상에서 중시되는 인물이었다. 이 심약에게 인정받아서 출세한 무명의 문인은 수없이 많다. 유협은 이 심약의 추천을 얻는 것 외에는 출세의 길이 없다고 생각했다. 그러나 문단의 중진인 그를 일개 가난한 서생으로서 쉽게 만나볼 수가 없었다. 궁여지책으로 그는 완성한 원고를 들고 심약의 집 문앞에서 주인의 수레가 나오기를 기다렸다. 이리하여 애걸하다시피 원고의 일독을 호소하여, 드디어 심약은 이 글을 읽어 보게 되었다.

심약은 이를 읽어 보고 그 무명의 문사의 글이 문학의 본질을 깊이 설파한 것에 감탄, 항상 책상 위에 두고 애독하였다. 이리하여 그의 문명은 비로소 세평(世評)을 얻게 되었다. 특히 그가 불교에 조예(造詣)가 깊다 하여 도읍 안에 있는 사탑(寺塔)과 명승의 비지(碑誌) 등의 문장은 모두 그에게 의뢰하였다. 이와 동시에 관계에서도 그에게 문호를 열어 주기 시작하여 거기창조참군(車騎倉曹參軍)·동궁통사사인(東宮通事舍人)·보병

교위(步兵校尉) 등을 역임하기도 했다.

《문심조룡》의 내용과 끼친 영향력

《문심조룡》의 책 이름에 대해서는 유협 자신의 해제인 〈서지편(序志篇)〉에 보이지만, 아무래도 '조룡(彫龍 : 龍을 새긴다)이란 기이한 말이다. 그도 말했듯이 이 '조룡'이라는 말에서 우선 연상되는 것은 선진(先秦)의 음양학자(陰陽學者) 추석(騶奭)의 화려한 문장이 '용을 새기는 석(奭)'이란 세평을 얻었다고 하는 《사기(史記)》 〈맹자순경열전(孟子荀卿列傳)〉의 기술이다. 저 복잡한 광채를 내뿜는 용의 비늘 하나하나를 열심히 새겨 듣는 그러한 마음씨로 유협은 문학의 교치를 다하는 작업을 상징시켰다. 저자 자신의 말을 빌면 '고래로 문학은 조탁(雕琢) 윤색(潤色)하는 것을 기본적 성질로 하고 있다'고 금의 〈서지편〉에서 말하고 있다.

《문심조룡》은 변문(騈文) 사륙(四六)의 문체로 씌어져 있다. 변(騈)이란 글자 그대로 두 마리의 말〔馬〕을 의미한다. 이 문채는 두 개 구(句)의 병렬(並列)에 의해서, 즉 대구법에 의해서 운영되는 것이다. 또 사륙(四六)이란 이 문체가 주로 넉 자나 여섯 자로 한 구를 이루는 것을 의미한다. 그러므로 변문의 성격을 한 마디로 말하라면 사자구와 육자구로써 성립된 대구법에 의하여 운용되는 문제라 할 것이다.

유협의 문체의 하나의 특징은 대우법에 의해서 교묘하게 밸런스를 맞추면서 논리를 추진시켜 나간 것이다. 이론이 극히 종합적으로 주도한 반면에 그 문장이 어디까지나 온편(穩便)하다는 것은, 그의 사상이 문체를 그렇게 규제해 나갔기 때문일 것이다. 그리고 문체도 역시 그의 사상을 규제했던 것이다. 때문에 본서의 전반 25편과 후반 25편의 대치는 이미 하나의 평형의 의식에 서 있는 것이 아닐까?

그러나 미문(美文)에 있어서 불가결한 한 가지 조건은 똑같은 표현을 되도록 적게 하는 것에 있다. 그의 〈물색편(物色篇)〉의 일절을 보면 조사를 제외하고는 신중하게 같은 조사(措辭)를 피하고 있다. 계절과 문학의 관련을 말한 문장으로도 그의 글과 딴 작가의 것을 비교해 보면 이러하다.

是以獻歲發春 悅豫之情暢 滔滔孟夏 鬱陶之心凝 天高氣淸 陰沈之志遠 霰雪無垠 矜肅之慮深 歲有其物 物有其容 情以物遷 辭以情發 一葉且或迎意 蟲聲有足引心 況淸風與明月同夜 白日與春林共朝哉.

劉勰 〈物色篇〉

若乃春風春鳥 秋月秋蟬 夏雲暑雨 冬月祁寒 斯四候之感諸詩者也.

鍾嶸 〈詩品〉 序

이 두 글을 보면 유협의 것은 비교적 장문인데도 조사(助辭) 이외에 중복된 글자가 하나뿐인 것에 비해, 종영(鍾嶸)의 것은 겨우 27자의 단문(短文) 속에도 춘(春)·추(秋)·월(月)의 세 글자나 거듭 들어 있다. 이렇게 되어서는 미문(美文)의 규격에 맞을 수 없다는 비난을 면할 수가 없다. 같은 글 속에서 중복을 피하려면 반드시 많은 어휘를 축적해 둘 필요가 있다. 유협이 '적학이저보(積學以儲寶)' 〈신사편(神思篇)〉, '선박람이정열(先博覽以精閱)' 〈통변편(通變篇)〉 등이라고 널리 독서를 거듭하여 학식의 깊이를 쌓아야 할 것을 재삼 제언한 것은 어휘의 축적을 한 가지 커다란 목적으로 삼았던 것임에 틀림없다. 그리하여 유협 자신은 그 주장과 같이 풍부한 독서량에 의하여 놀랄 만한 깊은 지식과 어휘를 적축하고 있었다.

다음으로 이 《문심조룡》이 후세 사람들에게 어떠한 영향을 주었는가에 대해 알아보자. 우리들은 초당(初唐) 사람들의 저작에서 《문심조룡》이나 유협의 이름을 가끔 발전하게 된다. 우선 여기에 들 수 있는 것은 독창적인 역사론으로 해서 저명한 유지기(劉知幾 : 661~721)의 《사통(史通)》이 이것이요, 유협의 이론이 여러 곳에 인용된 이외에, 그 사고(思考)나 문체에도 때때로 《문심조룡》의 냄새가 풍기는 것을 느낄 수가 있다. 또 초당 학자들에 의한 경서의 재주석(再注釋)인 《오경정의(五經正義)》에는 통인(通人)의 말이라 하여 유협의 이론이 소개되고 있다. 이것은 본서가 세상 사람들에게 소중히 여겨진 하나의 증거로 볼 수 있을 것이다.

그러나 《문심조룡》이 더욱 식자의 주목을 끈 것은 명대(明代) 후기에 들어서면서부터였다. 그리하여 현대 중국에서도 이 글에 대한 평가는 매우 높은 듯싶다. 끝으로 북송(北宋)의 시인(詩人) 황정견(黃庭堅 : 1045~1105)이 왕입지(王立之)에게 준 글 한 토막을 소개하겠다. 이 글에서 황 시인은 《사통(史通)》과 병칭해서 본서의 가치를 상찬했던 것이다.

> 유협의 《문심조룡》, 유자현(劉子玄)의 《사통》, 이 두 글을 그대는 일찍이 읽었던가? 그 의론이 몹시 높지는 못하다고 하겠지만, 그러나 고인(古人)을 기롱하여 크게 글의 병통을 집어 말한 것은 이 글만한 것이 없다.

■ 근사록(近思錄)

《근사록》이 만들어지기까지

《근사록》은 《송사(宋史)》〈예문지(藝文志)〉에, '주희(朱熹) 여조겸편(呂祖謙編)'이라고 기록되어 있는 것으로 보아 주자(朱子)와 그의 친구 동래(東萊) 여조겸의 공편임이 분명하다. 그리고 그 말미에 있는 여자후서(呂子後序)에, '조겸절상여문차집지의(祖謙竊嘗與聞次輯之意)'라고 한 것으로 보면 주자가 편찬의 주동이 되었고, 여자(呂子)가 여기에 참여했음을 알 수 있다. 따라서 세상에서 혹《근사록》을 주자 한 사람의 편찬이라고 말하는 것은 잘못이다.

주자가 주동이 되고 여자가 협조했다는《근사록》은《송학(宋學)》의《논어(論語)》라고 불릴 만큼 송대(宋代) 성리학(性理學)에 있어서의 정수라고 할 수가 있다. 왜냐하면 여기에는 북송(北宋)의 명현인 주자(周子)·이정자(二程子)·장자(張子)의 어록과 문집에서 채취한 말이 14권 622조나 수록되어 있기 때문이다.

《근사록》의 편찬은 순희(淳熙) 2년 4월에 당시 한천정사(寒泉精舍)에서 강학(講學)하고 있는 주자를 여조겸이 찾는 데서 시작된다. 이때 여조겸은 절강성(浙江省) 금화부(金華府)에서 복건성(福建省) 건양현(建陽縣) 천호산(天湖山) 남쪽 기슭에 있는 주자의 한천정사를 찾은 것이다. 주자의 후서(後序)에,

'머물러 있은 지 순일(旬日), 함께 주자(周子 : 濂溪)·정자(程子 : 明道·伊川)·장자(張子 : 橫渠)의 글을 읽고, 그 광대굉박(廣大閎博)하여 끝이 없는 것 같음을 탄식했다. 그러나 초학자가 처음 배울 것이 없을까 두려워하여 이에 그와 함께 그 대체에 관해서 일용에 필요한 것을 철취(掇取)해서 이 책을 만든다.'

고 한 것을 보면《근사록》성립의 유래를 간명하게 알 수가 있다. 이 글 속에 순일(旬日)이라고 했으나 이 '순일'이란 간약(簡約)해서 한 말일 것이요, 이러한 책이 순일 동안에 창졸히 이루어졌으리라고는 믿어지지 않는다. 여동래(呂東萊)의 연보에 의하면,

'순희(淳熙) 을미년(乙未年) 봄, 4월 21일에 무이(武夷 : 寒泉精舍가 있는 곳)에 가서 주편수(朱編修) 원회(元晦)를 찾아 머무르기를 월여(月餘), 함께 민락(閩洛)의 글을 보고《근사록》을 지었다.'

고 기록되어 있다.

이 글로 미루어 본다면 이 글이 월여 만에 완성된 것으로 볼 수 있겠으나, 다시《여자후서(呂子後序)》는 그가 주자와 만난 1년 후에 쓴 것이라는

것이 년기로 보아 명백하다고 한다면 《근사록》의 완성은 두 사람이 만난 1년 후라고 보아야 옳을 것이다.

《근사록(近思錄)》은 이른바 북송(北宋)의 오자(五子) 중에서 주자(周子)·이정자(二程子)·장자(張子)의 말을 채록(採錄)한 것이라는 것은 위에서 설명했다. 그러면 오자 중에서 가장 연장이었고 또 학문이나 풍격이 높은 소자(邵子), 즉 강절(康節)이 제외된 것은 무엇 때문일까? 주자가 소강절의 회상(畵像)에 찬(贊)한 말에, '영매개세(英邁蓋世)'라고 한 것은 실로 소자를 평한 적절한 말이라 하겠다. 그의 시집 《비천격양집(伊川擊壤集)》은 기운(氣韶)과 풍격이 높은 것이며 또 소자의 수리(數理)의 역학(易學)은 독자적인 경지를 개탁한 지극히 높다란 것이 있다. 그런데도 주자가 소자를 여기에서 제외한 것은 도학(道學), 즉 송대 성리학의 전통은 주자(周子)·이정자(二程子)에게 있고, 이를 보익(輔翼)한 것은 장자(張子)가 있을 뿐이라고 생각했기 때문일 것이다.

진씨(陳氏)의 《인언적요(引言摘要)》에 보면,

> 이학(理學)을 말하는 자는 항상 북송의 오자를 말한다. 그런데 《근사록》에는 소자의 말을 수록하지 않고 있다. 그 중요한 원인은, 주자가 소자를 유학 정통체계의 밖에 두었기 때문이다. 그 까닭으로는, 첫째 그가 인의를 말하는 것이 유학의 기본 문제가 적었기 때문이요, 둘째는 소자의 이수(理數)의 학(學)은 도가의 기미가 지나치게 농후했기 때문이다.

라고 했다. 이것이 《근사록》에서 소자가 제외된 원인을 잘 말해 준 것이라고 본다.

《근사록》의 '근사'란 무엇인가? 《논어》 〈자장편〉에,

'박학이독지(博學而篤志) 절문이근사(切問而近思) 인재기중의(仁在其中矣).'

란 말이 있다. 이것은 즉,

'널리 배우되 뜻을 독실히 하고 간절히 묻되 가까운 것부터 생각하면, 인은 저절로 그 가운데 있다.'

는 뜻이다. 여기에 있는 '절문이근사'에서 '근사'를 딴 것이다.

《논어》의 이 대문의 주자주(朱子註)에 보면,

박학·독지·절문·근사의 사자(四者)는 즉, 학(學)·문(問)·사(思)·변(辨)에 관한 일이다. 이 사자(四者)에 종사한다면 마음이 밖으로 달려나가지 않고, 내 손에 있는 바가 저절로 성숙해질 것이다. 때문에 인이 그 가운데에 있다고 한 것이다.

고 했다. 여기에서 보면 '근사'란 일상생활에서 가까운 사실들을 묻고 또 생각하는 것이다. 곧 학문을 내 몸 위에 이루는 공부라고 말할 수 있다.

《근사록》은 모두 14권으로 되어 있다. 권두(卷頭)라 하여 학(學)의 본원과 귀추를 알게 했고, 2권은 위학(爲學)이라 하여 학문하는 공부의 총론을 보여 주었고, 3권 이하는 위학의 공부의 세목이요, 권말(卷末)의 13권 변이단(辨異端), 14권 관성현(觀聖賢) 등 두권은 위학의 공부에 대한 경성으로 되어 있다.

이상에서 보이듯이 《근사록》은 사자(四子)의 학문의 요점을 정리하기 위하여 편찬된 책이다. 따라서 송대의 학문을 이해하는 데 있어서는 가장 소중한 글이라는 것을 의심치 않는다.

《근사속록(近思續錄)》도 있어……

《근사속록》은 중국의 주자 여조겸에 의해서 편찬된 《근사록》을 모방하여 우리나라에서 지은 책으로 이름도 《근사속록》이라고 했다. 《근사록》은 북송의 명현인 주염계(周濂溪)·이정자(二程子)·장횡거(張橫渠)의 어록이나 문집에서 채취하여 이루어진 것을 본받았다. 이 《속록(續錄)》은 주로 정암(靜菴)·퇴계(退溪)·율곡(栗谷)·사계(沙溪)·우암(尤菴) 등 다섯 선생의 문집과 언행록을 바탕으로 해서 편찬했다.

그 내용을 《근사록》과 대조해 보기로 하자.

《근사록》에서는 도체(道體)·위학(爲學)·치지(致知)·존양(存養)·극기(克己)·가도(家道)·출처(出處)·치체(治體)·치법(治法)·정사(政事)·교학(敎學)·경계(警戒)·변이단(辨異端)·관성현(觀聖賢) 등 14장으로 편성했다.

그런데 이 《속록》은 도체·위학·치지독서(致知讀書)·존양·역행(力行)·제가(齊家)·출처·치도(治道)·치법·임정처사(臨政處事)·교도(敎道)·경계·변이단·관성현·등 14장으로 구성되어 있어, 결국 역행·제가·치법·임정처사·제목이 약간 변경되었을 뿐이다.

《근사록》을 주자가 사자, 즉 주자·이정자·장자의 학문을 배우기 위한 계단이라고 했는데, 《속록》의 편자는 이 글을 우리나라의 다섯 선생, 즉 정암·퇴계·율곡·사계·우암의 학문을 배우기 위한 계단이라고 말했다. 또 편자는 정암과 퇴계를 주자(周子)에 비교했고, 율곡을 정명도(程明道)에, 사계를 장자(張子)에, 우암을 주자(朱子)에 각각 비교하고 있다. 그러나 《근사록》이 중국에서는 송학(宋學)의 《논어》라고 할 만큼 널리 알려진 데 비하여, 우리나라의 이 《속록》은 아직까지 별로 세상에 알려지지 않고 있는 것은 무슨 까닭일까?

편자 송병준(宋秉璿)은 조선조 헌종(憲宗)에서 광무(光武) 때의 문신으로 자(字)를 화옥(華玉), 호를 연재(淵齋)라고 했다. 본관은 은진(恩津)으로 우암 송시열(宋時烈)의 후손이 된다. 학행으로 천거되어 제주(祭酒)로 등용된 뒤에 서연관(書筵官)·경연관(經筵官)·대사헌을 지냈다. 1905년 을사조약(乙巳條約)이 강제로 체결되자 시정(時政) 개혁과 일본에 대한 경계를 건의하여 왕의 동의도 얻은 바 있었다. 그러나 뒤에 다시 대궐에서 상소하려다가 한 경무사(警務使)에게 속아 일본헌병대에 의해 고향으로 강제 이송당했다. 이에 그는 망국의 울분을 참지 못하고 음독자살했다.

■ 천자문(千字文)

너무 유명하여 원저자도 여러 명이라는 설의 《천자문》

《천자문》은 양(梁)나라 주홍사(周興嗣)가 지은 한 권의 책이다. 사언 고시(四言古詩) 2백 50구(句)로서 모두 1천 자이기 때문에 《천자문》이라 한 것이다. 〈광천서발(廣川書跋)〉에 보면,

> 왕우군(王右軍 : 羲之)의 글씨를 얻은 양무제(梁武帝)가 은철석(殷鐵石)에게 명하여 그 중에는 1천 자를 탁본(搨本)하게 하되 종이 한 장에 한 자씩 만들어 이것을 순서 없이 섞어 놓고서 주홍사에게 명하여 운(韻)을 달아 네 글자씩 글을 만들게 했다. 주홍사는 명령에 의해 《천자문》을 지었으나 그것을 짓다가 하룻밤 동안에 머리털이 다 세었다.

라고 했다. 한편 《옥계청화(玉溪淸話)》라는 책에 보면,

'양무제가 종유(鍾繇)가 쓴 깨진 비석을 얻어 가지고 그 글씨를 사랑해서 주홍사에게 명하여 차운(次韻)해서 글을 짓게 했다.'

고 했으며 또 혹은 말하기를,

'무제(武帝)가 글을 배우고자 하여 은철석에게 명하여 1천 글자를 고르게 하고 주홍사를 불러 차운해서 글을 지으라 했다.'

고 하는 등 여러 가지의 설이 있어서 《천자문》이 만들어진 유래는 같지 않다.

그러나 이것은 모두 무제(武帝) 때의 일이고 또 어느 것이나 저자가 주흥사로 되어 있는 것은 마찬가지이다.

또 《순화법첩(淳化法帖)》에 의하면 이것을 한(漢)나라 장제(章帝)의 글이라 해서 진숙열장(辰宿列張)으로부터 기집분전(旣集墳典)까지의 84자가 있는데, 구양수(歐陽修)는 이것을 장제의 진적(眞蹟)이라고 하며, '한(漢)나라 장제가 쓴 백여 글자는 전세(前世)의 글을 배우는 자들이 많이 외웠는데 이것은 왕희지(王羲之) 때에 시작된 글이 아니다.'라고 했다. 여기에 백여 글자라고 한 것은 《일지록(日知錄)》에도 그렇게 나와 있다.

다시 《동관여론(東觀餘論)》·《집고록(集古錄)》 등에 있는 여러 가지 말들을 참작해 볼 때, 종유가 쓴 《천자문》의 원작자는 전대(前代)의 글을 배우는 사람이라고 보아야 옳을 것이다. 그 글 속에 혜금완소(嵇琴阮嘯) 같은 말이 있는 것으로 보면 위(魏)·진(晉)나라 이후의 글인 것같이 보이는 바, 종유 이후에 후인들이 글자를 첨가해서 1천 글자가 넘게 만들었던 것이 분명하다. 그렇다면 이 글에서 그 원작자를 말한 것은 결코 그 정곡(正鵠)을 얻었다고 말할 수가 없다.

그러나 여기에서는 통설에 의해 주흥사(周興嗣)의 원작으로 해둔다.

조선전(朝鮮傳)

시대에 따라 우리나라를 보는 시각도 각양각색

이 《조선전》은 중국에서 본 우리나라 고대(古代) 역사다.

여기에 인용된 책을 보면 다음과 같다.

《사기》·《한서》·《후한서》·《삼국지》·《진서》·《송서》·《남제서》·《양서》·《위서》·《주서》·《수서》·《남사》·《북사》·《당서》.

이상 열 네 가지 책에서 뽑은 우리나라 기록을 다시 분류하면, 조선(朝鮮)·부여국(扶餘國)·읍루(挹婁)·고구려(高句麗)·동옥저(東沃沮)·예(濊)·한(韓)·왜(倭)·진한(辰韓)·변한(辨韓)·마한(馬韓)·숙신(肅愼)·비리(裨離)·백제(百濟)·고려(高麗)·신라(新羅)·물길(勿吉)·거란(契丹)·발해(渤海)·흑수말갈(黑水靺鞨)·말갈(靺鞨). 등의 여러 기록으로 나눌 수가 있다. 그러면 위에 소개한 중국 서적이란 대체 어떠한 글들인가.

사기(史記) 한(漢)나라 때 사마천(司馬遷)이 지은 것으로서 위로는 황제(黃帝)로부터 아래로는 한나라 무제(武帝)에 이르기까지의 본기(本紀) 12, 표(表) 10, 서(書) 8, 세가(世家) 30, 열전(列傳) 70으로 되어 있다. 여기에 〈예서(禮書)〉·〈악서(樂書)〉·〈병서(兵書)〉 등은 저소손(褚少孫)이 보충하고 남조(南朝) 송(宋)의 배인(裵駰)이 집해(集解)를 만들었다. 당(唐)의 사마정(司馬貞)이 색은(索隱)을 지었으며, 장수절(張守節)이 정의(正義)를 지었다. 그리고 여기에 수록된 《조선전》은 열전 제55에 들어 있다.

한서(漢書) 중국 이십사사(二十四史)의 하나로서 모두 1백20권이다. 후한(後漢) 때 반표(班彪)의 뜻을 이어, 반고(班固)가 지은 전한(前漢) 때의 사서(史書)이다. 여기에는 《조선전》과 《지리지》가 들어 있다.

후한서(後漢書) 후한의 열두 임금의 사적을 적은 역사책이다. 남조(南朝) 송(宋)나라 범엽(范曄)이 지은 것을 양(梁)나라 유소(劉昭)가 보충하여 완성한 글이다. 여기에는 〈요동부(遼東部)〉 외 네 《군국지(郡國志)》와 《동이전(東夷傳)》이 들어 있다.

삼국지(三國志) 진(晉)의 진수(陳壽)가 수집 기록한 삼국시대의 역사책이다. 물론 소설《삼국지》와는 다르다. 여기에는 우리의 〈동이전(東夷傳)〉이 있다.

진서(晉書) 당(唐)나라 태종(太宗) 때 방현령(房玄齡)·이연수(李延壽) 등이 왕명을 받아 지은 것으로서 서진(西晉) 4대 54년, 동진(東晉) 11대 120년 사이의 정사체(正史體)의 역사다. 여기에는 〈지리지(地理志)〉와 〈동이전(東夷傳)〉이 들어 있다.

송서(宋書) 양(梁)의 침약(沈約)이 제(齊)의 무왕(武王)의 칙명으로 지었다. 남북조시대의 송(宋)의 정사다. 이것은 제기(帝紀) 10권, 지(志) 30권, 열전(列傳) 60권으로 되어 있고, 이 속에는 우리의 〈동이전(東夷傳)〉이 들어 있다.

남제서(南齊書) 이십사사(二十四史)의 하나로 양(梁)의 소자현(蕭子縣)이 지었다. 이것은 남제(南齊)에 관한 기전체(紀傳體)의 역사서로서 〈동이전(東夷傳)〉이 들어 있다.

양서(梁書) 당(唐)나라 정관(貞觀) 3년에 요사렴(姚思廉)·위징(魏徵)이 칙명을 받들어 지은 책으로 본기(本紀) 6권, 열전(列傳) 55권으로 구성되어 있다. 양의 5대(五代) 역사를 기록한 책이다. 《진서》·《송서》 등 육조(六朝)의 정사는 모두 당시에 유행하던 변려체(騈驪體)로 기술되었지만, 유독 본서는 고문체(古文體)로 되어 있다. 여기에는 역시 〈동이전〉이 수록되어 있다.

위서(魏書) 북제(北齊)의 위수(魏收)가 명을 받아 지은 북위(北魏)의 정사이다. 위수가 주관적으로 사실(史實)을 왜곡하여 서술하였다 하여 예사(穢史)라는 비난이 있다. 이 글에는 고구려·백제·물길(勿吉)·거란(契丹) 등의 열전(列傳)이 실려 있다.

주서(周書) 북관(北關) 때 사관(史官)이 쓴 책으로 여기에는 우리의 〈이역전(異域傳)〉 두 편이 실려 있다.

수서(隋書) 역시 이십사사(二十四史)의 하나로서 당대(唐代)의 위징(魏徵) 등이 태종(太宗)의 명을 받아 지은 수(隋)나라의 정사이다. 기전(紀傳)은 안사고(顧師古)·공영달(孔穎達)이, 지(志)는 이연수(李延壽)·이순풍(李淳風) 등이 각각 지었다.

이 글에는 581~618년 간에 걸친 사실(史實)이 수록되어 있으며, 우리의 〈음악지(音樂志)〉와 〈지리지(地理志)〉, 그리고 〈동이전(東夷傳)〉·〈북적전(北狄傳)〉이 실려 있다.

남사(南史) 당(唐)나라 이연수(李延壽)가 지은 것으로 송(宋)·제(齊)·양(梁)·진(陳)의 정사를 개산(改刪) 보수해서 남조(南朝) 4대 170년 간의 일을 기록한 역사다.

본기(本紀) 10권, 열전(列傳) 70권으로 되어 있다. 처음에 이연수의 아버지 태사(太師)는 송·제로부터 주(周)·수(隋)에 이르기까지의 정사가 남(南)은 북(北)을 색로(索虜)라 하고 북(北)은 남(南)을 도이(島夷)라 한 것을 보고, 이것을 고쳐서 오월춘추편년(吳越春秋編年)같이 만들려 했으나 완성치 못하고 죽었다.

이에 이연수가 그 아버지의 뜻을 계승하여 사마천의 문체에 의하여 남북(南北) 8대의 사적을 서술한 것이 이 책이다. 여기에는 우리의 〈이백전(夷貊傳)〉이 실려 있다.

북사(北史) 역시 당나라 이연수가 지은 책으로 북조(北朝)의 위(魏)로부터 수(隋)에 이르기까지의 4대 2백12년 간의 역사다. 모두 본기(本紀) 12권, 열전(列傳) 88권으로 되어 있다.

이 글은 남사(南史)에 비교할 때 더 힘을 들여서, 주(周)에는 〈문원전(文苑傳)〉을 더하고 제(齊)에는 〈열녀전(烈女傳)〉을 보충하며, 여도원(酈道元)을 혹리(酷吏)에 넣고 육법화(陸法和)를 예술에 붙이는 등 용의주도하게 서술되었다. 여기에는 고구려·백제·신라·물길·거란과 〈왜국전(倭國傳)〉이 들어 있다.

당서(唐書) 송(宋)의 구양수(歐陽修)·송기(宋祁)가 지은 당(唐)의 정사이다. 본기(本紀) 10권, 지(志) 50권, 열전(列傳) 150권, 합계 225권으로 되어 있다. 기(紀)·지(志)·표(表)는 구양수가, 열전(列傳)은 소기가 지었다. 이 외에 석진(石晉) 때 유구(劉昫) 등의 손에 완성된 《구당서(舊唐書)》 2백 권이 있다. 당서에는 동이전(東夷傳)·북적전(北狄傳)이 실려 있다.

이상으로 이 글에 실려 있는 원전에 대해서 알아 보았다. 이 글들은 어느 것이나 남의 나라의 입장에서 본 것이므로 다소 우리 비위에 거슬리는 문구가 없지 않다.

그러나 가장 오래된 우리 역사의 기술임에 틀림없고, 또 우리나라와 가장 밀접한 관계가 있는 중국에서 쓴 사서(史書)이니만큼 우리에게 적지 않은 참고가 될 것으로 믿는다.

부모은중경(父母恩重經)

《효경(孝經)》과 비슷한 《부모은중경》

《부모은중경(父母恩重經)》은 유교(儒教)의 《효경(孝經)》과 같이, 불교에 있어서의 자식된 도리로서 부모의 은혜와 그 보답을 새삼스러이 깨닫게 하는 경전(經典)이다.

흔히 상식적인 견해로 불교는 부모의 은혜를 모르는 종교라고 생각하기 쉽다.

그러나 불교가 오히려 부모의 은혜를 더욱 강요하는 종교인 것임은, 이 《부모은중경》에서 부모의 은혜를 저버리는 자(者)는 지옥(地獄)에서 벌을 받는다고 가르치고 있는 것으로도 알 수 있다. 다만, 이 경(經)의 성립 과정의 확실한 증거와 내용에 있어 초거의 전승본(傳承本) 가운데에 정란(丁蘭)·곽거(郭巨) 등의 중국 고대 효자들의 이름이 나타나 있는 한편,

경록(經錄)에는 기록이 없는 것으로 《개원석교록(開元釋敎錄)》에서는 〈위망난진록(僞妄亂眞錄)〉의 하나로 들고 있다.

그러나 일찍이 당(唐)나라 종밀(宗密)의 우란분경소(盂蘭盆經疏) 등에 인용되어 있을 뿐만 아니라, 유사한 내용으로 보이는 경전으로 대정신수대장경목록(大正新修大藏經目錄) 제684호에 《불설부모은난보경(佛說父母恩難報經)》 1권이 후당(後唐)의 안세고(安世高) 역으로 수록되어 있는 동시에, 현재 유포되어 있는 경에는 정란 등의 이름이 전혀 없다.

시대적으로 볼 때, 《효경》이 한자본(漢字本)으로 먼저 보편화되었기 때문에 《부모은중경》이 중간에 유교적으로 변용했는지는 모르나, 이 《부모은중경》은 고대로부터 불교 경전(佛敎經典)의 하나로 널리 애송(愛誦)된 것만은 틀림없는 일이다.

이 《부모은중경》은 부모의 은덕을 열 가지로 나누어 설명하고 있다.

첫째, 어머니 품에 품고 지켜 주는 은혜요,

둘째, 해산날에 즈음해서 고통을 이기시는 어머니 은혜요,

셋째, 자식을 낳고서 근심을 잊는 은혜요,

넷째, 쓴 것을 삼키고 단 것을 뱉아 먹이는 은혜요,

다섯째, 진자리 마른 자리 가려 뉘시는 은혜요,

여섯째, 젖을 먹여 기르시는 은혜요,

일곱째, 손발이 닳도록 깨끗하게 씻어 주시는 은혜요,

여덟째, 먼길 떠나갔을 때 걱정하시는 은혜요,

아홉째, 자식의 장래를 위해 고생을 참으시는 은혜요,

열째, 끝까지 불쌍히 여기시는 은혜다.

이렇듯 은혜를 설명함에 구체적인 예를 들어서 설명하고 있다. 어머니가 아이를 낳을 때, 3두(斗) 3승(升)의 응혈(凝血)을 흘리시고, 8곡(斛) 4두(斗)의 혈유(血乳)를 먹이는 등, 말로 다 표현할 수 없는 은덕을 생각하면, 자식된 도리로서 왼편 어깨에 아버지를 업고 오른편 어깨에 어머니를 업고 가죽이 닳아서 뼈에 이르고, 뼈가 떨어져서 골수에 이르도록 수미산

(須彌山)을 백천 번 돌더라도 그 은혜를 다 갚을 수 없다고 했다.

《효경》보다 더 구체적인 경전

이렇듯 부모의 은혜를 기리는 내용의 이 경전은 부모의 효도를 강조한 유교의 《효경》과 비슷하면서도 몇 가지 특징이 있다.

첫째, 부모의 은혜가 구체적으로 열거되어 있다.

둘째, 그것이 비교적 과학적으로 열거되어 있다. 물론 현대적인 의학으로 분석해 본다면 다소의 결점이 없는 것도 아니겠지만 고대의 의학, 특히 생태학적(生態學的)인 고찰에까지 이르고 있다.

셋째로, 유교의 경전인 《효경》이 아무래도 부모 가운데서 아버지를 두드러지게 표출하는 한편, 효도를 마침내는 군왕(君王)에 대한 충성(忠誠)으로까지 확대하는 데 반해서, 《부모은중경》은 아버지보다도 어머니의 은혜를 더 강조했다는 데 특색이 있다.

넷째, 《효경》이 효도를 강조하는 데 반해서 《부모은중경》은 어떤 것이 은혜인가를 더 많이 설명하고 나서, 은혜를 갚기 위해서는 어떻게 해야 한다는 방법을 제시하는 동시에 그렇게 실천하지 않는 부도덕하고 불효한 자식은 죽어서 지옥에 떨어져 무서운 형벌을 받게 된다는, 보다 적극적인 보은(報恩)을 강요하고 있다.

다섯째로 이 경전은 중국을 비롯해서 한국·일본 등 동양에 널리 보급되어 있는데, 우리나라에서는 《불설대보부모은중경(佛說大報父母恩重經)》이라고 불려지고 있다. 특히 조선왕조 초기부터 특유한 삽화(揷畫)를 곁들인 판본(板本)이 많고, 중기 이후에는 언해본(諺解本)이 출판되기도 했다. 더욱이 정조대왕(正祖大王)은 스스로 부모의 은혜를 기리는 뜻에서 용주사(龍珠寺)에서 한문체(漢文體)와 순 한글본을 따로, 당시의 유명한 화가인 단원(檀園) 김홍도(金弘道)의 그림을 첨가해서 출간토록 한 이래 수많은 판본(板本)이 줄이어 출간되었다.

양명학(陽明學)

양명학이란 무엇인가

'양명학'이란 곧 양명(陽明) 왕수인(王守仁)의 학설이다. 그것은 양명이 역설한 '치량지(致良知)'에 골자를 둔다.

이 양지라는 것은 사람이 천생으로 타고난 지혜를 말하는데, 이 지혜는 어느 사람이나 모두 가지고 있기 때문에 이를 옳게 이루어 놓은 것이 바로 '치량지'이다.

다음으로 양명이 주장한 것은 '지행합일(知行合一)'이다. 행동을 밝히고 살피는 것이 곧 지(知)요, 지를 진실하고 독실하게 하는 것이 곧 행(行)이라고 하는 것이 '지행합일'의 대요이다. 양명은 다시, '마음이 곧 이치다. 세상에 마음을 벗어난 행동이 있을 수 없고, 마음을 벗어난 이치가 있을 수 없다'고 주장한다.

그러나 이 짧은 해제에서 그 심원한 학설을 윤곽조차도 그릴 수 없고, 오직 이 책자 내용에서 그 대강만이라도 더듬어볼 수가 있다면 다행일까 한다.

《명사(明史)》 〈왕수인전(王守仁傳)〉에 보면, 수인은 천자(天資)가 이매(異敏)하여 겨우 17세 때에 명제(明帝)·효종(孝宗)과 대화할 수 있었다고 한다. 또 누일재(婁一齋)를 찾아가서 함께 송유(宋儒)의 격물설(格物說)을 의논했고, 그 후 양명동(陽明洞)에 살면서 송학(宋學)·성리학(性理學)을 탐구했으나 얻는 바가 없었다.

그러다가 용장(龍場)으로 귀양갔을 때 옛날의 공부를 밑바탕으로 깊이 연구하던 중 갑자기,

'마땅히 마음속에 구해야 하고 사물에 구해서는 안 된다.'

는 이치를 깨달았다고 한다. 그리하여 이로부터 그의 학문은 오로지 '치량지'에 근본을 두기 시작했다고 한다.

그러나 우리나라에서는 이 '양명학'이란 말조차 들어 보기 어려운 실정이다.

그것은 지난날 우리나라 학술·사상의 기풍이 존정(尊程)·숭주(崇朱)에만 지나치게 치우쳤던 탓도 있겠지만, 또 한 가지 중요한 원인은 근래 군중의 취향이 유현한 심학(心學)에는 아예 귀도 기울이지 않은 데에 있을 것이다.

중국문화사상사(中國文化思想史)

원명칭은 《중국학술사상(學術思想) 변천의 대세》

이 책의 저자 양계초(梁啓超 : 1873~1929)는 중국 광동(廣東) 신회(新會)에서 출생했다. 자는 탁여(卓如)·임공(任公)·임보(任甫), 호는 창강(滄江)·음빙(飮冰)·신민자(新民子) 등의 여러 가지를 썼다. 그는 청(淸)나라 목종(穆宗) 동치(同治) 12년(1873년)에 태어났는데, 어려서부터 총명하여 4, 5세에 사서(四書)를 배웠고, 6세에 《중국약사(中國略史)》 등 많은 책을 읽었으며 8세부터 글을 지었다. 12세에는 이미 학사원(學士院)에 응시하여 박사제자원(博士第子員)이 되었으니 남보다 뛰어난 그의 재질을 짐작할 만하다.

처음에 그는 단옥재(段玉裁)·왕인지(王引之)의 학문에 잠심(潛心)하여 18세 때에는 경사(京師)에 올라가 과거에 응시한 일이 있다. 그러나 이 해에 강유위(康有爲)를 알게 되면서부터 지금까지 배운 것을 모두 무위로 돌리고 3,4년 동안 그의 만목초당(萬木草堂)에서 중국 수천 년래의 학술의 원류·역사·정치의 득실 등을 배웠다.

그러나 중국의 이른바 8월 정변(政變)에 참여하여 그의 여러 동지들이 처형당하자, 그는 일시 일본으로 망명한다. 일본에서도 그는 학교를 설립하여 선진 교육에 열을 올렸다.

8월 정변이란 당시 중국의 정치 제도를 근대적으로 개혁하려 했던 무술신정(戊戌新政)이다. 이것은 손문(孫文)의 삼민주의(三民主義) 실현 과정과는 실로 좋은 대조가 된다.

손문의 신해혁명(辛亥革命) 후에는 그는 주로 저술을 통해 국내외 젊은 이들의 마음을 사로잡았다.

북경에서 그는 일시 원세개(袁世凱)의 고문 노릇을 하다가 다시 웅희령(態希齡) 내각의 사법 총장이 되었고, 뒤에는 또 단기서(段棋瑞)의 재정관(財政官)이 되기도 했다. 《음빙실문집(飮冰室文集)》·《중국문화사강(中國文化史綱)》을 비롯한 많은 저술을 남기고 민국(民國) 18년(1929년)에 죽었다.

이 《중국문화사상사》는 원래 그의 《음빙실문집》 속에 들어 있는 글이다. 문집에서는 제목을 〈중국 학술사상 변천의 대세〉라고 한 것을 너무 길어서 역자가 편의상 이렇게 고친 것이다.

따라서 내용은 자연 중국의 학술·사상에 중점이 두어졌다는 것을 알아주시기 바란다.

중국의 학술과 사상은 실로 그 연원(淵源)이 멀고도 깊다. 중국에 문자가 생기면서부터 근세에 이르기까지의 것을 저자는 종횡무진, 마치 폭포가 내리치는 듯한 웅장한 필치로 써내려 갔다. 우선 저자는 총론에서 전체의 개요를 밝히고, 다음으로 배태시대(胚胎時代)라 하여 학술과 사상이 싹트기 시작한 때로부터 시작하여 전성시대·유학 통일시대·노학(老學)시대·불학(佛學)시대로 구분한 다음, 마지막으로 근세의 학술로써 매듭을 지었다.

■ 노신(魯迅)의 작품

노신의 생애

시대의 어둠을 사르던 불꽃

동양권에서 세계 문단의 명성을 얻고 명작의 대열에 낀 작가는 그리 많지 않다. 우리에게 《아큐정전(阿Q正傳)》으로 유명한 중국의 노신은 그 많지 않은 작가 중의 한 명으로, 뛰어난 문학가이자, 위대한 사상가·교육자로서도 높은 명성을 지니고 있다. 노신은 19세기 말에서 20세기 초엽의 격동기를 온몸으로 살다 간 고뇌의 중국인 지성을 대표한다. 구질서가 붕괴하고 새로운 문화가 뿌리를 내리는 역사적인 과도기에 그는 문학혁명을 주도하며 조국의 근대화에 앞장섰던 시대의 선각자였다.

노신(魯迅)은 1881년 9월 25일(음력 8월 3일), 절강(浙江省) 소홍현(紹興縣) 성내(城內)에서 태어났다. 본명은 주수인(周樹人), 자(字)는 예재(豫才)로, '노신'은 〈광인일기(狂人日記)〉를 발표할 때 처음으로 사용했던 필명이다.

노신의 집안 사람들은 원래 호남성(湖南省) 도주인(道州人)인데 노신의 14대조 때에 농민으로 소홍에 이주했다고 한다. 이 때부터, 점차로 부를 축적했으나 노신이 태어난 당시에는 약간의 논밭과 점포를 소유하고 있었으며, 조부는 한림편수(翰林編修)로서 북경(北京)에 나아가 관리 생활을 하는 전형적인 봉건 소지주의 가정이었다.

노신은 6세 때부터 가숙(家塾)에 들어가 초보적인 독서를 하며 공부를 시작했다. 그리고 11세 때는 삼매서옥(三昧書屋)에서 수경오(壽鏡吾)라는 선생에게 사사하였으며, 집에서는 증조부에게 글을 배웠다. 유년시절의 노신의 성품은 근면한 편에 속했으며, 가숙이나 서당에서의 규정된 공부 외에도 중국의 고서와 야사 등을 즐겨 읽었고, 어린시절부터 조부나 유모를 통해 듣던 민간 전설과 설화 등은 노신의 관심을 끌었다. 이외에도 소년 노신의 생활에 영향을 미친 것은 안고촌(安稿村) 외가에서의 생활이었는데, 〈사회(社戲)〉(1922)에는 그 무렵의 생활 일단이 회고되어 있다. 여름철에 외가에 놀러 갔다가 마을 소년들과 천진난만하게 놀던 일이 선명하게 서술되어 있는데, 이 작품 속에서 노신은,

'그곳은 내게 있어서는 천국이었다. 모두들 오냐 오냐 해주었고 질질사간(秩秩斯干), 유유남산(幽幽南山)(《시경(詩經)》의 한 구절)을 외지 않아도 되었기 때문이다.'

라고 솔직하게 술회하고 있다. 이곳에서의 생활이 노신의 중국 농촌사회와의 최초의 접촉이었다. 이처럼 어린시절의 노신은 마을 어디를 가든지 존경받고 사랑받는 명문댁 도련님이었다. 그러나 그러한 유복한 생활은 노신의 12세 되던 해에 조부가 투옥되고, 그로 인해 아버지 백의(伯宜)가 중병으로 앓아 눕게 되자 뒤바뀌고 만다. 주씨 집안은 이 투옥 사건을 계기로 급속도로 몰락하게 되고, 노신은 아버지의 병을 고치기 위해 거의 매일을 전당포와 약방을 출입하게 된다. 전당포는 약값을 마련하기 위해 집안 물건을 저당잡히기 위해서였고, 약국은 의원이 처방해 주는 약을 사기 위해서였다. 훗날(일본 유학에서 현대의학을 배운 이후) 노신은 그 고생이 속임수 같은 한의(漢醫) 때문이라고 술회하고 있다. 그 회고담은 그의 첫 작품집인 《눌함(吶喊)》(1923)의 자서(自序)에 잘 나타나 있으며, 그 창작집 속에 포함되어 있는 〈명천(明天)〉(1920)은 바로 그 기억을 비판적으로 형상화한 작품이다.

이런 고생에도 불구하고 3년 후 아버지가 세상을 떠나게 되자, 집안은 완전히 몰락하였고 장남인 노신은 새로운 삶의 출로를 찾지 않으면 안 되었다. 이 때의 타격, 특히 처음부터 곤궁했던 것이 아닌 갑작스레 그렇게 된 것이기 때문에 노신에게는 낙원의 상실이 굴욕감과 더불어 보다 강하

게 의식되었고, 그것이 다시 응어리가 되어 뒷날 그의 정신적 성장에 큰 영향을 준 것 같다. 노신의 작품세계에서 보이는 깊숙한 비애와 어둠은 주로 그의 불행한 소년기에 키워진 비관적인 정서와 의심적인 기질에서 연유한다. 이러한 유년시절의 개인적 환경은 당시 중국의 시대적 상황과 함께 노신을 입신양명을 꿈꾸던 명문댁 도련님에서 열렬한 문학혁명의 전사(戰士)로 변모시키는 중요한 배경으로 작용하게 된다.

1840년 아편전쟁 이후의 근 백년 간의 중국 역사는 영국을 선두로 하는 서양 제국의 침략을 받아 반식민지로 떨어지는 역사인 동시에 중국 민족이 그러한 열강의 지배에서 벗어나려는 민족 해방사이고, 열강을 따라잡으려는 근대사의 역사였다. 특히 노신의 전 생애와 맞물린 19세기 말에서 20세기 초엽의 중국 사회는 암흑의 구름으로 뒤덮인, 절망으로 충만된 시대였다. 아편전쟁 이후 계속 심화되어 온 정치, 사회적 혼돈과 경제적 궁핍으로 인해 중국 사회와 중국 민족은 단말마(斷末魔)의 병상에서 신음하고 있었다. 그러나 무엇보다도 그 고통을 가중시키고 있었던 것은 중국 봉건사회의 유교적인 폐습이었다.

중국의 유교적 전통사회 내의 폐단으로 인한 국민성의 후진성이야말로 근대화의 발전을 저해하고, 중국인들을 더 깊은 나락의 절망 속으로 떨어뜨리는 주요 원인이었던 것이다. 이러한 전근대적인 국민정신을 계몽하고, 개선하기 위한 문화운동이 진보적인 지식인들 사이에 일어나게 되었고, 1919년 5·4운동이라는 문화혁명(신문화운동)으로 심화, 확산되기에 이른다. 이러한 암흑의 시대에 노신은 다른 진보적인 지식인들과 마찬가지로 신문화운동을 주도하며, '문학'이라는 활활 타오르는 불꽃으로 자기 민족의 낡은 사상과 의식을 불태우고, 시대의 어둠과 절망을 넘어서려고 애쓰던 '정신계의 전사'로서 일생을 일관하게 된다.

문학의 길을 향하여

근대 중국 사회가 서구 문명과의 접촉으로 근대화에 눈뜰 무렵, 집안의 몰락으로 정통적인 입신의 길이 막혀 버린 노신은 새로운 세계의 경험을 위해 무술변법(戊戌變法)이 나던 해인 1898년, 그의 나이 17세 때 남경(南京)으로 가서 강남수사학당(江南水師學堂)에 입학한다.

그러나 이에 만족하지 못하고 반년 후 강남육사학당(江南陸師學堂) 부설의 광로학당(礦路學堂)으로 전학을 해 그곳에서 4년간 물리, 수학 등 근대 과학의 기초를 배우며 서양 과학의 우월성을 실감하게 된다. 또한 학교에서의 정규교육 외에 당시 중국의 식자들 간에 널리 읽히고 있던 헉슬리의 《천연론(天演論)》(《진화와 논리》 번역)을 통해 진화론에 흥미를 느끼게 된다. 이 진화론에의 개안(開眼)은 노신의 정신적 성장에 큰 영향을 주었는데, 그것은 과거의 구습에 얽매여 있는 중국 민족의 낙후된 정신생활을 개선시킬 수 있다는 희망을 가져다 주었기 때문이다. 또한 노신은 이 시기에 유신파(維新派)에 의해 간행되던 〈시무보(時務報)〉와 서구의 정치, 경제, 문화에 관한 것을 널리 소개했던 〈역서강편(譯書江編)〉 등을 통해 서구의 자연과학과 사회과학을 접하게 된다. 이 잡지는 1899년 일본에 유학중이던 학생들에 의해 편찬된 최초의 신잡지로 주로 서구 서적을 번역하여 실었다. 노신은 이 잡지를 통해 서구의 문학과 철학 서적을 처음으로 접하게 되는데, 대표적인 것으로는 루소의 《민약론(民約論)》, 몽테스키외의 《법의 정신》, 뒤마의 《춘희》 등이었다고 한다.

노신은 1901년 말에 광로학당을 졸업하고 바로 다음해인 21세 때, 일본으로 유학의 길을 떠나 동경의 홍문(弘文)학원 속성과에 입학한다. 그곳에 2년 동안 머무르면서 노신은 일본어를 배우며 철학과 문학에 관한 책을 광범위하게 읽으며, 혁명집단인 '광복회(光復會)'에도 출입하게 된다. 이때에 그는 '국민성'에 관한 문제에 깊은 관심을 가지게 되고 중국과 중국인을 구할 방법을 찾기 시작한다. 그 결과 일본의 유신(維新)이 서양의 의학과 깊은 관련이 있음을 인식하고 1904년 가을 동경을 떠나 센다이〔仙臺〕 의학 전문학교에 입학한다. 재학중 노신은 의학에 관한 전문적 지식의 습득 외에도 정치 모임에 자주 참가하면서 더 한층 정치적 의식을 심화시켜 나가면서 서서히 문학의 길로 다가서기 시작한다. 그러던 중 유명한 '환등(幻燈)사건'으로 인해 노신은 의학에서 문학으로 방향전환을 한다.

이 환등사건에 관한 일화와 그 충격으로 인해 문학을 결심하게 되는데 노신의 첫 작품집인《눌함》의 자서(自序)에서 그 일면을 잘 엿볼 수 있다. 노신은 환등사건으로 인해 중국과 같은 낙후된 국민에게는 건강한 체격보다 강한 국민정신이 더 필요하다고 통감한다. 그래서 국민정신을 개조하는 데에는 문예를 통한 방법이 최선이라 판단하고 문예운동에 매진할 것을 결심한다. 그리고 그 최초의 작업으로 동인 잡지 발간을 계획한다. 1907년 노신은 동경에 있던 몇 명의 동료들과 의기투합해 〈신생(新生)〉이라는 문예잡지의 출판을 계획한다. 그러나 이 20대의 젊은 중국 유학생들의 의욕과 패기는 인력과 재력의 부족이라는 현실의 벽에 부딪혀 무산되고 만다.

노신은 이 문학활동의 실패로 심한 좌절감을 느끼게 되지만 곧 극복하고 〈마라시역설(摩羅詩力說)〉, 〈문화편지론(文化偏至論)〉 등의 논문과 몇 편의 러시아 문학작품을 번역하여 자신의 문학생활의 첫장을 열게 된다. 그리고 다음해인 1908년 노신은 혁명적 논객인 장병린(章炳麟)의《설문해자(說文解字)》 강의를 듣게 된다. 손문(孫文), 황흥(黃興)과 함께 신해혁명(辛亥革命)의 삼종(三宗)이라 일컬어지는 장병린은 국학자로서의 성망도 있고 해서 당시 혁명 운동에 대한 영향력은 지식인과 학생들 사이에서 손문 이상으로 컸다. 노신은 동생인 주작인(周作人), 허수상(許壽裳), 전현동(錢玄同)과 함께 학자로서의 장병린에게 접촉한 셈인데 '전투적인 문장이야말로 선생의 생애에서 가장 위대하고 가장 영구적인 업적'이라고 〈태염선생(太炎先生 : 장병린)에 대하여〉에서 말할 정도로 그 감화는 지대했다. 노신은 장병린과 사귀면서 그들 조직인 '광복회'에도 자주 출입하게 되는데 그 가입 여부에 관해서는 정확히 알려져 있지 않다. 이처럼 8년여에 걸친 유학시절은 노신의 최초의 문학활동 시기였으며, 초기 사상의 중요한 형성시기였다.

중국 신(新)문학의 선구

1909년 노신은 귀국해서 항주(杭州)의 양급사범학교에서 화학과 생리학을 가르치다가, 이듬해인 1910년 여름에 고향인 소흥으로 돌아와서 소흥중학교에서 근무하게 된다. 1911년 이른바 신해혁명이 폭발하고 노신은 소흥사범학교 교장에 취임하여 재직하던 중, 다음해인 1912년 남경에 중화민국 임시정부가 수립되자 교육총장이 된 채원배(蔡元培)의 요청에 따라 교육부원으로 자리를 옮겼다가 임시정부를 따라 북경으로 이주한다. 그러나 노신은 기대를 걸었던 신해혁명이 역사적 임무를 완성하지 못하고 원세개(袁世凱)의 제정부활운동, 장훈(張勳)의 복벽(復辟)사건 등을 통해 다시 복고주의적 경향으로 흐르자 크게 실망한다.

1912년에서 《광인일기(狂人日記)》를 발표하게 되는 1918년까지는 노신의 생애를 통해 사상적으로 가장 고난에 빠진 시기로 새로운 출로를 찾기 위한 사고와 심사의 시기였다. 그는 중국사회와 사상에 관해 깊이 관찰하고, 중국의 역사와 전통문화에 관한 연구에 몰두하여 중국서적에 관한 고증과 수집, 금석비첩(金石碑帖)과 불경의 연구 등에 몰두하여 시간을 보내게 된다. 신해혁명의 붕괴로 심한 혼란에 빠진 노신은 새로운 중국 혁명상의 재건을 고대하며 절망과 침묵의 시기를 지나고 있었던 것이다.

노신에게 있어 청년기의 반향 없는 문학활동의 실패와 그 뒤를 이은 어두운 조국의 현실은 그에게 심한 정신적 방황과 고뇌를 안겨 주었다. 따라서 이러한 내면의 혼란을 극복하고 나아가 다시금 자신이 속한 세계와의 사이에 일정한 질서를 회복하기 위해서는 단호한 윤리적, 의지적인 자아를 확립하기 위한 정신적 여유가 필요했던 것이다. 그리고 이러한 방황과 고뇌를 뚫고 나온 작품이 바로 노신의 처녀작이자, 백화체(白話體 : 구어체) 문장으로 씌어진 중국 최초의 신소설인 《광인일기》이다.

중국 문학이 비록 수천 년의 장구한 역사를 가지고 있으나, 소설은 다른 장르에 비해 줄곧 경시되어 왔다. 명청시대(明淸時代)에 백화소설(구어체로 된 소설)이 많기는 했지만 몇 작품을 제외하고는 하나같이 창조정신이 결여되었고 새로운 사상도 없이 묘사하는 신변잡기식 이야기였다. 따라서 진정한 신소설은 신문학운동 이후 20세기가 시작되면서 새로운 시대를 맞는다.

당시 중국인들에게 깊은 자극을 준 것은 번역을 통한 서양사상과 문학의 영향이었다. 청일전쟁 후 변법운동(變法運動)이 대두했던 때에 한편으로는 유럽의 사상과 문학이 중국에 소개되기 시작했다. 서양서적의 번역은 그 전부터도 있었지만 종래의 그것은 양무(洋務)운동이나 기독교의 전도를 목적으로 하는 것이 많았고 선택의 범위가 제한되었는데, 이 무렵에 와서는 사상과 문학의 분야까지 넓혀졌던 것이다. 양계초(梁啓超), 엄기도(嚴幾道 : 嚴復), 임서(林緖), 진독수(陳獨秀), 호적(胡適), 주작인 등은 문학, 사상의 개혁을 주장하며 서양의 문화를 소개하는데 앞장섰다.

당시 이들의 문학혁명과 문체개혁, 서구문학의 번역 소개는 새 세대들에게 문학에 흥미를 갖게 했으며, 중국 신문학의 부흥에 큰 영향을 주었다. 또한 중국인들로 하여금 서양 문학의 특성을 새삼 인식케 하였다. 이로 인하여 중국 지식인들 머릿속에 수입된 합리주의 사상은 중국의 전통적인 봉건사상과 유교사상을 근본적으로 뒤엎어 놓게 만들었다. 그리고 이러한 문학개혁에 관한 의기당당한 거센 물결은 곧 5·4운동의 고조를 맞이하면서 전국을 석권하였던 것이다. 그러나 무엇보다도 작품을 통한 현대문학의 기원이 된 것은 노신의 소설들이었고, 특히 백화로 씌어진 소설로 1918년 「신청년」지에 발표되었던 《광인일기》였다.

노신은 이 백화체의 문장으로 씌어진 새로운 구성의 소설을 통하여 "'사람이 사람을 잡아먹어 온' 중국의 봉건사회를 고발하였으며, 또한 중국의 장래를 위하여 '너희들, 지금 곧 개심하라. 진심으로 개심하라 알겠는가. 머지않아 인간을 먹는 인간은 이 세상에 있을 수 없게 된단 말이다.'"

라고 외쳤던 것이다. 이 뒤에 전국적으로 백화의 신문과 정기 간행물이 출현하였으며, 이에 중국의 오랜 전통문학은 종말을 고하고 새로이 현대문학이 그 넓은 자리를 대신 차지하게 된 것이다.

노신의 작품 세계

《광인일기》와 문학혁명

노신의 〈광인일기〉은 당시 신문화운동을 주도하던 진영으로부터의 봉건사회에 대한 최초의 도전서였으며 사상혁명과 문학혁명의 이정표 역할을 했던 중요한 작품이다. 노신의 작품 중 현실에 대한 고발성이 가장 강하게 나타나 있으며, 내용과 형식의 과감한 파격성으로 인해 중국의 젊은 지식인 세대에 큰 충격을 주었던 작품이다. 작품은 13개 부분으로 이루어진 일기체 형식이다. 흘인(吃人 : 먹는 사람), 피흘인(被吃人 : 먹히는 사람), 박해자, 피박해자가 선명하게 대조를 이루며 예교(禮敎)가 사람을 잡아먹는다는 것을 시사하는 것이 이 작품의 특징이다. 피해망상자의 형상을 통해서 중국의 유교적 전통사회 내의 가족제도와 예교의 폐단과 피해를 과감하게 폭로하고 있다.

《광인일기》는 어느 날 밤 달을 보고 '이제까지 30년 이상이나 전혀 제정신이 아니었다'는 것을 깨닫게 되는 광인의 이상심리—광인은 각성하였으나 유교이념의 강력한 조직에 묶여 있는 정상인들과는 괴리감을 느낌—를 통하여 암흑 속에 있는 중국사회 전체를 고발한 작품이다. 광인의 눈에 비친 사회는 모든 인간들이 '자신은 남을 잡아먹으려고 하면서 남에게는 잡아먹히지 않으려 하므로 서로 의심을 품고 흘끗흘끗 상대방을 감시하고 있는' 세계이다. 광인은 4천 년에 걸친 중국 봉건사회의 역사책 속에서 '식인(食人)'이라는 두 글자를 발견해 내고, '인간을 잡아먹는 일이 없는 아이가 아직 있는지 모르겠다. 아이들을 구하라'고 호소한다.

'사람을 잡아먹는다'는 것은 물론 하나의 비유이지만, 노신이 광인의 눈을 통하여 본 중국사회는 그처럼 헤어날 길 없는 구조적 병폐에 갇혀진 암흑의 세계였던 것이다. 그리고 자신도 그 사회의 일원임을 실감한 나머지 '아이들을 구하라……'고 부르짖기에 이르는 광인의 정신적 변화는 바로 작가인 노신 자신의 정신적 체험과 깊은 연관이 있다.

즉, 일본 유학시절 진화론과 니체, 바이런 등을 통해 접한 서구 근대정신사조의 영향으로 홀로 각성하여(이때 중국 현상에 대하여 '잡아먹힌다'라는 공포를 자각한다) 개혁의 의지를 품고 스스로가 '팔을 힘차게 흔들며 한 번 외쳐서 이에 응답하는 사람이 구름처럼 몰려들게 할 수 있는' 정신계의 전사라는 임무를 떠맡아 문예활동을 시도하였으나 모두 헛되이 실패로 끝나고 만다. 더욱이 자신이 무한한 열의를 가지고 지지했던 신해혁명조차도 무력하게 반동세력에 의해 좌절되는 것을 보고 깊은 절망 속에 빠져서, 탁본(拓本)의 수집, 연구 등에 파묻혀 스스로를 마비시켜 오던 작가 자신이, 광인이 '나도 누이동생의 고기를 먹었다'고 하는 죄의 자각에 도달하였던 것과 마찬가지의 체험을 통하여 '잡아 먹힌다'는 피해의식으로부터 벗어나게 된다. 그리고 결국 자신이 피해자인 동시에 가해자로서 속해 있는 중국사회의 도피할 길 없는 암흑의 구조를 파악하게 됨으로써 문학자로서의 자각을 얻어 '아이들을 구하라……'고 하는 절망의 부르짖음을 발하기에 이르는 것이다.

그리하여 이제 현실정치에서 소외되어 있던 이상적, 관념적인 반항과 행동의 정신계의 전사는 그처럼 자신을 시대의 저변에 편입시키는 근원적인 선택에 의해 다시금 실재하는 중국민족과 밀착된 정치적 인간으로서의 문학자로 탄생하게 된다. 이로부터 이어지는 노신의 창작행위는 중국사회에 엄연히 가로놓여 있는 절망의 소재에 대한 현장 검증에 바쳐지게 된다.

중국의 현상에 뿌리 깊은 절망감을 느꼈던 노신은 '문학혁명'에 대한 열정으로 다시 붓을 들게 되고, 《광인일기》를 시작으로 계속해서 '인생을 위한', '인생을 개선하기 위한' 작품을 발표한다. 노신은 1918년《광인일기》로부터 1925년의《이혼》에 이르는 8년여 동안 많은 소설을 발표하는데, 이 일련의 작품들은 비평의 선도에 의해 열려진 문학혁명 이념을 작품상에 나타낸 최초의 작품군이었다. 이 작품들은 시기별로 각각 창작집인《눌함(吶喊)》(1923)과《방황(彷徨)》(1926)에 수록된다. 특히, 첫 창작소설집인《눌함》(싸움터에서 양쪽 병사들이 지르는 소리, 함성)에 실린 작품들은 문학 전사로서의 노신의 투철한 비판정신을 강하게 반영하고 있다.

구지식인의 몰락과 나태한 근성을 지적하여 경향심을 불러일으켰던《공을기(孔乙己)》(1919), 미신과 무지로 인한 중국인의 병폐를 일깨워 준《약》(1919)과《명천》, 농촌생활의 암담함과 피폐함을 적나라하게 묘사한《고향》(1921) 등의 시대 고발적인 일련의 작품들은 문학혁명가로서의 노신의 열정을 대중에게 알리며, 문학인으로서의 노신의 위치를 확고하게 해준다. 그러나 무엇보다도 노신의 이름을 중국 근대문학의 선구자로서 후세에까지 길이 남을 수 있게 해준 작품은 그의 대표작이라 할 수 있는《아큐정전(阿Q正傳)》일 것이다.

《아큐정전》과 정신 승리법

《아큐정전》은 1921년 12월에서 다음해 2월에 걸쳐 주간「신보부간(晨報副刊)」에 파인(巴人)이라는 필명으로 발표된 중편소설이다. 이 소설은 각국어로 번역되어 세계적으로 널리 알려졌으며 노신의 이름을 불후한 것으로 만든 대표작이다.

《아큐정전》은 신해혁명 시기의 농촌생활을 제재로 하여 이 시기의 중국 농촌 생활상을 심각하게 파헤쳐 아큐라는 품팔이꾼의 운명을 비극적으로 묘사함과 동시에 중국민족의 나쁜 근성을 지적하여 국민성을 각성시키려 하고 있다. 이 소설에서 노신은 중국과 중국민족을 절망적으로 그리고 있다. 민족이 나아가야 할 길을 예견하고 희망이 있는 방향을 제시하기보다는, 오히려 궁지에 몰려 소외되고 탈락되며 짓눌린 자의 모습을 집요하게 그려낸 것이다.

아큐는 반식민지, 반봉건적인 사회, 더구나 신해혁명을 성공적으로 이끌어 가지 못하는 타성의 사회에서 사명감도 목적의식도 없으면서 부질없이 혁명의 소용돌이에 휘말려, 드디어는 무기력하고 비겁한 노예근성으로 돌아가 그 최후를 공허하게 끝마치는 하나의 사회적 산물이다. 아큐의 성격은 풍부하고 다양하며 다혈질이다. 그는 자존심이 매우 강할 뿐만 아니라 보수적이며 우매무지하다. 그러나 아큐의 성격을 관통하는 지배적인 관념의 흐름은 '정신 승리법'이다. 노신이 아큐를 통해 예술상의 '정신 승리법'을 끌어낸 것은 심각한 현실적 의의와 깊은 역사적 의의를 내포하고 있다. 즉, 공허한 영웅주의와 무력한 패배주의에 침식되어 자국의 현실을 직시하지 못하며 자기 민족에게 젖어 있고, 타개치 못하는 민족적 위기에 살면서도 대국의식을 버리지 못하고, 물질생활의 군데군데마다 실패를 경험하면서도 정신적인 민족의 현실을 외면해 버리는 청나라 정부와 한(漢)민족에 대한 조소와 비난을 내포하고 있는 것이다.

아편전쟁 이후 중국의 문호를 개방한 청나라 정부는 그들의 실패를 변명하고 감추면서 조정의 위엄을 계속 유지, 봉건 통치를 완고히 함으로써 허영과 거만한 욕구를 채운다. 이러한 상류사회의 기풍이 반봉건성, 반식민지의 중국사회에 만연되어 문제를 일으키게 된다. 즉, 실제로 모든 것에 패했으면서도 정신적인 승리에 만족하는 기풍이 하나의 국민성으로 인정되었고 이러한 국민성에 대한 것을 노신은 철저하게 증오하게 된 나머지 아큐라는 인물을 내세워 심히 채찍질을 한 것이다.

아큐는 비겁하다. 상대를 비교해 보아 더듬거리는 놈에게는 욕을 하고 기운이 약한 놈은 때린다. 그러나 혼나는 때가 더 많다. 왕털보한테 혼이 나고 저항력이 없는 젊은 여승에게 취하는 행동, 힘이 없는 소D에게 우쭐되며 깔보는 것은 그의 비겁한 행동을 표현하고 있다. 이것을 노신은 중국 민족성의 병폐요, 비겁성으로 보고 있는 것이다.

아큐는 정신 승리법에 의해 희롱당하고 매를 맞아도 반항하려 하지 않는다. 왜 놀림을 받고 있는지도 생각지 않고 도리어 마음속으로는 우월감에 차 있다. 아큐는 자존심이 강하다. 그가 비록 품팔이 일꾼에 지나지 않으나 미장(未莊)의 사람들은 물론이거니와, 심지어는 조대감을 비롯한 지주들에게도 정신적으로 존경의 빛을 나타내지 않는다. 이와 같은 아큐식의 정신 승리법을 노신은 일찍 깨닫고 문예를 무기로 삼아 깨닫지 못한 대중을 치료하고자 했던 것이다.

이러한 '아큐주의'는 피압박 사회에서 하나의 교활한 대응 방법이다. 민족의 치욕을 건망하고 병을 앓으면서도 의사를 기피하고, 남의 뒤를 따라 공연히 뇌동하고 약자에겐 잔인, 강자에겐 아첨하여 스스로의 책임을 남에게 미루고 지난날의 영광을 과장해 환상에 젖어 있는 자기 민족에 대한 맹혹한 힐책인 것이다. 특히, 마지막 아큐의 처형 장면은 노신의 자기 민족에 대한 노여움, 분노, 쓸쓸한 동정 등의 우울한 물결의 파장을 전해준다. 이 《아큐정전》은 발표 당시 보수파로부터는 국민의 나쁜 면만을 부각시켰다는 점에서, 그리고 급진적인 세력으로부터는 적극적인 생산 농민을 묘사하지 않고, 룸펜 농민을 주인공으로 삼았다는 데서 각각 비난과 질시를 받았다. 하지만 《아큐정전》은 이러한 국수주의와 이데올로기의 논란을 넘어 문학적 영역으로 승화된, 중국문학뿐만 아니라 세계문학의 걸작으로서도 손색이 없는 작품인 것이다.

암흑 속에서 광명의 미래를

노신은 1926년 두 번째 소설집인 《방황》을 출판한 이후로는 소설보다는 자신의 사상을 표현하는 수단으로 문예활동에서 가장 많이 사용한 잡문(雜文)을 주로 발표한다. 그리고 1927년 상해(上海)에 와서 1936년 세상을 떠나기 전, 상해에서의 10년 동안, 노신은 두 번 북경을 다녀온 외에는 줄곧 상해에서 보낸다. 상해에서 보낸 생애의 마지막 10년 동안 노신은 9권의 잡문집과 역사소설인 《고사신편(古事新編)》을 출간한다. 또한 문예이론, 장편, 단편소설, 동화 등을 번역했으며, 소련과 독일의 신흥목각(新

興木刻)을 소개했고, 신문학운동을 제창했으며 세계 언어의 보급에 힘썼다. 그리고 행동적인 면에서는 '중국자유운동동맹', '중국좌익작가연맹' 등에서 활동하며 정치적 관심을 보이기도 했다.

노신의 문학세계는 이 1927년을 기점으로 크게 두 시대로 분수령을 이룬다. 노신의 전기시대가 단편시대라면 후기는 잡감문(雜感文)의 시대이다. 전기가 계몽적이고 사실적인 인생문학이라면, 후기는 사회비판과 문학비평을 전제로 한 정치문학이다. 전기 작품에는 전통적인 애수나 낭만 그리고 풍자가 있는 것이 특징이지만 후기 작품은 맵고 신 정공적인 표현이 특징이다. 노신은 후기에 정치에 관심을 보이면서 좀더 적극적으로 인간 혁명, 제도 혁명에 전념하게 되고 비판문학의 영역으로 사상적 변화를 일으켰던 것이다.

만년의 노신은 중국의 고리키라 일컬어질 정도로 많은 청년 작가들로부터 숭앙을 받았다. 지병으로 자주 병상에 드러누우면서도 집필을 쉬지 않았던 그는 1936년 10월, 55세의 일기로 삶을 마감했다. 1만여 명의 군중들이 그의 장례식에 참석했으며, 항일 통일전선 조직문제를 두고 격렬한 논쟁을 벌였던 문인들은 그의 죽음을 애도하며 문단을 통일하기도 했다.

노신의 작품들은 대개 짤막짤막한 단편이지만 그 속에 깃든 사상성과 예술성으로 인해 그 생명력은 어느 작품보다도 길다. 노신의 문학은 혁명을 위한 문학이지만, 안이한 이데올로기의 도구로 전락하지 않았다는 점에서 향기롭고 위대한 문학이라 할 수 있다. 노신이 작품 속에서 그리고자 했던 것은 단순한 슬로건이나 말뿐인 지식인 작가의 허위가 아닌, 진실한 생활, 눈부신 투쟁, 약동하는 맥박, 뜨거운 정열, 그리고 상승하는 인간의 희망이었다.

노신의 문학세계는 어둡다. 그것은 노신을 둘러싼 현실이 모두 생명력을 잃어버린 절망의 현실이었기 때문이다. 그러나 노신은 그 절망 속에 갇히지 않고, 오히려 부정적 현실에 대한 비극적인 자기 확인을 통해 발전적인 의지로 승화시킨다. 노신의 작품 중 하나인 《고향》의 마지막 장면에 다음과 같은 나레이션이 있다.

'희망이라는 것은 원래 있는 것이라 할 수도 없으며 없는 것이라고 할 수도 없다. 그것은 마치 땅 위의 길과 같은 것이다. 실상 땅 위에 본래부터 길이 있는 것은 아니다. 다니는 사람이 많아지면 곧 길이 되는 것이다.'

노신에게 있어 희망은 이처럼 묵묵히 다져진 좌절감 위에 비로소 싹틀 수 있는 것이다. 그의 대표작인 《아큐정전》에서도 노신은 아큐의 혁명을 비참하게 좌절시킴으로써 아큐로 하여금 스스로 자신을 해방할 수 있는 인간으로서의 자각을 얻도록 했던 것이다. 중국이 회생할 수 있는 진정한 혁명의 길은 바로 아큐의 절망에서부터 찾을 수 있었기 때문이다. 이처럼 노신이 암흑 속에서 광명의 미래를 찾을 수 있었던 것은 자기 민족에 대한 열렬한 애정에서 기인한다. 노신의 가슴 밑바닥에서 뜨겁게 이글거리던 민족애야말로 그의 문학세계에 희망을 잉태시킬 수 있었던 주요 원인이었던 것이다.

가장 험난한 시대에 태어나 격동기를 살며 열렬한 민족애로 일관했던 노신. 그는 민족의 병근(病根)을 노출시킴으로써 과거의 어두운 체험으로부터 계몽하는 일을 피부로 느끼고, 앞날의 행복을 드러내 놓기보다는 과거의 고통을 좇아 현재를 움직이며 미래를 예언하던 시대의 선각자요, 민족혼이었다.

부 록

본서(本書)의 저자 이민수(李民樹) 선생은 한평생 동안 동양고전(東洋古典)의 번역과 해설을 위해 몸바쳐 오신 분이다. 이번에 그 해설서를 펴냄에 있어, 선생께서 미처 다루지 못한 고전의 해설을 발행인이 선생의 양해를 구하여 감히 부록으로 부친다.(발행인 金東求)

■ 사기(史記)

기전체(紀傳體)로 씌어진 동양의 바이블

고대(古代) 중국으로부터 기원전 100년까지의 역사서

'《사기(史記)》는 대체 무슨 책일까?' 하며 고개를 갸웃거리는 사람이 있을는지도 모르겠다. 《사기》는 문자 그대로 '역사(歷史)를 기록(記錄)한 책'이다. 전설상의 황제(皇帝) 시대로부터 작자 사마천(司馬遷)이 살아가던 한왕조(漢王朝) 무제(武帝 : 기원전 140~87)의 시대에 이르기까지 그 역사를 기록한 책이다.

역사책이라고 하면 딱딱하다며 경원하기 쉬운데 이 《사기》는 그렇지 아니하다. 《사기》는 결코 무미건조한 연대기(年代記)가 아니라 여러 인물이 살아간 모습을 생생히 기록해 놓은 역사책인 것이다. 크게는 세상을 창조한 인물로부터 작게는 상인(商人), 농사꾼에 이르기까지 모든 인간의 패턴이 거론되고 있으며, 그런 것들이 《사기》의 세계를 형성하고 있으니, 실로 인간학의 보고(寶庫)가 아니겠는가.

가령 《사기》를 한 번도 읽지 않은 독자가 있다 하더라도 아래에 예를 들고자 하는 인물의 이름은 들은 적이 있을 것이다.

예컨대 낚시꾼의 대명사로 불리는 '태공망(太公望)', 주지육림(酒池肉林)이란 잔치에 빠졌다가 폭군(暴君)의 대명사가 된 '주왕(紂王)', 만리장성(萬里長城)을 쌓은 '진(秦)나라의 시황제(始皇帝)', 천하를 놓고 싸웠던 '항우(項羽)'와 '유방(劉邦)', 남의 사타구니 밑을 기어서 빠져 나갔던 '한신(韓信)', 병법(兵法)으로 널리 알려져 있는 '손자(孫子)'와 '오자(吳子)', 그리고 '공자(孔子)', '맹자(孟子)' 등의 사상가들……. 또 악녀(惡

女)의 대표라고 할 수 있는 '달기(妲己)', 박명(薄命)한 미녀인데다가 풀꽃의 이름까지 된 '우미인(虞美人)' 등등…….

그들은 주어진 상황 속에서 어떠한 생활을 하였고 어떻게 죽어 갔나? 인간의 갈등, 정의심(正義心), 이기(利己), 욕망, 야심, 질투, 경쟁심, 명예욕 시대를 초월하여 보편적으로 존재하는 갖가지 인간 심리와 그것에 바탕을 둔 여러 가지 행동이, 작자 사마천의 눈을 통해서 적확(的確)하게 다루어지고 있다.

그런 의미에서 《사기》는 2천 년이라고 하는 시간의 차이를 전혀 느끼지 못할 정도로 아주 현대적이다. 그가 다루었던 인생을 추적함으로써 우리는 자신의 인생(人生)에 도움이 될 수 있는 많은 힌트를 얻게 된다.

또 《사기》는 고사성어(故事成語)의 보고(寶庫)이기도 하다. 우리가 일상생활 속에서 늘 사용하고 있는 말로서 이 《사기》가 출전(出典)인 말은 적지 아니하다. '완벽(完璧)', '사면초가(四面楚歌)', '곡학아세(曲學阿世)', '배수진(背水陣)', '문경지교(刎頸之交)', '백발백중(百發百中)', '삼년불비우불명(三年不飛又不鳴)', 등등, 이루 헤아릴 수가 없을 정도이다. 요즈음 고사성어의 오용(誤用)이 화제가 되는 경우가 간혹 있다. 이 성어를 제대로 쓴다면 유식한 사람이 되겠지만 오용하면 무식이 그대로 드러나게 마련이다. 젊은이들 가운데 고사성어를 잘못 쓰는 경우가 많은 듯한데 그 부모와 선생들에게 책임이 있다고 본다.

그야 어쨌든 《사기》를 읽음으로써 그런 수치를 면할 수 있는 길도 열리게 되고 때로는 '아니, 그것까지 알고 있었나?'라며 상대방을 깜짝 놀라게 만들 수도 있을 것이다. 역사를 배우고 인간학을 익히며 방대한 지식을 얻게 되니 실로 일석삼조가 아니겠는가.

천도(天道)는 시(是)냐 비(非)냐

《사기》는 크게 나누어 본기(本紀)·연표(年表)·열전(列傳) 등으로 구성된다. '열전(列傳)'의 첫머리에 등장하는 사람은 백이(伯夷)와 숙제(叔

齊)이다. 후세에 '백이·숙제와 같은 인물'이라고 하면 염직(廉直)한 선비의 대명사가 되었으며 이들은 자주 인용된다. 특히 공자(孔子) 이후의 유가(儒家)에서 이 백이와 숙제를 많이 인용했었다. 우선 그들의 전기(傳記)를 살펴보자.

백이와 숙제는 제후(諸侯)였던 고죽군(孤竹君)의 아들들이었다. 백이는 장남이고 숙제는 삼남이었는데, 고죽군은 이 삼남 숙제에게 후사를 잇게 할 생각이었다.

그런데 아버지가 세상을 떠나자, 삼남인 숙제는 장형 백이에게 고위(高位)를 이으라고 말했다. 그러나 백이는 승낙하지 않았다.

"네가 이어야 한다. 그것이 아버님의 유지(遺志)가 아니더냐. 내가 군위를 이을 수는 없어."

이렇게 말한 백이는 도성에서 멀리 도망쳤다. 숙제도 즉위할 것을 사양하고 형의 뒤를 따랐다.

그 후 두 사람이 어떤 생활을 했는지는 알 길이 없다. 그들이 주(周)나라에 나타났을 때는 이미 늙어 있었다. 두 사람은 주나라의 문왕이 노인들을 후대(厚待)한다는 이야기를 듣고 주나라에 찾아왔던 것이다.

그러나 주나라에 와 보니 문왕(文王)은 이미 세상을 떴고, 그 뒤를 이은 무왕(武王)이 은(殷)나라 주왕(紂王)을 토벌하기 위해 출진(出陣)하려던 참이었다. 두 사람은 무왕의 수레를 잡고 말에 기대어 서서 무왕에게 항의했다.

"부군(父君)의 장례식도 끝나기 전에 전쟁을 일으키시다니, 그렇게 하시고도 효(孝)라고 할 수 있나이까? 아무리 폭군이라 하더라도 신하의 신분으로 주군(主君)을 시살(弑殺)하시려 하다니 그러시고도 인(仁)이라고 할 수 있겠나이까?"

무왕의 종자(從者)가 이 두 사람의 목을 베려고 하자, 그 옆에 있던 태공망(太公望)이 말했다.

"멈춰라! 그들은 의인(義人)이야. 살려 주도록!"

태공망의 이 한 마디로 두 사람은 목숨을 구했지만 곧 위험을 알아차리고는 그곳을 떠났다.

무왕이 은나라를 멸망시킨 다음, 천하는 모두 주나라에 복속해 왔고 주나라를 종실(宗室)로 섬겼으나 백이와 숙제는 주나라 녹(祿)을 받지 않겠다고 결심했다. 그리고 수양산(首陽山)에 들어가 숨어 살면서 고사리를 뜯어 연명했고 노숙하다가 마침내는 죽고 말았다.

사마천은 이 두 사람의 전기(傳記)를 쓴 다음, 운명에 대해 강렬한 의문을 던졌다.

'천도(天道)는 공평무사하여 항상 선인(善人)의 편에 선다'고 했다. 그렇다면 백이·숙제는 선인인가, 악인인가? 그토록 인(仁)에 철저하며 신중한 행동을 했건만 끝내는 굶어 죽고 말았으니 이 일을 어떻게 해석해야 한단 말인가?

백이·숙제의 예만이 아니다. 공자(孔子)의 많은 제자들 가운데 학문을 좋아하여 공자로부터 칭찬을 제일 많이 들었던 제자 안회(顏回)는 어찌나 가난했던지 겨조차 배불리 먹지 못하다가 젊은 나이에 세상을 버리고 말았다. 하늘은 선인(善人)에게 복(福)으로 갚아 준다던데 대체 이것은 어찌 된 일인가?

이것에 비해 도척(盜跖 : 春秋時代의 大盜)은 매일같이 죄 없는 사람을 죽이고 그 간(肝)을 꺼내어 먹는 등 포악한 짓을 하였고, 그 휘하에 수천 명의 도둑떼를 모아서 천하에 발호(跋扈)했는데도 불구하고 그는 천수(天壽)를 누리지 아니했던가? 이 도척은 도대체 무슨 덕행(德行)을 쌓았기에 그처럼 천수를 누릴 수 있었단 말인가?

이상은 전형적인 예에 불과하며 최근에도 꼭같은 일이 일어나고 있다. 질서를 일탈(逸脫)하고 악행만 쌓는데도 평생 동안 향락을 누리고 대대손손 부귀하게 살아가는 자가 있다. 그런가 하면 한편에서는 자기 자신을 엄격하게 다스리고 신중하게 행동하며, 할 말이 아니면 입 밖에 내지 아니하고 언제나 대도(大道)를 선택하며, 정의(正義)에 관계되는 일이 아니면 화를 내는 일도 없는 사람이 재액(災厄)을 당하는 경우는 헤아릴 수 없을 만큼 많다.

그런 일들을 생각하면 나(사마천)는 깊은 절망감에 빠지고 만다. 천도(天道)란 과연 존재하는 것이냐?

——余甚惑焉 儻所謂 天道是耶非耶——

사마천의 이 의문은 현대에도 그대로 적용된다. 금권(金權) 정치가와 그것을 둘러싸고 암약하는 정상배(政商輩), 악덕 상인(惡德商人) 등은 사마천이 지적했던 질서를 일탈하고 악업(惡業)을 쌓는 무리들이 아닌가? 사회의 지도자격인 위치에 서 있는 사람들이 이 지경이라면, 국민들은 대체 누구를 믿고 살아간단 말인가? 사마천이 던진 의문을 우리는 지금 이 세상에 던지고 있는 것이다.

《사기》의 저자, 사마천의 파란만장한 인생

살아 남음으로써 수치를 당하다

여기서 사마천의 생애를 간단히 살펴보도록 하자.

그의 아버지 사마담(司馬談)은 한(漢)나라의 태사령(太史令), 즉 사관(史官)이었다. 사마천은 아버지가 세상을 떠난 후 그의 뒤를 이어서 태사령(太史令)이 되었으며, 사료(史料)의 수집과 조사를 하기 위해 여행을 거듭하면서 역사의 저술에 착수했다. 그러나 집필을 시작한 지 5년째 되던 해에 뜻하지 않은 불행이 찾아왔다.

기원전 99년, 그의 나이 47세에 그는 패장(敗將) 이릉(李陵)을 변호하다가 무제(武帝)의 분노를 사서 사죄(死罪)의 판결을 받았던 것이다. 이릉은 한대(漢代)의 명장(名將)이다. 그는 보병(步兵) 5천 명을 거느리고 북쪽의 이민족인 흉노(匈奴)를 치러 갔다가 10만 명의 흉노 기병(騎兵)과 만나게 되었다. 이릉은 용전분투하여 적군 1만여 명을 무찌르기는 했지만 무운(武運)이 없어서 포로로 붙잡히고 말았다.

그러나 무제는 이릉의 고군분투를 인정해 주지 않고 포로로 잡혔다 하여 그 가족을 처벌코자 했다. 군신(群臣)들은 모두 찬성하고 나섰는데 오직 한 사람 사마천은 이릉을 변호하며, 황제의 뜻에 아첨할 줄밖에 모르는 군신들을 나무랐다. 이것이 무제의 분노를 사게 된 원인이었다.

사마천에게 사형이 언도되었으나 그는 아직 죽을 수가 없었다. 어떻게 해서든지 아버지의 유업(遺業), 즉 역사를 기록해야 했다.

그는 사죄를 면하기 위해 궁형(宮刑)에 처해 달라고 자청했다. 궁형이란 사나이의 국부를 잘라내는 형이다. 거세(去勢)함으로써 남성도 아니고 여성도 아닌 인간으로 만드는 형벌인 것이다. 남성에게 있어서는 사형 이상의 굴욕적인 형이다.

이렇게 해서 목숨을 구한 사마천은 그 이후 옥중에 갇혀 있으면서《사기(史記)》의 집필에 몰두했다.

2년 후, 대사령(大赦令)과 함께 출옥되어 중서령(中書令)의 벼슬에 올랐다. 중서령이란 남자 금지구역인 내정(內政)에 있으면서 황제의 정무(政務) 재가(裁可)를 신하에게 전하는 직책이다. 환관(宦官 : 궁정 안에 있으면서 황제를 받드는 관직. 거세한 자가 맡는다)에게 주어지는 최고의 지위로서 '황제의 그림자'라고 할 정도로 실권을 가지고 있었다.

굴욕적인 형을 받고 옥살이를 하던 자가 이번에는 일전(一轉)하여 권력의 중추역이 되었던 것이다. 난센스라면 난센스이다. 이토록 사람을 조종하다니…….

그의 굴욕감은 터질 것만 같았다. 말할 상대도 없어서 혼자 번민의 나날을 보낼 수밖에 없었던 그의 심경은, 그가 아닌 다른 사람으로서는 상상도 할 수 없는 일이었으리라. 그는 채찍으로 얻어맞기라도 하듯 저술을 서둘렀다. 그리고 기원전 90년에는 마침내 그 방대한《사기(史記)》를 완성했다. 130권, 52만 6천5백 자였다.

그가 죽은 것은 그로부터 4년 후의 일이라고 한다.

취재 여행

사마천은 20세 무렵, 한(漢)나라의 거의 전지역에 걸친 대여행을 했었다. 중국의 넓이를 생각해 볼 때 교통망이 발달된 오늘날에도 엄청난 일이다. 그러니 당시로서는 몇 해가 걸렸는지 짐작할 수도 없다.

물론 이 여행은 즐기기 위한 것이 아니었다. 그는 각지의 고적(古跡)을 샅샅이 구경했고 노인들을 만나서 옛날 이야기를 듣곤 했다. 오늘날의 말을 인용한다면 《사기(史記)》 집필을 위한 취재 여행이라고나 할까?

그 후에도 이따금 각 지역을 방문했고 또 궁정에 비장되어 있던 서적이라든가 기록을 조사했다. 그리고 각지에 산일(散逸)되어 있던 기록과 전승(傳承)의 수집에 정력을 쏟았다. 실제로 《사기》의 저술에 착수했던 것은 40세가 지나서였고 그것을 완성한 것은 50대 중반이었다고 한다.

'필생(畢生)의 대작(大作)'이라는 말은 영화나 광고에 흔히 쓰이는 문장인데 《사기》야말로 그렇게 불러야 할 책이다. 이 여행의 에피소드가 그것을 뒤받침해 주고 있지 아니한가.

우국(憂國)의 시인(詩人)

"천도(天道)는 시(是)냐, 비(非)냐?"

사마천이 던진 의문에 그의 운명을 겹쳐서 조명해 볼 때 이 말이 지니는 중량감(重量感)에 우리는 그저 압도당할 뿐이다.

《사기(史記)》 속에는 불우한 운명에 눈물을 흘렸던 인간이 이따금 등장하는데, 그 기록은 당연한 일이지만 박력으로 가득 차 있다. 우국(憂國)의 시인(詩人)인 굴원(屈原)의 전기(傳記)를 살펴보자.

굴원(屈原)의 이름은 평(平)이고, 초(楚)나라 왕족이며 초나라 회왕(懷王)을 섬겼다. 벼슬은 좌도(左徒 : 보좌관)였다.

그는 학식이 풍부하고 정치적 식견이 뛰어날 뿐 아니라 정치가로서의 소양을 모두 갖추고 있었다. 궁정 안에서는 회왕의 상담역이 되어 국사(國事)를 재가했고, 외교 면에서도 빈객의 접대라든가 제후(諸侯)를 상대로 하는 응대에서 수완을 발휘하여 회왕의 신임을 받았다.

그러나 중신들 중에는 굴원을 시기하는 사람이 있었다. 그 한 사람으로 상관대부(上官大未)는 은밀히 굴원을 실각시키기 위해 기회만 엿보고 있었다.

어느 날, 굴원은 회왕으로부터 법령(法令)의 초안(草案)을 작성하라는 명령을 받았다. 그 초안이 거의 완성되었을 때 상관대부가 달려와서 그것을 미완성인 채 빼어다가 왕에게 바치려고 했다. 굴원이 거절하자 상관대부는 회왕에게 가서 다음과 같이 참언(讒言)했다.

"전하, 전하께서는 법령을 만드실 때마다 그 초안을 굴원에게 잡도록 시키시었으며, 이는 중신과 천하 백성이 모두 알고 있는 일이옵니다. 하온데 굴원은 법령 초안을 잡을 때마다 '이 일은 내가 아니면 할 수 없다'며 으스댈 뿐 아니오라 전하를 깔보았나이다."

그 말을 듣자 회왕의 안색이 바뀌었다. 그 후로는 굴원을 가까이 하려고 하지 않았다.

굴원은 분했다. 왕은 중상과 아첨을 그대로 받아들이고, 신하의 진언(進言)에 대하여 그 진부(眞否)를 가려내지 못했다. 암우(暗愚)한 신하가 국사(國事)를 독점하고 있으니 정당한 의견이 받아들여지지 않았다. 그래서 굴원에게는 마음 편할 날이 없었고 슬픔과 괴로운 나날이 이어졌다. 이처럼 우울했던 마음이 《이소(離騷)》라고 하는 장시(長詩)에 토로(吐露)되어 있다.

이 시에는 군주(君主)의 지위를 안태(安泰)하게 하고 나라를 바로잡음으로써 조국을 원래의 모습으로 되돌려 놓고 싶다는 그의 뜻이 드러나 있다. 그러나 결국 굴원은 손을 쓸 수 없었고 그의 소망은 사라졌다. 회왕은 끝까지 자신의 과오를 깨닫지 못했던 것이다.

그 후에도 굴원은 나라의 앞일을 우려하며 국왕의 신변을 걱정했지만 간신들의 계락에 빠져서 강남(江南) 땅으로 추방당했다.

머리를 풀어 산발하고 강가에서 시를 읊으며 굴원은 방황했다. 그의 안색은 초췌하고 몸은 고목처럼 여위어 있었다.

어부(漁夫)가 굴원을 보고 소리쳤다.

"나리는 굴원 대감이 아니십니까? 왜 이런 곳에 계십니까?"

"세상이 모두 흐려 있지만 나 홀로 맑게 살아가고 있네. 세상 모든 사람이 취해 있지만 나 홀로 깨어 있다네. 그래서 나는 쫓겨난 거지."

"사물에 구애받지 아니하고 세상의 추이(推移)에 몸을 맡기는 것, 이것이 성인(聖人)의 생활태도라고 들었습니다. 세상이 모두 흐려 있으면 그 흐린 흐름 속에 왜 몸을 맡기지 않으십니까? 모든 사람이 다 취해 있다면 왜 술지게미라도 먹고 취하지 않는 겁니까? 취중(醉中)에 주옥(珠玉)을 끌어안고 스스로 자신에게서 떠나려는 흉내라도 내면 되실 것을……."

"세수를 하고 목욕을 한 다음에는 관(冠)을 반드시 털어서 쓰고, 의복의 먼지도 털어서 입는다고 하지 않았던가? 결백한 몸을 때로 더럽힐 수야 없는 일이지. 그런 짓을 할 정도라면 차라리 강물 속에 몸을 던져 물고기의 밥이 되는 편이 나을 것이네. 세속의 거무칙칙한 것에 몸을 던질 수야 없잖은가."

그리고 굴원은 돌맹이를 주워서 주머니 속에 넣은 다음 멱라(汨羅)에 몸을 던져 죽고 말았다.

사마천은 이 굴원의 일이 결코 남의 일 같지가 않았다.

"굴원은 똑바로 바른길을 걸었고 성심성의껏 군주를 섬겼는데, 암우한 동료의 이간책으로 군주에게서 경원당하게 되었다. 그는 대체 어찌하면 좋을지 몰랐을 것이다. 성의를 다했건만 군주에게 의심을 받게 되었고, 충성을 다했는데도 뜻하지 않은 죄를 뒤집어쓰게 되었다. 어찌 이 일을 원통하게 여기지 않을 수 있겠는가? 《이소(離騷)》라는 시는 원통함 속에서 생겨난 시이다.

이해(泥海) 속에 웅크리고 있다가 마치 매미가 그 껍질을 깨고 나오듯 탈출하여, 진애(塵埃)의 세계를 뒤에 두고 천계(天界) 저쪽에서 부유(浮遊)했던 인물, 이것이 곧 굴원의 모습이다. 그 사람이야말로 세상의 오니(汚泥)에 섞이지 않고 자신의 결백을 지켜냈던 사나이였다. 이렇게 생각할 때 그의 빛나는 생애는 햇빛과 달빛처럼 빛난다고 해도 과언이 아니다."

탈출세(脫出世)의 기인(奇人)

백이(伯夷)·숙제(叔齊)의 아사(餓死), 사마천의 운명, 굴원의 비극 등등, 이야기가 아무래도 심각한 쪽으로 흘러간 것만 같다. 여기서 일전하여, 황제의 측근에 있으면서 시류(時流)에 구애됨이 없이 초연하게 살아갔던 기인(奇人)의 이야기를 하고 끝맺을까 한다.

그의 이름은 동방삭(東方朔)으로 무제의 시종으로서 항상 무제 곁에서 황제를 모시던 인물이다. 대단한 학식을 가졌던 사람인데 그 기행은 실로 이색적이었다.

무제는 퇴청하면 언제나 동방삭을 가까이 불러 이야기 상대로 삼았는데 그때마다 심기가 밝았었다. 동방삭은 이따금 배식(陪食)을 하는 경우도 있었는데, 식사가 끝나면 먹다 남은 고기를 전부 옷소매나 주머니 속에 담아 가지고 돌아간다. 그러니 그 옷은 모두 젖을 수밖에 없었다. 또 무제가 비단 따위를 하사하면 그것을 그대로 짊어지고 퇴궁하곤 했다.

황제가 내리는 돈이나 비단이 모이게 되면 그것으로 도읍 뒷골목의 젊은 미녀를 사들인다. 그리고 1년도 안 되어서 그 미녀를 버리고는 다시 새 미녀를 맞는다. 이렇게 해서 하사받은 돈이고 비단이고 모두가 여인의 손으로 들어가게 된다.

동료 시종들은 이런 동방삭의 태도가 마땅치 않다며 미치광이 취급을 하였다. 무제가 그 말을 듣고 그들에게 말했다.

"동방삭은 어떤 일을 시키든 척척 해냈소. 그대들은 맨발 벗고 따라가도 동방삭을 따르지 못할 것이오."

동방삭이 궁중을 거닐고 있자니 한 시종이 말을 걸어 왔다.

"저어, 그대를 보고 미쳤다고들 하는데 나는 그렇게 생각하지 않소."

"잘 생각했소이다. 나는 그저 '조정에서 은둔(隱遁)하는 자'일 뿐이오. 옛날 사람들은 오로지 산속에 들어가야만 은둔하는 것으로 생각했었지……."

술자리에서도 역시 그는 기인이었다. 술에 취하면 엉금엉금 기어다니며 노래를 불렀다.

세속(世俗)에 몸을 던지고
어전(御殿)에 몸을 숨긴다
몸을 숨기는 것은 산속의
초암(草庵)뿐이 아니잖는가

어느 날 학자들이 모여 있는 자리에서 동방삭에게 다음과 같이 비아냥대는 사람이 있었다.

"선생같이 학문과 견식을 두루 갖춘 분이라면…… 폐하를 섬기신 지 수십 년이 되었으니 당연히 승진하셨어야 하거늘 어찌……."

"난세(亂世)에는 나라의 존망이 인재를 얻느냐 못 얻느냐에 달려 있소. 따라서 높은 벼슬자리에 오를 수 있는 기회도 많지요. 그러나 오늘날과 같이 질서가 잡혀 있고 천하가 구석구석까지 안정되어 있는 시대에는 현자(賢者)도 우자(愚者)도 식별하기가 어렵다오. 옛 사람도 '천하에 재해(災害)가 없으면 비록 성인이라 하더라도 그 재능을 떨쳐 볼 여지가 없다'고 말했잖소. 그렇다 해서 수양(修養)을 게을리하라는 말은 아니외다. 자기 자신만 충실하게 살아간다면 외견상의 출세 따위는 문제도 되지 않는 법이라오."

학자들은 더 이상 할 말을 잃었다.

사족(蛇足)이지만 여기서 든 이야기들은《사기》라고 하는 큰 바다에서 불과 한 방울의 물을 떠본 것에 지나지 않는다. 그러므로 독자 제현은 꼭 원전(原典)을 일독하기 바란다.

"《사기(史記)》는 내 인생관을 바꾸어 놓았다."

고 말한 사람도 이 세상에 많이 있음을 기억하면서…….

전국책(戰國策)

오늘날에도 기업(企業)의 귀감이 되는《전국책》

인간관계의 지혜

중국에서는 예부터 많은 역사책이 씌어져 왔다. 예컨대《춘추(春秋)》〈좌씨전(左氏傳)〉,《전국책(戰國策)》, 혹은《사기(史記)》《한서(漢書)》《삼국지(三國誌)》로부터《명사(明史)》에 이르는 정사(正史), 그리고《자치통감(資治通鑑)》,《십팔사략(十八史略)》 등등 무수한 역사책이 있으며, 이 역사서들은 많은 사람들에게 읽혀 왔다.

이 역사서들을 쓴 역사가들은 후세 사람들이 이것을 읽음으로써 거기서 무엇인가 얻기를 분명히 기대하고 있었고, 또 독서인들 역시 역사서를 읽음으로써 많은 교훈을 얻었던 것이다.

예컨대 이런 이야기가 있다.

송대(宋代)에 적청(狄靑)이라고 하는 명장(名將)이 있었다. 이 사람은 일개 병졸 출신이었는데 전쟁에는 아주 강했다. 서쪽의 이민족(異民族)인

서하(西夏)와 싸울 때마다 이 적청이 이끄는 부대는 승리를 거두었고 그 공적으로 그는 장군에 발탁되었다.

그러나 장군은 그저 전쟁만 잘한다고 해서 그 자리를 유지할 수 있는 것이 아니다. 이를 걱정한 총사령관은 일부러 적청을 불렀다.

"장군, 고금(古今)의 사건을 모른다면 필부지용(匹夫之勇)에 지나지 않는 법일세."

이렇게 말한 총사령관은 이 책을 꼭 읽으라면서 《춘추(春秋)》〈좌씨전(左氏傳)〉이란 역사책을 권했다. 발분한 적청은 그 후 《춘추》〈좌씨전〉과 《전국책(戰國策)》을 숙독함으로써 힘으로 싸우는 용장(勇將)에서 머리로 싸우는 지장(智將)으로 변신했다고 한다.

또 이런 이야기도 있다.

《삼국지(三國誌)》시대, 오(吳)나라의 왕인 손권(孫權) 휘하에 여몽(呂蒙)이라고 하는 무장이 있었다. 이 사람도 전쟁에 강하여 두각을 나타냈으며 마침내 장군으로 발탁되었는데, 소년시절에는 너무나 가난하여 책을 읽을 틈이 없었다.

지도자가 되면 학문과 교양을 반드시 갖추어야 한다는 것은, 고대로부터 중국인들에게 인식되어 온 바이다. 장군도 그 예외일 수는 없다. 걱정해 오던 손권이 어느 날 여몽을 불러놓고 이렇게 말했다.

"이제 그대도 중요한 지위에 올라 있소. 그러니 공부를 해서 자기계발(自己啓發)을 해야 할 것이오."

군무다망(軍務多忙)하여 독서할 틈이 없다며 발뺌하는 여몽에게 손권은 정색을 하며 다시 권했다.

"그렇다고 해서 그대에게 학자가 되라는 이야기는 아니오. 역사를 공부하라는 것뿐이오. 과인을 보시오. 과인은 보위에 오른 후에도 독서를 거르는 날이 없소이다. 《전국책》《사기(史記)》《한서(漢書)》, 그리고 제가(諸家)의 병법서(兵法書)에서 많은 것을 배우고 있소. 그대도 핑계만 대지 말고 독서를 하도록 하오."

손권은 이렇게 말한 다음, 두 가지 종류의 책을 추천했다.

1. 《손자(孫子)》《육도(六韜)》 등의 병법서

2. 《전국책》《사기》 등의 역사서

《손자》를 비롯한 병법서는 병법의 원리원칙을 기록한 책이다. 그 원리원칙은 장군이라면 당연히 알아 두어야 한다. 그러나 그것만으로는 승리할 수가 없다. 실전(實戰)에 임했을 때 바람직한 것은, 원리원칙과 아울러 임기응변의 운용이다.

그런 까닭에 필요한 것이 역사서인 것이다. 《전국책》, 《춘추》 〈좌씨전〉, 《사기》 등의 역사서에는 원칙을 적용했던 구체적인 사례가 가득 실려 있는 것이다.

손권이 이런 책들을 권했던 이유를 알 만하지 않은가?

여몽은 손권의 간곡한 권유를 알고 한번 해보고 싶다는 생각이 들었던 것 같다. 그 후 그는 시간을 쪼개 가며 학문에 힘썼던 결과, 그 역시 힘으로 싸우던 무장에서 머리로 싸우는 지장(智將)으로 변신했던 것이다.

적청도, 그리고 여몽도 단순한 무장들이었으니 역사서에서 배운 것은 전쟁의 구체적인 사례, 혹은 노하우였을 것임에 틀림없다. 그러나 역사서에 가득 실려 있는 내용들이 그런 것뿐만은 아니다. 각국의 치란흥망(治亂興亡)에 관한 생생한 사례, 혹은 인간학이라든가 인간관계에 대한 기미(機微) 등, 현대를 살아 나가는 데 필수불가결한 지혜가 듬뿍 실려 있는 것이다.

역사책에 그런 효용 가치가 있음을 잊어서는 안 된다.

방향이 바뀌면……

현대를 살아가는 데 도움이 되는 지혜의 이야기를 예로 든다면 이런 것이 있겠다. 물론 《전국책》에 실려 있는 일화이다.

위(魏)나라 안리왕(安釐王)이 조(趙)나라 도읍 한단(邯鄲)을 공격하기 위한 계획을 세웠던 때의 일이다. 계량(季梁)이란 신하는 이 소식을 듣자,

여행길에서 돌아왔다. 그는 머리에 묻은 먼지도 털지 않고 입은 옷의 주름도 펴지 않은 채 알현(謁見)을 청했다.

"전하, 신은 방금 도읍으로 돌아오던 도중 한 사나이를 만났사옵니다. 그는 수레를 북쪽으로 몰면서 '초(楚)나라에 가는 길'이라고 하였나이다. '초나라에 가려면 남쪽으로 가야 했거늘 왜 북쪽으로 가는 거요?' 라며 신이 물었습지요. 그랬더니 그는 '말은 아주 잘 달리는 일등 말이오'라고 대답하였나이다. '글쎄, 좋은 말인지는 모르겠으나 방향이 틀렸다구요'라고 신이 말하자 그는 '여비도 많이 가지고 있소'라고 대답했나이다. 하도 기가 막혀서 신이 '그럴는지 모르겠으나 길을 잘못 들었소이다'라고 말하자 그는 엉뚱하게도 '어자(御者)도 말을 잘 몰지요' 라고 대답했사옵니다.

전하, 이처럼 좋은 조건은 모두 갖추고 있지만 그는 점점 더 초나라에서 멀어져 갈 뿐이 아니겠나이까. 전하, 전하께오서는 지금 패왕(覇王)이 되시려고 함에 천하의 신뢰를 얻고자 하시나이다. 그리고 나라가 넓은 것과 병사가 강한 것만 믿으시고 한단을 공격하려고 하시옵니다. 하오나 지금 동병(動兵)을 하신다면 그만큼 패업(覇業)에서는 멀어질 것이나이다. 초나라에 가려던 사람이 반대로 점점 북쪽을 향해 가는 것과 다름없을 것이옵니다."

최초에 방침을 잘못 정하면 어떻게 되는가? 능력이 있으면 있을수록, 노력을 하면 할수록 목적한 바에서 멀어져 가고 말 것이라는 이야기이다.

《맹자(孟子)》에 이런 말이 있다.

'공부하는 일이든 사업을 하는 일이든 우물을 파는 것과 비슷하다. 아무리 깊이 파더라도 수맥(水脈)에 도달하지 못하고 집어치우면 우물을 포기한 것과 같다.'

이것은 계속적인 노력의 중요성을 강조한 말이다. 뜻한 바를 성취하고, 사업을 성공시키려면 계속적인 노력은 빼놓을 수 없는 조건이다.

그러나 최초의 방침을 잘못 정하면 그토록 힘들인 노력도 아무 쓸모없는 것이 되고 말 것이다. 《전국책》의 일화는 바로 그것을 가르쳐 주고 있다. '뭐야? 그 정도도 누가 모를까 봐……' 하는 독자도 있을지 모르겠다. 그러나 우리 주위에는 의외로 그런 사람, 그런 일이 많이 있다.

어느 재벌 그룹의 회장은 이 《전국책》의 일화를 인용해 가며 이따금 사원들에게 훈시한다는 이야기를 들었다. 이 회장의 노파심을 비웃는 사람은 과연 어떤 사람일까?

권모술수도 살아남기 위한 묘책

세 글자의 간언(諫言)

《전국책》은 지금으로부터 2천 수백 년 전, 전국시대(戰國時代)에 활약한 '세객(說客)'들의 에피소드를 기록한 책이다. 역사책임에는 틀림없으나 결코 딱딱한 책이 아니다. 여기서 '세객'이라고 뭉뚱그려서 말했는데 그 세객들도 각양각색이다.

소진(蘇秦)과 장의(張儀)처럼 세 치 혀로 국제정세를 뒤흔들어 놓은 거물책사(巨物策士)가 있는가 하면, 감무(甘茂)나 범저(范雎)처럼 일약 한 나라의 재상(宰相)으로 뛰어오른 행운아도 있다. 또 형가(荊軻)라든가 섭정(聶政)과 같이 비수 한 자루에 모든 것을 의탁하고 적지(敵地) 속에 뛰어들었던 자객이 있는가 하면, 제모변(齊貌辯)이나 풍원(馮諼)처럼 권문(權門)에 기식(奇食)하다가 그 집안에 큰일이 일어났을 경우 감연히 일어서서 그 용혜를 갚은 식객들도 있다.

파란만장했던 전국시대를 배경으로 하여 이런 인물들이 펼치는 갖가지 에피소드, 그것이 《전국책》의 내용이다.

'세객'들의 기상천외한 발상(發想), 의표(意表)를 찌르는 논리, 다채로운 설득력, 사나이의 의기, 허세, 그리고 거짓 이야기——. 그 모두가 답답한 현대를 살아가는 우리에게는 한 모금의 청량제(清涼劑)가 될 것이다. 또 그 속에서 오늘을 살아가는 용기와 자신감, 끈기 등을 배울 수도 있겠다.

송대(宋代)의 문학자 소순(蘇洵)은 《전국책》을 이렇게 평했었다.

"소년(少年)의 문자(文字)이다. 실로 기상(氣象)을 쟁영(崢嶸)시킬 수 있다."

'기상을 쟁영시킨다'는 것은 마음을 넓게 가지도록 하고, 하고자 하는 의기를 불러일으키게 한다는 의미이다. 이런 점에 예부터 《전국책》이 읽혀져 온 비밀이 있었는지도 모르겠다.

그런 예를 한 가지만 소개하겠다.

제(齊)나라의 재상을 지내고 있던 정곽군(靖郭君)이 자신의 영지(領地)인 설(薛) 땅에 성을 쌓으려고 했다. 그 말을 들은 식객들은 번갈아가며 들어와서 그 일을 말리려고 했다.

그것을 눈치챈 정곽군은 말했다.

"누구든 만나지 않을 것이야."

그런데 잠시 후, 한 식객이 들어와서 면회를 청했다.

"세 마디만 하겠습니다. 그 이상 이야기하거든 가마솥에 삶아서 죽여도 좋습니다."

정곽군은 그 식객만은 만나보기로 하였다. 사나이는 종종걸음으로 들어와서,

"해(海), 대(大), 어(魚)."

라고 말하자마자 뛰어나가려고 하였다. 분명 세 마디만 말한 것이다. 그러나 이 세 마디만으로는 무슨 말을 한 것인지 그 뜻을 알 수가 없었다.

"기다리시오!"

정곽군은 무의식중에 소리쳤다.

"그냥 가렵니다. 개죽음당하고 싶지 않으니까요."

"괜찮소. 자세히 말해 보오."

그러자 사나이는 대답했다.

"대어(大魚)를 모르십니까, 대감? 이 대어는 너무나 크기 때문에 그물로 잡을 수가 없지요. 또 낚시로도 잡을 수가 없습니다. 그렇게 큰 대어라 하더라도 물 밖으로 나오게 되면 개미의 먹이가 되고 맙니다. 지금 제나라는 대감에게 있어 물과 같은 것입니다. 그 속에만 계시면 설 땅에 성을 쌓을 필요가 없으십니다. 그러나 일단 제나라를 떠나신다면 설 땅에 하늘까지 치솟는 성을 쌓으신다 해도 아무 도움이 되지 못할 것입니다."

"과연, 그대의 말이 옳소."

정곽군은 설 땅에 성 쌓는 계획을 취소했다.

이 식객은 오늘날 흔히 볼 수 있는 캐치프레이즈의 수법으로 면회사절의 벽을 보기 좋게 돌파했던 것이다. 그의 기지(機知)에는 일종의 상쾌감이 있다고 해도 좋다. 그리고 읽는 이로 하여금 '그런 일이라면 나도 할 수 있겠다'는 생각이 들도록 하는 점에 이 이야기의 진가가 있는 것이다. 《전국책》에는 이처럼 상쾌한 이야기가 가득 실려 있다.

식객(食客)의 보은(報恩)

세 치 혀를 놀려 언론활동을 하며 살았던 '세객(說客)'들의 기록은 그대로 설득술의 에센스가 되었는데, 이 《전국책》의 내용은 그것에만 한정되어 있는 것은 아니다. 인간을 알고 인간관계의 기미(機微)를 이해하는 데에도 빼놓을 수 없는 에피소드가 많이 포함되어 있다.

그런 예를 역시 정곽군(靖郭君)의 일화 속에서 한 가지만 더 소개하기로 하겠다.

정곽군 밑에 제모변(齊貌辯)이라고 하는 식객이 있었다. 이 제모변은 다른 식객들로부터 미움을 사고 있었는데, 정곽군은 그러한 제모변을 후대(厚待)해 주었다.

그 후 제나라에서는 위왕(威王)이 세상을 떠나고 선왕(宣王)이 그 뒤를 이었다. 정곽군은 이 선왕과 사이가 좋지 못했으므로 재상직을 사임하고 자기 영지인 설(薛) 땅으로 돌아갔다. 그때 제모변도 함께 돌아갔는데 하루는 제모변이 정곽군에게 선왕을 만나러 가겠노라고 말했다.

정곽군은 제모변을 말렸다.

"지금 왕은 나를 미워하고 있소. 그대가 갔다가는 아마 잡혀서 죽고 말 것이오."

"물론 저도 살아서 돌아올 생각은 하지 않습니다. 어쨌든 꼭 보내 주십시오."

제모변은 말리는 정곽군을 뿌리치고 제나라 도읍으로 올라갔다.

이 소문을 들은 선왕은 노기충천하여 기다리고 있다가 제모변을 보자마자 이렇게 서두를 꺼냈다.

"듣자 하니 정곽군은 그대를 총애한다더군. 그러니 그대가 건의하는 의견도 잘 받아들여 주겠지?"

제모변이 대답했다.

"예, 전하. 신은 정곽군의 총애를 받고 있나이다. 하오나 정곽군은 신의 헌책(獻策)을 받아들이지는 않사옵니다. 실은 이런 일이 있었습지요. 전하께서 아직 태자(太子)로 계셨을 때 신은 정곽군에게 이런 말을 한 적이 있었나이다. '저어, 태자는 그 인상(人相)이 좋지 않습니다. 턱은 튀어나왔고 눈은 사팔뜨기입니다. 그런 상(相)을 가진 사람은 틀림없이 모반(謀反)을 한다고 하였습니다. 태자를 폐하고 그대신 위희(衛姬)가 낳은 교사(郊師)를 태자로 삼도록 하는 게 어떨까요?' 그러자 정곽군은 '그게 무슨 말이오? 다시는 그런 말, 입 밖에 내지도 마오!'라며 반대했었나이다. 만약 그때, 신의 말을 정곽군이 들었더라면 전하의 오늘은 없으셨을 것이니이다.

또 이런 일도 있었사옵니다. 정곽군이 그의 영지(領地)인 설(薛) 땅에 간 다음의 일이옵니다만, 초(楚)나라의 대부인 소양(昭陽)이 '설 땅보다 몇 배나 되는 땅을 줄 테니 설 땅과 교환하자'고 제의해 왔사온데, 그때 신은 '어서 바꾸십시오'라고 권했사옵니다만 정곽군은 '이 땅은 선군(先君)께서 나에게 주신 것이오. 아무리 현왕(現王)이신 금상(今上)께서 나를 미워하신다 해도 이 땅을 내놓을 수는 없지. 더구나 이 설 땅에는 선왕을 제사지내는 묘(廟)가 있지 아니한가. 이런 땅을 초나라에게 주다니 그런 말은 두번 다시 하지 마오'라고 말하며 신의 말을 또 받아들이지 아니하였나이다."

선왕의 얼굴에는 감동의 빛이 떠올랐다.

"그랬던가? 그토록 과인을 생각하고 있단 말이지……. 과인은 아직 미숙하여 그런 것을 전혀 모르고 있었구려. 그대는 곧 정곽군을 불러들여 주오."

"예, 분부 받들어 거행하겠나이다."

이렇게 해서 제모변은 정곽군과 선왕 사이를 화해시키는 데 성공했다. 그래서 정곽군은 다시 재상의 지위에 올라 제왕(帝王)의 신임을 얻게 되었다고 한다.

이 일화는 역수(逆手)를 친 설득법의 본보기로서 이따금 인용되는 이야기인데, 그와 동시에 인간관계의 기미(機微)도 멋지게 나타내 주는 것이라 할 수 있겠다.

《전국책》에는 원저자(原著者)인 듯한 사람의 코멘트가 첨가된 대목이 더러 있는데, 이 일화에도 그 코멘트가 붙어 있다. 그것은 대략 다음과 같은 것이다.

이렇게 볼 때 정곽군은 사람을 잘 보았고 이해했던 사람이라고 해야 할 것이다. 그처럼 이해했기에 비난하는 자가 많았어도 제모변을 계속 신뢰했던 것이 아니겠는가. 제모변이 생명의 위험을 무릅쓰면서까지 기꺼이 그 어려운 일을 해냈던 이유는 바로 그런 점에 있었다.

이해해 주고 신뢰해 주는 것이야말로 상대방에게 하고자 하는 마음을 불러일으키는 열쇠라고 해도 좋을 것 같다.

■ 정관정요(貞觀政要)

중국 4천년 역사 중 가장 뛰어난 당태종의 정치 철학서

위정자의 정치 지침서

《정관정요(貞觀政要)》는 우리에게 그다지 낯익은 것은 아니지만, 제왕학의 원전으로 옛날부터 동양에서 애독되어 온 책이다.

이 책은 지금부터 약 1천3백5십 년 전, 당(唐)나라의 2대 황제인 태종(太宗) 시대에 성립되었다. 태종의 이름은 이세민(李世民)이라 하고 중국 3천 년 역사 가운데 명군으로 손꼽히는 왕이다. 태종 황제(皇帝)의 치세는 23년간이나 계속되었는데, 그 치세는 태종의 연호를 취해 '정관(貞觀)의 치세(治世)'라 불렸으며 이상적인 정치가 행해졌다고 칭송되어 왔다.

《정관정요》란 두말할 것도 없이, '정관지치(貞觀之治)'와 같은 이상적인 시대를 이룩한 정치의 요체라는 의미이다. 이 책에서는 주로 태종과 중신들의 짧은 대화풍(對話風)의 에피소드를 통해 그들이 어떤 마음가짐으로 정치에 임했는가, 어떤 점에 고심했는가? 그 비밀이 설명되어 있다. 훌륭한 정치를 맡은 인물들의 무대 뒤의 얘기라고나 할까? 이 책은 뒤에 이어지는 중국의 황제들에게 제왕학의 교과서로 읽혀져 왔다. 중국뿐만 아니라 우리나라에서도 《정관정요》를 가까이 한 위정자(爲政者)들은 많다.

그러면 《정관정요》가 요하는 제왕학의 요체는 무엇인가? 한마디로 말하면 지키는 시대의 최고 지도자의 마음가짐이라고 할 수 있다. 《정관정요》에 '창업(創業)이 어려운가, 수성(守成)이 어려운가?' 하는 유명한 문답이 있다. '수성'이란 이미 완성한 것을 지켜 간다는 의미이다.

언젠가 태종이 중신들에게,

"제왕의 사업 가운데서 창업과 수성 중에 어떤 것이 더 어려울 것 같소?"

하고 묻자, 먼저 재상 방현령(房玄齡)이 대답했다.

"창업의 시초에 당하면 천하가 삼줄기〔麻〕처럼 흐트러지고 각지에 군웅(群雄)이 할거하고 있나이다. 천하통일의 대업을 성취하는 데는 그들 군웅과의 쟁패전(爭霸戰)에서 이기지 않으면 아니되옵지요. 그 일을 생각하면 창업 쪽이 더 곤란한 일이라고 사료되옵니다."

이에 대해 간의대부(諫議大夫) 위징(魏徵)은 반론을 폈다.

"폐하, 그것은 잘못된 생각인 줄 아뢰오. 원래 제위(帝位)는 하늘에서 물려받아 백성에 의해 주어지는 것으로, 그것을 손에 넣기 곤란하다고는 할 수 없나이다. 하오나 일단 천하를 손에 넣고 나면, 정신이 해이해져서 자행자지하옵지요. 백성이 평온한 생활을 소망한다 하더라도 징발(徵發)이 그칠 사이가 없사옵고 백성이 기아선상을 헤매고 있어도 제왕의 호화찬란한 생활을 위해 세금은 끊임없이 과해지옵니다. 국가의 쇠퇴(衰退)는 항상 그것이 원인이 되나이다. 그와 같은 이유로 실은 수성(守成)이야말로 곤란할 것으로 사료하나이다."

잠자코 듣고 있던 태종은 다음과 같이 말했다고 한다.

"잘 알겠소. 방현령은 짐(朕)을 따라 천하를 평정하면서 고난을 같이하고 구사일생으로 오늘에 이르렀소. 그대의 입장에서 보면, 창업이야말로 곤란한 사업이라고 생각하는 것도 무리는 아닐 것이오.

한편, 위징은 짐과 함께 천하의 안정을 도모하여 왔으려니와 지금 여기서 조금이라도 긴장을 풀면 반드시 멸망의 길을 걷게 될 것이라고 우려하고 있소이다. 그러기에 수성이 더 곤란하다고 말했을 것이오. 그런데 돌이켜 생각해 보면, 창업의 곤란은 이미 과거의 것이 되어 버렸구려. 이제부터는 그대들과 함께 긴장을 풀지 말고 수성의 곤란을 극복해 나가야겠오."

태종은 이와 같은 마음가짐으로 수성의 시대에 대처하여 명군이라 추앙받기에 이르렀다.

부하의 의견에 귀를 기울이라

항우(項羽)와 유방(劉邦) 두 사람은 진(秦)나라의 시황제(始皇帝)가 죽은 뒤 천하를 놓고 쟁패전을 벌였다. 그리고 최종적으로 유방이 항우를 격파하여 천하를 통일을 하고 한(漢)왕조를 세웠다.

이 두 사람의 싸움은 처음에는 압도적으로 항우 쪽이 우세했다. 그러나 유방은 끈질기게 열세를 만회하고 역전의 승리를 거두었다. 그 승리의 원인에 대해서 유방 자신은 이렇게 말하고 있다.

"나에게는 소하(蕭何)·장량(張良)·한신(韓信)이라는 세 사람의 걸물(傑物)이 있었소. 이 세 사람을 적재적소에 쓴 것이 짐이 승리를 거두게 된 비결이었소이다. 여기에 비할 때 항우에게는 범증(范增)이라는 군사(軍師)가 있었는데, 항우는 그 한 사람조차도 제대로 부리지 못했소. 그것이 항우의 패인(敗因)이외다."

세 사람의 걸물들을 능수능란하게 구사한 것이 승리를 거둔 이유라고 말하고 있으나, 능수능란하게 구사했다고 해도 졸개들처럼 마구 부렸다는 말은 아니다. 유방은 세 사람의 의견을 실로 잘 들어준 것이다. 유방 쪽에서 명령이나 지시가 내려진 것은 거의 없고, 부하의 진언에 귀를 기울이고 마지막에 '좋다. 그렇게 하자'고 결단을 내리는 것이 유방의 방식이었다.

그러한 방식을 채용하게 되면, 부하로서도 그만큼 책임을 느끼고 열심히 일을 하지 않을 수 없다. 유방이 부하를 능수능란하게 부린 비결은 바로 이것이었다.

그런데 부하의 의견이란 그 내용 면에서 보면 대강 두 가지로 나눌 수가 있다. 첫째는 정책(政策)이라든가, 전략전술(戰略戰術)에 관한 진언이고, 둘째는 지도자나 상사의 과실(過失)을 간(諫)하는 간언이다.

여기서 말한 유방의 경우는, 주로 정책이나 전략전술에 관한 진언에 귀를 기울였는 데, 지도자로서 더욱 곤란한 것은 간언에 귀를 기울이는 일일 것이다.

중국에는 '좋은 약〔良藥〕은 입에 쓰지만 병에 잘 듣고, 충언(忠言)은 귀에 거슬리지만 자신에게 도움이 된다'는 격언이 있는데, 간언(諫言)이란 듣는 쪽의 경우에는 언제나 씁쓸한 법이다.

자신의 결점이나 과오를 지적받으면 누구나 기분이 좋을 리 만무하다. 그것을 허심탄회하게 받아들이려면 상당한 인내력을 필요로 한다.

그런데 중국의 역대 황제 가운데서 당태종만큼 간언을 좋아한 지도자도 없었을 것이다. 오히려 자기 쪽에서 적극적으로 그것을 구했으니 말이다. 《정관정요》를 읽으면 그것을 역력히 알 수 있다.

예컨대 태종은 언젠가 중신들을 모아놓고 이렇게 말했다.

"예로부터 제왕 중에는 자신의 감정대로 행동한 사람이 많았소이다. 기분이 좋을 때는 공적(功績)이 없는 자에게까지 상을 내리고, 화가 났을 때는 죄가 없는 사람까지 죽였었소. 천하의 대란(大亂)은 모두 그것이 원인이 되어 일어났던 것이오.

짐은 밤낮으로 그점에 대해 생각을 해왔소. 바라건대 생각나는 것이 있으면 사양하지 말고 말해 주기 바라오. 또한 그대들도 부하의 간언을 즐겨 받아들이는 것이 좋을 것이외다. 자신의 의견과 다르다고 해서 거부해서는 안되오. 부하의 간언을 받아들이지 않는 자가 어찌 상사에게 간언할 수 있으리요?"

또 아주 만년에 가서의 일인데, 태종은 위징에게 다음과 같이 말하고 있다.

"요즘은 신하들 가운데 의견을 제출하는 자가 통 보이지 않는구려. 도대체 어찌된 일이오?"

그러자 위징은 이렇게 대답했다.

"폐하께서는 허심탄회하게 신하들의 의견을 경청하여 오셨나이다. 폐하께 감히 자기 의견을 활발하게 아뢰는 자가 있어야 당연하옵니다. 하오나 똑같이 침묵을 지켜도 각자 각자가 서로 이유가 다른 것이니이다. 의지(意志)가 약한 자는 마음으로는 생각하고 있어도 입으로 말할 수가 없습지요.

평소 측근에 있지 않던 자는 신뢰를 잃을까 봐 좀처럼 입을 열지 않사옵고, 또한 지위에 연연하고 있는 자는 허튼소리를 했다가 행여나 지위를 잃어버리지 않을까 해서 이 또한 적극적으로 간하려고 하지 않았사옵니다. 모두들 침묵을 지키고 있는 것은 그런 이유 때문인 줄 아옵니다."

위징의 대답은 부하의 심리를 교묘하게 묘사하고 있으며, 또한 지도자의 맹점(盲點)을 잘 지적하고 있다. 이에 대해 태종은 다음과 같이 대답하고 있다.

"정녕 그대의 말이 옳소. 짐은 항상 그 점에 대해서 반성하고 있소이다. 신하가 군주에게 간하려면 죽음을 각오하고 나서지 않으면 안되는 법. 그것은 형장(刑場)에 가는 것이나 적진 속으로 돌격해 들어가는 것과 하등 다를 것이 없소. 감히 간언하는 신하가 적은 것은 그런 이유에서일 것이오.

짐은 앞으로도 겸허한 태도로 간언을 받아들일 생각이니, 그대들도 쓸데없는 걱정을 하지 말고 과감하게 의견을 개진해 주오."

태종은 생애를 통해 이러한 태도로 일관하여 널리 신하의 간언에 귀를 기울였다고 한다. 그것이 《정관정요》를 배우는 제왕학(帝王學)의 첫째 조건이라 할 수 있을 것이다.

다만 부하의 의견에 귀를 기울인다고 하더라도, 그 전제로써 부하는 유능한 실력을 갖춘 인재가 아니면 안 된다.

그런 점에서 볼 때, 태종 밑에는 위징이나 방현령과 같은 쟁쟁한 인재가 많이 있었다. 그러므로 지도자라면 인재를 모으는 노력도 동시에 익혀야 할 것이다.

리더는 자기 몸부터 바르게 가져야 한다

리더의 마음가짐

앞에서도 말한 바와 같이 《논어》 가운데,

'자신의 행동이 정당하면 명령하지 않아도 실행되어진다. 그러나 자신의 행동이 그릇되어 있으면 아무리 명령해도 실행되지 않는다.'

라는 이 말은 어느 시대의 리더나 지도자든지 명심해야 할 일이다.

왜냐하면 간부나 지도자는 일거수 일투족이 항상 부하로부터 주목받고 있기 때문이다. 이러한 입장에 놓여 있는 자가 부하 앞에서 어설픈 태도나 행동을 보이면, 당장 부하들의 사기에 영향을 주고 나아가서는 조직의 붕괴를 가져올 수도 있다.

태종은 그러한 점에서도 엄격한 자숙(自肅)을 게을리하지 않았던 사람이다. 언젠가 태종은 중신들에게 이런 말을 했다.

"군주된 자는 무엇보다도 먼저 백성들의 생활 안정을 염두에 두어야 하오. 백성을 착취하여 사치스러운 생활에 빠지는 것은, 마치 자기의 다리를 베어 먹는 것과 같아서, 배가 부르게 되었을 때는 이미 몸 한 쪽이 말을 안 듣게 될 것이오. 천하의 태평을 원한다면 먼저 자신의 자세를 올바르게 해야 할 필요가 있소. 몸은 똑바로 서 있는데 그림자가 구부러져 보이고, 군주가 훌륭한 정치를 하는데 백성들의 기강이 해이해졌다는 애기는 지금까지 단 한 번도 들어본 적이 없소이다.

짐은 언제나 이렇게 생각하고 있소. 몸의 파멸을 가져오는 것은 그 사람 자신의 욕망이 원인이라고……. 항상 산해진미를 먹고 음악이나 여색에 빠져 있다면 욕망은 한없이 퍼져가고 그것에 드는 비용도 막대할 것이외다. 그렇게 되면 가장 중요한 정치에서 멀어지게 되고 백성을 도탄에 빠뜨리게 되오. 게다가 군주가 이치에 맞지 않는 말을 한 마디라도 하게 되면, 백성의 마음은 뿔뿔이 흩어지게 되고 반란을 꾀하는 자도 나타나게 될 것이외다. 그렇기 때문에 짐은 항상 이것을 염두에 두고 적극적으로 자신의 욕망을 억제하려고 노력하고 있소이다."

측근인 위징이 그의 말을 받아서 이렇게 말했다.

"예로부터 성인으로 숭상받은 군주는 모두 이것을 실천했나이다. 그렇기 때문에 이상적인 정치를 행할 수 있었습지요. 일찍이 초(楚)나라 장왕(莊王)은 섬하(詹何)라는 현인을 모셔다 정치의 요체를 물었던바, 섬하는 먼저 '군주가 자신의 자세를 바르게 하는 것입니다'라고 대답했다 하옵니다. 장왕은 되풀이해서 구체적인 방책(方策)에 대해서 질문했는데, 그래도 섬하는 '군주가 자세를 올바로 갖고 있는데 나라가 흔들린 적은 한 번도 없었습니다' 하고 대답할 뿐이었다고 하옵니다. 폐하께서 말씀하신 것은 섬하의 말과 똑같은 것이니이다."

당태종은 이러한 각오로 정치에 임했고 솔선해서 스스로의 자세를 바르게 하는 데 노력했다. 언젠가 태종은 위징에게,

"짐은 언제나 자세를 올바로 갖기 위해 노력해 왔는데, 아무리 노력해도 옛날 성인을 따라갈 수가 없구려. 세상 사람들에게 비웃음을 당하지 않을까 그것이 걱정이오."

그러자 위징은 이렇게 말하며 위로했다고 한다.

"폐하 옛날 노(魯)나라의 애공(哀公)이 공자(孔子)에게, '세상에는 건망증이 심한 사람도 있는 모양이야. 이사갈 때 하필이면 여편네를 잊어버리고 갔다더군' 하고 말했던바 공자는, '아니, 그보다 더한 사람이 있습니다. 폭군이라고 일컬어지는 걸주(桀紂) 같은 사람은 여편네는 물론 자기 몸까지도 잊어버리고 있습지요' 하고 대답했다고 합니다. 바라옵건대 폐하께서도 이 일만은 꿈에도 잊지 마시옵소서. 그것만 명심하면 적어도 후세 사람의 웃음거리는 되지 않을 것이니이다."

위징의 말에 태종은 크게 고개를 끄덕였다고 한다.

지도자가 솔선해서 자신의 자세를 바로잡으면 부하도 그것을 배워 옷깃을 여미지 않을 수가 없는 법이다.

최초의 긴장감을 끝까지 지속시키라

중요한 지위에 임명되거나 경영자의 위치를 얻었을 때는 누구나 결의를 새롭게 하고 긴장해서 그 업무에 임한다. 그러나 그 긴장감을 지속시키는 것은 용이한 일이 아니다.

2년이 지나고 3년이 지나서 그 지위에 익숙해지면 긴장도 차츰 풀어지는 것이 일반적인 현상인데, 그것은 지도자로서는 실격(失格)이라고 한다.

언젠가 태종이 중신들에게 물었다.

"나라를 유지해 가는 것은 어려운 일인가, 용이한 일인가?"

"지극히 어려운 일이옵니다. 폐하."

위징이 이렇게 대답하자 태종이 되물었다.

"뛰어난 인재를 등용하고 그들의 의견을 듣는다면, 그것으로 족하지 않겠소? 반드시 어렵지만은 않다고 생각되는데……."

"지금까지의 제왕을 보시오소서. 나라의 경영이 위태로워졌을 때는 인재를 등용하고 그 의견에 자주 귀를 기울이옵니다만, 나라의 기반이 굳어지고 나면 필연코 마음이 해이해지옵지요. 그렇게 되면 신하도 자기 몸을 아끼어 잘못이 있어도 애써 간하려 하지 않나이다. 이렇게 해서 나라의 정치는 차츰 하강선(下降線)을 더듬게 되고 끝내는 멸망에 이르게 되옵니다. 예로부터 성인은 '편안할 때 위기를 생각한다'고 한 것은 바로 그 때문입지요. 나라가 안녕할 때야말로 긴장하고 정치에 임하지 않으면 안될 것으로 사료되옵니다."

위징은 여기서 '편안할 때 위기를 생각한다'는 말을 인용하며 태종의 주의를 촉구했는데 편안할 때, 즉 모든 일이 잘되어 나갈 때야말로 한층 더 정신을 가다듬고 모든 일에 대처하라는 뜻이다. 참고로 원운은 '거안사위(居安思危)'이다.

그러나 이것을 실행에 옮기기란 의외로 어렵다. 실패한 예가 당나라 현종(玄宗) 황제이다. 현종은 즉위 직후에, 긴장감을 가지고 정치에 정열을 쏟았고, 그 결과 '개원지치(開元之治)'라고 일컬어질 정도의 번영을 누리는 데 성공했다.

그러나 정치에 싫증을 느끼고 미녀 양귀비(楊貴妃)에게 빠져서 끝내는 나라를 멸망시켰다.

이런 점에 비해 태종은 '정관지치'라고 불리는 훌륭한 시대를 쌓아 나가면서도 단 한 번도 긴장을 풀지 않고 있었다. 즉 치세의 최후까지 긴장감을 지속해 나갔던 것이다.

언젠가 태종은 중신들에게 이런 말을 했었다.

"나라를 다스릴 때의 마음가짐은 병을 치료할 때의 마음가짐과 똑같은 것이오. 환자란 회복을 앞두었을 때 한층 더 신중하게 치료하지 않으면 안 될 것이오. 자칫 방심해서 의사의 지시를 어기는 일이 있으면 그야말로 목숨을 잃게 되는 법이오. 나라를 다스릴 때도 이와 똑같은 마음가짐이 필요하오. 천하가 안정을 향하고 있을 때야말로 가장 신중하게 행동하지 않으면 안 되오. 나라가 안정되었을 때 '이제야 안심이다'라며 긴장을 풀면 반드시 나라를 망치게 되는 것이지. 바라건대 그대들은 제발 힘을 합치고 마음을 하나로 하여 정치에 임해 주기 바라오. 위험하다고 생각되면 언제나 숨김없이 진언하오. 군신 간에 의혹이 생겨나고 마음속에 품고 있는 생각을 진언하지 않으면, 나라를 다스리는 데 있어서 중대한 해독을 끼치게 되는 법이오."

태종은 평생 동안 이러한 마음가짐으로 정치에 임했다. 어떤 일이든 마음이 해이해진 순간에 위기를 맞이하는 일이 많다.

야구에서도 강타자인 4번 타자를 삼진으로 잡고 이제야 한시름 놓았다고 안도의 숨을 내쉬는 순간, 하위 타자에게 큰 것을 한방 맞는 광경을 자주 보게 된다.

기업경영에서도 이와 마찬가지이다. 업적이 호조일 때야말로 한층 더 신중한 기획과 운영의 묘를 살리는 것이 바람직하다.

언제나 자기 컨트롤에 철저하라

황제는 절대권력을 장악하고 있으므로 마음만 먹으면 신하의 목을 자르건, 미녀를 수청들게 하건, 어떤 일이라도 마음대로 할 수 있었다.

그러나 제멋대로 그런 짓을 하면 당연히 폭군으로 전락해 버린다. 명군(名君)이 되려고 하면 남달리 엄격한 자기 규제가 필요하다. 그것을 잘 나타내 주고 있는 것이 《정관정요》에 나오는 다음과 같은 이야기이다.

언젠가 중신들이 태종에게 주상(奏上)했다.

"예로부터 여름이 끝나갈 때는 2층 전각에 살라고 했나이다. 지금 아직 잔서(殘暑)가 남아 있는데도 가을 장마가 시작되려 하고 있사옵니다. 궁전 안은 습기가 많아서 몸에 해롭사오니 원컨대 한시라도 빨리 2층 전각을 지어 처소를 옮기시오소서."

황제에게 있어서 전각 하나 짓는 것쯤은 식은죽 먹기만큼 수월한 일이지만 태종은,

"그대들도 아다시피 짐은 신경통으로 고생하고 있소. 그 병에 습기가 좋지 않다는 것은 나도 잘 알고 있소. 그러나 그대들의 청을 들어서 2층 전각을 지으려면 막대한 비용이 들어야 할 것이오. 옛날 한(漢)의 문제(文帝)가 전각을 지으려다가 그 비용이 보통집 10여 채를 지을 만큼 든다는 것을 알고 중단했다고 하지 않습니까? 짐을 문제와 비교해 볼 때, 덕(德)은 크게 미치지 못하고 돈쓰는 것만은 훨씬 많았다고 한다면 백성의 부모인 천자로서 실격이 될까 걱정되는구려."

중신들은 재삼 청을 했으나 태종은 끝나지 승낙하지 않았다고 한다. 범용(凡庸)한 지도자로 끝날 생각이라면 그러한 자기 컨트롤은 필요가 없을지도 모른다.

그러나 수준급 이상의 지도자가 되기를 소망한다면 강한 의지력을 가지고 자기 컨트롤에 철저하지 않으면 안 된다. 이 원칙은 공적인 생활만 아니라 사적(私的)인 생활에도 적용된다.

태종의 취미는 사냥이었다. 그것은 취미인 동시에 유일한 스트레스 해소법이기도 했다.

그러나 그 사냥조차도 마음대로 즐기지 못했다.

왜냐하면, 중신들이 각각 이렇게 간했기 때문이다.

"폐하, 만백성의 군주되신 분이니 위험한 사냥은 금하시오소서. 만약의 일이 일어나면 어찌하옵니까? 개인적 오락은 삼가시고 좀더 열심히 정치에 임하시오소서."

그 당시의 사냥이라는 것은, 지금의 골프 같은 것에 해당할 것이다.

가끔 골프를 치는 것조차 자유로이 할 수 없다니, 황제란 얼마나 답답한 생활을 강요당했을까 하는 동정심을 금할 수가 없다.

여담인데 태종의 다음 황제, 즉 3대 황제 고종(高宗)은 태종과는 달리 범용한 인물이었다.

황후(皇后)인 측천무후(則天武后)의 전횡으로 인하여 평범한 황제로 시종일관했던 인물이다.

고종이 황제로 있을 때, 어느 지방에 수백 명의 대가족이 한 지붕 밑에서 싸움 한 번 하지 않고 사이좋게 살아간다는 말을 들었다.

대가족제도인 중국에서도 드문 일이었던 모양이다.

고종이 지방순시 도중 그 집에 들러서 가족 화합의 비결을 물었다.

그러자 그 집 주인 장공예(張公藝)는 지필묵(紙筆墨)을 가져오게 하더니 '참을 인(忍)' 자를 백 자 이상 적어서 바쳤다고 한다.

대가족 화합의 비결은 참는 것 이외에 아무것도 없다는 것이다. 그것을 본 고종은 마음이 흡족하여 막대한 은상(恩賞)을 내렸다고 한다.

나라의 최고 책임자인 황제는 얼핏 보기에 만능의 입장에 있는 것 같지만, 사실은 '참음'이라는 것이 가장 많이 요구되는 지위이며, 따라서 고종이 공감한 것도 무리는 아니다.

'참음'에 의한 자기 컨트롤이야말로 지도자가 먼저 명심하지 않으면 안될 제왕학의 조건이라고 할 수 있을 것이다.

태도는 겸허하게, 말은 신중하게

옛날 주(周)나라에 주공단(周公旦)이라는 명재상이 있었다. 백금(伯禽)이라는 그의 아들이 노(魯)나라 제후(諸侯)에 봉해졌을 때, 그는 이런 말로 충고했다.

"나는 천자국(天子國)의 재상이지만 손님의 방문을 받았을 때는, 먹던 식사를 중단하고 만나서 예를 잃지 않도록 노력하고 있다. 그래도 아직 못미친 것이 있지 않을까, 뛰어난 인재를 놓치지나 않을까 하고 걱정이 앞선다. 너도 노나라에 부임하면 아무리 제후라 할지라도 결코 오만한 행동을 해서는 안 된다."

이러한 겸허함은 어떤 처지에 놓인 사람에게나 바람직한 조건인데, 특히 지도자에게는 불가결한 요건이다.

당태종은 그 점에 관해서도 엄격한 자숙을 게을리하지 않았다.

《정관정요》에는 다음과 같은 문답이 기록되어 있다.

언젠가 태종이 중신들에게 이런 말을 했다.

"황제가 되면 남에게 비하(卑下)할 필요도 없고, 무엇 하나 두려워할 것이 없다고 말하는 사람이 있소. 그러나 짐은 항상 하늘을 두려워하고 신하의 비판에 귀를 기울여 가면서 애써 겸허하게 행동해 왔소이다. 황제된 자가 겸허함을 잊고 오만한 태도를 취한다면, 그 정도를 벗어났을 때 그 잘못을 지적해 주는 사람은 한 사람도 없을 것이오. 짐은 한 마디 말을 하고자 할 때마다, 또한 행동을 일으키려고 할 때마다 반드시 하늘의 뜻에 합당한지, 그리고 또 신하의 의향에 합당한가를 나 자신에게 물으면서 신중을 기하고 있소. 왜냐하면, 하늘은 높지만 백성들의 사정과 잘 통하고 있으며, 신하된 자는 끊임없이 군주가 하는 행동을 주목하고 있기 때문이외다. 따라서 다시 한 번 되풀이하려니와 짐은 애써 겸허하게 행동하면서 짐이 말하는 것, 행하는 것이 하늘의 뜻과 백성의 의향에 합치하는지 어떤지, 반성하고 있는 것이오."

그러자 옆에서 위징이 이렇게 덧붙였다.

“옛날 사람들도 ‘처음에는 모두 좋았던 것을 왜 끝까지 지켜 가지 못할까?’하고 노래했나이다. 바라옵건대 폐하께서는 하늘을 두려워하시고 백성을 두려워하시며 항상 겸허하게 행하시고, 반성하시기를 감히 비옵니다. 그러시면 나라는 오래오래 번영하게 될 것이오며 멸망의 비운으로 눈물을 흘리는 일은 없을 것이니이다.”

태종은 스스로 경계한 바와 같이 죽을 때까지 겸허한 태도를 잃지 않았다고 전해진다. 이것도 또한 명군(名君)이라 칭송받는 하나의 이유이다.

어느 때든 지도자는 머리를 낮추어 겸허해야 할 뿐만 아니라, 말 또한 신중하게 하지 않으면 안 된다.

역시 중국의 고전에 ‘윤언(綸言)은 땀과 같이’라는 유명한 말이 있다. ‘윤언’이란 천자의 말이라는 뜻이다. 그것이 ‘땀과 같이’라고 하는 것은, 땀이란 일단 자기 몸에서 나오면 두번 다시 몸 속으로 들어갈 수 없는 것처럼 천자의 말도 일단 그 입에서 나온 후에는 번복할 수 없다는 뜻이다. 따라서 천자는 발언을 아무쪼록 신중하게 하지 않으면 안 된다는 것이다.

태종이야말로 그것을 가장 깊이 자각한 군주였다. 그의 자숙의 말을 들어 보도록 하자.

“사람과 얘기하는 것은 실로 어려운 일이오. 일반 서민도 남과 대화할 때 조금이라도 상대방의 감정을 상하게 하는 말을 하면, 그것을 기억하고 있다가 언젠가는 반드시 보복해 오는 법. 하물며 만백성의 군주된 자가 신하와 말을 할 때는 다소라도 실언(失言)을 하면 용서받지 못하게 되오. 군주의 경우 사소한 실언이라도 영향을 주는 바가 커서, 서민의 실언과는 비교가 안 되오. 짐은 그것을 항상 명심하고 있소이다. 수(隋)나라 양제(煬帝)가 처음으로 감천궁(甘泉宮)에 갔을 때, 그 정원이 마음에 들었으나 애석하게도 반딧불이 보이지를 않았답니다. 그래서 ‘등불 대신 반딧불을 좀 잡아다 연못에 놓아주는 게 좋겠다’라고 명했더니, 내로라하는 관리들이 수천 명을 동원하여 재빨리 반딧불을 잡았고, 수레 5백 대 분의 반딧불을 운송해 왔다고 한다. 소소한 일도 이와 같거늘 하물며 천하의 대사에 이르러서는 그 영향이 미치는 바가 얼마나 크겠소? 따라서 군주된 자는 언행을 조심해야 하오."

태종은 항상 이러한 마음가짐으로 신하에게 임했다. 겸허한 태도, 신중한 발언 역시 제왕학의 조건이다.

이상으로 《정관정요》의 내용을 소개하면서 제왕학의 요건이라고 할 수 있는 몇 가지 조건을 적어 보았다. 당태종은 이러한 조건들을 몸에 익힘으로써 역사적인 명군으로 추앙받았는데, 비범한 사람으로서는 그런 길을 걸어가는 것이 용이한 일은 아니겠지만 리더라면 그런 조건을 갖추도록 힘써 노력할 일이다.

■ 송명신언행록(宋名臣言行錄)

명신(名臣) 97명의 주옥 같은 행적들

송대(宋代)의 사풍(士風)

《송명신언행록(宋名臣言行錄)》은 요즈음에 이르러서는 일반인에게 그다지 낯익은 책이 아니지만, 얼마 전까지만 해도 꽤 널리 애독되었던 책이다. 이 책은 그 제목으로도 알 수 있듯이 송대(宋代) 명신(名臣)들의 언행(言行)을 통해, 사람 위에 서서 일하는 리더들은 어떻게 해야 하는지를 설명해 놓은 것으로 그 구체적인 이야기들은 아주 재미있다. 그 점이 이 책의 특징이며 또 널리 읽혀지게 된 이유 가운데 하나이다.

동시에 또 한 가지의 매력은 이 책을 편찬한 주자학(朱子學)의 원조인 대학자(大學者) 주자(朱子)의 명성도이다. '주자학이 아닌 학문은 학문이 아니다'라고 말할 정도로, 많은 사람이 배웠던 이 주자학은 그 융성이 날로 더해 감에 따라 주자의 명성도 높아졌고, 그의 손에 의해 편찬된《송명신언행록》은 중국은 물론 우리나라에도 널리 침투되었던 것이다.

이 책에는 모두 97명의 '명신(名臣)'들이 등장하고 있다. 그 대부분이 송대(宋代)의 정치가 혹은 관료들인데, 모두가 한결같이 강한 책임감과 왕성한 사명감에 불탔고 그런 정신으로 정치에 임했던 사람들이다.

걸출(傑出)한 한두 사람의 리더에 의해서가 아니라 1백 명에 이르는 정치가와 관료들이 기개를 불태우며 정치를 하여 나라를 바로잡아 나갔다는 것은 송대(宋代) 정치의 큰 특징이다. 그랬기에 '송대(宋代)의 사풍(士風)'이라는 유명한 말까지 생겨났던 것이다.《송명신언행록》에서 말하는 '명신'이란 '송대의 사풍'을 담당했던 중신들을 일컫는다.

그럼 왜 송대에 이러한 현상이 생겨났던 것일까? 그 큰 이유로 다음의 두 가지를 꼽을 수 있다.

첫째는 '과거(科擧)'라는 고급관료의 등용시험이다. 이 제도가 생겨났던 것은 수(隋)나라 시대로 사회에 완전히 정착된 것은 송대에 접어든 이후이며, 이 송대에는 고급관료 거의 모두가 이 과거 급제자들이었다.

더구나 송대의 과거는 그 이전의 과거에 비해 다른 점이 있었다. 즉 황제(皇帝)가 스스로 최종시험의 감독관이 되어서 시험을 치렀던 것이다. 이에 따라 시험의 비중은 높아질 수밖에 없었다. 다시 말해서 응시자들에게는 황제를 친히 뵙는 기회가 부여되었고, 황제 자신에게 선발된다는 자각이 높아지게 되었으므로 어떻게든 그 은혜에 보답코자 하는 기풍이 생겨났던 것이다.

두 번째 이유는 그들에게 베푼 특별대우이다. 과거에 급제하면 고급관료로 승진할 길이 트이게 될 뿐 아니라 서민들의 생활보다 훨씬 나은 풍요로운 생활이 보장되었다.

이와 같이 송대의 관료들은 물심양면에 걸쳐 황제의 은혜를 강하게 의식하지 않을 수 없는 위치에 있었다. 그 정도의 후대(厚待)를 받게 되면 어느 누구도 으스대지 않을 수 없을 것이다. 당연한 일이지만 관료들에게는 엘리트로서의 자각과 책임감이 일게 되었다. 이것이 '송대의 사풍'을 낳은 큰 이유이다.

예컨대 이런 이야기가 있다.

명신(名臣) 중에 한기(韓琦)라는 재상(宰相)이 있었다. 이 한기는 나라에 이익이 된다고 생각하면 사람들에게는 피해가 가더라도 그런 일에는 상관치 않고 실행에 옮겼다고 한다. 그것을 보고 어떤 사람이 충고했다.

"그렇게 하다가는 자신의 몸도 위험할 뿐 아니라 당신의 가족에게도 화(禍)가 미치게 될 것입니다. 왜 좀더 현명하게 처신하시지 않는 것입니까?"

그러자 한기는 무슨 쓸데없는 말을 하느냐는 표정으로 이렇게 대답했다고 한다.

"힘이 있는 한 군주(君主)를 섬기고 언제든지 죽을 각오를 하고 있소이다. 이것이 신하된 자의 의무가 아니겠소? 문제는 그것이 옳은 일이냐 그른 일이냐인데 일의 성부(成否)는 하늘이 정하는 법이오. 성공하기가 어렵다고 해서 실행하지 않는다면 어디 그게 신하겠소."

이러한 기개를 가졌던 사람은 비단 한기 한 사람뿐만은 아니었다. 다소의 차이는 있었지만 당시의 명신들은 모두 가지고 있었던 것이다.

그렇다고 해서, 이 명신들이 수신(修身)의 권화(權化)와 같은 인물이었다고 생각하면 잘못이다. 그들도 우리와 같은 인간이었으니 욕망도 있었을 것이요, 인간다운 냄새가 물씬 나는 감정도 가지고 있었던 것이다.

더구나 거대한 관료 조직 속에 몸을 두고 있었으니 상하 좌우의 인간관계에도 역시 신경을 써야 했을 것이다. 그런 점에서도 오늘날 우리가 놓여 있는 정황과 흡사했다. 적어도 현대의 리더라든가 관리직이 지니고 있는 고민을, 《송명신언행록》에 등장하는 인물들도 똑같이 지니고 있었을 것이다.

이 책에서 다루고 있는 인물들은《사기(史記)》와《삼국지(三國誌)》등, 중국 고전(古典)에서 흔히 다룬 영웅들, 그래서 우리의 귀와 눈에 익은 그런 호걸들이 아니다. 그렇건만 우리의 신변 가까이에 있는 이야기로 우리에게 많은 교훈을 주고 있다는 것이 특징이다.

선우후락(先憂後樂)의 마음가짐

《송명신언행록》에 등장하는 명신 중 범중엄(范仲淹)이란 인물이 있다. 그는 어려서부터 돈이나 명예 따위에는 일절 관심이 없었고 오로지 천하의 정치에만 마음을 쏟고 있었다 한다. 그 범중엄이 좌우명(座右銘)으로 삼았던 말이,

'선비는 천하에 근심이 있을 때는 먼저 근심하고, 천하에 즐거움이 있을 때는 나중에 즐거워하라.'

였다.

사(士), 즉 남의 위에 서서 일하는 리더는 나라에 걱정거리가 생기면 제일 먼저 걱정하고 즐거움은 제일 나중에 즐기라는 말이다. 이를 생략하여 '선우후락(先憂後樂)'이라고 한다.

이런 마음가짐을 가져야 하는 것은 비단 범중엄뿐이 아니다. 현대의 경영자나 관리직에 있는 사람들도 마찬가지이다. 위에 서 있는 자가 책임은 부하에게 돌리고 공적만 자기 것으로 하면 즉, '일장공성만골고(一將功成萬骨枯)'라면 그 조직은 금방 허물어지고 말 것이다. 어느 시대, 어느 경우에든 위에 서는 리더는 '선우후락'의 마음가짐을 가져야 한다.

역시 명신 중 한 사람인 조보(趙普)라는 사람이 있었다. 그는 송왕조(宋王朝)의 기초를 굳힌 명재상이었는데, 그가 송나라 초대 황제인 태조(太祖)를 섬기고 있을 때의 일이다.

한 부하가 승진하기에 충분한 공적을 올렸다. 그런데 태조는 이전부터 그 사람을 미워했기 때문에 승진을 허락하지 않았다. 재상 조보는 태조에게 계속 그의 승진을 청했다. 그러자 태조는,

"이자의 승진을 끝까지 거절하면 그대는 어떻게 할 셈이요?

라고 물었다. 어지간히 화가 났었던 모양이다. 그러자 조보는 이렇게 대답했다고 한다.

"형(刑)이란 악(惡)을 응징하고 상(賞)은 공적에 보답해 주는 것인즉, 이는 고금(古今)의 상도(常道)이니이다. 그리고 이 형상(刑賞)은 천하의 것이옵니다. 개인적인 감정으로 형상을 바꾸실 수는 없나이다."

실로 당당한 변론이다. 이 말에 감동되었음인지 태조는 그 사람의 승진을 마침내 승낙했다고 한다.

조보의 주장은 감정을 배제하고 공평한 인사(人事)를 단행하라는 충고인데, 이것 또는 금일성(今日性)을 가진 말이라 하겠다. 위에 서서 일하는 리더로서 중요한 한 가지가 인사(人事)인데, 이것을 그만 잘못하게 되면 조직 속에 균열이 생기게 되고 활력을 잃게 된다. 당시 명재상들은 모두들 이 문제의 중요성을 인식하고 있었다. 예컨대 여몽정(呂蒙正)이란 재상에 대해서는 이런 이야기가 전해 온다.

어느 날 여몽정이 부하들을 모아 놓고,

"재상으로서의 내 평판(評判)은 어떠한가?"

라고 물었다. 그러자 그들은,

"예, 대감께서 재상의 자리에 오르신 이후로는 나라가 잘 다스려지고 주변의 이민족(異民族)들도 모두 복속해 온다며 좋게들 말하고 있습니다. 다만 사람에 따라서는 대감께 한 가지 흠이 있다고 말하더군요. 관리들이 서로 싸우는 것은 대감께서 적극적인 자세를 보이지 않기 때문이라고 비난하는 사람들도 있습니다."

라고 대답했다. 그 말을 들은 여몽정은 이렇게 말했다고 한다.

"맞았어, 나는 확실히 무능한 사람이야. 다만 나에게는 한 가지 재주가 있지. 그것은 선인(善人)을 쓸 줄 안다는 점이야."

나는 무능하지만 한 가지 자랑할 것이 있다. 그것은 다른 게 아니라 부하들을 적절히 쓸 줄 아는 재주라는 것이다.

자기 말대로 여몽정은 평소에 늘 조직 속의 인재를 파악하는 데 주력했고 신경을 써왔었다. 《송명신언행록》의 말을 빌린다면 다음과 같다.

'여몽정은 언제나 주머니 속에 수첩을 넣고 다녔다. 그리고 인사 발령 문제로 각 지역의 인재들과 면접할 때마다 반드시 그들의 재주를 묻고, 상대방이 나간 후에 그것을 수첩에 재능의 부문별로 기록하여 분류해 두었다. 또 어떤 특정인을 가리켜 몇몇 사람들이 칭찬을 하면 그 인물을 유능하다고 판단했다. 그러다가 조정에서 인재를 필요로 하게 되면 그 즉시 적당한 인재를 뽑아들일 수 있었다.'

이처럼 부단히 준비를 쌓아 나갔기 때문에 그가 재상이 된 이후로는 조정의 인사(人事)가 원활하게 이루어질 수 있었다고 한다.

조직이 조직으로서 그 기능을 다하기 위해서는 공평한 인사, 적재를 적소에 쓰는 인사가 전제조건이 된다. 조보와 여몽정의 고사(故事)는 그 신변의 사례를 통하여 그것을 우리에게 가르쳐 주고 있다.

능력이냐, 인격이냐

후배들 속에서 뛰어난 인재를 발견해 내고 그들을 등용하여 일을 맡기는 것이 위에 선 사람의 큰 책임 중 하나라고 말했는데, 송나라 때의 명신(名臣)들도 이 문제로 굉장히 고심했던 듯하다. 여기서 인재 등용과 관계되는 몇 가지 에피소드를 소개하면서 그 고충을 좀더 알아보기로 한다.

구준(寇準)이라는 명신(名臣)이 있었다. 그는 부하인 정위(丁謂)의 재능을 높이 평가하면서, 당시 재상의 자리에 있던 이항(李沆)에게 정위를 발탁해서 쓰자고 여러 번 진언했다. 현대식으로 말한다면 사장(社長)인 이항에게 구준 상무(常務)가 그 직속 부하인 정위 부장을,

"재능이 있는 사람이니 어서 이사(理事)로 승진시키십시오."

라며 천거한 것이다. 그런데 이항이 이를 받아들이지 아니했다. 구준은 어느 날, 이항과 마주앉아 담판을 지으려고 하였다.

"대감, 제가 여러 번 정위를 추천했습니다만 대감께서는 받아들이지 않

으셨습니다. 그에게 어떤 불만이라도 가지고 계십니까? 제가 보기에는 재능이 있을 것 같습니다만……."

"아니오, 그 사람은 분명 재능이 있소이다. 그러나 인격에 대해서는…… 글쎄……, 신통치가 않소."

"하지만 그 사람…… 그 자리에 오래 머물게 하시는 것은 좋지 않을 것 같습니다."

그러자 이항은 쓴웃음을 지으며,

"그래요? 그러나 언제가는 내가 지금 한 말을 생각하면서 그대도 후회할 때가 있을 것이오."

라고 말했다는 것이다.

이윽고 이항은 은퇴했고 구준이 재상의 자리에 올랐으며 구준은 정위를 부재상(副宰相)의 자리에까지 끌어올렸다. 그러자 문제가 발생했다. 구준은 그토록 믿어 왔던 정위의 획책에 의해 실각되어 지방으로 좌천당하게 되었던 것이다. 사태가 여기에 이르러서야 구준은 후회하며 이항의 높은 식견에 감탄했다고 한다.

이 에피소드가 가르쳐 주는 교훈은 사람을 평가하는 기준을 어디에 둘 것이냐 하는 문제이다. 이항의 본의(本意)는 능력만이 그 인간을 평가하는 기준이 될 수는 없고 인격까지 합쳐서 검토할 필요가 있다는 말이다.

그리고 인격이 비열한 사람은 중요한 자리에 등용해서는 안 된다는 것을 시사하고 있다. 물론 이것은 높은 수준의 인사에 대한 이야기인데, 현대에도 어느 정도 적용될 것으로 생각된다.

똑같은 예를 한 가지 더 들어 보겠다. 왕안석(王安石)과 사마광(司馬光) 두 사람은 모두 송대(宋代)를 대표하는 재상이다. 왕안석은 발본적(拔本的)인 행재정(行財政)의 개혁을 단행했고, 사마광은 그 일에 적극 반대했던 라이벌로 알려져 있다. 이 두 사람은 어느 날 인재의 등용에 대하여 격론을 벌였다. 먼저 사마광이 왕안석에게 힐문했다.

"개혁을 실시함에 있어 당신은 소인(小人)을 발탁하여 중요한 자리에 앉혔는데 그 이유를 말해 보시오."

"지금 벼슬자리에 있는 사람들은 한결같이 적극적인 의욕이 없소. 그래서 능력 본위로 인재를 등용했소이다. 개혁이 궤도에 오르면 그 사람들을 빼고 다시 경험이 풍부한 사람들을 등용할 생각이외다."

이 말에 대하여 사마광은 '안석(安石), 과오를 범하다'라며 다음과 같이 반론을 폈다.

"군자(君子)는 권력에 집착하지 않으며 함부로 높은 지위에 오르려고 하지 않는 법이오. 오히려 깨끗이 은퇴하지요. 이와는 반대로 소인은 지위와 권력을 일단 손에 잡으면 그것에 집착하여 내놓지를 않소이다. 뺏으려 하면 이쪽을 해치게 마련이지요. 틀림없이 후회할 날이 올 것이외다."

여기서 말하는 소인이란 능력은 있지만 인격이 결여되는 자, 그리고 군자란 능력은 좀 모자란다 하더라도 인격이 뛰어난 사람이라고 이해하면 되겠다.

이 두 사람의 논쟁에서도 능력이냐, 인격이냐라는 문제가 대두되는 셈인데, 어느 것이 옳으냐에 대해서는 간단히 대답할 수 없다. 단 업적을 올리기 위해서라면 왕안석과 같이 능력 본위의 등용을 해야 할 것이다. 다만 그 경우 사마광이 지적한 마이너스 면도 있다는 것을 사전에 계산해야 할 것이다.

한편 조직의 안전 운영을 기대한다면 사마광이 말한 것처럼 어느 정도 능력 면에서 눈을 감고, 인격이 훌륭한 인물을 등용하는 편이 무난하다. 그러나 이 경우 업적의 확대는 그다지 기대할 수가 없다. 조직의 운영만을 생각한다면 인격을 갖춘 자가 낫겠지만…….

이것을 다른 각도에서 말한 것이 '사람을 쓸 때는 모름지기 물러나기를 좋아하는 자를 쓰라'는 말이다. 이 말은 장영(張詠)이란 사람이 했는데 '물러나기 좋아하는 사람'이란 쓸데없는 제스처 없이 깨끗하게 물러나는 사람을 가리킴이다.

이것과 반대인 것이 경쟁심을 발로시키는 타입이다. 이런 사람은 반드시 문제를 일으켜, 조직 속에 무용(無用)한 파문을 일으킨다고 했는데 그것은 일리가 있는 말이다.

결국 능력이냐, 인격이냐 라는 문제는 당연한 말이지만 양쪽을 겸비하고 있는 것이 가장 이상적이다. 즉, 조직 속에 이런 사람이 단 한 명이라도 더 있어야 하며, 그런 인재를 기르는 것이 바람직하다 하겠다.

인간관계의 금과옥조(金科玉條)

인간관계에서의 배려

인간은 사회적 동물이라고들 한다. 좋건 싫건 간에 인간은 여러 인간들과 어울리는 관계 속에서 살아가지 않을 수 없다. 그러므로 당연히 그 사이에서는 마찰이 일어나게 마련이다.

이런 고민거리는 조직 속에서 일하는 사람일수록 심각한 문제가 된다. 조직은 또 인간의 집단인 이상, 당연한 일이지만 경쟁도 있고 중상과 모략도 있다. 그리고 상하 좌우의 인간관계도 복잡하게 얽혀진다. 그러한 상황 속에서 자기 자신을 살려 나간다는 것은 보통일이 아니다.

그런 점에서 볼 때 송대(宋代) 명신(名臣)들이 살아가던 세계 역시 치열한 경쟁사회였다. 엘리트의 집단이었던만큼 오히려 경쟁은 더 심했다. 그런데다가 정책을 둘러싸고 벌어질 수밖에 없는 대립, 군자와 소인의 싸움 등도 끊이지 않는다. 중상과 모략도 항상 있었다. 그런 일들이 관료사회라는 무대 위에서 벌어지는 것이니, 인간관계 면에서도 신중하게 대응해야 한다. 조직 속에서 자신을 억제하며 동시에 자신을 성장시켜 나가야 한다. 이런 처세의 지혜를 송대의 조직사회 속에서 발휘하며 살아간 사람들은 갖가지 모양으로 우리에게 교훈을 준다. 다음에 그 일단(一端)을 소개하기로 한다.

재상 여몽정(呂蒙正)에 대해서는 앞에서도 이야기했는데, 그는 이례적인 발탁에 의해 재상의 자리에 올라서인지, 처음부터 주변의 바람이 거세었다. 그러던 어느 날 궁궐에 들어갔는데 한 내시(內侍)가 그를 가리키며,

"저런 사람도 재상이 되다니……."

라며 중얼거렸다. 여몽정은 듣고도 못 들은 척하고 지나갔는데 여몽정과 동행하던 관리가 화를 냈다.

"저놈을 잡아 와야겠습니다."

그러자 여몽정은 그를 말리며,

"상대의 이름을 얼굴을 알게 되면 나는 평생을 두고 그자를 잊지 못하게 될 것이야. 차라리 모르는 게 낫지. 그걸 모른다고 해서 나에게 손해될 것도 없지 않나."

라고 말했다고 한다.

소신대로 살아가노라면 욕도 먹게 마련이다. 그런 일에 일일이 신경쓰다가는 도리어 웃음거리가 되고 만다. 여몽정처럼 차라리 흘려 버리는 것이 대인(大人)의 지혜임을 알아둘 필요가 있다. 이 이야기가 소문나자 과연 여몽정의 평판은 한층 더 높아졌다고 한다.

한기(韓琦)라는 재상도 앞에서 잠깐 소개한 바 있는데, 그는 인간관계에 대하여 실로 함축성있는 이야기를 한 적이 있다.

"인간은 군자와 소인을 가리지 말고 공히 성의를 가지고 대할 일이다. 소인이라고 해서 배척만 할 것이 아니라 그저 적당히 대해 주면 된다."

어느 사회에든 인격이 비열한 사람은 있게 마련이다. 그런 소인에 대해서도 굳이 혐오감 따위를 보이지 말고, 다만 일정한 거리를 두면서 적당히 응대해 주면 된다는 말이다.

공자(孟子)도 《논어(論語)》 속에서 비슷한 말을 하고 있다.

'여자와 소인은 다루기가 어렵다. 이들을 가까이 하면 불손해지고 이들을 멀리 하면 원망한다.'

소인은 가까이 하면 기어오르고 멀리 하면 이쪽을 헐뜯는다. 그런 까

닭에 '가까이도 하지 말고 멀리도 하지 말라'는 것이 한기가 훈계하는 말이다.

역시 명신(名臣) 중 한 사람에 두연(杜衍)이라는 재상이 있었다. 이 두연은 항상 후배들에게 이런 말을 했다고 한다.

"자신의 존재를 알리려고 해서는 안 된다. 두드러지게 그 존재를 나타내려고 하면 동료들의 원망을 사게 되고 여러 가지로 중상을 당하게 된다. 그런데 상사들이라고 해서 모두 사람을 꿰뚫어 보는 눈이 있다고는 할 수 없으므로 이쪽을 인정해 주지 않을지도 모른다. 그러므로 주어진 일을 묵묵히 하면서 자기 자신을 있는 그대로 보이면 되는 것이다."

어느 때 두연이 눈길을 주고 있던 한 후배가 어느 현(縣)의 지방관으로 임명되었다. 그때 두연은 일부러 그 후배를 불러 놓고 이렇게 말했다.

"자네의 재능과 기량(器量)으로 본다면 현령(縣令)으로 만족하지 않을 것으로 생각하네. 그러나 얼마 동안은 그 재능이 돋보이도록 애쓰지 않는 것이 좋을 것이야. 가급적이면 남의 눈에 띄지 않게 그저 범인(凡人)인 양 행동하도록 하게. 재능을 내세우면 쓸데없는 싸움이 생기게 되고 무용한 화(禍)를 자초하게 될 것이야."

젊은 후배로서는 납득가지 않는 이야기였다. 그래서,

"어째서 그렇습니까?"

라고 물었던바 두연은 이렇게 대답했다고 한다.

"잘 듣게. 지금의 지위에 오르기까지 나는 긴 세월에 걸쳐 여러 직무를 경험해 왔었지. 그 사이에 폐하와 상사의 인정을 받게 되었고, 주위의 신뢰를 받은 덕택에 오늘날에는 이처럼 자신의 신념을 백성을 위한 정치에 반영시킬 수 있게 된 것이야.

그런데 자네의 경우는 이제야 현령으로 임명된 것이며 앞으로 있을 승진은 상사의 고과(考課)에 달려 있네. 현령 위의 주시사(州知事)가 되려면 그렇게 간단히 되는 것이 아니야. 상사에게 인정을 받지 못한다면 어느 때까지나 현령으로 머물러 있게 돼. 그뿐 아니라 쓸데없는 화(禍)

를 자초하게 될 것이야. 가급적이면 남보다 두드러지게 행동하지 말고 그저 범인처럼 지내는 것이 좋아. 알아 듣겠나?"

조직 속에서 신장해 나가려면 먼저 상사에게 인정받지 않으면 안 된다. 그러기 위해서는 주어진 업무를 빈틈없이 해내야 하는 것은 당연한 일이고, 그와 동시에 인간관계에 대하여 주도면밀하게 신경을 쓸 필요가 있다. 더구나 그것은 지위가 오르면 오를수록 더 철저하게 해야 한다.

관맹(寬猛)의 밸런스

한편 송나라의 명신들이 가장 마음을 쏟았던 일은 정치였다. 나라를 어떻게 다스리면 좋을 것인가, 이것이 그들의 최대 관심사였다. 그러므로 《송명신언행록》에도 그런 면에 대한 고심담(苦心談)이 제일 많이 기록되어 있다.

그 중에서도 흥미있는 것은 태종(太宗) 황제가 말한,

'나라를 다스리는 도(道)는 관맹(寬猛)의 중도(中途)를 얻는 데 있다.'는 말이다. '관(寬)'이란 너그러운 면, '맹(猛)'이란 엄격한 면이란 뜻이다. 이 두 가지가 적당하게 섞여서 균형이 잡혀 있는 것, 즉 '관'에도 치우치지 않고 '맹'에도 치우치지 않는 것, 그것이 나라를 다스려 나가는 비결이란 말이다.

이 말을 한 태종은 송왕조(宋王朝) 제2대 황제로서 중국 3천 년 역사 속에서도 명군(名君)의 한 사람으로 꼽히는 인물이다. 이 태종의 말을 좀더 구체적으로 설명한 것이 재상 여몽정(呂蒙正)과 나눈 다음의 문답(問答)이다.

어느 날, 태종에게 상소문이 올라왔다. 수운(水運)에 종사하고 있는 자가 정부의 물자를 빼돌려서 팔아먹었다는 내용의 상소였다. 이른바 물자횡령이다. 보통 군주라면 그 상소문을 읽고 큰 소동을 벌였을 일인데, 태종은 이렇게 대답했다.

"맛있는 먹이가 있으면 그것을 먹으려는 무리는 끝없이 모여드는 법——. 쥐구멍을 모두 막아 버리기란 어려운 일이야. 뱃사공이 다소 횡령했다 하더라도 공무(公務)에 큰 지장이 없는 한 엄격히 추궁하지는 마라. 정부의 물자가 원할히 수송만 되었다면 그것으로 만족해야 돼."

그 옆에 있던 재상 여몽정도 이렇게 말하며 찬성했다.

"물이 지나치게 맑으면 물고기가 없다고 하였나이다. 인간도 너무 지나치게 경계하고 살피면 친구가 없는 법입지요. 군자가 보기에 소인들의 행위란 실로 보잘것이 없사옵니다. 그러나 큰 도량으로 대처하면 오히려 일은 잘 처리되는 법이니이다. 만약 그런 일을 엄하게 추궁하면 악인들은 몸둘 바가 없어져서 무슨 짓을 저지를지 모르옵지오. 그저 주의하시는 정도로 끝내심이 좋을 듯하여이다."

적당히 꾸짖는 정도로 끝내자는 말이다. 중앙 정부가 말단 조직의 사소한 문제에까지 개입하면 조직의 활력을 해치게 된다. 대략적인 것만을 간섭하고 다음 일은 하부의 창의(創意)와 조처에 맡기는 것이 현명한 방법인지도 모른다. 이것을 다른 각도에서 말한 사람이 구양수(歐陽修)라는 명신의 정치 태도였다.

구양수는 일찍부터 재상의 그릇으로 인정되었던 걸물(傑物)인데 사정이 있어서 끝내 재상의 자리에까지 오르지 못했다. 그러나 그가 부임했던 모든 지방에서 정치를 잘하여 명관이란 소리를 들었다. 그 구양수의 정치 태도는 '관간(寬簡)하되 소요치 않는다'였다고 한다. '관간(寬簡)'이란 온화하고 간소하게 한다는 것이다. 그렇게 온화하고 간소하게 정사를 베풀면서도 시끄럽지 않게 다스렸던 사람이 바로 구양수였다.

하급 관리가 어느 날,

"사또께서는 온화하고 간소하게 정치를 하시면서도 문제 하나 일어나지 않게 조용히 다스리시니 그 이유가 어디에 있는 것인가요?"

라고 묻자 구양수는 이렇게 대답했다고 한다.

"관간(寬簡)이라 하더라도 제멋대로 하게 내버려 둔다거나, 해야 할 일을 하지 않는 자를 용서하지는 않네. 만약 그런 것을 묵인했다가는 관의 기강은 무너지고, 백성들에게 폐해를 주게 되지. 내가 마음 쓰고 있는 온화한 정치란 가혹한 짓을 하지 않는 것이고, 간소한 정치란 번잡한 일을 시키지 않는다는 뜻일세."

당시의 식자(識者)들은 이 말을 듣고 크게 감복했다고 한다.

태종(太宗)이 말한 것은 '관맹(寬猛)의 중도(中途)에 나라를 다스리는 도(道)가 있다'는 것이다. 구양수의 말을 '관간(寬簡)하되 소요치 않는다'는 것이다. 모두 국가의 정치에만 국한된 것이 아니다. 기업의 조직관리에도 일맥상통하는 아주 중요한 충고일 것이다.

관(寬)과 엄(嚴)의 밸런스

앞에서 소개한 구양수는 정치의 요체에 대하여 '백성을 다스리는 것은 질병을 고치는 것과 같다'고 말했다. 정치의 비결은 질병의 치료와 같다는 말이다. 이 말의 의미를 그 자신의 말을 통해서 좀더 자세히 알아보기로 하자.

"돈 많은 의원(醫員)이 환자의 집에 갈 때는 수레에 높이 타고, 하인을 데리고 가기 때문에 그럴 듯하게 보인다. 그리고 환자의 맥을 짚어본 다음, 의학서(醫學書)에 따라 무슨 병인지를 살피고 도도하게 설명하면 듣는 쪽에서는 감탄하고 만다. 그러나 병이 든 아이가 그 약을 먹고도 효과가 전혀 없으면 그 의원은 가난한 의원을 따를 수가 없다. 한편 가난한 의원은 수레도 없고 하인도 없다. 그런데다가 동작도 서투르고 인사조차 제대로 하질 못한다. 그러나 병든 아이가 그 의원의 약을 먹고 나았다면 그 의원은 명의(名醫)가 되는 것이다. 백성을 다스리는 것도 이와 같다. 관리의 능력이라든가 정치 방법이야 어찌 되었든 간에 백성들이 불만을 품지 않는다면 그것이 곧 좋은 정치인 것이다."

인기를 얻기에 급급하고 화려한 공약을 난발하는 그런 정치가 아니라 겉으로 보기에는 대수롭지 않게 보이는 정치일지라도 실속있는 정치일 경우, 일반 사람들은 우습게 받아들일는지도 모르지만, 긴 안목으로 볼 때는 이런 정치가 인심을 장악해 나간다. 당시의 사람들은 구양수의 정치를 다음과 같은 말로 평했었다.

'공(公)의 정치는 진정(鎭靜)으로 본을 삼고, 명(明)하지만 찰(察)에까지는 이르지 않으며, 관(寬)하면서도 종(縱)에 이르지는 않는다.'

'진정(鎭靜)'이란 분쟁이라든지 시끄러움이 없다는 것, '명(明)하지만 찰(察)하지 않고 관(寬)하지만 종(縱)하지 않는다'란 힘은 가지고 있으나, 지나치게 사소한 일까지 간섭하지 않으면 관용하면서도 단속할 것은 틀림없이 단속한다는 의미이다.

'명(明)'도 '관(寬)'도 지도자에게는 빼놓을 수 없는 조건인데 자칫하다가는 '명'의 소유자는 자질구레한 일에까지 손을 내밀게 되고, '관'의 소유자는 지나치게 관대해져서 긴장감 없는 사람이 되어 버린다. '명'하고 '관'하면서도 그런 마이너스 면을 보이지 않았다는 점에 구양수의 위대함이 있다. 그와 같은 절묘한 밸런스 감각도 리더로서 갖춰야 할 중요한 조건이다.

밸런스 감각이라고 하면 역시 이 시대의 명신(名臣)인 소식(蘇軾)이 한 말 중에 의미심장한 말이 있다. '관(寬)하되 두려워하게 하고 엄(嚴)하되 사랑받게 하라'가 그것이다.

일반적으로 '관', 즉 관용하는 태도로 임하면 사랑받게 되고, '엄', 즉 엄격한 태도로 임하면 두려워하게 마련이다. 그런데 소식에 의하면 그 반대가 이상적(理想的)이라는 것이다. 즉, 관용한 태도로 임하면서도 상대방이 두려워하도록 한다. 그리고 엄격한 태도로 임하면서도 상대방이 사랑토록 한다. 이것이 이상적인 방법이라고 했던 것이다.

정치가 '관'으로만 흐르게 되면 긴장감이 풀어지고 해이해진다. 그것을 막기 위해서는 일면적(一面的)이나마 엄하게 대할 필요가 있다. 그렇게 하면 소식(蘇軾)이 말한 '관하되 두려워하게 한다'는 수준에 가까워지는 것이 아닐까.

반대로 '엄'하게만 다루면 명령에 따르도록 할 수는 있지만 심복(心服)

시킬 수는 없다. 심복시키기 위해서는 '엄'하게 대하면서도 동정과 사랑의 요소를 섞을 필요가 있다. 요컨대 '관'과 '엄'의 밸런스를 어떻게 잡느냐, 이것이 포인트가 된다. 이것은 정치의 자세뿐만 아니라 기업의 조직관리에 있어서도 그대로 적용되는 이야기이다.

단, 그 사람의 성격에 따라 '관'하기 쉬운 사람과 '엄'하기 쉬운 사람 등 두 가지 타입이 있을 것이다. '관'으로 흐르기 쉬운 사람은 의식적으로 '엄'의 요소를 갖추도록 한다. 또 '엄'하기 쉬운 사람은 가급적 '관'의 요소를 갖추어 보는 것이 바람직할 것이다. 그러려면 먼저 자기 자신을 알아야 한다. 겸허한 마음으로 자기 자신의 참모습을 바라보면서 부단한 노력을 경주해야 할 것이다.

채근담(菜根譚)

위안과 격려를 얻을 인생의 지침서

고통받는 자에게는 소망을 주는 명저(名著)

《채근담》은 명(明, 1368~1644)나라 시대, 즉 지금부터 약 4백 년 전에 씌어진 책이다. 저자는 홍자성(洪自誠)이라고 하는데 그의 자세한 경력은 애매한 점이 많다. 젊었을 때 관리의 길을 걸은 듯하나 도중에 관계(官界)를 떠난 다음에는 오로지 재야(在野)에서 일생을 마친 것 같다.

'채근(菜根)'이라는 것은 변변치 못한 식사를 가리키는 말이다. 즉 고생스러운 환경을 견디어낸 사람만이 대사(大事)를 성취할 수 있다는 의미를 포함하고 있는 말이다. 그런데 《채근담》은 우리나라에서도 조선시대부터 현대까지 널리 애독되어 온 중국 고전인데, 왜 본서가 그렇게 많이 읽혔는가를 잠시 생각해 보기로 하자.

원래 우리는 옛날부터 중국의 고전을 수입하여 그것을 학습하고 습득함으로써 기본적인 교양을 형성해 왔다. 그런 경향은 적어도 조선시대까지 계속되었다. 그때 널리 읽힌 것이 사서(四書) 중에는《논어(論語)》역사서로는《십팔사략》, 문학으로는《당시선(唐詩選)》이라고 알려져 있다.

이른바 이 세 개의 고전은 기본적인 교양을 몸에 익히기 위한 입문서로 읽혀 왔던 것이다.

《채근담》은 이러한 책보다도 훨씬 폭넓게 읽혀져 왔는데, 그 읽어 온 방식이 독특했다. 앞에 열거한 세 권의 책은 주로 기본적인 교양서로 읽어 온 것에 반해,《채근담》은 오히려 실천적인 인생의 지침서로써 읽혀 왔던 것이다.

인생의 지침서로서《채근담》에는 다른 고전에 없는 커다란 특색이 있다. '유(儒), 불(佛), 도(道)', 즉 유교와 불교와 도교의 세 가지 가르침을 융합한 바탕에서 인생을 논하고 처세의 길을 말하고 있는 점이다.

중국에는 예로부터 유교와 도교라는 두 가지 커다란 사상의 흐름이 있었다. 이 두 가지 흐름은 어떤 때는 상호 대립하고, 또 어떤 때는 상호 보완해 가면서 중국인의 의식이나 행동을 지배해 왔다.

그러나 유교와 도교 모두가 중국의 고전은 인간 내부의 문제에 대해서는 거의 손을 대지 않았다. 중국인의 관심을 일관하면 각박한 현실을 어떻게 살아가느냐에 있고, 고뇌하는 정신의 구원에는 그다지 관심을 나타내지 않았다. 그 탈락되어 있는 부분을 보완한 것이 인도(印度)에서 전해진 불교이고, 그것을 바탕으로 중국에서 독자적으로 전개한 것이 선(禪)이라고 할 수 있을 것이다.

이 세 가지의 가르침을 조화시켜서 인생을 어떻게 살아나갈 것인가를 논하고 있는 점에《채근담》의 뛰어난 특징이 있다. 이 책은 360개의 짧은 문장으로 이루어진 잠언집(箴言集)으로서 예를 들면 이런 말이 있다.

'천지는 영원하지만 인생은 두번 다시 돌아오지 않는다. 인간의 수명은 길어 보았자 백 년, 눈 깜짝할 사이에 흘러가 버린다. 다행히 이 세상에 태어난 바에야 즐겁게 살아가기를 원할 뿐만 아니라, 인생을 헛되이 보내는 것에 대한 두려움도 가지고 있지 않으면 안 된다.'

인생이 짧다고 하는 인식은 누구나 가지고 있다. 그리고,

'그러니까 실컷 즐겁게 살아야 한다.'

고 생각하는 것이 중국인의 일반적인 경향이다. 여기에 대해서 《채근담》은 즐기는 것도 좋지만, 그와 동시에 의미있는 인생을 보내는 것도 잊지 말라고 경고한다. 이러한 사고방식은 유교적인 사고방식이라 할 수 있다.

'인생에서는 무슨 일이든 줄이는 일만 생각하면 그만큼 속박에서 벗어날 수가 있다. 예를 들자면, 교제를 줄이면 남과 다투는 일에서 벗어날 수가 있다. 말수를 줄이면 비난을 조금밖에 받지 않는다. 분별을 줄이면 마음의 피로가 가벼워진다. 지혜를 줄이면 본성을 온전히 유지할 수 있다. 줄이는 것을 생각지 않고 늘이는 것만을 생각하고 있는 사람은 자신의 인생을 꼼짝할 수 없게 묶어 놓는 것과 같다.'

이러한 이해의 발상은 도교적(道敎的)인 것이라 할 수 있다.

'확실하게 자신의 입장을 확립하고 외부에 의해 지배당하지 않는다면 성공했다고 해서 황홀해 할 것도 없고 실패했다고 해서 실망할 것도 없다. 이 세상 어디를 가도 여유있게 대처할 수가 있다.'

주체성을 상실하고 외부 환경에 지배당하면, 벽에 부딪쳐도 화를 내고 잘되면 잘되는 대로 그것에 집착하며 보잘것없는 것에도 속박당해 자유를 잃고 만다.'

요컨대 무엇에나 얽매이지 않는 정신을 유지하라는 말인데, 이것은 분명히 선(禪)의 영향이라 할 수가 있다.

이것으로도 알 수 있듯이, 《채근담》은 인생의 지침서라 하더라도 결코 풋내나는 인생론은 아니다. 아니 오히려 인생의 원숙한 경지, 노회(老猾)하기 짝이 없는 처세의 길을 논하고 있는 것이다. 더구나 《채근담》이 논

하는 바가 우리의 사고방식이나 이해하는 자세와는 너무나 다르기 때문에, 그만큼 귀중한 시사(示唆)를 얻어낼 수가 있을 것이다.

《채근담》의 이러한 효용은 현대에도 변함이 없다. 깊이 읽으면 읽을수록 맛이 깊고 각자의 입장에 따라 얻는 바가 클 것이다.

각박한 현실과 고투(苦鬪)하고 있는 사람들은 적절한 조언을 발견할 수 있고, 불운한 상태에 빠져 고생하는 사람은 위안과 격려를 얻을 수 있다. 마음이 초조하고 불안한 사람은 안정을 얻을 수 있음에 틀림없다.

원활한 인간관계의 지혜

'이성에 따라 행동하면 모〔角〕가 나고 정(情)을 따라가면 물결에 흘러내려가 버린다. 고집을 부리면 만사가 지루해진다. 하여간 세상살이는 어렵기만 하다.'

이렇게 말하면서 인간사회를 사는 어려움을 한탄하고 있는데, 이러한 한탄은 모든 인간에게 공통되는 것이다. 어느 시대에 살든 간에 인간 관계는 까다롭다.

친절한 마음에서 한 짓이 공연한 참견으로 인식되고, 아무 생각 없이 한 말이 상대방에게 상처를 입히고, 혹은 또 믿고 있던 상대방에게 배신당하는 등 하여튼 우리의 일상생활은 그러한 고민거리들로 가득 차 있다.

도대체 원만한 인간관계를 이루려면 어떻게 하는 것이 좋을까?

이 문제에 대해서 《채근담》은 먼저 상대방에게 한걸음 양보하는 마음가짐이 필요하다고 주장한다.

'인정은 변하기 쉽고 세상 살아가는 길은 험악하다. 그러므로 오히려 험난한 고비에서는 한 걸음 물러나 양보하고 편히 지나갈 수 있는 곳에서도 3푼 정도는 남에게 양보하는 마음가짐이 필요하다.'

또 이렇게 말하고 있다.

'좁은 골목길을 지나갈 때는 한 걸음 물러나서 남에게 양보해 준다. 맛있는 음식을 먹을 때는 3푼 정도 떼어 다른 사람에게 나누어 주라. 그

러한 심정으로 남을 접하는 것이 가장 안전한 처세의 진수이다.'

소위 겸양의 미덕이라고 불리는 것인데, 단순히 양보하는 것만은 아니고, 그곳에 정확한 계산이 있다는 것을 잊어서는 안 된다.

가령 '한평생 길을 양보해도 백 발짝을 넘지 않는다'는 말이 있다. 일생 동안 계속 길을 양보해 보았자, 그 합계는 백 보(百步)가 되지 않는다는 의미인데, 여기서는 양보해서 잃는 것보다도 양보함으로써 얻는 득이 훨씬 더 크다는 만만치 않은 계산이 서 있다. 《채근담》의 경우도 물론 그러한 계산 위에 선 양보의 정신이다.

'이 세상을 살아 나가기 위해서는 남에게 한 걸음 양보하는 마음가짐을 잊어서는 안 된다. 한 걸음 물러난다는 것은 한 걸음 전진하기 위한 전제가 되는 것이다. 인간관계에 있어서는 될 수 있는 대로 관대함을 내세우는 것이 좋은 결과를 가져온다. 남을 위해 배려하는 것이 결국은 자신의 이익이 되어 되돌아오는 것이다.'

또 《채근담》은 이렇게도 말하고 있다.

'무슨 일을 하든 간에 여유를 가지고 신중하게 대처하라. 그렇게 하면 사람들은 물론 천지의 신(神)들도 위해(危害)를 가하거나 재난을 내리지는 않을 것이다.'

'사업에서도 공명에서도 철저하게 추구하기만 하면 어찌될 것인가? 안에서 방해를 받거나 밖에서 공경을 받아 어쨌든 간에 실패를 면할 수는 없다.'

장황한 것 같지만 또 하나의 예를 들어 보기로 하자.

'실패의 책임은 공유(共有)해야 하지만, 성공의 보수는 남에게 양보하는 것이 좋다. 그것까지 공유하려 들면 끝내는 서로 증오하게 된다.'

'괴로움은 공유해야 하지만, 즐거움은 남에게 양보하는 것이 좋다. 그것까지 공유하려 들면 끝내는 서로 증오하게 된다.'

이것도 원활한 인간관계를 유지하는 데 필요한 적절한 조언일 것이다. 단지 겸허의 그늘 뒤에 숨어 있는 계산은 어디까지나 비밀로 하지 않으면 안 된다. 표면에 노출시키면 완전히 효과를 상실해 버린다. 그 점에 대해서 《채근담》도 엄하게 주의를 환기시키고 있다.

'남에게 은혜를 베푸는 경우에는 으스대거나 감사를 기대하는 듯한 태도를 보여서는 안 된다. 그런 태도를 보이지 않는다면 가령 쌀 한 말을 베풀더라도 백만 석의 값어치를 얻는다.'

'남에게 이익을 줄 경우에는 효과를 계산하거나 그 대가를 요구해서는 안 된다. 그런 짓을 하면 비록 백만금을 주었다 해도 한 푼의 가치도 없게 된다.'

이처럼 노련한 처세술의 예를 하나 소개해 보기로 하자.

'유해한 인간을 배척하더라도 도망갈 길만은 남겨두지 않으면 안 된다. 도망갈 길마저 빼앗아 버린다는 것은 쥐구멍을 막고 퇴로(退路)를 끊는 것과 같다. 그렇게 하면 상대방은 중요한 것까지 갉아먹어 버린다.'

소위 '궁한 쥐는 고양이를 문다'는 격이다. 상대방을 구석에 몰아넣지 말라. 몰아넣은 것만큼 상대는 정신없이 반격해 온다는 교훈이다. 이것 역시 부하를 꾸짖을 때의 마음가짐으로써 명심해 두어야 할 일이다. 무턱대고 모두 잘못했다고 몰아세우는 것보다는 상대방에게도 얼마간의 정당성을 인정하면서 꾸짖는 쪽이 효과가 있고 설득 효과도 높을 것이다. 이것 또한 한 걸음 양보하는 지혜의 하나라고 할 수 있다.

남에게 관대(寬待)하라

《채근담》이 말하고 있는 인간관계를 원활히 하는 두 번째 지혜는 너무 심하게 남을 꾸짖지 말라는 것, 즉 남에게 오로지 관용을 베풀라는 것이다. 평범하게 들릴지도 모르지만, 분명히 관용을 보이지 않고는 원만한 인간관계를 이룰 수 없다.

《채근담》은 관용에 대해서도 여러 가지 각도에서 실천적인 주의를 주고 있다. 예를 들면 이러한 말들이 있다.

'남의 결점은 될 수 있는 대로 감싸 주어야 한다. 무턱대고 들추어 내는 것은 결점을 지니고 결점을 꾸짖는 것과 같은 것이므로 효과를 얻을 수 없다.'

'완고한 인간에 대해서는 인내심을 가지고 설득하지 않으면 안 된다. 감정적인 태도로 대드는 것은 완고함을 지니고 완고함에 대항하는 것과 같은 것으로서 성사될 것도 성사되지 않는다.'

'남을 질책할 때는 너무 심한 태도로 임해서는 안 된다. 상대에게 받아들여질 수 있는 한도를 알아두어야 한다. 남을 가르치고 이끌어갈 때는 너무 많은 것을 기대해서는 안 된다. 상대가 실행할 수 있는 범위 안에서 만족해야 한다.'

'작은 과실은 책망하지 말며, 숨기고 있는 것은 들춰 내지 않으며 옛 상처는 잊어 주어야 한다. 남에 대해서 이상 세 가지를 지켜 주면 자신의 인격을 높일 뿐만 아니라 남의 원한을 살 일도 없다.'

이상 세 가지 말은 어느 것이나 실천적인 조언이라고 할 수 있다. 요컨대 인간관계에는 따뜻한 배려를 가지고 유연하게 대처하는 것이 좋다는 교훈이다.

공자(孔子)도 '약하게 남을 꾸짖는 것은 원한을 사지 않는다'라고 말하고 있다. 엄격한 태도로 대하면 아무래도 반발이나 원한을 사기 쉽다. 그처럼 쓸데없는 말썽을 피하는 요령이 곧 '관용'인 것이다. 관용은 또한 도량이라든가 포용력과도 관련을 갖는다.

《채근담》은 또 이렇게 말하고 있다.

'세상을 살아갈 때는 지나치게 결벽해도 좋지 않다. 더러움이나 지저분한 것까지 모두 뱃속에 챙길 수 있는 도량이 필요하다.'

'인간관계에서는 좋고 싫은 감정을 너무 표면에 노출시켜서는 안 된다. 어느 누구라도 받아들일 만한 포용력을 갖도록 하라.'

'더러운 땅에는 식물이 자라지만 너무 맑은 물에는 물고기도 살지 않는다.'

'더러운 것도 일부러 받아들이는 도량을 가져야만 군자라고 할 수 있다. 자기 혼자 결벽한 체하는 것은 피해야 한다.'

이러한 마음가짐은 어떤 사람에게나 바람직한 것이지만 특히 조직의 지도자에게 없어서는 안 될 자질이라고 할 수 있다. 관대하기 위해서는 무슨 일이든 서두르지 않고 시간을 두고 차분히 대처해야 한다.

'지나치게 서둘러 사정을 알려고 해도 오히려 모르게 될 때가 있다. 그런 때는 느긋한 마음을 가지고 저절로 밝혀질 때까지 기다리는 것이 좋다. 무리하게 공격해서 상대방의 반감을 사서는 안 된다.'

'남을 부릴 때도 좀처럼 마음대로 안될 때가 있다. 그런 경우에는 얼마 동안 제멋대로 하라고 내버려둔 다음 상대방의 자발적인 변화를 기다리는 편이 낫다. 귀찮게 간섭해서 점점 더 반발하도록 만들어서는 안 된다.'

이것도 지도자에 관한 실천적인 조언이라고 할 수 있다.

이상 관용의 미덕에 대해서 소개해 보았는데, 관대하라는 것은 물론 남에게 대해서이지 자신에 대해서는 아니다. 자신에게는 자기 반성적이고 엄격한 태도로 임하는 것이 바람직한 자세인 것이다. 자신을 허술하게 다루어 나가다가는 인간으로서의 성장을 기대할 수가 없기 때문이다.

'남의 책임을 추궁할 때는 과오를 지적하면서 동시에 과실이 없었던 부분을 평가해 준다. 그렇게 하면 상대방도 불만을 품지 않는다. 자신을 반성할 때는 성공 속에서도 일부러 과오를 찾아낼 만큼 엄격한 태도가 바람직하다. 그렇게 해야만 인간적으로 가일층 성장을 이룩할 것이다.'

'남의 과실에는 관대하라. 그러나 자신의 과실에는 엄하게 대하지 않으면 안 된다. 자신의 괴로움에는 이를 악물라. 그러나 남의 괴로움을 그냥 지나쳐서는 안 된다.'

이것 또한 특히 조직의 지도자에게 필요한 마음가짐이라고 할 수 있을 것이다.

올바른 처세의 길잡이《채근담》

밸런스를 유지하라

《노자(老子)》에서도 말한 바와 같이, 우리는 무엇이나 과도하게 행하는 경향이 있는데 반하여, 중국인은 지나치게 경계심을 품고 적당한 곳에서 밸런스를 유지하려고 한다. 《채근담》에도 그러한 인생관이 곳곳에 그림자를 드리우고 있다.

중국인은 어째서 그처럼 과도하게 행하는 것에 경계심을 품고 있는 것일까? 그것은 첫째, 지나치면 오래가지 못하고 주위의 눈이나 반발 같은 것을 두려워하기 때문이다.

'지위는 그다지 높게 올라가지 않는 것이 좋다. 정상에까지 올라가면 함정이 기다리고 있다.'

'재능은 적당히 발휘해 두는 것이 좋다. 모두 꺼내 놓으면 뒤가 이어지지 않는다.'

'훌륭한 행동도 적당히 해두는 것이 좋다. 너무 과하면 오히려 중상모략을 받기 쉽다.'

이것 또한 인생을 살아 나가기 위한 지혜라고 할 수 있다.

공자도 '과한 것은 부족한 것만 못하다〔過猶不及〕'라고 말했는데, 그러한 과부족(過不足)이 없는 밸런스가 잡힌 상태를 '중용(中庸)'의 미덕이라고 한다.

《채근담》도 여러 곳에서 중용의 미덕에 대해 말하고 있는데, 그 몇 가지를 들어 보기로 하자.

'자신에게도 남에게도 세심하게 마음을 써서 무슨 일에나 실수가 없는 사람이 있다. 그런가 하면 한편으로는, 자신에게도 남에게도 일체 신경을 쓰지 않고 무슨 일에나 담백한 태도를 취하는 사람이 있다.'

'지나치게 자질구레한 일에 신경을 써도 안 되고, 너무나 무관심해도

좋지 않다. 훌륭한 인물은 밸런스있는 태도로 일관해야 한다.'

'이상은 높이 가져야 한다. 그러나 어디까지나 현실에 입각하지 않으면 안 된다. 사고(思考)는 주도면밀하게 할 것이지만 지나치게 지엽적인 일에 얽매여서는 안 된다.'

'취미는 담백해야 한다. 그러나 지나치게 고담적(枯淡的)이어서는 안 된다. 절조는 굳게 지켜야 한다. 그러나 편협하게 되어서는 안 된다.'

'청렴하면서도 포용력이 있다. 따뜻한 인정이 있으면서도 결단력이 풍부하다. 통찰력이 있으면서 남의 결점을 들추어 내지는 않는다. 순수하지만 그러면서도 과격 일변도는 아니다.'

이러한 인물이야말로 '꿀을 써도 지나치게 달지 않고 소금을 써도 지나치게 짜지 않은' 이상에 가까운 사람이다. 극단을 피하고 밸런스가 잡힌 상태를 이상적이라고 했다. 인생의 쾌락에 대해서도 같은 말을 할 수가 있다.

'즐거움은 적당히 즐겨야 한다.'

즉, 빠져들어 가서는 안 된다는 것이다.

'먹기 좋은 진미(珍味)는 모두 장(腸)을 상하게 하고, 뼈를 썩게 하는 독약이다. 적당히 먹지 않으면 건강을 해친다.'

'쾌적한 즐거움은 어느 것이나 몸을 망치고 덕을 잃는 원인이 된다. 적당히 하지 않으면 후회를 남긴다.'

'친구나 친지를 불러다 놓고 부어라 마셔라며 술좌석을 벌이다가 어느새 밤이 깊어 불도 희미해지고 향도 꺼지고 차도 식었다. 그 무렵이 되면, 주위를 돌보지 않고 엉엉 우는 사람까지 나타나 한층 삭막한 기분을 돋군다. 세상의 즐거움이라는 것이 대개 그런 것이다. 그렇다면 왜 적당한 곳에서 끊지를 않는가?"

또한,

'꽃을 즐기려면 절반쯤 피었을 때 관상하고, 술을 마시려면 거나하게 취했을 때 잔을 놓아라. 그때야말로 최고의 정취가 있는 것이다. 만개

한 꽃을 보거나 술에 취해 곯아떨어질 때까지 마시는 것은 실로 흥이 깨지는 일이다.'

라고도 했다. 이와 같은 밸런스 감각과 중용을 중시하는 인생태도에는 무궁한 맛이 있고, 인생의 정수를 끝까지 맛본 달인(達人)의 울림이 있다. 그리고 그것은 직무를 수행하는 데도 많은 참고가 될 수 있을 것이다. 《채근담》에서는 전진하기 위해서는 뒤로 물러나는 것을 생각하라고 말한다.

'앞으로 전진할 때는 반드시 뒤로 물러날 것을 생각하라. 그렇게 하면 울타리에 뿔을 처박은 양처럼 오도가도 못하는 지경에 빠질 염려는 없다.'

'손을 댈 때는 우선 손을 뺄 때를 생각하라. 그렇게 하면 호랑이 등에 올라탔을 때처럼 무작정 돌진하는 위험을 피할 수 있다.'

'기쁨에 겨워 무슨 일이든 쉽게 맡아서는 안 된다. 술잔에 분노를 폭발시켜서는 안 된다. 경기가 호황이라 해서 사업을 확장해서는 안 된다. 피로하다고 해서 최후까지 버티지 못하고 손을 빼서는 안 된다.'

귀가 따가운 말들이지만 밸런스 감각이나 중용은 이렇게 신중하고 안전하게 사는 태도를 지향하는 것이다.

역경을 이겨내는 마음가짐

진(秦)나라 시대의 양고(羊祜)라는 무장(武將)이,

"인생에는 생각대로 안되는 것이 7, 8할이 된다."

고 한탄했다는데 우리들 범인(凡人)의 경우에는 7, 8할은커녕 100% 가까이 생각대로 안되는 것이 정상이 아닐까?

이처럼 생각대로 안되는 인생을 살아가는데 있어서 무엇보다도 필요한 것이 '참을 인(忍)', 즉 인내라고 《채근담》은 말한다.

'산을 오를 때는 험난한 길을 참고 견디어야 하고, 눈길은 미끄러지는 위험을 참고 견디어 내며 전진한다는 말이 있는데, 이 참는다는 것에 깊은 의미가 담겨져 있다.'

'인정은 각박하고 인생의 길은 험난하다. 참고 견디는 것을 기둥으로 해서 살아 나가지 않으면, 당장 숲속에서 길을 잃고 구렁텅이에 빠져 버린다.'

어쨌든 참자고 자신에게 타이르며 살아 나가라는 말이다. 그렇지만 인생이 참고 견디는 것뿐이라면 아무런 재미도 없다. 도대체 무엇 때문에 참고 견디어야 하느냐는 의문이 떠오르는 것도 당연하다.

그런데 중국에는 옛날부터 행복과 불행을 순환한다는 사상이 있다. 그러므로 지금 비록 불행하더라도 언젠가는 좋은 시절이 찾아온다는 것이다. 그처럼 자신에게 타이르면서 현재의 고통을 참아 나가라는 교훈이다. 그처럼 앞길에 희망을 갖는 고생이라면, 고생을 할 보람도 있다. 이와는 반대로 지금 하는 일이 잘 풀려 나가더라도 언제 어느 때 밑바닥 구렁텅이로 떨어질지 예측할 수 없다. 그러므로 호황일 때도 마음을 놓지 말며 한층 더 신중한 태도로 경영에 임하지 않으면 안 된다.

《채근담》도 이러한 순환의 사상을 인식하고 다음과 같이 말하고 있다.

'내리막길로 향하는 징후는 최전성기에 나타나고, 새로운 것의 태동은 쇠퇴의 극에서 생겨난다.'

'순조로울 때는 한층 더 마음을 강하게 먹고 이변(異變)에 대비하되, 난관이 닥쳤을 때는 오로지 참고 견디어 내면서 초지(初志)를 관철하지 않으면 안 된다.'

'하늘의 의지는 예측할 수가 없다. 시련을 주는가 하면 영달을 보증하고, 영달을 보증하는가 싶으면 다시 시련을 내린다. 그래서 불후(不朽)의 영웅호걸들도 실의에 빠지고 좌절을 겪어 왔다.'

'그러나 훌륭한 인물은 역경에 떨어져도 기꺼이 그것을 감수하고 평온무사할 때도 비상시국에 대한 대비를 잊지 않는다. 그러니까 하늘조차도 그를 괴롭힐 수가 없는 것이다.'

오랜 인생에는 누구나 운이 돌아오지 않을 때가 있고, 생각지도 않은 역경에 부딪칠 때도 있다. 그럴 때는 참고 견디는 것이 첫째라며 다짐하고 오로지 참고 견디지 않으면 안 된다.

인내의 시기야말로 사실은 자신을 성장시키고 미래의 도약을 준비하는 절호의 기회로 삼아야 하는 것이다.

'역경이나 빈곤은 인간을 굳세게 단련시키는 용광로와 같은 것이다. 그 속에서 단련되면 몸과 마음 모두 강건해진다. 단련될 기회를 갖지 못하면 제대로 된 인간으로 성장할 수가 없다.'

'역경에 처했을 때는 몸 가까이에 있는 모든 것이 양약(良藥)이 되고, 절제와 행동까지도 자기도 모르는 사이에 연마된다. 그러나 순조로운 환경에 있을 때는 눈앞의 모든 것이 흉기로 변하고 몸 안의 모든 뼈가 뽑혀 나가도 깨닫지를 못한다.'

그리고 역경에 처해서 가장 난처한 것은, 첫째 정신까지도 위축되어 버리는 것이다.

둘째는 초조해서 신경질을 부리는 것이고, 셋째는 체념하지 못하고 미련스럽게 발버둥치는 태도이다.

이렇게 되면 역경에서 벗어나기는커녕 오히려 더 깊은 곳으로 빠져 버린다. 역경에 처했을 때는 묵직하게 처신하며 힘을 비축하고 기회를 기다리는 것이 가장 중요하다.

'오랫동안 웅크리고 힘을 비축한 새는 일단 날기 시작하면 반드시 높이 올라 오른다. 다른 꽃보다 먼저 피는 꽃은 지는 것도 또한 빠르다. 그 도리만 익히고 있으면 도중에서 좌절할 근심도 없고, 공(功)을 서드르며 초조해 할 필요도 없다.'

우리도 그러한 심정으로 인생의 마라톤에서 완주할 수 있도록 대처해야겠다.

스스로 자신을 괴롭혀라

설득력있는 지도자를 지향하기 위해서는 평소부터 자신을 단련시키지 않으면 안 된다. '수신(修身)' 또는, '수양(修養)'이 바로 그것이다. 그런데 모두 그것을 기피하며 싫어한다. 다른 사람으로부터 이래라저래라는 말을 듣는 것을 누구나 좋아하지 않는다.

수신이나 수양은 본래 타율적인 것이 아니고, 스스로 향상(向上)하고 싶다는 자각적인 노력을 가리키는 것이다. 그러한 노력은 누구보다도 지도자에게 우선적으로 요구된다.

'바쁠 때 당황하지 않으려면 한가할 때 확실하게 정신을 단련해 놓지 않으면 안 된다.'

임기응변 따위는 소용이 없고 평소에 부단히 수양을 쌓으라는 말이다. 그러면 어떻게 자신을 단련시켜야 할까?

《채근담》에 의하면 우선 생활환경이 문제가 된다.

'쉴새없이 불쾌한 충고를 귀로 듣고, 생각대로 되어 주지 않는 일들을 하나 가득 안고 있기 때문에 자신을 향상시킬 수 있는 것이다. 귀에 듣기 좋은 말만 듣고 생각대로 모든 일이 척척 해결되어 나간다면 자신의 인생을 일부러 망치고 있는 것이나 다름없다.'

공자도,

'좋은 약은 입에 쓰지만 병에 좋으며, 충고는 귀에 거슬리지만 행동에 도움을 준다.'

라고 말했듯이 《채근담》이 말하려고 하는 것도 같은 뜻이다.

둘째로 초조해 하지 말 일이다. 시간을 두고 착실하게 한발한발 자신을 향상시켜 가는 것이 바람직하다.

'자신을 단련시키려고 할 때는, 금(金)을 제련할 때처럼 충분한 시간을 소비하지 않으면 안 된다. 속성으로 하면 아무래도 바닥이 얕아진다. 사업을 시작할 때는 무거운 석궁(石弓)을 발사할 때처럼 서두르지 말고 신중을 기해야 한다. 성급하게 시작하면 커다란 성과를 기대할 수 없는 것이다.'

'복숭아나 배꽃은 아름다운 꽃을 피운다. 그러나 소나무의 멋진 푸르름을 당할 수는 없다.

배와 살구는 달콤한 열매를 맺는다. 그러나 탱자나 귤의 상쾌한 향기를 따르지는 못한다.'

이상에서 밝혀진 바와 같이 화려하고 단명(短命)한 것은 은근하고 길게 가는 것에 미치지 못하고 조숙(早熟)은 만성(晩成)을 따를 수 없는 것이다.

'대기만성(大器晩成)'이라는 말은 《노자(老子)》에 있는 명언인데 《채근담》도 착실한 노력을 쌓아 만성의 대기를 지향하라고 논하고 있다.

인간은 누구나 장점과 단점을 가지고 있다. 자신을 단련시킨다는 것은 장점에 세련미를 더해 가면서 한편으로 단점을 보강하는 노력을 게을리하지 않는다는 뜻이리라.

'절조가 굳은 인물은 온화한 태도를 몸에 익히는 것이 바람직하다. 그렇게 되면 쓸데없는 다툼에 끼여들지 않아도 된다. 공명심이 왕성한 인물은 겸양의 미덕을 몸에 익히는 것이 바람직하다. 그렇게 되면 남의 시기를 받지 않아도 된다.'

처음부터 이상적인 지도자란 존재하지 않는다. 꾸준하고 노력을 쌓아 감으로써 한발한발 높은 차원으로 접근해 가는 것이다.

《채근담》이 그리는 이상적인 지도자상은 다음과 같다.

'자질구레한 일의 처리에도 손을 빼지 않는다. 사람들이 보지 않는 데서도 나쁜 일에 손대지 않는다.

실의에 빠졌을 때도 헛되이 처신하지 않는다. 그래야만 비로소 훌륭한 인물이라고 할 수 있는 것이다.'

'도를 터득하려면 먼저 엄하게 자세를 가다듬을 필요가 있는데, 그러나 한쪽으로는 일에 얽매이지 않는 소탈한 정신도 필요하다. 오로지 자신을 괴롭히는 것뿐이라면 가을 바람의 냉기는 있어도 봄바람의 훈기는 없다. 어찌 만물을 키워 나갈 수 있겠는가?'

그러나 이런 조건을 모두 갖춘 훌륭한 지도자가 된다는 것은 좀처럼 쉬운 일이 아닐 것이다.

■ 삼국지(三國志)

정사(正史)《삼국지》와는 거리가 멀어……

악역(惡役)으로 그려진 조조(曹操)

우리나라 속담에 '호랑이도 제 말을 하면 온다'라는 말이 있다. 설명할 필요도 없겠지만 '어떤 사람의 말을 하면 그 사람이 모습을 나타낸다'는 뜻으로서 실제로 이런 일이 적지 아니하다. 중국에서도 이것과 거의 똑같은 의미의 속담이 있다. 즉,

'설조조(說曹操), 조조도(曹操到).'

가 그것이다. 직역(直譯)을 한다면 '조조 이야기를 하자 조조가 온다'란 의미이다.

이 조조는《삼국지》의 걸물(傑物)인데 서민적인 인기에 있어서는 유비(劉備)라든가 제갈공명(諸葛孔明)에게 미치지는 못한다. 아니, 오히려 미움을 받는 자의 대명사가 될 정도이다.

왜 조조는 이처럼 미움받는 사람이 되었을까? 그것은 아마 당시의 역사를 소설화(小說化)한《삼국지연의(三國誌演義)》, 혹은 그것에 앞서 있었던 강담(講談)의 영향이 컸던 것으로 생각된다.

왜냐하면 이런 것들 속에서 조조는 철두철미한 악역(惡役)으로 그려져 있기 때문이다.

그러나 역사적인 사실을 들추어 보면 이 삼국시대를 이끌어 나갔던 사람은 누가 뭐라 해도 조조였다. 그러므로 여기서는 조조에게서 악역의 이미지를 떼어 버리고 그가 어떻게 해서 그런 재능을 발휘했는지를 알아보기로 하겠다.

형장(刑場)에서의 기지(機智)

조조는 소년시절부터 약삭빨랐다고 한다. 그 무렵의 에피소드로서《세설신어(世說新語)》에 다음과 같은 이야기가 소개되어 있다.

조조와 원소(袁紹)는 소년시절 함께 어울려 방탕하고 무뢰한 생활을 했었다.

어느 때 혼인잔치가 있다는 소문을 듣고, 두 사람은 그 집에 숨어 들었다. 그리고 밤이 되기를 기다렸다가,

"도둑이야! 도둑이 들었다!"

고 외쳐댔다. 그 집안 사람들은 깜짝 놀라서 밖으로 뛰쳐나갔다. 그 틈을 타서 신방에 들어간 그들은 신부(新婦)에게 칼을 들이댔다.

이렇게 해서 두 사람은 신부를 들쳐업고 도망을 쳤는데 원소가 그만 발을 헛디뎌서 탱자나무 숲에 떨어지고 말았다. 원소는 탱자나무 가시에 찔려서 몸을 움직일 수가 없었다. 그러자 조조가 소리쳤다.

"도둑은 여기 있다!"

이 말을 들은 원소는 어찌나 다급했던지 아픈 것도 잊은 채 벌떡 일어나서 달렸다. 이렇게 해서 두 사람은 무사히 도망칠 수 있었다고 한다.

조조의 이러한 기지(機智)에는 놀라지 않을 수 없다. 인간은 궁지에 몰리게 되면 엉뚱한 힘을 발휘하게 마련이다. 소년 조조는 이미 그것을 알았다. 그랬기에 탱자나무 가시에 찔리어 움직이지 못하는 원소를 보고 '도둑은 여기에 있다!'고 소리쳐 궁지에 몰아넣음으로써 죽을 힘을 다해서 일어나 도망칠 수 있게 했던 것이다. 나이에 걸맞지 않게 엉뚱한 재치를 발휘했다고 보아야 할 것 같다.

조조는 어렸을 때부터 상당히 교활한 면이 있기는 하였으나, 이런 에피소드에서 알 수 있듯이, 모든 것이 깊은 인간통찰(人間洞察) 위에서 행해진 것이었다.

그 후 조조는 수많은 전쟁터에서 활약하는데, 천부적인 기지(機智)로

여러 차례나 위기를 모면한다.

예를 들면 복양(濮陽)에서 진을 치고 있던 여포(呂布)의 군단을 공격했을 때의 일이다.

때마침 성 내부와 내통하고 있던 자가 있었는데, 그 사람의 말을 믿은 조조는 야음을 틈타서 총공격을 감행했다. 그 순간 성 안에서는 큰 불이 일어남과 동시에 여포의 군단이 반격전을 펴왔다.

"속았구나!"

조조가 이렇게 생각했을 때는 이미 늦었고 조조 군은 산산이 무너지고 말았다. 당황해 하고 있는 조조 곁으로 적군의 기마(騎馬)가 쇄도했고 창부리가 코 앞에서 번득였다. 그리고 소리쳤다.

"조조가 여기 있다!"

그 순간 조조는 앞을 가리키며,

"저기다! 저 붉은 말을 탄 자가 조조다!"

하고 외쳤다. 기마는 조조가 가리키는 붉은 말을 쫓았다. 조조는 이렇게 해서 위기를 넘길 수가 있었다.

순간적인 기지로 위험한 고비를 넘긴 것이다. 한문(漢文)으로는 이런 것을 '권(權)'이라든가 '권변(權變)'이라고 한다. 태어날 때부터 이런 점에 빼어났던 조조는 그것을 최대한 잘 이용함으로써 난세(亂世)를 이겨낼 수 있었던 것이다.

비정(非情)한 결단

먹느냐 먹히느냐의 난세에서 살아 남기 위해서는 엉거주춤한 인정(人情) 따위는 금물(禁物)이라고 조조는 생각했던 것 같다. 그는 이따금 범인으로서는 상상도 할 수 없는 비정한 결단을 내리곤 했다. 이런 이야기가 있다.

동탁(董卓)의 군단에게 쫓겨서 도읍을 탈출했을 때, 도중에서 여백사(呂伯奢)라는 친구 집에 들렀는데 그만 실수로 그 집 사람들을 목베어 죽이고 말았다. 그때의 양상을 정사(正史) 《삼국지(三國志)》는 다음과 같이 기록하고 있다.

주인 여백사는 집에 없었다. 그런데 그 집에 있던 여백사의 아들과 동거인들이 조조를 협박하며 말과 짐을 뺏으려고 했다. 조조는 칼을 휘둘러서 몇 사람을 목베어 죽였다.

이것은 정당방위로는 좀 지나쳤다는 생각도 든다. 그런데 정사 《삼국지》의 주(注)에는 다음과 같은 이설(異說)도 실려 있다.

조조는 그 집 사람이 식기(食器) 꺼내는 소리를 듣고 그만 착각했다.

"무기를 꺼내는구나. 나를 죽일 셈인가보다."

그래서 밤이 되자 선수를 쳐서 그 집 사람들을 죽였다. 죽이고 난 다음에야 그는 자신이 착각했다는 것을 깨달았다. 비통한 마음에 조조는,

"나는 천하 사람을 등질지라도 천하 사람이 나를 등지게 해서는 안 된다. 이것이 나의 방침이다."

라고 말하고 그곳에서 떠났다고 한다.

이 에피소드는 후일 소설 《삼국지》에도 채용되어 조조를 '교활한 악질'로 매도하게 되는데, 사실 여부야 어떻든 이런 비정(非情)한 면도 조조에게는 있었다.

다음의 에피소드도 조조라는 인물의 비정함을 단적으로 나타내 준다.

어느 날 적과 대치하고 있던 중, 군량(軍糧)이 바닥나게 되었다는 보고가 들어왔다. 초조해 하던 조조는 은밀히 군량을 담당했던 장교를 불러 놓고 대책을 강구했다.

"군량을 배급하는 되를 작은 것으로 바꾸면 어느 정도 보급 시일을 끌 수 있을 것 같습니다.

"좋아, 그렇게 하도록 하지."

곧 되가 작은 것으로 바뀌었고 그것으로 식량을 배급했다. 그러나 이런

조치를 이웃고 장병들에게 들키고 말았다. 군진 안에,

"우리는 대장군(조조)에게 속고 있는 것이야."

라는 소문이 파다하게 퍼져 공기기 험악해졌다. 그러자 조조는 다시 군량 담당관을 불러 놓고,

"장병들의 분노를 가라앉히기 위해서는 그대가 죽어 주어야겠어."

라며 그 자리에서 목을 쳤다. 그리고 그 목을 효수했으며 이렇게 포고했다고 한다.

"이놈은 되를 작은 것으로 바꾸어서 장병들의 군량을 적게 배급하고 남는 식량을 훔쳤기에 참죄(斬罪)에 처했다."

필요하면 이처럼 비정한 짓도 서슴지 않았던 점에 조조의 '강함'이 있었다고 보아야겠다.

'사(詐)'의 명인(名人)

《손자(孫子)》〈병법〉에,

'용병(用兵)한다는 것은 적을 속이는 일이다〔兵者詭道也〕.'

'전투란 적을 속임으로써 성립된다〔兵以詐立〕.'

라는 말이 있다. 궤도(詭道)건 사(詐)건 모두 상대방을 속이는 것, 즉 사기를 치는 것이다.

조조의 또 한 가지 재능이 바로 이 '사(詐)'이다. 위에서 소개한 군량 담당관의 에피소드에서도 이미 그 일단이 나타나 있지만, 그 밖에도 조조에게는 이 '사(詐)'와 관계되는 이야기가 많이 있다.

그러나 사람을 잘 속인다는 것은 바꾸어 말하면 그 사람을 깊이 이해하고 있다는 말도 된다. '사(詐)'란 술수는 원래 상대방의 심정이라든가 욕망을 철두철미하게 읽지 못하면 성공할 수가 없는 법이다. 사기사(詐欺師)가 장사를 할 수 있는 것은 상대방이 무엇을 바라고 있는지를 숙지(熟知)하고 있기 때문이다.

조조는 적을 속이는 것은 물론이었고 아군까지도 속였다. 다음의 에피

소드를 보면 그것을 알 수가 있다.

조조의 군세(軍勢)가 행군을 하던 중 물을 발견하지 못하여 전군(全軍)이 갈증으로 괴로워했다. 그때 조조는 전군에게 이렇게 전달하라고 명했다.

"저 앞에는 큰 매화나무 숲이 있다. 달고 시큼한 매실이 주렁주렁 매달려 있지. 그곳까지만 참고 견디며 가자."

그 말을 듣는 순간 병사들의 입안에는 군침이 돌기 시작했다. 그리고 샘을 발견할 때까지 그들은 참고 견디며 행군할 수가 있었다고 한다.

이 에피소드를 읽으면 조조의 기지에 감탄하지 않을 수 없다. 조조는 매화나무 숲을 들먹임으로써 목이 타서 괴로워하며 물을 찾는 병사들의 욕망을 일시적이나마 가라앉혔다. 더구나 매실이라고 하는 말을 꺼냄으로써 병사들의 입에 군침이 돌도록 하여 순간적이기는 하지만 갈증을 해소시켜 주었다. '사(詐)'도 이쯤 되면 고등기술의 하나이다. '사(詐)'를 활용한 조조의 이런 발상에는 고개가 숙어진다.

쫓고 쫓기는 영웅들의 대서사시(大叙事詩)

유비와 손권

이 조조의 라이벌이 유비와 손권이다. 이 세 사람이 비술(秘術)을 총동원하여 서로 다투는 데에《삼국지》의 흥미가 있는데, 그럼 유비와 손권 등 두 사람은 무엇을 무기로 삼아 조조에게 대항했던 것일까?

유비는 소설《삼국지》에서 간교한 조조를 응징하는 선인(善人)으로 미화(美化)되어 있다. 소설이니 그야 이럴 수도 있고 저럴 수도 있겠지만, 현실의 인간을 악인(惡人)·선인(善人)으로 구별지으려는 것은 무리이다. 실상(實像)의 유비는 스스로 살아 남기 위하여 신의(信義)에 어긋나는 짓도 했었으니 결코 훌륭한 인물이라고 말할 수 없다. 예컨대 군웅(群雄)의

한 사람이었던 여포(呂布)란 난폭자도,

"그 유비란 놈이야말로 사기꾼이다. 그놈부터 해치워야겠어."

라고 욕한 것으로 보아 유비의 일면을 짐작할 수 있다.

유비는 수완가인 조조와는 달라서 무능한 인물이었다. 전략 전술에도 어두웠고 정치 흥정에도 서툴렀던 사람이다. 모든 면에서 조조와는 대조적인 인물이었다고 보아야 할 것이다.

그러므로 조조가 떠오르는 태양처럼 그 세력을 확장해 나갔던 것에 비해 유비의 인생은 부침(浮沈)의 연속이었다. 어쩌다가 싹이 나오는 것처럼 보이다가는 금방 다시 시들어 버리고, 그래서 처음부터 재출발하지 않으면 안 되었다.

그러나 조조는 그러한 유비를 최대의 라이벌로 인정하고 항상 경계를 게을리하지 않았다. 왜 그랬을까? 그것은 유비에게는 무능을 보충하고도 남을 만한 아주 강력한 무기를 가지고 있었기 때문이다. 그 무기란 무엇이었을까? 그것은 '인덕(人德)'이라든가 '인간적 매력'이라고 말할 수 있을 것이다.

다른 말로 표현한다면 '겸허한 태도'라고 해도 좋을 것이다. 그래서 유비는 사람들로부터 지지를 얻게 되었고, 부하들로부터 헌신(獻身)을 짜낼 수 있었던 것이다. 만년(晩年)에 그가 촉(蜀) 땅에서 자립하여 세력을 구축할 수 있었던 것도, 제갈공명이라든가 관우(關羽) 등의 부하가 '이 사람을 위해서라면'이라며 유비를 받들고 용전분투했기 때문이다. 그들로 하여금 그런 마음을 갖게 만든 것은 유비가 몸에 지니고 있던 '인덕'이라고 말해도 좋다. 그리고 그것은 유능한 조조에게는 결여되어 있던 요소이기도 했다.

또 한 사람 손권은 어땠는가?

이 사람은 소설에서도, 그리고 정사(正史)에서도 다른 두 사람의 라이벌에 비하여 박력이 부족한 것으로 묘사되어 있는데, 그야 어쨌든 일국의 지도자로서는 두 가지의 뛰어난 장점을 가지고 있었다.

첫째로 유연한 외교전략(外交戰略)을 구사했다는 점이다. 즉, 조조의 대군단에게 공격당한 '적벽대전(赤壁大戰)'에서는 일전(一轉)하여 위(魏)나라 조비(曹丕)와 동맹을 맺고 전쟁에 임하는 등, 종래의 상황에 구애됨이 없이 그때그때에 최선이라고 생각되는 외교전략을 채용하며 임기응변으로 대처했었다.

둘째로는 인재의 등용에 힘을 기울였다는 점이다. 예(禮)를 후하게 하여 제국(諸國)에서 인재를 모아 들였으며, 이 인재들을 사용함에 있어서도 '그 단점은 보지 않고 그 장점을 신장시켜 주는 데 힘썼다'고 말한 것처럼, 상당한 노력을 했던 사람이 손권의 휘하에서 주유(周瑜), 제갈근(諸葛瑾), 여몽(呂蒙), 육손(陸遜) 등, 일류 인재들이 배출되었던 것은 톱(top)인 손권의 이런 태도에서 비롯된 것이다.

제갈공명(諸葛孔明)과 사마중달(司馬仲達)

《삼국지(三國誌)》의 클라이맥스는 제갈공명과 사마중달의 대결이다.

제갈공명은 소설 《삼국지》에서는 신(神)과 같은 기책(奇策)을 여러 차례 쓰는 지모(智謀)의 군사(軍師)로 그려져 있다. 그러나 이것은 소설 작가의 픽션에 지나지 않는다.

실제의 제갈공명은 돌다리도 두드리며 건너는 식의 아주 견고한 용병(用兵)을 했던 사람으로서, 결코 이판사판이라든가 이 일전(一戰)에 모든 승부를 거는 식의 전투는 하지 않았다. 비유컨대 한 방 홈런으로 전세를 뒤집는 식의 전투방법이 아니라, 사구로 출루한 주자를 번트로 2루에 보내고 적시안타로 한 점을 내는 식의 안전한 전투법을 사용했던 사람이 바로 제갈공명이었다.

한편 사마중달은 어떠했는가? 소설 《삼국지》에는 제갈공명의 교묘한 전략에 우롱당하는 범용한 무장(武將)으로 그려져 있다. 그러나 이것도 소설 작가의 픽션에 지나지 않는다. 실제의 사마중달은 '싸우지 않고 이긴다'는 중국식 병법의 정석(定石)에 입각한 전략으로 제갈공명의 대군을 맞아 싸웠고 결국 그 전법으로 재미를 본다. 결코 소설에 묘사된 것 같은 범용한 무장이 아니었던 것이다.

이 두 사람은 먼저 기산(祁山)에서, 그 다음번에는 오장원(五丈原)에서 겨루는 등, 두 차례에 걸쳐 대진(對陣)했는데 싸움다운 싸움은 단 한 차례 했을 뿐, 오로지 서로 대치하며 노려보는 것으로 일관했다. 그러다가 제갈공명의 진몰(陣沒)로 두 사람의 대결은 종막을 고했던 것이다.

결과를 먼저 말한다면 제갈공명은 작전 목적을 달성할 수가 없었다. 그러므로 정사(正史)《삼국지》의 저자인 진수(陳壽)의 그 유명한 비판이 있었던 것이다.

"해마다 대군을 동원했으면서도 결국 작전 목적을 달성할 수 없었다. 제갈공명이란 사람은 임기응변적인 군략에는 그다지 밝지 못했던 것 같다."

그러나 이런 견해는 제갈공명에게는 좀 가혹한 것이 아니겠느냐는 생각도 든다. 왜냐하면 이 싸움은 국력의 차이, 보급의 어려움 등, 누가 싸웠어도 승리를 얻기는 어려웠던 싸움이었기 때문이다. 그런 속에서 제갈공명은 확실하게 승리하지는 못했지만 그렇다고 해서 지지도 않았다. 제갈공명이 처해 있던 제반 상황을 고려한다면 오히려 선전(善戰)을 했다고 해도 좋을 것이다.

또 이 제갈공명이 훌륭했던 점은 이처럼 큰 싸움을 하면서도 국정(國政)에 조그마한 차질도 빚지 않았다는 점이다. 군사 지도자로서의 제갈공명에게는 위에서 든 것 같은 의문을 제기했던 진수(陳壽)도, 재상으로서의 제갈공명에 대해서는,

"관중(管仲), 소하(蕭何)에 필적한 만큼 훌륭한 명재상(名宰相)이다."

라며 찬사를 던지고 있다.

실상(實像)의 제갈공명은 결코 소설에서 그리고 있는 것처럼 신(神)의 영역을 드나들 만큼 훌륭했던 군사(軍師)는 아니지만, 패하지 않는 싸움을 할 수 있는 용병술(用兵術), 나아가서는 국정에 한치의 차질도 빚지

않았던 발군의 통솔력 등을 지닌, 빼어난 지도자였다고 말할 수 있겠다.

이상에서 허상(虛像)과 실상(實像)의 차이를 다루면서 《삼국지》의 주요 등장인물을 소개했다. 이 밖에도 예컨대 '1만 군사에 필적한다'는 평을 받았던 관우(關羽), 장비(張飛) 등의 호걸들, 혹은 '적벽대(赤壁大戰)'의 입안자(立案者)인 주유(周瑜), '오하아몽(吳下阿蒙)'의 일화를 남긴 모장(謀將) 여몽(呂蒙), 조조의 참모였던 순욱(荀彧) 등 명배우들이 속속 《삼국지》의 무대에 등장한다. 격동의 시대를 살아갔던 그들의 생활방법은 혼미의 현대를 살아가고 있는 우리에게 귀중한 시사를 던져 주고 있음에 틀림없다.

우리가 흔히 대하는 것은 소설 《삼국지》이다. 소설 《삼국지》도 읽을 필요가 있겠지만 그것은 어디까지나 소설이라는 점에 유의하지 않으면 안 된다. 이미 그 일단을 소개한 것처럼, 소설에 그려져 있는 인물상(人物像)과 실제의 인물상 사이에는 큰 차이가 있다. 그 분명한 실상을 알기 위해서는 역시 정사(正史) 《삼국지》까지 읽어 보아야 할 것이다.

서유기(西遊記)

중국 4대 기서(奇書)의 하나인 《서유기》

천계(天界)의 난동꾼, 손오공

아주 먼 옛날, 동승신주(東勝神州) 오래국(傲來國), 화과산(花果山) 꼭대기에 한 선석(仙石)이 있었다. 천지개벽 이래로 정기가 서려 있던 그 거룩한 바위가 깨어져 '돌원숭이'를 탄생시켰다. 이 돌원숭이는 수렴동(水簾

洞)에 떼지어 사는 원숭이들의 왕이 되었다.

돌원숭이가 '미후왕(美猴王)'이라고 칭하면서 멋대로 나날을 보내고 있던 어느날, 그는 불로장생의 영험술을 배우려고 여행길에 올랐다. 그리하여 선인 보리조사(菩提祖師)로부터 '손오공(孫悟空)'이란 이름을 받았으며, 전심전력 수업을 쌓아 72반(般)의 둔갑술을 비롯하여 자기 털오라기를 작은 원숭이로 변하게 하는 변신법과, 한 번 재주넘기를 하면 10만 8천리를 나르는 구름을 부를 수 있는 비술(秘術)을 터득하게 되었다.

화과산에 돌아온 손오공은 동해의 용왕으로부터 신축자재(伸縮自在)의 여의봉(如意棒)을 얻었고, 다시 백여 년의 수명이 다해 저승에 끌려 가자 여의봉을 휘둘러대며 한바탕 난동을 부렸다.

그리고 염라대왕의 장부를 가져다가 먹으로 이름을 지워 버리고 말았다. 상주문(上奏文)에 의해 일의 전말을 알게 된 천계의 옥황상제는 장수를 보내어 손오공을 붙들어 오도록 하였지만, 태백 장경성(太白長庚星)의 진언으로 천계에 소환하여 '필마온(弼馬溫)'을 삼았다. 그러나 손오공은 필마온이 신분이 낮은 마방(馬房)지기란 것을 알고 도망쳐 나왔고 자칭 제천대성(齊天大聖)이라고 떠들며 다닌다.

드디어 옥황상제는 탁탑 이천왕(托塔李天王)과 나타 삼태자(哪吒三太子)를 파견했는데 도리어 혼줄만 나고 돌아오게 되어, 태백금성(太白金星)의 조언으로 손오공을 무위무관인 제천대성으로 천계에 머물러 있도록 하였다.

한동안은 천계에서 놀며 지내던 손오공은, 반도원(蟠桃園)의 관리를 하명받았는데, 불로장생의 복숭아를 훔쳐 먹은 것을 비롯해서 연중행사인 반도대회(蟠桃大會)의 음식을 모두 먹어 치웠으며, 태상노군(太上老君)의 금단(金丹)까지 먹어 버리고 하계로 도망쳤다.

도에 지나친 행패에 크게 노한 옥황상제는 10만의 천병을 보내어 화과산을 포위하였다. 구요성(九曜星)과 사대천왕(四大天王) 등을 차례로 보내어 도전케 하였지만, 손오공은 털을 한줌 움켜 쥐고 불어댔다. 그러자 그

털이 수백 수천의 손오공으로 변해 출격해 옴으로써 아무리 해도 승부가 나지 않았다.

관세음보살의 천거로 드디어 현성이랑 진군(顯聖二郎眞君)이 등장했다. 둘은 새가 되기도 하고, 물고기가 되기도 하며, 변화무쌍하고 자유자재로 둔갑하면서 겨루었다. 토지신의 사당으로까지 둔갑하여 비술을 다해 다투었지만, 이윽고 손오공은 태상노군에게 금강탁(金鋼琢)으로 얻어맞고 진군에게 붙들렸다.

그래서 손오공을 처형하려고 하였지만 창이나 칼을 쓸 수가 없었다. 화가 난 태상노군은 손오공을 금단을 빚는 팔괘로(八卦爐)에 가두어 버렸다.

손오공은 연기에 괴로움을 당해 두 눈이 붉어져 화안금정(火眼金睛)이 되었는데, 그 불구덩이에서 또 도망쳐 나왔고 다시 천계는 일대 소동이 벌어졌다. 하는 수 없이 옥황상제는 석가여래(釋迦如來)에게 잘 구슬려 굴복시키도록 부탁하였다.

여래는 손오공을 향해 웃음을 지으면서 이렇게 말했다.

"자아, 그럼 내기를 해볼까? 네가 내 오른손 손바닥에서 도망쳐 나갈 수 있다면, 네가 이긴 걸로 하겠다. 그럼 무기로 싸울 필요도 없을 게 아니겠느냐. 네가 이긴다면, 옥황상제에게 청해서 서쪽으로 자리를 옮기도록 하고, 너에게 천계를 물려주도록 하마."

손오공은 한 번 재주를 넘으면 10만 8천 리를 날 수 있었다. 그는 내심 미소를 지으면서 재빨리 내기를 받아들였다.

"자아, 그럼 갑니다요!"

이렇게 소리치고는 한줄기 빛을 발하는가 했더니 이미 손오공은 그림자도 보이질 않았다. 여래가 자비로운 눈으로 자세히 보니 손오공은 풍차처럼 돌면서 곧바로 전진하고 있었다. 손오공이 살펴보니 가는 앞길에 다섯 개의 피부 색깔 같은 기둥이 보였다.

"이곳이 아무래도 끝인 것 같군. 돌아가면 여래가 보장한 대로 내가 영

소전(靈霄殿)의 주인이 될 수 있겠지.'

라며 깡충깡충 뛰며 좋아하던 손오공은, 증거를 남기기 위해서 한 개의 털을 뽑아 가지고 '제천대성 이곳에 유람하다'라는 글씨를 한가운데 기둥에 크게 써 놓았다.

다 쓰고 나서 털붓을 도로 간직해 두고 황송하게도 첫번째 기둥 밑에 오줌을 쌌다.

손오공은 나르는 구름을 되돌려 눈깜짝할 사이에 손바닥 위에 서더니 큰 소리로 외쳤다.

"나는 하늘 끝까지 가보고 왔소. 자아, 옥황상제에게 천궁의 자리를 양보하도록 전하시오!"

그러자 여래는 버럭 소리쳤다.

"이 오줌싸개 원숭이놈아, 너는 나에게 사로잡힌 채 있단 말이야! 너는 내 손바닥에서 벗어나질 못했어! 아래를 보아라."

손오공이 화안금정을 부릅뜨고 아래를 내려다보니, 이게 웬일인가? 여래의 오른손 가운데 손가락에는 '제천대성 이곳에 유람하다'라고 씌어 있었고, 엄지손가락에는 희미하게 원숭이의 오줌냄새가 남아 있었다.

놀란 손오공은 몸을 날려 다시 날아 가려고 하였지만, 여래가 탁 하고 손바닥을 한 번 치자 손오공은 서천문 밖으로 튕겨나가고 말았다. 여래는 다섯 손가락을 금(金), 목(木), 수(水), 화(火), 토(土)의 '오행산(五行山)'으로 바꾸어 어렵지 않게 그 밑에 눌러 버렸다.

서역(西域)으로 떠나는 삼장법사(三藏法師)

손오공이 오행산에 붙들려 있다가 약 5백 년이 지났을 때, 당(唐)나라는 태종(太宗)이 즉위해 있었다. 석가여래는 중생제도를 위해 중국에 삼장의 진경을 전해 주어야겠다고 생각하여, 관음보살에게 금굴레의 관[緊箍兒]을 받아 가지고 사자탐방의 길을 떠나게 하였다.

대당국(大唐國)의 장안(長安)으로 들어간 관음보살은 태종이 베푼 수륙

대회〔團圓會〕의 회주로 뽑힌, 덕이 많은 현장선사(玄奘禪師)와 만나게 되었다.

현장은 태종의 칙명으로 삼장법사의 호를 받아 서역으로 경전을 구하러 머나먼 여행길에 오르게 되었다.

두 사람의 종자(從者)를 데리고 국경을 넘어 쌍차령(雙叉嶺)으로 들어선 삼장법사는, 웅산군(態山君)과 인장군(寅將君)에게 종자를 잡혀 먹히고 쓸쓸하게 혼자 오행산에 당도하였다.

오행산의 바위 밑에 짓눌려 있던 손오공은,

"스님, 제발 저를 꺼내 주세요. 스님을 잘 호휘하며 서역까지 모시고 가겠습니다."

라고 호소하였다.

삼장법사는 산꼭대기에 붙여 둔 금으로 씌어진 부적을 떼어내고 손오공을 구해 주어 제자로 삼았다.

종자가 된 손오공은 도둑 무리를 모두 죽여 버리고 재빨리 삼장법사를 위급에서 구해내긴 하였지만, 살생을 훈계하기 위해 삼장법사는 손오공의 머리에 금으로 만든 굴레를 씌워 버렸다. 둘이서 사반산(蛇盤山)의 응수간(鷹愁澗)이라는 계곡까지 이르렀을 때, 한 마리의 용에게 말이 먹혀 버렸는데, 이 용은 관음보살의 명을 받들어 대기하고 있었던 것이다.

용은 백마로 변해서 삼장법사를 태우고 서천(西天)으로 향했다.

다음은 오사장국(烏斯藏國 : 티베트)의 고로장(高老莊)까지 오자, 괴물을 사위로 두어 곤란당하고 있는 집에 머무르게 되었다. 이야기를 들어 보니, 이 요괴는 귀와 코가 길며 대식한(大食漢)이어서, 마치 돼지와 같았다. 그는 전생에서 천하(天河)의 천봉원수(天蓬元帥)였던 것이 벌을 받아서 하계로 떨어졌을 때, 잘못되어 돼지 뱃속에서 태어나게 된 저팔계(猪八戒)였다.

저팔계는 손오공을 상대로 아홉 개의 이빨이 달린 창으로 싸웠지만, 당해낼 재주가 없어서 삼장법사의 두 번째 제자가 되었다.

이읏고 유사강〔流沙河〕까지 당도하게 되자, 목에 아홉 개의 해골을 매달고 머리를 산발한 요괴와 만나게 되었다. 이것이 바로 사오정(沙悟淨)인데, 영소전의 권렴대장(捲簾大將)으로 있었지만 죄를 지어서 유사강에 유배되었던 것이다.

사오정은 저팔계(猪八戒)를 상대로 강물 속에서 크게 싸웠는데, 승부가 나지 않았고, 보살의 명령으로 귀순하여 삼장의 세 번째 제자가 되었다.

이리하여 삼장 일행이 전원 갖추어지게 되었고, 경전을 구하기 위한 고난에 얽힌 여행길을 계속하게 된다.

살생으로 추방당하는 손오공

여행을 계속하던 일행은 백호령(白虎嶺)이라는 높은 산에 당도하였다. 손오공이 시주를 얻으러 나간 동안, 미녀로 둔갑한 요괴가 교묘한 말로 삼장 일행을 유혹해 왔다.

나르는 구름을 타고 돌아온 손오공은 한눈에 그의 정체를 알아보고 다짜고짜로 쳐들어갔다. 요괴도 만만치가 않았는데 그는 해시법(解屍法)을 써서 거짓 시체를 남겨 놓고 도망쳤다.

삼장법사는 놀라 치를 떨면서,

"까닭도 없이 사람을 해치다니!"

라며 손오공을 힐책하자 저팔계도 옆에서 부추겼다.

삼장법사는 굴레주문〔緊箍呪〕을 외어 손오공을 괴롭혔다. 손오공이 뉘우친 바 있어 삼장법사는 그를 용서해 주었지만, 다시 요괴가 노파로 둔갑해서 나타났다.

이번에도 손오공의 일격으로 요괴는 노파의 시체를 남겨 놓고 도망친 다음 고개 밑에 가서 노인으로 둔갑했다. 손오공은 터줏대감을 불러 감시하게 하고, 드디어 요괴를 때려 눕히자 요괴가 부서지는 빛을 번뜩이더니, 그곳에 한 무더기의 백골이 남아 있을 뿐이었다. 그 백골 위에 이름이 적혀 있었는데, 그곳에는 백골부인이라고 적혀 있었다.

삼장법사는 '역시 요괴였구나' 라며 납득했지만 저팔계가 다시,

"형님은 확실히 사람을 죽였습니다. 스승의 눈을 속이려고 시체를 이런 모습으로 바꾼 것입니다."

라고 중상모략을 하자, 삼장법사는 화를 내며 손오공을 파문(破門)하고 말았다.

이제는 변명도 안 통할 것이라고 생각한 손오공은 법사에게 엎드려 절을 하며 눈물을 머금고 화과산으로 돌아갔다.

한편, 길을 재촉하던 삼장 일행은 길을 잃고 숲속을 헤매다가 삼장법사가 보탑(寶塔)의 요괴인 황포귀(黃袍怪)에게 붙들렸는데, 보상국(寶象國)의 여왕(요괴에게 사로잡혀 부인이 되었다)의 주선으로 풀려날 수 있었고, 보상국 왕을 배알하여 부탁하는 편지를 건네주었다.

사연을 알게 된 국왕의 의뢰로 저팔계와 사오정은, 요괴 퇴치를 위해 나섰으나 손오공을 빼놓고는 상대가 되지 않아서 오히려 사오정이 사로잡히고 말았다.

또 요괴는 글을 읽는 선생으로 둔갑해서 보상국으로 숨어 들어갔고, 삼장법사야말로 왕비를 빼앗아 가고 당승(唐僧)을 물어 죽인 호랑이의 변괴라고 진언하며 물을 뿌려 삼장법사를 맹호로 둔갑하게 하였다.

스님의 난을 알게 된 백마는 본래의 작은 용이 되어 과감히 요괴에게 도전했지만 상처를 입고 도망쳐 왔다. 그곳에 저팔계가 어슬렁어슬렁 돌아왔다. 도망칠 것을 결심한 저팔계를 백마가 눈물을 흘리며 설득하자, 저팔계는 부득이 화과산으로 손오공을 찾아갔다.

저팔계는 망설이는 손오공을 교묘히 설득하였다. 겨우 두 사람은 보탑까지 돌아왔다. 손오공은 먼저 사오정을 구해내고 자신은 왕비로 둔갑해 요괴 황포귀를 기다리고 있었다.

보탑으로 돌아온 요괴는 그것이 손오공이란 것도 모르고 눈물을 흘리는 왕비에게서 소중한 내단(內丹)을 빼앗으려 했는데 그때 한 손으로 슬쩍 얼굴을 쓰다듬으며 본래의 모습을 나타낸 손오공은, '변해라!'하고 소리

치자, 3면 6비(三面六臂)의 모습으로 되고 여의봉을 세 자루로 변하게 하여 즉각 요괴의 졸개들을 모두 죽여 버렸다.

속은 것을 알고 울부짖으며 노여워하는 요괴와 5,60합이나 치고받으며 싸웠지만 좀처럼 승부가 나지 않았다. 손오공은 드디어 엽저투도(葉底偸桃)의 주술로 때려 눕혔다. 그리고 왕비를 축지법을 써서 궁전으로 데려왔고, 호랑이로 둔갑한 삼장법사에게 물을 끼얹었다. 본래의 모습으로 돌아온 삼장법사는 연신 고맙다면서,

"좋은 제자로다. 내가 그만 수고를 끼쳤구먼. 서역에 당도하여 참배한 후 다시 동방으로 돌아오게 되면 공로가 제일 크다고 상주하겠다."

라고 말하자 손오공도 웃으며 다시 일행에 합류했다.

천신만고 끝에 진경(眞經)을 입수하다

손오공의 맹활약

다시 서쪽으로 여행을 계속하고 있을 때, 높은 소나무가지에 아이가 매달려 있었다. 곧 요괴라는 것을 간파한 손오공은 좀처럼 손을 대려고 하지 않았는데, 삼장박사가 그 아이를 구해 주었다.

이 요괴는 전에 손오공과 의형제를 맺은 우마왕(牛魔王)의 아들 홍해아(紅孩兒)였다.

홍해아는 삼장법사의 살을 한 점이라도 먹으면 불로장생할 것이라며 대기하고 있었던 것이다. 그는 눈물 술책이 통하지 않을 것을 알게 되자, 공중에서 일진의 광풍을 일으키고 자기 소굴인 화운동(火雲洞)으로 삼장법사를 잡아가 버리고 말았다.

한편 손오공은,

"스승은 나의 충고도 듣지 않고 이번에도 눈앞에서 스스로 잡혀 가고 말았다. 이젠 집어치워야겠어."

라며 일행의 해산을 선언하지만 사오정의 만류로 마음을 돌이켰다.

손오공은 저팔계와 함께 고송간(枯松澗)의 화운동으로 향했다. 하지만 홍해아의 작은 수레에서 내뿜는 불꽃과 연기 때문에 접근할 수가 없었다.

손오공은 동해의 용왕에게 부탁하여 다시 요괴의 불을 헤집고 쳐들어갔다. 손오공의 신호로 용왕 휘하의 수족들은 불을 향해 물을 퍼부었다. 이 요괴의 불은 보통 불이 아니라서 꺼지지 않았다.

드디어 손오공은 연기에 휩싸여 기절하고 말았다. 사오정과 저팔계의 간호로 손오공은 겨우 정신을 차리게 되었지만, 만신창이(滿身瘡痍)가 되어 움직일 수조차 없었다.

부득이 관음보살의 구원을 청하러 저팔계를 보냈는데, 저팔계는 우둔한 자여서 홍해아의 계략에 말려들어 그만 사로잡히고 말았다.

손오공은 아픔을 무릅쓰고 보살의 구원을 청하기 위해 나르는 구름을 타고 찾아갔다. 보살은 대해의 물을 모두 담는 보주(寶珠)로 장식한 호리병으로 대적하여 홍해아를 보기 좋게 굴복시키고, 삼장법사와 저팔계를 구해냈다. 그리고 홍해아는 관음보살의 제자인 선재동자(善財童子)가 되었던 것이다.

일행은 다시 여행을 계속해서 '저쪽 기슭까지 8천 리, 예로부터 이곳을 건너간 사람이 없다'는 통천강〔通天河〕에 이르렀다.

하룻밤의 유숙을 청한 진씨의 집이 영감대왕묘(靈感大王廟)의 제사에 인신을 공양해야 하는 차례가 되었다는 것을 알고, 손오공과 저팔계는 동남동녀(童男童女)로 둔갑해서 대신 제물이 되어 괴물에게 싸움을 걸었지만, 그만 놓쳐 버리고 말았다.

다음날 아침, 일행이 눈을 뜨자 때 아닌 혹한이 몰아닥쳤다. 통천강도 얼어 붙었고, 저쪽 기슭으로 짐을 나르는 사람들도 보였다.

여행길을 재촉하고 있던 삼장법사는 진씨 노인이 만류하는 것도 뿌리치고 얼음 위를 건너기 시작했다.

중간까지는 무사히 건넜지만 돌연 얼음장이 꺼지고 삼장법사는 강물에 빠져 괴물에게 사로잡히고 말았다. 강물을 얼어붙게 한 다음 대기하고 있던 괴물의 함정에 걸려들었던 것이다.

수중전(水中戰)이 서툰 손오공은 저팔계와 사오정에게 싸움을 걸게 하여 괴물이 기슭으로 올라온 다음에 해치우려고 했지만, 성급한 손오공은 괴물이 기슭에 오르기도 전에 치러 나가 그만 괴물을 놓쳐 버리고 말았다.

저팔계와 사오정만으로는 괴물과 싸워서 이길 수가 없어서, 드디어 손오공은 관세음보살의 법력에 의지하기로 하였다. 보살은 명주 허리띠를 끄르더니 대바구니에 묶어 반짝이는 금붕어를 떠올렸다. 괴물의 정체는 금붕어였던 것이다.

이때의 모습을 그린 것이 후세에 전해지는 바로 '어람관음상(魚籃觀音像)'이다. 그리하여 삼장법사 일행은 통천강의 원래 주인인 늙은 거북의 등에 올라 타고 무사히 강을 건넜다.

손오공을 괴롭히는 우마왕(牛魔王)

세월은 화살처럼 흘러갔다. 일행은 불이 활활 타오르는 화염산(火焰山)의 험난한 곳에 당도하였다. 갈 길을 저지당한 일행은 어떻게 해서든 불을 꺼야만 했다.

그 지방의 노인으로부터 파초선(芭蕉扇)으로 부치면 꺼진다는 말을 들은 손오공은, 그것을 가지고 있는 철선공주(鐵扇公主)에게 부채를 빌리러 갔다. 그러나 공주는 우마왕의 아내였고 홍해아의 모친이었으므로 쉽게 빌려 주려 하지 않았다.

오히려 손오공은 그녀의 부채질로 인하여 소수미산(小須彌山)까지 날려 가고 말았다. 손오공은 영광보살(靈光菩薩)로부터 정풍단(定風丹)을 얻어 왔고 그 힘으로 바람에 견뎌낼 수 있게 되자, 작은 벌레로 변신해 공주가 마시는 차에 숨어 들어가 뱃속에서 크게 요동치다가 파초선을 빼앗아 왔는데 이것은 완전히 가짜였다.

발을 동동 구르던 손오공은 이번에는 우마왕으로 변신해서 공주를 속이고 진짜 부채를 빼앗아 왔다. 그러나 우마왕도 손오공에 못지않게 저팔계로 둔갑해 이 부채를 도로 빼앗아 갔다.

우마왕이 황새로 둔갑해 공중으로 도망치면 손오공은 매로 둔갑해서 밑으로 내려꽂히듯이 황새에게 덤벼들어 목덜미를 붙들고 눈알을 쪼으려고 하였다.

우마왕은 그것이 손오공이라는 것을 알고 서둘러서 나래짓을 하며 황매로 둔갑하여 반대로 매에게 달려들었다.

그러자 손오공은 솔개로 둔갑해서 곧바로 습격했다. 그러나 다시 우마왕은 백학(白鶴)이 되어 한 번 길게 소리내어 울어대며 남쪽을 향해 날아가 버리려고 했다.

손오공은 쫓으려 하지 않고 나래를 치자 새의 왕 단봉(丹鳳)이 되어 소리 높이 울어댔다. 백학은 산뜻하게 나래짓을 치며 벼랑 밑에 내려 앉아, 한 마리의 사향노루가 되어 유유히 풀을 뜯고 있었다. 그것을 알아차린 손오공은 아래로 내려와 호랑이가 되어 잡아먹으려고 했다.

우마왕은 허둥대며 표범으로 둔갑해서 호랑이를 물어뜯으려고 덤벼 들었다. 손오공이 이번에는 금빛 눈을 가진 사자로 둔갑했다. 그러자 우마왕도 큰 곰으로 변신해서 덤벼 들었다. 손오공은 훌쩍 뒹굴면서 큰 코끼리로 둔갑했고, 코로 곰을 말아 올리려고 하였다.

거기서 우마왕은 낄낄대며 웃더니 본모습을 드러냈는데 이것이야말로 한 마리의 하얗고 큰 소였다. 머리는 험한 준령(峻嶺)같았고, 두 눈은 번갯불처럼 빛났다. 뿔은 두 자루의 철탑(鐵塔)같았고 이빨은 날카로운 칼날을 늘어놓은 것 같았다. 머리에서 꼬리까지 천장(千丈)이 넘었고, 발굽에서 등까지의 키는 팔백 장(八百丈)이나 되었다.

그는 손오공을 향해 크게 소리쳤다.

"이 돼먹지 않은 원숭이놈아, 자아 덤벼라!"

손오공도 또한 본모습으로 돌아와 여의봉을 꺼내어 허리를 구부리며

"커져라!"

하고 소리치자 키가 일만 장, 머리는 태산과 같았으며, 눈은 일월(日月)같았고, 입은 피의 연못, 이빨은 문짝과 같았다.

철봉을 손에 들자마자 상대방의 머리통을 겨냥해 쳐들어갔다. 우마왕도 마구 뿔을 휘저으며 받으려고 덤볐다.

이 일전(一戰)은 참으로 천지를 진동시키는 싸움이었다. 때문에 신들이 모여들었고 우마왕의 주위를 불병(佛兵)과 천장(天將)들이 포위하고 말았다. 거기에 옥황상제의 뜻을 받들고 온 탁탑 이천왕(托塔李天王), 나타 태자(哪吒太子)가 신장(神將)을 데리고 달려왔다.

3두 6비(三頭六臂)로 변신한 태자는 훌쩍 우마왕의 등에 올라타더니 참요검(斬妖劍)으로 쇠머리〔牛頭〕를 쳐서 잘라내었다.

그러나 우마왕은 몸뚱이에서 또 하나 머리를 내밀고는 입에서 검은 연기를 뿜어댔고 눈은 금빛을 발했다. 태자가 다시 검(劍)으로 잘라 버리자, 우마왕은 다시 머리를 내밀었다. 이렇게 되풀이하기를 수십 번을 계속했다.

드디어 태자는 화륜아(火輪兒)를 꺼내어 소의 뿔에 걸어 진화(眞火)를 불어대자 활활 불이 타올랐다. 뜨거운 열기를 참을 수 없게 된 우마왕은 둔갑술을 부려 몸을 숨기며 도망치려고 했지만, 이천왕의 조요경(照妖鏡)에 본모습이 드러나 꼼짝달싹 못한 채 항복하고 말았다.

손오공이 신장들과 철선 공주의 동굴에 가자 체념한 공주는 흰 옷으로 갈아입고 파초선을 바쳤다.

무섭게 타오르던 화염산도 파초선으로 부치자 차츰 불은 꺼지기 시작하더니 끝내는 완전히 꺼졌다.

드디어 일행은 험난한 곳을 무사히 넘어 계속 여행길에 오를 수가 있었다.

계속되는 환란의 천축국(天竺國)

서쪽으로 여행을 계속하는 삼장법사 일행은 반사령(盤絲嶺)에서 여자

요괴를 물리쳤고, 사타령(獅駝嶺)에서는 청사자(青獅子), 백상(白象), 대붕(大鵬)의 3대 마왕을 퇴치하고, 비구국(比丘國)에서는 원로(元老)로 둔갑한 요괴를 쳐부수는 등 차례로 난관들을 돌파하여 겨우 천축국(天竺國)에 당도하였다.

포금선사(布金禪寺)에서 하룻밤을 묵게 해달라고 청하자, 마침 그곳 주지로부터 천축국의 공주를 보호해 주고 있는데, 성내에도 또 공주가 있으니 어느 쪽이 진짜 공주인지 법력으로 진상을 가려 달라고 부탁해 왔다.

다음 날 일행은 성내에 들어가 회동관역(會同館驛)에 숙소를 정하고 삼장법사와 손오공은 재빨리, 수형(手形)의 조회를 구하기 위해 국왕(國王)을 알현하러 갔다. 도중의 십자로(十字路)에는 색동 누각이 만들어져 있었는데 여기서 공주가 던진 실타래에 맞는 사나이를 사위로 삼는 당천혼(撞天婚)의 행사가 행해지고 있었다.

우연히 그 밑을 지나가게 된 삼장법사는 공주가 던진 공에 맞아 결혼해야 하는 곤경에 빠졌다. 사실 이 공주는 요괴인데, 진짜 공주를 빼돌리고 삼장법사와 부부가 되어 그 원양진기(元陽眞氣)를 빼앗아 태을상선(太乙上仙)이 되려고 이전부터 준비하고 있었던 것이다.

손오공을 두려워한 가짜 공주는 삼장법사의 종자(從者) 세 사람을 떠나보내고 결혼 축하연을 베풀려고 하였다. 항상 주인의 신변을 걱정한 손오공은 떠나는 척하다가 몰래 꿀벌로 둔갑하여 궁전으로 숨어들었다. 한눈에 요괴라는 것을 간파한 손오공이 가짜 공주를 붙들려고 하자, 요괴도 옷을 벗어 던지고 절구대처럼 생긴 몽둥이를 휘두르며 손오공에게 덤벼들었다.

반나절이나 공중에서 싸우던 끝에 손오공이 1백 자루나 되는 여의봉을 들고 공격해 들어가자 요괴는 견딜 수가 없어서 모영산(毛穎山)의 동굴에 몸을 숨겨 버렸다.

손오공은 토지신을 불러내어 토끼 굴을 찾아내도록 하였다. 겨우 찾아낸 손오공이 토끼 굴을 쳐부수자 요괴는 훌쩍 튀어나와 공중으로 달아났다.

또다시 공중전이 전개되었지만, 그곳에 태음성군(太陰星君)이 오색구름을 드리우며 나타났다.

"이 요괴는 달나라 궁전의 옥토끼입니다. 공주에게 매맞은 것에 원한을 품고 저지른 일이오. 용서해 주시오."

라고 손오공에게 용서를 빌며 옥토끼를 데리고 달나라 궁전으로 돌아갔다.

손오공도 궁중으로 돌아와서 공주가 포금선사(布金禪寺)에 있다는 것을 알뢰고, 국왕과 공주를 대면시켰으며 이로써 삼장법사는 겨우 난을 면하게 되었다.

진경(眞經)을 입수하라

이럭저럭 고생 끝에 영산(靈山)에 당도하게 된 일행은, 목욕재계한 뒤 능운도(凌雲渡)를 바닥이 없는 배로 건너서 드디어 목적지인 뇌음사(雷音寺)에 당도하여 석가여래를 배알하게 되었다.

여래로부터 위로의 말을 듣고 경전을 배수하게 된 삼장법사 일행은 기쁨에 넘쳐 귀로에 나섰지만, 도중에 그것이 백지 경전인 것을 알고 당황하여 영산으로 되돌아왔다.

사실 이것은 선물을 주지 않자 여래의 하인이 심술을 부렸던 것이다. 이번에는 구리로 만든 종발을 헌상하고 진경(眞經) 5천4십8권을 받았다.

그리하여 팔대금강(八大金剛)에게 인도된 삼장법사 일행은 구름을 타고 출발하여 귀로에 올랐다. 한편, 일행을 수호하고 온 오방게제(五方揭諦)들은 관음보살에게 재난부(災難簿)를 올렸다.

보살이 자세히 알아보니 80난(八十難)이 적혀 있는데 1난이 모자랐다. 이 1난을 극복한 일행은 다시 구름을 타고 장안성(長安城) 상공에 이르렀고, 망경루(望經樓)에서 태종 황제를 배알한 다음 경전 5천4십8권을 진상하였다. 또한 통과했던 나라들의 서형을 보여 드리자 태종은 어좌에서 내려와 삼장법사의 손을 잡고 위로의 말을 했다.

드디어 일행은 팔대금강(八大金剛)에 이끌려 구름을 타고 영산으로 되돌아가 여래 앞에 부복하였다.

여기에 99·81의 난, 소요된 세월 14년, 즉 5천4십8일(경전의 권수와 일치한다)의 수가 모두 찼던 것이다.

그리하여 석가여래로부터 삼장법사는 '전단공덕불(旃檀功德佛)', 손오공은 '투전승불(鬪戰勝佛)', 저팔계는 '정단사자(淨壇使者)', 사오정에게는 '금신나한(金身羅漢)', 백마는 '팔부천룡(八部天龍)'의 직을 제수받아 드디어 성불(成佛)하게 되었다.

■ 수호지(水滸誌)

양산박(梁山泊)에 결집(結集)하는 천하 호걸들

건달이 출세하다

송(宋)나라 휘종(徽宗) 시대에 채경(蔡京)·동관(董貫)·고구(高俅)·양진(楊戩)이라는 네 사람의 고관(高官)이 국정을 독점하여 악정(惡政)이 극에 달했을 때다.

특히 이들 중에서 고구는 건달에 지나지 않던 자였는데 축국(蹴鞠 : 옛날 귀족들이 하던 공차기 놀이)을 잘했던 것이 인연이 되어, 휘종의 눈에 들어 졸지에 근위사령관으로 출세했다.

그래서 문무관(文武官)들은 모두 인사차 고구를 찾아왔는데, 단 한 사람, 즉 80만 근위군의 금군교두(禁軍敎頭) 왕진(王進)만이 신병을 이유로

결근계를 내고 나타나지 않았다. 이에 기분이 상한 고구는 즉시 왕진을 불러내어 때려눕히려고 했다. 그래서 하는 수 없이 왕진은 도읍을 버리고 모친과 함께 멀리 연안(延安)으로 떠났다.

나그네길을 재촉하여 달포만에 어떤 토호(土豪)의 집에서 신세를 지게 되었다. 그런데 그 집의 아들이 무예를 아주 좋아했다. 왕진은 그 집 주인의 청을 받아들여서 그 집 자제에게 무예 지도를 하여 무예 십팔반 모두를 터득하게 해주었다.

이 젊은이의 이름은 사진(史進)으로 상반신에 아홉 마리의 용을 새겼다 하여 '구문룡 사진'이라고 불려지고 있었다.

왕진 모자(母子)가 연안으로 나그네길을 떠난 후, 사진은 가까운 소화산(少華山)에 소굴을 만들어 놓고 있던 강도 주무(朱武)·진달(陳達)·양춘(楊春) 세 사람을 때려 눕혔다. 세 사람은 사진에게 정중히 용서를 빌었고, 이후 서로 교제를 가지게 되었다.

그런데 한 사나이가 이 일을 관가에 일러바쳤다. 그리하여 밤에 포졸들이 사진의 저택을 완전히 포위했다. 마침 술을 마시고 있던 주무 등 세 사람은,

"당신은 죄가 없는 몸, 우리만 잡혀 갈테니 어서 이곳을 피하도록 하시오."

하고 나섰다.

그러나 사진은 그것을 마다하고 집에 불을 지르고 칼을 휘둘러 포졸들을 쓰러뜨린 다음 산채(山寨)로 도망쳤다. 주무 등이 산채의 주인이 되어 달라고 간청했지만, 사진은 그것을 받아들이지 않고 사부인 왕진의 뒤를 좇아 연안으로 향했다.

도중에 사진은 위주(渭州)의 찻집에서 거구의 사나이와 알게 되었다. 경략부의 제할(提轄) 노달(魯達)이었다. 즉석에서 두 사람은 의기투합하여 함께 선술집에 들르게 되었다.

서로 술을 대작하고 있을 때 옆방에서 훌쩍이면서 우는 소리가 들려 왔

다. 노달이 불러들여 알아보니, 울고 있던 사람은 떠돌이 남사당패인 아녀자였다. 돈 많고 세력있는 정대관인 성도가 억지로 첩을 삼았으나, 정실에게 내쫓기게 되었을 뿐만 아니라 허위 문서를 빙자하여 빌린 돈을 갚으라고 강요당했다고 한다.

듣고 있던 두 사람은 아녀자에게 돈을 건네주고 향리로 보내 주었다. 그러나 천성이 급한 노달은 벌컥 화가 치밀어서 정도의 집에 쳐 들어가자마자 정도를 몇 대 때려 주었다.

그런데 가련하게도 그만 정도는 황천객이 되고 말았다. 그리하여 노달도 거기에 남아 있을 수 없게 되어 줄행랑을 쳤다.

한편 사진은 일단 연안에 당도하기는 했지만, 이윽고 소화산으로 돌아와 산채의 주인으로 정착하게 되었다.

그러나 떠돌이 신세가 된 노달은 정처없는 유랑 끝에 안문현(雁門縣) 조원외(趙員外)의 소개로 오대산 문수원(五臺山文殊院)이라는 절에 들어가게 되었다.

중이 되어 추적의 눈길을 피해 보려고 했던 것이다. 주지가 삭발을 시키고 지심(智深)이라는 법명까지 지어 주었다. 몸은 불문(佛門)에 들어가게 되었지만 그 성격은 조금도 변하지 않았다.

선당(禪堂)에서 낮잠을 자는가 하면, 불전(佛殿) 뒤에서 소변을 보는 등 제멋대로였다. 그래도 4, 5개월은 그럭저럭 무사히 넘겼는데, 어느 날 참배 길에서 술장수를 만나게 된 것이 실수였다.

중에게는 술을 팔지 않는다고 술 팔기를 거절한 술장수를 때려 눕힌 노지심은, 마구 퍼마셔 순식간에 한 통을 모두 비웠다. 오랜만에 취기가 돈 노지심은 수문장에게 들켜 꾸중을 듣자, 수문장을 때려눕히고 마침내는 절간에 있던 30여 명의 중들과 맞붙어 소동을 벌였다.

주지가 말려서 그 자리는 겨우 수습되었지만, 3개월 후 다시 술에 취해 이번에는 절문을 부수고 금강신장(金剛神將)을 쓰러뜨려 절에 큰 손해를 입혔다.

주지도 이젠 더 이상 견딜 수가 없어서 동경 대상국사(大相國寺)의 지청 선사(智清禪師)에게 소개장을 써주어 노지심을 떠나보냈다.

대상국사에 당도한 지심은 그곳에서 채소밭 관리를 맡았지만, 거리의 도박꾼과 부랑배를 모아 놓고 두목 행세를 하면서 나날을 보냈다.

그러던 어느 날 알게 된 것이 근위군의 금군교두인 임충(林沖)이었다. 두 사람은 의형제의 서약을 맺었는데, 바로 그 임충에게 재난이 닥쳐 왔다.

궁여지책으로 산에 오르다

고구의 양아들에 고아내란 사내가 있었다. 그는 여색(女色)을 심히 밝히는 자로서 사람들로부터 '호색한(好色漢)'이라 불리고 있었는데, 공교롭게도 임충의 아내에게 눈독을 들이게 되었다.

요릿집에서 임충의 아내를 꾀어내어 뜻을 이루려는 순간, 눈치를 채게 된 임충이 뛰어들어 겨우 구해내긴 했지만, 상대가 아버지의 세도를 내세우고 있는 자여서, 임충이라 한들 어찌할 수가 없었다.

한편, 고아내는 낙심천만하여 상사병이 들어 드러눕게 되었다.

그로부터 얼마 후, 임충은 노지심과 거리를 쏘다니며 술을 퍼마시다가 한 모퉁이에서 유명한 칼 한 자루를 사서 손에 넣게 되었다. 그런데 이러한 칼이라면 고태위의 명도(名刀)와 비교해 보지 않겠느냐는 간계에 빠져 임충은 다음 날 아침 명도를 비교해 보겠다면서 전수부로 갔다.

차츰 안으로 안내받아 들어가던 임충이 문득 정신을 차렸을 때는, 그곳은 최고의 군사기밀을 협의하는 절당(節堂)이었고, 함부로 접근해서는 안 될 곳이었다.

임충은 서둘러 물러서려고 했지만 그 곳에 나타난 고구는 변명할 여유도 주지 않은 채,

"장소도 분간 못 하며 칼을 들고 왔으니 나를 해할 작정인가? 여봐라, 이놈을 체포해라!"

그 소리가 떨어지기 무섭게 20여 명이 뛰어나와 곧 임충을 에워싸고 밖으로 끌어냈다. 개봉부(開封府)에 보내진 임충은 애써 변명했지만 상대가 고구였기에 무죄방면될 리가 없었다. 임충은 20대의 곤장을 맞은 뒤, 얼굴에 문신을 새기고 목에 칼을 쓴 채 창주(滄州)의 유배지로 보내졌다.

임충은 두 사람의 관원과 더불어 창주로 향했다. 그런데 이 말단 벼슬아치들이 꽤나 탐욕스런 자들이어서, 임충의 가족으로부터 많은 뇌물을 받았음에도 불구하고, 고구 쪽으로부터도 거금을 받으면서 도중에 임충을 살해해 버리겠다는 약속을 했던 것이다.

야저림(野猪林)이라는 가장 험난한 길목에 이르러 그들이 임충을 나무에 묶어 놓고 머리통을 내려치려고 곤봉을 휘두르는 찰나에, 우뢰와 같은 큰소리와 함께 거구의 중이 뛰어들었다. 그는 바로 노지심이었다.

두 관원을 수상쩍게 여긴 그는 일행의 뒤를 밟았던 것이다. 노지심은 두 사람을 죽이려고 했는데 임충의 만류로 마음을 고쳐먹고 목적지까지 동행하도록 하였다.

이윽고 창주까지 수백 리, 이제 안전한 곳까지 도착하자 노지심은 돌아갔다. 임충 일행은 길 옆 주막으로 들어갔다. 주막 주인이 말하기를 소선풍(小旋風) 시진(柴進)이란 부자가 있는데 그는 귀양가는 호걸을 후하게 대접한다는 것이었다. 곧 일행은 그 집으로 가 보았다. 시진은 임충의 봉술 솜씨에 혹하여 극진하게 환대했고, 겸하여 창주에 당도하자 씌워졌던 칼을 벗게 되었으며 아무런 구속 없이 나날을 보내게 되었다.

그러나 고구의 손이 이곳까지 뻗쳤던 것이다.

두 명의 관인(官人)이 관영(管營)과 차발을 불러내어 돈을 건네주고 임충을 살해해 줄 것을 부탁하였다. 어느 날 관영은 임충을 불러 대군 초료장의 관리로 명령하였다.

임충이 그 창고에 들어가자 자객이 불을 질렀다. 겨우 위험을 피한 임충은 창으로 자객 두 사람과 소장을 찔러 죽이고, 황급히 동쪽을 향해 도망쳤다.

도중에 임충은 시진의 별채에 숨어 있었지만, 어쨌든 세 사람을 죽였고 대군의 초료장을 태워 버린 중죄인이었다. 사방에 방이 붙고 삼천 관의 현상금까지 걸린 몸이며 포졸들은 혈안이 되어 그를 찾아 나서고 있었다.

임충은 시진에게 폐를 끼치는 것을 두려워하여 길을 떠나기로 마음을 굳혔다. 그러자 시진은 양산박(梁山泊) 두목에게 가라며 소개장을 써주었다. 그리고 사냥을 나서는 행렬에 임충을 합류시켜 경계가 삼엄한 관문을 무사히 통과하게 해주었다.

양산박은 산동성 제주(山東省濟州)의 한 개 섬〔島〕인데 사방이 8백여 리이며 그 섬의 한가운데는 완자성(宛子城)이 우뚝 서 있는 천연의 요새였다. 산채에는 왕륜(王倫)·두천(杜遷)·송만(宋萬) 등 세 호걸이 7,8백 명의 졸개를 거느리고 각지에 출몰하고 있었다. 양산박에 당도한 임충은 네 번째 두목의 지위를 받게 된다.

108명의 호걸들은 별의 환생이었다

불의(不義)의 재보(財寶)를 빼앗다

산동 제주부 운성현(鄆城縣) 동계촌(東溪村)의 보정(保正)은 탁탑천왕(托塔天王) 조개(晁蓋)였는데 그는 의협심이 많고 재물을 아까워하지 않았으며, 호걸들과 사귀고 있었다. 의지하러 오는 사람이라면 악인(惡人)도 거절하지 않고 후하게 대접해 주었다. 아내도 맞아들이지 않고 창과 봉술의 단련에 여념이 없었다.

그 조개에게 적발귀(赤髮鬼) 유당(劉唐)이 돈벌이를 하라며 정보를 가지고 왔다. 그 정보란 북경 대명부(大名府)의 양중서(梁中書)가 10만 관의 생신강(生辰綱)을 동경에 있는 장인인 채경(蔡京) 태사에게 보내게 되어 있는데 그것을 도중에서 가로채자는 것이었다.

어차피 백성들로부터 착취한 불의의 재화이므로 빼앗아도 상관없다는 명분을 내세웠다.

조개는 그것도 일리가 있다며 세간에서 꾀보로 별명이 붙은 오용(吳用)을 한패에 넣어 주었다.

오용은 재빨리 양산박에서 가까운 석게촌(石碣村)에 사는 어부 원소이(阮小二)·소오(小五)·소칠(小七) 삼형제에게 같이 거사할 것을 권했다. 세 사람은 양산박을 어장(漁場)으로 삼아 생계를 꾸려 나가고 있었지만, 양산박의 도적들 때문에 고기잡이에 나설 수도 없었을 뿐만 아니라 수령인 왕륜의 도량이 좁아 한패가 될 마음도 없는 터여서 두말하지 않고 허락하였다.

또한 일청도인(一淸道人) 공손승(公孫勝)이란 도사도 가담하여 한패가 된 7명은 씩씩하게 서약의 주연(酒宴)까지 벌였다.

한편, 양중서의 생신강의 호위역을 하명받은 것은 양지(楊志)였다. 양지는 동경에서 털이 없는 호랑이 우이라는 건달패를 살해했기 때문에 북경 대명부에 보내져 군에 복무하고 있었는데, 무예 솜씨를 양중서에게 인정받아 그러한 대임을 맡게 되었던 것이다.

그런데 양지 일행이 황니강이라는 험한 곳에 이르렀을 때, 숲속에 일곱 명의 대추장수가 웃통을 벗은 채 쉬고 있었다. 거기서 그 일행도 잠시 휴식을 취했다. 그곳에 술통을 걸머진 술장사가 노래를 부르며 올라왔다.

짐을 나르는 병사들은 몹시 목이 말랐기 때문에 곧 술을 사 마시려고 했는데 양지가 마취제라도 들어 있으면 위험하다며 허락하지 않았다. 그러자 숲속에서 대추장수들이 나타나서 술을 달라고 하여 기세좋게 떠들어대며 마시기 시작했다. 그들은 순식간에 한 통을 비워 버렸다.

양지의 병사들은 옆에서 보고만 있자니 견딜 수가 없었다. 그들은 다시 양지와 교섭을 벌였다. 양지는 그 술이 안전하다는 것을 확인했으므로 이번에는 사 마시도록 허락하였다.

대추장사들도 대추를 안주로 내어 놓았다. 거기서 일행은 큰 연회가 벌어졌고 양지 역시 권하는 대로 반잔쯤 마셨다. 술장사는 빈 술통을 메고 노래를 부르며 고갯길을 내려갔다.

숲속에서 모습을 살피던 일곱 명의 대추장수들은 이윽고 이쪽을 가리키며 수군댔다.

"저것 봐, 쓰러진다!"

일행은 머리가 건들건들, 다리가 흔들흔들거리더니 모두 쓰러졌다. 그들은 움직이려 해도 움직일 수가 없었다. 이윽고 대추장수 일곱 명은 일곱 채의 수레를 밀고 나왔고 안에 든 대추를 꺼내 버린 다음 금은보화를 수레에 옮겨 싣고 부랴부랴 도망쳤다.

두말할 것도 없이 그 7명은 조개를 우두머리로 하는 일당들이었으며, 술장수는 안락촌에 사는 백승(白勝)이란 한량이었다.

양지는 원래 술을 조금밖에 마시지 않았기 때문에 제일 먼저 술이 깼다. 하지만 일이 이렇게 되었으니 뻔뻔스럽게 돌아갈 수가 없었다. 그는 도망가서 피신해야겠다며 그곳에 일행을 버려둔 채 고갯길을 내려갔다.

이윽고 양지는 고구에게 미움을 사서 대상국사에도 있을 수 없게 된 노지심과 해후하게 되고, 이룡산의 산채를 빼앗아 둘이 모두 수령이 되었다.

한편 마취제를 마시게 된 다른 병사들은 서둘러 북경으로 돌아갔는데 양지가 도둑과 한패여서 짐을 잃게 되었다고 양중서에게 보고했다.

'호사다마(好事多魔)'란 말은 이런 때 쓰는 말일 것이다. 뜻밖에도 백승이 도적과 한패였다는 것이 발각되고 말았다. 백승은 고문에 견디다 못해 드디어 조개 등이 한 짓이라고 입을 열 수밖에 없었다.

벼슬아치들이 부하들을 이끌고 성현으로 떼지어 들이닥쳤다.

그런데 운성현의 압사(押司)에 호보의(呼保義) 송강(宋江)이라는 자가 있었다. 살갗이 검어서 흑송강이라고 불리기도 하고, 효심이 지극하고 의리가 두터워서 효(孝)의 흑삼랑이라 불리기도 했으며, 자애주의자라고도 불렸다.

부의 벼슬아치들로부터 일의 형편을 들은 송강은 형제의 의리를 맺고 있는 조개에게 재빨리 위험을 알렸다. 삼십육계 주위상계책(三十六計走爲上計策)이라며 도망치는 게 좋을 거라고 했다. 조개 등은 서로 협의한 끝에 빼앗은 재보를 가지고 가서 양산박에 몸을 의탁하기로 하였다.

조개 등은 크게 환영을 받았지만, 막상 가입 이야기가 나오자 달가워하지 않는 사나이가 한 사람 있었다. 그는 수령인 왕륜이었다.

자신의 지위를 지키는 데 급급한 나머지 체면을 차려 가며 은근히 조개 등을 귀찮게 생각했다. 이전부터 인색했던 왕륜에게 화가 치밀었던 임충은 드디어 노여움이 폭발하여 입씨름 끝에 왕륜을 단칼에 찔러 죽이고 말았다.

그리고는 조개를 수령의 자리에 앉혔다. 그 이후 양산박의 세력은 날이 갈수록 왕성해졌다.

그로부터 얼마 후, 송강에게 조개로부터 감사의 편지와 1백 냥이 보내졌다. 송강은 돈을 사자에게 되돌려 보내고, 편지를 품에 간직한 채 귀가를 서둘렀다. 그러나 도중에서 염(閻) 노파에게 붙들려 결국 집까지 끌려갔다.

이 노파는 장례비마저 없어서 곤경에 처해 있는 것을 송강이 구해 주자 딸인 염파석을 첩으로 떠맡기고는 모녀가 모두 그에게 의탁하고 말았다. 그러나 이 염파석은 바람둥이여서 어느새 송강의 부하인 장문원과 눈이 맞아서 송강이 돌아와도 불만만 털어놓았다.

송강도 심사가 좋지 않았던지라 술만 마시고 이튿날 아침 일찍 대문을 나섰다.

그러나 송강은 여기서 큰 실수를 저질렀음을 알게 되었다. 그만 편지를 놓고 나왔던 것이다. 황급히 돌아간다 해도 염파석은 이미 그 편지를 다 읽고 난 뒤일 것이며 편지를 빌미로 돈을 울거내려고 할 것이다. 송강은 화가 치밀어 저도 모르게 손에 든 칼로 염파석을 베어 버렸다. 이리하여 송강도 쫓기는 몸이 되었으므로 그래서 일단 창주의 시진한테 의지하게 되었다.

호랑이를 때려잡은 무송(武松)

시진의 집에서 송강이 알게 된 사람은 청하현(淸河縣)의 무송(武松)이었다. 그는 술을 마신 뒤 시비 끝에 기밀(機密)을 누설하여 고향에 있을 수가 없어서 시진의 집에 몸을 의탁하고 있었다. 주벽이 나쁜데다가 성미마저 거칠었지만, 송강을 만난 다음부터 딴 사람처럼 얌전해졌다.

그 뒤 무송은 형의 일이 걱정되어 견딜 수가 없어서 마침내 향리로 돌아가게 되었다.

며칠을 묵은 뒤 청하현의 이웃인 양곡현에 발을 들여놓은 무송은 간판에 '석 잔 이상 마신 사람은 고개를 넘을 수 없다'고 씌어져 있는 주막으로 들어갔다.

무송은 독한 술을 15잔이나 마신 뒤 주막 주인이 식인(食人) 호랑이가 나온다면서 말리는 것도 아랑곳하지 않고 경양강(景陽岡)으로 향했다. 산길을 4, 50리나 오르자 거목에 뭐라고 씌어 있었다.

'최근에 고개에는 큰 호랑이가 나와서 사람을 습격하곤 한다. 나그네들은 정오 전후에 한하여 대열을 짜서 왕래하도록 하라.'

무송은 돌아설까 하였지만 술김에 다시 앞으로 걸어갔다. 이윽고 해가 지고 취기가 돌았다. 무송이 큰 바위 위에서 한잠 자고 가려고 생각했을 때, 별안간 한 차례 일진의 바람이 일고 이마에 흰점이 박힌 커다란 호랑이가 뛰어나왔다.

무송은 간이 콩알만해졌다. 온몸에서 술이 식은땀으로 변하여 솟아 올랐다.

덮쳐 오는 호랑이를 살짝 피한 다음 놈의 뒤로 물러서서 곤봉으로 힘껏 내리쳤다. 그런데 너무 서두른 나머지 곤봉은 호랑이에게 적중하지 않고 '딱' 하는 소리와 함께 부러지고 말았다.

'제기랄! 될 대로 되라지!'

이렇게 중얼거린 무송은 호랑이에게 달려들어 비틀어 눕힌 다음 한 발로 호랑이의 머리와 눈언저리를 마구 걷어차고, 오른손으로 5,60번이나 두들겼다. 호랑이는 눈, 입, 귀에서 피를 흘리고 끝내는 숨이 끊어졌다.

힘을 너무 쏟아 버린 무송은 비틀거리며 50리도 채 가지 못한 곳에서 발길을 돌려 고갯길을 내려오려고 했을 때였다. 메마른 풀 숲에서 두 마리의 호랑이가 얼굴을 내밀었다.

'아차! 이젠 끝장이구나!'

무송이 그렇게 생각했을 때 그 순간 두 마리의 호랑이가 불쑥 일어섰다. 자세히 보니 그것은 그 지방의 사냥꾼들이었다.

이렇게 해서 호랑이를 때려잡았다는 소문이 퍼지게 되었고 무송은 양곡현의 경찰대장으로 임명되었다. 며칠 후 뜻밖에 무송은 형인 무대랑(武大郎)과 길가에서 마주치게 되었다.

무송이 장사인데 반해 그 형은 몸집이 작은 추남이었고 머리도 영리하지 못했다. 고향에서 미인인 아내를 얻었지만 모든 사람이 놀려대기만 하여 견딜 수가 없어서 이쪽으로 이사오고 싶다는 것이었다. 아내의 이름은 반금련(潘金蓮)으로 청하현의 어느 부잣집의 하녀였는데 주인과 간통한 것을 안주인이 알게 되어 그에 대한 보복으로 무대에게 시집보냈던 것이다.

무송이 형의 집에 살게 되자, 반금련은 항상 남편을 헐뜯기만 하는 주제에 무송에게는 조금도 불편없이 돌봐 주면서, 남편이 없을 때는 이상한 눈매로 접근하기까지 하였다. 너무나 귀찮게 굴어서 무송은 형의 집을 나와 관아에 묵기로 하였다.

얼마 후 무송은 지현 상공의 분부로 서울에 올라갔다. 그 동안 금련은 거리의 한량으로 여색을 좋아하던 서문경과 정을 통하게 되었다. 그리고 이웃 찻집의 왕파의 주선으로 날마다 새서방과 톡톡이 재미를 보고 있었다.

그런 일이 무대에게 탄로나지 않을 리가 없었다. 그래서 반금련은 두 사람과 공모하여 무대를 독살하고 말았다.

집에 돌아온 무송은 꿈결에 머리맡에 서 있던 형의 말에서 진상을 알게 되자, 반금련, 왕파 두 사람을 살해하고 관가에 자수하였다.

맹주로 유배된 무송은 형무소장의 아들인 금안표 시은을 도와 크게 소동을 벌이지만, 후에 노지심·양지 등과 사귀게 되어 이룡산의 두목이 되었고, 마침내는 양산박에 합류하게 된다.

체천행도(替天行道)의 길

한편 송강은 시진의 저택에 잠시 머무른 뒤 각처의 호걸들에게 초대를 받아 여행을 계속했는데, 아버지의 신변을 염려하여 몰래 집에 돌아왔으나 포졸들에게 붙잡혀 강주로 유배되었다. 도중에 양산박의 패거리들이 구출해 주었지만 송강은, '도적과 한패가 될 수는 없다'면서 강경하게 맞서 오용은 강주의 압로절급인 신행태보 대종(戴宗)에게 편지를 써주며 그를 전송하였다.

강주에 당도한 송강은 대종과 흑선풍이라는 이규의 후대를 받고 아무런 불편 없이 나날을 보냈다.

그러던 어느날 송강이 요정에서 거듭 술잔을 기울이고 있을 때, 문득 고향 생각이 사무쳐 자신도 모르게 눈물을 흘렸다. 그는 한 수의 시가 마음에 떠올라 취중에,

마음은 산동(山東)에 있고
몸은 오(吳)에 있네
강해(江海)로 떠돌면서
부질없이 한숨만 짓누나
만약 내가 뜻을 이루면
한 번 웃어 보리라,
황소(黃巢)가 대장부 아니더라고

라는 시구를 흰 벽에 써 놓았다.

이것이 모반(謀反)의 의사를 나타낸 반시(反時)로 간주되어 송강은 다시 붙잡히고 말았다. 대종이 축지법을 써서 양산박에 급보를 알렸다.

네거리에 형장이 마련되고 이제 처형당하기만 기다릴 때, 동쪽에서 때 아닌 거지떼가 나타나 뭇사람들을 마구 헤집고 앞으로 나왔다.

서쪽으로부터는 약장사의 한 무리, 남쪽으로부터는 짐꾼 일단이, 그리고 북쪽으로부터는 객상패가 경비하는 병사들과 밀고 당기는 승강이를 벌였다. 사방에서 큰 소동이 벌어지는 가운데 목을 치는 형리가 칼을 높이 들었다. 그러자 그와 동시에 둥둥 북이 울리고 사방에서 소동을 벌이던 무리들이 쳐들어왔다.

네거리의 찻집 2층에서는 검은 호랑이 같은 거구의 사나이가 커다란 도끼를 휘두르며 뛰어내렸다. 이 사람이 바로 이규였다. 그는 즉각 형리를 베어 버리고 지사 쪽으로 돌진했다.

지사는 걸음아 나 살려라 도망쳤고 주위는 혼란에 빠졌다. 이 북새통에 장사꾼들이 송강을 구출해 내었다.

사방에서 쳐들어온 것은 물론 조개를 비롯한 양산박의 두령들이었다. 그 뒤 추격해 오는 관군을 짓밟아 버리고, 부근 호걸들을 한패로 가담시키며 모두 무사히 양산박으로 개선하였다.

송강도 가담하게 된 양산박에는 노지심·양지·무송 등 이룡산의 무리들과 시진을 우두머리로 하는 소화산의 산적들을 비롯하여, 모함을 받다가 죄를 지은 자, 의지할 곳이 없는 자, 관가에 반항한 자 등 각처의 호걸들이 속속 모여 들었다.

이윽고 조개가 세상을 뜨게 되자 송강이 뒤를 이어 총두목이 되었으며, 북경 대명부의 부자로 봉술의 달인인 노준의(盧俊義)를 가담시켜 총 108명이 되었다.

두 사람의 참모 밑에 오용과 공손승을 군사(軍師)로 선출했다. 그리고 각기 직분을 정해 '체천행도(替天行道)'라는 기치를 내걸고 크게 세력을 떨쳤으며 동관이 이끄는 관군을 두 번, 고구가 인솔하는 관군을 세 번 씩이나 격퇴시켰다.

어느 날 송강은 이제까지의 싸움에서 죽인 수많은 사람들의 위령제를 지내고 공양을 베풀자는 제안을 하였다. 식이 모두 끝난 그날 한밤중에, 돌연 서북쪽의 하늘에 명주를 찢는 듯한 날카로운 소리가 울리고 오색 빛을 발하는 불덩어리가 곧게 땅속으로 떨어졌다.

일동이 그 곳 흙을 파헤쳐 보니 돌비석이 하나 나왔다. 전면에는 천강성(天罡星) 36, 뒷면에는 지살성(地煞星) 72의 별 이름과 송강을 비롯한 양산박 두령들의 성명이 새겨져 있었는데, 이들은 비로소 자신들이 별의 환생임을 알게 되었던 것이다.

그 후 송강은 천자의 귀순을 받아들여 양산박을 버리기로 결의하고 우선 북방의 요나라로 원정가서 이를 굴복시켰다. 그리고 또한 전호(田虎), 왕경(王慶), 방납(方臘)의 반란을 평정하였지만, 그 동안의 싸움에서 108명의 태반을 잃었고, 살아남은 송강·노준의·이규 등도 고구·채경 등에게 독살당하는 신세가 되고 말았다.

■ 금병매(金甁梅)

탕아와 탕녀들의 도색 행각

서문경(西門慶)과 반금련(潘金蓮)

송왕조(宋王朝) 휘종(徽宗) 때의 일이다. 수도 동경(東京)에서 그리멀지 않은 산동성(山東省) 청하현(靑河縣)의 어느 여염집에서 뜨거운 정사에 빠져 있는 한쌍의 남녀가 있었다.

사나이는 서문경(西門慶)이라고 하는데 나이는 25,6세로 현청(縣廳) 앞에서 약방을 경영하는 그 일대 제일의 갑부이고 둘도 없는 호색한이었다. 여인의 이름은 반금련(潘金蓮)으로 그녀는 무대(武大)라는 떡장사의 아내였다.

미색이 뛰어난 금련은
웃으면 조여들듯 내리덮인 눈썹
바람둥이 사내를 만나면
마음이 들떠 시작하는 정사

반금련은 상대가 그럴듯한 사나이로 여겨지면, 역시 물불을 가리지 않는 바람기있는 여자였던 것이다.

반금련이 남편 무대(武大)의 눈을 피해서 바람둥이 서문경과 윤리에 벗어난 관계를 맺게 된 내력은 이러했다.

반금련은 애초부터 못생기고 우직하기만한 남편 무대가 마음에 들지 않았다. 그래서 시동생 무송(武松)에게 눈을 돌렸다.

무송은 형과는 달리 박력있고 믿음직스러운 사나이였다. 호랑이를 때려 잡아 용명(勇名)을 떨쳤고, 청하현의 지사(知事)에게 인정을 받아서 현의 치안대장에 임명되었다.

반금련은 어느 날 남편이 없는 틈을 타서 은근히 그에게 추파를 던졌지만, 형님을 몹시 생각하는 무송인지라 그런 유혹에 놀아날 리가 없었다. 금련은 매정하게 거절당했던 것이다.

마침내 무송은 지사의 심부름으로 수도인 동경에 출장을 갔다. 반금련은 남편에게 매일 투정만 부리며 울적한 나날을 보냈다.

그러던 어느 날 금련의 집 앞으로 서문경이 지나갔다. 재사(才士)와 가인(佳人)이 만난 것처럼 두 사람은 첫눈에 마음이 들떠서 이윽고 금련의 이웃에 사는 왕파(王婆)의 주선으로 정을 통하게 되었던 것이다.

그런데 일이 이렇게 되자 방해물이 된 것은 무대의 존재였다. 무대 쪽에서도 어느덧 두 사람의 관계를 눈치채고 어느 날 용기를 내어 정사의 현장을 덮치게 되었지만, 힘이 약한 사나이의 서글픔은 어찌 할 수 없었다. 그는 도리어 서문경에게 걷어채여 병상에 눕고 말았다.

독약을 먹이려면 철저하게 먹이라는 말처럼 두 사람은 서로 의논하여 무대에게 독약을 먹였다. 보기좋게 방해물을 처리한 두 사람은 거리낌없이 정사에 몰두하게 되었고, 마침내 금련은 다섯 번째 부인으로 서문경의 집에 맞아들여졌다.

워낙 좋아하는 사람끼리의 일이라 손발이 맞아서 서로 하고 싶은 대로 날마다 욕정을 불태우고 있었다.

이곳은 무송이 있는 곳. 동경에서 일을 끝내고 청하현으로 돌아와 보니 형 무대는 너무나 가련하게 죽어 있지 아니한가. 사정을 알고 노기충관한 무송은 서문경을 형의 원수로 단정하고, 어느 요정(料亭)으로 쳐들어갔지만, 그가 노리던 서문경은 재빨리 자취를 감추어 도망쳐 버렸고, 무송은 그만 실수로 다른 사람을 살해하게 되었다.

서문경은 재빨리 뒷구멍으로 관원들에게 손을 써서 무송을 2만 리나 되는, 멀고 먼 곳 맹주(孟州)로 귀양보내 버렸다.

애욕 행각(愛慾行脚)

서문경은 의도한 대로 자기 집으로 금련을 맞아들였지만, 실은 그에게는 금련 외에 이미 네 명의 부인이 있었다.

오월랑(吳月娘)이라는 정실부인, 기생 출신인 둘째 부인 이교아(李嬌兒), 맹옥루(孟玉樓)라는 셋째 부인, 심부름꾼 출신인 넷째 부인 손설아(孫雪娥), 여기에 금련이 다섯 번째 부인으로 들어앉게 되어, 서로의 입장과 위치가 알쏭달쏭한 형편이었다.

그러나 서문경의 그칠 줄 모르는 애욕은 이 다섯 부인만으로는 만족하지 않았다. 그는 하녀, 머슴의 아내, 친구의 부인 등 눈에 띄기가 무섭게 군침을 흘렸다.

여인들 역시 어심(魚心)이 있으면 수심(水心)이 있다는 식으로, 서문경에게 꼬리를 쳤고, 이로 인하여 눈부신 애욕 행각이 펼쳐지게 되었던 것이다.

서문경은 우선 금련의 하녀 춘매(春梅)에게 손을 대는가 싶더니, 마침내는 소꿉친구인 화자허(花子虛)의 아내 이병아(李瓶兒)에게 눈을 돌리고 만다.

이병아도 전혀 마음이 없었던 것은 아니었다. 어느 날 밤 두 사람은 화자허의 눈을 피해서 불륜의 관계에 빠지고 말았다.

그런 일을 조금도 모르는 남편 화자허는, 이윽고 복잡한 집안 유산 상속 문제에 말려들어서 가엾게도 화병에 걸려 24세의 젊은 나이로 죽고 말았다.

서문경은 힘들이지 않고 한창 꽃다운 나이인 이병아와 막대한 재산까지 손에 넣게 되었던 것이다.

결국 이병아는 여섯째 부인으로 맞아들여 서문가(西門家)에 또 하나의 화려한 색무늬를 수놓게 되었다.

여기서 이야기는 서문경과 여섯 부인과의 얽히고 설힌 갈등, 부인끼리의 화려하고도 음욕스러운 사랑의 다각관계(多角關係)를 축으로 하여 펼쳐지게 된다.

다음으로 서문경이 눈독들인 여자는 하인인 내왕(來旺)의 처였다. 이 여인은 이름을 송혜련(宋惠蓮)이라고 했다.

금련보다는 두 살 아래인 24세로 살결이 희고 중키에 몸매도 그럴듯하며 발은 금련보다 작았다. 영리하고 융통성이 있어서 몸가짐도 꽤나 능숙한 여인으로 사나이의 바람기를 부추길 만한 여인이었다.

서문경은 한 가지 계책을 꾸미어 내왕에게 5백 냥의 돈을 건네주며 항주(杭州)로 심부름을 보냈다. 항주까지는 반 년이나 걸리는 긴 여행길이었다.

그 동안에 송혜련을 손에 넣어 흠빽 즐겨 보자는 심산이었다. 혜련 역시 뜻이 없는 것이 아니었다.

두 사람은 드디어 축산(築山)의 아늑한 곳에서 밀회를 가지며 소원을 풀었다. 그런데 그 현장을 금련에게 들키고 만다.

금련은 이렇게 말하며 서문경을 힐책하였다.

"이 얼마나 창피한 일이오. 그런 여자와 대낮부터 이런 곳에 있다니? 저 여자와 무슨 짓을 했는지 실토하지 않으면 큰 형님이 돌아오면 일러바칠 거예요. 난 그 여자의 얼굴을 마구 때려 돼지처럼 부어 오르게 해도 시원치가 않겠어요. 우리들이 저곳에서 놀고 있는 소리가 이곳까지 들렸을 테니까, 그 동안에 서로 맞붙었을 것 아니예요. 하지만 내 눈은 속이질 못해요."

서문경은 쓴웃음을 지을 뿐이었다. 이리하여 서문경과 혜련이가 수상한 관계에 빠진 것이 모든 집사람에게 알려졌지만, 혜련은 오히려 득의만만하였다.

그런데 이 사건은 마침내 비극을 자아내게 되었다. 내왕이 항주에서 돌아와 손설아로부터 아내의 염문을 듣게 되었다. 한수 위인 혜련은 보기좋게 내왕을 구슬렀다.

하지만 내왕으로서는 울화통이 치밀어 가라앉지 않았다. 그리하여 취기를 빙자하면서 서문경을 비난하였다.

"내가 집을 비운 사이에 놈은 내 아내를 농락했어. 하녀인 옥소에게 쪽빛 비단 한 필을 주고 꼬여내어 뜰 안으로 끌어들여서 정을 통했고, 그리고 나서 쭉 그녀를 농락했어."

이런 말을 내왕이 퍼뜨리게 된다면 서문경으로서는 면목이 서지 않는다. 그래서 내왕의 죄를 날조하여 관가에 고발하고는, 뒤에서 손을 써서 본적지인 서주(徐州)로 송환시켰다.

그래도 아내인 혜련은 남편을 두둔하지만 어떻게 할 도리가 없었다. 나

중에 남편이 서주로 송환된 것을 안 혜련은 목을 매어 죽어 버렸다.

이리하여 서문경은 연이어 새로운 여인들에게 손을 내미는 한편, 금련을 위시한 여섯 명의 부인과도 짙은 애욕의 색정극을 펼쳐 나갔다.

어느 날 밤 문득 금련의 침실에 와 보니, 여인은 알몸에 붉은 명주로 된 가슴 가리우개만 걸친 모습으로, 홍사이불을 덮고 원앙 베개를 베고 왕골 돗자리 위에서 곤히 잠들고 있었다.

방안에는 무어라 말할 수 없는 이상야릇한 향기가 가득하였다. 서문경은 한눈에 마음이 들뜨게 되어 춘매에게 문을 닫고 나가게 한 다음, 슬며시 옷을 벗고 잠자리의 비단 이불을 더듬자 옥 같은 몸뚱이가 곱게 드러났다.

이윽고 욕조를 방안에까지 가져오게 하여 목욕물을 붓고 둘은 침대에서 내려와 함께 난꽃 온탕에 들어가서 '물과 물고기'의 환락을 즐겼다.

따뜻한 물을 더 붓고 물을 가는 등 한바탕 목욕을 한 다음, 서문경은 흥에 겨워 그녀를 욕실 바닥에 굴렸다. 여인은 땋아 올린 머리가 헝클어지는 것을 두려워하여 한 손으로 머리를 감싸고 한 손은 욕조의 운두를 붙들고 있었다.

이 놀이의 모습을 말하자면,

'한쪽은 크게 솟아올라 떨고 있는 경창(硬鎗)을 들고, 한쪽은 흔들흔들 흐느적거리듯이 강검(鋼劍)을 휘둘렀다. ……일래일왕(一來一往), 한 번 찌르고 한 번 치며 동서(東西)를 더듬는다. 열기는 등등하여 요운(妖雲)이 생동하고 향기는 분분하여 사방에 흩어진다. 하나는 물을 거슬러 저으며 구슬 같은 허벅지를 흔들고 한쪽은 뱃사공이 되어 키를 잡아 금련을 붙든다.'

라고 할 수 있겠다.

서문경은 정사와 애욕에 빠져들었고 한편으로는 착착 사업을 확장하였다. 물려받은 약방을 경영하는 한편 전당포와 모시점까지 차리고 있었다. 그리하여 그 지방 재계의 우두머리로까지 세력을 넓히게 되었다.

풍부한 재력을 내세워 중앙정부의 재상 채경(蔡京)에게 거액의 뇌물을 진상해서, 그 대가로 산동 제형원의 '이형(理刑 : 경찰서 부서장)'이란 관직을 제수받았다.

이리하여 재력뿐만 아니라 권력까지 손에 넣은 서문경은, 실로 무서운 것이 없었으며 당할 자가 없다는 듯한 기세였다.

그럴 즈음에 이병아와의 사이에 옥동자까지 얻어 서문가는 경사가 겹쳤다.

친척과 이웃, 그리고 서문경의 여섯 번째 아내가 이번에 아기를 낳고 이틀도 채 안 되어 벼슬하는 경사가 겹쳐 너나 할 것 없이 선물을 보내와 집안은 하객으로 들끓었으며, 사람들의 출입이 하루도 그칠 날이 없었다.

어색(漁色)에 가렴주구(苛斂誅求)까지

벼슬도 돈을 주고 사들이다

관원이 된 서문경은 그 지위를 이용하여 계속 가렴주구(苛斂誅求)에 열중했다. 그 전형적인 예로 다음과 같은 사건이 있었다.

그 당시 강남(江南)에 묘천수(苗天秀)라는 부자가 있었는데, 어느 날 수도에 있는 친척의 줄을 타고 취직운동차 상경하게 되었다.

운동자금을 잔뜩 마련한 그는 묘청(苗靑)과 안동(安童)이란 두 하인을 데리고 길을 떠났다. 그런데 이 묘청이란 하인은 이름난 망나니로 전부터 주인에게 원한을 품고 있던 차에 두 사람의 사공을 보고,

"우리 주인의 짐에는 1천 냥의 금은 보화와 2천 냥의 피륙이 가득 들어 있소. 어때? 좋은 일은 의논하라고 했소. 우리 주인을 죽이고 셋이서 공평히 나누어 갖는 게 어떻겠소?"

하고 한탕 할 것을 의논했으며, 결국 야밤에 주인을 살해하고 재물을 탈취하였다.

그리고 묘청은 자기 몫으로 2천 냥 상당의 피륙을 손에 넣은 다음, 시치미를 뗀 채 청하현으로 돌아와 팔아 버리려고 했다.

또 한 사람의 하인 안동은, 주인이 살해되었을 때 몽둥이로 얻어맞고 강물에 던져졌지만, 친절한 노인에게 구조되어 그 동안의 사연을 제형원(경찰서)에 고발했다.

이윽고 두 사공은 붙들렸고, 묘청에게도 포졸의 손이 뻗치게 되었다. 다급하게 된 것은 묘청이었다. 피륙을 판 돈 1천7백 냥 가운데 1천 냥을 싸들고 제형원의 부서장 서문경에게 가서 도움을 청했다.

서문경은 제형(서장)인 하룡계(夏龍溪)에게 절반인 5백 냥을 건네주고 그를 매수하였다. 둘이 한패가 되어 묘청은 불문에 부쳤다.

그러나 사건은 이것으로 끝나지 않았다. 안동이 사건을 더 상급 관가에 고발했기 때문에, 두 사람은 탄핵을 받게 되었다.

발등에 불이 붙게 된 서문경과 하룡제는 재빨리 둘이서 5백 냥의 은자를 마련하여 재상인 채경에게 보내서, 사건의 무마를 청탁하게 되었다. 채경은 순안어사(巡按御史)를 좌천시킴으로써 서문경 등은 무사할 수가 없었다.

이와 같이 서문경은 사업으로 돈을 벌어들일 뿐만 아니라, 관원의 지위를 이용하여 가렴주구를 멋대로 자행하였다.

불법행위가 발각되려고 하면, 정부의 고관에게 다액의 뇌물을 진상하여 무마시키곤 하였다. 그리하여 서문경의 도색 행각은 조금도 그칠 줄을 몰랐다. 다음의 상대는 제사점의 지배인 한도국(韓道國)의 아내 왕육아(王六兒)였다. 이 왕육아의 관계를 맺게 된 동기는 이러했다.

어느 날의 일이다. 서문경이 전부터 중앙정계의 공작 창구로 의지해 오던 채경가(蔡京家)의 집사 적겸(翟謙)으로부터 첩실을 하나 주선해 줄 것을 부탁한다는 의뢰가 왔었다.

서문경은 한도국의 딸로 금년에 15세가 되는 애저(愛姐)를 지목하여 교섭을 성립시킨 후 적겸에게 보내기로 했다.

그때 서문경은 처음에 한도국의 아내 왕육아와 만났고, 첫눈에 완전히 마음을 빼앗기고 말았다. 왕육아도 색정에 눈이 어두운 나머지 쉽게 따랐다.

그녀는 남편이 딸을 데려다 주려고 수도에 올라간 사이, 만반의 준비를 다하고 서문경을 기다렸다.

두 사람은 서로 잔을 나누기 몇 차례, 여인은 서문경 가까이에 자리를 옮기고 꼭 달라붙어 이야기를 하기도 하고 음식을 집어들어 먹여 주기까지 하였다. 거기서 서문경은 잔 하나로 여인과 주거니 받거니 하며 마시고 있었는데, 아무도 들어오지 않는 것을 알자 서문경은 그녀의 목을 끌어안고 입을 맞추었다. 그러자 연인의 손이 아랫도리에 돌려지고, 서로의 마음이 통하게 되어 술만을 마시고 있을 수 없게 되었다. 방문을 잠그고 옷을 벗어 버리자 여인은 안방의 침상에 자리를 폈다.

도읍에서 돌아온 한도국은 희미하나마 아내의 부정한 짓을 눈치챘지만, 섣불리 떠들어대면 자기 처지가 위태로워지겠기에 알고도 모르는 체 입을 다물고 있었다.

두 남녀는 얼씨구나 잘 되었구나 하고 밀회를 거듭하였다. 이미 30을 넘겨서 기력이 떨어지기 시작한 서문경은, 이때부터 묘약과 성구(性具)의 힘을 빌리기 시작하였다.

서문경은 범승(梵僧)의 약이란 것을 한 알 소주에 곁들여 먹은 다음, 옷을 벗고 이제부터 침상에 들어가 일을 벌이려고 침상가에 걸터 앉자 간직했던 도구를 끌렀다. 먼저 조그마한 은접시에 유황을 바르고 범승으로부터 받은 연분홍색의 바르는 약을 은접시에 얹은 다음, 그것을 1리 반중량쯤 환을 지어 그 끝에 밀어 넣었다. 그러자 점점 약의 효험이 드러나 성을 냈고, 머리를 흔들며 푸른 줄기를 세웠다. 안색(顏色)은 자줏빛, 길이는 6, 7촌 정도이고 두드러지게 험한 모습이 되었다. 역시 약의 효험 때문이라고 서문경은 마음속으로 기뻐하고 있었다. 상대인 왕육아는 그의 팔에 안기어 손을 더듬어 '소주를 드시고 싶다고 한 것은 이런 것 때문이었군요. 대체 어디서 이런 약을 손에 넣었어요?' 하고 물었다. 서문경은 범승에게 얻었다고 이야기한 다음 성급히 그녀를 침상에 눕혔다.

인과응보(因果應報)

순풍에 돛을 단 듯이 만사가 뜻대로 잘되어 가던 서문경의 일생에도 이윽고 어두운 그림자가 드리워지게 되었다. 이병아와의 사이에서 얻은 외아들 관가(官哥)가 반금련이 기르던 고양이에게 할퀴어서 기절하였고, 그것이 원인이 되어 죽게 되었다.

그런데 이 사건에는 이병아와 반금련 사이의 삼각관계가 얽혀 있었다. 속담에 '예쁜 꽃에는 가시가 있으며, 사람의 마음에도 독기가 서려 있다'는 말과 같이 이병아가 관가를 낳은 다음부터는 서문경이 모든 것을 그녀가 청하는 대로 들어주고 하나 하면 열로 보답하자, 반금련은 날마다 미색과 총애를 다투었고 마음속에는 언제나 질투심과 불평을 품고 있었다.

그래서 관가만 없애 버리면 이병아에게 쏠린 총애는 쇠퇴하게 되고, 서문경이 자기 품에 돌아올 것이라고 생각하여 한 마리의 흰 고양이를 길러 훈련을 게을리하지 않았던 것이다.

사랑하는 아들을 잃은 이병아의 슬픔은 이만저만한 것이 아니었다. 반금련의 처사도 생각하면 할 수록 화가 치밀었다. 슬픔과 노여움 때문에 이병아도 드디어 관가의 뒤를 이어 세상을 떠났다.

사랑하는 아들과 이병아를 한꺼번에 잃고 비탄에 빠진 서문경은, 새로이 거금 5만 냥을 투자하여 옷가게를 개업하게 되자, 개점일의 매상이 모두 5백 냥이나 되는 번창을 이루었다.

이윽고 벼슬도 이형(부서장)에서 제형(서장)으로 승진해서, 지방재계의 중진으로 한층 더 위세를 떨치게 되었다.

역시 애욕은 조금도 쇠퇴하지 않았다. 이번에는 고관의 미망인으로 35세가 되는 연상인 임부인과 접촉하게 되었다.

임부인도 이곳 지방의 실력자와 가까워지면 어쨌든 손해볼 것이 없다는 생각에서 서문경을 받아들였다. 이리하여 두 사람은 어느 날 밤에 임부인의 집에서 비술(秘術)을 다한 대결로 이끌어갔다.

서문경은 주위에 사람이 없는 것을 알자, 차츰 의자를 가까이 접근시켰고, 말씨도 음탕스러워지더니 손을 잡고 가슴을 더듬었다. 어깨를 대고 팔꿈치로 밀치기도 하고 끝내는 목을 끌어안아도 여인은 웃기만 하고, 추파를 던지며 조용히 입술을 벌렸다. 서문경은 혀를 그 속에 집어넣고서 소리를 내며 자꾸만 희롱하고 있었다. 여인은 그제야 방문을 닫고 옷을 벗으며 허리띠를 끌렀다. 그리고는 살며시 비단 커튼을 늘였다. 침상에는 수놓은 금침에 원앙베개, 이불에는 향기가 진동하고 있었다. 두 사람은 몸을 가까이 대고 가슴을 펼치며 서로 끌어안았다. 서문경은 여인들이 풍월(風月)에 능숙하다는 것을 듣고 있었는데, 집에서 도구 상자를 가져와 또 범승의 약을 먹었다. 서로 희롱하며 더듬자 환희와 정념은 불과 같았고, 한쪽이 침상 옆에서 사후(伺候)하면 칼집은 연하고, 한쪽이 밑에서 준비하고 있으면 칼자루는 사납게 날뛰었으며, 그대로 긴 팔을 뻗으면 문득 나비는 너울거리고 꿀벌은 미칠듯이 날뛰었다. 옥 같은 허벅지를 들어 구름도 비도 아랑곳하지 않았다. 종횡으로 풍류진을 쓰면 침상 머리에 옥잠화가 떨어짐을 상관하리란 모습이 되었다.

……서문경은 평소의 솜씨를 마음껏 발휘해서 한결같이 버티어 1경 반이나 되어서야 겨우 끝이 났다. 한쪽은 머리가 헝클어지고 비녀는 비스듬히 걸려 있었다. 꽃은 시들고 수양버들은 늘어져 꾀꼬리 소리와 제비가 조잘되는 소리를 남겼을 뿐……

서문경은 임부인 외에 관가의 유모였던 여의(如意)에게 손을 대었고, 유곽에도 드나들었으며 여전히 호색 행각을 발휘했지만, 그러나 그런 서문경에게도 드디어 정력이 다하는 날이 찾아왔다.

어느 날의 일이었다. 몸이 나른한 것을 무리해서 왕육아의 곁을 찾아 오랜만에 격렬한 일전을 벌였다. 적당히 정력을 소모하고 집에 돌아왔는데 이번에는 반금련에게 붙들리고 말았다.

그녀 역시 오랫동안 버려둔 채인데 어찌 이런 기회를 놓칠 리가 있겠는가? 그러나 막상 일을 벌이려고 서문경을 침대 위에 올려 놓으니, 그는 흉직하게 골아떨어져 뇌성같이 코를 골았다.

도무지 그럴 생각이 없는 것 같았다. 초조해진 반금련은 억지로 서문경을 일으켰고 범승에게서 얻은 비약을 술과 더불어 그의 입에 부어 넣었다.

서문경의 물건이 곧 솟아올랐지만 막상 일을 시작하기만 하면 정액이 분출하였고 그것은 이윽고 핏물로 변했다. 서문경은 몸도 제대로 가누지 못하며 버둥거렸다. 금련이 약을 너무 많이 먹였던 것이다.

이리하여 서문경은 다음 날부터 힘없이 병상에 누운 채, 드디어 불귀의 객이 되고 말았다. 그때 나이 33세였다. 과연 일대의 호색한다운 죽음의 모습이라고 할 수 있을 것이다.

주인을 잃어버린 서문가는 그 후 급속히 무너져서 사방으로 흩어지고 말았다.

먼저 기생 출신인 둘째 부인 이교아는 옛 환락가로 돌아갔다. 셋째 부인 맹옥루는 이현 지사(李縣知事)의 아들이 한눈에 반해 꼬득이자 그곳으로 재가하였다.

넷째 부인 손설아는 재회한 내왕과 눈이 맞았고 재물을 훔쳐내어 도망쳤지만 일이 탄로나서 공매(公賣)에 부쳐졌다.

다섯째 부인 반금련은 서문경의 사위인 진경제(陳經濟)와 통정하고 있는 것을 오월랑에게 발각되어 쫓겨났으며, 끝내는 대사령(大赦令)으로 귀향한 무송의 손에 의해 허무하게 최후를 맞이하였다.

금련의 하녀 춘매도 다른 집에 팔려갔다. 그리고 정실인 오월랑은 인과응보의 도리를 깨닫고 유복자인 효가를 불문(佛門)에 의탁토록 했던 것이다.

전습록(傳習錄)

또 하나의 유교(儒教) 사상

양명학(陽明學)과 《전습록》

양명학에 관심을 가진 사람이라면 《전습록》을 모르는 사람이 없을 것이다. 이 《전습록》은 예부터 양명학의 '입문서(入門書)'로 널리 알려졌다. 그러므로 《전습록》 하면 양명학, 양명학 하면 우선 《전습록》을 생각할 만큼 불가분(不可分)의 관계였다. 따라서 《전습록》에 대해서 말할 때에는 양명학을 설명하지 않을 수 없다.

여기서도 먼저 《전습록》을 통해 양명학이란 어떤 사상인지를 간단히 소개하기로 하겠다.

양명학을 처음 제창한 사람은 지금으로부터 5백 년쯤 전, 명(明)나라 시대에 활약했던 왕양명(王陽明 : 王守仁)이다. 당시 전성기를 맞고 있었던 학문은 《근사록(近思錄)》의 장(章)에서 소개한 바 있는 주자학(朱子學)이다. 왕양명도 처음에는 이 주자학을 배웠는데 차츰 이 주자학에 의문을 가지게 되었고, 마침내는 주자학에 반기를 들더니 양명학을 제창하기에 이르렀다.

주자학이든 양명학이든 그 뿌리는 유교(儒教)에서 나온 것이니 목표하는 바는 '수기치인(修己治人)', 즉 자신을 수양하여 남(백성)을 다스린다는 점으로 귀결된다. 다만 그 '수기치인'에 이르는 방법이 약간 다르다.

양자(兩者)의 상위점을 살펴보면 본디 그 발단은 '격물치지(格物致知)'라는 기본적인 방법론의 차이에서 발생되고 있다. 주자학은 '성즉리(性即理)'라는 테제(These)를 주창했다. 즉 '이(理)'란 인간의 마음에 있을 뿐 아니라 외계(外界)의 모든 사물에 관통하고 있는 것으로 생각하고 '격물(格物)', 즉 물(物)에 이름으로써〔格〕, 그들 '이(理)'를 알아 내며〔窮〕, 지(知)를 완성시키지 않으면 안 된다고 했고, 그것만이 인간형성(人間形成)의 도(道)라고 설파했던 것이다.

그런데 왕양명은 주자학의 이런 해석을 납득할 수 없었던 듯하다.

"주자는 '격물(格物)'을 풀이하여 천하의 모든 물(物)에 이를 수 있다고〔格〕 했는데, 도대체 천하 모든 물(物)에 어떻게 이를 수가 있단 말인가? 그런데다가 한 그루의 나무, 한 포기의 풀에도 모두 '이(理)'가 있다고 했으니, 그 물(物)에 이르기란〔格〕 점점 더 어려워지는 것이 아니겠는가?"

라고 의문을 제시했다.

왕양명의 참모습을 전해 주는 에피소드에 다음과 같은 이야기가 있다.

젊은 시절, 그는 친구와 둘이서 앞뜰에 있는 대나무를 격물(格物)코자 하였다. 주자의 '격물치지(格物致知)' 설을 실천하여 대나무의 '이(理)'를 알아내려〔窮〕 했던 것이다. 그 결과 친구는 사흘 만에 노이로제에 걸렸으며, 왕양명 자신도 7일 만에 병석에 누워 버렸다. 그들은 '성인(聖人)이란 되고자 해서 되는 것이 아니다'라며 쓴웃음을 지었다고 한다.

난센스라면 난센스인 이야기인데 그만큼 젊은 날의 왕양명은 이 '격물치지'의 해석을 둘러싸고 고심했었다.

그 고심은 오랜 동안 풀리지 않았던 듯하다. 그가 겨우 깨달음을 얻어

이 주자학에서 초월한 것은 37세 때의 일이라고 전해진다.

그 깨달음이야말로 '심즉리(心卽理)'로 불리는 유명한 테제이다. 왕양명의 말을 빌리면 '마음은 곧 이(理)이다. 천하 또는 심외(心外)의 사(事), 심외의 이(理)는 없다'는 것이 된다.

마음이야말로 '이(理)'이며, 이 마음 말고 달리 '이(理)'는 존재할 수 없다는 것이다. 즉, '격물(格物)'의 주체는 어디까지나 마음이라고 했던 것이다.

그리고 왕양명은 가지고 태어난 마음의 본체를 '양지(良知)'라고 이름 붙였고, 이 '양지'를 십분 발휘할 수 있는 것이 곧 '치지(致知)'와 같다고 주장했다. 그의 말에 귀를 기울여 보자.

"내가 말하는 '격물치지.'란 자기 마음의 양지(良知)를 사사물물(事事物物)에 이르도록 하는 일이다. 자신이 마음의 양지를 사사물물에 이르도록 하면, 사사물물 모두가 '이(理)'를 얻게 된다. 자기 마음의 양지를 사사물물에 이르게 하는 것이 '치지(致知)'이며 사사물물 모두가 그 '이(理)'를 얻는 것이 '격물'이다."

즉, 인간의 마음인 '양지'에 절대적인 권위를 인정하고 '치지(致知)'란 만물의 이(理)를 알아내는 것이 아니라, 각기 가지고 있는 '양지'를 충분히 발현(發現)시키는 것이라고 주장했던 것이다.

알기 쉽게 말한다면 주자학이 짐짓 점잔을 빼는 듯한 얼굴로 만물의 '이'를 알아내려고 애쓰는 것에 비하여, 양명학은 무엇보다도 주체적인 입장을 중시한다. 이것이 양명학이 가지는 첫번째 특징이다.

그리고 여기에서 곧바로 두 번째의 특징이 도출된다. 다름 아닌 '지행합일(知行合一)이라는 테제이다. 왕양명의 말을 빌리면,

"이제까지 알고서 행하지 않는 자는 없다. 알고서 행하지 않는 자는 다만 아직도 알지 못하기 때문이다."

라는 것이다.

여기서 행동으로 옮기는 어려운 열기(熱氣) 같은 것이 생겨난다. 이것

이 양명학이 지니는 제2의 특징이다.

이러한 사상을 정리해 놓은 것이 《전습록》이다. 단, 이 책은 왕양명이 그때그때 한 말이라든가 편지 등을 모아 놓은 것으로서 양명학을 체계적으로 이해하는 데는 적합하다고 말할 수가 없다. 그러나 그 반면, 왕양명 자신의 육성(肉聲)을 듣고 있는 것 같은 점이 큰 매력이라고 할 수 있겠다. 예부터 양명학의 입문서로 널리 읽혀져 온 것은 그런 이유에서 일 것이다.

양명학에 대하여 다음에 구체적인 측면을 다루면서 현대에도 통하는 행동 지침과 같은 것을 알아보기로 하자.

'지행합일(知行合一)'에 대하여

행동이 따르지 않는 발언은 단지 잔소리에 지나지 않는다고 해도 할 말이 없다. 그러나 세상에는 언행이 일치되지 않는 예가 실로 많다.

구태여 정치가의 예를 들 것까지도 없다. 예를 들자면 짐짓 점잖은 표정으로 윤리 도덕을 강의하는 대학 교수라든가 평론가가 뜻밖에도 지저분한 생활을 하고 있다든가, 사회주의를 부르짖는 학자가 호화 저택에 살면서 고급 승용차를 몰고 돌아다니는 예는 적지 않다.

사상은 그것이 사상으로서의 가치가 있는 한, 본래 행동이나 실천으로 옮기기 어려운 욕구를 지니고 있는 법이다. 하지만 행동과 실천이 따르지 않는 사상 또한 그저 잔소리에 지나지 않는 것이라 해도 좋을 것이다.

그러나 이 양명학만큼 행동과 실천에 옮기기 어려운 욕구를 지니고 있는 사상도 없다. 그것을 대변하고 있는 것이 '지행합일(知行合一)', 아는 것과 행하는 것은 원래 하나라고 한 테제이다.

왕양명은 이렇게 말하고 있다.

"지(知)는 곧 행(行)의 시작이고, 행(行)은 곧 지(知)의 이룸[成]이다. 만일 터득하고 있을 때는, 단 한 가지의 지(知)를 말하더라도 스스로 행함이 있어야 할 것이며, 단 한 가지의 행동을 하는 것은 이미 지(知)

가 있기 때문이다."

안다는 것은 행한다는 것의 시작이며 행한다는 것은 아는 것의 완성이다. 따라서 아는 것은 이미 행할 것을 예정하고 있으며, 이미 알고 있는 것을 전제로 하여 성립되는 것이라고 설명하고 있다.

알기 쉽게 말하면 음식물의 맛이 좋고 나쁘다는 것에 대해서도 자기 자신이 직접 맛을 보지 않고는 그 참맛을 알 수 없다는 뜻이리라.

왕양명은 또 이렇게 말하고 있다.

"진지(眞知)는 곧 행함을 나타내는 것이다. 행함이 없으면 이를 안다고 할 수 없다."

진짜로 안다는 것은 행동의 계기를 포함하고 있다. 행동이 따르지 않는다면 이를 안다고 할 수 없다는 주장이다.

또 어느 때 왕양명은 제자들의 질문에 다음과 같이 대답했다고 한다.

"아름다운 색깔을 보는 것은 지(知)에 속하고 그것을 좋아하는 것은 행(行)에 속한다. 그러나 아름다운 색깔을 보는 순간 이미 그것을 좋아하게 되었을 경우, 그것을 본 연후에 다시 마음이 움직여서 좋아지게 된 것은 아니다. 싫은 냄새를 맡는 것은 지(知)에 속하고 그것을 싫어하게 되는 것은 행(行)에 속한다. 그러나 싫어하는 냄새를 맡는 순간 이미 그것을 싫어하는 것이지, 맡은 다음 새로이 다른 마음이 생겨서 그것을 싫어하게 되는 것은 아니다.

효도(孝道)를 한다는 것도 이와 마찬가지이다. 이미 그것을 실행하고 있을 때야말로 비로소 알고 있다〔知〕고 할 수 있는 것이다. 효도에 대해서 그럴듯한 말을 지껄인다고 해서 효도를 안다고 할 수는 없다.

이와 마찬가지로 아픔을 안다는 것도 자신이 체험함으로써 비로소 알 수가 있다. 또 추위를 알게 되는 것도, 배고픔을 아는 것도, 스스로 그것을 체험했을 때 비로소 알게 된다. 어찌하여 지(知)와 행(行)을 나눌 수 있단 말인가? 이것이 지(知)와 행(行)의 본모습이며, 멋대로 분단(分斷)할 수 없는 이유이다.

성인(聖人)의 가르침이란 반드시 이처럼 지(知)와 행(行)의 합일(合一)을 요구하고 있다. 그렇게 되어야만 비로소 지(知)라고 부를 가치가 있는 것이다. 그렇지 못하면 지(知)라고 할 수 없다.

그리고 그것을 목표로 삼는 일은 극히 절실하며 실제적인 과제(課題)이기도 하다."

이상이 양명학에서 제창된 '지행합일(知行合一)'의 설인데, 요컨대 그것은 지(知)와 행(行)의 분열은 본디부터 있어서 안 된다는 입장인 것이다. 그리고 거기에서 양명학 특유의 행동에 대한 열기(熱氣)가 생겨난다. 이것은 현대를 살아가는 우리에게 있어서도 심각한 과제인 것이다.

현대에 범람하고 있는 것은 행동이 따르지 않는 지식이며, 그러므로 단순히 잔소리에 불과하다. 잔소리로 허비할 시간이 있으면 현실적으로 살을 에는 것 같은 도전을 해보라. 실패하거든 그 원인을 구명(究明)하고 다시 시도해 보면 된다. 왕양명의 주장이 아직도 바래지 않은 색깔로 남아 있는 이유가 바로 그것이다.

단, 아무리 행동을 중시한다 하더라도 지식의 뒷받침이 없는 행동은 맹동(盲動)에 지나지 않는다. 행동으로 옮기는 데는 충분한 정보를 모으고 명석한 사려분별을 한 연후에 옮길 필요가 있다.

이렇게 볼 때 '지행합일(知行合一)'의 교훈은 현대를 살아가는 우리에게도 아직 크게 유효한 교훈이다.

마음속의 적(賊)을 물리치라

인간 형성의 네 가지 지침(指針)

인간 형성이라는 점에 대해서 말한다면 주자학(朱子學)이든 양명학(陽明學)이든 그 목적은 모두 사회에 유용(有用)한 인간으로 만든다는 점에 있다. 단, 양명학은 주자학과 달라서 정신의 연소(燃燒)와 행동에 대한 열기를 가지고 있다는 점에 큰 특징이 있다.

그런 유용한 인간이 되려면 어떤 행동, 어떤 실천으로 자기 자신을 단련시켜 나가야 하는 것일까?

이 점에 대해서 왕양명은 네 가지를 거론하고 있다.

첫째는 '입지(立志)', 즉 뜻을 세울 일이다. '뜻'이란 목표를 설정하고 그것을 실천하려는 의욕, 이 두 가지 측면을 포함하고 있다.

왕양명은 다음과 같이 말한다.

"입지(立志)하지 않으면 천하에 이루는 일이 없다. 백공(百工)의 기예(技藝)라 하더라도 뜻을 세운 후의 기예이다."

먼저 뜻을 세우지 아니하면 이 세상의 어떤 일이든 성공할 수가 없다. 여러 가지의 기술이라든가 예능이라도 먼저 뜻을 세우는 일이 기초가 되는 법이라고 했다.

또 이런 말도 하고 있다.

"뜻을 세우지 않으면 키 없는 배, 재갈 물리지 않은 말〔馬〕과 같다. 표탕분일(漂蕩奔逸)하여 어디로 갈 것인지를 모르는 법이다."

뜻을 세우지 않는다는 것은 키가 없는 배와 재갈을 물리지 아니한 말〔馬〕과 같은 것이다. 파도에 휘말리거나 제멋대로 달리거나 해서 어디를 향해 가는지 예견치 못한다는 것이다.

확고한 목표을 설정하고 그 목표를 끈질지게 실천하고자 하는 의욕이 없으면 아무 일도 성취시킬 수가 없다. 그렇게 되면 그 귀중한 인생이 아무 의미 없이 취생몽사(醉生夢死)로 끝날 것은 명약관화하다.

그러므로 사회에 유용(有用)한 인간이 되기 위해서는 먼저 뜻을 세우는 일이 첫째 조건인데 뜻을 세우는 것만으로는 아직 불충분하다. 그 다음으로 바람직한 것이라면서 왕양명은 '근학(勤學)', 즉 학문에 힘쓸 것을 들고 있다.

"무릇 뜻을 세워 군자(君子)가 되려고 하면 스스로 학문에 종사하라. 학문에 열중하면 반드시 그 뜻을 이룰 수 있다."

단, 학문이라 하더라도 단순한 지식의 습득을 위해서 하는 학문이어서는 안 된다. 왕양명이 말하고 있는 것은, 자신의 인격을 향상시키는 데 도움이 되는 학문이다. 그 증거로 그는 이렇게 말하고 있다.

"겸허한 태도로 자신의 무능을 자각하고 열심으로 학문에 힘쓰고, 남의 장점을 칭찬해 주며 자기의 결점을 시정한다. 그리고 성실하고 부드러우며 표리(表裏)가 없게 행동하는 인물은, 그 천성이 비록 어리석다 하더라도 주변 사람들로부터 경모(敬慕)받게 될 것이다. 그러한 인물은 자기 스스로 사람들 위에 서려고 하지 않더라도 사람들의 경의(敬意)를 모을 것임에 틀림없다. 이렇게 생각해 볼 때 학문에 의해 무엇을 배울 것인지는 자연히 깨닫게 될 것이다."

이 글을 보면 왕양명이 권하고 있는 학문은 오늘날 학교에서 가르치고 있는 학문과는 상당한 거리가 있는 것처럼 생각된다.

그럼 세 번째는 무엇인가? '개과(改過)', 즉 과오를 고쳐 나가는 일이다. 왕양명은 이렇게 말한다.

"과오는 대현(大賢)도 면치 못한다. 그러나 대현이 대현다움은 그 과오를 능히 고쳐 나가는 데에 있다. 그러므로 과오가 없는 것을 귀히 여기는 것이 아니라, 과오를 능히 고쳐 나가는 것을 귀히 여긴다."

현자(賢者)라 하더라도 과오를 범하는 일이 있다. 그러나 현자가 현자다움은 스스로 범한 과오를 고쳐 나가는 데에 있다. 그러므로 중요한 것은 과오를 범치 않는 것이 아니라, 범한 과오를 고쳐 나가는 데에 있다고 하는 것이다.

물론 과오를 범하지 않는 것보다 더 좋은 것은 없다. 그러나 인간인 이상 누구든 과오를 범하게 마련이다. 문제는 그 후의 처리를 어떻게 하느냐에 달려 있다.

잘못임을 깨달았으면 솔직히 시인하고 고친다. 이런 태도가 있음으로써 인간은 인간으로서의 진보와 향상을 기대할 수 있는 법이다.

공자(孔子)도 《논어(論語)》에서,

"잘못을 저질렀으면 즉시 꺼리지 말고 고치라〔過則勿憚改〕."

고 권한 바 있다. 왕양명도 이와 똑같은 말을 했는데 그는 다시 다음과 같은 말을 반복하고 있다.

"뒤늦게 과오를 고쳐 보았자 남들은 신용하지 않을 것이며 과오를 고치려고 하지 않는 사람이 있는데, 그런 인간에게는 작은 기대조차 가질 수가 없다."

남들이 상대해 주지 않을 것이라고 단정하는 자가 있겠지만, 그렇게 되지 않기 위해서도 스스로의 과오에는 엄격하게 대처해야 한다.

마지막으로 네 번째는 '책선(責善)', 즉 선(善)을 구할 일이다.

인간은 어차피 혼자서는 살아갈 수가 없다. 무슨 일을 하든 동료를 필요로 한다. 인간 형성을 도모함에 있어서도 좋은 친구가 있어서 상호 절차탁마(切磋琢磨)하면 그만큼 효과도 오른다. '책선(責善)'이란 그런 친구들에 관하여 가지는 마음가짐을 지적한 말인데, 왕양명 자신의 발언은 대략 다음과 같은 것이다.

"만약 친구에게 선(善)하지 못한 점이 있거든 자진해서 충고해 준다. 그러나 동정(同情)과 사랑을 떠난 질책과 매도는 삼가해야 한다. 자신에게는 엄하되 남에게는 관용해야 할 것이다. 그러나 남으로부터는 아무리 엄한 비판을 받더라도 그것을 귀담아 듣는 자세, 그런 여유있는 자세가 바람직하다. 그런 의미에서 책선(責善)은 남보다도 앞서 자기 자신으로부터 시작하지 않으면 안 된다."

또 이런 말도 하고 있다.

"무릇 남의 단점을 파헤치고 남의 음사(陰私)를 공발(攻發)하여 이로써 자기만 바르다고 하는 것은 모두 책선(責善)이 아니다."

상대방의 단점이나 숨기고 있는 비밀을 폭로하고 자기 자신만이 올바르다고 으스대는 것은 선(善)을 구하는 일이 아니라는 것이다.

이상 말한 입지(立志), 근학(勤學), 개과(改過), 책선(責善)의 네 가지가 자신을 단련하기 위한 출발점이라고 왕양명은 말한다. 행동의 지침으로서 현대에도 적용되는 탁견(卓見)일 것으로 생각되는데, 독자들의 의견은 어떠한가?

'성찰극치(省察克治)'의 수양법(修養法)

왕양명의 유명한 말에,

"산속의 적(賊)을 무찌르기는 쉽지만, 마음속의 적을 무찌르기는 어려운 법이다."

라는 말이 있다.

이것은 그가 46세 때 조정으로부터 반란군의 평정을 명령받고 지방으로 부임했던 날, 어느 제자에게 써보낸 편지 속에 나오는 구절이다. 물론 반란을 평정하는 일도 쉬운 일은 아니다. 그러나 그것보다도 내 마음속의 적을 쳐부수는 일이 훨씬 더 어렵다는 말이다.

왕양명에 의하면 사람은 누구나 깨끗하고 훌륭한 마음을 가지고 태어난다고 했다. 이런 마음을 그는 '양지(良知)'라 부르고 있다.

그러나 현실적으로 우리의 마음 속에는 이 '양지(良知)'만이 살아 있는 것은 아니다. 여러 가지 욕망이라든가 사심(邪心)이 용솟음치면서 '양지'의 활동을 훼방하고 있다. 이런 욕망을 왕양명은 '인욕(人慾)이라 부르고 있다.

예컨대 모처럼 책을 읽으려고 결심했어도 그만 텔레비전의 야구(野球) 중계를 보다가 시간을 빼앗기고 만다. 혹은 일을 계속하려고 마음을 굳혔건만 그만 마작(麻雀)의 유혹에 빠져서 못하고 마는 것은 분명 '인욕(人慾)' 때문이다. 즉 '인욕'이란 것은 인간이 가지고 있는 본질적인 연약함이라고 바꾸어 말할 수도 있다.

이 연약함을 극복한다는 것은 용이한 일이 아니다. 우리는 결국 그 연약함과 타협하고, 연약에 흘러서 멋대로의 인생을 보내기 쉬운 것이다. 왕양명이 마음속의 적(賊)이라고 부른 것은 그러한 인간의 연약함을 지적한 것이다.

이 연약의 극복을 태만히 하면 인간 형성을 도모할 수가 없다. 왕양명은 그 노력을 가리켜 '성찰극치(省察克治)'라고 했다.

'성찰(省察)'이란 안일에 흐르려고 하거나 악(惡)에 빠지려고 하는 요소를 하나하나 점검하고 몰아내는 것이다. 또 '극치(克治)'라 함은 뿌리째 뽑아내어 제거하는 것이다. 왕양명은 이런 말도 하고 있다.

"평소부터 마음속에서 자리하고 있는 색욕(色慾), 금전욕(金錢慾), 명예욕(名譽慾) 등의 사욕(私慾)을 하나하나 찾아내고 그런 것들이 두번 다시 일어나지 못하도록 뿌리째 뽑아 버리는 일이 중요하다.

마치 고양이가 쥐를 잡을 때와 같이 귀를 곤두세우고 눈을 부라리며, 조금도 사심(私心)을 가지지 않는다면 금방 제거시킬 수가 있다. 또 못으로 쇠붙이를 고정시키듯이 욕심이 생겨나는 뿌리를 완전히 끊고 도망칠 틈조차 막아 버린다. 이렇게 하면 그 어떠한 사욕(私慾)도 모습을 감출 것임에 틀림없다."

또 이런 말도 하고 있다.

"자신을 극(克)하기 위해서는 사욕(私慾)을 완전히 제거하지 않으면 안 된다. 아주 조금이라도 남겨 두면 모든 악(惡)이 그곳에 몰려드는 법이다."

고식적(姑息的)인 대증요법(對症療法)은 통용되지 않는다. 마음속에서 싹트는 여러 가지 악의 기원(起源)을 그 뿌리째 뽑아내라는 말이다. 이것이야말로 말하기는 쉽지만 행동으로 옮기기는 어려울 것이다. 적어도 이를 실천하는 데는 보통 이상의 의지력(意志力)이 필요할 것이다.

다시 말한다면 왕양명은 우리들 한사람 한사람에게 그런 각오를 촉구하고 있다. 그런 강한 의지력이 없으면 도저히 인간다운 인간, 훌륭한 인간이 될 수가 없다고 강조한다.

왕양명의 제자 중 한 사람에 맹원(孟源)이란 인물이 있었는데 이 사람은 자부심이 아주 강하고 명예욕도 강했다. 즉 그런 결점을 가지고 있던 사람이다. 왕양명은 여러 차례나 그에게 주의를 환기시켰다. 그러나 그는 고치지 아니했다. 어느 때의 일이다. 그날도 같은 주의를 주었는데, 마침 다른 제자가 평소의 수양(修養)에 대해서 이야기하며 왕양명의 비평을 청했다. 그러자 맹원이 옆에 있다가,

"아아, 그 문제라면 언젠가 내가 말한 바 있소이다."

라며 참견을 했다. 왕양명이 이 말을 듣고는,

"또 그 고질병이 나오는군."

하고 나무랐다. 맹원은 안색을 바꾸며 투덜거렸다. 그러자 왕양명은 다음과 같이 말했다.

"이것은 그대의 평생 고질이야. 예를 들어 말한다면 사방(四方) 1장(丈)의 좁은 땅에 한 그루의 큰 나무가 서 있는 것과 같다구. 가령 우로(雨露)가 내려서 토양이 비옥해졌다 하더라도 그 양분은 모두 큰나무가 빨아 먹고 말지. 그 주위에 좋은 곡물(穀物)을 심어 보았자, 위로는 나뭇잎이 햇빛을 가리고 아래로는 나무 뿌리가 엉켜서 자라날 수가 없게 될 것이야. 좋은 곡물을 재배하기 위해서는 먼저 이 큰 나무를 잘라내고 그 뿌리까지 완전히 뽑아내야 할 필요가 있지. 그렇지 않으면 아무리 정성을 들여서 곡식을 경작하더라도 나무만 크게 성장시킬 뿐이라구."

근본을 잊고 지엽적인 일에만 아무리 정성을 들여 보았자 성과는 오르지 않는다. 옆길로 새지 말며 오로지 근본을 파악하라는 이 말은, 인간의 수양뿐 아니라 인생 전반을 영위해 나가는 데 있어 보편적인 교훈인 것이다.

사상연마(事上練磨)의 마음가짐

'지행합일(知行合一)'을 설파하는 양명학(陽明學)은 인간 형성에 있어 극히 실천적이다.

길고 긴 인생길에 누구나 한두 번쯤은 역경(逆境)에 처하게 되고, 엄격한 시련의 시기를 맞게 마련이다. 문제는 그런 때에 어떻게 대처하느냐는 것이다.

평화로울 때는 누구나 그 나름대로 대처해 나갈 수가 있다. 그 사람의 가치가 나타나는 것은 바로 이 역경에 빠졌을 때이다. 초조해 하고 서두르고, 위험한 일에 손을 내밀어서 자멸(自滅)을 재촉하는 사람이 왜 이렇게도 많은지, 즉 그 중요한 대응을 그르치는 사람이 허다하다는 말이다. 그렇게 되지 않기 위해서는 평소부터 자기 자신을 단련시켜 나가는 길밖에 없다.

자기 자신을 단련시켜 나감에 있어 양명학에서 중시하는 것은 '사상연마(事上練磨)'이다. 즉 일을 하면서 그것을 토대로 하여 연마하고, 매일같이 자신을 단련해 나가는 것이 중요하다고 말했던 것이다.

왕양명은 이런 말을 하고 있다.

"사람은 마땅히 사상(事上)에서 연마(練磨)하고 공부(功夫)해야 한다. 만일 그저 정(靜)만 좋아하면 사(事)에 임했을 때 금방 난(亂)하게 되어 장진(長進)할 수 없고, 정시(靜時)의 공부도 아무 쓸모가 없다."

단순한 지식은 아무리 많이 쌓았더라도 인생의 아수라장에 처했을 때에는 아무 쓸모가 없다. 이런 경우에 도움이 되는 것은 백 가지 지식보다도 실제 체험 속에서 몸에 익힌 산지식일 것이다.

예컨대 기업경영을 보더라도 경영의 감이라든가 노하우 등은, 책을 읽는다거나 남의 가르침을 듣는다고 해서 몸에 익혀지는 것이 아니다. 이런 것은 역시 자기 자신이 고생해 가며 몸에 익히는 길밖에 없는 것이다.

경영 컨설턴트에게 경영 자체를 너무 의지했다가 그만 회사를 파산시켰다든가, 2대째의 경영자는 궁지에 몰렸을 때에 약하다는 이야기를 흔히 듣는다. 그것은 다름 아니라, 경영학의 이론은 일단 몸에 익히고 있더라도 실전(實戰)의 체험이 모자라기 때문이다.

왕양명이 사상연마(事上練磨), 즉 일을 하면서 연마하라고 말한 것은 바로 이 점을 지적한 것이다. 바꾸어 말하면 단순한 지식이 아니라 살아있는 지혜를 몸에 익히라는 교훈이다.

왕양명은 《전습록》 속에서 그것을 반복하여 강조하고 있다.

어느 때 한 제자가,

"아무 일도 하지 않을 때는 마음이 동요되지 않는데, 어떤 일에 직면하게 되면 그렇지가 못합니다. 그건 왜 그럴까요?"

라고 물었다. 그때 왕양명은 이렇게 대답했다.

"그것은 오로지 조용한 환경에만 마음을 빼앗긴 채 자기 자신을 이기는 수양을 게을리했기 때문이지. 그렇게 하다가는 일에 대처하는 순간 마음이 동요되고 말 것이야. 인간이란 언제나 일 속에서 자기 자신을 연마해 나가지 않으면 안 돼. 그렇게 하면 자신을 착실하게 확립할 수 있고 언제 어떤 사태에 처하더라도 냉정히 대처할 수가 있는 법이지."

위기 앞에 서 있으면서도 동요되지 않기 위해서는 평소부터 '사상연마(事上練磨)'로 자신을 단련해 두라는 말이다.

또 다음과 같은 이야기도 있다.

어느 때 관청에서 관리로 일하고 있는 한 제자가,

"선생님의 학문은 대단히 훌륭하다고 생각합니다만, 저는 관청에서 장부를 정리해야 하고 또 재판도 처결해야 하기 때문에 마음놓고 공부할 틈이 없습니다. 실로 유감스런 일입니다."

라고 말하자 왕양명은 이렇게 위로했다고 한다.

"나는 그렇게 생각하지 않네. 자네에게 관청 일을 하지 말고 학문에 힘쓰라는 말을 나는 한 적이 없을 것이야. 자네에게는 관청 일이 있으니까, 그 일을 충실히 하여 자신을 연마해 나가도록 마음을 쓴다면 그것으로 족하지. 관청 일 중에는 실제 학문이 아닌 것이 없을 것이네. 만일 그 일을 대강 하면서 학문을 닦겠다면 그것은 아무 소용도 없는 학문이 되고 말 것이네."

이것은 어떤 환경 속에서라도 그럴 생각만 있으면 어느 것이든 자신의 단련을 위한 재료로 활용할 수 있다는 말이다. 중요한 것은 본인의 의욕이며 그 의욕에 따라 인생이 좌우된다는 뜻이다.

또 이런 이야기도 전해 온다.

어느 제자에게 고향으로부터 아들이 병으로 인해 중태에 빠졌다는 소식이 왔다. 그는 아들 일로 걱정이 되어 안절부절못하고 있었다. 그것을 본 왕양명은 다음과 같이 말했다.

"이런 때야말로 자신을 단련해야 되는 것이야. 이런 기회를 놓쳐 버린다면 평소의 배움이 무슨 소용이 있겠나? 실은 이런 때야말로 자신을 단련하는 절호의 기회인 것이야."

요컨대 언제 어떤 경우에서도 자기 자신을 연마하겠다는 의욕을 가지고 매사에 대처하는 것, 이것이 왕양명이 말하는 '사상연마(事上練磨)'인 것이다. 우리도 이런 마음가짐으로 일에 대처한다면 지금까지와는 아주 다른 전망(展望)이 열리게 될는지도 모른다.

왕양명이란 인물과 명언(名言)

양명학(陽明學)을 제창한 왕양명은 1472년에 태어났고, 1528년 57세로 세상을 떠났다. 57년에 걸친 그의 생애를 보면 특징적인 면이 두 가지 있다.

먼저 그는 주자학(朱子學)의 전성시대(全盛時代)에 태어났으며, 처음에는 열렬한 주자학 신봉자로 출발했었다. 그러나 차츰 주자학에 의문을 가지게 되었고, 오랜 동안 번민하다가 마침내 깨달은 바 있어서 양명학을 제창하게 된 것이다. 그 사이에 그는 줄곧 방황했었다. 즉 정통적 학문이었던 유학(儒學)에서 떠나 다른 곳을 헤매고 있었던 것이다. 이것을 왕양명의 '오익(五溺)'이라고 부른다.

'오익' 가운데 첫번째는 '임협(任俠)'이다. 이는 약한 자를 돕고 강한 자를 위협하는, 이른바 협기의 세계이다.

두 번째는 '기사(騎射)'였다. 말을 타고 활을 쏘는 군인의 생활을 그는 동경(憧憬)했던 것이다.

세 번째는 '사장(辭章)', 즉 문학(文學)의 세계였다.

네 번째는 '신선(神仙)', 즉 불로장수(不老長壽)를 추구하는 신선의 세계를 동경했던 듯하다.

그리고 마지막으로 다섯 번째는 '불교(佛敎)'였다.

이처럼 그가 빠졌던 대상이 많았던 것은 그만큼 주자학에 대한 불만이 컸고 사상적인 번민이 깊었기 때문인지도 모른다. 그러한 번민 끝에 도달한 것이 양명학이었다. 젊었을 때의 방황은 뜻밖에도 무용지물이 아니었던 것이다.

또 한 가지 왕양명의 생애에서 흥미로운 일은 관리(官吏)로서의 경력(經歷)이다.

그는 28세 때 과거(科擧)라는 어려운 시험에 급제하여 고급 관리의 길을 걷기 시작했는데, 그 경력 속에서 특징적인 것은 이따금 군사령관(軍司令官)으로 기용되어 반란군의 진압에 나섰던 일이다. 더구나 그때마다 훌륭하게 목적을 달성했었다. 그것은 소규모적인 반란뿐만은 아니었다. 그중에는 잘못 처리하면 전국적인 규모로까지 확대될 가능성이 있는 반란사건도 있었다.

왕양명은 군사령관으로서 이 반란사건들을 진압할 때마다 멋진 성공을 거두었다. 정치가, 용병가(用兵家)로서도 남이 따르지 못할 역량을 지니고 있었던 듯하다.

양명학은 공리공론(空理空論)을 싫어하는 실학(實學)인데 그것을 왕양명은 스스로 실천해 보이고 있다. 그랬던만큼 그의 주장에는 설득력이 있다.

마지막으로 《전습록》 속에서 왕양명이 한 말을 몇 가지 소개해 둔다. 먼저 다음과 같은 말에 주목하기 바란다.

'몇 경(頃)의 수원(水源)이 있는 당수(塘水)가 되기보다는 몇 척(尺)의 정수(井水)가 마르지 않는 물이 되는 편이 낫다.'

괴어 있는 몇 정보(町步)의 유지(溜地)가 되기보다는 불과 몇 척(尺)이라도 좋으니 항상 퐁퐁 새 물이 솟아나오는 우물이 되는 편이 좋다는 것이다. 두말할 것도 없이 이는 항상 마음속에서 솟아나는 뜨거운 도전(挑

戰)의 불꽃을 계속해서 태우고 싶다는 말이다. 이것 역시 양명학의 진수라고 말할 수 있겠다.

다음으로,

'회오(悔悟)는 병(病)을 고치는 약이다. 그러나 얼른 고치는 것이 귀(貴)하다. 만약 속에서 유체(留滯)하고만 있으면 오히려 그 약 때문에 병이 생기게 된다.'

는 말이다.

과오를 후회하는 것은 병을 고치는 약이다. 그러나 중요한 것은 고치는 데에 있다. 언제까지나 우물쭈물하며 속으로 번민하고 있으면 도리어 새 병을 일으키는 원인이 될 뿐이라는 것이다.

과오를 범하고 고치려고 하지 않는 것은 논외(論外)로 치고 물심양면(物心兩面)에 걸쳐 과거의 잘못으로부터 벗어나지 못하는 것도 곤란하다. 고쳤으면 얼른 기분을 전환시키고 새로운 목표를 향해 나아가라. 그런 기민한 대응이 필요하다는 것이다. 이것 또한 우리에게 실천적인 충고를 주는 것으로 생각된다.

세 번째는 다음과 같은 말이다.

'시비(是非)의 두 글자는 각기 대규구(大規矩)이다. 교처(巧處)는 곧 그 사람에게 있다.'

시비(是非)란 두 글자는 사물을 판단하는 데 있어 큰 기준이 된다. 그러나 그 운용의 묘(妙)는 그것을 사용하는 사람에게 달려 있다는 뜻이다.

아무리 좋은 기준이더라도 저울이나 자처럼 사용해서는 적용(適用)을 그르치는 수가 있다. 따라서 임기응변의 운용을 해야 한다는 말이다. 이것 또한 실천을 중시한 왕양명다운 말이다.

네 번째로 소개하고 싶은 말은,

'인생의 큰 병폐는 단지 이 '오(傲)'라는 한 글자이다.'

라는 극히 단정적인 말이다.

'오(傲)'란 것은 겸허(謙虛)의 반대로서 자아(自我)가 강함을 뜻함이다.

나만이 옳다며 나서기 좋아하고 남을 깔보는 태도가 곧 '오'이다. 이 '오'가 인생을 살아가는 데 있어 제일 큰 장해가 된다.

왕양명은 이 말을 한 다음 이어서,

"겸(謙)은 중선(衆善)의 기반이며 오(傲)는 중악(衆惡)의 괴수이다."

라고 덧붙였다.

겸허하면 그 위에 모든 선(善)이 쌓이게 마련이다. 그러나 반대로 '오'가 있으면 그 주위에 갖가지 악(惡)이 모여들게 된다는 것이다.

이상의 내용은 그 일단만을 소개한 것인데, 이 《전습록》이라는 고전(古典)에는 인간학(人間學) 상으로 보더라도 귀중한 잠언(箴言)이 가득 실려 있다. 그것들 하나하나가 우리 마음에 와닿는 것은 왕양명이 여러 가지 고뇌를 극복하고 진지하게 인생을 살아갔던 사람이기 때문일 것이다.

■ 홍루몽(紅樓夢)

석두기(石頭記)의 유래

천지개벽이 일어날 때 여와씨(女媧氏)는 하늘이 벌어지는 것을 보수하기 위해 대황산(大荒山)의 무계애(無稽崖)라는 곳에서 큰돌 3만6천5백1개를 빚어 그 중 한 개만 남겨 놓고 그 산의 청경봉(青埂峯) 기슭에 던져 버렸다.

그 돌이 그것을 억울하게 생각하여 울고 있는데, 어느 날 승려와 도사(道士)가 지나가다가 불법의 힘으로 그것을 맑게 비치는 작은 미옥(美玉)으로 바꾸어 놓았다. 그리고 그 위에 글자를 새겨 경환선녀(警幻仙女)가 다스리는 태허환경(太虛幻境)으로 데려갔다.

옥(玉)은 여기서 적하궁(赤瑕宮)의 신영사자(神瑛使者)가 되었다. 그런데 서쪽 영하(靈河) 기슭에 강주초(絳珠草)라는 선초(仙草)가 있었다. 신영사자는 그 아름다운 풀을 사랑하여 매일 감로(甘露)를 주면서 키웠다.

드디어 그것은 초목(草木)의 탈을 벗고 아름다운 여인의 모습으로 변했다. 그러는 동안 신영사자는 문득 부질없는 마음을 가지게 되어 하계(下界)로 내려와 인간으로 환생하게 된다.

그러자 강주선녀(絳珠仙女)는 감로의 은혜에 대해 적어도 일생 동안 흘리는 눈물로라도 보은하고 싶은 생각을 가지게 되어, 그의 뒤를 따라 하계로 내려왔다.

그런 일이 계기가 되어 다른 많은 선녀들이 줄을 이어 홍진(紅塵)의 하계에 내려오게 되었다.

그러나 그들이 어느 누구의 집에 환생을 하였는지는 알 수 없는 일이다.

그로부터 몇 세기, 몇 겁이 지났을까?

공공도인(空空道人)이라는 자가 도(道)를 구해 이 청경봉 밑을 지나다가 우연히 그곳에 있는 큰 바위에 여러 가지 글자가 새겨져 있는 것을 보게 되었다.

그것은 바로 여와씨가 하늘을 보수할 때 쓰다 남은 돌로, 후에 망망대사(茫茫大士)와 묘묘진인(渺渺眞人)에 의해 홍진계로 내려가, 거기서 갖가지 인정세태의 모든 경험을 자세히 기술한 세상의 경험담이란 것을 알고 남김없이 그것을 베껴 세상에 전했다.

그 후 이것은 또한 조설근에 의해 정정되고 증보되기를 5회, 약 10년에 걸친 고심의 노력 끝에 이 《석두기(石頭記)》라는 책이 탄생되었다고 한다.

보옥(寶玉), 태어나다

석두성(石頭城)에 가씨(賈氏)라고 하는 귀족의 커다란 저택이 있었다. 영영가(寧榮街)의 동쪽에 있는 것이 영국저(寧國邸), 서쪽에 있는 것은 영국저(榮國邸)라 하였다. 그 조상은 본조(本朝)를 개국(開國)할 때 세운 공훈으로 영국공(寧國公)과 영국공(榮國公)을 제수받은 형제로서 현재의 당주(當主)는 그 손자에 해당하는 사람들이었다.

영국저(寧國邸)의 당주는 가경(賈敬)이었는데 도교(道敎)에 전념했으므로 세상에서의 사업은 장남인 가진(賈珍)에게 물려주고, 자신은 교외의 절에서 도사와 더불어 어리석게도 장생불사(長生不死)의 선단(仙丹)을 만드는 데 열중하고 있었다.

그 때문에 가진이나 손자 가용(賈蓉)을 다스리는 사람이 없어서 그들은 방탕한 생활로 나날을 보내고 있었다. 위에 있는 사람이 이 모양이니 그 집안의 풍기가 문란해지는 것은 당연하리라.

언젠가는 이들 때문에 집안이 엉망이 되고 말 것이라는 소문이 자자했다. 가진에게는 석춘(惜春)이라는 여동생이 있었는데 아직 어린 나이였다.

영국저(寧國邸)에 비하면 다른 영국저(榮國邸)는 아직 좋은 편이었다. 당주는 형인 가사(賈赦)와 아우 가정(賈政) 두 사람으로서 모두 관직에 출사하고 있었고, 특히 가정은 성실하기 이를 데 없는 모범적인 사람이었다.

그리고 어머니 사태군(史太君)이 아직도 건재해 있어서 그녀 앞에서는 두 아들 모두 꼼짝도 못했다. 가사의 아들 가련(賈璉)도 대개의 경우처럼 학문을 싫어하는 방탕아였지만 잔재주가 있는 편이었고, 그의 아내 왕희봉(王熙鳳)은 학문은 없지만 말과 행동이 재치가 있는 재원(才媛)이었다. 그녀는 남편 가련과 더불어 영국저(榮國邸)의 가정을 도맡아 다스리고 있었으며 시어머니 사태군의 신임이 두터웠다. 가련에게는 영춘(迎春)이라는 이복 여동생이 있었다.

가정(賈政)은 처 왕씨와의 사이에 1남 1녀를 두었는데, 장남인 가주(賈珠)는 애석하게도 스무 살도 되기 전에 죽고, 미망인이 된 이환(李紈)이 유복자 가란(賈蘭)을 키우면서 얌전하게 지내고 있었다. 장녀 원춘(元春)은 기이하게도 초하룻날에 태어났으며 궁중에 들어가 천자(天子)의 총애를 받고 있었다.

그 다음에 태어난 것이 이 책의 주인공으로 이상하게도 태어날 때 입에 아름답고 투명한 오색 구슬을 물고 있었다. 그래서 이름이 '보옥(寶玉)'이라 붙여졌는데 그는 7, 8세의 장난꾸러기였다. 살빛은 희고 애교가 있었는데 이런 예쁜 생김새 때문에 누구에게나 귀여움을 받고 있었다. 그중에도 할머니인 사태군은 그를 보배처럼 사랑하여 항상 자신의 무릎에 앉혀놓고 응석받이로 키워갔다.

이 아이는 장난이 심했는데 그 영리하고 조숙함에 놀라지 않는 사람이 없었다. 하는 말 역시 예사롭지가 않았다.

"여자애의 몸은 물로 되어 있고 남자애의 몸은 진흙으로 되어 있어. 나는 여자애를 보면 기분이 상쾌하지만 남자애를 보면 징그러워진다."

라고 말할 정도였다. 그리고 보옥은 매일 계집애들과 철없이 놀았는데 계집애들이 내미는 입술에 입맞춤하는 것을 제일 즐거워했다. 아버지 가정은 그러한 보옥의 모습을 마음 아프게 생각했다. 어떻게 해서든 엄하게 그 버릇을 고쳐야겠다고 생각했지만 애지중지하는 할머니 때문에 그것이 뜻대로 잘 되지 않았다.

한편 가정의 첩실인 조씨(趙氏)의 몸에서 얻은 아이로 보옥과는 배다른 여동생 탐춘(探春)이 있었다. 머리가 좋은 착실한 아이로서 부인 왕씨에게도 사랑을 받고 있었다. 그런데 아우인 가환(賈環)은 어머니 조씨를 닮아서 성미가 비뚤어진 못된 아이였다.

시중드는 사람들까지 합하면 영국저(榮國邸)만도 위아래 3, 4백 명에 이르는 대가족이었다. 겉보기에는 부유하고 예의바른 대갓집 같았지만, 실상 속사정은 의외로 복잡하여 집의 기둥뿌리는 썩어가기 시작하고 있었다.

하지만 중국의 속담대로 '발이 많은 벌레는 죽어도 쓰러지지 않는다'는 격으로 그럭저럭 버티어 나가고 있었다.

홍루몽 12곡(十二曲)

가정의 여동생 가민(賈敏)은 양주(揚州)의 관리 임여해(林如海)의 부인이었는데 불행히도 병으로 세상을 떠났고, 임대옥(林黛玉)이라는 외동딸을 남겼을 뿐이다. 사태군은 어머니를 잃은 병약한 외손녀를 가엾게 여겨 가까이 두고 키워야겠다고 마음먹었다.

그래서 임대옥은 아버지와 떨어져 먼 강남에서 상경하여 영국저의 식구가 되었다. 보옥은 이 한 살 아래인 예쁜 이종동생을 보자 한눈에 반하고 말았다. 어디서 본 듯한 그런 느낌이 들었던 것이다.

대옥 역시 그런 생각이 들었다. 전세의 인연을 알 턱이 없었기 때문이다. 두 아이는 할머니의 슬하에서 함께 자라며 침식을 같이하고 사이좋게 지냈다. 너무나 사이가 좋아서 오히려 그것이 입씨름의 실마리가 되기도 했는데 그러나 그로 인해 더욱더 두 사람 사이는 두터워져 갔다.

임대옥보다 조금 뒤에 또 하나의 예쁜 아이가 영국저에 들어오게 되었다. 그 아이는 설보차(薛寶釵)라고 하는 보옥보다 두 살 위인 이종누나였다. 보차의 어머니는 남경(南京)의 대부호로 유명한 설가(薛家)의 미망인으로 보옥의 어머니 왕부인의 여동생이었다. 보차의 오빠인 설반(薛蟠)은 방탕한 아들로서 외도를 하다가 살인까지 하여 재판소동이 벌어졌다. 그래서 어머니와 여동생과 함께 도읍으로 올라왔다.

임대옥과 설보차는 용모가 단정하고 재능도 뛰어나서 좋은 대조를 이루었다. 대옥은 가냘프면서도 수심어린 듯한 얼굴이 예쁘게 보였고, 이에 반하여 보차는 단아하고 풍성한 아름다움으로 토실토실하며 매끈한 살결은 건강미에 넘쳐 있었다. 대옥이 난초같다면 보차는 모란의 아름다움이라고나 할까?

대옥은 신경질적이어서 남을 받아들이려 하지 않고 자신의 고독을 비관하여 울기만 하는데 비해서, 보차는 늠름한 기풍을 갖추고 있으면서도 대범하고 대인관계가 부드러워 아랫사람에게도 호감을 갖게 했다. 특히 보차는 그녀가 아기였을 때에 이상한 중으로부터 받은 금팔찌를 가지고 있었다.

그렇지만 모두 '금과 옥의 인연'으로 이 보옥과 보차는 언젠가 결합될 것이라는 소문이 파다했다.

이런 일이 어느덧 대옥의 신경을 자극하게 되었다. 그는 질투심에 사로잡혀 보옥과 입씨름을 일으킨 일이 한두 번이 아니었다. 소꿉친구인 대옥을 사랑해 마지않던 보옥은 그때마다 맹세를 하였다. 또한 낮잠을 잘 때의 꿈에서도 '금옥(金玉) 인연이라니 터무니없는 일이야. 목석(木石) 인연이 되는 게 내 소원'이라고 되뇌일 정도였다.

한편 보차는 그런 것을 조금도 눈치채지 못하고 있었다. 다만 자신을 멀리 하려는 것 같은 눈치는 어렴풋이나마 채고 있었다. 어느 날 보옥은 할머니 사태군과 더불어 영국저(寧國邸)의 매화연(梅花宴)에 초대를 받아서 참석하게 되었다. 거기서 보옥은 피곤하여 자고 싶다고 했다.

그러자 보옥에게는 조카며느리에 해당하는 상냥한 누나 같은 새댁인 가용의 처 진가경(秦可卿)이 친절히 보옥을 자기 방으로 안내해 자게 해주었다.

보옥은 비몽사몽간에 태허환경(太虛幻鏡)으로 가게 되었다. 거기서 그는 경환선녀(警幻仙女)와 만나서 '금릉 12차(金陵十二釵)'라는 책자를 몇 권인가 보며 무희들이 부르는 '홍루몽 12곡(紅樓夢十二曲)'을 듣게 되었는데 어떤 의미인지 통 몰랐다.

그러는 동안 경환은 보옥을 향해,

"너는 천하고금(天下古今)을 통해서 제일가는 음란한 사람으로, 태어날 때부터 의음(意淫)을 알고 있었다."

라고 말하면서, 그것을 고치기 위한 역요법(逆療法)으로 자기 여동생 겸미(兼美)라는 여자를 보옥에게 짝을 지어 남녀의 도를 가르치고, 두 사람을 규방에 넣고 사라졌다.

보옥은 비몽사몽간에 이렇게 인연을 맺게 되었다. 그런데 그녀가 대옥이나 보차처럼 생각되었고, 또한 가경(可卿) 같기도 했다.

보옥은 꿈에서 깨어나 자기 방으로 돌아와 시녀인 습인(襲人)에게 따져 묻고, 꿈에 본 일을 얘기하여 드디어 습인과 처음으로 금단(禁斷)의 과실을 맛보게 된다. 습인은 눈치가 빠른 상냥한 여성으로 보옥보다 두 살 연상이었다. 이는 보옥이 열두 살이 되던 어느 날의 일이었다.

시아버지와 며느리 사이의 추문

진가경의 남동생에 진종(秦鐘)이란 미소년이 있었다. 보옥과 같은 나이로 두 사람은 첫눈에 곧 친구가 되었다. 전부터 학문을 싫어하던 보옥은 언제나 진종과 함께 있고 싶어했는데 두 사람은 가숙(家塾)에 같이 다니기로 했다.

그러나 가숙에서는 공부보다 소꿉장난을 하기에 더 바빴다. 또한 훈장의 아들 가서(賈瑞)가 어이없게도 '고추'라는 별명이 붙은 수완가 왕희봉에게 연모의 정을 주었다가 미인계에 빠져 그만 횡사한다.

대옥의 아버지인 임여해가 위독하다는 통보를 받고 대옥은 강남으로 돌아갔다. 그가 없는 사이에 진가경이 돌연 죽게 되어 집안 사람들은 모두 놀라며 의아해하였다.

책 중에서는 꼬집어 밝히지 않았지만 실은 가경은 시아버지인 가진과의 사이에 추문이 있었다. 두 사람이 몰래 만나고 있는 것을 하녀에게 들켜서 가경은 부끄러운 나머지 목을 매어 자살했던 것이다.

가진이 비탄해하는 모습은 예사로운 것이 아니었고, 가경을 위해 호사로운 장례식을 지냈다. 가진은 자기 아내인 우씨(尤氏)가 병환이라고 하여 왕희봉에게 일체의 처리를 맡겼다. 희봉의 재치있는 처리 솜씨에 사람들은 모두 놀랐지만, 그러나 희봉은 이런 기회를 빈틈없이 이용하여 막대한 재물을 챙겨 사복(私腹)을 채우고 있었다.

보옥은 진종과 더불어 상여의 행렬에 참가했는데 처음 접하는 농촌 풍경을 구경하는 것이 진기하기만 하였다. 만두암(饅頭庵)이라는 비구니 절에 묵은 그날 밤, 진종은 전부터 서로 연모하던 사이인 비구니 지능(智能)과 음탕한 짓을 벌였다.

나중에 그런 일을 알게 된 진종의 아버지는 진종을 엄하게 꾸짖은 나머지 병이 도져 급사했다. 이어 진종 또한 양생(養生 : 몸과 마음을 건강하게 해서 오래 살기를 꾀함)을 잘하지 않은 것이 화근이 되어 그의 뒤를 따라 죽고 말았다.

보옥은 일찌감치 무상스런 풍랑에 직면하고 만다. 이윽고 임여해가 죽고 고아가 된 대옥은 얼마 동안 서로 보지 못한 사이에 차츰 여성적인 아리따운 몸매를 지닌 모습이 되었고, 영원히 영국저(榮國邸)에서 살게 되었다.

마침 가원춘은 귀비(貴妃)로 책립되었는데 그녀의 금의환향을 환영하기 위해 저택 뒤편에 커다란 정원을 축조하게 되었다. 1년이란 세월에 걸쳐서 완성을 보았는데, 이를 대관원(大觀園)이라 이름붙였다.

드디어 정원 보름날 귀비의 행차가 있어 사태군을 비롯한 일족 친지와 오랫동안 끊어졌던 상면이 이루어지고, 일가(一家)가 모여 성대한 연회가 베풀어졌다. 보옥과 여러 자매들로 하여금 귀비 면전에서 시를 짓게 하였는데 귀비는 특히 대옥과 보차의 시재(詩才)가 뛰어남을 보고 감탄해 마지않았다.

귀비는 환궁한 후, 대관원에 보옥과 여러 자매들을 살게 하도록 하라는 명령을 내렸다. 그래서 보옥은 이홍원(怡紅院)에, 대옥은 소상관(瀟湘館)

에, 그리고 보차는 형무원(蘅蕪院)에, 영춘은 철금각(綴錦閣)에, 탐춘은 추상재(秋爽齋)에, 석춘은 교풍헌(蓼風軒)에, 이환은 도향촌(稻香村)에 각기 거처가 정해져 지금까지의 시종 외에 각기 늙은 시종 2명, 몸종 4명 기타 많은 하녀들이 증원되었다.

이환은 그 중에서 제일 연장자로 부처님이라고 불릴 만큼 정숙한 미망인이었으므로 그들의 후견인으로 발탁되었다.

그녀와 동년배인 왕희봉은 팔팔하고 원기왕성하며 활달한 젊은 부인으로서 상당히 모진 데가 있었다. 두 사람은 성격적으로 좋은 대조를 이루고 있어 다 함께 사태군의 마음에 들었다.

원(園)에 놀러 오는 단골손님은 그 첫번째가 사상운(史湘雲)이었다. 사태군의 친정 손녀딸로 웃다가 의자와 더불어 뒤로 쓰러지기도 하고, 취하여 해당화의 그늘진 돌 위에서 잠들기도 하는 쾌활한 아가씨였다. 수다쟁이면서도 혀가 짧아 보옥을 부르는 데도 더듬거렸다.

또한 보차의 오빠 설반이 살인까지 해가며 사들인 첩실인 향릉(香陵)도 있었다. 그녀는 어렸을 때 유괴당하여 부모조차 모르고 자란 가련한 여성이었다.

좀 늦게 보차의 사촌 여동생 설보금(薛寶琴)도 그 무리에 끼여들었다. 그리고 이웃 용취암(櫳翠庵)에는 머리를 기른 비구승인 묘옥(妙玉)도 있었다. 모두 시를 잘 짓는 묘령의 미녀들이었다. 게다가 이들을 둘러싼 무수한 시녀들, 그야말로 만화방창(萬化方暢)이었다. 그리고 보옥은 그 사이를 나비처럼 날아다녔다.

농락당하는 보옥(寶玉)

봄이 한창인 어느 날, 보옥은 복숭아나무 아래에 있는 돌에 걸터앉아서 떨어지는 꽃잎에 파묻혀 희곡 《서상기(西湘記)》의 묘한 문구에 정신없이 빠져들어 읽고 있었다.

대옥은 산뜻한 낙화가 가련하게 흙먼지에 더럽혀지는 것이 아쉬워서 그 것을 쓸어모아 흙에 묻어준 다음 〈꽃을 장사지낸 시〉를 지었다.

꽃이 지고 바람에 휘날려 하늘에 찼다
붉은 꽃잎 사라지고 향기마저 지면
누가 가련하다 하리
나 이제 꽃을 묻어주는 사람을
누가 어리석다 하리요
먼날 나를 장사지내줄 이
그 누구인고?
자아, 보라! 봄이 다하여 이슥고
지는 꽃을
이야말로 홍안노사(紅顔老死)의 계절
하루아침에 봄이 다하여 홍안이
늙으면
꽃이 지고 사람이 죽은들 그 누가 알리요.

이 시구를 들은 보옥은 대옥의 병약하고 고독한 신세를 생각하며 울음을 터뜨렸다.

보옥의 작은이모 가환(賈環)은 사람들이 보옥을 추어올리는 것을 시샘하여 일부러 잘못한 것처럼 보옥의 얼굴에 큰 화상을 입혔다. 이어 가환의 어머니 조씨는 평소에 미워하던 보옥과 왕희봉 두 사람을 저주하여 죽이려고 일을 꾸민다.

두 사람은 원인 모를 병에 걸려 위험한 상태로까지 악화되지만 뜻밖에도 이상한 중과 도사가 나타나 말끔히 낫게 해준다.

어느 날 보옥은 어머니 왕부인의 몸종 김천아(金釧兒)한테 농락당한다. 이를 알게 된 왕부인이 노발대발하여 김천아를 집에서 내쫓자, 김천아는 우물에 몸을 던져 죽어 버린다.

보차나 습인은 보옥이 평소부터 고집이 센 것을 염려하여 좀더 학문에 전념하기를 입이 닳도록 충고하지만, 보옥은 들은 체도 하지 않았다. 보옥은 입신출세를 위해 공부하는 것을 제일 싫어했고, 그것을 권하지 않는 대옥을 존경하고 있었다.

어느 날 사상운(史湘雲)이 저택으로 놀러왔는데 대관원에서 금으로 된 기린을 주웠다. 그런데 그것은 보옥이 떨어뜨린 것으로 사상운이 그것을 주운 것을 보자 대옥은 마음을 졸였다.

왜냐하면 제사와 가인이 맺어지는 것은 이러한 사소한 일에서 비롯되는 예가 많기 때문이다. 예의 '금과 옥'의 일 하나만 해도 골치 아픈 일인데, 이제 또 하나의 일이 벌어진 셈이다. 그녀는 자신의 몸에 병이 깊음을 알고 끝내 슬픔이 복받쳐 훌쩍훌쩍 흐느끼며 눈물을 흘렸다. 눈치빠르게 대옥의 이런 모습을 알아차린 보옥은 서둘러 그녀에게 매달렸다.

"대옥이 어딜 가려는 거야? 어째서 울고 있지? 뭐가 마음에 들지 않느냐구?"

대옥은 억지로 웃는 얼굴을 하면서 말했다.

"아니야, 내가 언제 울었다고 그래?"

"그건 눈물이 아니고 그럼 뭐지? 딴전 피우지 마……."

그러면서 보옥은 문득 손을 내밀어 대옥의 눈물을 닦아 주려 했다. 대옥은 깜짝 놀라며 뒤로 물러섰다.

"무슨 짓을 하려는 거야? 장난치지 마. 죽건 살건 내 맘대로라구."

그렇게 말하면서도 대옥은 보옥이 흥분한 나머지 얼굴 가득히 땀을 흘리고 있는 것을 보고는 그 땀을 닦아 주었다. 보옥은 물끄러미 그녀를 쳐다보고 있다가 갑자기,

"대옥, 안심해!"

라고 말했다. 대옥이 무슨 영문인지 몰라 멍하니 서 있자 보옥은,

"내가 말하는 것을 모른단 말야? 너는 안심할 수 없으니까 몸을 상하

게 한 거라구."

라고 말했다. 두 사람 모두 천만무량(千萬無量)의 말을 가슴에 간직하고 있었건만 일언반구도 하지 못하고 그저 멍하니 서로 쳐다보고 있었다.

그러는 동안 아버지 가정은 '학정(學政)'이 되어 지방으로 부임하게 된다. 보옥은 점점 더 마음을 놓고 놀이에 빠져들었다. 그리고 계절의 축제에는 물론 누구의 생일이다 또는 꽃놀이다, 눈구경이다 하면서 함께 모여 술마시고 시를 짓는 데 여념이 없었다.

대옥의 장시(長詩), 〈추창풍우(秋窓風雨)의 저녁〉, 〈도화행(桃花行)〉은 특히 걸작이었다.

가련이 자기 아내 희봉의 눈을 피해서 하인의 아내와 밀통했는데 그것이 탄로나자 희봉이 떠들어대어 하인의 아내는 목을 매어 죽는다. 그것으로 인해서 희봉은 자기가 아끼던 시녀 평아(平兒)를 의심해 심하게 매질을 했다.

또한 가사는 점잖지 못하게 사태군의 시녀인 원앙(鴛鴦)에게 눈독을 들여 그녀를 첩실로 삼으려고 한다. 사태군은 화가 치밀어 가사 부부를 통렬히 꾸짖었고 모자는 거의 절교상태에까지 이른다.

설반은 배우(俳優) 유상련(柳湘蓮)에게 매를 맞고 세상이 부끄러워 장사차 여행길에 올랐다. 그래서 그의 첩실인 향릉은 대관원 보차의 거처에서 동거하게 되었고, 대옥에게서 열심히 시작(詩作)을 배워 얼마 안 되어 제법 내로라 하는 시인이 되었다.

보옥은 사태군으로부터 러시아제 털옷인 '작금구(雀金裘)'를 받았는데 그만 실수로 불에 태워서 구멍을 내고 말았다. 그것을 시녀인 정문(晴雯)이 병을 마다하지 않고 밤을 새워가며 수선해 주었다.

정문은 성미가 매서워 마음에 있는 말을 잘 내쏘는 여인으로, '튀는 숯불'이란 별명이 붙어 있었다. 성격이나 용모가 대옥과 흡사해서 보옥에게 총애를 받고 있었다. 보차를 닮아 대인관계가 부드러운 습인과는 대조적이었다.

어느 날 정문은 실수로 보옥의 부채를 밟아 부러뜨렸는데 보옥이 화를 내며 꾸짖자,

"저는 부채를 찢는 그 소리가 좋아요."

라면서 몇 개나 되는 부채를 찢으며 웃는 것이었다.

정문이 요염하게 웃는 모습은 무척 예뻤다. '천금도 웃음 하나를 못 당한다'라는 것이 이런 것이로구나 하며 보옥도 함께 웃었다고 한다.

지기 싫어하는 왕희봉은 병을 숨기고 가사를 돌보다가 병이 도져서 돌연 유산하였다. 왕부인은 가사를 이환·탐춘·보차 세 사람에게 맡긴다.

이제까지 희봉의 전담 아래 엄격히 다루어졌던 시종들이 이것으로 편히 쉴 수 있게 되었다고 기뻐한 것도 허사가 되고 말았다. 부처님인 이환은 별도로 치더라도 탐춘과 보차 두 아가씨는 가사에 어두운데도 불구하고, 아가씨답지 않은 관용과 엄격을 겸미한 지휘 솜씨에 모두 깜짝 놀랐다. 아직 경구(脛口)의 상처가 아물지 않았던 희봉도 탐춘의 수완에 두려워하기도 하고 탄복하기도 했다.

비련(悲戀)의 죽음

도교(道敎)의 절에서 금단(金丹)을 빚는 일에 열중하고 있던 영국저의 가경이 금단을 잘못 복용하고 급사하였다. 그 장례를 돕기 위해 가진의 처 우씨의 작은여동생인 우이저(尤二姐)와 우삼저(尤三姐) 자매가 왔다.

이들 또한 대단한 미인들로 가진 부자와 가련들은 그 미색에 넋을 잃고 부친의 상중(喪中)인데도 불구하고 두 사람이 있는 곳에 늘 붙어 있었다. 그런 나머지 가련은 처인 희봉의 눈을 속여 우이저를 첩실로 맞아들여 별저〔別宅〕에 가두어 두었다.

한편, 우삼저는 세 사나이를 손 안에 넣고 희롱하던 끝에 전부터 사모하고 있던 유상련(柳湘蓮)과 보기좋게 약혼까지 하기에 이른다. 하지만 영국저의 풍기가 문란하다는 소문이 나돌자 이것을 들은 유상련은 약혼을

파기하고 만다. 격분한 우삼저는 스스로 칼로 자결하여 죽음을 택함으로써 열녀임을 보여주었다.

한편 우이저는 사연을 알게 된 희봉에게 가련이 없는 사이에 영국저에 유인되어 불에 그슬려 죽음을 당한다. 대관원 내에 규방의 외설적인 그림이 떨어져 있었던 사건으로 말미암아 왕부인은 대관원의 총점검을 명했고, 우연히 방에서 단정치 못한 모습을 하고 있던 정문이 왕부인의 노여움을 사서 저택에서 쫓겨난다.

석춘은 시어머니인 우씨와 다투어 영국저와 교분을 끊게 되었다.

가련한 향릉은 설반이 새로이 정실로 맞이한 하금계에게 나가라는 듯 혹독한 학대를 받게 된다.

영춘 또한 손소조(孫紹祖)에게 출가하여 가혹한 학대를 받았다. 가가(賈家)의 몰락은 점점 눈에 띄게 되고 아울러 심상치 않은 사건이 꼬리를 물고 연이어 일어났다. 보옥은,

"나는 사랑하는 여인들 앞에서 죽겠으며 그녀들이 자기를 위해 흘리는 눈물로 나의 시신을 띄워, 새도 이르지 못하는 쓸쓸한 곳에 이르러 바람에 날려 자취를 감추고 두번 다시 인간으로 태어나지 않겠다."

고 바라고 있었지만 사랑하는 여성이 하나하나 그의 신변에서 없어져 가는 것은 어찌할 수가 없었다.

■ 유림외사(儒林外史)

부(富)와 권력과 명예라는 것

어느 해, 광동(廣東)의 원시(院試 : 예비 시험)에서 있었던 일이다. 수험

생 가운데 헌누더기 옷을 걸치고 있는 청년이 있었는데 그는 심히 수척한 데다가 안색도 좋지 않았다. 시험관은 비참했었던 자신의 수험시대(受驗時代)를 회상하니 가슴이 찡하며 동정심이 앞섰다. 그가 답안지를 제출하자 시험관이 물었다.

"이름은 범진(范進)이로군. 금년에 나이는 몇인가? 과거는 몇 번째 보는 게야?"

"예, 시험지에는 30세라고 썼습니다만 실은 54세입니다. 처음 과거를 본 것이 20세 때였습니다. 지금까지 20여 회나 보았습니다."

시험관은 그의 답안지를 차분히 읽어보았다. 그러나 별로 신통치가 않았다. 이 정도의 실력으로는 안 되겠다며 한쪽으로 답안지를 밀어놓았다.

그런데 뒤이어서 답안지를 내는 사람이 없었다. 시험관은 범진을 어떻게 해서든지 도와줄 생각으로 그의 답안지를 한 번 더 읽어보았다. 그러자 어느 정도 가능성이 있을 것으로 생각되었다. 시험관은 다시 한번 더 읽었다. 그러자 이번에는 글자 하나하나가 모두 주옥(珠玉)과 같이 보이는 것이었다. 감동한 시험관은 범진을 1등으로 합격시켰다.

이어서 범진은 마침내 향시(鄕試 : 본고사)를 보러 가게 되었는데 워낙 빈곤하여 여비조차 마련할 길이 없었다. 그러나 어찌어찌 마련하여 시험을 치루고 집에 돌아와보니 가족들은 사흘 동안 죽 한 그릇 못 먹은 채 굶고 있었다.

드디어 발표하는 날이 되었건만 집안에는 아침밥을 지을 쌀 한 톨도 없었다. 궁리하던 끝에 범진은 단 한 마리 남아있던 씨암탉을 들고 시장에 팔러 나갔다. 가던 도중 그는 합격했다는 연락을 받고 집에 돌아왔고, 합격통지서를 보는 순간 그만 너무나 기쁜 나머지 실신하여 쓰러지고 말았다.

당황한 가족들이 물을 뿌리고 그의 몸을 주무르자 범진은 한숨을 길게 내쉬며 일어나더니,

"합격이다! 합격이야! 급제했단 말야!"

라고 외치면서 밖으로 뛰어나갔다. 그는 기뻐서 날뛰다가 발을 헛디뎌 시궁창에 빠지고 말았다. 온몸이 진흙투성이었건만 범진은 손바닥을 두드리며 크게 웃었다. 그리고 그런 몰골로 시장으로 걸어갔다.

그가 합격했다는 소문을 듣고 친척·친지들을 비롯하여 지방 유지들까지 선물꾸러미를 들고 속속 찾아왔다. 술과 쌀, 돈 등은 말할 것도 없고 논밭과 집까지 주는 사람도 있었다.

두어 달이 지나자 범진은 하인·하녀까지 두고 살게 되었다. 지금까지 살아왔던 것에 비하면 하늘과 땅 차이의 생활이었다. 새집으로 이사하여 연 사흘 동안 성대한 집들이 잔치를 벌였다.

잔치가 끝난 다음 날 범진의 아내가 지휘하는 바에 따라 하녀들이 술잔이며 접시 등 그릇을 정리하고 있는데 마침 범진의 어머니가 찾아왔다.

"모두가 남의 그릇들이니 조심하여 깨뜨리는 일이 없도록 해야지."

그 어머니는 하녀들에게 주의를 주었다. 그러자 한 하녀가,

"남의 것이 아닙니다. 모두가 마님댁 것입니다."

라고 말했다.

"이런 고급품들이 우리집 것일 리 만무해."

"아닙니다. 이 집도 마님댁 집이고 하녀들도 모두 마님댁 하녀들이랍니다."

그 말을 듣자 범진의 어머니는 두 눈을 동그랗게 뜨더니 그 자리에 쓰러져서 그대로 세상을 떠났다.

과거(科擧)제도에 대한 반항

'유림(儒林)'이란 사대부(士大夫) 계급, 즉 당시 사회에 있어서 엘리트를 가리키는 말이고, '외사(外史)'란 정사(正史)가 아니라 한 개인이 자기 마음대로 써낸 기록이란 의미이다. 이 《유림외사》는 장회소설(章回小說)로서 전55회로 되어 있다. 과거(科擧 : 관리 등용시험)라고 하는 지극히 형

식주의로 빠져든 제도에 의해 일어나는 갖가지 사회의 모순 및 인간성을 잃은 지식계급의 생태를 묘사하고 있다.

작품 전체에 일관성있는 줄거리는 없고 몇몇 가지의 삽화를 곁들이는 수법을 사용했다.

작가는 오경재(吳敬梓 : 1701~1754)로 안휘성(安徽省) 명문가 출신인데 출세할 야심 따위는 없었다. 따라서 관계(官界)에 등을 돌리고 살다가 가재(家財)를 탕진하여 빈궁한 생활을 하다 세상을 떠났다고 한다.

동양고전해설

1994년 10월 10일 초판인쇄
1994년 10월 15일 초판발행
편 자/이민수
발행자/김동구
발행처/명문당
등록/1977년 11월 19일 제1-148호
대체/010041-31-0516013
주소/서울시 종로구 안국동 17-8
전화/733-4748(편집부), 734-4798(영업부)

값 10,000원

* 잘못 만들어진 책은 바꾸어 드립니다.
ISBN 89-7270-442-3 93140